U0000858

百衲本二十四史

北史

上海涵芬樓影印
北平圖書館及自
藏元大德刻本原
書版匡高二十二
公分寬十七公分

《百衲本二十四史》新版刊印序

《百衲本二十四史》是近百年來校考最精良、版本最珍貴、蒐羅最廣泛的二十四史，先父王雲五先生於一九七六年〈重印補校百衲本二十四史序〉中已有論證。

一八九七年商務印書館在上海創立，創館元老張元濟先生於一九〇二年正式主持商務印書館編譯所，將商務帶入「出版好書、匡輔教育」的出版之路。一九二一年（民國十年）王雲五先生經胡適先生推薦，接替主持商務印書館編譯所，並於一九三〇年兼任總經理，與張元濟先生共同為商務印書館的百年大業作出貢獻。

張元濟先生入館後，積極蒐購民間珍貴藏書，一方面用來印製、廣泛發行，另一方面也為成立「涵芬樓」藏書室（後來開放為「東方圖書館」）預作準備。當年他並積極向各公私立圖書館商借影印各種版本的二十四史，逐一比較補正缺漏，然後在一九三〇年開始付印，至一九三七年全部出齊。校印工程之艱鉅與可貴，從他所撰寫的《校史隨筆》可以了解。

商務涵芬樓所珍藏的二十四史及各種珍貴版本，可惜在一九三二年日本發動淞滬戰爭時，被日軍炸毀，化為灰燼。《百衲本二十四史》的傳印，就顯得格外有意義。

王雲五先生於一九六四年在臺重新主持臺灣商務印書館，與當時總編輯楊樹人教授，依據臺北故宮博物院和中央圖書館珍藏的宋元版本，修補校正《百衲本二十四史》，並於一九七六年重版印行。

《百衲本二十四史》初印至今，已經八十年，雖經在臺補正重版，舊書均已售完，而各界索購者絡繹不絕，不得已先以隨需印刷供應，但仍然供不應求。

為了適應讀者的需要，本公司由副董事長施嘉明先生、總編輯方鵬程先生和舊書重印小組一起規劃，決定放大字體，以十八開精裝本重印《百衲本二十四史》，每種均加印目錄頁次，讓讀者方便查考，也讓我們與《百衲本二十四史》共同邁向百年大慶。值此付印前夕，特為之序。

臺灣商務印書館董事長王學哲謹序

二〇一〇年三月二十五日

一

北史一百卷

唐李延壽撰。

延壽表進其書，稱本紀十二卷、列傳八十八卷、為《北史》，與今本卷數符合。《文獻通考》作八十卷者，誤也。

延壽既與修《隋書》十志，又世居北土，見聞較近，參覈同異，於《北史》用力獨深，故敘事詳密，首尾典贍，如載元韶之姦利，彭樂之勇敢，郭琬杳、龍超諸人之節義，皆具見特筆。出酈道元於酷吏，附陸法和於藝術，離合編次，亦深有別裁。視《南史》之多仍舊本者，迥如兩手。

惟其以姓為類，分卷無法。《南史》以王謝分支，《北史》亦以崔盧繫派。故家世族，一例連書。覽其姓名，則同為父子。稽其朝代，則各有君臣。參錯混淆，殆難辨別。甚至長孫儉附〈長孫嵩傳〉，薛道衡附〈薛辨傳〉，遙遙華冑，下逮雲仍，隔越抑又甚矣。

考延壽之敘次列傳，先以魏宗室諸王，次以魏臣，又次以齊宗室及齊臣，下逮周隋，莫不皆然。凡以勒一朝始末，限斷分明。乃獨於一二高門，自亂其例，深所未安。至於楊素父子，有關隋室興亡，以其系出宏農，遂附見魏臣《楊敷傳》後。又魏收及魏長賢諸人，本非父子兄弟，以其同為魏姓，遂合為一卷，尤為舛迕。

觀延壽敘例，凡累代相承者，皆謂之家傳，不當施於國史哉。且南北史，雖曰二書，實通為一家之著述。故延壽於〈裴蘊傳〉云，祖之平父忌，《南史》有傳。〈王頒傳〉云，父僧辨，《南史》有傳。即互相貫通之旨也。乃《南史》既有晉熙王昶傳矣，《北史》復有〈劉昶傳〉。《南史》既有鄱陽王寶寅傳矣，《北史》復有〈蕭寶夤傳〉。《南史》既有豫章王綜、樂良王大圜傳矣。《北史》復有蕭賛（蕭綜入魏改名賛）、蕭大圜傳。朱修之、薛安都諸人，《南史》則取諸宋書，《北史》則取諸魏書，不為刪併，殆專意《北史》，無暇追刪《南史》，以致有此誤乎。

然自宋以後，魏書、北齊書、周書，皆殘闕不全。惟此書僅《麥鐵杖傳》有闕文，〈荀濟傳〉脫去數行，其餘皆卷帙整齊，始末完具。徵北朝之故實者，終以是書為依據。故雖八書具列，而二史仍並行焉。（本文引自景印《文淵閣四庫全書》總目史部卷四十六，頁二之二十九至三十。）

重印補校百衲本二十四史序

百衲本者何？彙集諸種善本，有闕卷闕頁，復多方蒐求，以事配補，有如僧衣之補綴多處者也。

我國正史彙刻之存於今者，有汲古閣之十七史，有南北監之二十一史。清高宗初立，成明史，命武英殿開雕，至四年竣工；繼之者二十一史。其後又詔增劉昫唐書，與歐宋新唐書並行，越七年遂成武英殿二十三史。及四庫開館，諸臣復據永樂大典及太平御覽，冊府元龜等書，哀輯薛居正舊五代史，得旨刊布，以四十九年奏進；於是二十四史之名以立。

武英殿本以監本為依據。清高宗製序，雖有監本殘闕，併勅校讎之言，始意未嘗不思成一善本也。惟在事諸臣，既未能廣蒐善本，復不知慎加校勘，佚者未補，譌者未正，甚或彌縫缺乏，以譌亂真，誠可惜也。

本館前輩張菊生先生，以多年之時力，廣集佳槧，審慎校讎，自民十九年開始景印，迄二十六年甫竟全功。嘗聞菊老茸印初稿，悉經手勘，朱墨爛然，盈闌溢幅，點畫纖細，鉤勒不遺，與同人共成校勘記，多至百數十冊，文字繁冗，尚待董理。爰取原稿若干條，集為校史隨筆，而付梓焉。

就隨筆所記，殿本訛闕殊多。分史言之，則史記正義多遺漏，漢書正文注文均有錯簡，三國志卷第淆亂，宋書誤註為正文，南齊書地名脫誤，北齊書增補字句均據北史，而仍與北史有異同。魏書考證有誤，舊唐書有闕文，訂正錯簡亦有小誤，唐書有衍文，舊五代史遂於嘉業堂劉氏刊本，元史有衍文及闕文，且多錯簡，重出之傳，亦未刪盡。綜此諸失，殿本二十四史不如衲史遠矣，況善本精美，古香古色，尤非殿本所能望其項背。

茲將百衲本二十四史據以景印之版本列述於後：

史　　記　　宋慶元黃善夫刊本。

漢　　書　　北宋景祐刊本，瞿氏鐵琴銅劍樓藏。

後漢書　　宋紹興刊本，原闕五卷半，以北平國立圖書館元覆宋本配補。

三國志　　宋紹熙刊本，日本帝室圖書寮藏，原闕魏志三卷，以涵芬樓藏宋紹興刊本配補。

晉　　書　　宋本，海寧蔣氏衍芬草堂藏，原闕載記三十卷，以江蘇省立圖書館藏宋本配補。

三

宋書　宋蜀大字本，北平國立圖書館吳興劉氏嘉業堂藏，闕卷以涵芬樓藏元明遞修本配補。

南齊書　宋蜀大字本，江安傅氏雙鑑樓藏。

梁書　宋蜀大字本，北平國立圖書館及日本靜嘉堂文庫藏，闕卷以涵芬樓藏元明遞修本配補。

陳書　宋蜀大字本，北平國立圖書館及日本靜嘉堂文庫藏。

魏書　宋蜀大字本，北平國立圖書館江安傅氏雙鑑樓吳興劉氏嘉業堂及涵芬樓藏。

北齊書　宋蜀大字本，北平國立圖書館藏，闕卷以涵芬樓藏元明遞修本配補。

周書　宋蜀大字本，吳縣潘氏范硯樓及自藏，闕卷以涵芬樓藏元明遞修本配補。

隋書　元大德刊本，闕卷以北平國立圖書館藏江蘇省立圖書館藏本配補。

南史　元大德刊本，北平國立圖書館及自藏。

北史　元大德刊本，北平國立圖書館及自藏。

舊唐書　宋紹興刊本，常熟鐵琴銅劍樓藏，闕卷以明聞人銓覆宋本配補。

新唐書　原輯永樂大典有注本，吳興劉氏嘉業堂刻。

舊五代史　北宋嘉祐刊本，日本岩崎氏靜嘉堂文庫藏，闕卷以北平國立圖書館江安傅氏雙鑑樓藏宋本配補。

五代史記　宋慶元刊本，江安傅氏雙鑑樓藏。

宋史　元至正刊本，北平國立圖書館藏，闕卷以明成化刊本配補。

遼史　元至正刊本。

金史　元至正刊本，北平國立圖書館藏，闕卷以涵芬樓藏元覆本配補。

元史　明洪武刊本，北平國立圖書館及自藏。

明史　清乾隆武英殿原刊本，附王頌蔚編集考證攟逸。

上開版本之搜求補綴，在彼時實已盡最大之能事。惟今者善本時有發見，前此認為業已失傳者，漸集於一隅，尤以中央圖書館及故宮博物院在抗戰期內，故家遺族，前此秘藏不宣，因播遷而割愛者不在少數；盡量收購，寄存盟邦，以策安全。近年悉數運回，使臺灣成為善本之總匯。百衲本後漢書原據本館前涵芬樓所藏宋紹興本影印，益以北平圖書館及日本靜嘉堂文庫殘本之配備，當時堪稱人間瑰寶；且志在存真，對其中未盡完善之處

一仍其舊。然故宮博物院近藏宋福唐郡庠覆景祐監刊元代修補本及中央圖書館所藏錢大昕手跋北宋刊本與宋慶元間建安劉元起刊本，各有其長處。本館總編輯楊樹人教授特據以覆校百衲本原刊，計修正原影本因配補殘本而致首尾不貫者五處，其中重複者四處。本館總編輯楊樹人教授特據以覆校百衲本原刊，計修正原影本因配補殘本而致補正五十二字。另有顯屬雕刻錯誤者若干字，亦酌為改正。於是宋刊原面目，大致可復舊觀矣。又前漢書原景本闕漏目錄全份，亦據故宮博物院珍藏宋福唐郡庠覆景祐監刊元代修補本補印十有四頁，以成全璧。校書如掃落葉，愈掃愈落，礙難悉數掃清，然多費一番心力，對於鑽研史籍者，定可多一番裨益。區區之意，當為讀者所樂聞，亦可稍慰本館前輩張菊老在天之靈，喜其繼起有人也。

本館衲史原以三十二開本連史紙印製，訂為八百二十冊，流行雖廣，以中經多難，存者無多，臺省尤感缺乏，各國亦多訪購，爰應各方之需求，改訂為十六開大本，縮印二頁為一面，字體較縮本四部叢刊初編為大，用上等印書紙精印精裝，訂為四十一鉅冊，以便檢閱，經重版數次。茲為謀普及，再縮印為二十四開本五十八冊，字體仍甚清晰，而售價不及原印十六開本之半，莘莘學子，多有購置之力，誠不負普及之名矣。付印有日，謹述概要。

中華民國六十五年雙十節王雲五識

五

股東會全體股東獻禮

本公司董事長王岫盧（雲五）先生，學界巨擘，社會棟樑，歷任艱巨，功在國家。一生繫中國文化出版之命脈，惠澤士林。本公司三度權國難而得復興。咸賴　先生之大力。每次復興，莫不聲光煥發，蔚為奇蹟。民國五十二年冬，　先生退出政壇。次年秋重主本公司，謀慮擘劃，晨夕辛勞，不取分文之酬，而甘之如飴；蓋純出於愛護本公司與宏揚文化之心願。無　先生之犧牲精神與卓越領導，不能有今日之商務書館，已為識者之定評。今歲欣逢　先生八秩華誕，社會同慶。股東會同人本崇功報德之念，群思有以祝賀。　先生謙辭至再至三，當以恭敬不如從命，爰於五十六年股東會議席上全體決議，利用重印之百衲本二十四史，作為　華誕獻禮。要不過體認先生造福文化界之功績，聊表嵩祝忱誠於萬一耳。

中華民國五十六年四月十五日

臺灣商務印書館股份有限公司
股　東　會　全　體　股　東　謹啟

六

15-3

15-7

黄志道

魏本紀第一

魏之先出自黃帝軒轅氏黃帝子曰昌意昌意之少子受
封北國有大鮮卑山因以為號其後世為君長統幽都之
北廣漠之野畜牧遷徙射獵為業淳樸為俗簡易為化不
為文字刻木結繩而已時事遠近人相傳授如史官之紀
錄焉黃帝以土德王北俗謂土為托謂后為跋故以為氏
其裔始均仕堯時逐女魃於弱水北人賴其勤舜命為田
祖歷三代至秦漢獯鬻為獫狁山戎匈奴之屬累代作害中
州而始均均之裔以土德王是以載籍無聞積六十七代至
成皇帝諱毛立統國三十六大姓九十九咸振此方威帝
崩節皇帝立即帝崩莊皇帝觀立莊帝崩明皇帝檀立
明帝崩安皇帝越立安帝崩宣皇帝推寅南遷大
澤方千餘里其地昏冥沮洳謀更南徙未行而崩宣帝景皇帝
崩獻皇帝隣立時有神人言此土荒遐宜徙建都邑獻帝
年老乃以位授子聖武皇帝命南移山谷高深九難八阻
於是欲止有神獸似馬其聲類牛導引歷年乃出始均
奴故地其遷徙策略多出宣獻二帝故時人並號曰推寅
蓋俗云鑽研之義

聖武皇帝諱詰汾嘗田於山澤欻見輜軿自天而下既至
見美婦人自稱天女受命相偶旦日請還期年後會
于此言終而別及幕帝至先田處果見天女以所生男授
帝曰此君之子也當世為帝王語訖而去即始祖神元皇
帝也故時人諺曰詰汾皇帝無婦家力皇帝無舅家帝
崩神元皇帝立

神元皇帝立

神元皇帝諱力微元年歲在庚子先是西部內侵
鹿廻部大人竇賓賓與神元有雄傑之度後與賓攻西部賓
敗失馬步走神元使以所乘駿馬給之賓歸求馬王諸部
而不言賓後知大驚將分國之半奉帝不受乃進其愛
女賓猶思報恩乃從帝所欲徙所部此君長川積歇年舊
部人咸來歸附及賓臨終戒其二子使謹事神元其子不
從乃陰謀逆帝召殺之盡并其眾諸部大人悉服控弦之
士二十餘萬三十九年遷於定襄之盛樂四月祭天諸部
君長皆來助祭唯白部大人觀望不至徵而戮之遠近肅
然帝乃告諸大人為與魏和親計四十二年遷子文帝如
魏且觀風土是歲魏景元二年也文帝諱沙漠汗以國太
子留洛陽後文帝以神元春秋已高求歸晉晉帝具禮遣以
送五十六年文帝復如晉如其冬還國皆征北將軍衛瓘以
文帝雄異恐為後患請留不遣復請以金錦賂國之大人

令致閒隙五十八年方遣帝神元使諸部大人詣陰館迎
帝酒酣帝仰視飛鳥飛九落之時國俗無彈衆大驚相謂
曰太子被服同南夏兼奇術絕人若繼國統變易勿攜俗吾
等必不得志乃謀危害帝並先馳還曰太子引空弓弓而落
飛鳥似得志乃得晉人異法自帝在晉後諸子愛寵神元頗有所
惑及聞諸大人請因曰當便除之於是諸大人馳詣塞南
矯害帝其年神元不豫烏丸王庫賢親近任勢先受衛瓘
之貨欲沮動諸部因於庭中礪斧曰上恨汝諸大人皆信太
子欲盡收諸部大人長子殺之大人皆信各各散走神元專

【北史帝紀一】　三

崩凡饗國五十八年年一百四歲道武即位尊為始祖子

章皇帝諱悉鹿立時諸部離叛帝九年而崩弟平皇帝綽立
七年而崩文帝少子思皇帝立
思皇帝諱弗政崇寬簡百姓懷服一年而崩神元子昭帝
禄官立帝分國為三部一居上谷北濡源西東接宇
文部自統之一居代郡之參合陂北使文帝長子桓帝諱
猗䆖統之一居定襄之盛樂故使桓帝弟穆帝諱猗盧統
之自神元以來與晉和好是歲穆帝始出并州遷雜胡北
徙雲中五原朔方又西度河擊匈奴烏丸諸部帝自杏城以
北八十里迄長城原夾道立碣與晉分界二年華帝及
皇后封氏初思帝欲改葬未東而崩至是述成前意焉三

年桓帝度漠北巡因西略諸國積五歲諸部降附者三
十餘國桓帝英傑魁岸馬不能勝常乘安車駕大牛牛角
容一石帝嘗中蠱嘔吐之地仍生榆参合陂土無榆故時
人異之十年匈奴別種劉元海及晉於離石自號漢王并
州刺史司馬騰來乞師桓帝帥衆以助之大破元海
衆於西河汾東而還六年帝與腾盟於汾東而還六年晉假
段繁於參合陂西累石為亭樹碑銓頌功德行焉十一年晉假
後定襄侯衛操樹碑於大邗城以頌桓帝功德立
桓帝大單于金印紫綬是歲桓帝崩帝統部尚十一年晉假
三年昭帝崩穆帝遂揔攝三部為一統帝天姿英峙勇略

【北史帝紀一】　四

過人元年劉元海僭帝號自稱大漢三年晉并州刺史劉
琨遣子道子為質乞師晉懷帝進帝大單于封代公帝以封邑
去國縣遠徙琨求句注陘北地琨大喜乃徙馬邑陰館樓
煩繁畤五縣人於陘南更立城邑盡獻其地東接代郡
西連西河朔方數百里於是帝乃徙十萬家以充之六年城盛
樂以為北都修故平城以為南都帝登平城西山觀望地
勢乃更南百里於灅水之陽黃瓜堆築新平城晉人謂之
小平城使子六脩鎮之統領南部八年晉愍帝進帝為代
王置官屬食代常山二郡先是國俗寬簡至是明刑峻法

〔上〕

諸部人多以違命得罪凡後期者皆曰舉部戮之或有宝家
相攜悉赴死所人問何之曰當就誅其威嚴若此此帝
召六脩不至怒討之失利逐崩普根先守外境開難來攻
六脩滅之普根立月餘薨普根子始生桓帝后立之又薨
勿吉以西控弦上馬將百萬是歲普元帝即位於江南劉
思帝子平文皇帝立
平文皇帝諱鬱律雄壯甚有威略元年歲在丁丑二
年劉武嫁朔方來侵西部帝大破之西兼烏孫故地東吞
曜贊帝位帝聞晉愍帝為曜所害額謂大臣曰今中原無
主天其資我平曜遣使請和帝不納三年石勒自稱趙王
遣使乞和請為兄弟帝勒其使以絕之五年晉元帝遣使
韓暢加崇爵服帝絕之講武有平南夏忌桓帝后以帝得
衆心恐不利己子害帝遂山崩大人死者數十人天興初追
尊曰太祖

桓帝諱猗㐌立以五年為元年未親政事太后
臨朝道使與石勒通和時人謂之女國使四年帝姑臨朝
以諸部人情未愁款順乃築城於東木根山徙都之五年
帝崩第弟煬帝紇那立以五年為元年三年石勒遣石季
龍來寇邊部帝禦之不利遷於大寧時平文帝長子烈帝居於
男兒賀蘭部帝遣使來之賀蘭部帥藹頭擁護不遣帝怒召

〔下〕

宇文部賀蘭及諸部大人共立烈帝
烈皇帝諱翳槐以五年為元年石勒遣使來和帝遣第昭
成帝如襄國徙者五千餘家為質七年烈帝諡頭不恂臣職召而戮
之國人復貳於是煬帝自宇文部還入諸部大人復奉之
容部人復立以煬帝三年為後元年城盛樂城在故城
東南十里一年而崩第昭成皇帝立

昭成皇帝諱什翼犍平文皇帝之次子也生而奇偉寬仁
煬帝以烈帝七年出居於鄴三年石季
龍納烈帝於大寧帝於大寧國人六千餘家焉元年時烈帝出居鄴時年
十九二年春始置百官分掌衆職東自瀇貊西及破落那
奉迎顧命迎帝曰立此人則社稷乃安故帝弟孤自詣鄴
臨崩顧命迎帝與帝俱還建國元年十一月帝即位於繁畤
莫不款附從太右計見而止娉慕容晃妹為皇后三年春移都
不決乃從五月朝諸大人於參合陂議定都濼源川連日
大庶身長八尺隆準龍顏立髮委地臥則乳垂至席烈帝
至中之盛樂宮四年築盛樂城於故城南八里皇后慕容
民崩十月劉武寇西境帝遣軍大破之武死子務桓立始
來歸順帝以女妻之七年二月遣大人長孫秩迎后慕容
氏於和龍晃送女於境七月慕容晃遣使來聘求交婚帝

許之以烈帝女妻焉十四年帝以中州紛梗將親率六軍

乘石氏之亂廓定中原諸大人諫乃止十八年太右王氏
崩十九年正月劉務桓卒其弟悉弟關頭立潛謀反二十一年

關頭部人多叛懼而東走慶河坐薄關頭立潛謀衆盡歸其

子悉勿祈初關頭之叛悉勿祈率其衆十二人在帝左右

歸命帝待之如初二十二年春帝東巡至桑乾川四月悉勿

祈死弟衛辰立二十三年六月皇后慕容氏朋七月悉勿

來會葬因求婚許之二十五年六月帝南巡君子津二十八年

盡遣之歸欲其自相猜離至是衆悉勿祈奪其衆閼頭而

正月衛辰謀反慶河東帝討之衛辰懼遁走三十年十月

帝征衛辰時河冰未成帝乃以葦絙約漸俄然冰合乃散

普於上冰革相結若浮橋張軍利涉衛辰與宗族西走收

其部落而還三十四年春長孫介謀反伏誅介之反也技

刃向御坐太子寔格之傷脇五月寔薨後追諡焉是為獻明

四面慇抄不得劫殺牧復庚漢南堅軍稍退乃還十二月至

皇帝七月皇孫珪生大赦三十九年符堅遣其大司馬

洛帥衆二十萬及其將朱彤張蚝鄧羌等諸道雜種畫

不利帝時不豫乃率國人避於陰山之北高車雜種盡叛

雲中旬有二日皇子寔君作亂帝暴崩時年五十七道武

即位尊曰高祖帝性寬厚時國少繒帛代人許謙盜絹二

延守者以告帝匿之謂燕鳳曰吾不忍視謙之面卿勿淺

之謙或斬而自殺焉為財辱士非也帝嘗觀西部叛賊流夫

中自賊破後諸大臣執射者各持錐刃欲害割之帝曰各

為其主何罪也釋之其仁恕若此

太祖道武皇帝諱珪昭成皇帝之嫡孫獻明帝之子也母

曰獻明賀皇后初因遷徙游於雲澤寢夢日出室內寤而

見光自牖屬天欻然有感以建國三十四年七月七日生

帝於參合陂北其夜復有光明照於室神奇異焉明年有

告于祖宗胞之坎後帝遂成林帝弱而能言目有光曜廣顙大

生於藏胞之坎後帝遂成林帝雖沖幼而嶷然不群劉庫仁有高

耳六歲而昭成崩待堅遣將內侮將遷衛辰于淮南慕容

免堅軍既還國衆離散待堅遣使劉庫仁

部大人長孫嵩及元他等盡將故人衆南依庫仁於是

轉往獨孤部元年春葬昭成皇帝於金陵營梓宮木村盡

成林帝雖沖幼而嶷然不群劉庫仁常謂其子顯曰帝有高

天下之志必興復洪業七年十月晉荊州慕容垂僭稱燕王九年劉庫仁

文等殺劉庫仁弟子眷代之乃將謀逆商人王霸知之復帝足於衆

子顯殺眷而代之乃將謀逆商人王霸知之復帝足於衆

中帝乃馳還是時故夫人梁盆子六眷為顯謀主盡知其

計密使部人穆崇馳告帝乃陰結舊豆長孫犍元他等因奉賀蘭部其日顯果使人殺帝不及語在獻明太后傳是歲乙伏國仁私署泰河二州牧大單于姚萇殺符堅聖子丕僭即皇帝位於晉陽

登國元年春正月戊申帝即代王位郊天建元大會於是月慕容垂以長孫嵩為南部大人以叔孫普洛為比部大人是歲慕容垂僭即皇帝位于中山國號燕二月改稱魏王五月姚萇僭即皇帝位於長安國號大秦秋八月劉顯遣第

元泥迎皇帝叔父窟咄于慕容垂來以兵隨之來逼南境帝左右于桓等與諸部大人謀應之事澳謀造謀者五人餘悉不問帝憲內難乃比踰陰山幸賀蘭部阻山為固遣行人安同長孫賀徵師于慕容垂令其子賀驎率師隨同等軍未至而冠過於是比部大人叔孫普洛等十三人及諸烏丸亡奔衛辰帝自幸山幸牛川屯于延水南出代谷會賀驎於高柳大破窟咄悉怕其眾冬十月符丕馬晉將馮該所殺慕容垂即皇帝位於長子十一月符登僭即皇帝位於隴東十二月慕容垂遣使奉帝西單于印綬封上谷王帝不納

二年夏五月遣安同徵兵於慕容垂垂遣子賀驎率眾來

會六月帝親征劉顯顯奔慕容垂盡收其部落冬十二月巡松漠還幸牛川

三年夏五月癸亥比征庫莫奚大破之六月乙伏國仁死其弟乾歸立私署河南王秋七月庫莫奚部帥鳩集遺散夜犯行宮縱騎撲討盡滅之八月使九原公儀於慕容垂

四年春正月甲寅襲高車諸部落二月癸巳遂至女水討叱突隣部拉大破之是月呂光自稱三河王夏五月使陳留公虔於慕容垂冬十月垂遣使朝貢

五年春三月甲申西征次鹿渾海襲高車紇紜部大破之慕容垂遣子賀驎來會夏四月景寅行幸意辛山與賀驎討賀蘭紇奚諸部落大破之九月壬申討叱奴部囊曲水破之冬十月討高車豆陳部於狼山破之十二月帝還次白漠

六年春正月幸紐垔川三月遣九原公儀陳留公虔等西討黜弗部大破之夏四月徐天秋七月壬申講武于牛川討賀蘭部大破之諸部落九月帝還次武于牛川使其夫鴻臚慕容鉤奉表勸進尊號九月帝襲五原慕之收其積穀還紐垔川於梱陽塞比樹碑記功冬十月戊戌比征蠕蠕追破之於大磧南商山下十一月戊辰還幸紐

信州儀孚州

垣川戊寅衛辰遣子直力鞮寇南部壬午帝大破之於鐵
歧山南衛辰父子奔遁十二月滅之衛辰子屈丐出亡奔
薛干部自河以南諸部慕平收衛辰子弟宗黨無少長五
千餘人盡殺之是歲起河南宮
七年春正月幸木根山遂次黑鹽池饗羣臣比之滅水三
月還幸河南宮秋七月行幸漢南仍築臺巡臺冬十二月慕
容永遣使朝貢
八年春正月南巡二月幸毅羊原赴白樓夏六月比巡秋
七月臨幸新壇先是衛辰子屈丐奔薛干部徵之不送八
月帝南征薛干部署其城九月還幸河南宮
九年春三月比巡使垂遣其子寶來寇五原八月帝親兵夾
桐陽塞外夏五月田於河東秋七月還幸河南宮冬十月
河南冬十月辛未寶燒船夜道己卯帝進軍濟河乙酉夕
至衆合陵景戌大破之禽其王公以下文武將吏數千人
於俘虜中擇其才識者賈彝賈閏崇等受爰謀讜慶章故
十年秋七月慕容垂遣其子寶來寇
蝝螬杜崘等卒率部落西走是歲姚萇子興偕立殺符登慕
容垂滅求
皇始元年春正月太元千定襄因東幸善無比陵三月慕
寶十二月還幸雲中之盛樂

信州儀孚

慕容垂寇桑乾川陳留公虔死之垂遂至平城西比聞帝將
至乃築城自守疾甚遂道死於上谷之子寶祕喪還至中山
乃僭立夏六月丁亥皇太后賀氏崩是月葬獻明太后呂
光僭稱天王國號涼秋七月左司馬許謙上書勸進尊號
於是改元始建天子旌旗出警入蹕八月己亥大舉討慕
容寶帝親勒六軍四十餘萬南出馬邑踰句注大擧討慕
二千餘里鼓行而前人屋皆震別詔將軍封真等從東道
襲幽州刺史曲乘城道九月戊午次陽曲乘西山臨觀晉陽
牧遂西入曲栗屯平城置百官封拜公侯
將軍刺史太守尚書郎以下悉用文帝初拓中原留心
慰納諸士大夫詔軍門者無少長皆引入得盡言呂有
微能盡家敘用己未詔輔國將軍奚牧略地晉川獲慕容
寶丹楊王買得等於平陶城九月幸魯口城冬十一月
庚子朔帝至真定自常山以東守宰或捐城或稽顙
軍門唯中山鄴信都三城不下別詔東平公儀攻鄴冠軍
將軍王建左軍李栗等攻信都軍所行不得傷桑棗東
戊申進軍中山已未圍之帝曰朕量賈糧不如先平鄴信
自守急攻則傷士卒守則費糧不能出戰必憑城
取中山諸將稱善丁卯車駕幸魯口城
二年春正月壬戌帝引騎圍信都其夜寶冀州刺史宜都

15-22

【上欄】

王慕容鳳踊城奔中山癸亥鎮骫輔國將軍張驤護軍將軍

徐超舉城降是月鮮卑堯髮孤私署大單于西平王二

月丁丑帝軍于鉅鹿之栢肆堯臨澤池水其後寶恐發犯

營燎及行宮兵人駭散帝驚起不及衣冠跣出擊鼓彼而

左右及中軍將士稍集獲其器械數十萬計寶設奇陣列烽營外縱騎衝寶

監崔逞等降者相屬賜拜職常各有差三月己酉車駕次

衆大敗東帝許之已而寶求和請送秦王䰜割常山以西奉魏乞守中山以

盧奴許之寶弟賀驎將妻子夾西山寶恐賀驎先襲和龍壬子夜比

東帝許之巳而寶駈騎將軍妻子夾西山寶恐賀驎

寶弟賀驎將妻子夾西山寶恐賀驎

信部屬□等列造　比史帝紀一　〈十三〉

追城內共立慕容普隣為主夏四月帝以軍糧不繼詔東

平公儀罷鄴圍之比鉅鹿五月庚午帝以中山城內為普

隣所逼乃招喻之甲辰曜兵揚威以示城內命諸軍龍圍

南徙以待其變甲寅以東平公儀為左丞相封衞王進襄

城公題爵爵為王秋七月普隣遣烏丸張驤率五千餘人出

城求食寇寘靈壽普隣自丁零中人驤軍因其衆後入中山

殺普隣而自立八月景寅朔帝進軍九門時大疫人馬牛

死者十五六中山猶拒守羣下咸思北還帝知之謂曰斯

固天命將若之何四海之人皆可與為國在吾所以撫之

耳何恤乎無人羣臣乃不敢言九月賀驎飢窮率三萬餘

【下欄】

人寇新市甲子晦帝進軍討之太史令晁崇奏曰不吉帝

曰何也對曰紂以甲子亡兵家忌之帝曰周武不以甲子

勝乎崇無以對冬十月景寅進軍新市賀驎退阻泜水

依漸洳澤以自固甲戌帝臨其營戰於義臺塢大破之賀

驎單馬走鄴所署公卿尚書

皆亡降者二萬餘人其將張驤李沈慕容文等先求降尋

書府庫珍寶中山平乙酉襄城王題薨

天興元年春正月慕容德走保滑臺衞王儀剋鄴庚子行

幸真定遂幸鄴百姓有老病不能自存者詔郡縣振卹之

帝至鄴巡登臺榭遍覽宮城將有定都之志乃置行臺遂

還中山所過存問百姓詔大軍所經州郡復貲租一年

除山東人租賦之半車駕將北還發卒萬人通直道自望

都鐵關鑿恒嶺至代五百餘里帝慮還後山東有變乃於

中山置行臺詔衞王儀鎮中山以司州置行臺

右軍將軍尹國先督租于冀州閒帝將還謀反欲龍信都

安南將軍長孫肥執送斬于異州閒帝將還謀及欲龍信都

堯山徙山東六州人吏及徒何高麗新奚三十六署百工

伎巧十餘萬口以充京師車駕次于恒山之陽博陵勃海

章武諸郡羣盜並起略陽公遵等討之是月慕容德自稱

信州路屬苓列造　四百三十二字　比史帝紀一　〈十四〉

燕王據廣固二月車駕至自中山車駕繁時宮室運屯衛詔
給內徙新戶耕牛計口受田三月徵左丞相衛王儀還京
師詔略陽公遵代鎮中山夏四月壬戌以歷陽公遵為常山王南
太尉鉅鹿公長孫嵩為司徒進封略陽公遵為常山王遵
安公順為毗陵王祭天於西郊旗幟有加焉廣平太守遼
西公意列謀反與郡人韓奇矯假詔圖將襲鄴城詔反者
就郡賜死是月蘭汗殺慕容寶而自立為大單于昌黎王
六月景子詔有司議定國號羣臣奏曰昔周秦以前帝王
居所生之土及王天下即承為號詔曰昔朕遠祖摠御幽都控制遐
代為號詔曰昔朕躬掃平中土山逆蕩除退通率服宜先
號為魏秋七月遷都平城始營宮室建宗廟立社稷慕容
寶子盛殺慕容汗而自立為長樂王八月詔有司正封畿制
郊甸端徑術櫛道里平五權較五量定五度遣使循行郡
國舉奏守宰不法者親覽察黜陟之冬十月起天文殿十
一月辛亥尚書吏部郎中鄧彥海典官制立爵品定律呂
協音樂儀曹郎中董謐撰郊廟社稷朝覲饗宴之儀三公
郎中王德定律令申科禁太史令晁崇造渾儀考天象更
部尚書崔宏摠裁之閏月左丞相衛王儀及王公卿士詣
關上書曰臣等闊宸極居中則列宿薈其曁帝王順天則

北史帝紀二 十五 魏

羣臣仰其慶伏惟陛下德惬二儀道隆三五仁風被于四
海盛化塞于天區澤及比飛遐爾率舞歌詠所以八表歸
心而躬覆謙虛退身後已副樂推之心臣等謹昧死以聞
允皇天之意下副樂推之心臣等謹昧死以聞帝三讓乃
許之十二月己丑帝臨天文殿太尉司徒進璽綬百官咸
稱萬歲大赦改元追尊成帝以下及右號諡曰宣皇數
舞詔百司議行次尚書崔宏等奏從土德宣贊時令敬授
用五祖以未腦以辰儀牲用白五郊立氣宣贊時令敬授
人時行夏之正徙六州二十二郡守宰豪傑吏人二千家
于代都

二年春正月甲子初祀上帝于南郊以始祖神元皇帝配
降壇視燎成禮而反乙丑敕京師始制三駕之法庚午比
巡分命諸將大龍義高車常山王遵三軍從東道出長川高
涼王樂真等七軍從西道出牛川車駕親勒六軍從中道進
自駁騎轑水西北出二月丁亥朔諸軍同會破高車雜種三
十餘部衛王儀督三將別從西北絕漠千餘里破其遺迸
七部還次牛川及濡山班刻石紀功以所獲高車雜種起鹿
苑於南臺陰北距長城東苞白登圍之西山廣輪數十里
鑿渠引武川水注之苑中號為三澮分流宮城內外又穿
鴻鴈池三月己未車駕至自比代甲子初令五經羣書各

北史帝紀一 十六 魏

置博士增國子太學生員三千人是月氐人李辯叛慕容
德來奔據於鄴行臺尚書和跋以輕騎應之剋清臺收德宮
人府藏秋七月起天華殿辛酉大閱于鹿苑八月增啟京
城十二門作西武庫除州郡人租賦之半辛亥詔禮官備
撰衆儀者于新令范陽人盧溥聚衆海濱稱幽州刺史攻
掠郡縣殺幽州刺史封沓于是月禿髮烏孤死其弟利鹿
孤立遣使朝貢冬十月太廟成遷神元平文昭成獻明皇
帝神主于太廟十二月天華殿成呂光立其子紹為天王
自稱太上皇及死庶子纂殺紹而僭立

〈北史帝紀一〉　〈十七〉

三年春正月戊午村官將軍和突破盧溥於遼西獲之及
其子煥傳送京師輒之癸亥祀北郊分命諸官循行州郡
觀風俗察舉不法二月丁亥詔有司祀日于東郊始耕籍
田壬寅皇子聰薨三月戊午立皇后慕容氏是月穿城南
渠通於城內作東西魚池夏四月姚興遣使朝貢五月戊
辰詔謁者僕射張濟使於興己巳東巡幸涿鹿遣使者
以太牢祀帝堯帝舜廟西辛馬邑觀灅源六月庚辰朔日
有蝕之秋七月乙伏乾歸太為姚興所破壬子車駕還宮
起中天殿及雲母堂金華室時大史屢奏天文錯亂帝親
覽經占多云宜改王易政於是數華官號欲以防塞山狡
消彌災變已而盧臣下疑惑冬十二月景申下詔述成敗

之理鑒殺周之失革秦漢之斃以喻臣下是歲河右諸郡
奉涼武昭王李玄盛為秦涼二州牧涼公肇興霸業年號
庚子
四年春二月丁亥命樂師入學習舞釋菜于先聖先師丁
西分命使者巡行州郡聽察辭訟糾劾不法是月呂光第
子隆弒呂纂而自立三月帝親渰薦于寢廟夏四月辛卯
罷鄴行臺詔有司明楊隱逸五月起紫極殿玄武樓涼風
觀石池鹿菀澄臺置六月盧水胡沮渠蒙遜殺涼州牧張掖
公戊秋七月詔兗州刺史長孫肥南徇許昌彭城詔賜天下

〈北史帝紀一〉　〈十八〉

鎮戍將士布帛各有差八月段興殺慕容盛叔父熙盡誅
段氏僭即皇帝位冬十二月集博士儒生比衆經文字義
類相從凡四萬餘字號曰衆文經是歲涼武昭王沮渠蒙
遜並遣使朝貢
五年春正月帝聞姚興將寇邊庚寅大閱諸
軍積毅才平陽乾壁三月禿髮利鹿孤死其弟傉檀立
其弟義陽王平來侵平陽攻陷乾壁秋七月戊辰朔車駕
西討八月乙巳至乾壁逆擊興軍大破之冬十月平赴水而
來救甲子帝慶豪坑其衆興徒悉舉其衆
死俘其餘衆三萬餘人獲興尚書左僕射狄伯支以下四
品將軍以上四十餘人獲前亡臣王次多靳勒並斬以徇

興頻使請和帝不許羣臣請進平蒲坂帝震蟻蟻為難戎
申班師十一月車駕次晉陽徵相州刺史庾立為司空十
二月辛亥至自西征越勤莫弗率其部萬餘家入屬
六年春正月辛未朔方尉遲部別帥率萬家內屬入居雲
中夏四月癸巳朔日有蝕之五月大簡輿徒將略江淮秋
七月巡西大將軍司隸校尉眺陵王順有罪以王還秋
子比巡築離宮于豺山縱士獵東北踰劉嶺出苓各代
谷九月行南平城規慶澤南夏屋山背黃瓜堆將遷新
邑辛未車駕還宮冬十月起西昭陽殿乙卯立皇子嗣為
晉王加車騎大將軍位相國綍為清河王加征南大將軍

北史帝紀一　十九

熙為陽平王曜為河南王封故秦愍王蔓為孫章王陳
留桓王子愷為朱提王子愷人來聘十一月庚午將軍為固
伊謂大破高車十二月晉桓玄發其主司馬德宗為平
王而自立僭號楚
天賜元年春二月晉劉裕起兵誅桓玄三月初限縣戶不
滿百罷之夏五月置山東諸冶發州郡徒謫造兵甲秋九
月帝臨昭陽殿分置衆職引朝臣文武親自間推量能叙
用制爵四等曰王公侯子除伯男之號追錄舊臣加封爵
各有差是秋江南大亂流人繦負奔淮北者行道相尋冬
十月辛巳大赦改元築西宮十一月幸西宮大選臣寮令

各辯宗黨保聚才行諸部子孫失業賜爵者二千餘人
二年春正月晉主司馬德宗襲位夏四月祀西郊車旗盡
黑冬十月慕容德死
三年春正月甲申北巡幸豺山宮還遂至屋孤山二月
乙亥幸代園山占授著作郎王宜弟造兵法孤虛立成圖
申復幸豺山宮校獵甲戌車駕還宮遂
三百六十時遂登定襄角城又幸豺山甲門高十餘丈引
六月發八部五百里內男丁築灅南宮門闕高十餘丈引
溝穿池廣苑圍規立外城方二十里分置市里經涂洞達
三十日罷秋七月大尉穆崇薨八月甲辰行幸豺山宮遂
至青牛山景辰西登武要北原觀九十九泉造石亭遂之
石漠九月甲戌朔幸漠南鹽池壬午至漠中觀天鹽池度
漠北之吐鹽池癸巳南還長川景申臨觀長陵冬十月庚
申車駕還宮

北史帝紀一　二十

四年春二月封皇子悁為河間王脩文為長樂王連為廣
平王黎為京兆王夏五月北巡自豺山宮東北踰蟣羊山大
雨暴水流輈車數百乘殺百餘人遂東北踰石漠至長川
幸濡源常山王遵有罪賜死六月赫連屈丐自稱大單于
大夏天王秋七月西幸參合陂築北宮垣三旬而罷乃還
宮慕容寶養子高雲秋慕容熙而自立僭號天王八月誅

五年春正月行幸豺山宮遂如參合陂觀漁于延水至窋
川三月姚興遣使朝貢秋七月戊戌朔日有蝕之冬十月
禿髮傳檀僭僞即涼王位
六年夏帝不豫初帝服寒食散自太醫令陰羌死後藥數
動發至此愈甚而災變屢見憂懣不安或數日不食或不
寢達旦歸咎羣下喜怒乖常謂百寮左右不可信虑如天
文之占或有所脲之虞追思既往成敗得失終日竟夜獨
語不止若傍有鬼物對揚者朝臣至前追其舊惡便見殺
者皆陳天安殿前於是朝野人情各懷危懼有司懲怠莫
相督攝百工偷劫盜賊公行巷里之間人為稀少帝亦聞
之曰朕故縱之使然辛欲過災年當更清整之耳秋七月幕
容氏支屬百餘家謀叛發覺伏誅死者三百餘人八
月衛王儀謀叛賜死十月戊辰清河王紹作亂帝崩於天
安殿時年三十九永興二年九月甲寅上謚曰宣武皇帝
葬於盛樂金陵廟號太祖泰常五年改謚曰道武
太宗明元皇帝諱嗣道武皇帝之長子也母曰劉貴人登
國七年生於雲中宮道武晚有男聞而大悅乃大赦帝明

懺寬毅非禮不動天興六年封齊王拜相國初帝母既賜
死道武帝告曰昔漢武將立其子而殺其母不令婦人
與國政汝當繼統故吾遠同漢武帝意不自勝道
武怒帝還宮久之及元紹之逆帝欲入左右諫
請待和解而進帝從之及元紹改元帝追而誅之
永興元年冬十月壬午皇帝即位大赦改元追尊皇妣為
宣穆皇后公卿大臣先罷歸第者悉復登用之詔南平公
長孫嵩北新侯安同對理人訟簡賢任能是月馮跋謀反
主高雲僭號天王國號北燕閏十月丁亥帝提王悅謀反
賜死詔郡共將軍山陽侯奚斤巡諸州問人疾苦十二月
戊戌封衞王儀子良為南陽王進陰平公列爵為王改封
高涼王樂真為平陽王己亥帝始居西宮御天文殿蠕蠕
犯塞是歲乙伏乾歸自稱秦王
二年春正月甲寅朔詔南平公長孫嵩等北征蠕蠕因留
屯漠南夏五月萬等自漠還蠕蠕追圍之於牛川壬申
帝北伐蠕蠕聞而遁走車駕還幸參合陂六月晉將劉裕
滅慕容超秋七月丁巳立射臺於陂西仍講武乙丑至自
比代
三年春二月戊戌詔簡宮人非御及使巧者悉以賜鰥人
己亥詔比新侯安同等持節巡行并定二州及諸山居雜

胡丁零闊其殊苦察舉中宰不法者辛丑蘭宮人工役之

不急者出賜人不能自存者三月己未詔待臣常佩劍夏

五月景寅復出宮人賜鰥夫卯車駕謁金陵於盛樂己

巳昌黎王慕容伯兒謀反伏誅六月姚興遣使朝貢秋七

月戊申賜衛士醣三日冬十一月丁未大閱于東郊

四年春二月癸未登歡圍射猛獸夏四月乙未宮墓臣於

所秋閏月景辰大閱于東郊秋七月己巳朔冬宮置四府

西宮使各獻直言詔勿有所諱六月乙伏乾歸為兒子公府

大狩又放十二時置十二小將以山陽侯癸斤元城公雇於

行左右丞相已卯大獮于石會出戊子臨去黻陵觀漁庚

更至于濡源西巡幸北部諸洛八月壬子幸西宮臨板毅

大饗羣臣命百姓大酺二日乙卯賜王公以下至伯衛將

士布各有差冬十一月己丑賜宗室近屬帛南陽王良以下

至於細麻親布帛各有差其月迴渠家遷偪稱西河十

二月丁巳此巡至至長城而旋

五年春正月己巳大閱畿內男女馬牛出戎馬一匹庚寅大閱于東郊

西宮領峻大涿帥四十餘人詣闕奉貢賜以繪帛錦罽各

有差乙酉詔諸州大涿帥六十口戶出戎馬一匹庚戌幸

署將帥以山陽侯奚斤為前軍衆三萬陽平王熙等十二

將各一萬騎帝臨白登卻自校覽二月庚戌幸高柳川癸

丑辛魚池於此苑庚午姚興遣使朝貢已卯詔使者巡行

天下招延儁彥搜揚隱逸夏四月乙卯西巡五月乙亥行

幸雲中萬宮之大室景子大赦六月西巡幸五原校獵千骨

羅山獲獸十萬秋七月己巳還幸薄山帝登觀宣武次二

刻石頌德之劇乃於其夢起石壇而薦饗賜從者大酺

於山下前軍奚斤等破越勒部落於狨那山西徙二

萬餘家而旋景戌車駕自大室西南巡諸部落遂南定

癸丑癸斤等班師甲東帝自白登山觀降人數軍實置新

襄大洛城東踊七橫山田于善無川八月癸卯西宮

人於大寗給農器計口受田冬十一月癸酉大饗于西宮

姚興遣使朝貢請進女帝許之

神瑞元年春正月辛酉以禎瑞頻集大赦改元辛巳行幸

繁時賜王公以下至于士辛百工帛各有差二月戊戌

車駕還宮乙卯起豐宮於平城東北夏六月乙伏犧盤滅

秀髮孫使於姚興遣使朝貢秋七月晉晉將朱齡石滅蜀

元陝孫使於姚興遣使朝貢九月丁巳朔日有蝕之

冬十一月壬午詔諸州巡行閱守幸資財非自家

所貴本簿祖為贓守宰不如法聽百姓詣闕告之十二月景

戌朔蠕蠕犯塞景申車駕比伐

二年春正月景辰車駕至百比伐二月丁亥大饗餕于西

甲辰立宣武廟于白登西三月丁丑詔以刺史守宰率多
遺情今年貲調將遣者調出家財以充不聽徵發於人夏
四月晉人來聘己卯北巡五月丁亥次於參合東幸大寧
丁未田于四岬山六月戊午臨去畿陵觀漁辛酉次于濡
源立蜯臺遂射白熊於頹牛山獲之丁卯幸赤城觀見長
老問人疾苦復目一年南次石亭幸涿鹿登嶠山觀溫泉使以太牢祠黃
帝舜舞廟癸酉幸廣寧轟事如上六谷已卯登廣寧歷山以
復田租之半壬申幸涿鹿登嶠山觀溫泉使以太牢祠黃
太牢祠舜廟帝親加禮焉庚辰辛代秋七月癸未東駕還
宮復所過田租之半八月庚辰晦日有蝕之九月京師人
饑饉就食山東冬十月壬子姚興遣使奉其西平公主至帝
以右禮納之辛酉行幸沮洳城癸亥車駕還宮景寅詔以
頻過霜旱年穀不登命出布帛倉穀以振貧窮
泰常元年春二月丁未姚興殂三月已丑長樂王嶷文袞
夏四月壬子大赦改元秋七月庚戌河開王修龔五月甲申登金山臨
之九月晉劉裕溯河伐姚泓遣部將王仲德從陸道至梁
殷繁水南觀于九十泉戊申車駕還宮辛亥晦日有蝕之
二見六月丁巳北巡秋七月庚戌河開王修龔五月甲申
城兗州刺史尉建棄城走慰勒斬尉建於城下冬十一月戊寅起遙
叔孫建等度河曜威慰斬尉建於城下冬十一月戊寅起遙

臺于北苑十二月南陽王良薨
二年春正月甲戌朔日有蝕之二月景午詔使者巡行天
下觀風俗問其所苦是月源武昭王薨王薨五月西巡至雲中
遂濟河田于大漠秋七月乙亥武昭王薨五月西巡至雲中
城南高二十丈是月晉人來聘庚戌辛西宮以勒海沱陽以
水復其租稅夏四月已巳徙冀異定涼三州徒何於京師五
三年春三月晉人來聘庚戌辛西宮以勒海沱陽郡去年
峽薨十二月戊申河東河內帝泓子第播越人閒者
月壬子東巡源及甘松道征東將軍長孫道生師師
龍驤跋遂至于龍城從其居人萬餘家而遷秋七月戊午車
駕至京師八月鴈門河內大兩水復其租稅冬十月戊辰
築宮於西苑十一月赫連屈丐刻長安十二月晉安帝殂
四年春正月壬辰朔車駕臨河大蒐于犢渚癸卯夏四月庚
月赫連屈丐僭即皇帝位癸丑築宮於蓬臺辛西夏四月庚
辰畢東朝遂蕃助於者數百國辛巳南巡幸鴈門賜所過
照出今年田租九月甲寅築宮於白登山冬十一月丁亥朔
秋八月辛未東巡道便祠恆岳甲申車駕還宮賜所過無
出今年田租九月甲寅築宮於白登山冬十一月丁亥朔
日有蝕之十二月癸亥西巡至雲中蹭白道北獵野馬於
屠孤山至于黃河從君子津西濟廣大狩於薛林山

五年春正月景戌朔自薛林東還至屋竇城饗勞將士大
酺二日班禽以賜之己亥車駕還宮三月景戌南陽王意
文覽夏四月景寅起灅南宮五月乙酉詔曰宣武皇帝體
得之玄遠應自然之沖妙大行大名未盡發美參蓍緯
圖始覩尊號其更上尊謚曰道武皇帝以章靈命之先啓
聖德之玄同庚戌進南侯司馬國璠池陽侯司馬道賜等
謀反伏誅六月庚戌是月晉恭帝禪位于宋秋
七月丁酉西至五原閏月甲午陰平王烈薨八月
癸亥車駕還宮

六年春二月己亥詔天下戶二十輸戎馬一四大牛一頭

三月甲子陽平王熙覽乙亥制六部人芊蒲百口者調戎
馬一匹發京師六千餘人築苑起自舊苑東包白登周回
四十餘里夏六月乙酉北巡至于蟠羊山秋七月乙卯車
駕還宮癸酉西巡狩于柞山親射猛獸獲之遂至于河八
月庚子大彌于犢渚九月庚戌車駕還宮壬申宋人來聘
冬十月己亥行幸代中十二月景申西巡于雲中
七年春正月甲辰朔自雲中西幸屋竇城賜從者大酺三
日二月景戌車駕還宮三月乙丑沔南王曜薨夏四月甲
戌封皇子壽為太平王拜相國加大將軍不為樂安王加
車騎大將軍彌為宕定王加衛大將軍範為樂安王加中

軍大將軍健為求昌王加撫軍大將軍崇為建寧王加輔
國大將軍俊為新興王加鎮軍大將軍獻懷長公主子秘
敬為長樂王拜大司馬大將軍初帝服寒食散頻年發動
不堪萬機五月己酉立太平王壽為皇太子臨朝聽政是月宋
武帝殂秋九月詔司空奚斤等帥師伐宋乙巳駕田于東苑車乘
遂如廣甯己酉築平城外郭周回三十二里
西幸崞山道使者巡行州郡觀察風俗不
服物皆賜以爵號分遣使者巡行州郡因
其所苦甯賜復所過田租之半奚斤等濟河攻滑臺不
甲戌車駕還宮復所過田租之半

技求濟師帝怒不許議親南征為其聲援壬辰南巡出自
天門關踰恒嶺四方蕃附大人各帥所部從者五萬餘人
十一月皇太子親統六軍鎮塞上安定王彌興比新公安
同君守景午曲赦司州冀州殊死以下景辰次於中山問人疾
苦十二月景午行幸鄴祖存問人俗遣司空奚斤既平兗豫
率報自平原東度河下青兗諸郡
八年春正月景辰行幸鄴存問人俗司空奚斤既平兗豫
還圍武牢宋守將毛德祖距守不下蠕蠕犯塞二月戊辰
築長城於長川之南起自赤城西至五原延袤二千餘里
備置戍衛三月乙卯濟自靈昌夏四月丁卯幸成皇觀武

牢而城内之水縣沒河帝令連艦上施轆轤絕其汲路
又穿地道以奪其井丁丑幸洛陽觀石經閏月丁未還幸
河内比登太行幸高都已未武牢潰士卒大敗死者十二
三年西至晉陽班賜王公以下至於廝役五月景寅還次
鴈門皇太子來留臺王公迎于句注之北庚寅車駕至自
南巡六月己亥太尉旦都公穆觀薨景辰比巡至於合陵
秋七月幸三會屋侯泉詔皇太子薨百官振給十一月己巳
呂觀千濕源九月乙亥車駕西巡起
外牆周回二十里是歲飢詔所在開倉振給十一月己巳
帝崩於西宮時年三十二遺詔以司空奚斤所攬重寶賜
大臣自司徒長孫嵩以下至于十七卒各有差十二月庚子
上諡曰明元皇帝葬于雲中金陵廟稱太宗帝兼資文武
禮愛儒生好覽史傳以劉向所撰新序說苑於經典正義
多有所闕乃撰新集三十篇採諸經史該洽古義云
論曰自古帝王之興誠有天命亦賴累功積德方契靈心
有魏奄宅幽方代為君長神元生自天女桓穆勤於晉室
其於人事夫豈徒然昭成以雄傑之姿苞君人之量征伐
四剋威被遐荒乃改都立號恢隆大業終百六十載光宅
區中其原固有由矣道武顯晦安危之中屈申潛躍之際
驅忿道熟奮其靈武克勤方難遂啓中原垂拱人神顯登

皇神雖冠履不暇樓遷外土而制作經謨咸出長久所謂
大人利見百姓與能抑不世之神武也而屯厄有期禍生
非慮將人事不足豈天實為之乎明元承運之初屬廟定
之始干時狼顧鴟蹕猶有窺覦加以天賜之末內難未弭
帝孝心敏略權正攘運籌帷幄之內和外撫終能周鄭款
服聲教南被祖功宗德其義良已遠矣

魏本紀第一

北史一

方沿周益周
己千孫粹然
校正

世祖太武皇帝諱燾明元皇帝之長子也母曰杜貴嬪天
賜五年生於東宮體貌瓌異道武奇之曰成吾業者必此
兒也泰常七年四月封太平王五月立為皇太子及明元
帝疾命帝摠攝百揆帝聰明大度意豁如也八年十一月
己巳明元帝崩壬申即皇帝位大赦天下十二月追
尊皇妣為密皇太后進司徒長孫嵩為北平王司空奚
斤為宜城王藍田公長孫翰為平陽王其餘普增爵位各
有差於是除禁錮釋嫌疑開倉庫振窮乏河南流人相率
內屬蜀者甚眾

始光元年春正月景寅安定王彌薨夏四月甲辰東巡幸
大寗六月宋徐羨之之弒其主義符秋七月車駕還宮八月
蠕蠕六萬騎入雲中殺掠人吏攻陷盛樂帝帥輕騎討之
虜乃退走九月大蒐於東郊將北討之
陽王長孫翰等討蠕蠕車騎將次稱山蠕蠕北遁諸軍追之
大獲而還

二年春正月景辰尊保母竇氏
曰保太后丁巳以比平王長孫嵩為太尉平陽王長孫翰
為司徒宜城王奚斤為司空庚申營故東宮為萬壽宮起
永安安樂二殿臨望觀九華堂初造新字千餘夏四月詔

龍驤將軍步堆使宋五月詔天下十家發大牛一頭連粟
塞上秋八月赫連屈丐死九月永安安樂二殿成丁卯大
饗以落之冬十月癸卯車駕北伐東西五道並出平陽王
長孫翰等絕漠追寇蠕蠕北走

三年春正月壬申車駕至自北伐二月起太學於城東祀孔子以顏回配
辛卯進昌二月調陵廟西至五原田於陰山東至和兜山王
幸雲中舊宮謁陵廟西至五原王復南幸孔子夏六月
討赫連昌帝親登臺王公先爵常山王秋
射中者賜金錦繒絮各有差八月車駕還宮未人來聘帝
七月築馬射臺於長川帝親登臺觀馬射國君長馳
以赫連屈丐死諸子相攻數冬十月丁巳車駕西伐幸雲中
臨君子津會大暴寒數日冰合十一月戊寅率輕騎襲赫
連昌壬午徙萬餘家而還至柞山班師雲中獲以賜將士各有
差十二月詔氐羌皆詣闕降武
四年春正月乙酉西幸賜留臺文武各有老從
都王陽玄及沮渠蒙遜等使使內附
人在道多死到者裁十六七己亥行幸幽州其
第定向長安帝聞之遣就陰山伐木造攻具二月車駕還
宮三月景午詔魏金吾桓貸造橋於君子津丁丑廣平王
連薨夏四月丁未詔貢外散騎常侍步堆使於宋五月車

駕西討赫連昌次校隴山築城舍輜重以輕騎三萬先行
戊戌至黑水帝親祈天告祖宗之靈而誓衆六月癸卯朔
日有蝕之甲辰大破赫連昌昌奔上邽乙巳車駕入城虜
昌羣弟及其母妻姊宮人萬數府庫珍寶車旗器物不
可勝計辛丑班師留常山王素執金吾桓貸鎮統萬城
己卯築壇於祚嶺戲馬馳射賜留臺百寮各有差冬七
月己卯
蠕蠕寇雲中間破赫連昌懼而逃八月壬子車駕至自西
伐飲至策勳告宗廟而班實必賜留臺百寮各有差冬十
一月以氐王楊玄為假征南大將軍都督梁州刺史南秦
王十二月行幸中山守宰貪汙冤者十數人癸卯車駕遠

宮復所過田租之半
神䴥元年春正月以天下守令多非法精選忠良悲代之
御史安頡出戰為昌其餘衆立昌弟定為王走還平涼三
月辛巳侍中古弼送昌至于京師司空奚斤進軍安定監軍侍
辛未京兆王黎薨二月改元司空奚斤追赫連定于平涼
定於平涼馬嶺為定所襲將軍丘惟先在安定聞斤敗
東走長安帝大怒詔頡斬之夏四月赫連定遣使朝貢五
月乞伏熾盤死秋八月東幸廣霄觀溫泉以大牢祭黃
壬子西巡戊午田于河西大赦南秦王楊玄遣使朝貢五
帝謁舜廟九月單駕還宮冬十一月乙未朔日有蝕之是

月行幸河西大校獵十二月甲申車駕還宮
二年夏四月宋人來聘庚寅車駕北伐五月丁未次于沙
漠舍輜重輕騎兼糧馬至栗水蠕蠕震怖焚燒盧舍絕跡西
走冬十月振旅凱旋于京師告于宗廟列置新人于漠南
東至蠕涼西暨五原陰山竟三千里十一月西巡田于河
西至祚山而還
行幸雲中救勒萬餘落叛走詔尚書封鐵追滅之五月戊
駕還宮三月壬寅進會稽公赫連昌為秦王夏四月甲子
溫泉作溫泉歌二月丁卯司徒平陽王長孫翰薨戊辰車
三年春正月庚子車駕還宮壬寅大赦癸卯行幸廣霄臨
午論討敕勒功大明賞罰秋七月已亥詔諸征鎮將軍王
公杖節邊遠者聽開府辟召其次增置吏員庚子詔大鴻
臚卿杜超假節都督冀定相三州諸軍事行征南大將軍
太宰進蔣爲諸軍節度八月宋將到彥之自清
安頡督諸軍擊破之九月癸卯立密皇太后廟于鄴甲辰
水入河洛流西行景寅彥之遣將度河攻治坂冠軍將軍
安頡濟河攻洛陽景子拔之辛巳安頡平武牢十一月乙
行幸統萬遂征平涼是月馮跋死冬十月乙卯冠軍將軍
西車駕至平涼已亥行幸安定庚子帝自安西還臨平涼
遂掘塹圍守之行幸紐城安慰初附救秦隴之人賜復七
安頡

年辛酉安頡帥諸軍攻滑臺沮渠蒙遜遣使朝貢壬寅封
壽光侯叔孫建為丹楊王十二月丁卯安臨晉武功守將皆
洛孤面縛出降平涼收其珍寶定長安延普臨鎮安定
奔走關中平壬申車駕還東留巴東公長孫
四年春正月壬午車駕次木根山大饗羣臣景申宋將檀
道濟拒之道濟等不敢進是月赫連定滅乞伏暮末二月
道生賜司馬楚之平滑臺癸酉車駕還宮飲至策勳告
于宗廟賜留臺百官各有差戰士賜復十年定州人飢詔

北史帝紀二　〈五〉

軍安頡獻宋俘萬餘人甲兵三萬夏六月赫連定北襲沮
渠蒙遜為吐谷渾慕璝所執閏月乙未蠕蠕國遣使朝貢
散騎侍郎周紹使于宋秋七月己酉行幸河西起承華
宮八月乙酉沮渠蒙遜遣子安周入侍吐谷渾慕璝遣使
奉表請送赫連定已丑以慕璝為大將軍封西秦王九月
癸丑車駕還宮庚申加太尉長孫嵩柱國大將軍以左光
祿大夫崔浩為司徒征西大將軍長孫道生為司空癸亥
詔兼太常李順持節拜西河王沮渠蒙遜為假節侍中
都督涼州牧涼王壬申詔曰范陽盧玄博陵崔綽趙郡李靈河

間邢穎勃海高允廣平游雅太原張偉等皆賢儁之冑冠
冕州郡有羽儀之用易曰我有好爵吾與爾縻之如玄之
比隱跡衡門不曜名譽者昂敕州郡以禮發遣遂徵玄等
州郡所遣至者數百人皆筆次敕用冬十月戊寅詔司徒
崔浩改定律令行幸漠南以記功德宜城王奚斤坐事降爵
若干崙其部數萬騎驅鹿獸數百萬詣行在所帝因大
狩以賜從者勒石漠南以記功德宜城王奚斤坐事降爵

北史帝紀二　〈六〉

為公十二月車駕還宮
延和元年春正月景午尊保太后為皇太后改元三月丁未追
氏以皇子晃為皇太子謁于太廟大赦改元三月丁未追
贈夫人賀氏為皇后壬申西秦王吐谷渾慕璝送赫連定
於京師夏五月宋人來聘六月庚寅車駕伐和龍詔尚書
左僕射安原等屯于漠南以備蠕蠕辛卯詔兼散騎常侍
鄧潁使於宋秋七月己巳車駕至和龍穿圍以守之是月
蔡東宮九月乙卯車駕西還徙營丘成周遼東樂浪帶方
玄菟六郡人三萬家于幽州開倉以振之冬十月己丑
慕璝遣使朝貢十一月己巳車駕至自和龍十二月己丑
馮弘子長樂公崇及其母第即以第邀以遼西內屬先是
辟召賢良而州郡多逼遣之詔以禮申喻任其進退
二年春二月庚午詔兼鴻臚卿李繼持節假馮崇車騎大

將軍遼西王承制聽置直尚書巳下壬午詔兼散騎常侍宋

宣使於宋夏四月沮渠蒙遜死以其子牧犍為車騎將軍

改封西河王六月遣永昌王健尚書左僕射安原賢諸軍

討和龍辛巳詔樂安王範發秦雍兵一萬築小城於長安

城內秋八月遼西王馮崇上表求詔降其父帝不聽九月

宋人來聘並獻馴象一戊午詔兼大鴻臚卿崔賾持節拜

征虜龍驤將軍楊難當為征南大將軍儀同三司封南秦王冬

十二月己巳大赦天下辛未幸陰山比

玄使於宋

三年春正月乙未車駕次于女水大饗羣臣戊戌為弼遣

便求和帝不許景辰南秦王楊難當對漢中送雍州流人

七千家于長安二月戊寅詔以頻年屢征有事西北運輸

之役百姓勤勞令郡縣括貧富以為三級富者租賦如常

中者復二年下窮者復三年辛卯車駕還宮三月甲寅行

幸河西閏月甲戌秦王赫連昌叛走景子進彭城公爵殺

之驗其謀反至蓋第皆伏誅己卯車駕還宮景侯將格殺

為王秋七月辛巳東宮成備置屯衞三分西宮之一壬午

行幸美稷遂至隰城命諸軍討山胡白龍于河西九月戊

子剋之斬白龍及其將帥屠其城冬十一月車駕還宮午

二月甲辰行幸雲中

太延元年春正月乙未朔日有蝕之壬午降死罪刑巳下

各一等癸未出道武明元宮人令得嫁甲申大赦改元二

月庚子蠕蠕孤老不能自存者聽遣鄉里詔長安及平涼人徙

在京師其孤老不能自存者各遣使朝貢詔長安及平涼人徙

五月庚申進壽為宜都王汝陰公長孫道生為

上黨王宣城公穆壽為宜都王廣陵公毗伏連為廣陵王

遣使者二十輩使西域甲戌行幸雲中六月甲午詔曰去

春小旱東作不茂憂勤剋己祈請靈祇朕精誠有感何

報應之速雲雨震灑流澤霑渥有鄰婦人持方寸玉印詣

潞縣侯孫家既而亡去莫知所在印有三字為龍鳥之形

要妙奇巧不類人迹文曰旱疫平推尋其理蓋神靈之報

應也比者以來禎瑞仍臻甘露流液降於殷內嘉瓜合蒂

生于中山野木連理殖於魏郡在先后載誕之鄉白鷰集

于盛樂舊都玄鳥隨之蓋有千數嘉禾頻歲合秀於恒農

白兔見於勃海白雉三隻又集於平陽太祖之廟天降

嘉貺將何德以酬之其六月乙卯樂平王丕等五將東伐至和龍

癸亥內名山大川上谷天貴景午高麗並善國並道使朝

從男女六千口而還八月景戌行幸河西粟特國道使朝

貢九月車駕還宮冬十月癸卯尚書左僕射安原謀反伏

誅甲辰行幸定州次于新城宮十一月己巳校獵于廣州

景子行幸鄴祀密太后廟諸所過親問高年賜禮賢俊十

二年春正月癸卯遣使者以太牢祀北岳

二年春正月甲寅車駕還宮三月戊子馮弘遣使東

送侍子帝不許壬辰遣使者十餘輩詣高麗東夷諸國詔

喻之三月景辰宋人來聘辛未遣平東將軍娥清安西將

軍古弼討馮弘求救於高麗高麗遣其大將葛蔓盧迎

之夏四月甲寅宋小兒苗兒並薨五月乙卯馮弘行幸高

麗戊午詔散騎常侍封撥使高麗徵送馮弘丁卯行幸河

西赫連定之西也楊難當穴鷓據上郏秋七月庚戌命樂平

王丕等討之詔散騎常侍游雅使於宋八月丁亥遣使六

輩使西域帝校獵于河西詔廣平公張黎發定州七郡一

萬二千人通莎泉道甲辰詔廣平公張黎遣使朝貢九月庚戌樂

平王丕等至略陽公難當奉詔攝上郏守高麗國遣使朝貢不送馮弘

帝馬於雲中置野馬苑閏月壬子車駕還宮己丑改封

野王挕於雲中置平王丕討而止冬十一月己酉幸橐陽驅

川王挕為武昌王河西王沮渠牧犍遣使朝貢是歲吐谷

渾慕璝死

三年春正月癸未中山王纂薨戊子太尉北平王長孫嵩

薨己巳丹楊王叔孫建薨二月乙卯行幸幽州存恤孤老

問八疾苦還幸上谷遂至代所過復田租之半三月己卯

車駕還宮丁酉宋人來聘夏五月己丑詔天下人得舉

告守令不如法者景申行幸雲中秋七月戊子使求昌王

犍上黨王長孫道生討山胡白龍餘黨於西河滅之八月

甲辰行幸河西九月甲申車駕還宮己丑遣使者拜西秦

王慕璝弟慕延為鎮西大將軍儀同三司改封西平王

冬十月癸卯行幸雲中十一月壬申車駕還宮是歲河西

王沮渠牧犍世子封壇來朝高麗築契龜茲悅般鄯善

師粟特疏勒烏孫渴盤陁鄯善破洛那古等國各遣使朝

貢

四年春三月庚辰鄯善王素延耆來朝癸未罷沙門年

五十以下江陽王根薨是月高麗殺馮弘夏五月戊寅大

赦秋七月壬申車駕北伐冬十一月丁卯朔日有蝕之十

二月車駕至自北伐上洛巴泉氐等相帥內附詔兼散騎

常侍高雅使于宋

五年春正月庚寅行幸定州三月辛未車駕還宮庚寅以

故南秦王世子楊保宗為征南大將軍秦州牧武都王鎮

上郏夏五月癸未遣侍中宜都王穆壽輔皇太子決留臺事大將軍

沮渠牧犍侍中宜都王穆壽遣國獻汗血馬六月甲辰車駕西討

長樂王秋敬輔國大將軍建寧王崇二萬人屯漠南以備

蠕蠕秋七月巳巳車駕至上都屬國城大饗羣臣講武焉

射壬午留輜重分部諸軍八月景戌車駕至姑臧城牧犍兒

子祖踰城來降乃分軍圍之九月景戌牧犍與左右文武

五千人面縛軍門帝解其縛待以藩臣之禮收其俊弟

口二十餘萬倉庫珍寶不可稱計進張掖公禿髮保周爵

為王與龍驤將軍穆罷安遠將軍源賀分諸郡牧犍選

皇太子命上黨王長孫道生等拒之後奔晉昌樂都太守

安周南奔吐谷渾戊子蠕蠕犯塞遂至七介山京都大駭

張掖太守宣得西奔酒泉太守無諱後奔晉昌樂都王賀

宮徙涼州人三萬餘家于京師留樂平王丕征西將軍賀

多羅鎮涼州癸亥遣張掖王禿髮保周喻諸部鮮卑保周

因率諸部叛於張掖十一月乙巳宋人來聘并獻馴象一

十二月壬午車駕至自西伐冬飲至策勳告于宗廟楊難當

寇上邽鎮將元匹頭討走之是歲鄯善龜茲疎勒焉耆高

麗粟特渴槃陁破那悉半等國並遣使朝貢

太平真君元年春正月己酉沮渠無諱圍酒泉酒泉陷

侍臣巡行州郡觀察風俗問人疾苦二月巳巳詔假通直

常侍邢穎領使於宋發長安人五千浚昆明池三月

夏四月戊午朔日有蝕之庚辰沮渠無諱冠張掖禿髮保

周屯刪丹六月丁丑皇孫濬生大赦改元秋七月行幸陰

山巳丑來昌王建大破禿髮保周走之景申保太右寶氏

崩于行營癸丑保周自殺傳首京師八月甲申沮渠無諱

降九月壬寅車駕還宮是歲州鎮十五飢詔開倉振恤之

以河南王曜子羯兒為河開王後改封略陽王

二年春正月癸卯拜沮渠無諱郁久閭乞歸為新興王沮

渠萬年為張掖王夏四月丁巳宋人來聘秋八月辛亥詔

羯兒有罪黜為公辛亥封蠕蠕郁久閭乞歸為朔方王沮

渠萬年為張掖王夏四月丁巳宋人來聘秋八月辛亥封

泉王三月辛卯葬惠太后於崞山庚戌新興王俊略陽王酒

散騎侍郎張偉使于宋九月戊戌永昌王建薨冬十一月

庚子鎮南大將軍癸眷平酒泉十二月景子宋人來聘

三年春正月甲申北平王長孫頻有罪削爵為侯夏四月

三月壬寅比平王長孫頹有罪削爵為侯夏四月酒泉王

戌晦日有蝕之冬十月巳卯封皇子伏羅為晉王翰為秦

是起殿於陰山比殿成而難當至因曰廣德焉秋八月甲

使內附五月景戌楊難當朝於行宮先

王譚為燕王建為越王余為吳王十二月辛巳太保襄城

公盧魯元薨己酉車駕還宮本寶道使朝貢以貲為鎮西

大將軍開府儀同三司沙州牧敦煌公

四年春正月庚午行幸中山二月景子次于恆山之陽詔

有司刊石勒銘是月剋仇池三月庚申車駕還宮夏四月
武都王楊保宗謀反諸將禽送京師氐羌復推保宗弟文
德為主圉仇池六月庚寅詔復人貲賦三年其田租歲輸
如常牧守不得妄有徵發癸巳大閱于西郊九月辛丑行
幸漠南甲辰捨輜重以輕騎龍襄蠕蠕分軍為四道冬十一
月甲子車駕還至朔方詔曰夫陰陽有往復四時有代謝
授子任賢蓋古今不易之令典也其令皇太子副理萬機
總統百揆諸功臣勤勞日久當以爵歸第隨時朝請饗
宴朕前論道陳謨而已不亦優哉十二月辛卯車駕至自比伐
百官明為科制以稱朕心

五年春正月壬寅皇太子始總百揆侍中中書監宜都王
穆壽司徒東郡公崔浩侍中廣平公張黎侍中建興公古
弼輔太子以決庶政諸上書者皆稱臣上疏儀與表同戊
申詔自王公已下至於庶人私養沙門巫及金銀工巧之
人在其家者皆遣詣官曹限今年二月十五日過期不出
巫沙門身死主人門誅庚戌詔自三公已下至於卿士其
子息皆詣太學其百工伎巧騶卒子息當習其父兄所業
不聽私立學校違者師身死主人門誅二月辛未中山王
辰葉八人以北伐後期斬于都南癸酉樂平王不蔿庚辰
行幸廬三月戊辰大會于郇南遣使者四輩使西域甲辰

車駕還宮夏四月乙亥太宰陽平王杜超為帳下所殺五
月丁酉行幸陰山北六月西平王吐谷渾慕利延為殺其兄
子緯代立緯第叱力延等來奔乞師以叱力延為歸義王
秋九月乙丑田于河西壬午詔員外散騎常侍高濟使於
宋九月帝自河西至于馬邑觀于㟛川己亥車駕還宮丁
未行幸漠南冬十月癸未晉王伏羅大破慕利延慕利延
走奔白蘭其部一萬三千內附十一月宋人來聘十二月
景戌車駕還宮

散騎常侍宋愔使于宋二月遂西幸上黨觀連理樹於玄
氏至吐京討徙叛胡出配郡縣三月庚申車駕還宮詔諸
有疑獄皆付中書以經義量決及六月戊子朔日有蝕之
壬辰比巡西秋八月壬辰散騎常侍成周公萬度歸以輕騎
至鄯善執其王真達與詣京師帝大悅厚待之車駕幸陰
山北次于廣德宮詔發天下兵三取一各當戒嚴以須後
命徙諸種雜人五千餘家於北邊令人北徙畜牧于廣漠
以餌蠕蠕壬寅西征大將軍高涼王郍等討吐谷渾慕利
延軍到㽵頭城慕利延驅其部落西度流沙郍急追故西
秦王暮璝世子被囊逆軍拒戰郍擊破之中山公杜豐追
度三危至雪山禽被囊及慕利延兄子什歸㣲盤子成龍

送于京師慕利延遂西入于闐國九月盧水胡蓋吳聚衆
反於杏城冬十一月高涼王那振旅還京師庚申遂東王
實偪頭薛河東蜀薛永宗聚黨入汾曲西通蓋吳受其位
號蓋吳自號天台王署百官辛未車駕還宮選六州兵勇
猛者使永昌王仁高涼王那分領爲二道南略淮泗以比
徙青徐之人以實河北癸未西巡
七年春正月戊辰車駕次東雍禽薛永宗盡殄其男女無
少長皆赴水死辛未南幸汾陰蓋吳退走北地二月景戌
幸長安存問父老丁亥幸昆明池遂于于岐山之陽所過
誅與蓋吳通謀反害守將者三月詔諸州坑沙門毀諸佛
像徙長安城內工巧二千家於京師夏四月甲申車駕至
自長安戊子毀鄴城五層佛圖於泥像中得玉璽二其文
皆曰受命於天旣壽永昌其一刻其旁曰魏所受漢傳國
重五月蓋吳復聚秦地王景戌簽司幽定冀四
州十萬人築畿上塞圍起上谷西至于河廣袤皆千里六
月癸未朔日有蝕之秋八月蓋吳爲其下人所殺傳首京
師復略陽公羯兒王爵
八年春正月癸未行幸中山三月河西王沮渠牧犍謀反
伏誅夏五月車駕還宮六月西征諸將扶風公處真等八
將坐盜没軍資所在虜掠賦各千萬計並斬之秋八月樂

安王範薨冬十一月侍中中書監宜都王穆壽薨十二月
晉王伏羅薨
九年春正月宋人來聘二月癸卯行幸定州山東人飢詔
開倉振之罷塞圍作遂西幸上黨詔於壺關東北大王山
累石爲三封又斬其鳳皇山南足以斷之三月車駕還宮
夏五月甲戌以交趾公韓拔爲假征西將軍領護西戎校
尉鄯善王鎮鄯善賦役其人比之郡縣六月辛丑幸陰山
德宮中悅般國遣使來與王師俱討蠕蠕帝許之秋八
月詔中外諸軍戒嚴九月乙酉練兵于西郊景戌幸陰山
是月成周公萬度歸千里驛上大破焉耆國其王鳩尸甲
受降城不見蠕蠕因積糧城內留守而還北平王長孫敦
坐事降爵爲公
鄯麥龜茲冬十月辛丑恒農王奚斤薨癸卯以婚姻奢廉
喪葬過度詔有司更爲科限癸亥大赦十二月詔成周公
萬度歸自焉耆西討龜茲皇太子朝于行宮遂從北討至
十年春正月戊辰朔帝在漠南大饗百寮甲戌蠕蠕吐賀
真懼遠遁三月蒐于河西庚寅車駕還宮夏四月景申朔
日有蝕之九月閱武於碩上遂北伐冬十月庚子皇太子
及輦官奉迎於行宮十二月戊申車駕至自北伐已酉以
平昌公託真爲中山王

十一年春正月乙丑行幸洛陽所過郡國皆親對高年存
血孤寡二月甲午大蒐於梁川皇子真襲是月大修宮室
皇太子居于北宮車駕遊征懸瓠夏四月癸卯車駕還宮
賜從者及留臺郎吏已上生口各有差六月己亥車駕南
崔浩辛丑巡陰山秋七月宋將王玄謨攻滑臺八月辛
亥田于河西癸未練兵於西郊九月辛卯庚子車駕棄軍而走
皇太子北伐屯汝南吳王余留守京都徵司徒
相三州死罪已下冬十月乙丑車駕濟河玄謨曲赦定冀
乃命諸將分道並進車駕自中道十一月辛卯至鄒山使
使者以太牢祀孔子是月頴頭國獻師子十二月丁卯

北史帝紀二　十七

車駕至淮詔刈葦章作筏數萬而濟淮南皆降癸未車駕
臨江起行宮於瓜步山諸軍同日皆臨江所過城邑莫不
望塵奔潰其降附者不可勝數甲申宋文帝使獻百牢貢
其方物又請進女於皇孫以求和好婚非禮許和
而不許婚使散騎侍郎夏侯野報之帝詔皇孫為書致焉
通問焉

正平元年春正月景戌朔大會羣臣於江上文武受爵者
二百餘人丁亥車駕北旋二月癸未次于魯口皇太子朝
於行宮三月己亥車駕至自南伐飲至策勳告於宗廟以
降人五萬餘家分置近畿賜留臺文武所獲軍資生口各

有羌夏五月壬寅大赦六月壬戌改元車師國王遣子入
侍詔以刑綱太密犯者更服命有司其案律令務求厥中
自餘有不便於人者依比增損詔太子少傅游雅中書侍
郎胡方回等改定律制陽平王羯兒薨高涼王郍有罪賜死
己巳司空上黨王長孫道生薨十二月丁丑車駕還宮癸
月庚申行幸陰山省曹吏宋人來聘詔中將軍郎法祐使於宋
幸陰山省諸曹吏宋人來聘三分之一九月癸巳車駕還行
戊辰皇太子薨壬申葬景穆太子於金陵秋七月丁亥行
皇孫濬為高陽王尋以皇孫世嫡不宜在藩乃止改封秦
王翰為東平王燕王譚為臨淮王楚王建為廣陽王吳王

北史帝紀二　十八

余為南安王

二年春正月庚辰朔南來降人五千餘家於中山謀叛州
軍討平之冀州刺史張掖王沮渠萬年與降人通謀賜死
三月甲寅中常侍宗愛構逆帝崩於永安宮時年四十五
祕不發喪矯皇后令殺東平王翰迎南安王余立大
赦改元永平尊謚曰太武皇帝葬於雲中金陵廟號世
祖帝生不逮密太后及有所識言則悲慟哀感傍人明元
聞而嘉歎及明元不豫衣不釋帶性清儉率素服御飲膳
取給而已不好珍麗食不二味所幸昭儀貴人衣無兼綵
羣臣自帝更峻京邑城隍以從周易設險之義又陳蕭何

壯麗之說帝曰古人有言在德不在險因丙蒸土築城而
朕滅之豈在城也今天下未平方須人力土功之事朕所
未為蕭何之對兆雅言也每以財者軍國之本無所輕費
至於賞賜皆是動績之家親戚愛寵未嘗
常與士卒同在矢石間左右死傷者相繼而帝神色自若
其才效所長不論本末兼甚嚴斷明於刑賞功者賞不遺
賤罪者刑不避貴又知人拔士於卒伍之中唯
下共之何敢輕也故大臣犯法無所寬假雅長鱗察聰
不制勝違菜者命耕出師指授即慶從命者無
其以人思效命多敗失性雖寵愛之終不寬假
悼之謂左右曰李宣城可惜又曰朕向失言崔司徒可惜
死後帝北伐時宣城公李毒伯疾篤傳者以為卒帝聞而
之聞下無以措其言然果於誅戮後多悔之司徒崔浩
李宣城可泉讓貶雅意皆此類也

景穆帝諱晃太武皇帝之長子也母曰賀夫人延和元
年正月景午立為皇太子時年五歲明慧強識聞則不忘
及長好讀經史皆通大義太子甚奇之及西征涼州皇太
子監國初太武之伐河西李順等感言姑藏無水草不可
行師太子有疑色及軍駕至姑藏乃詔太子曰姑藏城東
西門外涌泉合於城北其大如河澤草茂盛可供大軍數

年人之多言亦可惡也太子謂君臣曰為人臣不實君此
宣是中平吾初聞有疑但帝決行耳幾誤人大事言者後
何而目見帝也真君四年從征蠕蠕至鹿渾谷與賊遇後
惶怖優侃太子言於太武曰宜速進擊掩其不備中書令
劉潔固諫以為虜盛賊多須慮太子曰此由賊恇懼故
知無追者乃徐行帝深恨之自是太子所言軍國大事多
何有營一而有此塵官卒至上下惶懼北走經六七日而
獲虜候騎乃云帝軍大集太子曰此蠕蠕達遁既而
相留又禁飲酒雜戲棄本沽販者於是糶田大增正平元
見納用遂知萬機及監國命有司使百姓有牛家以人牛
為景穆皇帝廟號恭宗
年六月戊辰薨於東宮時年二十四庚午命持節兼太尉
張黎兼司空賫奉策即柩諡景穆太子文成即位追尊
元年六月生於東宮少聰達太武常置左右號世嫡皇
孫年五歲太武北巡帝從在後逢虜帥桎一奴將加劉帝
謂曰奴今遭我汝宜釋之帥奉命解縛立
雖小欲以天子自處意奇之及長風格異常每柔決大政
高宗文成皇帝諱濬景穆皇帝之長子也母曰閭氏真君
可否正平二年三月中常侍宗愛弒逆立南安王余十月
景午朔又賊余於是殿中尚書長孫渴侯與尚書陸麗奉

興安元年冬十月戊申皇帝即位於永安前殿大赦改元

正平二年為興安元年以驃騎大將軍元壽為太宰都督中

外諸軍錄尚書事以尚書長孫渴侯為尚書令儀同三司

十一月景子二人爭權並賜死癸未廣陽王建臨進王譚

薨申皇姚閻氏薨進平南將軍宋子侯周忸為平原

王南部尚書常安子陸麗為平原王文武各加位一等壬

寅道尊皇考景穆太子為景穆皇帝姚閻氏為恭皇后乙

保母常氏為保太后十二月戊申祔葬恭皇乙於金陵乙

卯初復佛法丁巳以樂陵王周忸為太尉平原王陸麗為

罪賜死進濮陽公閭若文爵為王

二年春正月辛巳進司空杜元寶爵為京兆王杜

遺薨進尚書僕射東安公劉尼爵為東平王崇子麗

貢戊黃進建業公陸俟爵為東平王進廣平公杜遺爵為

王南部尚書僕射東安公劉尼爵為東平王封建業王崇子

司徒鎮西將軍杜元寶為司空保達沙獺等國各遣使朝

儒州照帝州 ▲北史帝紀二

二十一▼

為皇太后進安豐公閭武皮爵為河閒王夏五月宋孝武

帝殺太子劭而自立閏月乙亥太皇太后赫連氏崩秋七

月辛亥行幸陰山濮陽王閭若文末昌王仁謀反及乙卯仁

賜死若文伏誅已巳車駕還宮具月築馬射臺於南郊八

月戊戌詔曰朕即位以來風雨順序邊方無事眾瑞兼呈

又於苑內獲方寸玉印其文曰子孫長壽神主於咸曰

思與兆庶共茲嘉慶其令百姓大酺三日降殊死已下因

休哉宣朕一人克臻斯雁寬由天地祖宗降祐之所致也

察風俗十二月甲午車駕還宮復北平公長孫敦王爵是

九月壬子閻於武於南郊冬十一月辛酉行幸信都山觀

歲蹕勒渴盤陀庫莫奚勢冊罽賓等國各遣使朝貢

先元年春正月乙丑以侍中河南公伊馛為司空二月

頭薨九月庫莫奚國獻名馬有一角狀如麟開都門大索

甲午獲致人亡命數百人冬十一月戊戌行幸中山遂幸

三日獲致人亡命數百人冬十一月戊戌行幸中山遂幸

山秋七月甲戌趙王深薨乙亥車駕還宮乙丑皇叔武昌

元八月甲戌景申朔日有蝕之庚子皇子弘生辛丑大赦改

興先元年春正月乙丑以侍中河南公伊馛為司空二月

信都十二月景子還幸靈丘至溫泉宮庚辰車駕還宮出

▲北史帝紀二

二十二▼

太安元年春正月辛酉奉太武景穆神主于太廟樂平王

于吐萬單等國各遣使朝貢

富王崇爵為王崇子濟南王麗為元寶所引各賜死乙丑發京師

源賀詔以營州蝗開倉振恤甲子景王太尉樂陵王周忸有

五十人穿天泉池是月宋太子劭弒文帝三月尊保太后

罪賜死進濮陽公閭若文爵為王

拔有罪賜死二月癸未武昌王提薨三月己亥以大武景
穆神主入太廟改元曲赦京師死己下夏六月壬戌詔
名皇子弘曲赦西詔尚書穆真等二十人巡行州郡觀
察風俗大明賞罰冬十月庚午以遼西公常英為太宰進
爵為王其歲遮逆波斯踈勒等國各遣使朝貢
太子大赦夏六月羽林中郎于判元提囚巳下馮氏二
田於河西平西將軍漁陽公爵比擊伊吾克其城大獲
而還九月辛巳進河東公間毗零陵公間統爵並為王冬
十月甲申車駕還遼宮甲午曲赦京師十一月改封西平王

源賀隴西王噠嚈普嵐等國各遣使朝貢
三年春正月徵漁陽公爵拜太尉進爵為王錄尚書事
夏五月封皇第新成為陽平王六月癸卯行幸陰山秋八
月田於陰山之北己亥還宮冬十月將東巡詔太宰常英
起行宮於遼西黃山十二月州鎮五蝗百姓饑使開倉振
給之是歲粟特于闐等五十餘國並遣使朝貢
四年春正月朔初設酒禁乙卯行幸廣甯溫泉遂
東巡庚午至遼西黃山宮遊宴數日親對高年勞問疾苦
二月景子登碣石山觀滄海大饗羣臣於山上班賞進爵
各有差改碣石山為樂遊山築壇記行於海濱戊寅南幸

信都田於廣川三月丁未觀馬射於中山所過郡國賜復
一年景辰車駕遂宮起太華殿乙丑東平王陸薨夏五
月壬戌詔曰比年以來雜調減省而所在州郡咸有通懸
非在職之官緣導失所貪穢過度誰使之然自今常調不
充人不安業宰人之徒加以死罪比巡至陰山有故冢毀發景寅
昔姬文葬枯骨天下歸仁自今有穿墳隴者斬之辛卯次
于車輪山累石記行十一月車駕渡漠蠕蠕絕迹遠遁千
七月庚午行幸河西九月丁巳還宮辛亥大華殿戊戌景寅
饗羣臣大赦冬十月甲戌巡至陰山秋六月景申田於松山秋
二月中山王託真薨

五年春二月己酉司空河南公伊馛薨三月庚寅曲赦京
師死罪巳下夏四月乙巳封皇弟子推為京兆王五月常
國遣使朝貢六月戊申行幸陰山秋八月庚戌遂幸雲
居國遣使朝貢六月戊申行幸陰山秋八月庚戌遂幸雲
中壬戌還宮九月戊辰儀同三司敦煌公李寶薨十二
月戊申詔以六鎮雲中高平二雍秦州鎮遇災旱不
收開倉廩振之有從流者喻還桑梓
和平元年春正月甲子朔大赦改元庚午詔散騎侍郎馮
闡使於宋夏四月戊戌皇太后常氏崩於壽安宮五月癸
西葬昭太后於廣甯鳴雞山六月甲午詔征西大將軍陽
平王新城等計吐谷渾什寅崔浩之誅也史官遂廢著真

復置秋七月西征軍至西平什寅走保南山九月庚申
朔日有蝕之是月諸軍濟河追什寅遇瘴氣多病乃引
還庚午車駕還宮冬十月居常王獻馴象三十一月詔
散騎侍郎盧度世使於宋

二年春正月乙酉詔曰剌史牧人為萬里之表自頃每因
發調之際賈大商冒賈要射時利上下通同分以潤屋因
告天下咸令知禁二月行幸中山遂幸信都三月宋人來
聘車駕所過皆親對高年閭疾苦詔年八十一子不從役
靈立南有山高四百餘丈乃詔羣臣仰射出峯無能踰者
帝彎弧發矢出三十餘文過山南二百一十步遂刊石勒
銘是月發并肆州五千餘人修河西獵道辛巳車駕還宮
夏四月乙未河東正閏毗覓五月癸未詔南部尚書黃廬
頭季敷業考課諸州秋七月戊寅封皇弟小新成為濟陰
王天賜為汝陰王萬壽為樂良王洛侯為廣平王八月波
斯國遣使朝貢冬十月詔假員外散騎常侍游明根使于
宋廣平王洛侯薨

三年春正月壬午以東郡公乙渾為太原王癸未樂良王
萬壽薨二月壬子朔日有蝕之癸酉田於崞山遂觀漁于
旋鴻池三月甲申宋人來聘高麗肅慎王契嗢恩厭於師疏

勒石那悉居半渴盤陀等國並遣使朝貢夏六月庚申行
辛陰山秋七月壬寅幸河西九月壬辰常山王素薨冬十
月詔員外散騎常侍游明根使于宋十一月壬寅車駕還
宮十二月乙卯制戰陣之法十有餘條因大儺曜兵有飛
龍騰蛇魚麗之變以示威武戊午零陵王闥拔親
其年皇子胡仁薨五月壬辰追封樂陵王尉眷薨武所之慮
四年春三月乙未賜京師人人七十以上太官廚食以終
射猛獸三頭五月壬辰侍中漁陽王尉眷薨壬寅幸西苑親
山秋七月壬午詔曰朕每歲閏月命羣臣講武所之慮
必立宮壇麻榮費之功勞損非一宜仍舊貫何必改作也八
月景寅遂田于河西九月辛巳車駕還宮冬十月以定相
二州賓霜傷稼免其田租詔員外散騎常侍游明根使於
宋十二月辛丑詔以喪葬嫁娶大禮未備命有司為之條
格使貴賤有章上下咸序著之于令壬寅詔曰婚姻或因
道之始比者以來貴族之門多不率法或貪利財賄或因
緣私好在於苟合無所選擇塵穢清化虧損人倫將何以
宣示典謨垂之來裔今制皇族師腑王公侯伯及士庶之
家不得與百工伎巧卑姓為婚犯者加罪

五年春正月丁亥封皇弟雲為任城王三月詔以州鎮十
四去歲蟲水開倉振恤夏四月癸卯進封頓丘公李峻為

王閭月戊子帝以旱故減膳責身是夜澍雨大降五月宋

孝武帝殂六月丁亥行幸陰山秋七月壬寅行幸河西九

月辛丑車駕還宮冬十月琅邪侯司馬楚之薨十二月南

秦王楊難當薨吐呼羅國遣使朝貢

六年春正月景申大赦二月丁丑行幸陰山三月戊戌相州刺史西平郡王吐

對翼等權竊國柄各遣使朝貢

嵐國獻寶劍五月癸卯帝崩于太華殿時年二十六六月

景寅秦尊諡曰文成皇帝廟號高宗八月葬雲中金陵

顯祖獻文皇帝諱弘文成皇帝之長子也母曰李貴人興

〖二十七〗▶

和平六年七月生於陰山之北太安二年二月立為皇太子

騎大將軍乙渾矯詔殺尚書楊保年平陽公賈愛仁南陽

公張天度千禁中戊申司徒平原王陸麗自湯泉入朝

又殺之乙酉以渾為太尉錄尚書事東安王劉尼為

司徒公以尚書左僕射和其奴為司空六月封繁陽侯

李峻為刑州楊王征東大將軍馮熙為昌黎王秋七月癸巳

以太尉乙渾為丞相位居諸王上事無大小皆決焉九月

庚子曲赦京師丙午詔曰先朝以州牧親人宜置良佐故

敕有司班九條之制使前政選吏以待後人然牧司聚斂非

其人懷干祿之心緩令典度令制剌史守宰到官之日仰自舉人望忠

信以為選官不論前政共相置任若簡任失所以罔上論

是月宋義陽王劉昶自彭城來奔冬十月徵陽平王新成

京兆王子推濟陰王小新成汝陰王天賜任城王雲入朝

十一月宋湘東王或殺其主子業而自立

天安元年春正月己丑朔大赦改元二月庚申丞相太原

王乙渾謀反伏誅乙亥侍中元孔雀為濮陽王公辛丑

定國為東郡王三月庚子以隴西王源賀為太尉公辛丑

高宗文成皇帝神主祔于太廟辛亥帝幸道壇親受符錄

曲赦京師秋九月己酉初立鄉學郡置博士二人助教二

〖二十八〗▶

人學生六十人冬十二月皇第安平王薨是歲州鎮十一

旱人飢開倉振恤

皇興元年春正月癸巳鎮南大將軍尉元大破宋將張永

沈攸之於呂梁東宋人來聘庚子東平王道符

安其司馬隗太陽斬之傳首京師道符兄弟皆伏誅閏月

以皇興元年春正月癸巳鎮南大將軍尉元大破宋將

軍往討三月甲寅剋之秋八月丁酉幸武州山石窟寺戊

申皇子宏生大赦改元九月己巳進馮翊公李白為梁郡

王冬十月己亥朔日有蝕之癸卯田於郍男池濮陽王孔

崔坐白惕降爲公

二年春二月癸未田于西山親射武豹三月慕容白曜進
圍東陽戊午宋人來聘夏四月景子朔日有蝕之辛丑
南郡公李惠爵爲王五月乙卯田于崞山遂幸敕寺辛酉
車駕還宮六月庚辰以河南關地曲赦京師殊死巳下以
昌黎王馮熙爲大傅秋九月辛亥封皇叔禎爲南安王長
壽爲城陽王太洛爲章武王休爲安定王冬十月癸酉朔
日有蝕之辛丑田于冷泉十一月州鎮二十七旱居隰天
下之人一也其求軍殘殺之士聽邊江南務路散草芥者敕
舍振恤十二月甲午詔曰頃張求敢拒王威貴賴原隰天

〈北史帝紀二〉 二十九 山

州縣收瘞之
三年春正月乙丑東陽潰虜沈文秀戊辰司空平昌公和
其奴薨二月巳卯進上黨公慕容白曜爵爲濟南王夏四
月壬辰宋人來聘景申名皇子宏大赦丁酉田于崞山五
月徙青齊人於京師六月辛未立皇子宏爲皇太子冬十
月丁酉朔日有蝕之是月太宰頓丘王李峻薨十一月進
襄城公韓頹爵爲王
四年春正月州鎮大飢詔開倉振恤二月以東郡王陸定
國爲司空公詔征西大將軍上黨王長謀觀討吐谷渾什
寅虔陽王石俟薨三月景戌詔天下人病者所在官司遣

醫就家診視所須藥任醫所量給之夏四月辛丑大赦戊
申長孫觀軍至晏頭山大破什寅五月封皇弟長樂爲建
昌王六月宋人來聘秋八月蠕蠕犯塞九月景寅車駕遂北
伐諸將俱會于女水大破虜軍司徒東安公劉尼坐事免
壬申車駕至自比伐飲至于策勳告于宗廟冬十二月甲
辰慕容白曜高平公李敷
王慕容白曜石窟寺陽平王新成薨
五年春二月乙亥詔假員外散騎常侍邢祐使于宋夏四
月平王長孫敦薨六月丁未行華河西秋七月景寅詔弛山澤禁十一月詔
至陰山八月丁亥車駕還宮帝幼而神武聰叡機悟有濟

〈北史帝紀二〉 三十 山

人之規仁孝純至禮敬師友及即位雅薄時務常有遺世
之心欲禪位於叔父京兆王子推羣臣固請乃止景午使
太保建安王陸馥太尉源賀奉皇帝璽綬冊命皇太子升
帝位於是羣公奏上尊號太上皇帝巳酉太上皇帝徙御
崇光宮來椽不斷土階而巳國之大事咸以聞承明元年
文明太后有憾帝崩於永安殿年二十三上尊諡曰獻文
皇帝廟號顯祖葬雲中金陵
論曰太武聰明雄斷威靈傑立二世之資秉征伐之氣
遂戎軒四出周旋夷險平秦隴掃統萬翦遼海蕩河源南
夷荷擔北蠕絕迹廓定四表混一華戎其爲武功也大矣

遂使有魏之業光邁百王宣非神叡經綸事當命世至於
初則東儲不終末乃豐成所忽固本貽防殆弗思乎景穆
明德令聞夙世殂夭其灰圍之悼歟文成屬太武之後內
頗虛耗旣而國豐時艱朝野楚楚帝與時消息靜以鎭之
養威布德懷緝中外自非機悟深裕矜濟為心亦何能若
此可謂有君人之度矣獻文聰叡夙成兼資雄斷故能重
清漠野大啓南服而早有厭世之心終致宮闈之釁將天
意也

周巳千孫　粹然　校正

高祖孝文皇帝諱宏獻文皇帝之太子也母曰李夫人皇
興元年八月戊申生於平城紫宮神光照室天地氛氳
氣充塞帝絜曰有異姿襁褓岐嶷長而弸裕仁孝綽然有
人君之表獻文尤愛異之三年六月辛未立為皇太子五
年受禪延興元年秋八月丁未宋人來聘九月壬戌詔齊王討
平之冬十月丁亥沃野統萬二鎮敕勒叛詔太尉隴西王討
庶進直言延興元年青州高陽人封辨聚黨自號齊王州軍討
源賀追擊至枹罕滅之徙其遺迸於冀定相三州為營

北史帝紀三

十二月乙酉封駙馬都尉穆亮為趙郡王壬辰詔求辟後
攘東萊人嫗苟之復其家畢世以彰盛德之不朽復前濮
陽孔雀本封辛丑徙趙郡王穆亮為長樂王癸卯日有
觸之
二年春正月大陽蠻酋相誕率戶內屬拜征南將軍封襄
陽王曲赦京師及河西南至秦涇西至枹罕比至涼州及
諸鎮詔假貟外散騎常侍邢祐使於宋二月丁巳詔曰頃
者淮徐未賓尼父廟隔非所致令祠典寢頓禮章殄滅遂
使女巫妖覡淫進非禮自今有犯者以違制論其公家有
聽婦女雜合以祈非望之福犯者以違制論其公家有事

自如常禮蠕蠕犯塞太上皇帝次於北郊詔諸州料討之蒸胥
遣走比部敕勒叛奔蠕蠕太上皇帝追至石磧不及而還
三月戊辰以散騎常侍駙馬都尉萬安國為大司馬大將
軍封安城王庚午親耕籍田連川敕勒謀叛徙配青徐齊
兗四州為戶夏四月庚子詔工商雜伎盡聽赴農諸州課
人益種菜果五月丁巳詔軍警給璽印傳符次行者
給馬印六月辛亥宋明帝殂五月丁巳詔沙門不得去寺行者
忘為猥濫自今所遣皆門盡州郡之高才堪專
戊午行幸陰山秋七月壬寅詔州郡縣各遣二人才堪專

北史帝紀三

對者赴九月講武當親問風俗八月百濟遣使請兵伐高
麗九月辛巳車駕還宮戊申統萬鎮將詞間王間武皮坐
貪殘賜死已酉詔以州鎮十一水旱兵其田租開倉振恤
又詔流迸之人皆令還本遵者從邊及十月蠕蠕犯塞及
五原十一月太上皇帝親討之將度漠蠕蠕聞之北走數
千里丁亥封皇妣略姊廣川王壬辰分遣使者巡省風俗
問人疾苦帝每月一朝常光宮十二月庚戌詔曰頃以
來官以勞升未义而代牧守無恤人之心競為聚斂送故
迎新相屬於路非所以固人志隆政也自今牧守溫良
二儉克己奉公者可久於其任歲積有成遷位一級其貪

殘非道侵削黎庶者雖在官亦前必加黜罰著之於令以
為差準詔以代郡車同豐沛俱為人先配邊戍者免之是歲
高麗地豆于庫莫奚高昌等國並遣使朝貢
三年春正月庚辰詔員外散騎常侍權演使於宋丁亥改
崇光宮為寧光宮二月戊午太上皇帝至自比討飲至策
勳告於宗廟甲戌詔縣令能靜一縣刧益者兼理二郡上
食其祿能靜三縣者遷為郡守二千石能靜一縣即
至三郡亦如之三年要為刺史三月壬午詔諸倉屯穀麥
充積者出賜貧人夏四月戊申詔假司空上黨王長孫觀
等討吐谷渾拾寅壬子詔以孔子二十八世孫魯郡孔乘

｜此史帝紀三｜ 三 ▽

為崇聖大夫給十戶以供灑掃六月甲子詔曰往年縣名
秀才二人問守宰善惡而賞者未幾罪者皆多肆法傷生
情所未忍諸為人所列者特原其罪盡可代之秋七月詔
河南六州人戶絹一匹綿一斤租三十石以之幸陰
山八月庚申帝從太上皇帝幸河西拾寅謝罪請降許之
九月辛巳車駕還宮乙亥宋人來聘已亥詔曰今京師及
天下囚未判在獄致疫無近親者給衣衾棺槨華之不得
暴露辛丑詔遣十使循行州郡撿括戶口冬十月太上皇
帝將南巡詔州郡之人十丁取一充行戶租五十石以備
軍糧十一月戊寅詔以河南州郡牧守多不奉法致新邦

百姓莫能上達遣使者觀風察獄黜陟幽明搜揚振恤癸
巳太古王帝南巡至懷州所過閱人疾苦賜高年孝悌人
田布帛十二月癸卯朔日有蝕之庚戌詔關外死面聽人
樵採是歲高麗契丹庫莫奚萬戶等國並遣使朝貢州
鎮十一水旱人田租開倉振恤相州人餓死者二千八
百四十五人袂人劉舉自稱天子齊州刺史武昌王平原
捕斬之
四年春正月癸酉朔日有蝕之丁丑太尉隴西王源賀以
病辭位二月甲辰太上皇帝至自南巡夏四月丁卯詔自
丁亥詔員外散騎常侍許赤武使於宋夏四月丁卯詔自

｜北史帝紀三｜ 四 ▽

赦仇池八月戊申大閱於比郊九月以宋亂故詔將軍元
蘭等伐蜀漢冬十月庚子宋人來聘十一月分遣侍臣循
河南七州觀察風俗撫慰初附是歲粟特敕勒吐谷渾鎮
麗曹利開悉契丹庫莫奚地豆于等國並遣使朝貢州鎮高
十三大飢丙午人田租開倉振之
五年春二月癸丑詔定考課明黜陟夏四月詔禁屠蠶鶏
開相告之制五月景午詔員外散騎常侍許赤武使於宋
丁未幸武州山辛酉幸車輪山六月庚午禁殺牛馬壬申
曲赦京師死罪遣備蠕蠕秋九月癸卯洛州人賈伯奴稱

恒農王豫州人田智度稱上洛王郡討平之冬十月太上
皇帝大閱於北郊十二月景寅改封建昌王長樂為安樂
王巳五城陽王長壽薨是歲高麗吐谷渾
龜茲契丹宴窋地豆干蠕蠕等國並遣使朝貢
承明元年春二月司空東郡王陸定國坐事免官爵為庶
夏五月冀州人宋伏龍聚衆自稱南平王郡縣捕斬之六
月甲子詔中外戒嚴分京師見兵為三等第一軍出遣第
一兵二等亦如之辛未太上皇帝崩戊寅以征西大司
馬大將軍安城王萬安為太尉尚書左僕射南平公目辰為司徒進
安樂王長樂為太尉尚書左僕射南平王郡改元大司

《魏帝紀三》 《五》

封宜都王以南部尚書李訢為司空尚書大后為大皇太
后臨朝稱制秋七月甲辰追尊皇姚李貴人為思皇后濮
陽王孔雀有罪賜死八月甲子詔羣公娣士有使人益國
者具狀以聞甲戌以長安二蟲多死丐人歲賦之半九月
丁亥曲赦京師冬十月丁巳起七寶永安行殿乙丑九月
東陽王丕爵為王巳未詔羣官卿士下及吏人各聽上書
直言極諫苟有益政利人可以正風俗者有司
以聞辛未幸建明佛寺大宥諸人進濟南公羅扶為王是
歲蠕蠕高麗庫莫奚波斯契丹岩昌悉萬斤等國並遣使
朝貢

太和元年春正月乙酉改元太和安昌二殿巳酉
秦州略陽人王元壽聚衆自號衝天王雲中討破王元壽三
二月辛未以雍州刺史武都公赤洛侯討破王元壽三
月庚子以雍州刺史東陽王陸定國官爵五月重鴛祈雨於武州
疫死傷太平今東作旣興人須建業其較在所督課田農
有牛者加勤於常歲無年者倍庸於餘年一夫制田四十
畝中男二十畝無令人有餘地有遺利夏四月樂安王
颺詔後前東郡王陸定國官爵五月京兆王子推薨庚子定三
山俄而澍兩大洽秋七月壬辰京兆王子推薨庚子定三
等死刑巳酉起朱明思賢門是月宋人殺其主豆八月士

《北史帝紀三》 《今》

子大赦畏子詔曰高卓隸各有厥分布有司縱濫或淆
清流自今名內有工役者唯止本部承巳下準次而授者
階籍元勳以勞定國者不從此制戊寅宋人來聘九月乙
酉詔羣臣定律令於太華殿庚子起永樂遊觀殿於芳
穿神泉池冬十月辛亥朔日有蝕之癸酉宴京邑耆老年
七十巳上於太華殿賜以衣服詔七十巳上一子不從役
宋葭蘆戊主楊文慶遣第鼠襲陷仇池十一月丁亥懷州
人伊祁苟自稱堯後應王聚衆於重山洛州刺史馮熙計
平之閏月庚午詔員外散騎常侍李長仁使於宋十二月
壬寅征西將軍皮歡喜攻陷葭蘆斬楊文慶傳首京師丁未

使朝貢

蠕蠕車多羅西天竺舍衛疊伏羅栗揚婆貢闐等國並遣

州郡八水旱蝗人飢詔開倉振恤是歲高麗契丹庫莫奚

二月丁亥行幸代之湯泉所過問人疾苦以官文賜貧灸

二年春正月丁巳封黎王馮熙第二子始興為北平王

無妻者粲彌機為宕昌王夏四月巳丑宋人來聘京師旱甲

南公粲彌機為宕昌王駕還宮乙酉晦日有蝕之三月景子以河

辰祈天災於北苑親自禮告減膳避正殿景午遊京師大旱

曲赦京師五月詔曰婬者人漸奢尚婚葬軌又皇族貴

咸及主席之家不惟氏族高下與非類婚姻先帝親發明

十

常侍鄭羲使於宋十一月癸巳誅南郡王李惠是歲龜玆

巳朝日有蝕之景辰詔員外散騎

者考察守宰問人疾苦景戌詔罷諸州禽獸之貢之九月乙

詔為多少科禁而百姓仍不蕭改朕念憲章舊典求為

定準折者必違制論六月庚子皇叔苦薨秋八月分遣使

國獻名駝龍馬珍寶其眾吐谷渾勿吉等國並遣使

三年春正月癸丑以德六合殿成庚申詔罷行營官二月

朝貢州鎮二十餘水旱人飢詔開倉振恤

辛巳帝太皇太后幸代郡湯泉問人疾苦緣塞巢臼者妻又

宮女巳亥還宮三月癸卯朔日有蝕之甲辰曲赦京師夏

四月甲申宋人來聘癸未樂良王薨平薨甲午宋順帝禪

位于齊庚子進淮陽公為元

死五月丁巳帝祈雨於北苑

辛未以雍州人飢開倉振恤

言乙亥幸方山起恩遠佛寺丁丑還宮九月壬申詔舉臣進直

東陽王丕為太尉趙郡公陳建為司徒進爵魏郡王隴東

公苟頹為司空進爵河東公王叡進爵中山王隴東

公張祐新平王乙未定州刺史安樂王長樂有罪賜死庚

甲隴西王源賀薨冬十月巳巳朔大赦十一月癸卯賜京

師資窮高年疾患不能自存長服布帛各有差癸丑進假

梁郡公元嘉爵為偅王督二將出淮陰隴西公元琛三將

出廣陵河東公薛子三將出廣固至壽春是歲吐谷渾

高麗蠕蠕地豆干契丹莫奚龜玆粟特州逸河西伏

羅貢闐恭萬斤等國各遣使朝貢

四年春正月癸卯乾象六合殿成乙卯廣川王略薨丁巳

罷酒禁爵從邊二月癸巳以旱故詔天下祀山川羣神及能

興雲雨者修飾祠堂薦以牲璧人有疾苦所在存問夏四

月乙卯幸延尉籍坊二獄引見諸囚詔隨輕重決遣以赴

六

15-51

耕耨甲申賜天下貧人一戶之內無雜財穀帛者粟一年
六月丁卯以澍雨大洽曲赦京師秋七月辛亥行幸太山
壬子詔會京師耆老賜錦綵衣服几杖稻米蜜麵復家人
不徭役閏月丁亥幸獸圈親錄四徒輕者背免之壬辰乙
立王李鍾葵有罪賜死八月乙酉詔諸州置冰室九月乙
亥思義敷成王午東明觀成壬子詔曰隆寒雪降可遣侍
臣詣廷尉獄又因所察飢寒者給以衣食桎梏者可少輕
鎮是歲郡鎮十八水旱人飢詔開倉振恤蠕蠕悉萬斤等
國並遣使朝貢
五年春正月巳卯南巡丁亥至中山親見高年問人疾苦

九二

二月辛卯朔大赦賜孝悌力田孤貧不能自存者穀帛各
有差免官人之老者還其親丁酉至信都存問如中山癸
卯還中山巳酉講武于唐水之陽庚戌車駕還宮沙門法
秀謀反伏誅假梁郡王嘉大破齊偽護三萬餘口送京師
三月辛酉朔幸肆州癸亥講武于雲水之陽所經考察守
宰黜陟之巳車駕還管詔曰法秀妖詐為亂常妖誑符瑞
蘭臺御史張求等一百餘人招結奴隸謀為大逆有司科
以族誅誠合刑憲但愚重命猶所不忍其五族者降止
同祖三族止一門門誅止身夏四月巳亥行幸方山建永
固石室於山立碑焉銘太皇太后終制于金冊又起鑒玄

殿甲寅以旱故詔所在掩骼骨祈禱神祇住城王雲薨五
月庚申以襄月時要詔天下勿使有留獄六月甲辰中山
王叡薨戊午封皇叔簡為鄧郡王猛為安豐王秋七月庚
申朔日有蝕之甲子鄭人來聘九月庚午閱武於南郊大
饗群臣鄧使車僧朗少班在宋使殷靈誕後醉不就庸宋
降人胖奉君為僧朗詔誅奉君等乙亥封昌黎王
馮熙世子誕為南平王冬十二月癸巳州鎮十二飢詔開
倉振恤是歲蠕蠕等國並遣使朝貢
六年春正月甲戌大赦二月辛卯詔以靈丘郡土饒禍堵
又諸州路衝復其人租十五年癸巳白蘭王吐谷渾翼世

十一

以誣閤狀誅乙未詔曰蕭道成連亂江淮戎旗頻舉七州
之人旣有征運之勞深乖輕徭之義其後常調三年癸丑
賜王公巳下清勤著稱者穀帛有差三月庚辰幸獸圈詔
曰武狼猛暴食肉殘生從今勿復捕貢秋七月乙幸武州山石
窟寺賜貧老衣服是月齊高帝殂夏四月甲辰賜畿內鰥
寡孤獨不能自存者粟帛各有差秋七月戊州郡五歲人
修靈丘道八月癸未朔分遣大使巡行天下遂水之廚可
其租賦貧俊不自存者賜以粟帛庚子龍山澤禁九月辛
西以氏楊後起為武都王是歲地豆干吐谷渾等國並遣
使朝貢

七年春正月庚申詔曰朕每思知百姓疾苦以增修政
故具問守宰苛虐之狀於州郡使者今秀孝計祿對多不
實可恕罪聽歸求之意宜案以大辟明罔上必誅然情猶未
忍可慰罪聽歸求之意宜案以大辟明罔上必誅然情猶未
東徐四州户運倉粟二十萬石遺瑕立琅邪復租半一年
三月甲戌以冀定二州飢詔郡縣為粥所過賑恤自存者
關津之禁夏四月庚子幸嵩山賜所過縣粟帛以食之又弛
衣服粟帛主夏軍鴐還官閏月癸丑皇子生大赦六月定
州上言為粥所活九十四萬七千餘口秋七月甲申詔假
員外散騎常侍李彪使於齊改封濟南王羅拔為趙郡王

九月壬寅詔求讜言冀州上言為粥所活七十五萬一千
七百餘口冬十月戊午皇信堂成十一月辛丑齊人求聘
十二月乙巳朔日有蝕之癸丑詔曰夏殷不嫌一族之婚
周世姞始絶同姓之娶斯皆教隨時設政因事改者也皇運
初基日不暇給古風遺樸未遑釐改自今悉禁絶之有犯
者以不道論庚午開林慮山禁與人共之州鎮十二飢詔
開倉振恤
八年春正月詔隴西公琛尚書陸叡為東西二道大使襃
善罰惡夏五月己卯詔振賜河南七州戊兵甲申詔員外
散騎常侍李彪使於齊六月丁卯詔曰置官班祿行之尚

矣自中原喪亂茲制中絶先朝因循未遑釐改朕顧憲章
舊典始班俸祿罷諸商人以簡人事户增調三匹穀二斛九
斗以為官司之祿均預調為二匹之賦即兼商用雖有
一時之須終克永逸之益祿行之後贓滿一匹者死變法
改度宜為更始其大赦天下與之惟新戊辰詔內外百官
受祿有差戊戌詔罷諸商人九月甲
居秋八月甲辰詔以永逸之益更興刑書寬恤允人或
異議制百辟卿士工商人各上書便宜勿有所隱九月甲
午齊人來聘有差戊戌詔十月為首每季一請於是內外
于齊十二月州鎮十五水旱人飢詔使者開倉振恤是歲
百官受祿戊戌詔十月乙未詔員外散騎常侍李開倉振恤使

蠕蠕高麗寺國各遣使朝貢
九年春正月戊寅詔禁圖讖祕緯及名孔子閭房記留者
以大辟論又諸巫覡假稱神鬼妄說吉凶及委巷諸非墳
典所載者嚴加禁斷癸未大饗羣臣於太華殿班賜有差
二月己亥制皇子封王者皇孫皇曾孫紹封者皇女封者
歲祿各有差封廣陽王建第二子嘉為廣陽王乙巳詔百
辟卿士工商吏人各上書極諫廢有所隱三月景申封皇
弟禧為咸陽王幹為河南王羽為廣陵王雍為潁川王勰
為始平王詳為北海王夏五月齊人來聘秋七月景午朔
新作諸門癸未遣使拜宕昌王樂彌機兄子彌承為宕昌

王八月庚申詔曰數州災水飢饉蒸蒸致有賣鬻男女者
天譴在予一人百姓橫罹艱辛今自太和六年已來貲定
冀幽相四州饑人良口者盡還所親雖娉為妻妾遇之非
理情不樂者亦離之田還受以生死為斷勸課農桑與之
中均給天下之田還受以生十月丁未詔使者循行州郡及州
鎮十二月乙卯以侍中淮南王他為司徒常侍李彪使於
齊十三年春正月癸亥朔帝始服袞冕朝饗萬國二月甲戌辛
立董里鄰三長定人戶籍三月庚戌祈人來聘夏四月辛
〈十三〉

酉朔始制五等公服甲子帝初法服御輦祀西郊六月已
卯名皇子曰恂大赦秋八月乙亥給尚書五等爵已上朱衣玉珮大小組綬九月辛卯詔起明堂辟雍冬十月癸
酉有司議依故事配饗祖於南郊十一月議定州郡縣官
依口給俸十二月乙酉汝南潁川飢詔乃人田租開倉振
恤是歲蠕蠕高麗吐谷渾勿吉等國並遣使朝貢
十一年春正月丁亥朔詔定樂章非雅者除之二月甲子
肆州之雁門及代郡人飢詔開倉振恤夏五月癸巳南平
王渾薨甲午詔復七廟子孫及外戚緦服已上賦役無所
與六月辛巳秦州人飢詔開倉振恤秋七月已丑詔今年

〈十四〉

殼不登聽人出關就食遣使者造籍分遣去留所在開倉
振恤八月壬申蠕蠕犯塞遣平原王陸叡討之庚辰大議
北伐辛巳罷山北苑以其地賜貧人冬十月辛未詔罷起
部無益之作出宮人不執機杼者甲戌詔曰鄉飲之禮廢
則長幼之序亂孟冬十月人閒歲隙宜於此時導以德義
可下諸州黨里之內推賢而長教者具以名聞十一月丁未詔
友弟順夫和妻柔不率長教者具以名聞十一月丁未詔
罷尚方錦繡綾羅之工百姓欲造任之無禁其御府衣服
金銀珠玉綾紬錦太官雜器太僕乘具內庫弓矢出其太
半班賚百官及京師人庶下至工商皂隸逮於六鎮戍士
各有差戊申詔令寒氣勁切杖笞難任自今月至來年孟
夏不聽榜閒罪人又歲飢輕因宜速決了無令薄罪久留
獄犴十二月詔祕書丞李彪著作郎崔光改析國記依紀
傳體是歲大飢詔所在開倉振恤吐谷渾高麗悉萬斤等
國並遣使朝貢
十二年春正月辛巳朔初建五牛旌旗乙未詔鎮戍流徙
之人年滿七十孤單窮獨無子孫旁無期親者具狀
以聞二月辛亥朔日有蝕之三月丁亥中散梁眾保等謀
反伏誅夏四月甲子大赦已巳齊將陳顯達攻陷灃陽長
樂王穆亮率騎討之五月丁酉詔六鎮雲中河西及關內

郡各脩水田通渠漑灌士寅增置靈器於太廟秋九月甲
午詔曰日蝕脩德月蝕脩刑迺者癸巳夜月蝕盡公卿已
下宜愼刑罰以荅天意丁酉起宣文堂經武殿癸卯淮南
王他薨冬閏十月甲子帝觀築圓丘于南郊十一月雍豫
二州人飢詔開倉振恤梁州刺史臨淮王提坐會緣賮此
人飢詔吐谷渾昌吐谷渾勿吉武興等國並遣使朝貢
十三年春正月辛亥圓丘初備大駕乙丑兗州人王伯
恭聚衆勞山自稱齊王東萊鎮將孔伯孫討斬之戊辰齊
道得失損益之宜三月夏州刺史章武王彬以貪臣訪政
人冠邊淮南太守王僧儁擊走之二月庚子引羣臣訪政

夏四月丁丑詔曰升樓散物以賚百姓至使人馬騰踐多
有毀傷今可斷之以本所費之物賜第老貧獨者州十
五大飢詔所在開倉振恤五月庚戌祀方澤六月汝陰王
天賜南安王楨並坐賕賄免為庶人秋七月立孔子廟於
京師八月乙亥詔兼員外散騎常侍邢巒使於齊九月十
宮人賜比鎮人貧經者冬十一月己未安豐王猛薨十二
月景子司空河東王苟頹薨甲午郹人來聘己亥以尚書
令尉元為司徒左僕射穆亮為司空是歲高麗吐谷渾陰
平中赤武興宕昌等國各遣使朝貢
十四年春正月已巳朔日有蝕之三月戊寅初詔定起君

注制詔遣侍臣巡行州郡閒人疾苦夏四月地豆干頻把
塞甲戌征西大將軍陽平王熙撃走之甲午詔兼員外散
騎常侍邢產使於齊五月巳酉庫莫奚犯塞安州都將樓
龍兒擊走之沙門司馬惠御自言聖王謀破平原郡禽獲
伏誅秋七月甲辰詔罷都牧雜制八月詔議國之行次九
月癸巳太皇太后馮氏崩詔聽潘鎮曾經內侍者前後奔
赴冬十月戊辰詔將親侍龍輿奉訣
可停之其省珍官防侍如法癸酉雜文明太皇太后於
永固陵甲戌車駕謁永固陵羣臣固請公除帝不許巳邯
車駕謁求固陵庚辰帝引見羣臣於太和殿太尉東

陽王丕等據權制固請帝引古禮往復數返乃止京兆王
太興有罪免官削爵詔曰公卿屢以金冊遺旨中代權制
武請過葬即吉朕思遵遠祖終三年之制依禮既虞卒哭
此月二十一日授服以萬易麻既以衰服在上公卿不得
獨釋於下故於朕授服之緣綬從練禮已下復為節降其酌
古今以制厭喪故吉朕削爵之授服以萬易麻
巨痛癸未詔曰朕遠遵古式終三年之禮朕仰惟金冊俯自推省
取諸二衰不許衆議必衰服過期終四節之慕文奉遵聖
訓事脩諧言不敢暗黙自居以曠機政庶不懟遺令之意
金冊顧命將奪朕心從先朝之制朕百辟羣臣據

羌戎哀慕之情並下州鎮長至三元絕告慶之禮甲申車
駕謁永固陵十一月甲寅詔內外職人先朝班次又諸方
雜客冬至之日盡聽入臨三品已下衰服者至夕後臨其
餘唯旦臨而已其拜哭之節一依別儀丁己齊人來聘十
二月壬午詔依準立井之式遣使與州郡宣行條制隱戶
漏丁即聽附實若朋附窮勢陵抑孤獨罪有常刑是歲吐
谷渾宕昌武興陰平高麗等國並遣使朝貢
十五年春正月丁巳帝始聽政於皇信東室初分置左右
史官癸亥晦日有蝕之二月己丑齊人來聘三月甲辰車
駕謁永固陵夏四月癸亥帝始進蔬食乙丑謁永固陵自

正月不雨至于癸酉有司奏祈百神詔曰何宜四氣未周
便行禮事唯當考躬責己以待天護甲戌詔貞外散騎常
侍李彪使於鄴己卯經始明堂改營太廟五月己亥議改
律令於東明觀折疑獄乙卯楸牟鎮將長孫百年攻吐谷
渾所置洮陽泥和甲戌剋之修復三萬餘人詔恣免歸景
展詔造五輅癸未浹陰王禪以貪殘賜死秋七月乙
丑詔求固陵規建壽陵己卯詔議祖宗以道武皇帝為太
祖乙酉車駕從幸京邑聽訟而遷八月壬辰議養老又議
宗類上帝檉于六宗禮帝親臨決詔曰有時物可以薦
肆類上帝檉之戊戌移道壇於桑乾之陰改曰崇虛寺己亥

詔諸州舉秀才先盡才學乙己親定禘祫禮丁己議律令
固陵是月明堂太廟成十一月乙齊人來聘冬十月庚寅車駕謁永
乙亥天定官品戊寅考諸牧守詔假通直散騎常侍於新廟
聽於鄴景戌初罷小歲賀丁亥詔二千石考上上者表一襲四
品將軍賜乘黃馬一四上中者五品將軍已下衣一襲
哀於城東行宮己酉車駕迎春於東郊辛卯詔簡選樂官
以安定王休為太傅陳郡王簡為太保帝為高麗王璉舉
十二月壬辰遷社於內城之西癸己班賜刺史已下衣冠
是歲吐谷渾來獻萬斤高麗鄧至宕昌等國並遣使朝貢

十六年春正月戊午湖朝饗羣臣於太華殿帝始為王公
興縣而不樂己未祀顯祖獻文皇帝於明堂以配上帝
遂井臺以觀雲物隆居青陽左个布政事每朔依以為常
辛酉始以太祖配南郊壬戌詔定行次以水承金甲子詔
罷祖裸乙丑制諸遠屬非太祖子孫及異姓為王者皆降
為公公為侯侯為伯子男以舊皆除將軍之號戊辰帝臨
思義殿策問秀孝景子始以孟夏祭廟二月戊子帝移御
幸北部曹歷觀諸省從省京邑聽理筑訟甲午車駕初朝
求樂宮庚寅壞太華殿經始太極殿辛卯罷寒食享壬辰
旱于東郊遂以為常丁酉詔祀唐堯於平陽虞舜於廣寧

夏禹於安邑周文於洛陽丁未改諡宣尼曰文聖尼父告
諡孔廟三月丁卯巡省京邑癸酉省西郊郊天雜事乙亥
車駕初迎氣於南郊自此為常辛巳以高麗王璉孫雲為
其國王璉人來聘夏四月丁亥頒新律令大赦甲寅辛
皇宗學親問博士經義決之秋七月壬戌詔曰自今選舉
律條流徒限制帝親歸政之
每以季月本曹與吏部銓簡閱帝親錄囚
未詔陽平王頤左僕射陸叡初督十二將於北討蠕蠕景午宮
昌王濟弼承來朝司徒尉元以老遜位巳酉以尉元為三

北史帝紀三 十九

老游明報為五更又養國老庶老將行大射之禮雨不克
戊癸五詔曰國家雖崇文以懷九服修武以寧八荒然於
貫武之方猶為未盡將其列陣於馬射之前先行講武之式可敕
南司隸修場將其列陣之儀五戎之數別侯後敕九月甲
朔大序昭穆於明堂祀文明太皇太后於玄堂辛未帝
以文明太皇太后再周忌日哭於陵左終於絕膳三日哭不輟
穀辛巳武興王楊集始來朝冬十月巳亥以太傅安定王
休為大司馬特進為司徒甲辰詔以功臣配饗太廟
庚戌太極殿成饗群臣十一月乙卯依古六寢權制三室
以安昌殿為內寢皇信堂為中寢四下為外寢十二月賜

京邑老人鳩杖齊人來聘是歲高麗鄧至契丹庫莫奚谷渾
等國並遣使朝貢
十七年春正月壬子朔饗群寮於太極殿乙丑詔大賜諸
蕃客長車旗衣馬錦綺繒續多者一千少者三百各少命
毅寓為詔兼員外散騎常侍緝使於齊景子以吐谷渾
伏連籌為其國王休太保鄧郡王
駕始籍田於都南二月乙酉詔賜議律令之官各有差巳酉車
后馮氏是月齋直閣將軍蠻酋田益宗率部落內屬五月
壬戌宴四廟子孫於宣文堂帝親與之齒行家人禮甲子

北史帝紀三 二十

帝臨朝堂引見公卿以下決政錄囚徒丁丑以旱徹膳
襄陽蠻酋雷婆思等率其部內徙居於太和川六月庚辰
朔日有蝕之景帝將南伐詔造河橋乙未講武巳詔
令二十一卷事迫戎期未善周悉須更待軍廻便論所關播
可付外施行立皇子恂為皇太子秋七月癸丑以皇太子
襄日比百秩雖陳事典未叙自八元搆位躬加省覽所關播
詔賜人為父後者爵一級為公士曾為吏屬者爵二級
立造縣寡孤獨不能自存者人粟五斛戊午中外戒嚴
駕類於上帝遂臨尉元喪丁亥帝辭永固陵巳五發京師
是月齊武帝殂八月乙酉三老山陽郡公尉元薨景戊車

南伐步騎三十餘萬太尉不奏請以宮人從詔以臨戎不
語內事不許壬寅車駕親問賜賜至肆州人年七十已上賜爵一級
路見跛傴駕親賜衣食復終身戊申幸幷州親見高
年問疾苦九月壬子詔兼貟外散騎常侍高聰聘於陳丁
已詔車駕所經恤鰥寡孤獨各有差幸洛陽詔洛
懷幷肆所過四州賜高年爵恤鰥寡孤獨各有差孝婚有
義爲之流涕壬申觀河橋幸太學觀石經景子六軍發軹
詩爲之流涕壬申觀河橋幸太學觀石經景子六軍發軹
文武之才積勞應進者皆以名聞又詔斷諸庶族
故宮基跡帝顧謂侍臣曰晉德不修荒毀至此遂誄
帝乃止仍議遷都計冬十月戊寅朔幸金墉城詔徵司空
穆亮與高陽王雍作大匠董爵始經洛京已卯幸河南
城乙酉幸豫州癸已次於石濟乙未解嚴設壇梁滑臺宮
詔京師及諸州從戎者賜爵一級應募者加二級主將加
三級癸卯幸鄴城乙已詔安定王休率從官迎家口於代
車駕送於漳水上初帝之南伐起宮殿於鄴西十一月癸
亥宮成從御馬十二月戊寅巡省六軍乙未詔隱恤軍士
死亡疾病務令優給是歲勿吉吐谷渾宕昌陰平契丹庫
莫奚高麗鄧至等國並遣使朝貢

十八年春正月丁未朔朝羣臣於鄴宮澄鄴殿癸亥南巡
詔相州逵緣三州賜高年爵恤鰥寡孤獨各有差孝子順孫義
文武應求者皆以名聞戊辰經比干墓祭以太牢乙亥
幸洛陽西宮二月已丑行幸河陰規建方澤之所景申徙
封河南王幹爲趙郡王頴川王雍爲高陽王壬寅比巡癸
卯蓚人求聘固陵三月庚辰詔喻天下以遷都之意
極殿喻在代羣臣遷後之略夏五月甲戌朔日有蝕之乙
亥詔罷五月五日七月七日饗六月已巳詔兼貟外散騎
常侍盧昶使於齊秋七月乙亥以宋王劉昶爲大將軍壬
辰北巡戊戌詔金陵辛丑幸朔州其月齊蕭鸞殺其主昭
業八月癸亥皇太子朝於行宮甲辰行幸陰山觀雲川丁
未幸閱武臺臨觀講武因幸懷朔鎮武川撫冥柔玄等四鎮
乙丑幸南還所過皆親見高年問人疾苦貧窮孤老者賜粟
粟帛景寅詔六鎮及御夷城人年老孤貧癃疾者賜粟有
罪各有差戊辰車駕次旋鴻池庚午謁舅迴陵辛未還平
城宮九月壬申朔詔曰三載一考即黜陟幽明今三載以
彰能否朕今三載一考考即黜陟欲令愚滯無妨於賢者
才能不擁於下位各令當曹考其優劣為三等六品已下

尚書重閏五品已上朕將親與公卿論其善惡上上者遷
之下首黜之中者守其本任壬午帝臨朝堂親加黜
陟壬辰陰平王陽泉來朝冬十月甲辰以大尉東陽王丕
為太傅戊申親吉太廟乙丑奉迎神主幸車駕發平城宮壬
戌次於中山之唐湖乙丑遣侍臣巡問疾苦已幸信
都庚午詔曰比聞緣邊之蠻多有鈔掠致有父子乖離室
家分絕可詔荊郢東荊三州勒諸蠻人勿有侵暴是月齊
獻武殺其主盼孤老各有差義廉貞文武應求者具以二州賜
高年爵恤鰥寡孤老各有差親為吊文樹碑刊之已丑
名聞丁丑幸鄴甲申經比干墓親為吊文樹碑刊之已丑

車駕至洛陽十二月辛丑朔分命諸將南征壬寅革衣服
之制癸卯詔中外戒嚴戊申復代遷戶租賦三歲已酉詔
王公伯子男開國食邑者王食半公三分食一侯伯四分
食一子男五分食一辛亥車駕南伐丁卯詔鄴豫二州賜
高年爵恤孤寡鰥老各有差緣路之丁復田租一歲壽悄
廉貞文武應求者具以名聞戊辰車駕至懸瓠已詔籌
陽鍾離馬頭之師所獲男女口皆放還南是歲高麗國遣
使朝貢
十九年春正月辛未湖朝饗群臣於懸瓠癸酉詔禁淮比
人不得侵掠犯者以大辟論壬午講武於汝水西大賚六

軍平南將軍王肅左將軍元麗並大破齊軍已亥車駕濟
淮二月甲辰八公山路中兩詔去軍見軍士病者親幸
隱恤之戊申車駕巡淮南東人皆安堵租運轉路辰幸
鍾離戊午軍士禽齊人三千帝曰在君為君其人何罪於
是免歸辛酉發鍾離將軍臨江水司徒馮誕薨夏四
月丁卯遣使臨江數齊主罪惡三月戊子遣太師馮熙薨四
丁卯遣使臨江數齊主罪惡三月戊子太師馮熙薨
未幸瑕立使以太牢祠岱撤詔宿衛武官增位一級庚申
高年爵恤孤寡鰥老各有差立國者具以名聞齊
降者給復十五年癸丑幸小沛幸漢高祖廟已

幸曾城親祠孔子廟辛酉詔拜孔氏四人顏氏二人為官
詔兗州刺史舉部內士人堪軍國又守宰政績者具以各
聞詔賜兗州人爵又粟帛如徐州又詔選諸孔宗子一人
封崇聖侯邑一百戶以奉孔子祀命兗州為孔子起園柏
修飾墳壠更建碑銘褒揚聖德戊辰行幸碻磝太和廟成
五月已巳城陽王駕辭陽王乃詔失利降為定襄縣王廣川王諧
麗庚午遷文成皇后馮氏神主朝於太和廟甲戌行幸滑臺
南伐甲申減關官祿以裨軍國之用乙酉詔
景子次于石濟庚辰皇太子冠於廟六月已亥詔不得以比俗之
各有著甲午皇太子冠於廟六月已亥詔不得以比俗之

語言於朝廷違者免所居官辛丑詔復軍士從駕還淮者

祖賦三年癸卯詔皇太子赴平城宮壬子詔濟州東郡榮

陽又河南諸縣車駕所經者皆賜高年爵恤孤寡老疾各有

差孝悌廉義文武應求者皆賜名聞癸丑求天下遺書秘

閣所無有裨時用者加以厚賞乙卯曲赦梁州復人田租

三歲景辰詔遷洛人死葬河南不得還北於是代人南遷

者悉為河南洛陽人戊午詔改長赤大蚪依周禮制度班

之天下秋七月幸西宮見壞塚露棺駐輦埋之乙巳詔諸

從兵從征被傷者皆聽還本金墉宮成甲子引群臣歷覽

殿堂九月六官及文武盡遷洛陽景戌行幸鄴丁亥詔諸

葬舊銘記見存昕然為時人所知者三公及位從公者去

墓三十步尚書令僕九列十五步黃門五校十步各不聽

葬殖壬辰詔黃門即以太牢祭比干墓乙未車駕還宮冬

十月甲辰赦相州郡國賜高年爵恤孤疾各有差景辰

墓至自鄴辛酉詔州郡舉士壬戌詔徐充光南青荊洛

三等之科以聞將加親覽以定升降詔徐充光南青荊洛

重駕至自鄴舉士壬戌詔諸州牧考績隨才

甲申祀圓丘景戌大赦十二月乙未朔引見群臣兼太尉復

六州嚴緊戎備應須赴集十一月行幸粟山議定圓立

宣下品令為大選之始辛酉以咸陽王禧為長兼太尉復

前安南王楨本爵甲子引見群臣光極堂賜冠服是歲

高麗鄧至吐谷渾等國各遣使朝貢

二十年春正月丁卯詔改姓元氏壬辰詔始平王勰為

城王復封定襄王二月辛丑幸華林聽訟於

都亭壬寅詔自非金革皆聽終三年喪景午詔饑內七十

已上暮春赴京師將行養老禮庚戌幸華林聽訟於都亭

癸丑詔介山之邑聽為寒食自餘禁斷三月景寅宴群臣

又國老庶老於華林園詔國老黃耇以上假中散大夫郡

守國老庶老以上假給事中縣令庶老直假郡縣各賜鳩杖衣

裳丁丑詔諸州中正各舉其鄉人壙年五十已上守素

門省授以令長夏五月景子詔敦勸農功令畿內嚴加課

督農業者申以楚撻力田者具以名聞景子詔敦勸農功令畿內嚴加課

河陰遣使以太牢祭漢光武又明章三帝陵戊初詧方澤於

諸帝陵各禁方百步不得樵蘇踐籍丁亥祀方澤秋七月

乙酉是夜澍雨大治八月壬辰朔幸華林園親錄囚徒咸

降本罪一等決遣之丁亥將通洛水入

月戊辰車駕還闕武于小平津癸酉還宮丁亥以代遷之士

穀帝親臨觀庚寅晦日有蝕之冬十月戊戌以代遷之主

皆為羽林武賁司州之人十二夫調一更為四年更幸歲

開蕃假以供公私力役已酉曲赦京師十一月乙酉復封
前汝陰王天賜孫景和為汝陰王前京兆王太興為西河
王十二月甲子以西北州郡旱儉遣侍臣巡察開倉振恤
乙丑開鹽池禁賜景寅慶皇太子恂為庶人戊辰置常平倉
樂陵王思譽知恆州刺史穆泰謀及不告削爵為庶人
二十一年春正月景申立皇子恪為皇太子賜天下為父
後者爵一級已亥遣侍臣捕斷之癸酉車駕至平城甲戌
詔并州士人年六十以上假以郡守先是定州人王金鉤
訊言自稱應王景寅州郡捕斷之

次平陽使以太牢祭唐堯夏四月庚申幸龍門使以太牢
祭夏禹癸亥幸蒲坂使以太牢祭虞舜修堯舜夏禹廟辛
未幸長安壬申武與王楊集始來朝賜穀帛戊寅親見高年間所
疾苦景子遂幸昆明池分命衛大國遣使朝貢已丑車駕東旋
旁諸陵五月丁亥朔癸未宋王劉昶薨景戌親見高年爵各有差景辰
帝幸長安癸未南巡甲寅詔汾州賜高年爵各有差景辰
詔求囷陵乙未南巡甲寅詔汾州賜高年爵各有差
渭入河庚寅詔雍州士人年七十以上假荒縣庶老年
上假荒郡八十以上假華縣七十以上假荒縣庶老年
各減一等七十已上賜爵三級其舊耗夫賜爵一級孤寡

鰥寡各賜穀帛其孝友德義文武才幹悉仰貢舉壬辰使
以太牢祭周文王於酆武王於鎬癸卯遣使祭華岳
六月庚申車駕至自長安壬戌詔冀定瀛相濟五州秋八
月二十萬將車駕至自長安壬戌詔司空穆亮遜位秋七月甲午立
士二十萬將車駕南討癸亥司空穆亮遜位秋七月甲午立
昭儀馮氏為皇后諸王群臣喪服於清徽堂九月
景辰詔中外戒嚴壬戌立皇子愉為京兆王懌為清河
王懷為廣平王戊辰講武於華林園庚辰車駕南討丁
月景辰詔司州洛陽人年七十以上無子孫六十以上無兼
親貧不自存者給以衣食及不滿六十而有廢痼之疾無
大功親窮困無以自療者皆於別坊遣醫救護給太醫師

四人豫請藥物療之辛丑帝留諸將攻赭陽引師南討丁
未車駕發南陽留太尉咸陽前將軍元英攻之已酉
車駕至新野冬十月丁巳四面進攻不剋詔左右軍築長
圍以守之乙亥遣廣員圍員十一月丁酉大
破齊軍於沔北於是人皆復業九十以上假以郡守六十
以上假以縣令丁卯詔流徙之四皆勿決遣登
城五以上假以縣令十二月丁卯詔流徙之四皆勿決遣登
野已卯親行營壘恤六軍以齊郡王子琛紹河間王若後
高昌國遣使朝貢

二十二年春正月癸未朔饗群臣於新野行宮丁亥拔新

野斬其太守劉忌於是庚午至自新野辛未詔以穰人首
歸大順始終若一者給復三十年以撫其所居曰歸義鄉次
降者給復十五年三月壬午朔大破齊將崔慧景蕭衍衍軍
於鄧城庚寅行幸樊城觀漢水耀武而還曲赦二荊曲
陽辛亥行幸懸瓠夏四月越郡王幹薨秋七月壬午詔后
之私府撝半六宮嬪御五服男女怕怕供亦令減半在
戎之親三分之一以供常是月鄴明帝遣使朝貢八月辛亥皇太
子自京師來朝壬戌高麗國遣使朝貢九月己酉朔曲赦二
不代妥詔妥拖景平車駕發黎然冬十月己酉朔帝以礼
豫州殊死已下復人田租一歲十一月辛巳幸鄴

【北史帝紀二】 廿九

二十三年春正月戊寅朔朝群臣於鄴先是帝不豫至
是有瘳庚辰羣臣上壽大饗於澄鸞殿壬午幸西門豹祠
遂歷漳水而還戊戌帝至自鄴癸卯行飲至策勳之礼
甲辰大赦太保齊郡王蕭薨二月辛亥以長兼太尉咸陽
王禧為太尉彭城王勰為司徒復以中軍大將軍彭城
陵王思譽本封癸亥以中軍大將軍彭顯達攻陷馬圈戊
東豫南伐癸未次梁城帝不豫丁酉車駕至馬圈戊
戌頻戰破之已巳收其戎資億計三月庚辰
賜皇后馮氏死詔司徒勰徵太子於魯陽踐阼以北海王
賜永死者十八九庚子帝崩於穀塘原甲辰詔又

詳為司空王肅為尚書令廣陽王嘉為左僕射尚書宋弁
為吏部尚書與尚書令王肅僕射任城王澄等六人
輔政夏四月壬朔帝崩于穀塘原之行宮時年三十三
祕諱至魯陽乃發喪還京師上諡曰孝文皇帝廟曰高祖五
月景申葬長陵帝幼有至性年四歲時獻文帝親
吮膿五歲受禪悲泣不自勝文明太后問其故對曰代親之感
內切於心獻文其鍾愛之初文明太后以帝聡聖或不利
馮氏將謀廢帝乃於寒月單衣閉室絕食三朝召咸陽
禧將立之元不悅帝初不有憾唯深慎之
不等撫念諸弟始終曾無纖介睦九族禮群臣

【北史帝紀二】 三十

大臣持法不縱然性寬慈進食者嘗以熱羹覆帝手又
於食中得蟲穢物並笑而恕之宦者先有譖帝於太
后其後又於太后前有謗帝亦不以介意寬中明太后
崩毀慕哀毀過禮五日不
宛政事從善如流哀矜百姓恆思所以濟益天地五郊宗
廟二分之礼常必躬親不以寒暑為倦史官執筆記
省日百官大小無不留心務於誠欵者亦
均不能推誠遇物苟能誠欵者亦可為人君福自己史常
從容謂史官曰直書時事無諱國惡人君威福自己史復
不書將何以懼南比征從有司奏請修隄橋梁
通鑑便止不須去草刻令平也凡所修造不得已而為

15-62

之寫不急之事重損人力凡幸淮南如在內地軍事須
伐人樹者必留絹以酬其直人苗稼無所傷踐諸有禁忌
襄敵之方非典籍所載者一皆除罷雅好讀書手不釋卷
五經之義覽之便講釋學未師受探其精奧史傳百家無不
該涉善談莊老尤精釋義才藻富贍好為文章詩賦銘頌
在興而作有大文筆馬上口授及其成也不改［字自太
和十年已後詔冊皆帝文也自餘文章百有餘篇「宇自太
士情如飢渴待納朝賢衢才輕重常寄以布素之意懇然
玄邁不以世務嬰心又少善射有膂力年十餘能以指彈
碎羊膊骨射禽獸莫不隨所至而斃之至十五便不復
殺生射獵之事悉止性儉素常服浣濯之衣鞾勒鐵木而
已帝之雅志皆此類也

論曰有魏始基代朔平南夏闢土經世咸以威武為業
文教之事所未遑也考文纂承洪緒早著叡聖之風時以
文明攝事優游恭己玄覽獨得著自不言神契所標固以
道同歸百慮一致夫生靈影亦難行人倫之高迹雖草昧業
塗同歸路之朵若乃欽明稽古協御天人帝王制作朝野軌
屋蓋盡之矣一日萬機十許年間嘗不眼給殊
待於宜化及躬撰大政
以雄才大畧奇好士視下如傷役已利物亦無得而稱

之其經緯天地甚廬謚也

魏本紀第三

方滔周益　周巳午　孫粹然　校正

世宗宣武皇帝諱恪孝文皇帝第二子也母曰高夫人初
夢為日所逐避於牀下日化為龍繞已數匝寤而驚悸遂
有娠太和七年閏四月生帝於平城宮孝文帝二十一年正月景
即皇帝位諒闇委政宰輔五月高麗國遣使朝貢六月乙
卯分遣侍臣巡行州郡問人疾苦皇后癸丑增宣仁六月乙
禮名長貴戊辰尊皇妣曰文昭皇后秋八月戊申導詔
孝文皇帝三夫人已下秦免歸家癸丑增宣位一級冬
十月癸未節至國王象舒彭來朝景陵

世宗紀四

朝十一月幽州人王惠定聚衆反自稱明法皇帝刺史李
肅捕斬之是歲州鎮十八水饑分遣使者開倉振恤
景明元年春正月辛丑朔日有蝕之壬寅謁長陵乙亥天
赦改元丁未齊徐州刺史裴叔業以壽春內屬二月戊戌
後以彭城王勰為司徒鄧將胡松李奔君士軍也宛陳伯之
水軍逼壽春夏四月景申司徒彭城王勰為大司馬
大破之已亥皇彪桃蔑以司徒彭城王勰為大司馬五月甲寅北鎮饑道使播
已亥朝日有蝕之遣將陳伯之寇淮南八月乙酉彭城王
勰破伯之於肥口九月豫州人柳世明聚衆反冬十月丁

卯謁長陵庚寅薨薨二州討世明平之丁亥改授彭城
王勰司徒錄尚書事十一月丁巳陽平王頤薨是歲州鎮
十七大饑分遣使者開倉振恤高麗吐谷渾等國並遣使
朝貢

世宗紀四

二年春正月景申朔謁長陵庚戌帝始親政遣道訊關司
徒彭城王勰以老歸第進太尉咸陽王禧位太保以司空
北海王詳為大將軍錄尚書事于巳引見羣臣於太極前
殿告以覽政之意壬戌以太保咸陽王禧領太尉以大將
軍廣陵王羽為司空福領太尉以大將分遣大使黜陟幽明二月庚午馮宿
衝之官位一級甲戌大赦三月乙卯朔詔以比年連有軍

世宗紀四（二）

旅正調之分皆蠲罷壬戌青齊徐兗四州大饑人死者萬
餘口是月齊雍州刺史蕭衍奉其南康王寶融為主東赴
建鄴及五月壬子慶陵王蔿壬戌太保咸陽王禧謀反
賜死六月丁亥考諸州刺史加以黜陟幽明二月庚日
有蝕之乙巳蠕蠕化塞辛酉大赦九月丁酉發畿內夫五
刀五千八條京師三百二十坊四旬而罷隸揚州冬十一

乙卯免壽春春呂豫班隸揚州冬十一月景申以驃騎大將
軍穆亮為司空丁酉以大將軍北海王詳為太傅領司徒
壬寅敗箪殺其主蕭寶融立於伊水之陽乙卯仍有事焉十二月乙酉直
後張彝殺其主蕭衍是歲高麗吐谷渾等國

蠕蠕遣使朝貢

三年春二月戊寅以旱故詔州郡掩骼骨三月尊舅安王
寶夤為太保夏四月丁巳撫軍將軍李崇討鄮陽反齊王蕭
寶夤遜位於梁閏四月丁巳司空裴康薨秋七月丁巳朔
丁巳行幸鄴宮丁卯詔使者弔比干墓戊寅平陽公元丕為三老九
十月庚子帝躬御弧矢射遠及一里五十步置臣勒銘於
射所甲辰車駕還宮十一月壬寅以太極前殿初成饗群臣
臣賜布帛有差是歲河州大饑死者二千餘口西域二十
七國蠕蠕遣使朝貢

北史帝紀 三 高佑

四年春正月乙亥親耕籍田三月巳巳皇后先蠶於北郊
四月癸未朔以蕭寶夤為東揚州刺史封丹楊郡公齊王
庚寅南天竺國獻辟支佛牙五月甲戌為旱故命鞫冤獄巳亥
減膳徹懸辛丑封皇弟悅為汝南王秋七月乙卯三老
平陽公元丕薨庚午詔復收鹽池利辛未以彭城王勰為
太師八月勿吉國貢楛矢冬十一月巳未封武興國世子
楊紹先為武興王
正始元年春正月景寅大赦改元夏五月丁未朔太傅北
海王詳以罪廢為庶人六月以旱故徹樂減膳癸巳詔有

司徒參軍事甲午帝以旱故親廬喪素於太廟戊
戌詔立周旦夷齊廟於首陽山庚子以旱故公卿以下引
咎責躬又錄京師見囚殊死以下咸減一等辛卯帝之望
原之秋七月假鎮南將軍李崇大破梁軍秋八月乙丑子
事鎮南將軍元英破梁援陽辛卯英又大破梁軍仍
假鎮南將軍元英於義陽辛卯英又詔洛陽令有大
清三關丁酉封英為中山王九月詔諸州蠕傜得不得
橫有徵發蠕蠕犯塞詔左僕射源懷討之冬十月乙未詔
斷墓臣白未豪車十一月戊午詔有司依漢中遷戶巳卯詔
國學十二月景辛以兗牧公田分賜代遷戶巳卯詔群臣

北史帝紀四

乙丑以高陽王雍為司空是歲高麗遣使來朝貢
謀定律令閏月癸卯朔行梁州事夏侯道遷據漢中來降
二年春正月景子封宕昌世子梁彌博為宕昌王二月巳
未城陽王鸞絕漢中正所銓俱為門第更吏部尚書倫
仍不才舉八坐可審議往代權賢之體必令才學並申資
州氏蜀反絕漢中遞運道統軍王足西伐頻破梁諸軍逐入劍閣秋
望兼致邢巒遣統軍王足擊破梁軍因遍涪城八月壬寅詔中山王
七月戊子王足擊破梁軍十一月戊辰朔武興王楊紹先叛父集起
英南討襄沔冬十一月戊辰武興王楊椿討之王足圍涪城益州諸郡咸降
謀反詔光祿大夫楊椿討之王足圍涪城益州諸郡咸降

着十二送編籍者五萬餘戶既而足引軍埋是歲節至
國邊俟朝貢
三年春正月丁卯朔皇子昌生大赦壬申梁秦二州刺史
刑巒連破氐賊剗武興梁秦州人王智等聚衆自號王公尋
推秦州主簿吕苟兒為主年號建明巳卯揚集起兵相
率降三月景辰詔求讜言戊午詔右衞將軍元麗等討吕
苟兒賜死庚寅平南將軍曲江縣公陳伯之自梁城南奔
夏四月丁未詔罷臨淄沈氏五月景寅詔以時澤未降春稼
巳旱或有孤老饑疾無人贍救因以致死暴露路隅甚矣令
殺人賜死庚寅平南將軍曲江縣公陳伯之自梁城南奔

洛陽部尉依法捕埋秋七月庚辰元麗大破秦賊降吕苟
兒及其王公三十餘人秦涇二州平戊子中山王英大破
梁徐州刺史王伯敕於陰陵巳丑詔發定冀瀛相幷肆六
州本十萬以濟南軍八月壬寅安東將軍曲江縣破梁相
和於孤山諸將升在克捷兗州平壬戌曲朝江縣破梁歧源河
五州九月癸酉邢巒戰大破梁軍於淮南迭攻鍾離冬十一
月甲子帝為京兆王愉清河王懌廣平王懷汝南王悅講
孝經於式乾殿是歲高麗蠕蠕國並遣使朝貢
四年夏四月戊戌鍾離大水中山王英敗績而還六月巳
五潮詔有司準前式置國子五太學樹小學於四門秋八

月巳亥中山王英於王蕭寶寅坐鍾離敗除名辛丑敦煌
人饑詔開倉振恤九月巳未詔以從正旦宮極厲績未酬以
司空元雍為陽王雍為太尉尚書令廣陽王嘉為司空寮
進往一級康申東州人饑詔開倉振恤閏月巳卯開斜谷舊
道景戌司州人饑詔開倉振恤閏月巳卯皇后于氏崩自碼
得車馬出入冬十月丁卯皇后于氏崩自碼石至於絢闕不
泉西七千里置二十二郡尉是歲西域東夷四十餘國並
遣使朝貢
永平元年春三月戊子皇子昌薨罷京午立夫人高氏為皇
者所在振恤夏五月辛卯帝以旱故減膳徹懸六月壬申

詔依洛陽舊圖修俗聽訟觀秋七月甲午立夫人高氏為皇
右八月壬子朔日有蝕之癸亥異州剌史京兆王愉據州
反丁卯大赦改元九月景戌復前中山王英本封戊戌殺
太師彭城王勰癸卯假鎮北將軍李平都督討信都異州平冬
十月豫州彭城王頒京人白早生殺刺史司馬悅據城南叛十二
月巳未尚書邢巒剗白早生斬為梁將苟兒等是歲
北狄東夷西域十八國並遣使朝貢
內徙
二年春正月涇州沙門劉慧汪聚衆反詔華州刺史奚康
生討之夏四月巳西武川鎮饑開倉振恤甲子詔緣邊

州鎮自今一不聽寇盜境外犯者罪同境內五月辛丑帝
以旱故減膳徹縣禁斷爭殺華林都亭錄囚徒死
罪以下降一等六月辛亥詔曰江海方同車書宣一諸州
軒輶南北不等令可申敕四方遠近無二秋八月景午朝
日有蝕之代申以鄧至國先覽景午朝
已封故北海王子顥為北海王壬午詔定諸門閥名已
月癸丑以司空廣陽王嘉為司徒庚午郡州獻七寶林詔
不納冬十月甲申詔禁含孕以為永制已丑帝於武
乾殷為諸僧朝臣講維摩詰經十二月詔五等諸侯其同
姓者出身公正六下佚從六上伯從六下子正七上男正

北史帝紀四　七

七下異族出身公從七上佚從七下伯正八上子正八下
男從八上清惰出身公從八下佚正九上伯正九下子從
九上男從九下是歲西域東夷二十四國並遣使朝貢
三年春二月壬子秦州沙門劉光秀謀反州郡捕斬之癸
亥秦州隴西羌殺鎮將趙熾反州軍討平之三月景戌平
子謐生大赦夏四月平陽郡之餓兒昌襄陵二縣大疫自
月至此月死者二千七百三十人五月丁亥集定二州旱
儉詔開倉振恤六月甲寅詔重求遺書於天下冬十月辛
卯中山王英薨贈書分師敕療考其能否而行賞罰令
咸令居憂嚴敕醫署分師救療考其能否而行賞罰令

有司集諸醫工惟簡精要取三十卷以班九服十二月辛
巳江陽王繼坐重除名甲申詔於青州立孝文皇帝廟殷
中侍御史王敞謀反伏誅是歲西域東北狄十六國並

遣使朝貢

四年春正月丁巳汾州劉龍駒聚衆反詔諫議大夫薛和
討之二月壬午青齊徐兗四州人饑其遣使振恤三月壬
戌司徒廣陽王嘉薨夏四月梁遣其鎮北將軍張稷及馬
仙理寇胊山詔徐州刺史盧昶率衆赴之五月已亥遷代
京銅龍置天泉池西景辰詔禁天文學冬十一月胊山城
陷盧昶大敗而還十二月壬戌朔日有蝕之是歲西域東

北史帝紀四　八

夷北狄二十九國並遣使朝貢
延昌元年春正月乙巳以頻年水旱百姓饑幣分遣使者
開倉振恤景辰以尚書令高肇為司空
三月甲子州郡十一大水詔開倉振恤以京師穀貴出倉
粟八十萬石以振恤貧者之苗二月安樂王詮薨夏四月詔以
旱故斷食粟之畜丁卯詔曰遷京嵩縣年將
然虛祿靖言念之有兼愧懷可嚴敕有司國子學置生
戌大學四門明年暮春令將一紀博士端
鞫理獄訟辛未詔曰肆州地震陷裂死傷甚多亡者不可
懸癸未詔曰肆州地震陷裂死傷甚多亡者不可復追生

病宮加療教可導大醫折傷醫官給折傷須藥就塚大
撤改元詔立理訴殿申訟軍以盡究冤之理五月旦京午詔
天下有粟之家供年之外卷賣饑人自二月不雨至於是
月巳晦見有蝕之六月申樹兩大哈戊寅通河南扎
馬之禁震詔史大食粟五十萬石以振京師及州郡饑
人冬十月乙亥立皇子詡爲皇太子十一月景申詔
宮建繪鰈帛以爲父後者爵一級孝子順孫義夫節婦旌表
門閭皇繪鰈帛之是歲西域更夷十國竝遣便朝貢

二年春正月戊戌帝御申訟軍親理寃訟二月景辰朔振

恨京師貧人中戌以六鎮大饑開倉粮賑巳卯進太尉高
陽王雍位太保閏月辛丑以苑牧地賜代邊人無田者是
春人饑死者數萬巳美四月庚子以絹十五萬疋振河南
郡人五月甲寅朝日有蝕之是月壽春大水道平東將軍
癸廣生李尋病數千刻大月乙酉青州饑詔開
倉振臨仰午曲赦揚州二水旱饑儉百姓多陷罪是夏
十三郡大水秋八月辛卯詔以水旱饑人多死傷重
陸死之九月景辰以貢疾家問崇辜肯後尚書嚴
立限級飾其流宕冬十月詔义恒肆地震人多傷重已
一年租賦十二月景正洛陽河陰二縣租賦乙巳詔以

九

貢

恨歸地震人多離災其有譚十沒盡老幼單立家無憂後
者各賜穀粟以振稟是歲東夷西域十餘國竝遣便朝

三年春二月乙未詔曰肆州秀容郡敷城縣爲平
縣竝自去年四月以來山鳴地震于今不止告誡敷朕
甚懼焉可勅寬刑以食以誼夏四月青州人饑巳開
倉振乙巳上御申訟軍親理寃訟秋八月甲申帝臨
堂考百司而加黜陟冬十一月辛亥詔以徒高肇爲大將
軍平蜀大都督步騎十五萬西代益州丁巳幽州刺
僧紹聚歛及自號淨養國明法王州郡撝斬之十二月庚

寅詔立明堂是歲東夷西域八國竝遣便朝貢

四年春正月甲寅詔上尊謚曰宣武皇帝朝號世宗
二月甲戌朔大尊謚曰宣武皇帝朝號世宗審午葬景陵
帝幼有大度喜怒不形於色雅性儉素初尊文太觀諸子
志尚大陳寶物佳其所取京兆王愉等競取珍玩帝唯
取骨架意巳孝文太奇之及庶人恂失德忠文韻壹城
王懸曰吾固疑此兒有非常志相占之果然矣乃見立爲諸
美大兒貌臨朝淵嘿端嚴若神有人君之量矣
蕭宗孝明皇帝諱詡宣武皇帝之第二子也每曰胡充華

十

永平三年三月景戌生於宣光殿之東北有光照於庭中
延昌元年十月乙亥立為皇太子四年正月丁巳宣武帝
崩是夜太子即皇帝位戊午大赦己未徵下西討諸
軍庚申詔太保高陽王雍入居西柏堂決庶政以任城王
澄為尚書令百官拜己以聽二王二月庚辰尊皇后高氏
為皇太后辛巳司徒高肇為司空乙亥尊胡充華為皇太妃三
月甲辰朝皇后高氏出俗為尼徙南京師以罪賜死癸未進
驃騎大將軍廣平王懷為司空乙亥尊胡充華為皇太妃三
月甲辰朝皇后高氏出俗為尼徙南京師以罪賜死癸未詔進官位
一級

反於冀州殺皇城令自稱大乘秋八月乙亥領軍于忠矯
赦己丑進司徒清河王懌為太傅領太尉以司空廣平王
懷為太保領司徒崔光為太傅領太尉以車騎大將軍
于忠為尚書令特進崔光為車騎大將軍儀同三司壬
辰復江陽王繼本國復涼南王彧先封為臨淮王彧臣姜
請復皇太后臨朝稱制九月乙巳皇太后親覩萬機甲寅
西大將軍元遙破斬法慶傳首京師安定王燮慶嵬破涼州
月辛丑以高陽王雍為太師己酉鎮南將軍權景峻破梁州

趙祖悅軍遂圍硤石丁卯帝皇太后謁景陵是歲東萊西
域北狄十八國並遣使朝貢
熙平元年春正月戊辰朔大赦改元志大破
梁軍以吏部尚書李平為行臺節廣討硤石諸軍二月乙
巳鎮東將軍蕭寶寅大破梁將於淮北癸亥初聽秀才對
策第中上巳上叙之乙丑鎮南將軍李平等別破石
斬趙祖悅傳首京師盡俘其衆三月戊辰朔日有蝕之夏
四月戊戌以瀛州人饑開倉振恤五月丁卯朔以炎旱命
縈察獄訟權作役庚午詔放華林野獸於山澤秋七月
庚午重申殺年禁八月景午詔古帝諸陵四面各五十步

勿聽耕樵九月丁丑淮堰破梁緣淮城戍村落十餘萬口
漂入海具歲吐谷渾宕昌鄧至高昌陰平等國並遣使
朝貢
二年春正月大赦秋餘賊復相聚攻瀛州刺史宇文福討平
之甲戌大赦庚寅詔遣大使巡行四方閏癸苦恤孤寡黜
陟幽明二月丁未封御史中尉元匡為東平王三月丁亥
太保領司徒廣平王懷薨夏四月丁酉詔京尹所統年高
者板賜郡各有差戊申以開府儀同三司胡國珍為司徒
乙卯皇太后幸伊闕石窟寺即日還宮改封安定王超為
比平王五月庚辰重申天文禁犯者以大辟論秋七月乙

亥儀同三司汝南王悅卒殺人免官以王還第己亥享太
廟八月戊寅寔道武以來宗室年十五以上於顯陽殿申
家八禮己亥詔燕族子弟年未十五不聽入仕庚子詔咸
陽京兆二王子女還附屬籍丁未詔太師高陽王雍入居
門下參決尚書奏事冬十月以幽冀滄瀛光五州饑遣使
巡撫開倉振恤是歲東夷西域氐羌等十一國並遣使朝

神龜元年春正月甲子詔以氐酉楊定為陰平王壬申詔
給京畿及諸州老人板郡縣各有差及賜綵裘孤獨粟帛
十七百九十人詔刺史開倉振恤二月己酉詔以神龜表
無人任保者奪官還役乙酉秦州羌及幽州大飢死者三
瑞太赦改元東益州氐友三月南秦州羌反夏四月丁酉
司徒胡國珍薨甲辰改封江陽王繼為京兆王六月自正
月不雨是月辛卯澍雨乃降秋七月河州人却鐵忽詣行
京師見囚殊死以下悉減一等甲子卻鐵忽誯行臺源子
反自柵水池王閏月甲辰開恒州銀山禁八月癸丑朔詔
恭降九月戊申皇太后高氏崩于瑤光寺冬十月丁卯以
兆域京邑隱振口盈億萬貴賤收瘞未詳定所令制乾脯

庚辰詔以雜役戶或冒入清流所在職人皆令五人相保

〈十三〉

貢

山以弓擬為九原是歲東夷西域北狄十一國並遣使朝
二年春正月辛巳朔日有蝕之丁亥詔曰皇太后攬揆自
居稱號弗備宜遵律典稱宇內以副黎蒸元元之望是
月改葬文昭皇太后高氏二月乙丑齊郡王祐薨庚午是
林千餘人犾征西將軍張彝第殿傷彝燒殺其子乃亥
大赦丁丑詔求直言壬寅詔以旱故命有依舊禁理寬
獄掩骼埋胔振窮恤寡三月甲辰澍雨大洽夏五月戊
以司空任城王澄為司徒京兆王繼為司空秋八月乙未
御史中尉東平王匡坐事削除官爵九月庚寅皇太后幸
嵩高山癸巳還宮冬十二月癸丑司徒任城王澄薨東
遣使朝貢

大赦詔除淄祀桥諸雜神是歲吐谷渾宕昌嚈噠等國並
遣使朝貢

正光元年春正月乙亥朔日有蝕之夏四月景辰詔尚書
長孫承業巡撫北蕃觀察風俗五月辛巳以炎旱敕詔八
坐鞫見囚枉濫秋七月景子侍中元義中常侍劉騰奉
帝幸前殿矯皇太后詔歸政遂位乃學皇太后北官殺太
傅清河王懌摠勒禁旅決事殿中辛卯帝加元服大赦改
元內外百官進位一等八月甲寅相州刺史中山王熙舉
兵欲誅騰不果見殺九月壬辰蠕蠕主阿那瓌來奔戊

〈十四〉

以太師高陽王雍為丞相冬十月乙卯以儀同三司汝南
王悅為太尉十一月己亥封阿那瓌為朔方郡公蠕蠕王
十二月壬子詔送蠕蠕主阿那瓌歸比辛酉以司空京兆
王繼為司徒

二年春正月南秦州氐反二月車駕幸國子學講孝經三
月庚午幸國子學祠孔子以顏回配甲午衛將軍安豐王
延明等議定服章庚辰以東益南秦州氐及詔河間王
琛討之失利是歲蠕蠕居密波斯高昌勿吉伏羅高車等
國並遣使朝貢

三年春正月辛亥耤田夏四月庚辰以高車國主覆羅
伊匐為鎮西將軍西海郡公高車國王五月壬辰朔日有
蝕之六月己巳以旱故詔分遣有司馳祈岳瀆及諸山川
百神能興雲雨者命理冤獄止土功減膳徹懸禁止酒殺
秋十一月己丑朔日有蝕之乙巳祀圓丘立景平詔班曆大
赦十二月癸酉以汝保京兆王繼為太傅司徒崔光為太

生於禁中將殺元叉又不果為叉所害以儀同三司康
司空崔光為司徒五月丁酉車駕京兆王繼位太保壬寅以
三司崔光為司徒五月庚子進司徒京兆王繼位太保壬寅以儀同
旱故詔有司悔崇舊祀行六事八月己巳蠕蠕後主
父闥侯匿伐來奔懷朔鎮十二月甲戌詔司徒崔光安豐

北史帝紀四　十五　王

保是歲波斯不漤龜玆吐谷渾並遣使朝貢
四年春二月壬申追封故咸陽王禧為敷城王京兆王愉
為臨洮王清河王懌為范陽王以禮加葬丁丑河間王琛
章武王融並以貪汙削爵除名己卯蠕蠕主阿那瓌率衆
犯塞遣尚書左丞元孚為比道行臺持節喻之蠕蠕後主
郁久閭侯匿伐來朝司空劉騰薨夏四月阿那瓌執元孚
北道秋八月癸未復故范陽王懌為河間王琛九月丁酉
詔太尉汝南王悅入居門下與丞相高陽王雍參決尚書
奏事冬十一月癸未朔日有蝕之景申趙郡王諶薨丁酉
太保崔光薨十二月以太尉汝南王悅為太保

北史帝紀四　十六　王

北海王顥坐貪汙削爵除官是歲宕昌庫莫奚國並遣使
朝貢

五年春正月辛丑祀南郊三月沃野鎮人破六韓拔陵反
聚衆殺鎮將號真王元年夏四月高平酋長胡琛反自稱
高平王攻鎮以應拔陵別將廬祖遷擊破之五月胡琛反
征諸軍事臨淮王彧改討廬祖遷于五原削除官爵壬申詔尚
書令李崇為大都督率廣陽王深等比討六月泰州城人
草訢大提掠城反自稱秦王殺剌史李彥六月秦州城人
生代立傅稱天子年號比討王彧
戊午復河間王琛臨淮王彧本封是月涼州憧師于菩提

呼延雄執剌史宋穎據州及念生遣其兄高陽王天生下
隴東寇八月甲午雍州剌史元志西討大敗於隴東退守
歧州景申詔諸州鎮軍元非犯配者悉免爲編戸改鎮爲
州依舊立柵九月壬申詔撫軍北海王顥官爵爲都督率西
道行臺大都督復撫軍北海王顥官爵爲都督率諸將
人王惡見斬安定以降德興東走自號燕王十一月詔太
西討乙亥帝辛明堂饗羣臣等吐谷渾主伏連籌遣使朝貢冬
涼州千菩提走追討宋穎爲剌史冬
十月營州城人劉安定就德興據城反執剌史李仲遵城
傳京兆王繼爲太師大將軍率諸將西討汾州正平太陽

胡叛逆詔復征東將軍章武王融封彭城爲大都督衆討
之莫折念生遣兵攻涼州城人趙天安復執剌史以應之
是歲嚈噠契地豆于庫莫奚等國竝遣使朝貢
孝昌元年春正月庚申徐州剌史元法僧據城反自稱宋
王年號天啓遣其子景仲歸梁梁遣其將豫章王綜入守
王以太師大將軍崔延伯大破賊於黑水天生退走入隴悉
安豊王延明爲東道行臺臨淮王彧討徐州祭多蕭寶黃又征西
彭城法僧擧其傜魯南入詔臨淮王彧尚書元或尚書令蕭寶黃又征西
將軍崔延伯大破賊於黑水天生退走入隴歧又隴悉
平以太師大將軍崔延伯二月詔追復故及樂良
王長命爵以其子忠紹之代戌大蔵三月申戌詔　五品以

上各矯所知夏四月辛卯皇太后復臨朝攝政于墓曰面
陳得失壬辰征西將軍都督崔延伯大敗於涇州戰歿六
月癸未大赦改元蠕蠕主阿那瓌大破援陵是月諸將遇
彭城蕭綜夜潛出降衆諸將莫能救軍追蹕克者有十二
秋八月癸酉詔遠近貢獻珍麗運者免官柔玄鎮人杜
洛周反於上谷自號真王九月乙卯詔減天下諸調之半
壬戌詔五品以上各舉所知辛未曲赦南北秦州冬十月
蠕蠕遣使朝貢十一月辛亥詔毋年八十以上者皆聽
居官時四方多事諸徵發皆不平十二月山胡劉蠡升反自稱
天子

二年春正月庚戌封廣平王懷長子誨爲范陽王壬子以
太保汝南王悅領太尉是月五原降于脩禮反於定州年
號魯與二月庚申帝交皇天左臨大夏門親覲宽詔三月
庚子追復中山王熙本爵以其子叔仁紹之夏四月大赦
戌申比討都督河間王琛長孫承業失利弃之夏四月大赦
爵五月丁未車駕將比討內外戒嚴前給事黃門侍即元
略自柔遠朝封義陽王以丞相高陽王雍爲大司馬六月
已巳曲赦齊州綿蜀雙蠭
陽建興正平三郡詔假鎮西將軍都督長孫承業討雙蠭
平之擧于改封義陽王略爲東平王氏寅詔復京兆王繼

本封江陽王戊子詔曰自運屬艱虞歷載于茲朕威德不
能遠被經略無以及遠何以安黃屋無愧黔黎今便避
居正殿疏食素服當親自招募收集忠勇其有直言正諫
之士致決拘義之夫二十五日悉集章林東門人別引見
共論得失秋八月景子進封廣川縣公元郎為常山王戊
子進禮請降為長樂王癸巳賊帥元洪業斬葛榮首廣陽
王深童武王融於博野白牛邏融敗於陣榮自稱天子國
竟齊年稱廣安冬十一月戊戌杜洛周攻陷幽州執刺史
王延年及行臺常景秀午稅京師田租畝五升借貸公田

者敕斗閏月稅市佣入者各一錢店舍為五等梁將
元樹過壽春揚州刺史李憲力屈而降初留州縣及長史
司馬戊主副質子於京師詔項舊京淪覆中原喪亂宗室
子女屬籍在七廟內為雜戶監門拘辱者悉聽離絕是歲
景伏羅庫國並遣使朝貢
三年春正月甲戌以司空皇甫度為司徒儀同三司蕭贊
義為司空辛巳葛榮陷殷州刺史比海王楷固節死之甲申詔
嶺為司空之制蕭贊賓大敗于涇州以司徒皇甫度為太尉已
敕鑄錢之制蕭贊賓大敗于涇州以司徒皇甫度為太尉已
五以四方未平詔內外戒嚴將親征二月丁酉詔開輸賞

洛輸粟入釀定歧雍四州者官斗十二百斛賞一階入二華
州者五百石賞一階不限多少粟重授官虜賊走復還關三
月甲子詔中外戒嚴賞賊走復還關秋七月相州
刺史安樂王鑒據州及已五大赦八月相州
軌裝衍次斬末斬酖拘州平九月已未更豫州刺史元
十月戊申曲南叛泰州城人杜粲殺莫折念生自行州事元
顥和攻城南叛泰州城人杜粲殺莫折念生自行州事元
州軍申寅雍州刺史蕭寶寅據州及自號齊年稱隆緒十
一月已丑葛榮攻陷冀州執刺史元字遂出居人凍死者
十六七十二月戊申都督源子邕裴衍戰敗於陽平
十六七十二月戊申都督源子邕裴衍戰敗於陽平

東北並殞是月杜粲為駱超所殺超遺使歸罪是歲蠕蠕
遣使朝貢
武泰元年春正月乙丑生皇女祕言皇子是月大赦改元
丁丑雍州人侯終德相率攻蕭寶寅寶寅黃走雍州平
二月癸丑帝崩於顯陽殿時年十九甲寅大赦改元
皇太后詔百官家握曆受圖竹二百祖宗奕聖重熙累葉
安高祖必文思先天世宗以下武繼世大行在御重以寬
仁奉養率由溫明茶順實役妙盞降禍酷此眾緊自泌先
華有孕枝宮冀誕儲兩而能繼體無光唯他遂彰于時直以
國步未康假補統孤欲以底定物情係仰宸極何圖一旦

弓劍莫追皇曾孫故臨洮王寶暉世子劍履自高祖天表

卓異大行平日光愛特深義敬郡君子事符當璧兆應同三

即日踐祚可班宣遠通感便知之乙卯幼主即位儀同三

司大都督爾朱榮抗表請入奔起勒兵而南是月赴洛周

陵廟親蕭宗四月戊戌爾朱榮濟河庚子皇帝之酉葬於定

爲昌榮所并三月甲申上謚曰孝明皇帝之酉葬於定

論曰宣武承聖考之德業慕天下想望風化垂拱無爲邊徼稽

服而覽以臨下從容不斷太和之風替矣比之漢世安順

宣武之後緣以元成孝明沖齡統業寵后婦人專制住用

非人賞罰乖舛於是釁起宇內禍延邦畿延及享國不長

挪亦淪胥之始也

魏本紀第四   比史四

[北史帝紀四]

[王]

方洽周益　　周巳午　　孫　粹然　　校正

敬宗孝莊皇帝諱子攸彭城王勰之第三子也母曰李妃

明帝初以顥有魯陽翟嶧之勳封帝武城縣公幼侍明帝

書於禁中及長風神秀慧姿貌甚美雅為明帝親待孝昌

勰事轉為衛將軍左光祿大夫中書監是見出也武泰元

年二月明帝崩大都督尔朱榮謀廢立帝與兄弟夜比度河會榮於

河陽

永安元年夏四月戊戌帝南濟河即皇帝位以皇兄彭城

北史帝紀五　〈一〉

王劭為無上王皇弟霸城公子正為始平王以尔朱榮為

使持節侍中都督中外諸軍事大將軍尚書令領軍將軍

領左右封太原王己亥百僚相率有司奉璽綬備法駕奉

迎於河梁西至陶渚榮以兵權在己遂有異志乃害靈太

后及幼主次害無上王劭始平王子正又害丞相高陽王

雍已下王公卿士二千人列騎衛帝還於便幕榮尋悔稽

顙謝罪辛丑車駕入宮御太極殿大赦改武泰為建義元

年壬寅封榮表請追謚無上王為皇帝餘死河陰者諸王刺

史贈三司三品者令僕五品者剌史七品已下及庶人

鎮諸死者子孫聽立後授封爵詔從之癸卯以前太尉江

陽王繼為太師以司州牧相州刺史北海王顥為太傅開

府仍刺史封光祿大夫清泉縣侯李延寔為陽平王位太

保遂太傅以并州刺史元天穆為太尉封上黨王以儀同

三司楊椿為司徒以雍州刺史長孫稚為開府儀同三

司尚書令進爵馮翊王以殿中尚書元諶為尚書右僕封魏郡

北史帝紀五　〈二〉

王以給事黃門侍郎元貴平為東萊王甲辰以尚書右僕

射元羅為司空進封東海王以黃門侍郎元順為尚書右

僕射進封咸陽王以祕書監元瞱為長廣王以諫議大夫

為魯郡王以諫議大夫元順為東郡公馮子彰郡公源

景俊先爵隴西王扶風郡公馮閃東郡公陸子彰郡公源

長孫悅並復先王爵以比平王超還復先爵聞辛酉

中外解嚴庚戌封大將軍尔朱榮次子義羅為梁郡王詔

蠕蠕王阿那瓌讚拜不名上書不稱臣是月汝南王悅比

海王顥臨淮王或前後奔梁五月丁巳朔以右僕射元羅

為東道大使光祿勳元欣副之循方黜陟先行後聞辛酉

大將軍尔朱榮次子義羅於卯陰六月癸卯以高昌王帝

世子光為平西將軍瓜州刺史龍驤爵泰臨潁伯高昌王帝

以慈難未夷遊正殿責躬撤膳又班景裕臨潁伯高昌王帝

言正諫之士者集華林園論時事幽州平北府主簿河

關邢杲率河北流移人萬餘戶反於北海自署漢王年號

上欄

天統秋七月乙丑加大將軍尒朱榮柱國大將軍錄尚書

辛壬子九州人劉榮興榮叛榮反於濮陽自稱皇武大將是月

高平鎮人萬俟醜奴僭稱大位於臨淮王彧自江南通朝八

月太山太守羊侃據郡反甲辰詔大都督宗正珍孫討劉

舉平之九月己巳以沛郡王壬申柱國

大將軍尒朱榮檻送萬榮七千討萬榮於釜口破斬之異定滄

瀛殺五州平乙亥以葛榮改元為永安辛巳以尒

朱榮以大丞桐進榮子平昌郡公文暢爵

並為王尒朱榮檻送萬榮於京師帝臨閶闔門策稍頻謝罪斬

亥尒朱榮檻送萬榮於京師帝臨閶闔門

〈三〉 山 （閭閻字列 北史帝紀五）

於都市戊申江陽王繼薨癸丑復膠東縣侯李佽希祖爵

南郡王是月大都督穆大破梁軍禽其將曹義宗南兗之鍾城

京師梁以北海王顥為魏主年號孝基入據南兗之鍾城

十一月戊午以興上王世子詔為彭城王癸亥封皇子寬於

陳留王寬弟剛為浮陽王剛弟陳留王寬于

暉等大破年倈於瑕丘戊寅封前軍元熙為東安

王是歲嵗高榮餘黨韓樓復據幽州反

二年春二月甲午追尊皇考為文穆皇帝及文穆皇后蕭祖皇妣

為文穆皇后夏四月癸未遷文穆皇帝及文穆皇帝廟號蕭祖神主

于太廟降讖內死罪已下刑辛丑上黨王天穆大破邢杲

下欄

於濮南兗降送於京師斬於都市五月壬子朔元顥剋梁

國乙丑內外戒嚴癸酉元顥陷滎陽甲戌夜車駕出处乙

亥辛河內景子元顥入洛丁丑進封城陽縣公元社為平

原王安昌縣公元鷙為華山王戊寅尒朱榮會車

駕於長子即日反師上黨王天穆比慶會車駕於河內秋

七月戊辰都督尒朱兆賀拔勝從破石夜濟破顥受

及安豐王延明元顥敗走庚午車駕入居華林園大

將軍西臨穎縣卒江豐斬元顥傳首京師甲戌以大將

軍上黨王天穆為太宰以司徒城陽王徽為大司馬太尉

夏門大赦壬申柱國大將軍太原王尒朱榮禽天柱大

軍士黨王天穆為太宰以司徒城陽王徽為大司

己卯以南青州刺史元旭為襄城王南兗州刺史元還為

汝陽王閏月辛巳帝始居宮內辛卯以兼吏部尚書楊津

為司空八月己未以太傅李延實為司徒丁卯封瓜州刺

史元太宗為東陽侯深破韓樓於薊斬之

幽州平冬十月乙酉朔日有蝕之丁丑以前司空丹州刺

太尉以雍州刺城陽王徽為太保以司徒丹楊王蕭

以大司馬太尉徐十一月乙酉就德興自榮州遣使請隆真乎

蓋賚為司徒

太尉以雍州刺史長孫承業為司徒

三年夏四月丁卯雍州刺史尒朱天光討萬俟醜奴萬

寅於安定破萬俟之四送京師甲戌以關中平大赦斬醜奴

於都市賜寶賓死六月戊午嘔連國獻師子一是月白馬
龍洄胡王慶雲僭稱帝琓於永洛城秋七月景子尒朱天
光平永洛城禽廈雲九月辛卯天柱大將軍尒朱榮上黨
王天穆自晉陽來朝戊戌帝殺衛將軍奚毅前燕州刺史侯
菩提乃升閶闔門大赦道武衛將軍奚毅鄉寶炬
深率禁部曲自西陽門出屯河陰己亥尒朱世隆禽河橋等害
率榮部曲西陽門是夜左僕射尒朱世隆遇走主甲辰大赦
為南陽王汝南縣公備為平陽王新陽伯龢為昌樂王琅

北史帝紀五　五　王

耶公昶為太原王甲戌徙封魏郡王誚為昶郡王誚弟子
之高都尒朱昶自晉陽來會之共推長廣王曄為主大赦
趙郡王宣為平昌王戊申皇子生大赦乙卯通直散騎常
侍李苗以巢船焚河橋尒朱世隆遽走主甲世隆傳建興
之部年競建明徐州刺史尒朱仲遠反舉衆向京師十一
月乙亥以司徒長孫承業為太尉以臨淮王彧為司徒京
子進雍州剌史廣宗郡公尒朱天光毋為三十二月甲辰
僉至禁衛不守帝步出雲龍門兆逼帝幸永寧寺殺皇子
亂兵於禁司徒臨淮王彧或為左僕射范陽王誨戊申尒朱庆律
自鎮京師甲寅尒朱兆遷帝於晉陽甲子帝遇弒於城內

三級佛寺時年二十四并害陳留王覽中興二年廢帝普泰
謚為武懷皇帝及孝武立又以廟謚改謚孝莊皇帝廟
謚敬宗葬靜陵

即閑皇帝諱恭字脩業廣陵惠王羽之子也毋曰王氏帝
少有志度事祖母以孝聞正始中龍花佛一紀若非於龍花佛
寺無所交通以元乂擅權託稱瘖病絕言垂一紀若非於龍花佛
侍即帝以元乂擅權有白莊帝言帝不語將有異圖人間
遊賀又云常有天子氣帝懼禍逃匿上洛尋見追蹤送
京師掦禁多日以無狀獲免及莊帝崩尒朱世隆等以元
瞱踈遠又非人望所推以帝有過人之量將謀廢立恐實
不語乃令帝所親申意兼迫脅帝曰天何言哉世隆等大
悅及元瞱至邙南世隆等奉帝東郭外行禪讓禮太尉尒
朱度律奉璽綬服袞冕百官侍衛入自建春雲龍

北史帝紀五　六　王

門
普泰元年春二月己巳皇帝即位於太極前殿羣臣拜賀
禮畢遂登閶闔門大赦以魏為建明二年為普泰
元年龍攜市及稅鹽之官庚午詔曰自泰之末竟為皇帝
忘有羣豪之深殃垂貪鄙於萬乘予今稱帝已為謬矣可普
告令知是月鎮遠將軍清河崔祖螭聚青州七郡之衆
東陽幽州剌史劉靈助起兵於劉河北大使申亀及其弟

昂夜觀魯而軏剌史元褧兵推前河內太守封隆之行州

事三月癸酉封長廣王曄為東海王以青州剌史曹郡王

蕭為太師沛郡王欣為廣平王以太傅司州牧改封淮陽王以徐州

剌史彭城郡王劭為雍州剌史侯深破劉靈助於安國城

大將軍以柱國大將軍并州剌史潁川王余朱兆為天柱

大將軍封晉州剌史平陽郡公高歡為勃海王以特進清

河王覃為大司空景申定州剌史潁川王余朱世隆為勃海王

斬之傳首京師夏四月壬子享太廟癸亥隴西王余朱天

光破宿勤明達禽送京師斬之景寅徙中余朱彥伯為

北史帝紀五 〈 七 〉 余

司徒認有司不得復稱偽梁罷細作之條無禁隣國還往

五月景子余朱仲遠使其都督魏僧勛等討崔祖螭於東

陽斬之六月己亥朔日有蝕之庚申勃海王高歡起兵於信

都以誅余朱氏為名秋七月壬申余朱世隆等實前太保

楊椿前司空楊津京戚司徒余朱彥伯以旱遜位九月以

彭城王余朱仲遠為太空庚辰以隴西王余朱天光為大

司馬癸巳追尊皇妣王氏為先太妃封皇第

求業為高密王皇子子恕為勃海王冬十月壬寅高歡推

勃海太守元朗即皇帝位於信都

二年春閏二月高歡敗余朱天光等於韓陵夏四月辛巳

高歡與廢帝至芒山使魏蘭根慰喻洛邑且觀帝之為人

蘭根忌帝雅德遠致誇竟從崔㥄議廢帝於崇訓佛寺

而立平陽王脩為孝武帝帝既失位乃賦詩曰朱門久

可患紫極非情願顧覆可待一年三易換時運正如此

唯有修真觀五月景申帝遇弑殂於門下外省時年三十

五孝武帝認百司赴會兼用王禮加九旒鑾輅黃屋左

廢帝譚朗字仲哲章武王融第三子也母曰程氏帝少稱

明悟元曄建明二年正月戊子為勃海太守普泰元年十

月勃海王高歡奉帝以主殂令

北史帝紀五 〈 八 〉 余

班劍百二十人後西魏追謚節閔皇帝

元年冬十月壬寅皇帝即位於信都西大赦改普泰

元年為中興以勃海王高歡為丞相都督中外諸軍事以

河北大使高乾為司空余朱兆高歡大破余朱兆於廣阿十

一月梁將元樹入據譙城

二年春二月甲子以勃海王高歡為大丞相柱國大將軍

太師及歡敗余朱氏於韓陵四月辛巳帝於河陽遜位於

別邸五月孝武封帝為安定郡王十一月殂於門下外省

時年二十冬熙二年葬於鄴西南野馬岡

孝武皇帝性沈厚少言涉好武事過體有鱗文年十八封汝陽

李氏帝諱脩字孝則廣平武穆王懷之第三子也母曰

縣公要人有從譖謂已曰汝當大貴得二十五年永安三
年封平陽王普泰中爲侍中尚書左僕射中興二年高歡
既敗尒朱氏廢帝自以踈遠請遜大位歡乃與百寮議以
孝文不可無後時召汝南王悅於梁至將立之宿昔而止
又諸使皆逃歷帝在田舍先是嵩山道士潘彌望見洛陽
城西有天子氣候乃遣帝所親王思政見帝帝變色曰
高歡我耶椿遂以白歡歡道四百騎奉迎帝入氈帳陳誠
泣下露襟讓以寡德歡再拜帝亦歡出備服御進湯沐
達夜嚴警癸又武執鞭以朝使解斯椿奉勸進表椿入
攝朕矣於是假廢帝安定王詔策而禪位爲即位于東郭
之外用代都舊制以黑氈蒙七人歡居其一帝於氈上西
向拜天訖自東陽雲龍門入
求熙元年夏四月戊子皇帝御太極前殿舉臣朝賀禮畢
升閶闔門大赦改中興二年爲太昌元年壬辰高歡還冀
五月景申卽閔帝殂以太傅淮陽王欣爲太師改封沛郡
王以司徒趙郡王諶爲太保以司空南陽王寶炬爲太尉
以太保長孫承業爲太傅辛丑後前司空高乾位已酉以
儀同三司清河王亶爲司徒六卯內外解嚴六月癸亥朔

帝於華林園納訟丁卯南陽王寶炬坐事降爲驃騎大將
軍開府以王歸第己卯臨顯陽殿納訟景戌詔曰閭者山
權詭恣法令變常遂立夷貊輕賦異收天下之意隨以其
斂之重終納十倍之征掩目捕雀何能過此今歲租調且
兩收一丐明年後舊秋七月庚子以東南道大行臺僕尒
乙卯帝臨顯陽殿親理冤獄是月丁卯封沛郡王冬
封沛郡王欣爲廣陵王飾閭子勃海王恕爲王癸丑改
寧爲高平王九月癸卯進燕郡公賀拔允爵爲王癸丑改
大破梁軍於譙城禽其將元樹元
十月辛酉朔日有蝕之十一月丁酉祀圓丘甲辰殺安定
王朗及東海王曄己酉以汝南王悅大司馬汝南王悅爲侍中大司馬開府
葬太后胡氏十二月丁亥殺大司馬汝南王悅大司馬開府
二年春正月庚寅朔饗羣臣于太極前殿丁酉勃海王
高歡大敗尒朱氏山東平罷諸行臺己巳追尊皇考爲武
穆皇帝太妃馮氏爲武穆皇后太妃李氏曰皇太妃二月
爲求興以同明元時年號尋改爲求熙是歲蠕蠕嚈噠高
麗契丹庫莫奚高昌等國並遣使朝貢
以咸陽王坦爲司空以南陽王諶爲太尉以太尉南海王
以太保趙郡王諶爲太尉以太尉南陽王寶炬爲尚書令太
保開府是月阿至羅十萬戶內附詔後以勃海王高歡爲

大行臺隨機裁處夏四月己未朔日有蝕之秋七月壬辰
以太師廣陵王欣為大司馬以太尉趙郡王諶為太師並
開府庚戌以前司徒燕郡王賀拔允為太尉冬十月癸未
以衛將軍瓜州刺史泰臨縣伯高昌王趙子堅為儀同三
司進爵郡公十二月丁巳狩於高陽壬卒塞苦已已遂幸
溫湯丁丑還宮
三年春二月壬戌大赦壬午封左衛將軍元斌之為潁川
王夏四月癸丑朔日有蝕之辛未高平王寧坐軍隆爵為
公五月景戌以置動府庶子箱別六百人騎官衛相別二百人
閣內部曲數千人帝內圖高歡乃以斛斯椿為領軍使與

王思政等統之以為心膂軍謀朝政咸決於椿分置督將
及河南關西諸剌史辛卯下詔戒嚴揚解伐梁貫誅比討
是夏契丹吐谷渾並遣使朝貢秋七月己丑帝親摠
六軍十餘萬次河橋高歡引軍東度景午帝率南陽王寶
炬清河王亶廣陽王湛斛斯椿以五千騎宿於瀍西揚王
別舍沙門都維那惠臻負璽持千牛刀以從有牛百頭
殺以食軍士眾知帝將出其夜亡者過半清河
亦逃歸略陽公宇文泰遣都督駱超李賢各領數百騎
昭及河南尹元子思領左右侍官追帝請廻駕高歡亦勒

騎及帝於陜西鞭馬長鶩至湖城飢渴甚有王思村人
以麥飯壺漿獻帝帝甘之復一村十年是歲二月癸巳八
南斗眾星北流晝隕浮河向鄴梁武跣而下殿以禳星變
及開帝之西輒曰虜亦應天平帝至稠桑潼關大都督毛
洪賣迎獻食八月宇文泰遣大都督趙貴梁禦甲騎二千
來赴乃奉帝過河謂禦曰此水東流而朕西上若得重
調洛陽是鄉功也帝及左右皆流涕宇文泰迎帝於
東陽帝馮高歡推司徒清河王亶為大司馬承制摠萬機
大赦甲寅高歡勞之將士皆呼萬歲遂入長安以雍州公廨為宮

督報攻潼關斬其行臺華長瑜又刺華州其冬十一月高歡
推清河王亶子善見為主徙都鄴魏於此始分
為二帝之在洛也從妹不嫁者三一曰平原公主明月南
陽王同產也二曰安德公主清河王懌女也三曰蕣葵亦
封公主帝內宴令諸婦人詠詩或詠鮑眼樂府曰朱門九
重門九閨願逐明月入君懷帝既以明月入關蕣葵亦
宇文泰使元氏諸王取明月殺之帝不悅或時彎弓或時
推案君臣由此不安平閏十二月癸巳潘彌言今日當
其有急兵其夜帝在逍遙園宴阿至羅顧侍臣曰此處彷
佛華林園使人聊增懷怨命取所乘波斯騧馬使南陽王

躍之將攀鞍蹶而死帝惡之曰晏還宮至後門馬驚不前
鞭打入謂潘彌曰今日幸無他不彌曰過夜半則大吉須
臾帝飲酒遇酖而崩時年二十五謚曰孝武殯於草堂佛
寺十餘年乃葬雲陵始宣武孝明閒謡曰狐非狐貉非貉
焦梨狗子齧斷索識者以為索謂本索髮焦梨狗子指宇
文泰俗謂之黑獺也

文皇帝諱寶炬孝文皇帝之孫京兆王愉之子也母曰楊
氏帝正始初坐父愉罪兄弟皆幽宗正寺及宣武崩乃得
雪正光中拜直閤將軍時胡太后多嬖寵帝與明帝謀誅
之事泄免官武泰中封邵縣侯永安三年進封南陽王孝

武即位拜太尉加侍中永熙二年進位太保開府尚書令
三年孝武與高歡搆難以帝為中軍四面大都督及從入
關拜太宰録尚書事孝武崩丞相略陽公宇文泰率羣公
卿士奉表勸進三讓乃許焉

大統元年春正月戊申皇帝即位於城西大赦改元追尊
皇考為文景皇帝皇妣楊氏為皇后己酉進丞相略陽公
宇文泰都督中外諸軍録尚書事大行臺改封安定郡公
以尚書令斛斯椿為太保廣平王贊為司徒乙卯立妃乙
氏為皇后立皇子欽為皇太子甲子以廣陵王欣為太傅
以儀同三司万俟壽樂干為司空東魏將侯景攻陷荊州

二月前南青州刺史大野拔斬兗州刺史樊子鵠以州降
東魏夏五月降罪人加安定公宇文泰位柱國秋七月以
開府儀同三司念賢為太尉以司空万俟壽樂干為司徒
以開府儀同三司越勤肱為司空梁州刺史元羅以州降
梁九月有司詔煎御香澤須錢萬貫帝以軍旅在外停之
冬十月太師上黨王長孫承業薨十二月以太尉念賢為
太傅以河州刺史梁景叡為太尉

二年春正月辛亥祀南郊改以神元皇帝配東魏攻陷夏
州二月儀同三司叚敬討叛羌梁仚定平之三月以涼州
刺史李叔仁為司徒以司徒万俟壽樂干為太宰夏五月

司空越勤肱薨秦州刺史建中王万俟普撥及其子太宰
壽樂干率所部奔東魏秋九月以扶風王孚為司空以太
保斛斯椿為太傅冬十一月追改始祖神元皇帝為太祖
道武皇帝為烈祖是歲關中大饑人相食死者十七八

三年春二月槐里獲神璽大赦夏四月太傅斛斯椿薨五
月以廣陵王欣為太宰賀拔勝為太師六月以司空扶風
王孚為太保以太尉梁景叡為太傅以司徒廣平王贊為
太尉以開府儀同三司王盟為司空冬十月安定公宇文
泰大破東魏軍於沙苑拜泰柱國大將軍十二月司徒李
叔仁自梁州通使於東魏建昌太守賀蘭植攻斬之

四年春正月辛酉拜天於清暉室終帝世遂為常二月東
魏改陷南汾頼義廣四州廢皇右乙氏三月立蠕蠕女郁
父閭民為皇右大赦以司徒公宇文泰為司徒秋七月東魏將
倭景等圍洛陽帝與安兄公字文泰東伐九月車駕至自
東伐以撫軍將軍梁公定為南洮州刺史安西蕃

司空免妓樂雜役之徒皆從編户秋七月詔自今恒以朔
望親閭門外縣敕置紙筆以求得失
六年春正月庚戌朝羣臣自西遷至此禮樂始備太尉扶

北史帝紀五　〈十五〉　王

風王半薨二月鑄五鉄錢降罪人冬十一月太師念賢薨
七年春二月幽州刺史順陽王仲景以罪賜死三月夏州
刺史劉平謀反夫都督子謹討禽之秋九月詔班政事之
法六條冬十一月叛兔梁人山定徒黨廸於赤水城秦州刺
史獨孤毅擊平之高晝妻班十二條制十二月御馮雲觀
引見諸王叔家人之禮手詔為宗誠十條以賜之
八年春三月初頁六軍夏四月鄧善王兄鄧朱邨卒衆内
附秋八月以太尉王盟為太保冬十月詔皇太子鎮河東
九年春正月降罪人禁中外及從母兄弟姉妹為婚閏月
十二月行幸華州起萬壽殿於沙苑比

車駕至自華州二月東魏北豫州刺史高仲密據武牢内
附以仲密為侍中司徒封勃海郡公秋七月大赦以太保
王盟為太傳以太尉廣平王孚為司空冬十二月以司空
李弼為太尉
十年春正月甲子詔公卿已下每月上封事三條極言得
失刺史二千石銅墨已上有讜言嘉謀勿有所諱夏五月
太師賀拔勝薨薨秋七月更權衡度量
十一年夏五月太傳王盟薨詔諸輔大群職皆命三公覆
審然後加刑冬始築圓丘於城南封皇子愉
十二年春二月涼州刺史宇文仲和友秦州刺史獨孤信

信州路軍列　北史帝紀五　〈十六〉　王

討平之三月鑄五鉄錢夏五月詔女年不滿十三以上勿
得以嫁秋九月東魏勃海王高歡攻玉璧晉州刺史韋孝
寬力戰禦之冬十二月歡燒營而退
十三年春正月開白渠以瀝田二月詔自今應宮刑者直
沒官勿刑亡奴婢應黥者止科亡罪以關府儀同三司
干惠為司空東魏勃海王高歡薨其司徒侯景撼頴川率
河南六州内附搜景太傳河南大行臺上谷郡公三月大
赦夏五月以太傳晉王謹薨秋七月司空若干惠薨大將軍侯
信為大司馬晉王謹薨秋七月司空若干惠薨大將軍侯
景據豫州叛封皇子寧為趙王

十四年春正月赦潁州又廣陵洛東荊襄等七州以開府儀
同三司趙貴爲司空皇孫生大赦夏五月以安定公宇文
泰爲太師廣陵王欣爲大傅太尉李弼爲大宗伯前太尉
趙貴爲大司寇以司空于謹爲大司空
十五年巳五月侯景殺梁武帝初詔諸代人太和中改
姓者並令復舊六月東魏勃海王高澄攻陷潁川秋八月
盜殺東魏勃海王高澄冬十二月封梁雍州刺史岳陽王
蕭詧言爲梁王
十六年夏四月封皇子儒爲燕王公爲吳王五月東魏靜
帝遜位于蔣秋七月安定公宇文泰東伐至恒農酒師不

北史帝紀五

【十七】

出乃還九月大赦
十七年春三月庚戌帝崩于乾安殿時年四十五夏四月
庚辰葬於永陵上諡曰文皇帝帝性強果始爲太尉時侍
中高隆之悖勃海王高歡之黨驕狎公卿因公曾帝勤酒
不飲怒而毆之罵曰鎮兵何敢尔也孝武帝改葬其父朝廷
尉歸第命羽林守衛月餘復位及歡將改葬其父頗免帝太
尉太師百僚會吊著盡拜帝獨不以曰安有生三公而拜
贈太師耶及躋大位權歸周室堂堂道違觀望遂我山因
贈左右曰望此令人有脱從之意若使朕年五十便委事政
儲宮尋山餌藥不能一日萬機也既而大運未竟竟保天

祿云

廢帝諱欽文皇帝之長子也母曰乙皇后大統元年正月
乙卯立爲皇太子十七年三月即皇帝位是月梁邵陵王
蕭綸侵安陸大將軍楊忠討禽之
元年冬十一月梁湘東王蕭繹討侯景禽之遣其弟人魏
彥來告仍嗣位於江陵
二年秋八月大將軍尉遲逈進逼剋成都剗南平冬十一月安
定公宇文泰殺尚書元烈
三年春正月大將軍尉遲逈自元烈
之誅有怨言淮安王育廣平王贊等並垂泣諫帝不聽故
及於辱

北史帝紀五

【十八】

恭皇帝諱廓文皇帝之第四子也大統十四年封爲齊王廢
帝三年正月即皇帝位改元
元年夏四月嬬蠕遣使冠廣武五月柱國李弼追擊
之斬首數千級收輜重而還冬十一月魏師滅梁戕梁元
帝梁太尉王僧辯本元帝十方智爲王承制居建業
二年秋七月梁太尉王僧辯納員陽侯蕭明於建業
主梁王方智爲太子九月梁司空陳霸先殺僧辯
後奉方智爲帝是歲梁廣州刺史王琳完逐天將軍丘盧
寧帥師討之

三年春正月丁丑初行周禮建六官以安定公宇文泰為
太師家宰以柱國李弼為大司徒趙貴為太保太宗伯以
尚書令獨孤信為大司馬以于謹為大司寇以侯莫陳崇
為大司空冬十月乙亥安定公宇文泰薨十一月庚子帝
遜位於周
周閔帝元年正月封帝為宋公尋殂
東魏孝靜皇帝諱善見清河文宣王亶之世子也母曰胡
妃永熙三年八月舉開府儀同三司李武帝既入關勃海
王高歡乃與百僚會議推帝以奉明帝之後時年十一
天平元年冬十月景寅皇帝即位于城東北大赦改元庚
午以太師趙郡王諶為大司馬以司空咸陽王坦為太尉
後部分改司州為洛州以尚書令元弼為儀同三司洛州
刺史鎮洛陽十一月兗州刺史樊子鵠南青州刺史大野
以開府儀同三司高盛為司徒以開府儀同三司高昂為
司空壬申車駕至鄴居北城相州之廨改相州刺
史為司州牧魏郡太守為魏尹徙鄴舊人西徑百里以居
新遷人分鄴置臨漳縣以魏郡廣平陽五汲郡屬相州
東溪入分鄴置臨漳廣宗等郡屬皇畿十二月丁卯燕郡王賀拔
元龐庚午詔內外戒嚴百司悉依舊章從容雅服不得以

務祗從事景子進侍中封隆之等五人為大使巡喻天下
丁丑赦畿內閏月梁以元慶和為魏王入據平瀨鄉置西中
崩子長安都初置四中郎將於礓石橋置東中蒲泉置西中
濟北置南中洛水置北中
二年春正月乙亥兼尚書右僕射東南道行臺元晏要討元
慶和破走之二月壬午以太尉咸陽王坦為太傅以司州
牧西河王悰為太尉巳丑前南青州刺史大野拔斬樊子
鵠以降兗州平戊戌梁司州刺史陳慶之寇豫州刺史堯
雄擊走之三月辛酉以司徒勃海王高歡討平山胡劉蠡升
司徒濟陰王暉業為司空勃海王高盛為太尉以司空高昂為
未瀬州刺史蔡儁等討平之壬辰降京師見四夏五月大旱
勃城門殿門及省府署坊門溝人不簡王公無限日得
雨乃止六月元慶和寇南頓豫州刺史堯雄大破之秋七
丹並道使朝貢夏四月前青州刺史侯梁反玖掠青齊要
王暉業坐事免甲午發眾七萬六千人營新宮九月丁巳
以開府儀同三司南襄城王旭為司空辛亥十月丁未梁柳仲
禮寇荊州刺史王元擊破之癸丑祀圓丘甲寅閶闔門災
龍見并州人家井中十二月壬午車駕將子鄴東甲午文

武百官置事各給祿是歲西魏文帝大統元年也

三年春正月癸卯朔饗羣臣於前殿戊申詔百官舉士舉

不稱子者兩免之二月丁未梁光州刺史郝樹以州內附

丁酉加勃海王世子澄為尚書令大行臺大都督三月甲

寅以開府儀同三司華山王鷙為大司馬丁卯陽夏太守

盧公纂據郡南叛大都督元整破之夏四月丁酉昌樂王

誅纂五月癸卯賜鰥寡孤獨貧乏不能自存者衣物各有差景辰以

錄尚書事西河王諶薨秋七月庚子大赦戊辰夏州刺史田獨鞞穎

巳趙郡王諶薨錄尚書慶並以州內附八月丼肆汾建四州霜

川防城都督劉鑑鳴慶並以州內附八月丼肆汾建四州霜

史中尉竇泰討平之冬十一月戊申詔遣使巡檢河北流

餒飢人侯景攻剋梁楚州獲剌史桓和十二月以并州剌

史尉景為太保未遣使者板假老人官百歲已下各有

蓋壬申大司馬清河王亶為錄尚書惠癸未以太傅咸陽王坦為太

師是歲高麗勿吉並遣使朝貢

四年春正月以汝陽王暹為錄尚書惠夏四月辛未遷七

帝神主入新廟大赦內外百官普進一階先是滎陽人張

儉等驅羣反於大駣山通西魏壬辰武衛將軍高元盛討

破之六月己巳辛華林園理訟辛未詔尚書掩骼埋胔推

錄囚徒壬午閏門災秋七月甲辰遣兼散騎常侍李楷

聘于梁八月西魏剌史李徽伯死之九月以咸陽王

祿犬為錄尚書將軍天樂謀反伏誅京師閏十月以咸陽王

子思與其弟子華謀反西入並賜死閏月乙丑衛將軍右光

埋為錄尚書事壬辰勃海王高歡西討敗于沙苑巳酉西

魏行臺臺景離歸關季元景海信遂攝金墉十一月景子以驃

廣陽王湛棄城都關季海大都督獨孤信遍洛州剌史之

西魏又遣其弟大行臺元壽都督楊白駒寇洛州大都督

騎大將軍儀同三司万俟普為大尉十二月甲寅梁人來

蠕蠕並遣使朝貢

聘河間人邢磨納范陽人盧仲禮等各聚眾反景

中南宛州獲送于鄴丁卯大赦改元二月景辰遣兼散騎

元象元年春正月辛酉朔日有蝕之有巨象自至礋郡陵

常侍鄭伯猷聘于梁夏四月庚寅曲赦畿內禁酒六月

壬辰帝幸華林都堂聽訟秋七月乙亥高麗遣使朝貢是

夏山東大水蝗蝼鳴于樹上秋八月辛卯大敗西魏于河

陰九月大都督賀拔仁擊邢磨納盧仲禮等破平之冬十

月梁人來聘十二月庚寅遣陸操聘于梁

興和元年春正月辛酉以尚書令孫騰為司徒三月甲寅

朔封常山郡王勔第二子曄為陳郡王五月甲戌立皇后
高氏乙亥大赦是月高麗遣使朝貢六月乙酉以尚書左
僕射司馬子如為山東黜陟大使尋為東北道行臺善選
勇壬庚演前潁州刺史安思業為河南大使簡發壬子丁
酉梁人來聘戊申開府儀同三司汝陽王進薨秋八月壬
辰遣兼散騎常侍王元景聘于梁九月甲子發戰內十萬
人城鄴四十日罷辛未曲赦畿內死罪巳下賜綾帽及杖
十旁恤䘏親及有妻䘏音各賜粟帛築城之夫給後一年
一月癸亥以新宮成大赦改元八十巳上賜綾帽及杖七

〈二十三〉　王

二年春正月壬申以太保尉景為太傅以驃騎大將軍開
府儀同三司庫狄干為太尉丁丑徙御新宮大赦內外百
官普進一階普構主將別僚一階三月乙卯梁人來聘夏
五月巳酉西魏行臺宮延和陝州刺史元慶華戶內屬
置之河北馬場板廄各有差壬子遣兼散騎常侍李象
子梁閏月丁丑朔日有蝕之巳丑封皇兄景植為宜陽王
皇第威為清河王謙為潁川王六月壬子大司馬華山王
鷙薨及十月丁未梁人來聘十二月乙卯遣兼散騎常侍
崔長謙聘於梁是歲高麗蠕蠕勿吉並遣使朝貢
三年春二月甲辰阿至羅出吐抜邢渾大率部來降三月
乙酉梁州人公孫貴賓聚眾反自號天王陽夏鎮將討禽

之夏四月戊申阿至羅國主副伏羅越居子去賓來降封
為高車王六月乙丑梁人來聘秋七月巳卯宜陽王景植
薨八月甲子遣兼散騎常侍李騫聘於梁先是詔臺官於
麟趾閣議定新制冬十月甲寅班於天下巳巳發夫五萬
人築漳濱堰三十五日罷癸亥車駕狩于西山十一月戊
寅遣宮景裕為司空是歲蠕蠕高麗勿吉遣使朝貢
尚書胡僧敬為司空以侍中廣陽王湛為太尉以尚書右
僕高隆之為司徒以大尉彭城王韶為錄尚書事十亥太

〈二十四〉　山

傳尉景坐事降為驃騎大將軍開府儀同三司辛卯以太
保庫狄干為大傅以領軍將軍婁昭為大司馬封祖南裔為
尚書右僕射六月景申復前侍中樂良王忠爵秋八月庚
留王景晧為常山王綽宗高密王永業爵秋八月庚戌以開
府儀同三司青州刺史西河王悰薨十一月壬午驃騎大將軍
機討防冬十月甲寅尚書僕射河南行臺隨
府儀同三司吏部尚書侯景為兼尚書僕射河南道行臺隨
散騎常侍陽斐使于梁是歲蠕蠕高麗吐谷渾並遣使
貢
武定元年春正月壬戌朔大赦改元巳巳車駕蒐于邯鄲

之西山豳州還宮二月壬申　北豫州刺史高仲密據武牢

西叛三月景午帝親納訟戊申勃海王高歡大敗西魏師

于邙山追奔至恒農而還豫洛二州平夏四月封彭城王

韶弟韶𩕳為武安王五月壬辰以兒後武牢降天下死罪已

下四乙未以吏部尚書侯景為司空六月乙亥梁人來聘以

汾州刺史斛律金為大司馬壬午遣兼散騎常侍李諧聘

于梁冬十一月甲午車駕狩于西山乙巳還宮是歲吐谷

渾高麗蠕蠕並遣使朝貢

二年春二月丁卯徐州人劉烏黑聚眾反遣行臺慕容紹

宗討平之三月梁人來聘以旱故宥死罪已下四景午以

開府儀同三司孫騰為太保壬子以勃海王世子高澄為

大將軍領中書監元弼為錄尚書事以尚書左僕射司馬

子如為尚書令以太原公高洋為左僕射夏五月甲午遣

散騎常侍魏季景聘于梁秋八月道

癸酉尚書令司馬子如坐事免九月甲申以開府儀同三

司潘陽王曄業為太尉咸陽王坦坐事免以王還第

冬十月乙巳太保孫騰大司馬高隆之免廣陽王湛兗秋八月道

獲逃戶六十餘萬十一月西河地陷有火出甲申以司徒

高隆之為尚書令以前大司馬婁昭為司徒庚子祀圓丘

辛丑梁人來聘是歲吐谷渾地豆干室韋西魏蠕蠕並朝

貢遣使朝貢

三年春正月申遣兼散騎常侍李繪聘于梁二月庚申

吐谷渾國奉其從妹以備後庭納為容華嬪夏五月甲辰

大赦秋七月庚子梁人來聘冬十月遣中書舍人尉瑾聘

于梁十二月以司空侯景為司徒以中書令韓軌為司空

戊子以太保孫騰為錄尚書事是歲南郡王吐谷渾蠕蠕並

遣使朝貢

四年夏五月壬寅梁人來聘六月庚子以司徒侯景為河

南大行臺庶攝擔討防秋七月壬寅遣兼散騎常侍元聘

高麗蠕蠕並遣使朝貢

壬梁八月移洛陽漢魏石經于鄴是歲蠕蠕蠕蠕並

五年春正月己亥朔日有蝕之景午勃海王薨散騎常

司徒侯景降于西魏以求救西魏遣其將李弼王思政赴

之景入據潁川景夏四月壬申大將軍高澄來朝二月

侯景復背西魏歸梁夏四月壬申大將軍高雅來朝二月

書右僕射襄城王旭為太尉甲辰以太原公高洋戊戌以尚

司徒侯景降于西魏以求救西魏遣其將李弼王思政赴

令領中書監以青州刺史景為大司馬以開府儀同三

書庫狄干為太師以錄尚書事孫騰為太傅以汾州刺史

賀拔仁為太保以司空韓軌為司徒以領軍將軍可朱渾
道元為司空以司徒高隆之錄尚書事以徐州刺史慕容
紹宗為尚書左僕射高陽王斌為右僕射戊午大司馬尉
景與六月乙酉帝為勃海王舉哀於石堂服緦衰秋九月
辛丑梁貞陽侯蕭明冦徐州堰泗水於寒山灌彭城以應
侯景冬十一月乙酉以尚書令渤相樂大破冦之及其二子瑀並
景是歲高麗勿吉並遣使朝貢
二月乙亥蕭明至帝御闔閭門壞而宥之岳等迴師討侯

六年春正月己亥大都督南岳等於渦陽大破侯景俘斬
五萬餘人其餘溺死於渦水水為不流景走淮南二月己
卯梁遣使求和許之三月癸巳以太尉襄城王旭為大司
馬以開府儀同三司高岳為太尉辛亥冬葵春六年敕罪
人各有差夏四月甲子吏部令史張求和青州人崔闊等
偽假人官事覺紀撿百者六萬餘人甲戌太尉高岳司徒
韓軌大都督劉豐等討景思政於潁川引洧水灌其城九

德為主以改建業是歲高麗室韋蠕蠕吐谷渾並遣使朝
七年春正月戊辰梁北徐州刺史中山侯蕭正表以鎮內
貢

附封蘭陵郡公吳郡王三月丁卯侯景剠建業夏五月景
辰侯景殺梁武帝戊寅勃海王高澄帥師赴潁川六月乙
之獲西魏大將軍王思政等秋八月辛卯立皇子長仁為
太子盜殺勃海王高澄癸巳大赦內外百官進二級咸
午太原公高洋為大丞相齊王高澄薨巳酉以并州刺史彭城
陽王坦為太傅甲午室韋高麗吐谷渾並遣使朝貢
二月甲辰吳郡王高洋如晉陽冬十月癸未以開府儀
同三司潘相樂為司空十

八年春正月辛酉帝為勃海王
太原公高洋嗣事徙封齊郡王甲戌地豆干契丹並遣使
朝貢二月庚寅以尚書令高隆之為太保三月庚申進齊
郡王高洋爵為齊王夏四月乙巳蠕蠕遣使朝貢五月甲
寅詔齊王高洋為相國摠百揆備九錫之禮以冀國太妃為王
太右王如彼戊戌景辰遜帝位於齊
天保元年已未封帝為中山王邑
不稱詔載天子旌旗行魏正朔乘五時副車封王諸子為
縣公邑各二千戶絹一萬定錢一萬貫粟二萬石奴婢
三百人水磑一具田百頃園一所於中山國立魏宗廟
二年十二月已酉中山王殂時年二十八
三年二月奉謚曰孝靜皇帝葬於鄴西漳北其後發之陵

朗見者六十八人帝好文義容儀力能挾石師子以蹁牆射
無不中嘉賓宴會酷奢羣臣賦詩從容沉雅有壽文風勃
海王高澄謀害帝甚忌焉以大將軍中兵參軍崔季舒為中
書黃門侍郎令監察動靜
帝懼人復何似興勤小差未帝嘗呼帝與獵於鄴東馳逐如飛
軍恐澄晉侍帝飲大果觴曰臣澄勸陛下帝不悅曰自古
亦一段關帝不堪安尊詠謝靈運詩曰韓亡子房奮秦帝
魯連恥本自江海人志義動君子常侍侍講荀濟知帝意
乃與華山王大器元瑾密謀於官中偽為山而作地道向
北城至半秋門門覺地下窘動以告澄勤兵入官曰
陛下何意反耶臣為耶君者覺地下響動以告澄勤諸
如嬪帝正色曰王自欲反何關於我我尚不惜身何況妃
嬪澄下牀叩頭大啼謝罪於是醊飲夜久乃出居三日出
帝於令章堂天器瑾等計見反於市乃將禪位於文宣襄
城王和及司徒潘相樂侍中張亶黃門即趙彥深等求入
奏事帝在昭陽殿見之昶曰五行遞運有始有終舜王聖

一德欽明萬姓歸仰臣等昧死聞奏願陛下則堯禪舜帝便
毀容咎曰此事推把巳又謹當遜避又云若介須作詔書
侍郎崔劼裴讓之奏云若介須作詔書即付楊愔進於常儿十
條書記曰將安朕何所復者云巳又楊愔對曰在北城別
有館宇還備法賀儁常侍掩涕而去帝乃御座步就東廊
口諫尉宗後漢書讚云獻生不反丹楊國乃終欲與六宮
別可千高隆之曰今天下猶陛下之天下況往後宮乃與
夫人虞賓所司依漢書請帝曰古人念遺轡樂欲與六宮
云王其愛玉體俱事黃鬚期皇后巳下皆哭真最趙德以
出雲龍門王公百寮圷冠拜辭帝曰今日不減常道鄉公
曰朕長天順人授位相國何物奴敢過人趙德尚不下及
故檻車一乘候於東上閣帝上車持帝肘之
食以護視為競遇酖而崩
宅及文宣帝自隨帝后封太原公主常為帝
漢獻帝飛甘悲愭高隆之泣灑遂入北城下司馬子如南
論曰莊帝運接文襄喪招納勤王雖時事孔棘亦有四
猶遞前除權強擅命神器獨斷芒剌未除而天未志亂禍
不旋踵自絃之後魏室王崩始則制鼓強胡終乃率有四海
政主祭祀者不殊於寄坐遇黜辱者有甚於匹雖以節

魏本紀第五　　　北史五

關之明舜武之長祗以速是奔波文帝以剛強之慎終以

守雌自賁靜恭逗絡天祿高躅唐虞差可得其時也

三十一

方浩周益　周　己千　孫　粹然　校正

齊高祖神武皇帝姓高氏諱歡字賀六渾勃海蓨人也六
世祖隱晉玄菟太守隱生慶慶生泰泰生湖三世仕慕容
氏及慕容寶敗國亂湖率眾歸魏為右將軍湖生四子第
三子謐仕魏位至侍御史法從名懷朔鎮有赤光紫氣之異隣
人以為怪勸從徙者以避之皇考曰安知非吉乎皇考及
生性通率不事家業住居若白迫南數有赤光紫氣之異隣
神武生而皇妣韓氏殂養於同產姊壻鎮獄隊尉景家神
武既累世北邊故習其俗遂同鮮卑
上為函箕候所宗目有精光長頭高權齒白如玉少有
子孫為託及賣遺贈長司空權其子窜而用之神武自隊
主轉為函使賞兼驛遞覺東無異星辰覺晏後報
純若有神應者每行役道路佳來無風雷之色又嘗
星而行覺見內奇馬為丞便六年每至洛陽給令吏麻祥
祥嘗以肉啗神武性不立食坐而進之怪而以為慢已
咎神武四十及自洛陽還傾產以結客親故怪問之答曰
五豆至洛陽宿衛羽林相率焚領軍張彝宅朝廷懼其亂而
不問為政若此事可知也財物豈可常守邪目是乃有澄

清天下之志與懷朔省事雲中司馬子如交
中山人賈顯智為莫逆之友懷朔戶曹史孫騰外兵史侯
景亦相友結劉貴督晉得一白雀每搏報遂至迴澤澤中
貴顯智等獵於汾野見一赤兔每搏輒逸遂至迴澤澤中
有兔屋數十人有狗自屋中出持神武袴甚惡其每兩
目盲與牧羊兒呵其二子出行數里還訪之則本
客因目言吾暗相徧捫諸人皆貴而指摩中酒永羊以待
曰子如歷位顯智之狗非人也由是諸人益加敬異本
無人者乃向非人也由是諸人益加敬異牢昌元年壽玄
鎮人杜洛周反於上谷神武乃與同志從之不果而逃為
與尉景段榮蔡儁圈之不果而逃為葛榮所追文襲及魏
永熙后皆幼武明石於牛上抱負之支裝屋走洛干神武鬱
己將射之以決去右呼榮求救賴榮透下取之以免遂奔
萬榮又上歸介朱榮於秀容先是
至是始得見以悵悼故未之奇也貴乃為神武應壁神武美
見馬因隨榮之殷殷有惡馬榮命剪之神武乃不加羈絆
而剪於牀下畢訪時事神武曰但言介意神武曰方今天子
武於牀下畢奇何用也榮曰卿試言介意神武曰方今天子
別為羣將此竟何用也榮曰卿試言介意神武曰方今天子

愚弱太后淫亂孽寵擅命朝政不行以明公雄武乘時奮
發討鄭儼徐紇而清帝側霸業可舉鞭而成此賀六渾之
意也榮大悅語自日中至夜半乃出自是每參軍謀後從
榮徙據并州抵揚州邑人龐蒼鷹止團焦中每從外歸主
人遥聞行響動地蒼鷹母數見團焦上赤氣赫然屬天又
蒼鷹嘗夜欲入有青衣人拔刀叱曰何故觸王言訖不見
始以為異密覘之唯見赤蛇蟠牀上乃益驚異因殺牛分
肉厚以相奉蒼鷹母求以神武為義子及得志以其宅為
第號為南宅雖門巷開廣堂宇崇麗其本所住團焦以石
堊塗之留而不毀至文宣時遂為宮既而榮以神武為親
信都督于時魏明帝銜鄭儼徐紇逼靈太后未敢制私使
榮舉兵內向榮以神武為前鋒至上黨明帝又私詔停之
及帝暴崩榮遂入洛因將篡位神武諫恐不聽請鑄像卜
之鑄不成乃止孝莊帝立以定策勳封銅鞮伯及尒朱榮
擊葛榮令神武喻下賊別稱王者七人後與行臺于暉破
羊侃于太山尋與元天穆破邢杲于濟南累遷第三鎮人
酋長常在榮帳內榮嘗問左右曰一日無我誰可主軍皆
稱尒朱兆榮曰此正可統三千騎以還堪代我主衆者唯賀
六渾耳因誡兆曰尒非其匹終當為其穿鼻乃以神武
為晉州刺史於是大聚斂因劉貴貨榮下要人盡得其意

時州庫角無故自鳴神武異之無幾而孝莊誅榮及尒朱
兆自晉陽將舉兵赴洛召神武神武使長史孫騰辭以絳
蜀汾胡欲反不可委去兆恨焉騰復命神武曰兆舉兵犯
上此大賊也吾不能久事之自是始有圖兆計及兆入洛
執莊帝以北神武聞之大驚又使孫騰偽賀兆因密覘孝
莊所在將劫以舉義不果乃以書喻之言不宜執天子以
受惡名於海內兆不納殺帝而與尒朱世隆等立長廣王
曄改元建明封神武為平陽郡公及費也頭紇豆陵步藩
入秀容逼晉陽兆徵神武神武將往賀拔焉過兒請緩行
以弊之神武乃往逗留辭以河無橋不得渡步藩軍盛兆
敗走初孝莊之誅尒朱榮知其黨必有逆謀乃密勑步藩
令襲其後步藩既敗兆等以兵勢日盛兆又請救於神武
神武內圖兆復慮步藩後之難除乃與兆悉力破之藩死
深德神武誓為兄弟時世隆度律彥伯共執朝政天光據
關右兆據并州仲遠據東郡各擁兵為暴天下苦之葛榮
衆流入并肆者二十餘萬為契胡陵暴皆不聊生大小二
十六反誅夷者半猶草竊不止兆患之問計於神武神武
曰六鎮反殘不可盡殺宜選王素腹心者私使統焉若有
犯者罪其帥則所罪者寡兆曰善誰可行也賀拔允時在
坐請神武神武拳毆之折其一齒曰生平天柱時奴輩伏

頒分如鷹犬今日天下安置在王而阿輟泥敢誣下周上
請殺之兆以神武為諜遂以兆為諜恐神武以兆醉醒後或
致疑貳遂出置言受委統州鎮兵可集汾東受令乃建牙
陽曲川陳部分有歃盟者絳巾袍自稱梗楊驛子願剄
兵兆以并肆以力開嘗於并州市搉殺人者乃署為親信
左右訪之則以力開以兆而樂神武於是莫不甘至是乃劉貴
請兆以并肆令就食山東待溫飽而處分之兆從勿其議
徒污人國土請令就食山東待溫飽而處分之皆面無穀色
其長更事素容紹宗諫曰不可為兆曰香火重誓何所慮邪紹
公雄略又握大兵將不可兆曰香火重誓何所慮況高

北史紀六

◀ 五令 ▶

宗曰親兄弟尚難信何論香火時兆左右巳受神武金因
物也於是自追神武至襄垣會漳水暴長橋壞神武隔水
拜曰所以借公主馬非有他故備山東盜耳王受公主因
百四盡奪易之兆聞乃釋紹宗而問馬紹宗曰猶掌握中
晉陽出滏口路逢介朱榮妻鄉郡長公主自洛陽來馬三
諸紹宗與神武為陳兆乃催神武發神武乃自

於地遂刑白馬而明盟誓為兄第留宿夜飲尉景伏壯士欲
執兆神武起謂壁止之曰今殺之其黨必奔歸聚結兵飢馬
瘦不可相支若英雄屈起則為害滋甚不如且置之兆雖
勁捷而兇狡無謀不足圖也旦日兆歸營又召神武神武
念瞋領降盖别為營神武傯與之善觀其佩刀因取
之以殺其從者盖歡於是主兼感悅倍願附從初魏京君
將上馬詣之孫騰牽衣乃止陽水肆馬馳還晉陽兆心腹
中内寧者秦言上黨有天子氣云在壺關大王山武帝於
是南巡以厭富之累石為三封斬其北鳳皇大王山以毀其形
後上賞人居晉陽者號上黨坊神武冀居之及是行舍大

北史紀六

◀ 六 ▶

王山六自而進將出滏口倍加約束地神武轉步奔馬達近閘之皆
將過束地神武轉步奔馬達近閘之皆求糧於相州刺史高儀同將兵整
蕭益歸心焉遂前行乃鄴北求糧於相州刺史劉誕誕不
供有重營組柔之閘門以待遂據其州是月介朱兆封神武
信都有高乾封隆之閘門帝欲羈原神武辭四月癸巳又加授東道大行
元瞱而五節閘帝欲羈原神武辭四月癸巳又加授東道大
為勃海王徵使人觀神武辭四月癸巳乃自節閘帝封神武
喜臺第一鎮人窗長廳魚雁四月大原來奔神武以為行臺郎
尋以賜心乃詐為書言介朱兆將以六鎮人配契胡為部曲
姓歸心乃詐為書言介朱兆將以六鎮人配契胡為部曲

衆皆慟哭為并州討步落稽賊遺之孫騰

尉景僞請留五日如此者再神武親送之郊靈滯親別人

號慟哭聲動地神武乃喻之曰與尒俱失鄉客義同一家

不意在上乃餧召直向西已當徵死後軍期又當死配國

人又當主衆願奉神武曰唯有反耳神武曰及是急計須推一

百萬衆無刑法終自灰滅以吾為主當與前異不得欺

漢兒頻顣死生唯命吾則可不尒不能為取咲天下

衆皆頓顣死生唯命吾則可不尒不能為取咲天下

以討尒朱兆之意封隆之進曰十載一時普天牢饗吉喻

日討賊大順也比時大業也吾雖不武以死繼之何敢讓

馬六月庚子建義於信都尚未顯討尒朱氏及李元忠興

高乾平殺州斬尒朱羽生吾來謁神武撫膺曰今日反決

矣乃以尒朱兆為朝廷隔絕不權立天子則衆望無所係

朱氏世隆等祕表不通八月尒朱兆攻陷鄴州平尒忠來

奔孫騰以為朝廷隔絕不權立天子則衆望無所係

壬寅春章武王斛子勃海太守朗為皇帝年號中興是為

廢帝時度律仲遠不戰而遷神武乃敗兆於廣阿十一月

攻鄴相州刺史劉誕拒戰城固守神武乃起土山為地道往建

大柱一時焚之城陷入地麻祥時為湯陵令神武呼之曰

麻都祥戮而死

永熙元年正月壬午拔鄴城據之廢帝進神武大丞相柱

國大將軍太師是時青州建義大都督崔靈珍犬都督耿

翊甘遺使歸附行汾州事劉貴幷州孫承業自東郡同會鄴

光自長安兆自幷州軍節閈以長孫承業為犬行臺趣鄴

號二十萬袂洹水而軍節閈以長孫承業為犬行臺趣鄴

馬神武令封隆之守鄴自出頓紫陌以塞歸道

不至三萬衆寡不敵乃於韓陵為圓陣連牛驢以塞歸道

於是將士皆為死忿四面赴擊之尒朱兆貢神武以背已

柱我報賷耳神武曰我昔日親閈天柱計汝在戶前立置

神武曰本勠力者共輔王室今帝何在兆曰永安柱害天

走紹宗友旗角收聚散辛成軍容之不見哭曰盡吾弟矣

大敗之尒朱兆對慕容紹宗叩心曰不用公言以此將輕

得言不反邪且以君殺臣何報之有曰吾義絕矣乃合戰

夜久李叔仁還血蒲袖解斯椿倍道先據河橋初普泰元年

騎追奔度野馬崗與兆邊高昂草衆高季式以七

有王者興是時熒惑犯星太白星太史上云當

十月歲星熒惑鎮星太白聚於信都至是而破兆集

椿執天光度律以送洛陽長孫承業道都督貫顯智張歡

入洛陽執世隆芽伯斬之兆奔并州仲遠奔梁州遂死焉
時爾朱兆既除朝廷慶悅初爾朱榮之
忽被數騎將蹦城至一大將爾朱紹為軍導向鄴云佐
受命者除殘賊紹回視之兵不測鷩英無聲將至鄴乃放
而神武至洛陽廢即閔及中興主而立孝武既即位
焉及戰之日爾朱氏軍人見陣外士馬四合蓋神助也既
援神武大丞相天柱大將軍太師世襲定州刺史增封开
前十五萬戶神武辭天柱減戶五萬壬辰還鄴魏帝餞於
乾脯山執手而別七月壬寅神武師比代爾朱普皆反噬
之言侍中斛斯椿賀拔勝賈顯智等往軍爾朱皆反噬

今在京師寵住必構禍隙神武深以為然乃歸天光慶律
於京師斬之遂自溢口入爾朱兆大掠晉陽比保秀容异
州平神武必晉陽四塞乃建大丞相府而定居爾朱兆
既至秀容分兵守險出入寇抄神武揚聲討之師出止者
數四兆首鼠神武揣其歲首當宴會遣爾朱以精騎馳之
一日一夜行三百里神武以大軍繼之
二年正月當晨秦奄至爾朱兆自縊神武親臨厚葬之慕容紹
驚以介朱榮妻子及餘眾自保為突城降神武以義兵故待
宗以介朱棠妻子之入洛也爾朱仲遠部下都督橋寧張子期
之甚厚神武之入洛也

自滑臺歸命神武以其助亂且數反覆皆斬之斛斯椿由
是內不自安乃與南陽王寶炬及武衛將軍元毗魏光祿
王思政構神武於魏帝舍人元士弼又奏神武受勑大不
敬故魏帝心貳於賀拔岳初以孝明之時洛下以兩拔賀
謠言銅拔打鐵拔元家世將末好軍者以二拔謂拓拔賀
拔言俱敗之兆時司空高乾密啓神武言魏帝之貳
神武封呈魏帝殺之又遣東徐州刺史潘紹業齎其啓呈
太守龐蒼鷹冷殺其弟昂昂先聞其兄死以觕剌柱伏壯
士載紹業於路得勑書於袍領逐奔神武時乾次弟慎在
天子枉害司空遂使以白武幡勞其家屬神武抱其首哭曰
光州為政嚴猛又縱部下取納魏帝使代之慎聞難將奔
梁其黨日公家勳重必不兄弟分之歎夜推鹿車正光
海連使者亦求奔於是魏帝與神武隙矣阿至羅嘗歸勑
以前常稱藩自魏朝多事旨叛神武道使招納便附款先
是詔以寇賊平寵平臺至是以殊俗歸降復授神武大行
臺隨機慰勞分神武賓其粟昂議者以為徒費無益神武不
從撫慰如初其酋帥吐陳等感恩旨從指麾救曹泥取万
侯受洛千大收其用河西費也頭虜紀豆陵伊利昆苦池
河恃險擁眾神武道長史侯景臺招不從
天平元年正月壬辰神武西伐費也頭虜紀豆陵伊利於

河西滅之遷其部落於河東

二月永寧寺九層浮圖災既
而人有從東萊至云及海上人咸見之於海中俄而霧起
乃滅應焉魏收以為天意若曰永寧見災不寧入東海
勃海應焉魏帝既有異圖時侍中封隆之與孫騰私言
之喪妻魏帝以從妹騰亦未之信心害隆之泄其言
於斛斯椿椿見孫騰領軍分置督將又河南關西
之調勝曰謂介高元家見舉正如此領軍要昭辭罪
來奔稱魏帝欲以斛斯椿代孫騰帶仗入省擅殺御史亞士
晉陽魏帝於是以斛斯椿為在徐州神武使郎珍華其當备建州刺
諸刺史華山王鷙為徐州神武使郎珍華其當备建州刺

史諫賀渾州刺史徐偃皆神武同義魏帝忌之故省建州
以去賀使御史中尉蔡儁案罪以開府賀顯智為濟州
偽拒之魏帝途途五月下詔云神武將征句吳發河南諸州兵
增宿衛中河橋六月丁巳密詔神武曰宇文黑獺自平破
秦隴多求非分脫有變非帝要沒經略但表啟未全背叛
進討事涉彙臣謙其可否會偽吳來時魏帝將代神武
戒嚴一則防黑獺不虞二則可威吳楚時魏帝館接驩
神武部署將帥即感疑故有此詔國臣今表曰荊州刺史
左衛將軍賀拔勝時遠將有逆國臣今潛勤兵馬三萬疑
佽河東而渡又遣恒州刺史庫狄干瀛州刺史郭瓊汾州

刺史斛律金前武衛大將軍彭樂擬兵四萬從其來逼津
渡遣領軍婁昭相州刺史竇泰前瀛州刺史尉景
州刺史高隆之擬兵五萬以討荊州遣侍中封隆之擬山東
兵七萬突騎五萬以征江左皆約勒所部伏聽處分魏帝
知覺其詐乃出神武乘命奮命此信誓自明忠欵
臣若不盡誠鴟卽閣陛下一旦賜疑以表身狀仍受天
下若垂信赤心使干戈不動倭臣二二人顧勤曼歷出幸

未帝後錄在京文武謀臣以各神武使舍人溫子昇草勒
子昇逡巡未敢作帝撰胡林拔劍作色子昇乃為勒曰前
侍血遠以不王深冀彼此共相體悉而不良之徒坐生
闡武近孫騰倉卒向彼致使聞者有異謀故遣御史中
尉蔡儁具申朕懷今得王啟言類悃反覆思之猶未
解以朕身遠如貴我者高王今若無事肯王規相攻討則
父母妻子何易取天今坐為天子所謂生我者
孫遠如生哲言皇天后土俱為證據欲賜四海為聲
應之啟豈其獨欲而言此言近庸宇文令使身叉又子
所為更無異迹賀拔在南開拓邊境為國立功念無可責

北史紀六 十一
北史帝紀六 十二

君若欲分討何以為辭東南不賓為日已久先朝已來置
之度外今天下戶口減半未宜弱兵極武朕既闇昧不知
佞人是誰可列其姓名令朕知也如聞庫狄干語王云本
欲取懦弱者為主此如君便其不可駕御今但作

送二首王雖啟圖西去而四道俱進或欲南度洛陽或
誰不怪王既為禍始魯無愧懼王君事盡孫騰逃走不
宣出佞臣之口去歲封隆之背叛今年孫騰逃走不罪不
十五日行自可廢之更立君無事立長君誠何不
欲東臨江左然居北在此雖有百萬之眾終無圖彼之心王
誠不貳晏然居北在此者猶應自怪聞之者寧能不疑王若守

朕信邪臣棄義與旗南指絨無匹馬集輪猶欲以空拳而爭
死朕本寡懷義王已立之百姓無知或謂實可若為化所圖
則彰朕之惡始令遠近為君殺幽辱蠢粉了無遺恨何者王
既以德見推必義見舉一朝背德舍義便是過有所歸本
望君臣一體若合符契不圖今日分疎到此古語云越人
射我笑而道之吾兄射我涕而道之誠親疎以為親既親王情如兄弟
所以投筆拊膺不覺歔欷初神武自京師將北以為鄴陽
遷都鄴遂亂王氣義盡雖有山河之固土地褊狹今不如洛陽
久經喪亂王氣義盡雖有山河之基經營制度至其壯
宗乃畢王既功在社稷宜傳太和萬事神武奉詔至其壯

謀焉為道兵千騎鎮建興益河東及瀍州兵於白溝虜船不
聽向洛陽諸州和糴栗運入鄴城魏帝又勅神武曰王若獻
伏人情杜絕物議唯令蔡雋受代使郎珍出徐止戈散馬各
之粟追瀍州之軍令蔡雋受代使郎珍出徐止戈散馬各
事家業脫須糧廣別遣轉輸則謀人結舌疑悔不生王若篤
首南向問鼎輕重朕雖無武欲止不能必為社稷宗廟出
桃太原脫朕垂拱洛陽終不舉足及渡河以干戈相指王若篤
萬死之策決在於王并朕能定為山止賞相為惜王若南
時以任祥為兼尚書僕射加開府祥棄官走至河北據神
郡待神武魏帝乃勅文武官比來者任去留下詔罪狀神

武為比伐經營神武亦勒馬宣告曰孤與尒朱擅權要大
義於四海本戴主上義賈幽明橫為斛斯椿譖構以誠即
為逆首趙軌與晉陽之甲誅君側惡人令南邁誅椿
而已以高昂為前鋒魏帝徵兵關右召
子如吾與神武日本欲立小者正為此耳豈有令日之舉司馬
賀拔勝赴行在所遣大行臺長孫承業大都督顈川王斌
之斛斯椿共鎮武牢汝陽王暹鎮石濟行臺長孫子彥
前恒農太守元洪威鎮陝賈顯智華豫州刺史斛斯元壽
伐蔡雋神武使賈顯智與前太守孫承業大都督顈川王斌
韓賢逆遏乙素軍降泰賈文與顯智遇於長壽津顯智陰

約降引軍退軍司元玄覽之馳還請益師魏帝遣大都督
候幾紹赴之戰於滑臺東顯智以軍降紹此
躬事大眾此河橋神武至河北十餘里道口申誠欵魏
帝不報神武乃引軍度河魏帝問計於羣臣或云南依賀
拔勝或云西就關中或云守洛口死戰未決而元祗之與
斛斯椿率權不睦斌之棄椿徑還紹帝六神武兵至即日
魏帝逃於長安己酉神武入洛傳於永寧寺八月甲寅召
集百官謂曰為臣奉主匡救危亂若處不諫爭出不陪隨
緣則胱覩爭榮忠便賀失臣卿安在遂收開府儀同三司
尚書劉廞歐墨庭王尚書楊機散騎常侍元士弼並殺之誅
其貳也士卿籍沒家口神武以萬機不可曠廢乃與百僚
議以清河王亶為大司馬居尚書下舍而承制決事為王
稱嫠書璵神武飄之神武尋至弘農遂西剋潼關執毛洪賓
進軍良城龍門都督薛崇禮降神武退舍河東命行臺高
書長史薛瑜守潼關大都督庫狄溫守封陵於蒲津西岸
築城守華州以薛紹宗為刺史高昂即行豫州事神武自發
晉陽至此凡四十洛魏帝皆不荅九月庚寅神武還至洛
陽乃進僧道榮表關中文不荅乃集百寮沙門耆舊議
所推立以為自孝昌喪亂國統中絕神主廄依昭穆差序

永安以孝文為伯考永熙遷孝明於夾室業袚祚短職此
之由遂議立清河王世子善見議定白清河王曰天子
無父司便見五不惜餘生乃立之是為孝靜帝親於其始
分為二神武以季武既西恐逼嵘陝復在河外接近
梁境如向晉陽形勢不能相接依議遠鄴護軍祖瑩贊焉
詔下三日車駕便發戶四十萬狼狽就道神武留洛陽部
分事軍遠晉陽自是軍國政務皆歸相府先是童謠曰可
憐青雀子飛來鄴城裏羽翮垂欲成化作鸚鵡子好事者
竊言崔子飛謂神武也初孝昌中山胡
劉桑升自稱天子號神嘉居雲陽谷西王歲被其冠謂
之胡荒
二年正月西魏渭州刺史可朱渾道元擁眾內屬神武迎
納之壬戌神武護軍劉蠡升大破之己巳魏帝裹詔以神
武為相國假黃鉞劍履上殿入朝不趨神武固辭二月神
武欲以女妻蠡升太子倖其不設備辛酉潛師龍女之其此
部王斬蠡升首以送其眾復立其子南海王神武進戰之
又復南海魏五萬戶及其第西海王北海王皇后公卿已下四百
餘人魏五萬戶壬申神武以州郡縣官多乘法濫請出使開
東谷有差九月甲寅神武以州郡縣官多乘法濫請出使開
人疾苦

三年正月甲子神武帥庫狄干等萬騎襲西魏夏州不
火食四日而至縛稍為梯夜入其城禽其刺史斛
拔伐靈突因而用之留都督張瓊以鎮守遷其部落五千
戶以歸西魏靈州刺史曹泥與其壻涼州刺史劉豐遣使
請內屬周文圍靈州決河灌其城不沒者四尺神武命阿至羅
神武來騎迎泥豐生拔其遺戶五千以歸復泥官爵魏帝
發騎三萬徑靈州繞出西軍後獲馬五十四西師乃退
詔加神武九錫神武固讓乃止二月神武令阿至羅通西魏
州刺史建忠王乙侯普撥神武以衆應之六月甲午普撥
與其子太宰受洛干邙州刺史叱干寶樂右衛將軍破六

韓常及賢將三百餘人擁部來降八月丁亥神武請均
尺班於天下九月辛亥汾州胡王迴觸曹貳龍聚衆及署
立百官年號平都神武討平之十二月丁丑神武自晉陽
四年正月癸丑寶泰軍敗自殺神武軍次蒲津以冰薄不
督寶泰入潼關
西討達兼僕射行臺汝陽王暹司徒高昂等趨上洛大都
得赴救乃班師高昂攻剋上洛二月神武以并肆汾
建晉東雍南汾秦陝九州霜早人飢流散請所在開倉振
給六月壬申神武如天池獲瑞石隱起成文曰六王三川
十一月壬辰神武西討自蒲津濟衆二十萬周文軍於沙

苑神武以地阨少卻西人鼓噪而進軍大亂棄器甲十有
八萬神武跨橐駝候船以歸
元象元年三月辛酉神武固請解丞相魏帝許之四月庚
寅神武朝于鄴壬辰還晉陽請開酒禁并振恤衛武官
七月壬午行臺侯景司徒高昂圍西魏將獨孤信於金墉
西魏帝又周文拉來赴救大都督庫狄干帥諸將前驅神
武總衆繼進八月辛卯戰於河陰大破西魏軍侯景神武遣
司徒高昂大都督李猛宗顯死之西師之敗獨孤信先入
關周文留其都督長孫子彥守金墉遂燒營以遁神武遣
兵追奔至崤不及而還初神武知西師來侵自晉陽率衆

馳赴至孟津未濟而軍有勝負既而神武渡河子彥亦棄
城走神武遂毀金墉而還十一月庚午神武朝於京師十
乃止十一月乙丑神武以新宮成朝於鄴魏帝與神武讌
二月壬辰還晉陽
興和元年七月丁丑魏帝進神武為相國錄尚書事固讓
不許十二月戊戌神武還晉陽
射神武降階下稱賀又辭勃海王及都督中外諸軍事詔
二年十二月阿至羅別部遣使請降神武帥衆迎之出武
三年五月神武巡北境使使與蠕蠕通和
州塞不見大獵而還

四年五月辛巳神武朝于鄴請令百官每月面敷政事明
揚善陋納諫屏邪親理獄訟裦勤忠牧守有懲節級相
坐稱被之丙進御以序後園鴈犬衆皆棄之六月甲辰神
武還晉陽九月神武西征十月己亥圍西魏儀同三司王
思政於玉壁城欲以致敵西師不敢出十一月癸未神武
以大軍士卒多死乃班師

武定元年二月壬申北豫州刺史高慎據武牢西叛三月
有盜殺驢者軍令應死神武弗殺將至并州決之明日復
芒山寅西魏督將以下四百餘人俘斬六萬計是時軍士

戰奔西軍告神武所在西師盡銳來攻衆潰神武失馬赫
連陽順下授神武與蒼頭馮文洛扶上俱走從者步
騎六七人追騎至神武與親信都督尉興慶曰王去矣吾
百箭足殺百人神武勉之曰事濟以爾為懷州若死則用
介子與慶百兒小願用兄許之興慶矢盡而死西魏太
師賀拔勝以十三騎逐神武河州刺史劉洪徽射中其二
勝稍將中神武段孝先橫射殪逐免神武洛二州平神
武使劉豐豈追奔徇地至恒農而還七月神武貼周文責
以殺孝武之罪八月辛未魏帝詔神武為相國錄尚書事
固辭乃止是月神武命於肆州北山築城
大行臺餘如故

西自馬陵戍東至土隥四十日罷十二月己卯神武朝於
京師庚辰還晉陽

二年三月癸巳神武巡行其定二州因朝京師以冬春元
旱請蠲縣責振窮之宵死罪以下又請授老人板職各有
差四月景辰神武還晉陽十一月神武討山胡破平之俘
獲一萬餘戶分配諸州

三年正月甲午開府儀同三司介朱文暢開府府司馬任冑
都督鄭仲禮中府主簿李世林前開府參軍房子遠等謀
賊神武因十五日夜打簇懷刃而入其賞辭李壽必誓竝
伏誅丁未神武請於并州置晉陽宮以處配口三月乙未
神武朝鄴景午還晉陽十月丁卯神武上言幽安定三州
北接莫蠕蠕請於要脩立城戍以防之乃自臨尾婁莫不
嚴固乙未神武請釋芒山俘桎梏配以閒豪婦
四年八月癸巳神武將西伐自鄴會兵於晉陽殿中將軍
曹魏祖曰不可兵西方王以死氣爲生氣於客不利
主人則可兵果行傷犬將神武不從自東西魏構兵鄴下
每先有黃黑蟠陣關占者以爲黃者東戍衣色黑者西
魏戎衣色人聞以此候勝貟其時黃蟠盡死九月神武圍
玉壁以挑西師不敢應西魏晉州刺史韋孝寬帝玉壁城
中出鐵面神武使元盜射之每中其目用李業興孤虛術

萃其比比天險也乃起土山鑿十道文於東面鑿二十一
道以攻之城中無水汲於汾神武使掘汾一夜而畢若覺
奪據土山頹於軍五旬城不拔死者七萬人聚為一冢有星
墜於神武營衆驢並鳴士卒龍畫幡神武有疾十一月庚子
輿疾班師庚戌遣太原公洋鎮鄴辛亥徵世子澄至晉陽
有鴆為集於其樹世子使斛律光射殺之己卯神武以無
功責解都督中外諸軍事魏帝優詔許焉是時西魏言神
武中弩神武聞之乃勉坐見諸貴使斛律金敕歌神武
自和之衆流涕侯景素輕世子嘗謂司馬子如曰王在
吾不敢有異王無吾不能與斛律早小兒共事子如挴其口

至是世子為神武書召景景先與神武約得書召乃微點
乃來書至無點景不至文聞神武疾遂擁兵自固神武諷
世子曰我雖疾顧我能養豈為汝憂色何也世子未對文間曰
豈非曼庚景叛邪曰然神武曰景專制河南十四年矣常
有飛揚跋扈志顧我能養豈非汝御也今四方未定勿
遽發哀庫狄干鮮卑老公斛律金敕勒老公並性直終
不貪汝可朱渾道元劉豐生遠來投我必無異心賀拔焉
過兒樸實無罪過潘相樂本道人心和厚汝兄第當
得見其力韓軏少顏宜覺借之彭相樂心腹難得宜防護之
少堪歇庚景者唯有慕容紹宗我故不貴之留以與汝宜

五年正月朔日蝕神武曰日蝕其為我邪死亦何恨景午
陳啓於魏帝是日崩於晉陽時年五十二秘不發喪六月
壬午魏帝於東堂舉哀京三日制緫裳詔山禮依漢大將軍
霍光東平王蒼故事贈假黃鉞使持節相國都督中外諸
軍事齊王璽綬輼輬車黃屋左纛前後羽葆鼓吹輕車介
士兼備九錫殊禮諡獻武王八月甲申葬於鄴西北漳水
之西魏帝臨送於紫陌天保初追崇為獻武帝廟號太祖
陵曰義平天統元年改諡神武皇帝廟號高祖神武性深
密高岸終日儼然人不能測機權之際變化若神至於軍
國之政兆嗚運懷抱文武將吏空有預之經馭軍報法令嚴
肅臨敵制勝軍出無方聽斷昭察不可欺犯知人好士全
護勳舊性周給每有文教常殺勤歌指事論心不尚綺
靡權人授住在於得才苟其所堪乃至拔於廝養有虛薄
無實者雖勳戚見待終亦不過將出討奉行方略困不克捷違失指
畫多致奔亡雅尚儉素愛士之飾少能剌伏
自當天任不過三爵居家如官仁恕愛士始范陽盧景裕
以明經稱齊郡韓毅以工書顯咸以謀逆見禽盧景裕
之第館教授諸子其文武之士咸思効力至南和梁園比懷蠕蠕吐
者其務故迻通歸心皆思効力至南和梁園比懷蠕蠕吐

谷渾阿至羅咸所招納獲其力用規略遠矣
世宗文襄皇帝諱澄字子惠神武長子也母曰婁太后生
而岐嶷神武異之魏中興元年立為勃海王世子就杜詢
講學敏悟過人詢甚歎服二年加侍中開府儀同三司尚
孝靜帝妹馮翊長公主時年十二神情儁爽便若成人神
武試問以時事得失辨析無不中理自是軍國籌策皆預
年期之而機略嚴明事無疑滯於是朝野振肅元象元年
輔朝政加領軍左右京畿大都督時人雖聞器識猶以少
之天平元年加使持節尚書令大行臺并州刺史三年入
攝吏部尚書魏自崔亮以後選人常以年勞為制文襄乃
登改前式銓擢唯在得人又沙汰尚書郎妙選人地以充
之至于才名之士咸被薦擢假有未居顯位者皆致之門
下以為賞客每山園游宴必見招攜射賦詩各盡其所
長以為娛適興和二年加大將軍領中書監仍攝吏部尚
書自正光已後天下多事在任羣官廉潔者寡文襄乃奏
吏部即崔暹為御史中尉糾劾權豪無所縱捨於是風俗
更始私枉路絕乃令勝於街衢具論經國政術仍開直言之
路有論事上書苦言切至者皆優容之武定四年十一月
神武西討不預班師文襄馳赴軍所侍衛還晉陽五年正
月景午神武崩祕不發喪辛亥司徒侯景擁河南及潁州

刺史司馬世雲以城應之景諼執豫州刺史高元成襄州
刺史李子密廣州刺史暴顯等遣〔〕司空韓軌率眾討之四月
壬申文襄朝于鄴六月已巳韓軌等自潁州班師討丁丑文
襄還晉陽乃發喪告喻文襄啟辭位願傳王爵壬寅魏帝詔太原公
詔以勃海王文襄為使持節大丞相都督中外諸軍錄尚書事大
行臺勃海王文襄啟辭位願傳王爵壬寅魏帝詔太原公
復前大將軍餘如故壬辰尚書祠部郎中元瑾梁隆〔〕苟
請減國邑分封將各有差辛未朝子鄴固辭丞相魏帝
洋攝理軍國道中使敦喻文襄須有權奪可
詔曰既朝野收為安危所繫不得令逐本懷須
濟長秋卿劉思逸及淮南王宣洪華山王大器濟北王徽
等謀害文襄事發伏誅九月已亥文襄請舊勳灼然未蒙
國錄者悉求推賞朝士名行有關或以年耆歷涉謝者
准其本秩授以州郡不得任事聽蔭子孫自天平元年以
來遇事七官者聽復太資豪貴之家不得占護山澤其第
宇車服婚姻送葬奢僭無限者亦令禁斷從太昌元年以
來將帥有殊功異効者其子弟年十歲以上請聽依第
身其兵士從征身殞陣場者甄其家租課若有藏器避世
者以禮招致隨才擢敘罷管構之官在朝百司怠惰不勤
有所曠廢者兔所居官若清幹克濟皦然可知者即宜超

敍不拘常武定辛丑文襄還晉陽武定六年正月己未文襄
朝于鄴二月己卯梁遣使慰勞文襄并請通和文襄許其和
而不苟書後景之叛也南兗州刺史石長宣頗相影響諸
州刺史守令佐史多被誑誤景破後悉被禽獲尚書省咸慶
極刑文襄竝請減降從寬宥三月戊
申文襄請朝臣及牧守令長各舉賢良及驍武膽略堪守
郡縣雜曰身不限在官解職竝住舉之隨才進擢於晉陽從
朝廷所悉不在舉限其稱事七品散官六品以下并及州
邊城者務在得才不拘稱事六品散官五品以上
襄城臨黎陽濟於武牢自洛陽從太行而反晉陽文

▲北史帝紀六　二十五　林

書朝士以相戒屬於見朝野承風莫不震肅六月文襄巡
北邊城戍振賜各有差七月乙卯文襄朝于鄴八月庚寅
還晉使大行臺尚書高岳大都督劉豐討
淮之北至是凡所獲二十三州七年四月甲辰魏帝進文
王思政於潁川先是文襄遣行臺尚書辛術率諸將略江
襄位相國封齊王綠綟綬拜不名入朝不趨劍覆上殿
食萁州之勃海長樂安德武邑瀛州之河間五郡邑十五
萬戶使即都督中外諸軍事錄尚書大行臺竝如故丁
未文襄入朝固讓魏帝不許五月戊寅文襄師自鄴赴
頼川六月景中克潁川愈西魏大將軍王思政以忠於所

事釋而待之七月文襄朝于鄴請魏帝立皇太子優禮爵
位殊禮未報八月辛卯遇盜而朋初梁將蘭欽子京見虜
文襄以配廚欽求贖之不許京再訴文襄使監廚蒼頭薛
豐洛之曰更訴當殺汝京與其黨六人謀作亂時文襄
將受魏禪與陳元康崔季舒屛左右謀于北城東柏堂太
史啓言宰輔星其微變不一月時京將進食文襄卻之謂
人曰昨夜夢此奴斫我又曰急殺却京因見殺時年二
殺汝文襄自投傷足入牀下賊黨至去牀因殺之謂
十九祕不發喪明年正月辛酉魏帝舉哀於太極東堂詔

▲北史帝紀六　廿六　林

贈物八萬段凶事依漢大將軍霍光東平王蒼故事贈假
黃鉞使持節相國都督中外諸軍事齊王璽綬輼輬車黃
屋左纛後部羽葆鼓吹輕車介士備九錫禮葬曰文襄王
二月甲申葬於義平陵之北天保初追尊曰文襄皇帝廟
號世宗陵曰峻成文襄美姿容善言笑談讌之際從容弘
雅性聰警多籌策當朝代相聽斷如流法高慎西叛夷景
禮有神武之風焉然少壯氣猛嚴峻刑法愛士好賢待之以
南斂非直本懷狼戾兼亦懼威動率制度
崔暹於宮西造宅牆院高廣聽事宏壯亞太極殿神武入朝
責之乃止

論曰昔魏氏失馭中原蕩析群神武奮從晉部大號冀方
量戰而前望後一麾以清京洛尊主匡國功溥天下旣而
魏武帝規避權逼屬數旣盡適所以速關河之分爲文襄
嗣歷數退成略昭著內除兇逆外拓淮夷擯斥貪殘存情
人物而志在峻法急於御下於前王之德有所未同蓋天
意人心好生惡殺雖吉凶報應未皆影響書揔而論之積善
多慶然文襄之禍生所忽蓋有由焉

北史帝紀六

廿七

方治周益　周巳　孫　粹然校正

顯祖文宣皇帝諱洋字子進神武第二子文襄之母弟也
武明太后初孕帝每夜有赤光照室太后私怪之及產命
之曰侯尼于鮮甲亯有相子也以生於晉陽一名晉陽樂
時神武家徙壁立后與親姻相對共憂寒餧帝生始數月
晉陽有沙門下鱗身重踥瞻視不測呼為阿禿師太后見諸
尚未能言欻然曰得活大后及左右大驚不敢言及長黑
色大類丌下齒而子智時人不測深沉有大度
子焉歷閒祿位至帝再舉手指天而巳口無所言見者
異之神武嘗從諸子過鳳陽門有龍在上唯神武與帝見

■北史帝紀七■

之內鎮明敏魏若不足文襄每哂之曰此人亦得富貴相
法亦何由可解神武以帝貌陋神彩不甚發揚曾問以時
事帝略有所辨儻語一事必得事衷文實令諸子各使理
亂絲帝獨抽刀斬之曰亂者須斬神武以為然又各使兵
四出而使彭樂率申騎偽攻之文襄等師撓帝勒衆與彭
樂相格樂兔胄言猶禽之以獻由是神武稱帝異之謂長
史薛琡曰此兒意識過吾琡亦私怪之幻時師事范陽盧
景裕默識過人未甞有所自明景裕不能測也天平二年
封太原郡八公累遷尚書左僕射後從文襄行過遼陽山獨
見天門開餘無人見者武定五年神武朋猶秘山事報情

疑駭帝雖內纓巨痛外若平常人情頗安魏帝授帝尚書
今中書監京畿大都督七年八月文襄遇賊帝在城東雙
堂事出倉卒內外震駭帝神色不變指麾部分自簷斬羣
賊而漆其首祕不發喪大將軍被傷無大苦也
當時內外莫不驚異乃諷魏朝立皇太子因以大赦乃赴
晉陽揔庶政內雖明察外若不了老臣宿將皆輕帝於
是帝推誠接下務從寬厚事有不便者咸蹋省焉舉帝始
位使持節丞相都督中外諸軍錄尚書事大行臺齊郡王
服八年正月辛酉魏帝為文襄舉哀於東堂戊辰詔進帝
食邑一萬戶三月庚申又進封齊王食冀州之勃海長樂

■北帝紀七■

安德武邑瀛州之河閒五郡邑十万戶帝自居晉陽寢室
每夜有光如晝旣為王夢人以筆點巳額旦以語館客
王曇哲曰呂其退乎曇哲拜賀曰王上加點為主當進也
五月辛亥帝如鄴光州獲九尾狐以獻甲寅魏帝遣兼太
尉彭城王韶司空潘相樂奉冊進帝位相國揔百揆以冀
州之勃海長樂安德武邑瀛州之河閒高陽章武定州之
中山常山博陵十郡邑二十萬戶加九錫殊禮齊玉璽如故
景辰魏帝遜位別宮又使兼太尉彭城王韶兼司空敬顯
儁奉冊禪位致璽書於帝并奉皇帝璽綬禪代之禮一依
唐虞漢魏故事帝果表固辭詔不許於是尚書令高隆之

率百寮勸進天保元年夏五月戊午皇帝即位於南郊升
壇柴燎告天是日顯下獲赤雀獻于郊所事畢還居御太
極前殿大赦改元百官進兩大階六州緣邊職人三大階
自魏孝莊已後百官絕祿至是復給焉己未詔封魏帝為
中山王追尊皇祖文穆王為文穆皇帝皇祖妣為文穆皇
后皇考獻武王為獻武皇帝皇兄文襄王為皇帝皇
有司議祖宗以聞辛酉尊王太后為皇太后乙酉降皇太后
封各有差其信都從義又宣力霸朝者又西來人弁武
觀察風俗問人疾苦南來投化者不在降限辛未遣大使於四方
定六年以來南來投化者不在降限遷神主於太廟六月辛巳詔改

封崇聖侯孔長為恭聖侯邑一百戶以奉孔子祀弁下魯
郡以時修葺廟宇又詔吉凶車服制變各為等差其立條
武使儉而獲中分遣使人致祭於五岳四瀆其堯祠孔廟
下及孔父老君等載於祀典者咸秩罔遺文又詔冀州之勃
海長樂二郡勃海郡霸朝所在王命是基君子有作貴不忘本齊
青州之齊郡霸朝所在故太保一年長樂後二年太原復三年壬午詔
郡勃海可復一年長樂後二年太原復三年壬午詔故
太傅孫騰故太保尉景故大司馬婁昭故司徒高敖轉故
尚書左僕射慕容紹宗故領軍万俟于故定州刺史段榮故
故御史中尉劉貴故御史中尉賀泰故殷州刺史劉豐故

瀛州刺史蔡儁等並左右先帝經贊皇基或不幸早殂或
隨身王事可遣使者就墓致祭弁撫問妻子又詔封宗室
太尉高岳為清河王太保高隆之為平原王開府儀同三
司高歸彥為平秦王徐州刺史高思宗為上洛王兼武衛刺
史高長弼為廣武王兼武衛將軍高普為武興王兼武衛
將軍高子瑗為平昌王兼武衛將軍高顯國為襄樂王前
太子庶子高叡為趙郡王揚州縣開國公高孝緒為脩城
王又詔封功臣庫狄干為章武王斛律金為咸陽王可朱渾道元為扶風王司徒公彭樂為陳
咸陽王瀛州刺史元為扶風王司徒公彭樂為陳
德王瀛州刺史元為扶風王司徒公彭樂為陳

留王司空公潘相樂為河東王癸未詔封諸弟青州刺史
滾為永安王尚書左僕射淹為平陽王定州刺史浟為彭
城王儀同三司演為常山王冀州刺史渙為上黨王儀同
三司淯為襄城王儀同三司湛為長廣王渙為任城王
陽王淯為襄城王殷為新平王潤為馮翊王洽為漢
為高陽王濟為博陵王凝為新平王潤為馮翊王洽為漢
詔以太師庫狄干為太宰司徒彭樂為太尉司空潘相樂
陽王丁亥詔立王子殷為皇太子李氏為皇后庚寅
為司徒開府儀同三司馬子如為司空已亥以皇太子
初入東宮大赦議內及弁州死罪已下降餘州死罪已下囚
秋七月辛亥尊文襄妃元氏為文襄皇后宮曰靜德又封
故御史中尉劉貴故御史中尉賀泰故殷州刺史段榮故

文襄子孝琬為河間王孝瑜為河南王乙卯以尚書令平
原王封隆之為錄尚書事左僕射平陽王淹為尚書
令改御史中尉還為中丞詔親郡府所有珍奇雜綵所
不給人者悉決內後園以供七日實賜八月詔郡國修立
庚寅詔曰朕以虛薄嗣弘王業恩所以贊揚盛績播之萬
文襄皇帝所運鄴邑石經五十二枚秋置學館依次修立
又詔史官執筆有闕無由獨知遺美時或未書任位
古雖史官有闕無由獨知遺美時或承傳
王公文武大小降父庶人爰至僧徒或親奉音旨或承傳

【卷……七】 五

序說几可載之文輔葬條封上甲午詔曰魏世議定麟趾
將遂為通制官司施用猶未盡善官可更論討新令未
成之間仍以舊格從事九月癸丑以領東夷校尉遼東郡
開國公高麗王成為使持節侍中驃騎大將軍領護東夷
校尉王公如故丁卯詔以梁侍中使持節假黃鉞都督中
外諸軍事大將軍承制邵陵王蕭綸為梁王蕭綸為梁湘
是日皇太子入君涼風堂監國冬十月己卯法駕御金輅
入晉陽宮朝皇太后於內殿辛巳曲赦弁州太原郡晉陽
縣又相國府四獄囚乙酉以特進元紹為尚書左僕射弁
州刺史段韶為右僕射壬辰罷相國府留騎兵外兵曹子

立一省別掌機密十一月周文帝師師至陝城分騎北度
至建州甲寅遣使梁湘東王蕭繹遣使朝貢景寅帝親戎出次
城東周文帝見軍容嚴盛歎曰高歡不死矣遂班師十二
月辛丑車駕至自晉陽是歲高麗蠕蠕吐谷渾庫莫奚並
遣使朝貢
二年春正月丁未梁湘東王蕭繹遣使朝貢辛亥祀圓丘
以神武皇帝配癸亥親耕籍田乙丑享太廟二月壬辰太
尉彭樂謀反伏誅三月景午襄城王清薨巳未詔梁承制
湘東王繹為梁使持節假黃鉞相國建梁臺總百揆承
梁王庚申司空司馬子如坐事免是月梁文帝殞義新四州

【卷……紀……】 六

剌史各以地內附西魏文帝崩夏四月壬辰梁王蕭繹遣
使朝貢六月庚午以前司空司馬子如為趙州
卯改顯陽殿還為昭陽殿辛卯殷州為趙州以避太子
之諱是月侯景廢梁簡文帝立蕭棟為主九月壬申詔諸
伎作屯牧雜色役隸之徒為白戶癸巳行幸諸殿庚申蕭
至晉陽冬十月戊申起宣光建始嘉福仁壽諸殿二州因
繹遣使朝貢丁卯文襄皇帝神主入于廟十一月侯景廢
梁王棟僭即偽位於建鄴自稱曰漢十二月中山王湜是
歲蠕蠕室韋高麗並遣使朝貢
三年春正月景申帝親討庫莫奚於代郡大破之以其日

配山東為百姓二月蠕蠕主阿那瓌為突厥所破瓌自殺
其太子菴羅辰又瓌從弟登注子庫提立擁殺
來奔蠕蠕餘衆立注次子鐵伐為主辛丑五癸子庫提立擁殺
三月戊子詔清河王岳司徒潘相樂行臺幸
癸巳詔進梁主蕭繹馮梁主徒湘相樂行臺幸師南伐
術於廣陵送傳國八璽甲申以吏部尚書楊愔為尚書右
僕射六月己亥清河王岳等班師乙卯車駕還宮戊午幸晉陽冬十
十六戊十一月辛巳梁王蕭繹節位於江陵四月餘里立
月乙未次黃櫨領仍起長城北至社于戌
使來聘十二月壬子車駕還宮戊午幸晉陽是歲西魏廢

帝元年
四年春正月景子山胡圍離石戌帝親討之未至而逃因
巡三堆戌大狩而旋戊寅庫真安遣使朝貢自魏末用求
安彘又有數品皆輕溢巳五鑄新鐵文曰常平五鑄二月
國人復立登注為主仍為其大人阿冨提等所殺國人復
送蠕蠕鐵伐父登注及子庫提還北鐵伐代尋為契丹所殺
立庫提為主夏四月車駕還宮戊午西南有大聲如雷五
月庚午按獵於林慮山戊子還宮六月甲辰章武王庫狄
干薨秋北巡甲定幽安仍比討癸丑冬十月丁酉車駕至
坪州遂西道趣長鄴甲辰帝步踰山嶺為士卒先指麾舊

擊大破契丹是行也帝露頭袒身晝夜不息行千餘里唯
食肉飲水氣色彌屬丁巳登碣石山臨滄海十一月乙未
帝自平州還遂如晉陽閏月壬寅梁人來聘十二月己未
突厥復攻蠕蠕蠕蠕舉國來奔癸亥帝比討突厥迎納蠕
蠕乃廢其主庫提立阿那瓌子菴羅辰為主置之馬巴川
追突厥於朔方突厥請降許之而還自魏代所不
女子及幼弱以賞軍士遂平石樓絕險自魏代所不
五季春正月癸丑帝討山胡大破之男子十二巳上皆斬
能至於是遠近山胡莫不懾伏是役也有都督戰傷其什
長路暉禮不能救帝命剸其五藏使九人分食之肉及藏

惡昏盡自是始行威虐是月周文帝廢西魏帝而立齊王
廓是為恭帝三月蠕蠕菴羅辰叛帝親討大破之辰父子
比通太保賀拔仁坐違緩按其髮免為庶人使以承輸晉
陽宮夏四月蠕蠕寇肆州丁巳帝自晉陽討之至恆州時
虜騎散走大軍巳還帝帥帳下二千餘騎為殷夜宿平明方
蠕蠕別部數方騎扣鞍而進四面圍過帝安睡平明方
起神色自若指畫軍形潰圍而出虜走追擊之伏尸二十
里獲菴羅辰妻子生口三萬餘五月丁亥地豆干契丹並
遣使朝貢丁未比討蠕蠕又大破之六月蠕蠕遠遁秋七
月戊子蕭順遣使朝貢壬辰降罪人庚戌至自比伐八月

庚午以司州牧清河王岳為大保以安德王軌為大司馬
以扶風王可朱渾道元為大將軍以司空尉粲為司徒以
太子少師侯莫陳相為司空以尚書令平陽王淹為錄尚
書事以常山王演為尚書令以上黨王渙為尚書右僕
丁丑行幸晉陽辛巳詔以上黨王渙上平原王高隆之薨封冀州
刺史段韶為平原王是月詔常山王演上黨王渙清河王
晉陽冬十月西親自洛陽幸欲以致西師西師不出乃如
業推其晉安王蕭方智為太宰都督中外諸軍事承制置
南城四鎮九月帝親陷江陵殺梁元帝梁西師新城嚴城河
起長城是歲西魏恭帝元年

百官十二月庚申車駕北巡至達速嶺親覽山川險要將
六年春正月壬寅清河王岳度江剋夏首梁司徒邽州刺
史陸法和請降詔以梁貞陽侯蕭明為梁主遺尚書右僕
射上黨王渙送之江南二月甲子以陸法和為使持節都
督十州諸軍事太尉大都督西南道大行臺自晉陽封文
襄二子孝珩為廣寧王延宗為安德王戊戌帝臨詔陽殿
當王渙剋東關斬梁將裴之横晉申車駕至自晉陽夏三月景戌上
決獄二月發寡婦以配軍士築長城夏五月蕭明入千連
業六月甲子河東王潘相樂薨壬申帝親討蠕蠕甲戌諸

軍大會於祁連池乙亥出塞至庫狄谷百餘里無水泉六軍
渴之俄而大雨秋七月己卯帝頓白道留輜重親率輕騎
五千追蠕蠕壬午及之懷朔鎮帝躬犯矢石頻大破之逐
至沃野壬辰還晉陽九月己卯車駕至自晉陽冬十月梁
將陳霸先龍襲殺王僧辯廢蕭明後蕭方智為主辛亥行
臺晉陽十一月梁秦州刺史徐嗣徽南豫州刺史任約等
龍聚擁石頭城並以州內附壬辰大都督蕭軌帥眾至江遣
都督柳達摩等度江鎮石頭已亥大保清河王岳薨柳達
摩為霸先攻逼以五州降其是歲高麗契丹並遣使朝貢
詔發夫一百八十萬人築城自幽州北至恒州九

百餘里

七年春正月辛丑封司空侯莫陳相為白水郡王重駕至
自晉陽於鄴城西馬射大集聚無觀之二月辛未詔常山
王演等於涼風堂讀尚書大集聚論定得失帝親決二月
丁酉大都督蕭軌等帥眾濟江夏四月乙丑儀同三司婁
歡討魯陽蠻大破之丁卯造金華殿五月壬辰漢陽王洽薨帝
以丙為斷慈遂不復食六月乙卯蕭軌等與梁師戰於鍾
山西遇霖雨失利軌及都督李希光敬寶東方老軍司
斐英起遠沒士卒還者十二三乙丑梁湘州刺史王琳獻
馴象秋七月乙亥周文帝殂是月發山東寡婦二千六百

人配軍士有夫而濫奪者十二三一月壬子併省州三

郡一百五十三縣五百八十九鎮三戍二十六二月庚

臺宮殺先是自西河摠秦戍築長城東至海前後所築東

西几三千餘里一戍其要害置州鎮几二十五所

八年春三月大熱人或暍死夏四月庚午詔禁取鷹鷂以

蛤之類唯許私家捕魚乙酉詔公私禁取蝦蟹蜆

陽王斛律金為右丞相以前大將軍扶風王可朱渾道元

為太保尚書令常山王

演為司空以錄尚書事長廣王湛為尚書令以尚書右僕

齊帝紀七 十一

射楊愔為左僕射以并省尚書右僕射崔暹為左僕射

上黨王渙為錄尚書事是月帝在城東馬射敕京師士女

未赴觀不赴者罪以軍法七日乃止五月辛酉冀州人劉

向於鄴謀逆伏誅秋八月乙庫莫奚遣使朝貢

奥辰詔立郊禖祝時祭皆市取少牢不得割有司祿

必令豐備蠶社先蠶酒脯唯當務盡誠敬如在辛巳制權酤

雜祀果餅酒脯肉而已零祺兩司人司祿靈星

蔽日聲如風雨甲辰詔今年遭蝗處免租冬十月乙亥

夏至九月河北六州河南十三州畿內八郡大蝗飛至鄴

主蕭方智遜位於陳陳武帝遣使稱藩朝貢是歲周閔帝

元年周冢宰宇文護殺閔帝而立明帝又改元焉初於長

城內築重城自庫洛拔而東至於鴈紇戍凡四百餘里

九年春二月丁亥降罪人己丑詔燥野限以仲冬不得他

時行火損昆蟲草木三月丁酉車駕至自晉陽夏四月辛

巳大赦是月北豫州刺史司馬消難以城叛于周大旱帝

以祈雨不降毀西門豹祠掘其冢五月辛丑以尚書令長

廣王湛為錄尚書事以驃騎大將軍平秦王歸彥為右僕

射甲辰以前左僕射楊愔還晉陽六月乙丑以尚書左僕

射魏收為尚書令六月

文宣帝紀七 十二

捕而坑之秋七月辛丑給畿內老人劉奴等九百四十二

人版職又枝帽各有差戊申詔趙燕瀛定南營五州又司

州廣平清河二郡去年蟲澇損田兼春夏少雨兩稼薄者

免今年租稅八月乙丑車駕至自晉陽甲戌行幸晉陽先

是發丁匠三十餘萬人營三臺於鄴因其舊基而高博之

大起宮室及遊豫園至是三臺成改銅爵曰金鳳曰

聖應冰井曰崇光冬十一月甲午車駕至自晉陽曲

御乾象殿朝宴群臣以新宮成丁酉大赦內外文武官

進（一大階）丁巳梁相州刺史王琳道便請立蕭莊為梁王

仍以江州內屬令莊居之十二月癸酉詔以梁王蕭莊為

梁主進君九派戊寅以太傅可朱渾道元為太師以司徒

附繁為太尉以冀州刺史段韶為司空以錄尚書事常山
王演為大司馬以錄尚書事長廣王湛為司徒起大莊嚴
寺還毀殺永安王浚上黨王渙
十年春正月戊戌以司空侯莫陳相為大將軍辛丑大尉
寅行幸遼陽甘露寺二月戊帝於廿露寺禪居深觀唯
長樂郡公暴薨至自遼陽是月梁王蕭莊至鄴州遣使朝貢夏
軍國大政奏聞三月戊戌以侍中高德正為尚書右僕射
景辰車駕還至自遼陽是月梁王派為兼司空以侍中高陽
閏四月丁酉以司州牧彭城王浟為兼太尉
王湜為尚書左僕射乙巳以兼司空彭城王浟為兼太尉

攝司空事封皇子紹廉為長樂王五月癸未誅始平公元
世東平公元二十五家蔡止特進元詔十九家
尋並誅之男子景武等皆斬所殺三千人並投漳水六月
陳武帝殂秋八月戊戌封皇子紹義為黃陽王以尚書右
僕射河間王孝琬為左僕射癸卯詔諸軍人或有父祖改
姓冒元氏或假託舊姓認妄稱姓元者不問世數遠近悉
聽改復本姓是月殺左僕射高德正九月己巳行幸晉陽
冬十月甲午帝暴崩於晉陽宮德陽堂時年三十一遺詔
凶事一從儉約喪月之斷限以三十六日嗣子百僚内外
殯遏奉制割情悉從公除癸卯發哀斂於宣德殿十一月

辛未梓宮還鄴十二月乙酉殯於太極前殿乾明元年二
月景申葬於武寧陵諡曰文宣帝廟號顯祖帝涉獵有速
量外若不羈內鑒甚明文襄每言長英秀神武特所鍾愛百
僚承風莫不震懼而帝善自晦迹言不出口恒自貶退言
咸順從故深見輕雖家人亦以為不及文襄嗣業帝以久
長見猜嫌帝每雍容自晦過靖德皇以
文襄偏不平焉帝每為后私營服覩小佳文襄即令遍取
或慷而不取后未與帝笑曰此物猶應可求兄須何容悋文襄
后常有時未嘗不私嘗服覩乾取須便承受亦無飾讓朝選第輒開闇靜坐
雖對妻子能竟日不言或祖跣奔躍后間其故對曰我小

漫戲此蓋晉勞而不肯言也所寢至夜嘗有光巨細可察
后驚号帝帝曰慎勿妾言自此唯與后寢侍御皆令出外
文襄崩祕不發喪其後漸露魏帝竊謂左右曰大將軍此
俎似是天意威權當歸王室矣及帝將赴晉陽親入辭謁
於昭陽殿從者十人入戸前持劍者十餘輩帝在殿親人數十
步立而衛士升階已二百許人皆攘袂扣刃若對嚴敵帝
令主者傳奏須詣晉陽言訖再拜而出魏帝失色目送帝
士指辭款實衆皆欣然曰誰謂至僕射翻不減令公論將
曰此人似不能見容吾其死在何日及至并州尉論公
即指文襄衆也時訛言上黨出聖人帝聞之將徙一郡而

人張思進上言殿下生於南宮坊名上黨即是上黨當
帝悅而止先是童謠曰一束藁兩頭然然河邊殺蒅飛上
天天蒃然兩頭然然河邊殺蒅為水邊羊指帝名也於
是徐之才盛宜受禪帝為高河邊殺蒅為水邊羊指帝名也於
面吾又何敢當之日先父兄功德如此尚終比
不作人將生心目識云羊飲盟津角拄天盟津有大水
水王名也角拄天大位也又陽平郡界面拄天盟津水也於
土人常見羣羊數百立肭其中就視不見事與識合碩生
勿疑帝以問高德正德正又贅成之於是始決乃使李
小之遇大橫曰大吉漢文帝之封也帝乃鑄象以卜之

寫而成使段韶間斛律金於肆州金來朝深言不可以錯
曹宗募業首陳待命請殺之乃議於公后前太后謂諸貴
曰我兒猶直必自無此意自高德正樂禍教之耳帝意決
乃整兵而東使高德正之鄴諷喻公卿莫有應者司馬丞
如逆帝於遼陽固言未可拙弱亦抱馬諫帝欲墨尚食丞
李集曰此行事非小而言還帝偽言使向東門殺之而別
令賜絹十疋四月夜永生於魏帝銅研旦長數丁有德五
帝至鄴城復東起鄴令左右曰異言者斬是月九州獻九尾狐
月帝作色曰我自事若欲族滅耶隆之謝而退謁曰於是乃作圓
帝作色曰我自事若欲族滅耶隆之進謁曰用此何為

五備法物禪讓事及登極之後神明轉茂外柔內剛果
於斷割人莫能窺又特明吏事留心政術簡靖寬和坦於
任使故楊愔等得盡匡贊朝政斃然兼文法馭下不避
權貴或有違犯不容勳戚內外莫不肅然至於軍國機
獨決懷抱規謀宏遠有人君大略又以三方鼎峙繕甲練
其左右宿衛百保軍士每臨行陣親當矢石鋒刃交接
以共少請益帝更減其半騎郍胘走道時厲軍猶盛
高間郍胘舊粵常致剋捷箕追及蠕蠕令都督
唯恐前敵不多臺犯銀厄常道時厲軍猶盛
越巖谷僅以身免都督高元海王師羅並無武藝兔稱帖

弱一旦交鋒有踰驍壯筆於東山游宴以關隴未平役盃
霆恐召魏收於前立為詔書宣示遂近將事西行是歲肩
文帝延西人霆恐常為慶隴之計旣征伐四剋威振我夏
六七年後以功業自衿遂留情絊酒肆行淮暴或躬自鼓
雜歌謳不息以從旦通宵以夜繼晝或袒露形體塗傅粉黛
散髮胡服雜衣錦綵狡刀張弓游行市肆勳戚之第朝夕
臨幸時乘驢車白象駱駝牛驢不施鞍勒或盛暑炎赫
日中暴身隆冬酷寒去衣馳走從者不堪帝耆之自若街
坐巷宿勲戚游行多使劉桃枝崔季舒等實之而行或擔集
鼓而拍之親戚貴臣左右近習侍從錯雜無復尊卑等儀集

溫嫗悉去衣裳分付從官朝夕臨視或聚蕀為馬紐草為
索令遣遺棄騎牽引來去流血灑地以為娛樂凡諸殺害多
至將醉解或焚之於火或投之於河沈酗既久彌以狂惑每
間婦人曰天子何如苔曰顛顛癡癡何成天子帝乃殺之
或馳騁御路散擲錢物恣人拾取爭競殺火將入其中太
后嘗在北宮坐　小楊帝時已醉援刃懸擊遂多聚柴火太
后驚懼親自持挽又設地席令平秦王高歸彥執杖太后涕泣
責疏脫背就罰敕歸彥杖不出血當即斬汝太后涕泣前

自抱之帝流涕苦請不肯受於太后太后聽許方捨背杖
笞郎五十莫不至到衣冠拜謝悲不自勝因此戒酒一旬
還復如初自是耽酒轉劇遂幸李后家以鳴鏑射后母崔
正中其頰因罵曰吾醉時尚不識太后老嫗何事馬鞭亂
打一百有餘兩棟相距二百餘
工匠危怯官繫繩自防帝登脊者疾走都無怖懼俯仰雅舞
折旋中節傍人見者莫不寒心又召死囚以席為翅從臺
飛下免其罪戮果敢者盡皆撲死或致
損跌沈酗久轉虐害本性恣大司農穆提子容使之
伏親射之不中以撩貫其下竅人腸雖以楊愔為室輔使

進則籌以其體肥呼為楊大肚馬鞭其背流血浹袍以
刀子剺其腹崔李舒言曰老小公子惡戲因罰力子
而去之又置懺於棺中載以輼車幾下釘者數四舅至彭
城王浟宅謂其母余朱曰我母壻暒晷妻李曰頗憶暹不李
手自刀殺又至故僕射崔暹第謂其妻曰頗憶暹不有
曰結髮義深實懷追憶帝曰若憶時自往看也乃自刀
三臺太光殿上鋸殺都督穆嵩又開府暴顯家有都督
韓哲無罪忽怒斬之數段魏收數幸之欲納為昭儀召昂后之姊壻
其妻有色帝數幸之欲納為昭儀召伏以鳴鏑射一

百餘下凝血至於死後帝自毆哭於喪次
遍攞其妻仍令從官脫衣助椓兼錢綵號為信物一日所
得將踰巨刀后乞讓位於姊太后又為言帝意乃
釋所幸醉煩甚其被寵愛忽忽意其經爽高岳私通無故斬首
藏之於懷於東山宴勸酬始合忽忽探出頭投於牀上支解
其髮弄其髀髀為琵琶一座驚怖莫不喪膽帝方收取對之
流涕云佳人難再得甚可惜也載屍以出被髮步哭隨
大醉蘭取隨駕號為供御囚手自刀殺持刀斬鄴下繫囚所署
害動多支解或投之烈火或棄之漳流兼以外築長城內

營娶毅嘗過慶天下騷然內外㤥㤥各懷怨㥄妻而素嚴
斷臨下加之黙識強記百寮戰慄不政爲非曾有典御承
李㮣面諫帝有甚怒㹅衬帝令㹅置流中沈没久之復
癩漢方知龍逢比干非是俊物遂解故又被引入見似
今引出更問如此數四集對如初帝大笑曰天下有如此
有所諫帝令將出要斬其或斬或赦莫能測焉初帝登龍
改年爲天保之字爲一大人只十帝
其不過十乎又先是讖云馬子入石室三千六百目帝以
午年生故曰馬子三臺石季龍得箬故曰石室三千六百

得三十年道士出後帝謂李㮣曰十年十月十日得非三
日十年也又帝嘗問太山道士曰吾得幾年爲天子荅曰
十也五甚襄之過此無厭人生有死何得致惜但慺以爲
尚勾人將尊之耳帝及期而崩濟南竟不終位時以爲道
命曾幸晉陽夜宿杠門嶺頭有數株柏樹將射撅不
嫩茂似有神物所託時帝已被酒白領瞎雙馬成災
幾立㹅而死又出言靈中時人故謂之神靈雖爲犒掁一株未
先是雚州發若㹅王女冢戶如生爲得珠襦玉匣帝珍
之遣以欲爲如祖斑以陵薄多過帝㹅葇之每謂爲老賊
專云氏暴秦年遂不能進食歔歔成歎

及武成時斑被任遇㤥說武成曰文宣甚暴何得稱文既
非創業何得稱祖若宣帝爲祖㹅下万歲後將何以稱武
成溺於斑說天統初有詔改謚景烈廟號威宗平平初趙
彥深執政又奏後帝本謚廟號顯祖云廢帝謚字正道小
名道人文宣帝之長子也母曰李皇后天保元年立爲皇
太子時年六歲性敏慧初學反語於跡字下注云自反時
侍者未達其故太子曰世宗遇賊非自反邪嘗
宴北宮獨令河閒王勿入左右問其故太子曰
處河閒王復何宜在此文宣曰彼漢家性質不似
我欲廢之立太原王初詔國子博士李寶鼎傅之寶鼎
後詔國子博士邢峙侍講太子雖富於春秋而溫裕開朗
有人君之度貫綜經業省覽時政甚有美名嘗在晉陽
召朝臣文學者及禮學官於宮宴會令以經義相質自
臨聽太子手筆措問在坐莫不歎美九年文宣在晉陽太
子監國集諸儒講孝經令楊愔傳旨謂國子助教許散愁
曰先生在世何以自資對曰散愁自少以來不登孌童之
牀不入季女之室服膺簡策不知老之將至平生素懷若
斯而已太子曰顏子縮屋稱貞柳下嫗而不亂未若此翁
白首不聚者也乃賚絹百足後文宣登金鳳臺召太子使
手刃囚太子惻然有難色再三不斷其首文宣怒親以馬

鞭撻太子三下由是氣悸語吃精神時復昏擾十年十月

文宣崩癸卯太子即帝位於晉陽宣德殿大赦內外百官

普加汲級亡官失爵聽復資品庚戌尊皇太后為太皇太

后皇后為皇太后詔九州軍人七十巳上授以板職武官

年六十巳上及癃病不堪驅使並皆放免土木營造金

銅鐵諸雜作工一切停罷十一月乙卯以右丞相咸陽王

斛律金為左丞相以錄尚書事常山王演為右丞相以司徒

長廣王湛為太尉以司空段韶為司徒以平陽王淹為司

空高陽王湜為尚書左僕射河間王孝琬為司州牧侍中

燕子獻為右僕射戊午分命使者巡省四方求政得失省

察風俗問人疾苦十二月戊戌改封上黨王紹任為漁陽

王廣陽王紹義為范陽王長樂王紹廣為隴西王是歲周

武成元年

乾明元年春正月癸丑朔改元巳未詔寬徭賦癸亥高陽

王湜薨是月車駕至自晉陽巳亥以太傅常山王演為太

師錄尚書事以太尉長廣王湛為大司馬并省錄尚書事

以尚書左僕射平秦王歸彥為司空趙郡王叡為尚書左

僕射詔諸元良口徒死罪巳下降免各有差乙巳太師常山

王演矯詔誅尚書令楊愔尚書右僕射燕子獻領軍大將

芳林園親錄囚徒沒宮內及賜人者立放免甲辰帝幸

軍可朱渾天和待中宋欽道散騎常侍鄭子默戊申以常

山王演為大丞相都督中外諸軍錄尚書事以大司馬長

廣王湛為太傅京畿大都督以司徒段韶為大將軍以前

司空平陽王淹為尚書令又以高麗王世子湯為

尉遼東郡公高麗王是月王琳為陳所敗莊自拔至和

州夏四月癸亥詔河南定陽趙瀛滄潁光南青九州往

壬申封文襄第二子孝珩為廣寧王第三子長恭為蘭陵

王因爲水頹傷時稼遣使分塗賑恤是月周明帝崩五月壬

子以開府儀同三司劉洪徽為尚書右僕射秋八月壬午

太皇太后令廢帝為濟南王全食一郡以大丞相常山王

演入纂大統是日王居別宮皇建二年九月殂於晉陽時

年十七帝聰慧風威寬厚然雅有令名及承大

位楊愔燕子獻宋欽道等同輔以常山王地親望重內外

畏服加以文宣初崩之日太后本欲立之故愔等立懷猜

忌常山王憂懼乃白太后誅其黨時平秦王歸彥亦預謀

正皇建二年秋天文告變歸彥懼有後害仍白孝昭不豫見文

當各乃遣歸彥馳驛至晉陽害之王薨後孝昭不豫見文

宣為崇孝昭深惡之厭勝術備設而無益也薨三司而壽

昭崩大寧二年葬於武寧之西比諡閔悼王初文宣命邢
邵制帝名殷字正道從而丸之殷家弟交正字一止吾身
後兕不得也奪慎勿殺詔改爲文宣置不許曰天也因謂昭帝曰
奪時帝但奪慎勿殺也

孝昭皇帝演字延安神武皇帝第六子文宣皇帝之母弟
也幼而英特早有大成之量武明皇太后早所愛重魏元
象元年封常山郡公及文襄執政遷中書侍郎李同軌至
府引爲諸弟師左騎襲而不刈以爲能逐篤志讀漢書至

云雖盟津之師所覽文籍源其指歸而不好辭彩每歎
季陵傳慨壯其所爲焉聰敏過人所敗游戲一知其家諱

終身未嘗詭花同軌病卒又命開府長流參軍刀䒱代之
性嚴褊不適讜言中梗遣出帝送出閤儴然歔欷容決
數行下左右莫不歔欷其敬業重籍如此天保初進爵爲
王五年除并省尚書令帝善斷割長思理省內長服七年
論定得失然後敷奏帝長於政術多有異同盡其理文宣朝臣先
從文宣還鄴文宣以尚書奏事多有異同令帝與朝臣
重其八年轉司空錄尚書事九年除大司馬仍錄尚書事
時文宣溺於游宴帝憂憤形於神色文宣覺之謂帝曰但
令汝在我何爲不縱樂帝唯啼泣拜伏竟無所言文宣
大悲抱甚於地曰故似嫌我自今敢進酒者斬之因取所

御盃盡皆壞棄後沈酒或入諸貴戚家角力批拉不限
貴賤唯常山王至內外蕭然帝文密撰事條將諫本魏朝
晞以爲不可帝不從因間極言遂逢大怒順成后本魏承
宗室文宣欲帝離之陰爲帝性頗嚴求淑媛後立帝寵帝雖承
旨有納而情義彌重帝性猜斷有失輒
捶楚令史臺應即考竟文宣乃立帝於前以刀環擬脅
召被立筆郎者臨以白刃求帝之短咸無所陳方見解釋自
是不許筆郎中後賜帝時宮人醒而忘之謂帝擅取
遂令刀環亂築因此致困皇太后日夜啼泣文宣不知所
爲先是禁交王晞乃捨之令侍帝月餘漸廢不敢後諫

及文宣崩帝居禁中護喪事幼主即位乃即朝班除太傅
錄尚書事朝政皆決於帝月餘乃君藩即自是詔敕多不
何宜舉出乾明元年從廢帝赴鄴帝起邶必有掃郊之患今日之地
關帝客或言於帝曰䒱爲捨某至于領軍府時楊愔慢
權逼請之帝默等以希威望既重內懷
子獻可朱渾天和宋欽道
馬錄并省尚書事解京畿大都督錄尚書事長廣王湛爲大司
軍府大風暴起壞所御軍幔帝甚惡之及至省朝士咸集
乃與長廣王湛三月甲戌帝初上省朝士猶
坐定風數行於坐執尚書令楊愔右僕射燕子獻領軍可

朱渾天和侍中宇文盛道等於坐帝我服與平原王
泰王高歸彥領軍劉洪徽入自雲龍門於中書省前遇散
騎常侍宇文乾黙又執之同斬於御府之內帝令高歸彥都
督成休寧抽刃呵帝帝令高歸彥喻之休寧厲聲天呼不
從齊彥既為領軍素為其士所服衆皆弛仗休寧顧蠻力歎息
而罷帝入至昭陽殿幼主太皇太后並出臨御坐
帝奏官等誅求伏專禮之事時庭中及兩廊衞士二千
餘人皆被甲持詔武衞娥求武力絶倫又被文宣重遇
撫刃盟言帝無異志唯過不知所言太皇太后已高歸彥敕勞衞士戒嚴

永樂力内刀而泣帝乃令歸彥引侍衞士向華林園以
京畿軍入守門閣斬娥求樂於園詔以帝為大丞相都督
中外諸軍錄尚書事相府佐史進位一等帝尋如晉陽有
詔軍國大政咸諮決焉當大位知無不為發帝恭已以聽政太皇太后尋下令廢少主
考綜名實發帝恭已以聽政太皇太后尋下令廢少主
帝統大業

皇建元年八月壬午皇帝即位於晉陽宣德殿大赦改乾
明元年為皇建詔奉太皇太后還稱皇太后皇太后稱文
宣皇后宮曰昭信乙酉詔貞太祖創業已來諸有佐命功
臣子孫絶滅國統不傳者有同搜訪近親以名聞當量為

閔帝紀 廿五

二後諸軍國老人各授板職賜以帛鳩杖又詔養正之士
垃聽進見陳事軍人戰亡延王事者以時申聞當加賻贈
督將朝士名望素高位歷通顯天保以來未蒙追贈者亦
皆錄奏又以延尉中丞執法所在繩違案罪不得傳文弄
法其官奴婢年六十已上免為庶人戊子詔以太傳長廣王
湛為大司馬相以太尉平陽王淹為太傳以尚書令彭城王
浟為大司徒以司徒平原王段韶為大將軍以太傳四方觀察風俗問人
疾苦求得失搜訪賢良甲午詔曰昔武王剋殷先封往
代兩漢魏晉無廢茲典又元氏統曆不遠舊事猶存封往
業惠弘古典但二王三恪舊說不同可議定是非列名條

秦其禮儀體式亦仰議之又詔國子寺可備立官屬依舊
置生講習經典讎校之文襄帝所運石經宜即施列
於學館以州大學亦仰典司勤加督課長申詔九州熱人
有重封者聽分授子弟以廣骨肉之恩九月壬申詔議定
三祖樂冬十一月辛亥立妃元氏為皇后世子百年為皇
太子賜天下為父後者爵一級癸丑有司奏太祖獻武皇
帝廟宜奏武德之舞文襄皇帝廟宜奏
文德之樂舞宣政之樂舞昭烈之舞太宗文襄皇帝廟宜奏
舞光大之舞詔曰可庚申詔以故太師尉景故太宰章武王庫狄干故太尉段榮
故太師太原王婁昭故太宰章武王庫狄干故太尉段榮

閔帝紀 廿六

故太師万俟普故司徒蔡儁傳故太師高乾故司徒莫多婁
貸文故太保劉貴故太保封祖裔故廣州剌史王懷十三
人配饗太祖廟庭故太師清河王岳故太宰安德王韓軌
故太宰扶風王可朱渾道元故太師高昂故大司馬劉豐
廟庭故太尉竇泰故司空韓軌十一人配饗太傳破六
韓常三人配饗高祖廟庭是月帝親我北討庫莫奚出長
城虜奔遁分兵致討大獲牛馬括摠入晉陽宮十二月景
午車駕至晉陽

二年春正月辛亥祀圓丘壬子禘於太廟癸丑詔降罪人

北史帝紀七 廿七 河南冊

二月丁丑詔內外執事之官從五品已上及三府
各有差二月
主簿錄事參軍諸王文學侍御史廷尉三官尚書郎中
書舍人每二年之內各舉一人冬十月景子以尚書郎中
城王派為太尉彖為太尉已酉野雉栖于前殿
之庭十一月甲辰詔曰朕嬰此暴疾奄忽無遠今嗣子沖
眇未闕政術社稷業重理歸上德右丞相長廣王湛研攝
可遣尚書左僕射趙郡王叡喻旨徵王統兹大寶其喪紀
測化體道居宗人雄之望海內瞻仰同胞共氣家國所憑
之禮一同漢文三十六日悉從公除山陵施用務從儉約
先是帝不豫而無闕聽臨見是日崩於晉陽宮時年二十七

大宰元年閏十二月癸卯梓宮還鄴上諡曰孝昭皇帝廟
午葬於文靖陵帝聰敏有識度深沈能斷不可窺測身長
八尺鬚髯十圍儀望風表廻然獨秀自居臺省留心政術
閑明簿領更所不速及正位宸居勵精圖治勤
溫人隱內無私籠外收人物雖君后父位亦特進無別日具
臨朝務知人之善惡每訪問左右輿擢直言嘗問舍人裴
澤在外議論得失澤率介對曰陛下聰明至公自可遠侔
古昔而有識之士咸言傷細帝王之度頗為未弘帝笑曰
誠如卿言朕初臨萬機慮不周悉故致爾此事安可久

北齊帝紀七 廿八

行恐後又嫌踈漏澤因後寵遇其樂聞過也如此趙君王
歡與庫狄顯安侍坐帝曰我與汝同堂異母誰親安曰陛下
平序曰家人禮除君臣之敬可言我之不逮顯安曰陛下
妄言曰君何對曰陛下昔見文宣以馬鞭挺人常以為非
而今行之非妄言邪帝握其手謝之又使直言對曰陛下
太細天子乃更似吏帝曰朕甚知之然無法來久將整之
以至無為耳又問王晞曰顯安比顧容受納性至老
太后不豫出居南宮帝行不正後容色貶悴衣不解帶殆
太后不豫又問王晞晞對如顯安旨從容受納性至老
太后不豫出居南宮帝五百餘步雞鳴而去辰時方還來去
行四旬毀去南宮五百餘步雞鳴而去辰時方還來去
將四旬毀去南宮帝行不正後容色貶悴衣不解帶殆
皆躬親太后嘗心痛不自堪忍帝立侍帷前以爪搯手心

血流出袖交愛諸弟無君臣之隔雄勇有謀干時國富兵
強將雲神武遺恨意在頓駕平陽為進取之策遂圖不遂
惜哉初帝與濟南約不相害又與駕在晉陽武成鎮鄴望
氣者云鄴城有天子氣帝恐濟南復興乃密行鴆毒濟南
不從乃拒而殺之後頻悔初苦內熱頻進渴飲西行鴆羽
責令史姓趙於勤宮與文宣從楊愔燕子獻等西與相
復饒帝在晉陽與毛夫人亦為遂漸名驚備獸之
事或黃油四灑或持炬燒逐諸憤方出殿梁騎棟上歌
呼自若了無懼容時有天狗下乃於其所講武受獻之有
兔驚馬帝墜而絕肋太后視疾問濟南所在者三帝不對

太后怒曰殺去邪不用吾言死其宜矣臨終之際唯扶服
牀枕叩頭求哀遺使詔追長廣王入篡大統又手畫一宜
將吾妻子置一好處勿學前人也
論曰神武平定四方威權在己遷鄴之後雖主祭有人號
令所加政皆自出文宣因循鴻業內外叶從自朝又野群
心慮望東親之間
心政事風化蕭然數年之間朝野安又其後縱酒肆欲身
極猖狂昏邪殘暴近代未有鄉國不求實由斯疾濟南繼
業大壞其風教亥然摺紳稱幸股肱輔弼雖懷數誠既
不能贅引道德和睦親懿又不能遠慮防身深謀衛主應

斷不斷自取其災臣既誅夷君尋廢奪皆任來其囂囂之所
致衾孝昭早崩故臺閣故事通明人吏之開無所不委文宣
崩後大華前弊又臨胥極留心更深時人服其明而譏其
細也情好稽古率由禮度將封先代之偉且敬學校之風
徵名才賢文武畢集于時周氏朝政移於宰臣宏謀霸近代之
不無龍始乃睽闕右寢懷秉并之志經謀之
明主而降年不永其故何哉豈幽顯之塗別有後報將齊
之基宇止在於斯帝欲大之天不許也

齊本紀中第七

北史七

三十

方沿　　　周益

　　　　周已千　孫辯然　校正

世祖武成皇帝諱湛神武皇帝第九子孝昭皇帝之母
弟也儀表瓌傑神武尤所鍾愛神武方招懷荒遠乃為帝娉
蠕蠕太子菴羅辰女號鄰和公主時年八歲冠服端嚴
神情閑逺華戎歎異元象中封長廣郡公天保初進爵
王拜尚書令兼司徒乾明初楊愔孝昭謀誅諸執政遇
帝帝為大司馬領幷州刺史既與孝昭謀密相踈忌
以帝為大司馬領京畿大都督皇建初進位右丞相
太傳錄尚書事皇建二年孝昭崩遺
詔徵帝入統大位及晉陽宣教喪發哀於崇德殿所

司言通訊左丞相斛律金百察敦勸三奏乃許
太寧元年冬十一月癸丑皇帝即位於南宫大赦改皇建
二年為大寧乙卯以司徒平秦王歸彦為太傳以尚書令
段韶趙郡王叡為大司馬錄尚書事以太保以太傳平陽王
叡為大尉彭城王浟為太保錄尚書事以其州刺
史濟南王濟以太保以中書監任城王湝為尚書左僕射
以幷州刺史斛律光為右僕射封城王淯為尚書令
以儀同三司趙郡王叡為太尉以尚書左僕
樂陵郡王庚申詔大使巡行天下求政善惡問人疾苦擢
進賢良是歲周武帝保定元年

河清元年春正月乙亥車駕至自晉陽辛巳祀南郊壬午
立妃胡氏為皇后子緯為皇太子戊子大赦
内外百官普加汛級諸為父後者賜爵一級已亥以前定
州刺史馮翊王潤為尚書左僕射詔普斷屠殺以順春令
二月丁未以太宰平陽王歸彦為青州刺史太傳領司徒
領軍大將軍宗師平秦王歸彦為太宰冀州刺史乙卯以徒
兼尚書令任城王湝為司徒詔散騎常侍崔瞻聘于陳夏
河清清以河涘清改大寧二年為河清降罪人各有差五
四月辛丑皇太后妻氏朋乙巳青州刺史上言今月庚寅
月申申祔葬武明皇后於義平陵巳丑以尚書右僕射斛
律光為尚書令秋七月太宰冀州刺史平秦王歸彦謀反
及詔大司馬段韶司空婁叡討禽之乙未斬歸彦并其三
子及其黨與二十人於都市十酉以大司馬段韶為太傳以
司空婁妻叡為司空以太子太傳平陽王叡為太傳以
律光為司空以太子太傳趙郡王叡為尚書令中書監河
閒王孝琬為司空以尚書左僕射癸亥行幸晉陽陳人來聘冬十
一月丁丑詔兼散騎常侍封孝琰行聘使於陳十二月景辰車
駕至自晉陽是歲殺太原王紹德
二年春正月乙亥帝詔臨朝堂策試秀才以太子少傳魏
收為兼尚書右僕射己卯兼右僕射魏收以阿縱除名丁

丑以武明皇后配祭北郊辛卯帝臨都亭錄囚降在京

馭人各有差三月巳丑詔司空斛律光督五營軍士築戍

於軹關壬申室韋國遣使朝貢夏四月遣使于晉陽東雍南汾

芟深為左僕射夏四月并汾晉東雍南汾五州蟲旱傷稼

遣使振恤戊午陳人來聘五月壬午詔以城南雙堂之苑

迴造大摠持寺陳人來聘六月乙巳周將楊忠帥突厥阿史那木汗

天乙卯詔兼散騎常侍崔子武使于陳庚申聖寺冬十二

王莠瑜囊秋八月辛丑詔以三臺官為大興聖寺冬十二

月癸巳陳人來聘

等二十餘萬人自恆州分為三道殺掠吏人是時大雨霖

二

三

連月南北千餘里平地數尺霜盡下兩血於太原戊午帝

至晉陽巳未周軍遍并州又遣大將達奚武帥眾數萬並

東雍又晉州與突厥相應是歲室韋庫莫奚靺鞨契丹並

遣使朝貢

三年春正月庚申朝周軍至城下而陳戰於城西周軍及

突破大敗而還三月辛酉以律令班下大赦巳巳盜殺太師彭

出塞而還三月辛酉以律令班下大赦巳巳盜殺太師彭

城王澈庚辰以司斛律光為司徒以侍中武興王晉為

尚書左僕射甲申以尚書斛律光為司空夏四月辛

卯詔兼散騎常侍皇甫亮使於陳五月甲子帝至自晉陽

壬午以尚書令趙郡王叡為錄尚書事以前司徒徙妻叡為

太尉甲申以太傅段韶為太師丁亥以太尉任城王湝為

大將軍壬辰行幸晉陽六月庚子大雨晝夜不息至甲辰

乃止是月晉陽訛言有鬼兵百姓競擊銅鐵以捍之殺禳

陵王百年歸宇文媼于周秋九月乙丑封皇子綽為南陽

王儼為東平王是月歸閻姬千周陳人來聘冬十一月迴寇

入長城勇掠而還閏月乙未詔遣三道並出使其將尉迴寇

其祖調乙巳突厥歆寇幽州周軍趣懸瓠使於陳甲辰大

洛陽楊摽入軹關權景宣趣懸瓠遣使劉逖使於陳甲辰

洛陽戊戌詔兼散騎常侍劉逖使於陳

四

破周軍於軹關禽楊摽十二月乙卯豫州刺史王士良以

城降周將權景宣丁巳帝自晉陽南討巳未太宰平陽王

陽兗洛州經周軍慶一年租賦敕洛陽城內死罪巳下囚

巳以太師段韶為太宰以司徒斛律光為太尉并州刺史

蘭陵王長恭為尚書令壬申帝至自洛陽是歲高麗靺鞨新羅

所經滅降罪人景子車駕至自洛陽是歲高麗靺鞨新羅

並遣使朝貢山東大水飢死者不可勝計詔發振給事竟

不行

四年春正月癸卯以大將軍任城王湝為大司馬辛未幸

晉陽二月甲寅詔以新羅國王金真興為使持節東夷校
尉樂浪郡公新羅王壬申以年穀不登禁酤酒已卯詔減
東郡陽平清河武都冀州之長樂勃海趙水游之處貧下
百官食禀冬有差三月戊子詔給西兗梁滄趙州司州之
戶粟各有差家別斗升而已是月彗星見于卷
隋於殿廷如萬言諮堂前山穴中其體壯大不辨其面兩齒
神見於後園萬言諮堂前山穴中上石自起兩兩相對又有
絕白長出於晉陽直宿嬪御已下七百人咸見焉帝又夢
之夏四月戊午大將軍東安王婁叡坐事免乙亥陳人來
聘太史奏天文有變其占當有易王景子乃使太宰段韶

兼太尉持節奉皇帝璽綬傳位於皇太子大赦改元為天
統元年百官進級降罪各有差又詔皇太子妃斛律氏為
皇右於是羣公上尊號為太上皇帝軍國大事咸以奏聞

北齊帝紀八

五

餘

始將傳政便內參乘子尚乘驛送詔書於鄴子尚出晉陽
城見人騎隨後忽失之尚未至鄴而其言已布矣天統四
年十二月辛未太上皇帝崩於鄴宮時年三十二
謚曰武成皇帝廟號世祖五年二月甲申葬於永平陵
後主諱緯字仁綱武成皇帝之長子也母曰胡皇后於
海上坐玉盆日入裙下遂有娠天保七年五月五日生帝
於并州即帝位少美容儀武成特所愛寵拜世子及武成入

纂大業大寧二年正月景戌立為皇太子河清四年武成
禪位於帝
天統元年夏四月景子皇帝即位於晉陽宮大赦改河清
四年為天統丁丑以太保賀拔仁為太師太尉侯莫陳相
為太保司空馮翊王潤為司徒錄尚書令事趙郡王叡為司
空尚書左僕射河間王孝琬為司徒錄尚書令戊寅為司
尉斛琴為太原射光為大將軍東安王婁叡為太尉
右僕射趙彥深為左僕射餘百官遷除各有差東安王婁叡
大如手後稍長乃至丈餘百日乃滅已巳彗星出文昌其
散騎常侍王季高使於陳秋七月乙未太上皇星出文昌

都水使者一人冬十一月癸未太上皇帝至自晉陽已丑
太上皇帝詔改太祖獻武皇帝為神武皇帝廟號高祖獻
明皇后為武明皇太后其文宣諡號委有司議定十二月庚
戌太上皇帝詔於北郊壬子狩於南郊乙卯帝至自西郊
戌太上皇帝幸晉陽丁卯帝至自晉陽庚午狩於西郊乙
祖文宣皇帝為威宗景烈皇帝是歲高麗契丹並遣
使朝貢河南大疫

武文紀八

六

二年春正月辛卯祀圓立癸巳拾祭於太廟詔降罪人各
有差景申以吏部尚書尉瑾為尚書右僕射庚子行幸晉
陽二月庚戌太上皇帝至自晉陽壬子陳人來聘三月乙

巳太上皇帝詔以三臺施興聖寺以舊故降禁固夏四月
陳文帝殂五月乙酉以太上皇帝第五子儼為尚書左僕射武興王普為尚書
令巳亥封太上皇帝英為高平王子儼為東平王普為常書
為北平王仁英為高平王仁光為淮南王仁弘為鄴安王仁固
詔兼散騎常侍韋道儒聘於陳秋八月太上皇帝
冬十月乙卯以太保侯莫陳相為太傅大司馬住城王湝
為太保太尉妻儼為大司馬徒馮翊王潤為太尉開府儀
同三司韓祖念為司徒十一月大雨靈盜籍太廟御服十
二月乙丑韓祖念來聘是歲殺河開王孝珫突歐鉄鍋國並
遣使朝貢於周為天和元年

三年春正月壬辰太上皇帝至自晉陽未大雪平地二
尺戊戌太上皇帝詔京官執事散官三品巳上樂三人五
品巳上各舉二人稱事及門下錄事各舉一人鄴宮九龍殿災延
燒西廊二月壬寅朔帝加元服大赦九州職人各進四級
檢校御史主書及門下錄事各舉一人鄴宮中侍御史尚書都
內外百官普進二級巳及殿中侍御史尚書常
侍司馬幼之使於陳五月甲午太上皇帝詔以領軍大將
軍東平王儼為尚書令乙未大風畫晦發屋拔樹六月巳
未太上皇帝詔封皇子仁幾為西河王仁統為丹楊王仁謙為樂浪王仁
儉為領川王仁雅為安樂王仁統為丹楊王仁謙為東海王仁

〈七〉

閏六月辛巳左丞相斛律金薨壬午太上皇帝詔尚書令
東平王儼為錄尚書事以尚書左僕射趙彥深為尚書令并
省尚書石僕射婁定遠為尚書左僕射中書監徐之才為
右僕射馮翊王潤為大司馬太上皇帝詔以太保住城王湝為太
師大尉馮翊王潤為大司馬太宰段韶為太師
傅大將軍斛律光為右丞相太傅侯莫陳相為太宰大司馬太師
技仁為右丞相太傅侯莫陳相為太宰大司馬太師
郡王儼為大尉尚書令東平王儼為司徒韓祖念為大將軍司空趙
皇帝詔諸寺署所館雜保戶姓高者之初雖有優放
權假力用未免者今可悉屬雜戶任郡縣一准平人丁

四年春正月壬子太上皇帝詔以故左丞相趙郡王叡配饗文
巳太上皇帝詔以故趙郡王琛配饗神武廟延
並配饗神武廟癸亥以故清河王岳河東王潘相樂十人
居城太原一郡來年租癸未大赦文百官遣使朝貢十二月
景午以晉陽大明殿成故大赦文武百官進二級免州
月突歐大莫妻韋百渫斛鍋等國各遣使朝貢十一月
巳太上皇帝至自晉陽是秋山東大水人飢僵尸蒲道冬十
使於陳三月乙巳太上皇帝詔兼散騎常侍鄭大護
軍南陽王綽為司徒開府儀同三司廣寧王孝珩為尚書
令夏四月辛未鄴宮昭陽殿災又宣光瑤華等殿辛巳太

〈八〉

上皇帝幸晉陽五月癸卯以尚書右僕射中書監和士開為右僕射士戌上皇帝自正月不雨至於是月六月甲子朔大雨拔木折樹是月彗星見于東井秋九月景申周人來通帝詔侍中斛斯文略報聘于周冬十月辛巳以尚寧軍王琳為左僕射中書監唐邕邑為右僕射十一月壬辰太上皇帝詔兼散騎常侍李若使於陳是月陳安成王頊廢和士開為左僕射中書令廣其主伯宗而自立十二月辛未太上皇帝崩景子天赦九州職人普加一級內外百官並加兩級戌寅上太上皇右尊號為皇太后甲申詔細作之務及所在百工悉罷之又詔被廷晉陽中山宮令寺及鄴下并州太官官口二廚其年六十巳止及有癃患者仰所司領放庚寅詔天保七年巳來諸家緣坐配流者所在令還是歲癸丑轄國亞道使朝貢

五年春正月辛亥詔以金鳳等三臺未入宮者施大興聖寺是月殺定州剌史博陵王濟二月乙丑詔應宮刑者晉免刑為官口又詔絲不綑捕鷹鷂及畜養雜鷙之物婪釋莫畜國道使於周是月殺太尉趙郡王叡三月丁酉以司空列長文使於周是月殺太尉趙郡王叡三月丁酉以司空

徐顯秀為太尉并省尚書令婁定遠為司空是月行幸晉陽夏四月甲子詔以并州尚書省為大基聖寺為大崇皇寺乙丑車駕至自晉陽秋七月巳丑詔降罪人各有差戊申詔使巡省河北諸州無雨處境內偏旱者優免租調冬十月壬戌詔禁造酒十一月辛丑詔以太保斛律光為太傅大司馬馮翊王潤為太保大將軍琅邪王儼為大司馬庚午以開府儀同三司蘭陵王長恭為尚書令十二月庚午以開府儀同三司裴敦之聘于陳二月癸亥以百麗戊申詔兼散騎常侍裴敦之聘于陳二月癸亥以百

武平元年春正月乙酉朔段元太師東安王婁濟王餘昌為使持節侍中驃騎大將軍帶方郡公王如故巳以太傅咸陽王斛律光為右丞相并州剌史右丞相安定王賀拔仁為錄尚書事冀州剌史任城王湝為太師景子降死罪巳下囚開府儀同三司徐之才為尚書左僕射婁慶三月辛酉以開府儀同三司徐之才為尚書左僕射婁六月乙酉以廣寧王孝珩為司空甲辰以皇子恒生故大赦內外百官普進二級九州職人普進四級巳酉詔以開府儀同三司唐邕為尚書右僕射秋七月癸丑封皇帝子孝基為城陽王孝康為定陵王孝忠為梁郡王甲寅以尚書令蘭陵王長恭為錄尚書事中領軍和士開為尚

書令癸亥誅鞬道使朝貢癸酉以華山王凝為太傅八月

辛卯行臺晉陽九月乙巳立皇子恒為皇太子冬十月辛

巳以司空王廣寧王孝珩降弁州為司徒以上洛王思宗為司空封

蕭莊為梁號毛子曲降弁州為宣皇帝十二月丁亥車駕至自

景烈皇帝諱鞬祖文宣皇帝死罪巳下四巳復改威宗

晉陽詔左丞相斛律光出晉州道修城戍

二年春正月丁巳詔兼散騎常侍劉環儁使於陳氏寅以

百濟王餘昌為侍持御都督東青州刺史二月壬寅以錄

尚書事蘭陵王長恭為大尉弁省錄尚書事祖彦深為司

空尚書令和士開為錄尚書事左僕射徐之才為尚書令

【北齊帝紀八】 〈上〉 〈朋齡〉

右僕射高叡為左僕射吏部尚書馮子琮為右僕射夏四

月壬午以大司馬琅邪王儼為太保甲午陳遣使連和謀

伐周朝議弁許六月叡部攻周汾州刎之獲剌史楊敷秋

七月庚午太保琅邪王儼矯詔殺錄尚書事和士開於南

臺即日誅領軍大將軍庫狄伏連書侍御史王子宜等尚

書右僕射馮子琮賜死殷中八月巳亥行幸晉陽九月辛

亥以太師任城王湝為太宰馮翊王潤為太師巳未左丞

相平原王段韶薨戊午曲降弁州界內死罪巳下各有差

庚午殺太保琅邪王儼壬申陳人來聘冬十月罷京畿府

入領軍府巳亥重刑至自晉陽十一月庚戌詔侍中赫連

子悅使於周苺寅以徐州行臺廣寧王孝珩為錄尚書事

庚午以錄尚書事廣寧王孝珩為司徒癸酉以右丞相斛

律光為左丞相

三年春正月巳巳祀南郊辛亥追贈故琅邪王儼為楚帝

二月巳卯以衛菩薩為大尉以弁省吏部尚書高元

海為左僕射是月敕撰玄洲死御覽後改名聖壽堂御覽

班為左僕射是月軔撰玄洲死御德覽五品巳上各舉一是月周謀家宰

宇文護謀夏四月周人來聘

斛律光及其弟幽州行臺荊山公綦連猛為右丞相太師馮翊王

斛律律光為庶人以太宰任城王湝為右丞相太師馮翊王

潤為太尉開府王士良為大司馬廣寧王孝珩為大將軍

【北齊帝紀八】 〈十二〉 〈体〉

安德王延宗為司徒使領軍彭城王寶德為右僕射特

進許季良為左僕射彭城王寶德改為修文殿御覽九

儀胡氏為皇后巳丑以司州牧比平王仁堅為尚書令辛

陽是月聖壽堂御覽改為修文殿御覽九

月陳人來聘冬十月降死罪巳下甲午拜弘德夫人穆

新羅百濟勿吉突厥並遣使朝貢共周為蓮德元年是歲

四年春正月戊寅以弁省尚書令高阿那肱為錄尚書事

信州治孝州　北史帝紀八

庚辰詔兼散騎常侍崔象使於陳是月鄴都并州並有狐

媚多截人髮二月乙巳拜左皇后穆氏為皇后景年置文

林館乙卯以尚書令北平王仁眺為錄尚書事丁巳行幸

晉陽是月周人來聘三月辛未盜入信州殺刺史和士休

南兗州刺史鮮于世榮討之庚辰車駕至晉陽夏四月戊

午以大司馬蘭陵王長恭為太保大將軍定州刺史南陽

王綽為大司馬大將軍武興王普為司徒開府儀同三司

王延宗為太尉司空斛律皇為司徒開府儀同三司安德

陽王趙彥深為司空癸丑祈皇祖壇遭節之內勿有車軌

之轍案驗傍無人跡不知車所從來乙卯詔以為大慶班

告天下己未周人來聘五月景子詔史官更撰魏書癸巳

以領軍穆提婆為尚書左僕射以侍中中書監殷孝言為

右僕射是月開府儀同三司尉破胡以侍中破胡長孫洪略等與陳將

吳明徹戰於呂梁大敗以免洪略戰殁遂陷秦

涇二州明徹進陷和合二州是月殺太保蘭陵王長恭六

月明徹進軍圍壽陽壬子詔南苑從官喝死者六十人以

錄尚書事高阿那肱為司徒冬十月陳將吳明徹陷壽陽辛丑殺

秋九月校獵于鄴東冬十月陳將吳明徹陷壽陽辛丑殺

侍中崔季舒張彫唐散騎常侍劉逖封孝琰黃門侍郎裴

澤郭遵癸卯行幸晉陽十二月戊寅以司徒高阿那肱為

十三　周齊

北史帝紀八　廣平九

右丞相是歲高麗靺鞨並遣使朝貢癸亥遣使求婚

五年春正月乙丑置左右娥英各一人二月乙未車駕至

自晉陽朔州行臺置南安王思好友辛丑行幸晉陽尚書令

唐邕巳等大破思好投火死并其妻李氏已未車駕

至自晉陽是月以尚書令唐邕為錄尚書事夏五月大旱

晉陽得死寇長二尺面頂各三目帝聞之使刻木為其形

以獻庚申大赦丁亥車駕至自晉陽丁丑祓賊鄭子饒於

都市是月周人來聘夏四月庚子以中書監陽休之為尚

六年春三月乙亥車駕至自晉陽夏四月庚子以中書監陽休之為尚

甲辰以高勱為尚書右僕射是歲殺南陽王綽

書右僕射癸卯蘇輯遣使朝貢秋七月甲戌行幸晉陽八

月丁酉冀定趙幽滄瀛六州大水是月周師入洛川屯芒

山攻逼洛城縱火舩焚浮橋河橋絕閏四月已丑遣右丞相

高阿那肱自晉陽禦之師次河陽周師夜遁庚辰以司空

趙彥深為司徒斛律阿列羅為司空辛亥輕重各有差開酒禁

足稅關市及諸富人濟其性命甲寅大赦乙卯車駕至自晉

七年春正月壬辰詔去秋已來水潦人飢不自立者所在

付大寺及諸富人濟其性命甲寅大赦乙卯車駕至自晉

陽二月辛酉括雜尸女年二十已下十四已上未嫁悉集

省隱匿者家長處死刑二月景寅風從西北起發屋拔樹

十四　周齊

五日乃止夏六月戊申朔日有蝕

秋七月丁丑大雨霖是月以水潦之庚申司徒趙彥深薨

月丁卯行章晉陽雜集於御生獲之有司不敢以聞詔營

邯鄲宮冬十月景辰帝大狩於祁連池周師攻晉州癸亥

帝還晉陽甲子出兵大集普祠庚午帝發晉陽癸丑帝列

陣而行上雞栖原與周齊王憲相對至夜不戰周師斂陣

而退十一月周武帝退還長安留偏師守晉州高阿那肱

箠圍晉州城戊寅帝至圍所十二月戊申周武帝來救晉

州庚戌戰于城南齊軍大敗帝棄軍先還癸丑入晉陽憂

懼不知所之

北史帝紀八　十五　何事

甲寅大赦帝謂朝臣曰周師其盛若何羣臣

咸曰天命未改一得一失自古皆然宜停百賦安朝野收

遺兵背城死戰以存社稷帝意猶預欲向北朔州乃留安

德王延宗廣寧王孝珩等守晉陽若不即欲奔突

厥羣臣皆曰不可帝不從其言開府儀同三司賀拔伏恩

封輔相慕容鍾葵等宿衛近臣三十餘人西奔周師乙卯

詔募兵遣安德王延宗為左廣寧王孝珩為右廣延宗

入見帝告欲向北朔州延宗泣諫不從帝密遣王康德

與中人齊紹等送皇太后皇太子於北朔州景辰帝幸城

南軍營勞將士其夜帝欲遁諸將不從丁巳大赦改武平七

年為隆化元年其日穆提婆降周詔除安德王延宗為相

国委以備禦延宗流涕受命帝乃夜斬五龍門而出欲走

突厥從官多散領軍梅勝郎叩馬諫乃迴至得數十八

那肱等十餘騎廣寧王孝珩至城王彥道續至得數十八

同行戊午延宗從叡議即皇帝位於晉陽改隆化為德昌

元年庚申帝入鄴辛酉延宗與周師戰於晉陽大敗為周

師所虜帝既出鄴分命帝親率為撰辭且不出物廣寧

王孝珩奏請出宮人及珍寶班賜將士帝不悅辭且懷卿

居中受委帶甲以處分請親率為撰辭已不復記所受言逐大

流涕感激人心帝既出鄴眾莫不解躰於是自大丞相已

笑左右亦群哈將士莫不解躰於是自大丞相已下大宰

北齊帝紀八　十六

大司馬三師大將軍三公等官並增員而授或三或四不

可勝數甲子皇太后從北道至引文武

門賜酒食及紙筆間以饗周之方略群臣各異議莫知

所從又引高元海宋士素盧道李德林寺欲議禪位皇

太子先是望氣者言當有革易於是依天統故事授位幼

主

主名恒帝之長子也母曰穆皇后武平元年六月生於

鄴其年十月立為皇太子隆化二年春正月乙亥即皇帝

位時年八歲改元為承光元年大赦尊皇太后為太皇太

后帝為太上皇帝后為太上皇后於是黃門侍郎顏之推

中書侍郎薛道衡侍中陳德信尋勒太上皇帝往河外募
兵更爲經略若不濟南投陳國從之丁丑太上皇太右太上
皇自鄴先趣濟州周師漸逼陳國從之丁丑太上皇東走已丑
周師至聊陌橋癸巳燒城西門太上直至將百餘騎東走乙
丞慶河入濟州還戊太上皇幼主爲無上皇乃以相任城王諧令侍
爲任城王詔送禪文及璽綬於瀛州孝卿之歸周又
皇太右濟州還高太上皇既至青州攜幼主走
青州韓長鸞爲郡高阿那肱留守太上皇幷皇右攜幼主走
州太上窘急爲將遣送於陳置金囊於筆後與長鸞爲淑妃等十
賊軍在達已令人燒斷橋路太上所以停緩周軍奄至青
陳之計而高阿那肱召周軍約生致齊主而屢使人告言

少長咸賜死神武及冝州刺史楊提婆謀反及延宗等數十人無
之陳德信等啟大丞相隋公請收葬聽之葬於長安北原
洪瀆川帝幼出避呐無志度不喜見朝士自非寵私昵狎未嘗
數騎至青州南郡村爲周將尉遲綱所獲送鄴周武帝與
抚賓至禮幷幽州刺史楊提婆送長安封帝溫國公至建
德七年誣奧冝州刺史穆提婆謀反及延宗等數十人無
女語性懁不堪人視者即有忿青其奏軍者雖三公令錄
爲而言語諂呐無志度不喜見朝士自非寵私昵狎未嘗

莫得仰視皆略陳大旨動爲走而出每災異寇盜水旱亦不
自賬損唯人兵人告者乃誑云庫狄伏連反帝曰此必仁威
又斛律光死後諸武官舉高思好堪大將軍縱益爲無愁之曲
反曾如所言遂自以策無遺算乃剥面皮而視之作陸令
帝自彈胡琵琶而唱之侍和之者以百數人閹謂之無愁
和士開高阿那肱穆提婆韓長鸞等宰制天下陳德信
萱和士開高阿那肱穆提婆韓長鸞超居非次官由財進
天子嘗出見羣鼠驚殺人以亂政害人難以備載諸官奴婢關人商
獄以賄成其所以預機權各引親黨超居非次官由財進
鄧長顒何洪珍參預機權各引親黨超居非次官由財進
人胡戶雜戶歌舞人見鬼人濫得富貴者將以萬數庶姓
封王者百數不復可紀開府千餘儀同無數領軍一時三
十連判文書各作字不具名莫知誰也諸貴寵鬮祖珽
追贈官歲一進位極乃止宮掖嬪御不可勝數王
食者五百餘人一裙直萬疋鏡臺直千金競爲變巧朝衣
夕弊舞人見人濫得富貴者將以萬數庶姓
武修文臺其媵嬪諸院中起鏡殿寶殿瑇瑁殿丹青彫刻
妙極當時又於晉陽起十二院壯麗逾於鄴下所愛不怛
數毀而又後夜則以火照作寒則以湯爲泥百工困窮無
時休息鑿晉陽西山爲大佛像一夜燃油萬盆光照宮內

又為胡昭儀起大慈寺未成改為穆皇后及寶林等
工巧運石填泉勞費億計人牛死者不可勝紀御馬則藉
以氍毹食物有十餘種將各令牝牡則設青廬具牛饌而觀
觀之狗則飼以粱肉及鷹犬又有儀同郡君之號有
赤虎儀同逍遙郡君高思好書所謂馺龍逍遙有
者也犬於馬上設裤以抱之關雞亦號開府犬馬雞鷹
食縣同逍遙郡君稍割大肉以飼之至數日乃死又於
華林園立貧兒村舍帝自擊衣為乞食見又為窮兒於
躬自交易為築西鄴諸城黑犬為羗兵鼓譟陵之親乘內
參臨拒或审賣弩弓射人自晉陽東巡東陽解髮散
而歸又好不恧之務曾一夜索蝎及旦得三升特愛非時
之物取求火急皆須朝徵夕辦當勢者因之貸一而責十
焉賦斂日重徭役日煩人力既彈帑藏空竭乃賜諸佞幸
賣官或得郡兩三或得縣六七冬分州郡下逮鄉官亦多
隆中者故有敕用州主簿敕用郡功曹於是州縣職司多
出自富商大賈競為貪縱人不聊生姜自鄴都及諸州郡所
在徵稅百端俱起凡此諸役皆漸於武成王帝而增廣焉
然未嘗有惟薄淫穢改桑境內媟嬻以絕之識者假聲而後主
名聲與蜩相協二㐄徵也又婦人皆前削剪以著者假髻而後危

邪之狀如飛鳥至於南面則髻心正西始自宮內為之被
於四邊天意若曰元首落卷側當走西也又為刀子者
刃皆狹細名曰盡勢遊童戲者好以兩手持繩拂地而卻
上跳且唱曰高末高末之言盡高氏運祚之末也然則亂
亡之數蓋有兆云
論曰武成風度高爽經算弘長文武之官俱盡謀力有帝
王之量矣但愛狎庸豎委以朝權帷薄之間淫侈過度滅
亡之兆有虛飾事非憲典明臨下何易可誣南河河間
出迹有虛飾事非憲典明臨下何易可誣
樂陵等諸王或時嫌或以猜忌皆無罪而殂非所謂知
命任天體天道之義也後主以中庸之姿懷易染之性永
言先訓教匪義方始自襁褓至于傳位隋以正人閒其善
道養德所養甚平春誦夏弦過廷所閒莫非不物不軌不善
之以中官妹媼屬之以麗色淫聲縱鱄細之娛恣朋淫之
好語曰從惡若崩蓋言其易武平在御彌見淪胥編有空接朝
士不親政軍一日萬機委諸凶族內侍帷幄外壬絲編威
屬風霸志逈天曰虐人害物搏噬無厭貴賤官餘委難
滿重以名將貽禍忠臣戮始見漫溺之萌俄觀玉崩之
勢周武因機遂混區夏悲夫盡桀紂罪人其亡也忽焉自
然之理矣

15-129

鄭文貞公魏徵惣而論之曰神武以雄傑之姿始基霸業
文襄以英明之略伐叛柔遠于時喪君有君師出以律河
陰之役摧宇文如反掌過陽之戰掃侯景如拉枯故能氣
懾西鄰威加南服王室是賴東夏宅心文宣如因累世之資
膺樂推之會地居當璧遷魏鼎懷譎詭非常之才運籌
奇不測命將臨江定單于於龍城納長君於梁國外内充
戎出塞場無警胡騎息其南侵秦人不敢東顧既而荒淫敗
德罔念作狂為善未能亡身殞首以傳後得以壽終幸
也胤嗣不永宜哉孝昭地逼身危逆取順守外敷文教内

蘊權圖將以牢籠區域奄有函夏尊齡不永績用無成若
或天假之年足使秦吳肝食武成即位雅道運昭襄之
風摧為已墜暨乎後主外内崩離衆潰於平陽身禽于青
土天道深遠或未易談言凶由人抑可揚摧夫有乘全
威控帶遐阻西包汾晉南極江淮東盡海隅北漸沙漠六
國之地我擅其五九州之境攸分其四料甲兵之衆寡校
劣無等級以寄言然其太行長城之固自若也江淮汾晉
帑藏之虛實然其太行長城之固自若也江淮汾晉
也然而前王用之而有餘後主守之而不足其故何哉前

王之御時也沐雨櫛風拯其溺而救其枕信必賞過必罰
安而利之既與其存亡故得同其生死後主則不然以
人從欲捐物益已雕牆峻宇甘酒嗜音鄭衛肆偏於宮園飽
色荒於外内俾晝作夜岡水行舟所欲必成所求必得既
不軌不物又暗於聽受忠信弗聞謀策必入視人如草芥
從惡如崩親離衆叛顧瞻周道咸有西歸之志方更盛其宮觀窮
令多聞持流俟罔處當軸被於忠良祿位加於犬馬說邪並進法
獄惡如順流使閹處當軸被於忠良祿位加於犬馬
鮮衆數親離顧瞻周道咸有西歸之志方更盛其宮觀窮
極荒淫謂黔首之可誣指白日以自保驅倒戈之旅抗前

歌之師五世崇基一舉而滅豈非鑄金石者難為功摧枯
朽者易為力歟抑又聞之皇天無親唯德是輔天時不如
地利地利不如人和邇自河清之後逮于武平之末土木
之工不息嬌之選無已征稅盡人力彈物產無以給其
求江海不能贍其欲所謂火既熾矣更貿新以足之數既
窮矣又為惡以促之欲求大夏不燔延期過歷不亦難乎
由此言之齊氏之敗亡蓋亦由人眂惟天道此

齊本紀下第八

北史八

周益　校正

先出自炎帝神農氏爲黃帝所滅子孫遁居朔野其後有爲
鳥兔者雄武多算略鮮卑慕之奉以爲主遂據十二部落世爲
大人及其裔孫曰普回因狩得玉璽三紐文曰皇帝璽普
回以爲天授已獨異之其俗謂天子曰宇文故國號曰宇文
并以爲氏普回子莫那自陰山南徙始居於遼西是曰獻侯
爲魏舅甥之國自莫那九世至侯歸豆爲慕容皝所滅其
子陵仕燕拜駙馬都尉封玄菟公及慕容寶敗歸魏都
牧主賜爵安定侯天興初魏遷豪傑於代都陵隨例徙居
武川即爲其郡縣人爲陵生系系生韜韜生皇考肱並以
武略稱胏肱任俠有氣幹正光末沃野鎭人破六韓拔陵作
亂其僞署王衞可璚最盛肱乃糾合鄕里斬璚璬其衆乃散
後陷鮮于修禮爲定州軍所破戰沒於陳武成初追謚曰
德皇帝帝德皇帝之少子也母曰王氏初又五月夜夢抱
子升天纔不至而止寤以告德皇帝喜曰雖不至天
貴亦極矣帝生而有黑氣如蓋下覆其身及長身長八
尺方顙廣領美鬚髯髮長委地手過膝背有黑子宛轉
若龍盤之形面色紫光望而敬畏之少有大度不事家
人生業輕財好施以交結賢士大夫爲務隨德皇帝在鮮

干修禮軍及葛榮殺修禮帝時年十八榮下任將帥察其
一無成謀與諸兄去之計未行會榮滅因隨爾朱榮遷晉陽
榮忌帝兄弟雄傑遂託以他罪誅帝第三兄洛生帝以家
冤自理辭旨慷慨榮感而免之益加敬待始以統軍從榮
征討後以別將從賀拔岳討此海王顥於洛陽幸莊及正
以功封寗都子後從岳入關平万俟醜奴聞簫鼓之音以問
從逆亂帝撫於恩信百姓皆喜曰早遇宇文使君吾等豈
之閭意獨異之普泰二年爾朱天光東拒齊神武留顯
壽鎭長安召秦州刺史侯莫陳悅東下岳知天光必敗欲
貳心若以事告之恐其驚懼然悅雖爲主將不能制物
留悅共圖顯壽討無所出帝謂岳曰全天光尚近悅未少
若先說其衆必有留心進失人期退恐人情變動
若乘此說悅事無不遂左右大喜即令帝入悅軍說之悅遂
與岳襲長安帝輕騎爲前鋒追至華陰禽顯壽與岳爲關
西大行臺龍襄長安帝爲左丞領岳府司馬事無巨細皆委決焉
齊神武旣除爾朱氏遂專朝政帝請往觀之至幷州神武
以帝非常人曰此小兒眼目異將留之帝詭陳忠歎具託
左右若來復命倍道而行一日而神武乃悔發上驛千
里追帝至關不及而及帝還謂岳曰高歡雇人臣邪逆謀

未幾斬首懼公兄弟年懷真陳悅本實庸材亦不為歡忌但
為之備圖之不難令舉也頭控弦之騎不下一萬夏州剌
史解援彌伐突厥兵三千餘人及靈州剌史曹泥並特僻
遠帝懷異望河西流人紇豆陵伊利等戶口富實未奉朝
其士馬移軍近隴扼其要害示之以威懷令報岳帝詣闕請事密陳其狀魏
風令若移軍西輔氐羌比沙塞還軍長安匡輔魏
室以桓文之資加帝武衛將軍遂引軍西次平涼岳
帝納之加帝武衛將軍欲求良剌史以鎮之眾皆舉帝為
以夏州隣接寇賊欲求良剌史以鎮之眾皆舉帝為
文左丞吾左右手何可暫也沉吟累日乃從眾議表帝為

夏州剌史帝至州伊利望風款附而曹泥猶通使於神
武魏永熙三年正月賀拔岳欲討曹泥遣都督趙貴至夏
州與帝謀帝曰曹泥孤城阻遠未足為憂侯莫陳悅貪而
無信是宜先圖也不聽遂與悅俱討泥二月至河曲果
為悅所害眾散還平涼唯大都督趙貴率部曲收岳屍還
營三軍未知所為諸將以都督寇洛年最長推捴兵事洛
素無雄略威令不行乃請避位於是趙貴言於諸將皆英
雄乃令赫連達馳至夏州當帝士吏咸涕灑羨諸將皆椎
善乃令赫連達馳至夏州當帝士吏咸涕灑羨諸將皆椎
次及雄略若告義必來赴難因而奉之大事濟矣諸將皆椎
帝曰難得而易失者時也不俟終日者機也今不早赴將

恐眾心自離都督彌姐元進規雁悅密圖帝事發斬之帝
乃率帳下輕騎馳赴平涼時蔡神武遣長史侯景招引岳
眾帝至安定遇之於傳舍吐唷上馬謂曰我猶首耳隨人所射者也
文泰尚存卿何為也景失色曰宇文公至豈
景於此還帝至平涼哭岳甚慟且悲且喜曰宇文公至吾
勞帝不受命與帝使張華原義寧宇文公至
之時剗斯椿在帝所曰景人傑也何故放之帝曰吾用
不見賀拔俟莫陳平吾當以計拱手取之及沙苑之敗神
之不及其逃歸言帝雄傑及其未定滅之神武曰
武乃始進悔于時魏帝將圖神武聞岳被害遣武衛將軍
元毗宣旨勞岳軍追遠洛陽毗到平涼會諸將已推帝侯
莫陳悅亦神敕追還悅既附神武不肯應召帝侯
忠良後帝表於魏帝辭以悅戒嚴將討悅在永洛集假
毗還悅因與元毗及諸將開刑牲盟誓同獎王室初賀拔岳
為此解因與元毗及諸將開刑牲盟誓同獎王室初賀拔岳
成當有一宇文家從東比來後必大盛言訖不見至是方
驗魏帝因詔帝為大都督即統賀拔岳軍帝乃與悅書責

以殺賀拔岳罪又喻令歸朝悅乃詐爲詔書與秦州刺史
万俟普撥令爲已撥撥疑之封以呈帝表奏多魏帝
因間帝安秦隴計帝請召悅撥授以內官及處以武源一藩
不然則斷致猜虜三月帝進軍至原州報軍悉集論以討
悅憙士卒莫不懷憤四月引兵上隴留兄子導爲都督
原州帝軍令殺蕭秋毫無犯百姓大悅帝出未狹關輕騎
平地二尺帝知悅怯而多猜乃倍道兼行出其不意悅果
疑其左右有異志左右不自安眾遂離之城降帝即輕騎
保略陽留一万餘人據守永洛帝至圍之城降帝即輕騎
數百趣略陽以臨悅軍其部將皆勸悅退保上邽時南秦

信州圖字刊　北史帝紀九

〈五〉

江義刑

州刺史牽碩亦在悅軍間遣使請爲內應其夜悅出軍
自驚潰將卒或來降帝縱兵舊擊大破之悅與其子第及
麾下數十騎逃走帝乃命原州都督遵追斬之悅至牽屯山斬
之傳首洛陽帝知悅府庫財物山積皆以賞士卒
慈無所取左右名臨以一銀甕賜將士
魔大悅齊神武聞關隴剋捷道使於帝深相倚結帝拒而
自驚潰神武書以聞時神武已有異志故魏帝深杖於帝
不納封神武書以聞時神武已有異志故魏帝深杖於帝
仍令帝稍引軍而東都督魏帝進帝侍中驃騎大將軍開
府儀同三司關西大都督略陽縣公承制拜使持即如

故時魏帝方圖齊神武遣徵兵於帝乃令前秦州刺史駱
超爲大都督率輕騎一千赴洛魏帝進授帝兼尚書右僕
射關西大行臺餘官如故帝乃傳檄方鎮曰蓋閒陰陽遞
用盛衰相襲苟當百六無閒三五皇家削隴鑄魯卷生民
安四海仁育萬物運距孝昌屯冷寒起隨異騷動燕趙狼
額離靈命重啟湯定有期而來慶生羽賊臣高
歡覷覦器識廳下出自輿皁閒禮義且以一介應大効戎
行覷冒恩私迷階縈寵不能竭誠盡節專事擄生因得
朱榮行篡逆及樂以專政伏誅世隆以此黨外叛歡者
相致勉令取京師又勸吐万見復爲弒虐暫立建明以令

信州圖字刊　北史帝紀九

〈六〉

義刑

天下假推普泰欲竊威權並歸醯發在俱見酷害於是稱兵
河北假討尒朱亟通表奏云來謀賊既行啟黑遂將異秋
以人望未改恐鼎鑊交及乃宗室權允人心天方與魏
必將有主翊戴聖明誠非歡阻兵安忍自以爲功
廣布腹心跨州連郡端揆禁闈莫非親黨皆行貪虐窮
生靈而萑蒲跨將名臣正人直士橫生瘡痏動挂網羅故武衛
將軍伊琳清直武毅禁旅收屬將軍鮮干康仁忠其黨
驍傑爪牙斯在歡收而栽之冒無閒奏司空高乾見其黨
與每相影響謀危社稷但欲志未徙恐先泄漏乃密白朝
廷使殺高乾方哭對其第稱天子橫戮孫騰任祥歡之心

移鹹並使入晉摧近佪國開陳知歡迎謀將發繼歸逃歡
益加撫待亦無陳白然歡入洛之始本有玄謀令親人蔡
偽作牧河濟厚相瞻為東道主人故關西大都督清水
與倭莫陳悦陰圖陷害幕府以受律專征便即討戰歡乃
逆狀已露稍懷旅拒遂遣蔡儁拒代今寶泰佐之又遣侯
景崇等云向白馬輔世珍等倒趣石濟高隆之及妻昭等元
攘臂闞關世輔軌世珍擁衆蒲坂於是上書天子數論得失窐
毀棄函關威侮朝廷藉此微庸異茲大寶豈可盈祸心不
測或言逕赴荆楚開疆於外或言分詣伊洛取彼讒人或
言欲來入關與幕府決戰今聖明御運天下清夷百寮
師四陳來踆人盡忠良誰為君側而歡威福自已生是亂
階緝權南箕指鹿為馬包藏凶逆伺我神器具而可忍孰
不可容幕府折衝宇宙親當受服銳師百万穀騎千羣裹
下稱歡逆是侯義之所在糜軀匪怪頻有詔書告天
要害或龍襄逆亂其窟穴電繞虵擊霸合呈雒而歡遵貞天地毒
被人覘乘此掃蕩易同俯拾歡若度河稍逼宮廟則分命
諸將直取并州幕府躬自東轅電赴伊洛若固其巢穴未
敢發動亦命羣帥百道俱前輊榘賊臣以謝天下其州鎮

郡縣率土黎人或州綱見或勲庸世濟並宜捨逆歸順
立效軍門封賞之科已有別格凡百君子可不勉哉帝謂
諸軍曰高歡雖自洛率馬步万餘而詐有餘聲言欲西其意在
洛吾欲令寇智不足而誑自涇州東引王羆率甲士一
先據華州歡若西來王羆是得抗拒如其內顧之憂退有被
龍襄汾晉吾便逐馳直赴京邑便其進有內顧之憂退有被
萬衆蹕之勢一舉大定此為上策衆咸稱善七月帝帥衆發自
高平歡數行八九百里曉兵者所忌正須乘便擊之而主
屯河橋令左衛元斌之領軍斛斯椿鎮武牢帝親摠六軍
上以萬乘之重不能度河決戰方緣津據守且長河万里
扞禦未為難一處得度大事去矣即以大都督趙貴都督
行臺尚書蒲坂濟趣開州道大都督李賢將精騎一千赴洛
陽會斌之與斛斯椿爭權克冀防不守魏帝遂輕騎入關帝
備儀衛奉迎謁見於東陽驛鎮克流涕謝罪乃奉魏帝
安撫草萊立朝廷軍國之政咸取決於帝仍加授大將軍
雍州剌史兼尚書令進封略陽郡公別置二尚書臨機庶
分解尚書僕射餘如故初魏帝在洛陽許以馮翊長公主
配帝未及結納而魏帝西遷至是詔帝尚之拜駙馬都尉
八月齊神武襲陷潼關侵華陰帝率諸軍屯霸上以待之

神武乃囚其將薛瑾守關而退帝乃進軍斬瑾虜其卒七十

還長安令進位丞相十一月遣儀同李諧與李彌等帥千咸陽討

曹泥於靈州引河灌之明年泥降遷其豪帥于咸陽十

二月魏孝武帝崩帝與群公定冊尊立魏南陽王寶炬為

帝是為文帝

【北史帝紀九】 〈九〉

大統元年正月己酉魏帝進帝都督中外諸軍錄尚書事

改封安定郡公東魏將司馬子如寇潼關帝命有司

大行臺改封安定郡王帝固讓王及錄尚書事乃

三年正月東魏寇龍門屯軍蒲坂造三道浮橋度河又遣

其將竇泰趣潼關高昂圍洛州帝出軍廣陽召諸將謂曰

賊擒吾三面又造橋示欲必度是欲綴吾軍便實泰得西

入吾且歃起兵以來泰每先驅下多銳卒屢勝而驕今

之必剋兗泰則歡不戰而走矣請

二年五月秦州刺史建忠王万俟普撥率所部入東魏

輕騎追之至河北千餘里不及而還

遠若大來謂吾但自守耳又狃於得志有輕我之心乗此

今若袂跌悔何及此帝

擊之何往不剋賊雖造橋未能徑度比五日中吾取泰必

吳庚戌帝還長安盡殺言欲向隴右辛亥調魏帝而潛軍至

小關襲竇泰卒聞軍至陳未咸帝擊之盡俘其衆斬泰傳首

長安高昂聞關之敗輜重而走帝亦撤橋而退帝乃還

六月帝請罷行臺魏帝復申前命授帝錄尚書事乃

止八月丁丑帝卒李弼獨孤信梁禦趙貴于謹若干惠怡

【北史帝紀九】 〈十〉

盤豆拔之獲東魏將高叔禮送于晉陽至弘農獲之

有賞不用命則有戮爾衆士勉之乃遣于謹等六

關帝乃晢於師曰與爾有衆受天威誅暴亂惟爾衆士

爾甲共戒爾戎事無貪財以輕敵無暴人以作威用命則

峯劉其衆遠遁侯真陳崇李遠奉天威等十一將東伐潼

城濱會爾東魏陝州刺史李徽伯嬰城固守帝戰士八十守將高平

走度河命賀拔勝追禽之並送長安於是宜陽邵郡皆歸

附先是河南豪傑應東魏者比降為神武所率衆走蒲坂

將自后士濟遣其將高昂以三萬人出河南是咸關中飢

帝館殺於九農五十餘日時軍士不滿萬人神武懼而

乃運神武遂度河逼華州刺史王羆嚴守乃涉洛軍許

原西至帝至渭南徵諸州兵未會將擊之諸將以衆寡不敵

請且待歡更西以觀之帝曰歡若至咸陽人情轉騷擾今

及其新至可擊之即造浮橋於渭令軍士齎三日糧輕騎

度渭輜重自渭南夾渭而西十月壬辰至沙苑距齊軍六

十餘里神武引軍來會癸巳候騎告齊軍至帝召諸將謀李弼曰彼衆我寡不可平地置陣此東十里有渭曲可先據以待之遂進至渭背水東西爲陣李弼爲右拒趙貴爲左拒命將士皆偃戈於葭蘆中聞鼓聲而起日晡齊師至望見軍少競萃於左軍亂不成列兵將交帝鳴鼓士皆奮起于謹等六軍與之合戰李弼等率鐵騎橫擊之絕其軍爲二遂大破之斬六千餘級臨陣降者二万餘人神武夜遁追至河上復大尅前後虜其卒七万留其甲兵二万餘悉縱歸收其輜重兵甲獻俘長安李穆曰高歡膽破矣遂之可獲帝不聽乃還軍渭南時所徵諸州兵始至乃於戰所準當時兵人種樹一株栽柳七千根以旌武功魏帝進帝柱國大將軍增邑并前五千戶李弼等十二將亦進爵增邑以左僕射馮翊王元季海爲行臺與開府獨孤信帥步騎二萬向洛陽賀拔勝李弼度河圍蒲坂蒲坂鎮將高子信開門納勝軍東魏將薛崇禮棄城走勝等追獲之帝進軍蒲坂略定汾絳初帝自弘農入關後東魏將高昂圍弘農聞其軍敗退守洛陽獨孤信至新安昂復走度河遂入洛陽自梁陳已西將吏降者相屬於是東魏將堯雄趙育是云寶出潁川欲復降地帝遣儀同宇文貴梁遷等逆擊大破之趙育來降東魏復遣任祥率河南兵與堯雄合

儀同怡峯與貴遷等復擊破之又遣都督韋孝寬取豫州是云寶殺其東揚州刺史那椿以州來降

四年三月帝率諸將入朝禮畢還華州七月東魏將侯景等圍獨孤信於洛陽齊神武繼之帝奉魏帝至穀城臨陣斬東魏將莫多婁貸文衆虜其衆送弘農遂進軍瀍東景等夜解圍去及旦帝率輕騎追至河上景等北據河橋南屬芒山爲陣與諸軍戰帝馬中流矢驚逸軍中擾亂都督李穆下馬授帝軍復振於是大捷斬其將高昂李猛宋顯等虜其甲士一万五千人赴河死者万數是日置陣既大首尾縣遠從旦至未戰數十合氣霧四塞莫能相知獨孤信李遠居右趙貴怡峯居左戰並不利又未知魏帝及帝所在皆棄其卒先歸開府李諱念賢等爲後軍遇信等退即與俱還由是班師洛陽亦失守大軍至弘農守將皆已棄城西走所虜降卒在弘農者因相與閉門拒守進攻拔之誅其魁首數百人大軍之東伐也關中留守兵少而前後所虜東魏士卒皆散在百姓間乃謀亂及李諱等至長安計無所出乃與太尉王盟僕射周惠達輔魏太子出次渭北關中大震恐百姓相剽劫於是沙苑所俘軍人趙青雀雍州人于伏德等遂反青雀據長安子城伏德保咸陽與太守慕容思慶各收降卒以拒還師長安城人皆相率

拒青雀每日接戰魏帝留止闕鄉令帝討之長安父老見
帝且悲且喜曰不意今日復得見公士女咸相賀華州刺
史宇文道龍恭感陽斬思慶禽伏德南度禽與帝會及是亦青
雀太傅梁景先以疾留長安帝遂與青雀通謀至是見亦伏
誅闕中乃定魏帝還長安帝復屯華州十二月是月寶炬襲
洛陽東魏將王元軌棄城走都督趙剛襲廣州拔之自襄
廣以西城鎮復西屬

五年冬大閱於華陰

六年春東魏將侯景出三鵐將侵荊州帝遣關府李弼諸
孤信各率騎出武關景乃還夏蠕蠕度河至夏州帝召諸
軍比沙苑死以備之

七年十一月帝奏行十二條制恐百官不勉於職事又下
令申明之

八年十月齊神武侵汾絳圍玉壁帝出軍并蒲坂神武退度
汾追之遂道去十二月魏帝狩於華陰大饗將吉帝帥諸
將朝於行在所

九年二月東魏北豫州刺史高慎舉虎牢來附帝帥師迎之
士衡攻夜孤芒山未明擊之神武軍驚騎為賀拔勝所迫僅
免帝率右軍若干惠大破神武軍於尾而走橫衝擊等五

三月齊神武侵芒山陣不進者數日帝

〈北史帝紀九〉

〈十三〉晉

將軍耆石戰不利神武復合戰帝又不利夜引還入關屯
渭上神武進至陝開府達奚武等禦之乃退帝以芒山諸
將失律上表自貶魏帝不許於是廣募關隴豪右以增軍
旅十月大閱於櫟陽魏帝以帝前後所虜二十四

年五月帝朝京師七月魏帝以帝為尚書蘇綽等預之抱
為五卷十二條新制方為中興永式命尚書蘇綽更損益之抱
為數年間百姓便之十月大閱於白水

十一年十月大閱于白水遂西狩岐陽

十二年春涼州刺史宇文仲和據州反瓜州人張保害刺
史喪慶以應之帝道開府獨孤信討之東魏將侯景侵襄
州帝遣仲和遂其百姓六千餘家於長安瓜州都督令狐延
起義誅張保瓜州平七月帝大會諸軍於咸陽

十三年正月東魏河南大行臺侯景遣行臺郎中丁和來
圍於穎川六月帝遣開府李弼援之東魏將韓軌等道去
景遂徙鎮豫州於具慎通去五月獨孤信侵襄
月侯景密圖附梁魏帝知其謀來遣開府王思政據穎川彌引軍還七
懷遂叛冬帝奉魏帝西狩咸陽

十四年春魏帝詔封帝長子毓為寧都郡公初帝以平元

〈十四〉

顯納孝莊帝功封肆都縣子至是陂以為郡以封覺用彰
勤王之姊也五月魏帝進帝位太師帝奉魏太子巡撫西
境發隴刻石紀事已遂至原州歷比長城大狩東趣五原至
蒲州州魏帝不豫而還及至魏帝疾愈乃還華州是歲
以灌城潁川以比皆為陂澤救兵不得至六月潁川陷初
俟景圍建鄴梁司州刺史柳仲禮赴臺城梁竟陵郡守孫
篙以郡內附帝使大都督符貴鎮之及建鄴陷守孫
篙來寇昌高以郡叛帝大怒十一月遣開府楊忠剋隨州

北史帝紀九

〈十五〉

山

進圍仲禮長史馬岫於安陸
十六年正月仲禮來援安陸楊忠進擊於漴頭大破之禽
仲禮馬岫以城降二月魏帝封帝第二子震為武邑公七
月帝東代拜章武公道子為大將軍撫督留守諸軍屯潼北
鎮關中九月丁巳軍出長安連雨自秋及冬諸軍馬驢多
死遂於弘農北造橋濟河自蒲坂還於是河南自洛陽河
比自平陽以東遂入齊
十七年三月魏文帝崩皇太子嗣位帝以家宰摠百揆十
月帝遣大將軍王雄出子午伐上津魏與大將軍達奚武
出散關伐南鄭

廢帝元年春王雄平上津魏與以其地置東梁州州四月達
吳武圍南鄭月餘梁州城復遣王雄討之
東梁州百姓圍南鄭梁州刺史宜豐侯蕭修以州降武八月
二年正月魏帝詔帝為左丞相大行臺都督中外諸軍事
二月東梁州平遷其豪帥於雍州三月帝遣大將軍魏安
公尉遲迥帥師伐梁武陵王蕭紀於蜀四月帝遣使獻其方物
萬西踰隴度金城河至姑臧吐谷渾寇懼道使獻其方物
七月帝至自姑臧八月尉遲迥剋成都劍南平十一月尚
書元烈謀作亂伏誅

北史帝紀九

〈十六〉

山

三年正月始作九命之典以敘內外官爵以第一品為九
命第九品為一命歐流外品為九秩亦以九為上又改置
州郡縣凡改州四十六置州一改郡一百六改縣三百三
十魏帝有所言於帝與公卿議發帝立齊王廓是為恭
帝

恭帝元年四月帝大饗君臣魏史柳虯執簡書告于朝曰
廢帝文皇帝之嗣子年七歲文皇帝託於安定公曰是子
也才由于公不才亦由于公宜勉之公既受茲重寄居
元輔之任又納女為皇后遂不能訓誨之公既致令廢黜居
文皇帝付屬之意此皆非安定公而誰帝乃令太常盧辯
作誥喻公卿曰嗚呼我基后暨眾士維文皇帝以褆褫之

〔上欄〕

嗣託於予翦之誨之庶厥有成而予罔能弗纘丕心暨

平發墜我文皇帝之志嗚呼茲予于其焉避予實知之刻

爾眾人之心哉惟予于之顏亶性今厚將恐來世以予爲口

實至原州梁元帝詔封帝子邕爲輔城公憲爲安城公七月西

狩至十月壬戌慢帝遣使請據舊圖以定疆界又連結於齊

言辭悖慢帝曰古人有言天之所棄誰能與之其蕭繹之

謂平等十月壬戌帝步騎五万討之十一月癸未師濟漢中山公護與大將軍楊忠與

亥剋其城戰梁元帝虜其百官士庶以歸沒爲奴婢者十

楊忠率銳騎先邙其城下景申壬庶至江陵列營圍守垂

氏之初統國三十六大姓九十九後多絕滅至是以諸將

功高者爲三十六國後次者爲九十九姓後所統軍人亦

餘萬免者二百餘家立蕭詧爲梁主居江陵爲魏附庸魏

改從其姓

二年梁廣州刺史王琳冦邊十月帝遣大將軍豆盧寧帥

師討之

三年正月丁丑初行周禮建六官魏帝進帝位太師大冢

宰帝以漢魏官繁思革前弊大統中乃令蘇綽盧辯依周

制改創其事尋亦置六卿官然爲撰次未成務猶歸臺

閣至是始畢乃命行之四月帝北巡七月度北河魏帝封

〔中縫〕隋陰徐州 三四九十七字 ▲北史帝紀九▲ 〔十七〕 悅傳列

〔下欄〕

帝子直爲秦郡公招爲正平公九月帝不豫還至雲陽命

中山公護受遺輔嗣子十月乙亥帝覺于雲陽宮還長安

發喪時年五十二十月甲申葬于成陵諡文公及孝閔帝

受禪追尊爲文王廟曰太祖武成元年追尊爲文皇帝

知人善任使從諫如順流崇尚儒術明達政事恩信被物

能駕馭英豪一見之者咸思用命沙苑所獲因伴釋而用

之及河橋之役以免戰士皆得其死力諸將出征授以方

略無不制勝性好朴素不尚虛飾恒以反風俗復古始爲

心云

孝閔皇帝諱覺字陁羅尼文帝第三子也母曰元皇后大

統八年生於同州七歲封略陽郡公時善相者史元華見

帝退謂所親曰此公子有至貴相恨不壽耳魏恭帝三

年三月命爲安定公世子四月拜大將軍十月乙亥文帝

崩景子世子嗣位爲太師大冢宰十二月丁亥魏帝詔以

岐陽地封帝爲周公庚子詔禪位于帝帝曰天厭我魏邦

不于常惟歸于德故姜授舜時宜也天其永我周命

垂變以告爾闢弗知予雖不明敢弗龍襲天命格有德哉

今踵唐虞舊典禪位于周庸布告爾尉爲使大宗伯趙貴持

即奉冊書曰咨爾周公帝王之位弗常有德者受命時乃

天道予式時庸布求于唐虞之彝理曰我魏德之綏舊矣

〔中縫〕隋陽郡年列 ▲北史帝紀九▲ 〔十八〕 悅傳列 心云

我封小大開弗知今其可九怫于天道而不歸有德爲時
用韻謀命曰公昭考文公格熱德于天地玉海熟獄泊公
又弱宴童光故玄泉徵見于上誥訟帝遜遂于于天之曆數
用賢在焉乎安敢若是以欽祗聖輿遜道于戶部中大夫渾
故天命保有萬國可不慎歟魏帝臨朝遜位于公公其事
北公元過致皇帝妻祭殤帝固辭公卿百辟勸進太史陳祥
瑞乃從之是目魏帝遜位于大司馬府
考文公爲文王皇姚誅曰帝王之興周弗更正朔明堂之於
里獻赤雀百官妻誅曰帝王之興周弗更正朔明受之於

元年春正月天王即位柴燎告天大赦封魏帝爲宋之興

天葦人祝聽也遠于屋甫禮諸陰陽云行夏之時後王所
不易今令魏晉告終周室受命以木承水當行夏用夏
特武達聖道惟文王誕玄弟之祥有黑水之誥服色宜尚
馬衞曰可以大司徒遍郡王李弼爲太師以大宗伯南陽
公親曰柱國大冢宰以大家宰以大宗伯南陽
以大宗伯中山公護爲大司馬李弼以大家宰高陽
公達英武大冢宰丁小司寇陽平公李遠小司
陵公進神祥小宗伯親安公丁迴辛並爲柱國公寅
江詔曰予本自神農其於二五宜作厥主始祖獻侯啓土
遠海配南北郊文考德符五運受天明命祖于明堂以配

上帝癸卯祀方五甲辰遂禁太社初除市門稅乙巳享太
廟丁未會于乾安殿班賞又命有差戊申詔有司分命使者
巡察風俗來人得失禮誡高年臨于鄲寡辛亥太廟癸亥親耕籍田二月癸酉朔
子五王于元氏辛酉尊太廟癸亥柱國梁國公趙貴謀反伏
朝曰于東郊戊寅祭太社丁亥以大司空梁國公侯莫陳崇爲
誅太保獨孤信罪免甲午以大司空梁國公賀蘭祥爲
太保大司馬晉國公護爲大冢宰柱國公宇文貴
爲柱國大高陽公達奚武爲大家宰柱國公賀若敦爲
大司馬高陽公達奚武爲大家宰柱國博化政公宇文
三分之一夏四月巳酉壬申調成陵丁亥

享太廟五月己酉帝將觀漁於昆明池博士姜須諫乃止
秋七月壬寅聽訟於右寢多所矜宥辛亥辛亥太朝八月
戊辰祭大社辛未降死罪巳下囚甲午詔二十四軍勒
己巳九月庚申改太守爲郡守帝性剛果忌憚
良奉植軍司馬孫恒以先朝佐命入侍左右亦怒謀大司
會軍司馬孫恒以先朝佐命入侍左右亦怒謀之専司
乃與宮伯乙弗鳳賀拔提等潛謀誅護帝許之又召宮伯
張先洛以白護護乃出植爲梁州刺史
史鳳等謀秦帝召崔士直入殿中詐呼鳳等論事小
司馬尉綱統宿衞兵護乃召綱入殿中詐呼鳳等論事小
以次執送護第並誅之綱仍能禁兵帝無左右獨在內殿

令宮人執兵自守護遣大司馬賀蘭祥逼帝遜位殷爲略
陽公遜幽於舊邸月餘日儉以弒朋時年十六植恒等亦遇
害又武帝諜弒後乃詔曰故略陽公至德純粹天次英保
爲魏所昔終寶命將政謳歌允集曆數攸歸恊叅圖之
慶下昭右祇之錫而禍生肘腋豐乘起蕭牆白武噬燎震
集駭學每神器酷乘與兗結生靈每流爲蜀縣今河海濟
清炎汾洧湯結之禮宜崇號諡道太師蜀國公迴於南
郊上諡曰孝閔皇帝陵曰靜陵

世宗明皇帝諱毓小名統萬突文皇帝之長子也母曰姚
夫人永熙三年文帝臨夏州生於統萬城因以名焉大統
十四年封寧都郡公魏恭帝三年東邊大將軍鎮隴右孝
閔踐阼進位柱國轉歧州刺史有美政及孝閔晉公護
遵迎帝於歧州九月癸亥至京師止於舊第晉公護及群臣
進備法駕奉迎帝固讓羣臣固請乃許之
元年秋九月天王即位大赦乙丑朝羣臣於延壽殿冬十
月癸酉祀趙國公李弼薨以大將軍昌平公尉綱
爲柱國乙酉祀圓丘景戌祀方丘甲午祭太社陽平公李
遠賜死辛未梁敬帝遜位于陳十一月庚子享太廟丁未
祀圓五十二月庚午詔元氏女皇景坐趙貴等爲
柱國戊子赦長安見囚甲午詔以大將軍輔城公趙貴等爲

以來所有没入爲官口者悉免之
二年春正月乙未以天冢宰晉公護爲太師辛亥親耕籍
田癸丑立王右獨孤氏丁巳於雍州置十二郡三月甲午
北豫州刺史司馬消難舉眾州來附改雍州刺史爲牧京兆
郡守爲尹庚申詔三十六國九十九姓自魏徙鄴皆稱河
南人今周室既都關中宜改稱京兆人夏四月乙巳以大
師晉公護爲雍州牧關獨孤氏崩六月癸亥嘔太
原之甲戌天王幸雍州獨孤氏崩申六月癸亥歲太
司空梁國公侯真陳崇爲大宗伯華戴玄王

安爲六年縣並居京城壬申遣使分行州郡理因徙築風
俗給骸埋兩秋七月順陽獻三民烏八月甲子臺臣上表
慶霙於是大赦文武普進級九月辛卯以大將軍楊忠王
稱震於是大赦文武普進級羅爲韓國公以紹親後丁未
雄並爲柱國甲辰封少師元羅爲韓國公以紹親後丁未
行幸同州故宅賦詩冬十月辛酉突厥道遣使朝貢等
廟成乙亥以功臣琅邪貞公賀拔勝等十三人配享文
帝廟腰壬午大赦
武成元年春正月乙酉太師晉公護上表歸政帝始親方
機軍旅猶總於護初改都督諸州軍事爲總管三月癸巳
陳六軍帝親攝甲冑迎太白於東方吐谷渾寇邊庚戌遣

大司馬博陵公賀蘭祥等衆討之夏五月戊子詔有司造

周曆已亥聽訟於正武殿辛亥以大宗伯梁國公侯莫陳

崇為大司徒大司寇柱國高陽公達奚武為大宗伯武陽公豆

盧盛為大司寇柱國輔城公邑乙為大司空乙卯詔曰比嵗

有紀發官人赦前事者有司自今勿推究唯庫殿倉廩與

海內所共漢帝有云朕為天下守財耳若有懷益公家財

罪徵備如法加罰關辝珠玉從我死又曰元

月高昌遣使朝貢六月戊子大雨霖詔公卿大夫士爰及

來雖總經赦宥如法加罪朕之罪之事年月既遠一不須問自周有天下以

無忘父城賓起玉業文者屬天地草昧造化權與秘彼流

亡匡兹頹運賴英賢盡力文武同心贊茲大功克隆帝業

而被堅執銳櫛風沐雨永言疇昔良用憮然若功成名遂

建國錫符子唯休也其有致死王事妻子無歸者並量賜

之凡從先王向夏州發夏州從來見在及薨亡者並量賜

錢帛栅朕意焉是月陳武帝殂秋八月已亥改天王稱皇

帝追尊文王為文皇帝大赦改元癸丑增御正四人位上

大夫冬十月齊文宣帝殂

二年春正月癸丑朔大會羣臣子紫極殿始用百戲三月

辛酉重陽閣成會羣臣公侯列將卿大夫及突厥使於芳

林園賜錢帛各有差夏四月帝因貪糖糙遂毒疾大漸

詔曰人生天地之間禀五常

移人安得長在是以有生有死者物理之必然勳必然之

理懀短之關何足多恨朕雖好與憤披臠聖誠餘

論未嘗不以此自曉今乃命也天後何言諸公及在朝卿

太夫士軍中大小督將軍人等金立動效有年載輔翼

祖下不負我周家令朕繼承太業勳高東上不負太

心失所可恨者朕身大位可謂四年矣不能使政化修理

黎庶豐足九州未一二方猶梗顧此恨目用不瞑唯其

仁兄家宰泊朕先正先父公卿大臣等協和為心勉力相

勤勿忘太祖遺志提挈後人朕雖漢九泉形骸不朽今大

位虛曠社稷無主朕兒劬少未堪當國富國魯國公邑朕之介

女始終公等事太祖輔朕躬可謂有如矣若克念政道顧其

艱難輔邑以王天下者可謂有終矣泉死軍生人臣道顧其

公等可思念此言令萬代稱歎朕稟生儉素非能力行菜

薄每寢太帝之被服大帛之衣凡是器用甘無彫刻身終

之曰其谷達奚此好與事所須從慎約儉以時服勿使

有金玉之飾若以禮不可闕甘令用足小斂訖七日哭文

武百官各權釋麻直以素服從事釋訖且選擇不毛之地因

勢為墳勿封勿樹且厚葬生聖人之所誡既服贊聖人之

教安取違之凡百官司勿異朕意四方州鎮使到各令三

日哭說訖權殮凶服還以素服從事待大斂除非有呼召

各按部自守不得輒赴闕庭禮有通塞隨時之義軍

內外悉除服從吉三年之內勿禁婚娶令將常也時

事殷猥病困心亂止能及此如事有不盡準此以類為斷

死而可刃宗古人有之朕今忍死盡此懷抱其詔即帝口授

也辛丑帝崩於延壽殿時年二十七諡曰明皇帝廟號世

宗五月辛未葬於昭陵帝寬明仁厚敦睦九族有君人之

量幼而好學博贍羣書善屬文詞彩溫麗及即位集公卿

已下有文學者八十餘人於麟趾殿刊校經史文揔拔殽

書自羲農已來訖于魏末叙為世譜凡百卷所著文章十

卷

論曰昔者水運將終羣凶放命或權威震主或釁逆洶天

咸謂大寶可以力致庸器可以求得而卒誅夷繼及亡不

旋踵是知天命有底庸可悕乎周文奮自潛躍眾無一旅

驅馳戎馬之際儔足行伍之間屬與能運籌帷幄聖鳥集

義勇糾合同盟一舉而珍讎再駕而匡帝室於是內詢

帷幄外杖材雄至誠以待人孔大順以訓物高氏籍甲

兵之盛矣雄特戎馬之強屢文近畿志圖吞噬及英謀電發神

施風馳孔熾營建城濮之勳沙苑有昆陽之捷取威定霸巴

蜀比控沙漠東擭伊瀍乃擴落魏晉之景命

弱為強紹元宗之甚緒創隆周之景命南清江漢西舉巴

廢典成一代之鴻規挹揖讓之期允集功業若此人臣以終

人和憶兆之鴻規挹揖讓之期允集功業若此人臣以終

盛矣哉冞求雄略冠時英姿不世天與神授緯武經文者

執能與於此乎昔漢獻家靡薄公成夾輔之業晉安播湯

宋武建匡合之勳校德論功緯有餘裕至於濟宮制勝閫

城犂穀螺蠆歸命盡種誅夷雖事出於權道而玷於德

教斯為過矣奉閹承寄既安大業膺樂推之運明皇厭代即

之尊篡纂大宗之緒始則權臣專命終乃政出私門俱懷芒

刺之疑用致幽弒之禍惜哉

周本紀上第九

北史九

周巳千　　孫粹然校正

高祖武皇帝諱邕字禰羅突文帝第四子也母曰叱奴太

后魏大統九年生於同州有神光照室帝幼而孝敬聰敏

有器質世宗異之曰成吾志者此兒也年十二封輔城郡

公孝閔帝踐阼拜大將軍出鎮同州明帝即位遷柱國授

蒲州刺史入為大司空行御正進封魯國公領宗師甚見

親愛參議朝廷大事性沉深有遠識非因間終道詔傳

每歎曰夫人不言言必有中武成二年四月帝崩遺詔傳

位於帝固讓百官勸進乃俟之壬寅即皇帝位大赦冬

十二月改作路門是歲齊孝昭帝廢其主殷而自立

北史帝紀十　一

保定元年春正月戊申改元文武百官各增四級以大冢

宰晉公護為都督中外諸軍事令五府摠於天官庚戌祀

圓丘壬子祀方丘甲寅祀感帝於南郊乙卯祕太社已巳

事太廟班文帝所述六官於廟庭甲戌板授高年官各有

差乙亥親耕籍田景子大射於正武殿賜百官各有差三

月已卯遣大使巡察天下風俗甲午朝日於東郊景午省

役興去百戲三月景寅改八丁兵為十二丁兵卒歲一月

董興四月景子朔日有蝕之庚寅以少傅吳公尉綱為大

司空丁酉以蘭遼使獻犀申鐵鎧五月景午封孝閔皇帝

子康為紀國公莒子贇為魯國公晉公護攝王十以獻六

月乙酉遣御正殺不害使於陳秋七月戊申以旱故詔所

在降死罪已下囚更鑄錢曰布泉以一當五與五銖並

行九月甲辰南寧州使獻滇馬及蜀鎧以一當五與五銖日

有蝕之十一月乙巳陳人來聘丁巳狩於岐陽是歲突厥吐谷渾高昌宕

昭帝姐十二月車駕至自岐陽長安齊孝

昌龜茲等國並遣使朝貢

北史帝紀十　二

一年春正月壬寅初於蒲州開河渠同州開龍首渠以廣

溉灌丁未以陳主第頊為柱國送還江南閏月已亥大司

馬涼公賀蘭祥薨二月癸丑以夕不兩宥罪人京城三十

里內禁酒陳梁主蕭詧薨夏四月甲辰以旱故禁屠宰

詔曰諸柱國等勳德隆重宜有優崇各著別制邑戶聽寄

食他縣五月庚午以南山狼瑞並集免今年役及祖賦之

半壬辰以柱國隋公楊忠為大司空六月已亥以柱國蜀

公迴為大司馬分山南荊州安州襄州江陵為四摠管

秋九月戊辰朔日有蝕之陳人來聘又十月丁卯以大將

武殿大射戊午講武於少陵原十一月辛亥帝御大將軍衛

公直趙公招並為柱國

三年春正月辛未改光遷國為遷州乙酉太保梁公侯莫

陳崇賜死二月庚子初頒新律辛酉詔自今舉大事行大

政非軍機急速皆依月令以順天心三月乙丑朔日有蝕

之景子宅昌國獻生猛獸二部放之南山夏四月乙未以
柱國鄭公達奚武為太保大將軍韓果為柱國己亥帝御
正武殿錄囚徒癸卯大享羣臣癸丑
學以太傅燕公于謹為三老而聞道焉初禁天下報讎犯
者以殺人論壬戌詔百官及庶人上封事極言得失又賜
原州甫陳人來聘正寢不受朝甲戌津門閭百年賜以金帛又賜
高年振職各有差降死罪四一等八月丁未改作路寢九
月甲子自原州登隴山景戌幸同州戌子詔柱國楊忠率
騎一萬與突厥伐齊已丑初令世宗龍州郡縣改為五

州刺史涇州

北史帝紀十

【三】（合）

等爵肅州對伯郡封子縣封男冬十月庚戌陳人來聘十二
月辛卯車駕至自同州達太保達奚武率騎三萬出平陽
以應楊忠是月有人生子男而陰在背後如尾兩足指如
獸爪有大生子腰以後分為二身兩尾六足

四年春正月庚申揚忠破齊長城至晉陽而還二月庚寅
朔日有蝕之三月庚辰初令百官執笏夏四月癸卯以柱
國鄧公肅為大將軍安武公李穆為柱國丁亥改禮部為司宗
癸西以大將軍安武公李穆為柱國五月壬戌封明帝長子賢為畢公
大司禮為禮部大司樂為樂部六月庚寅改禮部為納言
秋七月焉耆國遣使獻名馬八月丁亥朔日有蝕之詔柱

國楊忠心師師與突厥東伐至北河而還戌子以柱國竇公
廣為雍州牧以許公宇文善為大司徒十月丁巳以柱國
衛公直為大司空陳人來聘是月以皇母閻氏自齊至
大赦閏月己亥以大將軍竇毅孫遷儉並為柱國冬十
月癸亥以大司空陳人來聘癸酉晉公護次陝州十二
軍出潼關大將軍權景宣帥山南諸軍出豫州柱國楊摽

尉遲迥圍洛陽

北史帝紀十

【四】（合）

月景辰齊豫州刺史王士良以州降壬戌齊師度河晨至
洛陽諸軍攻散尉迥帥麾下數十騎扞敵得卻至夜引還
柱國王雄力戰死之逐班師揚摽於軹關戰沒權景宣亦
棄豫州而還是歲突厥寇擾特等國並遺使朝貢

五年春正月甲申朔以柱國王雄死王事故殿朝乙巳以
雄世子謙為柱國二月辛丑詔陳公純等逆皇右子突厥
景世宗以柱國李穆為大司空綏德公陸通為大司寇壬申
行辛歧州戌子柱國李穆為大司空盧豐置蠹夏四月齊武成帝禪位於
其子辛緯自稱太上皇帝五月己亥左右武伯各置中大
夫八人六月庚申彗星出三百入文昌犯上將經紫宮入
苑漸長丈餘百餘日乃滅辛未詔江陵人年六十五已上

為宮奴婢者已令放免其公私奴婢年七十以外者所在
官私且贖為庶人秋七月辛巳朔日有蝕之庚寅行幸秦
州降死罪已下刑辛丑遣大使巡察天下八月景子車駕
至自秦州冬十月辛亥改凾谷關城為通洛防十一月丁
未陳人來聘是歲吐谷渾遣使朝貢
天和元年春正月已亥親耕籍田丁未於宮昌國置宮州遣小
載師杜果使於陳二月戊辰詔三公已下各舉所知群臣
官普加四級老者亦會焉頒賜各有差癸未大赦改元百
賦古詩京邑者老亦會焉
日闕光逐微日中見鳥三月景午祀南郊夏四月辛亥雲
是月陳文帝殂五月庚辰帝御正武殿集羣臣親講禮記
吐谷渾龍涸王莫昌率戶內附以其地為扶州甲午詔曰
甲子乙卯禮云不樂甚弦表昆吾之稔杜蕢有揚觶之文
自世道喪亂禮儀斯墜此典茫然已隆於地宜依是日有
車傳樂庶知為君之難貽之後昆殷鑒斯在六
月景午以大將軍威為柱國秋七月戊寅樂武功邵斜
谷武都留谷津坑諸城以置軍人壬午詔諸冑子入學但
束脩於師不勞釋奠釋奠者合學成之祭自今即為恒式八
月已未詔諸有三年之喪或員土成墳或寢苫尽骨立二
一行可稱揚者本部官司隨事上言當加吊勉以勵薄俗

九月乙亥信州蠻反詔開府陸騰討平之冬十月甲子初
造山雲儛以備六代樂十一月景戌行幸武功等城十二
月庚申還宮
二年春正月癸酉朔日有蝕之已亥親耕籍田三月癸酉
改武遊園為道會苑丁亥初立郊立壇壝制度夏四月乙
已省併東南諸州以大將軍陳公純為柱國六月辛亥尊
華皎帥眾來附壬辰以閏月庚午親戎陳公純為柱國秋七月辛
所生叱奴氏為皇太后戊寅震柱國陳湘州刺史
之癸丑太保許國公宇文貴薨是歲吐谷渾安貞等
學置生七十二人壬子以太傅燕公于謹為雍州牧九月
丑梁州上言鳳凰集楓樹羣鳥列侍以萬數甲辰立路門
定以步騎數千先度遂沒江南冬十一月戊戌朔日有蝕
突厥甲辰大赦丁未大會百寮及賓客於路寢改元
三年春正月辛丑祀南郊三月癸卯皇后至自
國並遣使朝貢
燕公于謹薨夏四月辛巳以太保達奚武為太傅大司馬
尉遲迥為太保柱國隋公楊忠薨六
月甲戌有星孛於東井秋七月壬寅柱國隋公楊忠薨八
月乙丑韓公元羅薨齊人來聘請和親詔軍司馬陸逞報

聘癸酉帝御大德殿集百寮及沙門道士等親講禮記冬
十月癸亥享太廟丁亥上親帥六軍講武於城南京邑觀
者興焉彌漫數十里諸蕃使至咸在焉十一月壬辰朔日有
蝕之壬子遣關府崔彥穆使於齊甲寅陳安成王頊發其
會葬於齊二月戊辰帝御大德殿集百寮道士沙門等討
論釋老夏四月巳巳齊人來聘五月巳丑帝制象經成集
主伯宗而自立辛未齊武成帝殂
四年春正月辛卯朔以齊武成殂故廢朝會
百寮講説封魏廣平公元謙爲韓國公以紹魏後丁巳
柱國吳公尉綱薨六月築原州及涇州東城秋七月突厥

【七】

吾

遣使獻馬柱國昌思公長孫儉薨
五年春三月甲辰初令宿衞官住關外者將家累入京不
樂者解宿衞真四月甲寅以柱國宇文盛爲大宗伯首帥
都督官景寅道大使巡察天下六月景子以皇女生故降
宥罪人并免通祖懸調冬十月辛巳朔日有蝕之丁酉太
傳鄭公達奚武薨十一月丁卯柱國崔謙置西寧州是月齊
巳大將軍鄭恪帥師平越嶲置西寧州是月齊將斛律光
侵邊於汾比築城自華谷至龍門
六年春正月巳酉朔以路門公田弘魏公禾字琿等並爲柱國三月巳
王傑譚公會鷹門公田弘魏公禾字琿等並爲柱國三月巳

西晉公憲自龍門度河斬律光退保華谷富平攻拔其新築柵
五城夏四月戊寅朔日有蝕之辛卯信州蠻反遣大將軍
趙闇師師計平之庚子以大將軍司馬消難荊州總管龍東夫
安公閣慶神武公竇毅爲南陽公叱羅協平高琳鄭公達奚震龍東
楊纂常山公于翼並爲柱國六月乙未以大將軍太原公
軍本計中山公訓杞公亮上庸公陸騰安義公宇文丘比
平公寇紹許公宇文善犍爲公高琳鄭公達奚震龍東
恩並爲柱國五月癸亥遣納言鄭詡使於陳景寅以大將
王東爲柱國是月齊將段孝先攻拔汾州秋七月乙丑以
大將軍越公盛爲柱國八月癸酉省被庭四表樂後宮羅

【八】

叺

綺工五百餘人冬十月壬午冀公通薨乙未遣右武伯谷
會現使於齊壬寅上親帥六軍講武於城南十一月壬子
以大將軍梁公侯莫陳芮大將軍本意並爲柱國景辰齊
人來聘丁巳行幸散關十二月巳丑還宮是冬牛疫死者
十六七
建德元年春正月戊午帝幸玄都觀親御法座講説公卿
道俗論難事畢還宮降死罪及流罪一等其五歲刑巳下
並宥之二月癸酉遣大將軍昌城公深使於突厥司宗李
際使於齊乙酉柱國安義公宇文丘薨三月癸卯朔日有
蝕之齊人來聘景辰誅大冢宰晉公護及其子柱國譚公

會升柱國俟伏侯龍恩及其弟十六州軍萬壽大將軍劉男
等大赦改元罷中外府癸亥以太傳尉迥為太師柱國竇
熾為大傳大司空李穆為太保齊公憲為大冢宰衛公直
為大司徒趙公招為大司空柱國辛威為大司寇綏德公
陸通為大司馬詔曰人勞不止則星勤於天作事不時則
石言於國頃興造無度徵發不已加以頻歲師旅農廢
榮去秋八蝗年穀不登員今正調以外無妄徵發夏四月
甲戌以代公達勝公迥並為柱國已卯詔公卿已下各舉
所知遣工部代公達使於齊景戌詔百官軍人上封事極
言得失丁亥詔斷四方非常貢獻庚寅進尊略陽公為孝

北史帝紀十 九 右

閔皇帝癸巳立章貴妃為皇太子大赦百官各加封級五
月壬戌以大旱集百官於庭詔之曰亢陽不雨盡責朕薄
刑實華中敕將公卿大臣或非其人興宜盡言無有所
隱公卿各引咎自責其夜澍雨六月庚午朔日有蝕之庚
秋七月辛丑陳人來聘九月庚子改置宿衛官員
掘地得玉盂以獻冬十月庚午詔江陵所獲俘虜充官口
者悉免為百姓辛未遣小匠楊勰使於陳大司馬綏德
公陸通薨兄十一月景午上親御六軍講武子城南庚戌
辛羌橋集京城衆諸都督以上頒賜各有差乙卯還宮壬
戌以大司空趙公招為大司馬十二月壬申行幸斜谷集

京城以西諸軍都督以上頒賜有差景戌還宮已丑帝御
正武殿親錄囚徒至夜而罷庚寅幸華道會苑以上善殿壯

觀遂焚之

二年春正月辛丑祀南郊乙巳以柱國田弘為大司空大
將軍若干鳳為柱國庚戌復置帥都督官乙卯幸太廟閏
月已巳陳人來聘二月甲寅詔皇太子讚巡撫西土壬戌
遣司會侯莫陳凱使於齊省雍州
扶風咸陽等郡三月已卯皇太子於岐州獲白鹿二以獻
詔曰以在德不在瑞癸巳省六府諸司中大夫以下官併入京兆為翊
置四司以下大夫為官之長上士貳之夏四月己亥幸太

北史帝紀十 十 右

廟甲辰增改東宮官員五月丁丑以柱國侯莫陳瓊為大
宗伯滎陽公司馬消難為大司寇上庸公陸騰為大司空
六月庚子省六府貟外諸官皆為丞上子皇孫衍生文武
官普加一級大階大選諸軍將帥景辰帝御路寢集諸軍
將勒以戎事庚申詔諸軍族權皆盡以猛獸熊羆為之象秋
七月已巳享太廟自春末不雨至於是月壬申集百寮於
大德殿帝責躬罪已問以時政得失戊子雨八月景午詔改
三夫人為三妃關中大蝗九月乙丑陳人來聘戊寅詔曰
頃者婚嫁競為奢靡有司宜加宣勒使導禮制冬十月癸
卯齊人來聘甲辰奏六代樂成帝御崇信殿集百官觀之

十一月辛巳帝親帥六軍講武於城東癸未集諸軍都督
以上五十人於道會苑大射帝親臨射堂大備軍容十二
月癸巳集群官及沙門道士等帝升高座辨釋三教先後
以儒教為先道教次之佛教為後以大將軍赫連達為柱
國詔宴之閒年者善惡壽可頒授名職使榮洽邑里戊午
觀㮤於正武殿自旦及夜繼之以燭
趙公招熊公儉陳公純越公盛代公達騰公逌並進爵為
王己巳享太廟庚午突厥遣使獻焉癸酉詔曰今男年十
五女華十三以上叅及鰥寡所在以時娉聖務從卽便乙

亥親耕籍田景子初服短衣享二十四軍督將以下試以
寬報之法繼酒盡歡詔以往歲年穀不登令公私道俗凡
有貯積粟麥者皆勸口聽留已外盡糶二月壬辰朔日有
蝕之乙酉紀公康買公賢鄧公寶漢公貴秦公賛
曹公允並進爵為王景午令六府各舉賢良悳清正之士癸
丑柱國許公宇文善有罪免景忠辰大赦三月癸酉皇太右
此奴氏崩帝居倚廬朝夕共一溢米群臣表請諫旬乃止
詔皇太子總庶政夏四月乙卯齋人來弔贈會葬于
有星孛於東井五月庚申葬文宣后於永固陵帝祖跣至
陵所年酉詔曰齊斬之情經籍無訓近代㳂革遂亡斯禮

伏奉遺令旣葬便除釁情賣衆三年之喪達於
天子古今無易之道王者之所常行但時有未譜不得全
制軍國務重庶有聽朝衰麻之節旣彰遵禮率典與以
申固極百寮以下宜遵遺令公卿上表固請俯就權制過
葬卽言帝不許引古登之臺臣乃止於是遂申三年之制
五服之內亦令依禮初置太子諫議員四人文學十八人皇
子皇弟友員各二人學士六人戊辰詔故晉公護及諸子
沙門道士並令還俗弁禁諸淫祀非祀典所載者盡除之
六月丁未集諸軍將教以戰陣之法壬子更鑄五行大布

錢以一當十與布泉錢並行戊午詔曰至道弘深混成無
際體包空有理極幽玄但歧路旣分源流遂遠渾朴散
形器斯乖遂使三墨八儒朱紫交競九流七略異說相騰
道隱小成其來舊矣不有會歸爭驅靡息今可立通道觀
聖哲微言先賢典訓金科玉篆秘賾玄文所以濟養黎元
扶成教義者並宜弘闡一以貫之俾夫歸培壞者識萬物
之宗崛守礭磔者悟渤澥之泓澄不亦可乎秋七月庚申
行幸雲陽宮乙酉衞王直在京反欲突入肅章門司武尉
遲運等拒守直敗遁走戊子車駕至自雲陽宮八月辛卯
會直於荊州免為庶人冬十月景申詔御正楊尚希使於

陳東子詔蒲州人遭飢之絕者令向鄜城以西及荊州管
內就食甲寅行幸蒲州乙卯赦蒲州見囚大辟以下景
辰行至同州十一月戊午于闐遣使獻名馬巳巳大閱於
同州城東甲戌車駕至自同州十二月戊子大會僚官及
軍人以上賜錢帛各有差景申改諸軍軍人並名侍官癸
卯集諸軍講武於臨皋澤涼州比年地震壞城郭地裂涌
泉出

四年春正月戊辰朔日有蝕之辛卯改置宿衛官員巳酉柱
獨免二月景戌朔日有蝕之辛卯改置宿衛官員巳酉柱
國廣德公李意有罪免三月景辰遣小冠元衛使於齊
郡縣各省主簿一人甲戌以柱國趙王招為雍州牧夏四
月甲午柱國燕公于實有罪免丁酉初令上書者並為表
於皇太子以下稱啟秋七月巳未林六行大布錢不得出
入關布泉聽入而廢出甲戌陳人來聘景子召大將
軍上於大德殿帝親諭以伐齊之旨言往往以政出權宰
無所措懷自親臨萬機便圖東討惡衣菲食繕甲練兵數
年以來戰備稍足而僞主氏虐忌行無道伐暴除亂斯實
其時羣臣咸稱善丁丑詔暴齊氏過惡以柱國陳王純
為前一軍揔管榮陽公司馬消難為前二軍揔管卿公達
奏寔爲前三軍揔管越王盛爲後一軍揔管周昌公俟莫

陳瓊爲後二軍揔管趙王招爲後三軍揔管齊王憲帥衆
二萬趣黎陽隋公楊堅廣寧公侯莫陳迴師三萬自渭
入河柱國梁公侯莫陳芮帥衆萬守太行道申國公李
穆帥衆三萬守河陽道常山公于翼帥衆二萬出陳汝王
午上親帥六軍衆直指河陰八月癸卯齊境禁伐
樹殘苗稼犯者以軍法從事令儀同三司
不守唯以王藥城要害令儀同三司韓正守之正尋必城
退齊王憲李穆等所在剋捷降拔三十餘城皆棄而
大城攻子城未剋上有疾九月辛酉夜班師水軍焚舟而
降齊戊寅至自東伐冬十月戊子初置上柱國上大將軍
儀同官閏月改以柱國齊王憲爲開府儀同大將軍又置上開府
官改關府儀同三司爲開府上
幾郡各舉賢良十一月巳亥改置司內官員十二月辛亥
朔日有蝕之景子陳人來聘是歲歧寧二州人飢開倉振
恤

五年春正月辛卯行辛河東涑川集關河東諸軍按獵甲
午還同州丁酉詔分遣大使巡省四方察諮謠問人郫
隱廢布泉錢戊申初令鑄錢者至絞從者遠配二月辛酉
遣皇太子贇巡撫西土仍討吐谷渾三月壬寅車駕至自
同州文宣皇太后服再朞戊申祥夏六月戊申朔日有蝕

之辛亥事太廟景辰利州揔管紀王康有罪賜死秋七月
乙未京師旱八月戊申皇太子入吐谷渾至伏俟城而還
乙丑陳人來聘九月丁丑大醮於正武殿祈東伐冬十
月帝復謂羣臣伐齊以去歲蜀有殄疾遂不得剋平通寇
乘破竹之勢鼓行而東足以窮其巢穴諸將多不願行帝
曰機者事之微不可失矣沮軍者吾必戮之已酉帝
統攝要重會往攻之彼必沮軍以待擊之必剋然後
抱戎東伐以越王盛為右一軍揔管杞公亮為左一軍揔
管隋公楊堅為右三軍揔管譙王儉為左二軍揔管大將
軍寶泰為左三軍揔管廣化公丘崇為右三軍揔管滕王
一萬步統軍韓明步兵五千守鄭公達奚震驍騎
守住舊谷陳王純步騎二萬守千里徑鄭公達奚震驍騎
關柱國趙王招步騎一萬自華谷攻汾州諸城柱國宇文
盛步兵一萬守汾水關道內史王誼監六軍攻晉州城帝
屯於汾曲齊王憲攻洪洞永安二城並拔之是夜虹見於
晉州城上首向南尾入紫宮帝每日自汾曲赴城下親督
戰東午齊行臺左丞侯子欽出降壬申齊晉州刺史崔彥高

夜密使送款上開府王軌應之未明登城遂剋晉州甲戌
以上開府梁士彥為晉州刺史以鎮之十一月己卯齊主
自并州帥衆來援帝以其兵新集直避之乃詔諸軍班師
齊主遂圍晉州齊王憲於涷水為晉州聲援河東
地震癸巳至自東伐十二月戊申次晉
還丁酉帝發京師壬寅度河與諸軍合十大置陣
數人巡陣所至輒呼主帥姓名以慰勉之將士感見之
恩各思自厲屬列戰有司請換馬帝曰朕獨乘良馬何所之
州庚戌帝帥諸軍八萬置陣東西二十餘里帝乘常御馬從
齊主亦於漵比列陣後齊人填漵南引帝大喜勤諸軍
擊之齊人便退齊主與其麾下數十騎走還并州齊衆大
潰軍資甲仗數百里間委棄山積辛亥帝幸晉州諸
軍追齊主諸將固請還師帝曰縱敵患生卿等若疑朕將
獨往諸將不敢言甲寅齊主遣其丞相高阿那肱守高壁
帝麾軍直進那肱望風退散景辰帝次介休齊將韓建業
舉城降以為上柱國封郇國公丁巳大軍次并州自將輕騎走新
其從兄安德王延宗守并州帥諸軍合戰戊午詔齊王
宗憺即偽位改年曰德昌已卯軍次并州帝帥諸軍合戰
公以下示以逆順之道於是齊將帥降者相繼戊午詔齊王
齊人退帝遂比及城東門諸軍連城置陣至夜延宗帥其

痍栖陣而前城中軍却人相踐踐大為延宗所敗齊人欲
閉門以闉下莫不得闉諸軍更戰大破之禽延宗危險得出
至明帥諸軍却戰大破之禽延宗并州平王戍詔曰昔
天厭水運龍戰於野兩京否隔四紀千茲朕垂拱嚴廊君
臨宇縣相鄰於海內混楚弓於天下一物失所有若推
溝方欲德綏未服義征不譓隣來信志義朕應天從物代天
刑倣授天紀加以背惠怒隣偽主高緯放命燕怒怠慢典
男人一鼓而湯平陽再舉而摧強敵偽署王公相繼道左
高緯智窮數屈逃竄草間偽安德王高延宗并州公相借一
竊名號與偽齊王黃多婁敬顯等收合餘燼背城借一
傳檄可定八紘共貫六合同風方當僵伯靈臺休牛桃塞
軍門根本既傾枝葉自實幽青海岱拆關而來冀北河南
王威既振魚潰鳥離破竹更難建瓴非易延宗眾散衿甲
新邦豈童惠澤獨在乎漢皇約法除其苛政姬王輕典刑彼
無疆之慶幷獨在乎漢皇約法制咸許自新諸士人偽朝
下高緯及王公以下若釋然蜉蝣咸許自新諸士人偽朝
亦從省宥官榮次庠依例無失齊制偽令即宜削除鄒魯
摶紳幽幷騎士一介可褒並宜銓錄景東出齊宮中金銀
寶器珠玉麗服及官女二十人班賜將士以柱國趙王招
陳王純城王麗服杷公皃梁公注真陳芮庸公王謙北平公

十七

冠紹鄭公達奚震公義并為上柱國封賀拔惠子安城郡公貿
為河間王諸有功者封授各有差襲王傳位於其太子恆
六年春正月乙亥齊主傳位於其太子恆改年曰承光自
號太上皇帝壬辰帝至鄴癸巳帥世及妻子於鄴圍之諸軍
奮擊大破之逐平齊主先送其母及妻子於青州及城陷
帥數十騎走青州遣大將軍尉勳追之之及於青州走
齊昌王黃多婁敬顯等偽齊帝數之曰汝有死罪三前從并州走
鄴兼母攜妻棄百姓不孝也不忠送款之後猶持兩端是
斬之是日西方有聲如雷甲子帝入鄴城詔去年大赦班
不忠送款之後猶持兩端是不信如此用懷不死何待遂
鄭之是日西方有聲如雷甲子帝入鄴城詔班
宣末及之赴皆從赦例乙亥詔曰晉州大陣至鄴身戰
七人或功高遇難隕或直言見誅朕兵以義動前掃除山各
場者其子即授人本官尉勳衛齊主及其太子恆於青州
庚子詔曰偽齊之末姦佞擅權濫刑勳挂離網偽右
丞相咸陽王故斛律律明月進開府故崔李舒等
及三臺毀撤尾未諸物凡入用者盡賜百姓山園之田
各還本主二月景午論定諸軍勳置酒於鄴東山南園
士以上班賜有差丁未齊主至鄴帝降自阼階見以賓王禮

十八

齊任城王湝往冀州擁兵未下 遣上柱國齊王憲與柱國
隋公楊堅討平之齊范陽王高紹義叛入突厥齊諸行臺
州鎮悉降關東平合州五十五郡一百六十二縣三百八
十五戶三百三十萬二千五百二十八口二千萬六千八百
十六乃於河陽及幽青兗徐比朔定州置總管府相
并一摠管盡置官及六府官癸丑詔自偽武平三年以來
河南諸州人偽齊破掠為奴婢者不問公私並放免之其
住在淮南者亦即聽遠願住此者可隨便安置壅州孤
老不能自存者所在給恤乙卯詔自鄴至洛州諸人凡與
山東諸州各舉士夏四月乙巳至自東代列肆丘於前其

〈北史帝紀十〉

十九

王公等並從車與袿旗及器物以次陳於其後大駕為布六
軍備凱樂獻俘於太廟景邑觀者皆稱萬歲戊申封宗王
為溫國公大會羣臣及諸蕃客於路寢乙卯嚴蒲陝
涇寧四州摠管己巳享太廟詔分遣使人処方撫慰觀風
省俗五月丁巳以柱國謙王儉為大冢宰庚辰以上柱國
把公亮為大司徒鄭公達奚震為大宗伯梁公侯莫陳芮
為大司馬柱國應公獨孤永業為大司寇鄭公韋孝寬為
大司空辛巳大酺於正武殿以報功己丑祀方丘詔曰往
者家臣專任制度有違正殿別寢事崇彫牆非直雕墻峻
宇深戒前王而綿構枆徹有踰清廟不軌不物何以示後

兼東夏初平人未見德率先海內自朕始其路寢會義
崇信令仁雲和恩齋諸殿等農隙之時悉可毀撤彫斷之
物並賜貧人繕造之宜務從卑朴戊戌詔曰京師宮殿已
從撤營構止鄴二所華修過度者非我民之隷因之弗
別漸營構止鄴風雨務在甲狹庚子陳人來聘是月青城
門無故自崩六月辛亥御正武殿錄四徒甲子東処丁卯
詔曰自今不得畜聖無同姓以為妻妾其有蚩者赴行臺
州已丑詔山東諸州舉有才望者赴行臺州所共論政事得
失八月壬寅議權衡度量頒於天下其不依新式者悉追

〈北史帝紀十〉

二十

停之詔曰以刑止刑以輕代重罪不及嗣皆有定科雜役
之徒獨異常憲一從罪配百代不免罰既無窮刑何以措
已諸雜戶悉放為百姓配雜之科因之永削甲子鄭州獻
九尾狐皮內銷盡骨體帝曰瑞應之來必昭有德若
使五品時序四海和平家識孝慈乃能致此今無其時恐
非實錄戊寅初令庶人以上并朝祭之服唯得衣綢綿
絁絲布圓綾紗絹葛布等九種壬辰詔東土諸州儒生
為上柱國郕公韋叔裕會蔵申公李穆後之九月壬申以柱國
明一經以上並舉送州郡以禮發遣冬十月戊申行幸鄴
宮戊午改葬德皇帝於冀州帝服緦哭於太極殿百官素

服哭是月誅溫公高緯十一月壬申封皇子充為道王充
為蔡王癸酉陳將吳明徹侵呂梁徐州揔管梁士彥與戰
不利退守徐州遣上大將軍郯公王軌討之是月稽胡反
遣齊王憲討平之詔自永熙三年七月以來十月以前東
土人被鈔在化內為奴婢者及平江陵日良人沒為奴婢
者並免同人伍詔曰正位於中有聖通典質文相革損益
本由嗜欲之情非關風化之義朕運當澆季曲復古始歌
不同五帝則四星之象三王制六宮之數劉曹已降等列
彌繁選擇徧於生靈命秩方於庶職椒房丹地有眾如雲
妃二人世婦三人御妻三人自茲
以外宜采減省已亥晦日有蝕之初行刑書要制持杖羣
強盜一疋以上不持杖羣強盜五疋以上監臨主掌自盜
二十疋以上小盜及詐請官物三十疋以上正長隱五戶
及十疋以上皆至死刑書所不載者自依
律科十二月北營州刺史高寶寧掞州及庚申行幸并州
宮移并州軍人四萬戶於關中戊辰廢并州宮及六府是
歲吐谷渾百濟並遣使朝貢
宣政元年春正月癸酉吐谷渾偽趙王他婁屯來降壬午
行幸鄴宮辛卯幸懷州癸巳幸洛州詔於懷州置宮二月
甲辰柱國大冢宰齊王憲薨丁巳車駕至自東巡乙丑以

上柱國越王盛為大冢宰陳王純為雍州牧三月戊辰於
蒲州置宮廢同州及長春二宮壬申突厥遣使朝貢甲戌
初服常冠以皂紗為之加簪而不施纓導其制若今之折
角巾也上大將軍王軌破陳師於呂梁禽其將吳明徹等
停斬三萬餘人丁亥詔柱國豆盧寧征江南武陵南平等
郡所有士庶為人奴婢者悉依江陵放免壬辰改元夏四
月壬子初令遭父母喪者聽終制庚申突厥入寇幽州五
月己丑帝揔戎北伐遣柱國原公姬願顧東平公宇文神舉
等五道俱入發關中設伍諸軍癸巳帝不豫止于
雲陽宮景申設使諸軍六月丁酉帝疾甚還京其夜崩於
東興時年三十六遺詔曰人肖形天地稟質五常情短之
期莫非命也朕君臨宇縣十有九年未能使百姓安樂刑
措不用未旦求衣分宵忘寢昔魏室將季海內分崩太祖
扶危翼傾肇開王業燕趙榛蕪寇名驕朕上述先志下
順人心遂與王公將帥共平東夏雖復袟氣蕩定而人勞
未康每一念如此若臨冰谷將欲包舉六合混同文軌今
遘疾大漸力氣稍微有志不申以此歎息天下事重萬機
不易王公以下爰及庶寮宜輔導太子副朕遺恨
貞每存菲薄非直以訓子孫亦乃本心所好喪事資用須
處太祖下無失為臣朕錐瞑目九泉無所復恨朕平生居

使儉而合禮墓而不墳自古通典隨吉即葬葬訖公除四
方士庶各三日哭妃嬪以下無子者悉放還家諡曰武皇
帝廟稱高祖已未葬於孝陵帝況毅有智謀初以晉公護
車權常自晦迹人莫測其深淺及誅護之後始親萬機剋
己勵精聽覽不怠用法嚴整多所罪殺號令嚴諸
華綺者皆撤毀之改為土階寢布被無金寶彫文刻鏤
行皆欲踰跣古人身衣布袍
於政舉下畏莫不肅然性既明察少於恩惠凡布懷立
錦繡纂組一皆禁斷後宮嬪御不過十餘人勢接下自
強不息以海內未康銳情教習至於校兵閱武步行山谷
復迹勤苦皆人所不堪平齊之役見軍士有跣行者帝親
脫靴以賜之每宴會將士必自執盂勸酒或手付賜物至
於征伐之處躬在行陣性又果決能斷大事故能得士卒
死力以弱制強破齊之後逐欲窺江南
二年閒必使天下一統此其志也

宣皇帝諱贇字乾伯武帝長子也母曰李太后武成元年
生於同州保定元年五月景午封魯國公建德元年四月
癸巳武帝親告廟冠於阼階立為皇太子二年詔皇太子巡
撫西土文宣皇后崩武帝諒闇詔太子摠朝政五旬而罷
武帝每巡幸四方太子常留監國五年二月又詔太子巡

西土因討吐谷渾宣政元年六月丁酉武帝崩戊戌太子
即皇帝位尊皇后曰皇太后甲子上柱國齊王憲閒月
乙亥詔山東流人新復業及突厥侵掠家口破亡不能存
濟者給復一年立妃楊氏為皇后辛巳以上柱國趙王招
為太師陳王純為太傅柱國代王達滕王逌盧
祀圓丘戊申祀方澤庚戌以小宗伯歧公斛斯徵為大宗
柱國東平公宇文神舉討平之秋七月乙巳享太廟
薛公長孫覽並為上柱國是月幽州盧昌期據范陽反詔
伯壬戌以南兗州摠管隋公楊堅為上柱國大司馬癸亥
尊所生李氏為帝太后八月景寅朔於西郊長安萬年
國永昌公椿為大司徒柱國楊公王誼為大司空景戌以柱
王傑杞公亮郕國公韓遂並為上柱國庚戌封
國同州戊子百濟遣使朝貢十一月己亥講武於道會苑
二縣人居京城者給復三年壬申幸同州遣大使巡察諸
第元戊子詔諸應拜者皆以三拜成禮冬十月癸酉至
自同州戊子百濟遣使朝貢
帝親攝甲是月突厥犯邊圍酒泉殺掠吏士十二月甲子
以柱國畢王賢為大司空己丑以上柱國河陽摠管滕王
迪為行軍元帥伐陳免京師見徒並令從軍

大象元年春正月已丑受朝於路門帝服通天冠絳紗袍臺臣皆服漢魏衣冠大赦改元為大成初置四輔官以大冢宰越王盛為大前疑蜀公尉遲迥為大右弼申公李穆為大左輔大司馬隨公楊堅為大後丞以柱國許公宇文善為大宗伯戊午行幸洛陽立魯王衍為皇太子二月癸亥詔曰河洛之地舊稱朝市自魏氏失馭城闕為墟我太祖受命鄭鍋有懷光復爰始經營基址尚存今布政此宮朕以眇身祗承寶運雖庶幾畫修之志敢忘驥之心一昨駐蹕金墉備嘗遊覽百王制度基址尚存今若因修復宜命邦事修復舊都奠依取文質之間於是發山東諸州兵增一月功為四十五日役起洛陽宮常役四萬人以起宴駕并移相州六府於洛陽稱東京六府殺柱國徐州摠管鄶公王軌停幸鄴景子初冷摠管劃史行兵者加持節以餘秩罷之辛巳詔傳位於皇太子衍大赦改元大成為大象帝於是自稱天元皇帝所居稱天臺置二十有四旒車服旗鼓皆以二十四為節內史御正諸衛等官皆準天上大夫皇帝衍稱正陽宮置納言御正諸衛等官皆準天

臺尊皇太后為天元皇太后癸未日出將入時其中並有烏色大如雞卵經四日乃滅戊子以大前疑越王盛為太傅大右弼蜀公尉遲迥為大前疑遷亳大右弼辛卯詔徙鄴城石經於洛陽又詔受東京六此外欲往者聽之三月庚申車駕至自東巡大陳軍伍時驟雨府處分三月庚申車駕從自青門皇帝衍備法駕從百官迎於青門外是時驟雨衛尖谷西封詔趙王招為柱國畢王賢為上柱國朱氏成朔有司奏言日蝕不視事過時不蝕乃臨軒立妃朱氏為天元帝后癸亥以柱國畢王賢為上柱國壬午大雛於正武殿五月辛亥以洛州襄國郡為趙國郡州濟南郡為陳國豐州武當安富二郡為越國郡為趙國郡為代國荊州新野郡為滕國邑各一萬戶令趙王招陳王純越王盛代王達勝王逌並之國及諸州士庶女充後宮突歌冦并州六月庚寅咸陽有池水變為血徵山東諸州人修長城秋七月遣便簡視京城王賢為雍州牧大後承隨公楊堅為大前疑柱國趙王招陳司馬消難為大後承景申納大後李氏為天皇太后壬子改天元陽公宮皇后已酉尊天元帝太后李氏為天皇太后立妃元氏為天右皇右朱氏為天皇后立妃元氏為天右皇后妃陳氏為天左

皇右八月庚申幸同州壬申還宮甲戌以天左皇右父大
將軍陳山提天右皇右父即元褒並為上柱國府元褒為
作刑書要制用法酷重及帝即位恐物情未附除之至是
為州經聖制共制其法深刻大醮於正武殿告天而行焉壬午
以上柱國雍州牧畢王賢為太師上柱國鄭公韓建業為
卯以鄧王為大家宰上柱國鄧公韋孝寬伐陳道御正杜杲使於
華行軍把臂祀園公尔後黃城梁士彦
陳冬十月壬戌車道會苑大醮以高祖武皇帝配醮初復
佛象及天尊象象俱南坐大陳雜戲令京城吉庶

縱觀是月相州人段德峯謀及伏誅十一月乙未夜行幸
同州壬寅還宮乙巳初鑄永通萬國錢以一當千與五行
大布並行是月韋孝寬壽陽把國公尔後黃城梁士彦
披廣隆陳人退走於是江北盡平十二月戊午以災異彙
見帝御路寢見百官詔曰朕以寡德君臨區宇始於秋季
及此玄冬幽憂勤憂貽深戒至有金入南斗木犯軒轅
爰惑干房及與土合流星照夜東南而下然則南斗主於
蜀祿軒轅為於後宮明堂布政所也火土則憂孽之
兆流星乃共山之驗豈其昭著若斯之甚將避正寢薄
憂忠將至何其昭著若斯之其將避正寢薄君克命惡夜

減膳去飾徹懸披不諱之誠開直言之路欲使刑不濫及
賞弗踰等選舉少才闓修德宜宣諸內外庶盡弼諧允
叶心用消天譴於是舍仗衛往天興宮御正武殿集百官及宮人內外命婦
襄膳許之甲子遠宮御正武殿集百官及宮人內外命婦
大列妓樂又縱胡人乞寒用水澆沃以為戲樂乙丑行幸
洛陽帝親御驛馬日行三百里四皇右及文武侍衛數百
人並乘驛馬於道已卯還宮
馬頻仆相蜀崩於道已卯還宮
二年春正月丁亥帝受朝于道會苑癸巳更太廟已造
二宸盡日月象以置左右戊申兩雪霍止又兩細黃土殺

時乃息乙卯詔江右諸州新附人給復二十年初稅入市
者人一錢二月丁巳帝幸路門學行釋奠禮戊午突厥遣
使獻方物且逆千金公主乙丑改制詔為天制救為天敕
尊天元皇太后為天元上皇太后天元皇太后平氏曰天元
聖皇太后癸未立天元皇右楊氏為天大皇右天大皇右
朱氏為天右大皇右元氏為天右皇右正陽宮皇右是月洛陽
有禿秋鳥為集新太極殿前榮州有黑龍見與赤龍闓於
右陳氏為天左大皇右元氏為天右皇右是月洛陽
水側黑龍死三月丁亥賜百官及百姓大酺詔進封孔子
為鄒國公邑數萬幸薦陽并立後承襲別於京師置廟以時祭

真戊子行軍摠管杞公亮舉兵反行軍元帥韋孝寬獲而
殺之辛卯行幸同州增候正前驅武道為三百六十重自
應門至赤岸澤數十里開幡旗相繼鼓樂俱作又令武賁
持鈒馬至赤岸澤以至同州乙未改同州宮為天成宮庚
子車駕至自同州稱警蹕以至同州乙未改同州宮為天
命婦皆執笏其拜宗廟及天臺待儼伏甲紅紫綠衣以
雜色緣名曰品色衣有大事與公服間服之壬寅詔內外
皇后立天左大皇后左皇后右皇后已卯以皇后故降甲申選天中大
天左大皇王后夏四月己巳享太廟己卯以妃嬪選氏為
罪已下壬午幸中山祈雨至咸陽宮兩降甲申選天中大

〔北史帝紀十〕 廿九

城上女於衢巷作音樂以迎候五月甲午帝備法駕幸天
興宮乙未帝不念還宮詔楊州摠管隋公楊堅入侍疾丁
未追趙越陳代勝五王入朝己酉大漸御正下大夫劉昉
與內史上大夫鄭譯矯制以隋公楊堅受遺輔政是日帝
崩於天德殿時年二十二〔謚宣皇帝〕七月景申葬定陵帝
之在東宮也武帝慮其不堪承嗣遇之甚嚴朝見進止與
語動作每月奏聞帝懼威嚴矯情飾以是惡不外聞嗣
諸臣無異雖隆寒盛暑亦不得休息性嗜酒武帝遂禁醒
醒不許至東宮帝每有過輒加捶撻謂之曰古來太子
被殺者幾人餘見宣不堪立邪於是遣東宮官屬錄帝言

位之初方遂其欲大行在殯曾無戚容即通亂先帝宮人
纔踰年便恣聲樂來擇天下子女以充後宮好自矜誇宮
洗拒諫禪位之後彌復憍奢既酗於後宮或旬日不出公
卿近臣請事者皆附閹官奏之所居殿宇雖未成畢其規
玉珠寶光華炫耀極麗窮奢及營洛陽宮與為天以五色
墓壯麗踰於漢魏莫能詳錄每對臣下自稱為天以五色
情變改後宮位號莫能詳錄每對臣下自稱為天以五色
宗廟禮器鐘磬珪璋之屬又於後宮與皇后等列坐臺者
士盡所御天德殿各隨方色又於後宮與皇后等列坐臺者
致齋三日清身一日車旗章服倍於前王之數既自比上

〔北史帝紀十〕 三十

帝不欲令人同己常自帶綬及冠通天冠加金附蟬顧見
侍臣武弁上有金蟬及王公有綬者並令去之又不聽人
有高者為之稱諸姓名高者改為姜九族稱高祖者為長
祖冒為次長祖官稱名位几謂上及大者改為長有天者
亦改之文令天下車皆渾成為輪禁天下婦人比其不得施
粉黛唯宮人得乘有輻車加粉黛焉西陽公溫祀公亮之
子即帝從兄祖見其妻尉遲氏有美色因入朝帝遂飲以酒
遍而帝立為皇后毎左右侍臣謀反及纔誅温即追尉遲氏入宮初為
妃遍而媱之亮聞之懼謀反及纔誅温即追尉遲氏入宮初為
及政事其後遊戲無恒出入不節羽儀仗衛最出夜還或

北史帝紀十

幸天興宮或遊道會苑陪侍之官皆不堪命散樂雜戲

龍爛漫之伎常在目前好令京城少年為婦人服飾入殿

歌舞與後宮觀之以為喜樂擴斥近臣多所猜怨文武於

財略無賜與恐羣臣規諫不得行已之志常遣左右密伺

察之動止所為莫不抄錄小有乖違輒加其罪自公卿以

下皆被棰楚捶其閒閻誅戮每捶人皆以百

二十為度名曰天杖宮人內職亦如之右妃嬪御離褥

辟荛亦多被棰背於是內外恐懼人不自安皆求苟免者

固志重足累息以速於終矣

靜皇帝諱衍行後改名闡宣帝之長子也母曰朱皇后建德

二年六月生于東宮大象元年正月癸卯封魯王戊午立

為皇太子二月辛巳宣帝於鄴宮傳位授帝居正陽宮

二年五月乙未宣帝寢疾詔帝入宿路門學己酉宣帝崩

帝入居天臺慶正陽宮大赦傅洛陽宮作庚戌上天元

皇太后竇氏為太皇太后天元李氏為太帝太

后天元太皇后為皇太后天元朱氏為帝太后其並

中大皇右陳氏天右大皇右元氏為太皇太后並天

出俗為尼以柱國漢王贊為上柱國右大丞相柱國楊

州摠管隋公楊堅為假黃鉞左大丞相柱國秦王贄為上

柱國帝居諒閤百官摠已以聽於左大丞相壬子以上柱

國鄭公章孝寬為相州摠管罷入市稅錢六月戊午以柱

國許公宇文善神武公竇毅俏武公俟莫陳琦天安公閻

慶並為上柱國趙王招陳王純越王盛代王達滕王逌來

朝庚申復佛道二教辛酉以柱國杞公椿代公子寛部公

賀拔伏恩並為上柱國甲子相以柱國杞公椿為行軍元

帥進週舉兵不受代郡公即以柱國章孝寬為大冢宰辛酉杞公椿抑為奴

賢以謀執政被誅以上柱國秦王贄為大冢宰辛酉杞公椿為

大司徒巳巳詔南定北光衡巳四州人為奴于文亮抑為奴

婢者並免之甲戌有赤氣起西方漸東行備天庚辰罷諸

魚池及山澤公禁者與百姓共之以柱國蔣公梁睿為益

州摠管秋七月甲申突厥送齊范陽王高紹義來

刺史李惠起兵庚子詔趙陳越代滕五王入朝不趙劍獲

上殿滎州刺史邵公宇文胄舉兵丁未隋公楊堅都督內外諸軍事已

酉郢州摠管尉遲綱舉兵以柱國楊公王誼為行軍元

帥討之壬子趙王招越王盛以謀執政被誅癸丑封皇弟

衍為萊王術為郢王是月豫州刺史襄州摠管各帥種洛

反八月庚申益州摠管王謙舉兵不受代即以梁睿為行

軍元帥討之庚午章孝寬破尉遲於鄴週自殺相州平移

相州於安陽其鄴城及邑毀廢之景子以漢王贄為太師

以上柱國并州總管申公李穆為太傅以朱王實為大前
疑以秦王贄素為犬右弼以燕公于寔為大左輔己卯以尉
迴平大赦庚辰司馬消難擁衆以魚昌山龕山二鎮奔陳遂
大將軍元景山追擊之鄖州平沙州氏帥開府楊永安聚衆
反應王謙道大將軍達奚儒討之楊素破宇文冑於滎陽
為鎮隸洛州以小宗伯竟陵公楊慧為大司馬以齊公于智為大
司空發相青荊金晉梁州六總管實戊景辰廢皇
右司馬氏為廳人戊戌以柱國神武公千翼化政公宇文忻並為上柱國壬子丞
以柱國常山公于翼為大丞相冬十月甲寅日有蝕之
士戊陳王純以怨執政被誅大丞相隋公楊堅加大冢宰
五府摠於天官戊寅梁睿破王謙斬之傳首京師益州平
十一月甲辰達奚儒破楊永安沙州平丁未上柱國郇公
韋孝寬薨十二月壬子以柱國蔣公梁睿為上大將軍
新營公叱列長义武鄉公崔弘度大將軍中山公宇文恩
濮陽公叱列長义渭原公和千子住城公王景漁陽公楊敘
上開府廣宗公李崇隴西公李詢並為上柱國庚申以柱
國楚公豆盧勣為上柱國癸亥詔曰太祖受命龍德猶潛

三分天下志扶魏室多所改作然兄上玄文武羣官賜姓
者衆本殊國邑實乖蒸嘗不
愛其親嗟行路且神微革姓本為脣數有歸天
命在人推讓終而弗獲故君臨區宇累世於茲可不仍遵
謙抱之旨人行權宜之制諸改姓者宜復其舊甲子大丞
相隋公楊堅進爵為王以邢為隋國已巳以柱國沛公鄭
譯為上柱國辛未代王逹藤王迫並以謀執政被誅壬申
以大將軍柱國天司馬以小冢宰始平
公元孝矩為大司寇
大定元年春正月壬午改元景戊詔戊被上開府以上職

事下大夫以上分官刺史以上各舉賢良二月甲子帝遜
伍于隋居于別宮隋氏奉帝為介國公邑萬戶車服禮樂
一如周制上書不稱表荅表不稱詔有其文事竟不行隋
開皇元年五月壬申帝崩時年九歲隋志也諡曰靜皇帝
菲薄恭陵
論曰自東西否隔二國爭強戎馬生郊干戈日用兵連禍
結力敝勢均壇場之事彼一此一武皇續業未親萬機虞
達謀深以蓄養正及英威電發朝政惟新內難既除外略
方始乃苦心焦思克已勵精勞役為士卒之先君處同
夫之儉修富國之政務強兵之術康懶人之有蓄順天道

而推亡數年之閒大勳斯集撫祖宗之宿憤拯東夏之阽

危盛矣哉有成功者也若使翌日之廖無奕經營之志懽

申黷武窮兵雖見識於良史雄圖遠略足方駕於前王而

識嗣子之非才顧宗祐之至德肅愛同於晉武則哲里於

宋宣但欲成之襪楚期於德蕭義方之教宣若是乎卒使

良臣虞君臨女媧回肆毒迹宣后之行事身殂已爲幸矣靜帝

越自幼冲紹茲衰統內扰有劉之詐威藩無齊代之強隋

氏因之逐遷龜鼎復岷峨投袂翻成凌奪之威漳滏勤

王無救宗周之殞鳴呼以文皇之經啓鴻基武皇之克隆

景業未踰二紀不祀忽諸斯蓋先帝之餘殃非孺子之罪

也

德州路本刊

▲北史帝紀十

▲卅五

周本紀下第十　　　　北史十

方洽　周益　校正

隋高祖文皇帝姓楊氏諱堅小名那羅延本弘農華陰人

漢太尉震之十四世孫也震八世孫鉉仕燕為北平太守鉉子

元壽魏初為武川鎮司馬因家于神武樹頹焉元壽生太

原太守惠嘏惠嘏生平原太守烈烈生寧遠將軍禎禎生太

原公皇考美儀貌身長七尺八寸狀貌瑰偉武藝絕倫識

量深重有將率之略年十八客游泰山會梁兵陷郡没

考忠初禎屬魏末喪亂避地中山結義徒以討鮮于修禮皇

遂死之周保定中皇考勳追贈柱國大將軍少保與城

信州胡州　北史本紀十一　【一】

江南及北海王元顥入洛乃與俱歸顥敗介朱度律乃為

帳下統軍後從獨孤信屢有軍功又與信從魏孝武西遷

東魏荊州刺史辛纂據穰城皇考從信討之與都督康洛

兒元長生乘城而入彎弓大呼斬纂以徇城中懾服居半

歲以東魏之逼與信俱歸周因以字之從周文狩

於龍門皇考謂猛獸為捍千因以字之從禽寶泰破沙苑以功封

武縣公河橋之役皇考與李遠破黑水稽胡并與怡峯解

進文與李遠破黑水稽胡并與怡峯解玉壁圍以功歷雲

洛二州刺史芒山之戰先登陷陣除大都督荊等十五州諸軍

梁氏要敗周文將經略乃授皇考都督荊等十五州諸軍

事鎮穰城梁雍州刺史岳陽王蕭詧雖曰稱藩而尚懷貳

心皇考自樊城觀兵漢濱易旗遞進實二千騎發登樓望

之以為三萬縞而服又攻梁隨郡剋之獲其守桓和所

過城戍望風請服進圍安陸梁司州刺史柳仲禮恐安陸

不守馳歸援諸將恐仲禮至則安陸難下請急攻之皇

考曰仲禮已在近路吾奇兵襲之一舉必剋則安陸為

禮於漴頭禽之於是選騎二千銜枚夜進遇仲

禮方略為質并送載書請魏以石城為限梁以安陸為界

子皇考乃旋師進爵陳留郡公位大將軍十七年梁元帝

　北史本紀十一　【二】

皇考自拔諸城可傳檄而定於是選騎二千銜枚夜進遇仲

其兄邵陵王綸送質於齊欲來寇梁元帝密報周文遣皇

考討之為綸所敗其罪殺之初皇考為鈞柳仲禮遇之甚厚仲

禮至京反讚其罪殺之初皇考取金寶周文以皇考功重不

問然皇考悔之不殺仲禮故至此殺綸皇考聞歲甫行同州事及

漢東地甚得新附心魏恭帝賜姓普六茹氏行同州事又

于謹伐江陵皇考為前軍屯江津遏其走路梁人東刃於

象阜以戰皇考射之二象反走江陵平周文立蕭詧為梁

主令皇考鎮穰城周文閟踐阼入為小宗伯及司馬消難

請降皇考與柱國達奚武援之入齊境五百里前後遣三

使報消難皆不及反命及去北豫州三十里武疑有變欲遠

皇考曰有進死無退生獨以千騎夜趣門開而入
乃馳遣召武時齊鎮城伏敬遠勒東陣舉烽
嚴鼓武憚之不欲保城乃多取財寶以消難先歸皇考以
三千騎嚴到洛南皆解鞍而臥齊衆來追至於洛北皇考
謂將士曰但飽食今在死地賊必不敢度水食畢齊兵陽
若度水皇考馳將擊之齊兵不敢進遂徐引而還武皇曰
達奚武自言是天下健兒今日服矣進位柱國大將軍武
成元年進封隋國公邑萬戶別食竟陵縣一千戶收其祖
賦強保定二年為大司空時朝議與突厥伐齊公卿咸以齊
兵保國富料律明月不易可當兵非十萬衆不可皇考獨

【北史本紀十一】 【三】 惠子公

日万騎足矣明月堅子亦何能為三年乃以皇考為元帥
大將軍楊纂李穆王傑尒朱敏及開府元壽田弘慕容近
等皆隷焉三万自南道進期命晉陽
皇考乃留敏據什貴游兵河上皇考出武川過故宅祭先
人饗將士席卷二十餘城齊人守陘嶺之阨皇考縋奇兵
大破之留楊纂屯靈丘為後拒突厥木杆可汗控地頭可
汗步離可汗等以十万騎來會
四年正月朔攻晉陽時大雪風寒齊人乃乗其精銳鼓譟
而出突厥引上西山不肯戰衆尖邑皇考乃率七百人步
戰死者十四五以武後期乃班師齊人亦不敢過突厥乃

縱兵大掠自晉陽至平城七百餘里人畜無遺周武帝拜
皇考為太傅晉公護以其不附已以為溏州惣管具歲大
軍文東伐晉公護之皇考出沃野以應接突厥時
軍糧少諸將憂之皇考曰當獲以濟事耳乃出沃野乃招誘稽胡首
領軍糧令諸將慶之皇考曰大冢宰已至洛陽王傑盛軍容鳴鼓而出皇考怪問之傑
曰大冢宰已至洛陽聞銀夏間胡擾勤欲來入并州留兵馬十万
除之文令突厥使者馳告曰可汗更入并州留兵馬十万
在長城下故令問公若有楷胡不服欲來共破晉公護之坐者皆
懼皇考慰喻道之於是歸命饋輸屬晉公護先皇
考亦罷兵而還鎮又以政績稱詔賜錢二十万布五百匹

【北史本紀十一】 【四】 臺卅

殺二千餘人以疾遠京周武及晉公護屢臨視焉蕫薨贈太保
都督同朔等十三州軍事同州刺史本官如故諡曰桓公
開皇元年追尊為武元皇帝廟号太祖帝武元皇帝之長
子也皇妣曰呂氏以周大統七年六月癸丑夜生帝於馮
翊波若寺有紫氣充庭時有尼來自河東謂皇妣曰此兒
所從來甚異不可於俗間處之乃將帝舍於別館躬自撫
養皇妣曾抱帝忽見頭上角出編體鱗起皇妣大驚
見曰已驚我兒致令晚得天下帝龍領額上有五柱初入頂
目光外射有文在手曰王字長上短下沈深嚴重初入太
學雖至親昵不敢狎也年十四京兆尹辟善辟為功曹十

五以皇考勳授散騎常侍車騎大將軍儀同三司封成紀
縣公十六遷驃騎大將軍加開府周文帝見而歡曰此兒
風骨非世間人帝即位授右小宗伯進封大興郡公明
帝嘗遣善相者來和視帝和詭對曰不過柱國既而遷小
宗伯出為隨州刺史進位大將軍後定周武帝即位遷三
年晝寢不離左右以純孝稱宇文護執政忌帝屬將害
焉賴大將軍尉遲綱等救護以免後龍裒爵隨國公周武
既為皇太子娉臣女為妃益加禮重嘗言於周武
曰普六茹堅相貌臣每見之不覺自失恐非人下請早除
之周武曰此止可為將耳內史王軌驟諫曰皇太子非社
稷主普六茹堅有反相周武不悅曰必天命將若之何帝
其懼深自晦匿後從周武平齊進柱國又與齊王憲破齊
住城王湝於冀州擒定州揔管先是州城門父開不行酒
人曰文宣時或請開之莫不驚異遷亳州揔管周宣帝即位以后父徵
拜上柱國大司馬大象初遷大後丞右司武俄轉大前疑
周宣每忿恚幸恆以居守時周宣為刑經聖制其法深刻
帝以法令滋章非興化之道切諫不納帝位望益隆周宣
頗以為忌時周宣四幸女並為皇后爭寵相毀周宣每謂

右曰必族滅爾家因召帝命左右曰若色動即殺之帝容
色自若遂免大象二年五月以帝為揚州揔管將發暴足
疾而止乙未周宣不念時靜帝幼沖前内史上大夫鄭譯
侍御正大夫劉昉以帝皇后之父衆望所集遂矯詔引帝入
生變褊趙王招將女於突厥為詞以徵之已西周諸王在藩
宮為丞相府以鄭譯為長史劉昉為司馬具置寮佐周宣
庚戌靜帝詔假黃鉞左大丞相百官揔已而聽焉以正陽
時刑政峻酷者悉更以寬大之制天下歸心矣六月趙王
招陳王純越王達代王盛滕王逌並至長安相州揔管尉
遲迴自以宿將至是不能平遂舉兵趙魏之士響應旬日
閭殺至十餘萬字文冑以滎州石愻以建州席毗以沛郡
畢義又羅以兖州皆應遷子賢於陳以求援帝命上柱
國郎公韋孝寬討之雍州牧畢王賢及趙陳等五王謀作
亂帝執賢斬之而掩趙王等踪因詔五王劍復上殿入朝
不趨以安之時五王陰謀滋甚帝以酒肴造趙王觀其指
趙王伏壯士於寢欲因帝以免於是誅趙越二王初迴之
庚午韋孝寬破尉遲迴迴自殺滎州遂迴斬之傳首闕下餘黨悉平初迴
亂鄖州揔管司馬消難據州應迴淮南州縣多從之襄州
揔管王誼討之消難奔陳荊郢蠻夷多應命亳州揔

管領其衆謂討平之先是上柱國王謙為益州摠管亦擁衆
巴蜀以臣復為辭帝以東夏山南為事未遑致討謙遂屯
劍口隘之險始州至是乃命上柱國梁睿討平之傳首闕下
劍閣之險以絕姦亂之萌為九月壬子周帝進帝大丞相
諸軍事都督十三州刺史隋國公諡曰獻皇考忠為上柱國太師
事徐州刺史隋國公諡曰康皇祖禎為柱國太保都督十三州諸軍
十月周帝詔追贈皇曾祖烈為柱國太保都督十州諸軍
進帝大冢宰五府摠於天官十一月辛未誅代王達勝王
週十二月甲子周帝授帝相國摠百揆去都督內外諸軍

事大冢宰之號進爵為王以隋州之崇業郿州之安陸城
陽溫州之宜人應州之平靖上明順州之淮南士州之求
川昌州之廣昌安昌申州之義陽淮安息州之新蔡建安
豫州之汝南臨潁廣寧初安蔡州之蔡陽鄧州之漢東二
十郡為隋國摒復入殿入朝不趨贊拜不名備九錫之禮
加璽綬遠遊冠摒復國印綠綟綬位在諸侯王上隋國置丞
相以下一依舊式帝再讓乃授王爵十郡而已周帝詔進
皇祖皇考爵立為王夫人為王妃

大定元年二月壬子下令曰以前賜姓普復其舊甲寅帝
受九錫之禮景辰周帝又詔帝見十有二旒建天子旌旗

出警言入蹕乘金根車駕六馬備五時副車置旌頭雲罕樂
舞八佾設鍾虡宮縣王妃為王后世子為太子前後三讓
乃受俄而下詔依唐虞漢魏故事帝三讓不許乃遣太傅
上柱國杞國公椿奉冊曰咨爾相國隋王粵若上古之初

姜嫄清濁降符授聖至為天下君事上帝而理兆庶和百靈
而利萬物非以區寓之富未以辰象之尊不迎遐哉其詳不可
驪連赫胥之日咸以無為無欲不將不迎遐哉其詳不可
聞已巳作戴籍遺文可觀聖莫逾於堯舜未過於舜其得
二宮設饗百官歸馬君帝之初斯蓋上則天時不敢不授
太尉已作運衡之篇之舜遇司空便敕菁華之竭裳勝從

下祗天命不敢不受湯代於夏武革於殷干戈揖讓雖復
異揆應天順人其道廉異自漢迄晉有魏至周天曆遂獄
訟之歸神鼎隨謳歌之去道高者稱帝祿盡者不與夫
文祖神宗無以別也周德將盡禍頻興宗戚姦回咸將
竊發顏瞻宮闕圖宗社潘維連率逆亂相尋搖盪方
不合如礪蛇行鳥攫投足無所王受天明命歊德往躬救
祖運之艱匡陽地之業援大川之渦救燎原之火除群凶
於城社之廟被氣於遠服至德合於造化神用洽於天壤八
極九野萬方四窖圓首方足莫不樂推往歲長星茀掃經
天畫見八風比复后之作五緯同漢帝之旅除舊之徵昭

然在上近者亦赤雀降社玄龜效靈鍾石纛音蛟魚出六有
新之覩燠焉在下九匯歸往百靈協贊人神屬望我不獨
知御祇皇靈附順人願敬以帝位禪於爾群天祚告窮天
祿永終於戲王其允執厥和儀刑典訓升圓立而敬著莫
御皇極而撫黔黎副率土之心恢無疆之祚可不盛歟遣
大宗伯大將軍金城公趙煚奉皇帝璽紱宣官勸進帝乃
受焉

開皇元年春二月甲子自相府常服入宮備禮即皇帝位
於臨光殿設壇於南郊遣兼太傅上柱國鄧公竇熾燎柴
告天是日告廟大赦改元京師慶雲見改周官依漢魏
之舊制以相國司馬高熲為尚書左僕射兼納言相國司
錄虞慶則為內史監兼吏部尚書相國內郎李德林為內
史令上開府韋世康為禮部尚書上開府元暉為都官尚
書開府戶部尚書元巖為兵部尚書上儀同司宗長孫毗
為工部尚書上儀同司會楊尚希為度支尚書雍州牧楊
惠為左衛大將軍元明皇后改周氏左社右廟制為社左
皇姚呂氏為元明皇后改周氏立王后獨孤氏為皇后王
遣八使巡省風俗景寅修廟社立王后獨孤氏為皇后以
太子勇為雍王太子丁卯以大將軍趙煚為尚書右僕射以
上開府伊婁彥恭為右武候大將軍己巳以五千戶封周

帝介國公為隋室賓旗車服禮樂一如其舊上書不為
表奏不稱詔周氏諸王盡降為公八年末以皇弟不為
公奭為雍州牧乙亥封皇弟邵國公慧為滕王同安郡
公爽為衛王皇子勇為晉門公爽為晉王詠為漢
王俊為秦王秀為越王諒為漢王翼為太師上柱國寶熾為太傅幽州總管
為太子太保丁丑以晉王廣為并州總管李穆為太師上柱國
王翼為太尉觀國公田仁恭為太子太師武德郡公柳敷
為太子太保丁丑以晉王廣為并州總管李穆為太師上柱國
積為蔡王興城郡公靜為道王戌改東京府為尚書省
發官牛五千頭分賜貧人三月壬戌閔門改樹連理眾校內
附壬午白狼國獻方物丁亥詔犬馬器玩口味不得獻上

戊子弛山澤禁已丑秋盤座連理樹植于宮庭戌戌以太
子少保蘇威兼納言吏部尚書庚子詔前代品爵悲依舊
定丁未沙蕭歸使其太宰蕭嚴來賀夏四月辛巳大赦戌
戊太常散樂並免為編戶禁雜樂百戲辛丑陳人來聘子
周至五月戌午已受禪致之介國公楊雄為廣平王永康郡公楊弘
而罷五月戌午受禪致之介國公是月發揭胡修築長城二旬
為河間王辛未介公薨上舉哀於朝堂諡曰周靜帝六月
癸未詔以初受命赤雀降之祥推五德相生為火色其郊及
社廟依服冕之儀而朝會祥旗幟犧牲盡尚赤戎服尚黃
秋七月乙卯上始服黃百寮毋賀八月壬午廢東京官甲

北史本紀十一

午達樂安公元諧擊吐谷渾於青海破而降之九月戊申
遣使振給戰亡者家庚午陳將周羅睺攻隋要害詞
寇江北辛未以越王秀為益州總管改封蜀王壬申以薛
公長孫覽宋安公元景山並為行軍元帥伐陳仍令尚書
左僕射高熲達便來貿撥昌上開府儀同三司帶方郡
子行新律壬辰行辛撥昌至自峻州十一月乙卯以求冑郡公寶爽
王枕餘高達便賀撥昌是月行五銖錢冬十月乙酉濟
定為右武候大將軍遣兼散騎侍郎鄭為使於陳已巳有
流星如隆光照于地十二月甲申以禮部尚書韋世康
為使部尚書庚子至自峻州壬寅高麗王高陽遣便朝貢
授陽大將軍達東郡公太子太保柳敏辛是歲鞣鞨笑厥
阿波可汗沙鉢略可汗並遣使朝貢

十一　余子集

二年春正月庚申陳宣帝殂辛酉置河北道行臺尚書省
於并州以晉王廣為尚書令置西南道行臺尚書省於洛
州以秦王俊為尚書令置河南道行臺尚書省於益州
蜀王秀為尚書令戊辰陳人遣使請和求歸胡墅甲戌詔
舉賢良二月己巳詔以陳有喪命高熲等班師庚寅加晉
王廣左武衛大將軍秦王俊右武衛大將軍庚子京師雨
土三月初命入宮殿門通籍戊申開渠引杜陽水炎三時
原夏四月丁丑以峻州刺史蜀國柴定為左武候大將軍庚

北史本紀十一

寅大將軍韓僧壽破突厥於難頭山上柱國李充破突厥
於河北山五月戊申以上開府長孫平為度支尚書己酉
以旱故上親省囚徒其日大雨已未高寶寧平州突厥
入長城庚申以豫州刺史甫績為都官尚書甲子改刺
國璽曰受命璽丁卯制人年六十以上免課六月壬酉以
太府卿蘇孝慈為工部尚書上玄覽農隆降至
蜀生靈之弊勤前代之君勞居之者逸劃
之事心未是也而王公大臣陳謀獻策咸云君臨萬國
為戰場日不足是王之邑令大眾所聚匯通之數具幽
于姬劉有當世而屢遷無革命而不徙曹馬之後時見因
星揆日不足建皇王之邑令大眾所聚匯通之數具幽
顯之情同心固請詞情深切然則京師百官之府四海歸
向非朕一人之所獨有苟利於物其可違乎且殷之五遷
恐人盡怨此以吉凶之土制長短之命謀新去故如農
望秋雖則勞勤其究安宅今區寓寧一陰陽順序安以
遷勿懷戀龍首山川原秀卉物滋阜卜食相土宜建
都邑定鼎之基求固無窮之業仍詔左僕射高熲將作大匠劉龍鉅
管樓資須隨事修營仍部

十二　余子集

鹿郡公賀婁子幹太府少卿高龍又等創造新都秋七月
癸巳詔新置都飲壞墳墓令並遷葬設祭仍給人功無主者
命官為殯葬甲午行新令冬十月以撤毀故徙居東宮給
內外官為殯葬於觀德殿賜錢帛皆任自取盡力以出辛卯
疾愈首百寮祿癸酉皇太子勇屯咸陽以備胡虜庚寅上
為方陣戰法又制軍營圖樣下諸軍十一月景午初命
以管新都副監賀婁子幹為虜所敗景戊賜國子生經明
曰大興城乙酉道彭城公虞慶則屯弘化以備胡突厥寇
周槃行軍總管達奚長儒為虜所敗景戊遣使朝貢

三年春正月庚子遷新都大赦禁大刀長稍始令人以
二十一成丁歲役功不過二十日不役者收庸殿遠近酒
坊死能盈井禁二月已巳朔日有蝕之癸酉陳人來聘突厥
犯邊突厥以左武衛大將軍李禮成為右武衛大將軍三
月丁未上柱國鮮虞縣公謝慶恩卒景辰以兩故常服入
新都京師承明里體泉出丁已詔購遺書於天下癸亥城
渝關夏四月已巳衛王爽大破突厥於白道山傌禁原陽
雲內紫河等鎮而還上柱國建平郡公于義卒庚午吐谷
渾寇臨洮洮州刺史皮子信死之壬申以尚書右僕射趙

威為戶部尚書是歲高麗突厥蘇鞞並遣使朝貢

乙卯道兼散騎常侍唐令則使於陳戊午以刑部尚書蘇
異世人使副使表彥圖像而去陳人來聘陳主知帝見
臺者十一月發使巡省風俗庚辰陳戊十月甲戌廢河南道行
壬子辛城東觀殺稼癸丑大赦冬十二月陳人來聘陳主
則出原州城東道並為行軍元帥以擊胡戊子親祀太社九月
八月壬午遣高頻出寧州道吏部尚書虞慶
實用明沮勤臺玖可大都督假湘州刺史丁卯日有蝕之
范臺玖傾產營護兒其豢辱脅言誠節巷可嘉宜超恨
守多不自全濟陰太守杜獻身陷賊徒命懸手郡以事
名王秋七月壬戌詔曰往者山東河表經此妖亂孤城遠
道使求和庚辰行軍總管梁遠破突厥及吐谷渾於余汗山斬其
摩那渡口乙巳梁大子蕭琮來賀遷都辛酉親祀方澤壬
戍行軍元帥菩萊定破突厥於白道辛酉親祀黃澤死
和好不納辛卯道兼散騎常侍薛舒聘於陳癸巳上親雩
五月癸卯道兼行軍總管李晃破突厥虜分
天下勸學行禮已丑陳鄖州城王張子譏道使請降上以
壽大破高麗竇于黃龍甲申故上親祀兩師景成詔
眠兼內史令于丑以滕王璘為雍州牧庚辰行軍總管

北史本紀十

【十五】

四年春正月甲子朔日有蝕之祀太廟辛未祀南郊壬申
梁主蕭巋來朝甲戌大射於北苑十日而罷壬午齊州水
辛卯渝州獲獸似麂一角同蹄壬辰班新晉二月乙巳上
餞梁主于霸上庚戌行幸隴州突厥可汗阿史那玷厥率
其屬來降夏四月己亥勑勞管刺史父母及子年十五以
上不得將之官庚子以吏部尚書虞慶則為刑部尚書
瀘州刺史楊希希為兵部尚書毛州刺史劉仁恩為尚書右射
官人非戰功不授上柱國以下戎官以雍同華岐宜五州制
庚子降囚徒壬子開通濟渠自渭達河以通運渭申寅制
尚書左僕射鄧公竇熾薨乙卯陳將夏侯苗請降上以通
上柱國大傅鄧公竇熾薨乙卯陳將夏侯苗請降上以關
和不納九月巳巳上親錄囚徒庚午契丹內附甲戌以關
中飢行幸洛陽冬十一月壬戌遣兼散騎常侍薛道衡使
於陳甲戌改周十二月為臘蜡是歲蘇銳及女國並遣使
朝貢
五年春正月戊辰詔行新禮壬申詔罷江陵擦管其後梁
主請依舊許之三月戊午以尚書左僕射高熲為左領軍
大將軍以上柱國宇文忻為右領軍大將軍夏四月甲午

北史本紀十一

【十六】

契丹遣使朝貢壬寅上柱國王誼謀反誅乙卯詔徵山東
大儒馬榮伯等戊申車駕至自洛陽五月甲申初置義倉
梁主蕭巋歸殂遣上大將軍元契使于突厥阿波可汗秋七
月庚申陳人來聘壬午突厥沙鉢畧可汗上表稱臣八月
甲辰河南諸州水遣戶部尚書蘇威巡省山東有流星
數百四散而下九月乙丑改鄴陂曰杜陂鄴水曰滋水景
子遣兼散騎常侍李若使於陳冬十一月丁卯晉王廣來
朝十二月丁未降囚徒
六年春正月甲子党項羌內附庚子班曆於突厥壬申使
戶部尚書蘇威巡省山南荊浙七州水遣
前工部尚書長孫毗以振恤之景戌制刺史上佐每歲更
入朝上考課丁亥發丁男十一萬修築長城二旬而罷庚
子大赦三月巳未洛陽男子高德上書請帝為太上皇傳
位皇太子帝曰朕承天命撫育蒼生日旰孜孜猶恐不逮
豈學近代帝王事不師古傳位於子自求逸樂哉癸亥突
厥沙鉢畧可汗遣使朝貢夏四月巳亥陳人來聘秋七月
辛亥河南諸州水乙丑京師兩毛如馬尾長者二尺餘短
者有六七寸八月辛卯關內七州旱獨其賦稅遣散騎常
侍裴世豪便于陳戊申公卿奏稱閏月丁
卯皇太子鎮洛陽辛未晉王廣秦王俊並來朝景子上柱

國郕公梁士彥上柱國杞公宇文忻柱國舒公劉昉謀及
伏誅上柱國許公宇文善有罪除名九月辛巳帝素服御
射殿詔百寮射梁士彥三家資物景戌上柱國宋安公元
景山卒辛丑詔振恤大象以來死事之家冬十月巳酉以
河比道行臺尚書楊尚希為并州揔管晉王廣為雍州牧餘官如
故以兵部尚書楊尚希為禮部尚書癸丑置山南道行臺
尚書省於襄州以秦王俊為尚書令
七年春正月癸巳祀太廟乙未制諸州歲貢三人二月丁
巳祀朝日於東郊巳巳陳人來聘壬申禮泉宮是月發
丁男十萬修築長城二旬而罷夏四月庚戌於楊州開山
陽瀆渠以通運漕奕厥沙鉢畧可汗辛癸亥頒青龍符於東
方揔管剌史西方以白武南方以朱雀北方以玄武甲戌
遣兼散騎常侍楊周使于陳以户部尚
書五月乙亥朔日有蝕之巳卯隕石於武安溫間十餘
里秋七月巳丑衞王爽薨八月庚申梁主蕭琮來朝九月
乙酉梁安平王蕭巖掠於其國以奔陳辛卯廢梁國曲赦
江陵以梁主蕭琮為柱國封莒國公冬十月庚申行辛同
州以先帝所居故曲降四徒癸亥辛蒲州景寅宴父老上
極歡曰此間人物衣服鮮麗容止閑雅良由仕官之鄉陶
染成俗也十一月甲午幸馮翊祭故社父老對詔失旨上

大怒免其縣官而去戊戌車駕至自馮翊
八年春正月乙亥陳人來聘二月辛酉陳人寇碩州三月
辛未上柱國隴西公李詢卒甲戌遣兼散騎常侍程尚賢
使于陳寅詔大舉伐陳秋八月丁未河北諸州饑遣使
部尚書蘇威振恤之九月癸巳嘉州言龍見冬十月巳未
置淮南行臺省於壽春以晉王廣為尚書令辛酉陳人來
聘拘留不遣甲子有星孛于牽牛尊太廟授樊令晉王廣
秦王俊清河公楊素並為行軍元帥以伐陳於是晉王出
六合秦王俊出襄陽清河公楊素出信州剌史劉仁恩
出江陵宜陽公王世積出蘄春新義公韓擒虎出廬江襄邑
公賀若弼出吳州落叢公燕榮出東海合揔管九十兵五
十一萬八千皆受晉王節度東接滄海西拒巴蜀旌旗舟
檝橫亘數千里仍曲赦陳十一月丁卯車駕餞師詔贖
陳叔寶位上柱國万戶公乙亥行辛定城陳師哲搋景子
九年春正月癸酉以尚書左僕射虞慶則為右衞大將軍
景子賀若弼敗陳師於蔣山獲其將蕭摩訶韓擒虎進師入
建鄴獲陳主叔寶陳國平合州四十郡一百縣四百戶五
十萬口二百万癸巳遣使持節巡撫之三月乙未廢淮南
尚書省景申制五百家為鄉正一人百家為里長一人夏

四月己亥辛驪山親勞旋師乙巳三軍凱入獻俘於太廟
以晉王廣為太尉庚戌帝御廣陽門宣將士頒賜各有差
辛亥大赦以陳郡官尚書孔範散騎常侍王瑳王儀御史
中丞沈觀等以其佞於其主以致亡滅皆投之邊裔陳人普
給復十年軍人畢世於其役權陳之文武衆人而用之宮
奴數千可歸者歸之其餘盡以分賜將士及王公貴臣其
資物皆於五堺賜王公以下大射致所得泰漢三二鍾越
二大鼓文發為亡陳女樂謂公卿等曰此聲以喻朕已
不喜故殤共公等一聽亡國之音俱為來鹽羨為工部
侍郎宇文弼為刑部尚書宗正卿楊異為工部尚書壬戌
詔曰今率土大同含生遂性兵可立威不可不戢可助
化不可專行樂衛九重之餘鎮守四方之外戎旅軍器皆
宜傳罷武力之子俱可學文人間甲仗悉皆除毀閏月丁
丑頒朔待於總管刺史雄一雄三已卯以吏部尚書蘇
威為尚書右僕射六月乙丑以荊州總管楊素為納言丁
卯以吏部侍郎盧愷為禮部尚書時君臣咸請封禪詔不
許曰豈可命一將除一小國以薄德而封名山用虛言
而千上帝邪八月壬戌以廣平王雄為司空冬十一月壬
辰老使定州刺史豆盧通等上表請封上不許庚子以
右衛大將軍虞慶則為右武候大將軍右領軍郎軍李安

為右領軍大將軍甲寅降四徒十二月甲子詔太常卿牛
弘通直散騎常侍許善心祕書丞姚察通直郎虞世基等
議定樂
十年春正月乙未以皇孫昭為河南王楷為華陽王三月
庚申行幸弁州夏五月乙未詔曰魏末喪亂寓縣分崩
軍歲動未遑休息兵士軍人權置坊府南征北伐居處無
定家無完堵地罕苞桑恆為流寓之人竟無鄉里之号朕
甚愍之凡是軍人可悉屬州縣墾田籍帳一同編戶軍府
統領宜依舊式罷山東河南及北方緣邊之地新置軍府
六月辛酉免役折庸秋七月癸卯以納言楊

素為內史令庚戌上親錄囚徒辛亥高麗遼東郡公高陽
交入壬申遣柱國韋洸上開府王景持節巡撫嶺南
百越皆服九月丁酉至自弁州冬十月甲子頒木魚符於
京官五品以上十一月辛卯幸國學頒賜各有差辛丑祀
南郊是月務州人汪文進饒州人萬智蘇州人沈玄憺
皆舉兵反自稱天子樂安蔡道人饒州吳世華來嘉等
散泉州王國慶餘杭楊寶英交阯李春等皆自稱大都督
詔內史令楊素討平之是歲吐谷渾契丹並遣使朝貢
十一年春正月丁酉以平陳所得古器多為祆變悉命毀
之景午皇太子妃元氏薨上專京於東宮文思殿二月戊

午少犬將軍蘇孝慈為工部
尚書景子以臨穎令劉曠政
績充異擢為營州刺史辛巳晦日
右衛將軍元旻為左衛大將軍秋八月壬申勝王瓚薨乙
亥上柱國沛國公鄭譯卒是歲高麗蘇鞘亞遣使朝貢癸
僕射邳國公蘇威禮部尚書谷城公盧賁坐事除名皆令
晦日有蝕之八月甲戌制天下死罪諸州不得便決皆令
大理覆之癸巳制䘵衛者不得輒離所守寸酉上柱國楚
歐獻七寶盌

光史本紀十一　〈二十一〉　支

十二年春二月己巳以蜀王秀為内史令兼右領軍大將
軍以漢王諒為雍州牧右衛大將軍秋七月乙巳尚書右
十一月辛亥祀南郊至太廟己未上柱國新義公韓擒卒甲子百
公豆盧勣辛戌上親錄囚徒冬十月丁丑以遂安集
為衛王壬午祀太廟至太祖神主前帝流涕鳴咽不自勝
僕射某突厥吐谷渾蘇鞘亞遣使朝貢
十三年春正月乙巳上柱國郕公韓建業辛壬子祀感帝
己未以信州揔管亥至巨岐州二
月景子詔營仁壽官丁亥至巨岐州己卯立皇孫瑞為豫
章王戊子詔營仁壽郡公賈悉達臨州揔管撫寧郡
公韓延等以嫌伏誅乙丑制坐軍志官者鄉防一年丁酉

隋高祖紀　北史本紀十一　〈二十二〉　文

制私家不得隱藏緯候圖讖及人間撰集
國史臧否人物秋七月戊辰晦日有蝕之九月景辰降四
徒庚申封邳國公楊綸為勝王冬十一月乙卯上柱國華陰
公梁睿光卒是歲契丹窒韋蘇鞘亞遣使朝貢
十四年夏四月乙丑詔曰比命有司撰州縣
皆給廨田不得與人爭利秋六月乙未邠公蘇威
為納言八月辛未關中大旱人飢行幸洛陽并命百姓山
詳定已訖宜即施用見行者傍人間音樂流僻日久樂
舊體競造繁聲流宕不歸遂以歲俗宜加禁約務存其
五月辛酉京師地震關内諸州旱秋七月乙未邠公蘇威
年代既宗祀廢絕莫興主祠念良少愴然營國公
蕭琮及高仁英陳叔賓等宜令以時修祭祀所須器物
從之乙卯制外官九品以上父母及子年十五不得
東就食又閏十月甲寅詔曰梁郡陳杞創業一方綿歷
未有墓拿于角九十二月乙未東巡狩
十五年春正月壬戌車駕次齊州親問疾苦景寅族王符
山庚午以歲旱祀太山以謝愆咎大赦二月景辰禁
南兵器關中緣邊不在其例葉河以東無得蓄馬丁巳上
柱國蔣公梁睿卒三月己未車駕至巨東巡望祭五嶽海

濱丁亥幸仁壽宮夏四月己丑朔大赦甲辰以趙州刺史
楊達為工部尚書五月丁亥制京官五品以上佩銅魚符
六月戊子詔礱砥柱庚寅相州刺史豆盧通貢綾文布命
焚之于朝堂辛丑詔名山未在祀典者祭命祀之秋七月
甲戌豊邸八載咸然省江南戊寅幸仁壽宮辛巳制九
品以上官以理去官者詣聽輒笞冬十二月戊子敕盜邊
糧一升以上皆斬籍沒其家己丑詔文武官以四考更代
是歲吐谷渾林邑等國竝遣使朝貢

信州巴東

〈光史本紀十一〉 〈二十三〉

十六年春二月丁亥封皇孫裕為平原王篤為安成王諶
為安平愷為襄城王諒為高陽王韶為建安王褒為穎
子至自長春宮

十七年春二月癸未太平公史萬歲伐西寧刻之庚寅行
辛仁壽宮庚子上柱國王世積討桂州賊李光仕平之三
月景辰詔諸司屬官有犯聽於律令外斟酌決杖辛之三
死罪者三奏而後行刑冬十月己丑幸長春宮十一月壬

史柳或皇甫誕巡省河南北夏四月戊寅頒新曆五月庚
觀錄囚徒癸亥上柱國彭城公劉昶以罪伏誅庚午遣御
申宴百寮於玉女泉班賜各有差己巳蜀王秀來朝閏月

己卯畫鹿入殿門馴擾侍衛之內秋七月丁丑桂州人李
世賢及道右武候大將軍虞慶則討平之丁亥并州總管
秦王俊坐事免以王就第九月甲申車駕至自仁壽宮庚
寅上謂侍臣曰廟庭設樂本以迎神奏祭之日關目多感
當此之際何可為心在路奏樂未允公卿宜更詳之
冬十月丁未頒銅武符於驃騎車騎府戊申道王靜薨庚
午詔五帝異樂三王殊禮皆隨事而有損益因情而立
節文仰惟祭立宗廟瞻敬如在園林之感情深致日而禮
畢升路鼓吹發音還入宮門金石振響斯則哀樂同日心
事相違情所不安未允改鼓懸式用弘禮教自今
廟日不須備鼓吹殿庭勿設樂縣曾未允京下太素十二

信州巴東

〈北史本紀十一〉 〈二十四〉

歲高麗突厥並遣使朝貢

十八年春正月辛丑詔曰吳越之人往承弊俗所在之處
私造大船因相聚結致有侵害江南諸州人間有船長三
丈以上悉括入官二月甲辰辛仁壽宮乙巳以漢王諒為
行軍元帥水陸三十萬伐高麗辛仁壽宮乙巳以漢王諒為
毒獸猰野道之家投于四裔六月景寅詔黜高麗王高元
官爵秋八月景子詔京官五品以上搃管刺史舉志行修
謹清平幹濟之士九月己丑漢王諒師遇疾疫而旋死者

北史本紀十二　二十五　千真

十二三庚寅敕舍客無公驗者必及刺史縣令卒
至自仁壽宮冬十一月甲戌帝視錄囚徒癸未祀南郊十
二月庚子上柱國吏州摠管東萊公王景以眾伏誅是歲
自京師至仁壽宮置行宮十所杞宋陳杞蔡熲等州水
詔放免庸調
公高熲坐事免辛亥令秋八月癸卯上柱國皖城公張威卒甲寅上柱國
豫章王暕為內史令
附達頭可汗犯塞行軍摠管史萬歲擊破之六月丁酉以
晉王廣來朝甲寅辛仁壽宮夏四月丁酉突厥利可汗內
十月甲午以突厥啟利可汗築大利城處其部
十九年春正月癸酉大赦戊寅大射于武德殿二月已亥
城陽公李徹卒九月乙丑以太常卿牛弘為吏部尚書冬
藍玉可汗為部下所殺國大亂星隕於勃海
丁丑無雲而雷三月辛卯熙州人李英林反道行軍摠管
張衡討之夏四月壬戌突厥犯塞以晉王廣為行軍摠管
擊破之乙亥天有聲如怒嗚水自南而北六月丁丑秦王俊
薨秋九月丁未車駕至自仁壽宮冬十月乙丑癈皇太子
勇及其諸子並為庶人殺柱國太平公史萬歲已已殺左

北史本紀十二　二十六　余子真

衛大將軍五原公昞十一月戊子以晉王廣為皇太
子天下地震京城大風雪十二月戊午詔東宮官屬隸臺省皇太
子不得稱臣論沙門壞佛像道士壞天尊像及天尊像以惡逆論
形者以不道論
仁壽元年春正月乙酉朔大赦改元以尚書右僕射楊素
為左僕射以納言蘇威為右僕射以晉王昭為河南王昭為晉
王突厥寇恆安遣柱國韓洪擊之敗績身王事禮加二等而
今辛五部曰晉王昭為內史
世俗之徒不達大義致令戎狄不入兆域興言念此每深
怒歎且入廟祭祀並不廢關何此瑣塹獨在其外自今戰
亡之徒宜入墓域二月乙卯朔日有蝕之夏五月已丑突
厥男女九萬餘口來降壬辰驪雨震雷大風拔木宜君湫
水殺牧始平六月乙卯遣十六使巡省風俗乙丑癈大學
及州縣學唯留國子一學取正三品以上子七十二人充
生頒令於諸州秋七月戊戌改國子為太學十一月已
丑祀南郊十二月楊素擊突厥大破之
二年春三月已亥辛仁壽宮夏四月庚戌詔內外官各舉所知八月己巳皇后獨孤氏
秋七月景戌車駕至自仁壽宮壬辰河南北諸州大水遣
朝九月景戌詔內外官各舉所知二州地震
工部尚書楊達振恤之乙未上柱國表州摠管金水公周

擢卒隴西地震冬十月壬子曲赦益州管內癸丑以工部
尚書楊達為納言閏月甲申詔尚書左僕射楊素與諸術
者利定陰陽舛謬己丑詔楊素右僕射蘇威吏部尚書牛
弘內史侍郎薛道衡秘書丞許善心內史舍人虞世基著
作郎王劭等修定五禮壬寅葬獻皇后於太陵十二月癸
巳益州總管蜀王秀有罪廢為庶人交州人李佛子舉兵
反遣行軍總管劉方討平之

三年春二月癸卯以大將軍蔡陽郡公姚辯為左武侯大
將軍更夏五月癸卯詔曰六月十三日是朕生日其日令海
內為武元皇帝元明皇后斷屠六月甲午詔曰禮云親以
年加隆爾也但家無二尊母為厭降是以父在為母還服
于甚者服之正也豈容林內而更小祥然三年之喪而有
小祥者禮云三葬祭禮也葬而除喪道也以是故雖未再
蓁而天地一變不可不祭不可不除故有練焉以存喪祭
之本然喪非時宜可除祭而失其本欲漸於奢乃致使子
節可謂苟存甚薄而儒者徒擬三年之喪立練禫之
則冠練去經黃夏縓緣經則布爲在躬麤服未改豈非子
哀尚存子情已尊親踰失倫輕重顛倒乃不順人情豈聖

人之意也故非先聖之禮廢於人邪三年之喪尚有不行
之者至於祥練之節安能不墜者乎禮云父母之喪無貴
賤一也而大夫士之喪父母乃貴賤異服然則禮壞樂弛
由來漸矣所以晏平仲之斬衰緦其宣諸侯異政將踰
越於法度惡禮制之害己乃滅去其籍自制其宜遂至骨
肉之恩輕從地出乃人心而已者謂情緣於恩恩由於
情輕者其禮殺聖人以是稱情立文別親踰制其節自
臣子道消上下失序莫大之恩逐情而薄莫重之化與時
而殺此乃服不稱喪容不稱服非所謂聖人緣恩表情制
禮之義也然喪易寧與其易也寧在戚則禮之本非其
餘未若於哀則令十一月而練者非禮之本非其
之實由是言之父在喪母不宜有練但後禮十三月而
祥中月而禫庶以合聖人之意達人子之心秋七月丁卯
詔州縣搜揚賢哲皆取明知古今通識安邦究政教之本

達禮樂之源不限多少不得不舉微召將送必須以禮八
月壬申上柱國檢校幽州總管燕公燕榮以罪伏誅九
月壬戌置常平官甲子以營州總管韋沖為戶部尚書十
二月癸酉河南諸州水遣納言楊達振恤之

四年春正月景辰大赦甲子幸仁壽宮夏四月乙卯上不
豫六月庚午大赦有星入月中數日而退長人見於鴈門
秋七月乙未日青無光八日乃復甲辰帝疾甚臥於仁壽
宮與百寮辭訣上握手歔欷八日丁未崩于大寶殿時年六十
四詔曰嗟乎自昔晉室播遷天下喪亂四海不一以至周
齊戰爭不息生靈塗炭上者非一所稱帝王者非
一人書軌不同故得撥亂反正匡修武文天下大同聲教遠被
宣關人力故得撥亂反正匡修武文天下大同聲教遠被
此又具天意故得撥亂反正匡修武文天下臨朝不敢逸豫一日萬
機留心親覽晦明寒暑不憚勤勞匪曰朕躬蓋為百姓故

此乃人生常分何足言及但四海百姓衣食不豐教化政
刑猶未盡洽興言念此唯以留恨朕今踰六十不復稱天
但筋力精神一時勞竭如此之事本非為身止欲安養百
姓所以致此人生子孫誰不念愛既為天下事須割情勇
又秀等並懷悖惡無臣子之心所以黜廢古人有云知
百姓君知子莫若父令秀得志共理家國亦當戮辱
遍於公卿酷毒流於人庶今惡子孫已為百姓黜好子

也王公卿士每日關庭刺史以下歲時朝集何嘗不慇懃
心府誡敕殷勤義乃君臣情兼父子庶藉百辟之智萬國
歡心欲令率土之人來得安樂不調遘疾彌留至於大漸

孫足堪召募衡大業此雖朕家事理不容隱前對文武侍衛
其足堪論述皇太子廣地居上嗣仁孝著聞以其行業堪成
朕志但念國家大事不可限以常禮令周事務從節儉不得
何所復恨國內外羣官同心勠力以此共安天下朕雖瞑目
今宜遵用不勞改定凶禮所須常緣禮既葬公除之
勞人諸州總管剌史以下宜令周公除自昔
因人作法前修剌史以下宜各其職不須周事赴行之者
宜依前修改務當政要鳴之哉無墜朕命自古哲王
河間楊楊四株無故黃落而花葉復生
至自仁壽宮景午殯於大興前殿十月乙卯葬於太陵同
之譎臣上推以赤心各盡其用不踰期月剋定三方未又
弱內有六王之謀外致三方之亂強立長君重鎮者皆幼
開皇仁壽之間丈夫不衣綾綺而無金玉之財至於賞賜有
外賀未而內明敏有大暑初得政之始葦情不附諸子幼
墳而異穴士庶赴葬者皆聽入親陵內帝性嚴重有威容
聽朝日又忘倦居處服翫務存節儉令行禁止上下化之
十年平一四海薄賦歛輕刑罰內修制度外撫戎夷每旦
布帛裝帶不過以銅鐵骨角而已雖無金玉之飾常服率多
功亦無所愛惜每乘輿四出路逢上表者駐馬親自臨問
或潛道行人來聽風俗吏政得失人間疾苦無不留意皆

過關中飢遺在右視百姓所食有得豆屑雜糠而奏之者

上流涕以示羣臣深自咎責為之徹膳而不御酒肉者殆

將一期及東拜太山關中戶口就食洛陽者道路相屬帝

勑候不得輒有驅遏男女參厠於仗衛之間遇逢扶老

攜幼者輒引馬避之慰勉而去至艱嶮之處仍令親扶帝

勞問自強不息其有將士戰歿必加傷惜雅性沈清素無術好

令在右扶助之其有將士戰歿必加優賞仍見貧窶者遂家

為小數言神燭聖材堪能療病又信王劭解石文以為己

臻於至道亦足稱近代之良主然雜性沈清素無學術好

瑞焉不達大體如是故忠臣義士莫得盡心鳩醉其草創

元勳沒有功諸將謀夷獲罪辜有存者又不悅詩書楊素

由之希旨逢姦喜奏除學校唯言是用廢黜諸子遠于羣牟

持法尤峻喜怒失常果於殺勠舉令左右送西域朝貢使

出闥其人所經之處受牧宰小物饋鸚鵡麞皮馬鞭之屬

閭而大怒又詣武庫見署中華稼不理於是執武庫令及

諸受遺者出閣遠門外親自臨決死者數十人又往往潛

今略遺令史府史受者必死無所寬貸議者以此少之

論曰隋文帝樹基立本積德累仁徙以外戚之尊受託孤

之任與能之議未為所許是以周室舊臣咸懷憤惋既而

王謙固三蜀之阻不踰期月尉運迥舉金齊之衆一戰而

亡斯乃非止人謀抑亦天之所贊乘效機運遂遷周鼎于

時蠻夷猾夏荊揚未一劬勞日昃經營四方樓船南邁則

金陵失險驃騎北指則單于款塞職方所載莫不入疆理禹

貢所圖咸受正朔雖吳會漢宣之克平吳會漢宣之推亡固存

比義論功不能尚也考之前王

自開皇二十年間天下無事區宇之內晏如也考之前王

足以參蹤盛烈而素無術業不能盡下無寬仁之度有刻

蕭清於是躬儉平徭賦倉廩實法令行君子咸樂其生

小人各安其業強宗豪族

已非隋煬帝所由來遠矣非一朝一夕其不祀忽諸未寫不

維城權倖京室皆同帝制靡所適從聽姦婦之言惑邪臣

之說溺寵廢嫡託付失所滅父子之道開昆弟之隙縱其

尋斧鉞伐本根墳土未乾子孫繼踵為戮松檟纔列天下

成於煬帝所由來遠矣非一朝一夕其不祀忽諸未寫不

幸也

隋本紀上第十一　北史十一

方洽　周益　校正

煬皇帝諱廣一名英小字阿㦠魔高祖第二子也母曰文獻
獨孤皇后上美姿儀少敏慧高祖及后於諸子中特所鍾
愛在周以高祖勳封鴈門郡公開皇元年立為晉王拜柱
國并州摠管時年十三尋授武衛大將軍進上柱國河北
道行臺尚書令大將軍如故高祖令項城公歛安道公
李徹輔導之上好學善屬文沈深嚴重朝野屬望高祖密
令善相者來和徧視諸子和曰晉王眉上雙骨隆起貴不
可言既而高祖幸上所居第見樂器絃多斷絕又有塵埃
若不用者以為不好聲妓之讀上充自矯飾當時稱為仁
孝嘗觀獵遇兩左右進油衣上曰士卒皆霑濕我獨衣此
乎乃令持去六年轉淮南道行臺尚書令其年徵拜雍州
牧內史令八年冬大舉伐陳以上為行軍元帥及陳平執
陳湘州刺史施文慶散騎常侍沈客卿市令湯慧朗刑法
監徐析析尚書都令史暨慧以其邪佞有害於民斬之石闕
下以謝三吳於是封府庫資財無所取天下稱賢進位太
尉開府車乘馬衮冕之服玄珪白璧各一雙復拜并州摠
管俄而江南高智慧等相聚作亂桃上為楊州摠管鎮江
都每歲一朝高祖之祠太山也領武侯大將軍明年歸藩及太
後數載突厥寇邊後為行軍元帥出靈武無虜而旋

信州路孝刊
北史本紀十二
〈一〉
吳祖亨

子男廢立士為皇太子是月當受冊高祖曰吾以大興公
成帝業令上出舍大興其夜烈風大雪地震山崩民舍多
壞壓死者百餘口仁壽初奉詔巡撫東南是後高祖位於
曷仁壽宮恐有變詔令上監國四年七月高祖崩上即皇帝位於
仁壽宮八月奉梓宮還京師并州摠管漢王諒舉兵反詔
尚書左僕射楊素討平之九月乙巳以備身將軍崔彭為
左領軍大將軍十一月乙未幸洛陽詔道變化陰陽所以消息
掘乾元百龍門東接長平汲郡抵臨清關度河至浚儀襄城
達于上洛以置關防㴉丑詔曰乾道變化陰陽所以消息
沿創不同生靈所以順序君使天意不變施化何以成四
時人事不易為政何以利萬姓易不云乎通其變使民不
倦變則通通則久有德則可久有功則可大朕又聞之安
安而能遷民用丕變是故姬邑兩周如武王之意殷人五
徙成湯后之業若不因民順天功業見乎變愛民治國者
可不謂歟然雒邑自古之都王畿之內天地之所合陰陽
之所和控以三河固以四塞水陸通貢賦等故漢祖曰吾
行天下多矣唯見雒陽自古皇王何嘗不留意所都者
蓋有由或以九州未一或以困其府庫作雒之制所以
未暇也我有隋之始便欲創茲懷雒日復一日越暨于今
念茲在茲興言感哽朕懷厥寶曆纂業臨方邦導而不失心

信州路孝刊
北史本紀十二
〈二〉
吳祖亨

奉先志今者漢王諒悖逆毒被山東遂令州縣或淪非所
由閭河懸遠兵不赴急以并州移戶復在河南周還毀
民意在於此況復南服遐遠東夏殷大因機順動令可於伊
時委司周碎食諧藏議但成周堰塘弈堪督宇今可於伊
雖營建東京便即設官分職以避風露高臺廣廈豈曰通形
以便生人上棟下宇足以避寒暑而非帝王者乎是故
傳云儉德之恭後惡之大宮室之制本
謂瑤臺瓊室方為營殿平王將來移而非希帝王者本固
知非百姓足詎與不足今所營構務從節儉無令雕牆峻
邦寧百姓足一人乃一人以主天下也民惟國本本固

【 北史本紀十二 】

〈 三 〉

宇復起於賞令欲使甲宮非食將貽於後世有司明為條
格稱朕意焉十二月乙丑以右武衛將軍來護兒為右驍
衛大將軍戊辰以柱國李景為右武衛大將軍以右驍
周羅睺為右武候大將軍
大業元年春正月壬辰朔大赦改元立妃蕭氏為皇后段
豫州為滋州洛州為豫州廢諸州總管府景申立晉王昭
為皇太子丁酉以上柱國宇文述為左衛大將軍上柱國
郭衍為左武衛大將軍延壽公于仲文為右衛大將軍己
亥以豫章王暕為豫州牧戊申發八使巡省風俗下詔曰
昔者哲王之理天下也其在愛民乎既富而教家給人足

故能風教淳厚遠至邇安理定功成率由斯道朕恭嗣寶
位撫育黔黎獻夙夜戰兢若臨川谷雖則事遵先緒弗敢失
墜永言政術多有缺然況以四海之遠北民之眾未獲親
臨聞其疾苦每慮幽枉載懷矜惻而又有名行顯著者也
氣方有眚朕所以分遣使人巡省方俗宣揚風
今既布政惟始宜存寬大可分遣使人巡省
化鷹揚淹滯申達幽枉孝悌力田給以粟帛其有
能自存者量加振濟義夫節婦旌表閭閭高年之老加其
板授近侍別條賜以粟帛其有孝行顯著
之名曹典關贈之實明加檢校使得存養若有名行顯著

【 北史本紀十二 】

〈 四 〉

操覆修絮及學業才能一藝可取咸宜訪採將身入朝所
在州縣以禮發遣其蠹政害人不便於時者便還之具
錄奏聞己酉以吳州總管宇文弼為刑部尚書二月己卯
以尚書左僕射楊素為尚書令三月丁未詔尚書令楊素
納言楊達將作大匠宇文愷營建東京徙豫州郭下居民
以實之戊申詔曰聽採輿頌謀及黎庶故能審政刑之得
失是知朕旦思治欲使幽枉必達義倫有章而牧宰任
不理寬苟為僥幸以求考課虛立殿最不存理實綱紀於是
朝委苟安存閭今將巡歷淮海觀省風俗眷求讜言徒繁詞翰
躬親存問今將巡歷淮海觀省風俗眷求讜言徒繁詞翰

而鄉校之內闕介無聞惟然夕惕用勞與寢其民下有知
州縣官人政理哿刻侵害百姓背公徇私不便於民者聽
詣朝堂封奏燕乎四聰以達天下無冤又於阜潤營頫仁
賈數万家於東京辛亥發河南諸郡男女七百万開通濟
宣採海內奇禽異獸草木之類以實園苑從天下富商大
黃龍赤艦樓船等數万艘夏四月癸亥大將軍劉仲方擊
義門侍郎王弘上儀同於士澄往江南採木造龍舟鳳艒
渠自西苑引穀水達于河目板渚引河通于淮庚申道
林邑破之五月戊戌尚書令義豐侯章沖卒申子癸感
入大微秋七月丁酉制戰士之家給復十年景午勝王編

太師安德王雄為太子太傅河間王弘為太子太保景子
衞王集立奪爵徒海閩七月甲子以尚書令楊素為太子
認曰君民建國教學為先稽風易俗必自茲始而言絕義
乖多歷年代進德修業其道浸微採坑焚之餘不絕如
宇時建示同愛禮函文或陳始為虛器逐使紆青拖紫非
以學優劃君錦操刀類多牆面上陵下替綱維不立雅缺道
消寞由於此朕纂承洪緒思弘大訓將欲尊師重道用聞
厭縣講信脩睦敦獎名教方今區宇平壹文軌攸同十步
之內必有芳草四海之中豈無芳秀諸在家及見入學者

若有篤志好古耽學禮學行優敏堪膺時務所在採訪
具以名聞即當隨器識淺深門隆高田雖未升朝亦量進給祿燕
仕可依其藝業深淺隨量敘之有其國子等學
夫恂恂誘善不日成器溥濟朝門何遠之有其國子學之道
亦宜申明舊制教習生徒具為課試之法以盡砥礪之道
八月壬黃上御龍舟自東京以左武衞大將軍郭衍為前
軍右武衞大將軍李子雄為後雷子五品已上給樓船
九品以上給黃篾舳艦相接二百餘里羹十月己丑赦江
淮巳南揚州給復五年舊已物並給復三年十一月巳未
以大將軍崔仲方為禮部尚書

二年春正月辛酉東京成賜監督者有差以大理卿梁毗
為刑部尚書丁卯道十便併省州縣二月景戌詔尚書令
楊素更部尚書牛弘大將軍于文愷內史侍郎虞世基禮
部侍郎許善心制定輿服始備輦輅及五時副車上常服
皮弁十有二琪文官弁服佩玉五品巳上給犢車通幰
公親王加油絡武官平巾幘褌褶三品巳上給皂輅下至
胥更服色各有差非庶人不得戎服戊戌置都尉官三月
庚午車駕發江都先是太府少卿何稠太府丞雲定興盛
修儀伏於其謀州縣送羽毛百姓求捕之網羅被水陸禽
獸有堪舉驚耽之用者殆無遺類至是而成夏四月庚戌上

自伊闕陳法駕備千乘萬騎入於東京辛亥上御端門大
赦天下免今年租賦癸丑以冀州刺史楊文思爲民部尚
書五月甲寅金紫光祿大夫兵部尚書李通坐事免乙卯
詔曰擢表先哲式在褒祀所以優禮賢能顯彰道變朕永
懷前脩尚想名德何甞不興歎九原醫懷千載其自古以
來賢人君子有能樹聲立德佐世匡時博利殊功有益於
人者並宜量置五祠孝以時致祭墳壠之處不得侵踐有司
量爲條式禄章甲申制百官不得計考增級必有德行功

能灼然顯著者擢之壬戌權蕃邸舊臣鮮于羅等二十七

人官辟有差甲戌皇太子昭薨乙亥上柱國司徒楚國公
楊素薨八月辛卯封皇孫侑爲燕王侗爲越王因爲代王
九月乙丑秦王俊子浩爲秦王亥十月戊子以蠻州南
史段文振爲兵部尚書十二月康寅詔曰前代帝王歷聘
創業君民建國禮尊南面而歷運推移年代永久丘龍殘
致禐牧相趨塋兆埋燕封樹莫辨興言淪滅有慘于懷自
古以來帝王陵墓可給隨近十戸以守視
三年春正月癸亥戰并州逆人已蜩蚳而逃亡者以供守視
熱即宜斬決景子長星竟天出於東壁二旬而止是月武

陽郡上言河水清二月己丑雙星見於東井文昌歷太陵
五車北河入太微掃帝座前後百餘日而止三月辛亥車
駕還京師壬子以大將軍姚辯爲左衛將軍癸丑遣羽騎
朱寬使於流求國乙卯河間王弘薨夏四月康辰詔曰改
首帝王觀風俗甘所以憂勤兆庶退荒自蕃莫內附
未遑親撫山東經略復加存恤今欲安輯河北巡省燕內
所司依式甲申頒詔律令大赦天下關內給復三年壬辰改
州爲郡改度量衡依古式上柱國以下至公官爲大夫甲
午詔曰天下之重非獨理所安帝王之功豈一士之署自

古明君哲后莫不五政經邦何甞不選賢與能振揚淹滯周鋪

多士漢號得人尚想前風載懷欽佇朕祗膺寶圖晃旒待
旦引領嚴谷寔以同行宴遊豈才共康庶績而棄爭寂漠
投竿空至豈美璞韜采未値良工將介石在懷確乎難漢
舟楫豈得保於龍禄晦尔所知優拚卒歲甚非良工濟川義同
永鹽則哲燃然歟歡凡嚴在伍登諸司文仲之賊賢臣父譏其竊位
求諸往古非無襃貶宜思進善用匡募夫孝悌旦父識也祁大
夫之興善良史以爲至公臧文仲之賊賢臣父譏其竊位
倫之本德行敦厚立身之基或蹈義可稱或操履清素
以激貪厲俗有益風化強毅正直執憲不撓學業優敏文
才美秀亞儀郎廟之用寔方瑚璉之資才堪將略則按之

以禦侮力有駃壯則任之以爪牙矣及一藝可取亦宜揀
錄若衆善畢舉與時無棄以此求理庶幾非遠文武可
當待以不次隨才升用其見任九品已上官者不必求備朕
事者五品已上宜依令十科舉人有一於此不必求備朕
之限戊戌敕景申車駕巡狩丁酉以刑部尚書宇文弢為禮部
尚書戊戌敕所收即以近舍酬賜務從優厚己亥至赤岸澤以太
計地所收即以近舍酬賜務從優厚己男自太行山達于并州以通
年祭太師李穆五月丁巳奕廝啓民可汗遣子拓特勒
來朝戊午發河北十餘郡丁男自太行山達于并州以通
馳道景寅發晉民可汗遣其兒子毗黎伽特勒來朝辛酉啓
民可汗使請自入塞奉迎輿駕上不許癸酉有星孛于文
昌上將星常戊申動搖六月辛巳獵於連谷丁亥詔曰辜追
孝饗學德為莫至崇建寢廟禮之大者然則賛文異代損益
殊時膠瑟減坑焚經典散逸惡章湮墜廟制度量於是詢謀
所以世數多少莫能是正連室異宮亦無定準朕獲奉祖
宗欽承景業永惟薦嚴酌其隆大於是詢謀在位博訪儒
海革彫弊於百五恆嶽綏刑生靈皆遂其性輕徭薄賦於四
屋各安其業丹朱宇宙混壹車書東漸西被無思不服教
征北怨俱沾來蘇駕㲚兼風歷代所弗至辮髮左袵罄教

所穹及莫不厭用關塞頗顧闕庭譯廩絕時書無虛月翰
戊偃伯天下妥如嘉瑞休徵裹禔福術欸偉欵無得而
名者也朕文聞之德厚者流光理辯者禮繇是以周之文
武漢之高光其典章制度特立諡號斯重豈非緣情稱述即崇
顯之義乎高祖文皇帝宜別建廟宇以彰魏之德仍遵
月祭之義平戊子次榆林
殊禮亦異乎天子七廟事有差降故
郡丁酉啓民可汗來朝己亥吐谷渾高昌竝遣使方物
知以多爲貴王者之禮今可依用貽厥後戊子次榆林
甲辰上御北橫觀漁于河以宴百寮秋七月辛亥啓民可
汗上表請變服襲冠帶詔以啓民贊拜不名在諸侯王上甲
寅上殺郡城東御大帳其下備儀衛建旗啓民及其
部落三千五百人奏百戲之樂賜啓民及其部落各有差
丙子殺光祿大夫賀若弼禮部尚書宇文弢太常卿高頻
尚書左僕射蘇威坐事免發丁男百餘乃築長城西距榆
林東至紫河一旬而罷死者十五六八月壬午車駕發榆
林乙酉啓民獻廬帳清道以候乘輿帝幸其帳啓民奉觴上
壽賞吾與啓民釐厚丁謂高麗使者曰歸語介王當早來朝見不
然者吾與啓民巡彼土矣皇后亦幸義城公主帳已丑啓
民可汗歸藩癸已入樓煩關壬寅次太原詔營晉陽宮九

月巳未次濟源幸御史大夫張衡宅宴享極懽巳巳至于
東都壬申以齊王暕為河南尹開府儀同三司癸酉以戶
部尚書楊文思為納言
四年春正月乙巳詔發河北諸郡男女百餘萬開求源渠
引沁水南達于河北通涿郡庚戌百寮大射於允武殿丁
卯賜城內居民米各十石壬申以太府卿元壽為內
鴻臚卿楊玄感為禮部尚書癸酉以工部尚書衛玄為右
武候大將軍大理卿長孫熾為戶部尚書二月己卯遣司
朝謁者崔毅使突厥處羅致汗血馬三月辛酉以將作大
匠宇文愷為工部尚書壬戌百濟倭赤土迦羅令國並遣
使貢方物乙丑車駕幸五原因出塞巡長城景崇為屯田
上事常駿使赤土致羅剎嶼夏四月景午以離石之汾源臨
泉鴈門之秀容為樓煩郡起汾陽宮癸丑以河內太守張
定和為左衞大將軍乙卯詔曰突厥意珍利豆啟民可
汗翠領部落保附關塞遵奉朝禮思改戎俗頻入謁屢
有陳請以氈牆毳幕事窮荒陋上棟下宇願同此屋誠心
懇切朕之所重宜於万壽戍置城造屋其帷帳牀褥以上
隨事量賜務從優厚稱朕意焉五月壬申蜀郡獲三足烏
有秋七月辛巳發丁男二十餘万築長城
自榆林谷而東乙未左翊衞大將軍宇文述破吐谷渾於
張掖獲安狐各一

曼頭赤水八月辛酉親祠恒岳河北道郡守畢集大赦天
下車駕所經郡縣免一年租調九月辛未徵天下鷹師悉
集東京至者万餘人戊寅
父聖德在躬誕發天縱之姿憲章文武之道命世膺期蘊
茲素王而頹山之歎忽見於千祀盛德之美不在於百代
求惟懿範宜有優崇可立孔子後為紹聖侯有司其求其苗
裔錄以申上辛亥詔曰昔周王下車首封唐虞之胤漢帝
承曆亦命殺周之後皆所以襃立先代章在昔朕嗣膺
景業祗承夏毀求雅訓有一弘益欽若令典以為周兼夏毀文質
大備漢有天下車書混一魏晉已襲風流未遠迨宜立後
以存繼絕之義有司可求其胄緒聞乙卯頒新武於天
下
五年春正月景子改東京為東都癸未詔天下均田戊子
上自東都毎還京師己丑制民間鐵又搭釣攙刃之類皆禁
絕之太守毎歲密上屬官景迹二月戊戌次于閿鄉詔祭
古帝王陵及開皇功臣墓庚子制漢魏周官不得為隆辛
丑赤土國遣使貢方物有差已未上御崇德殿頒賜各有差四
百人於武德殿頒賜各有差已未上御崇德殿之西院懨
然不悅顧謂左右曰此先帝所居寔用增感情所未安於

此院之西別營一殿壬戌制父母聽隨子之官三月己巳
車駕西巡河右庚午有司言武功男子史永遵與從父昆
第同居上嘉之賜物一百段米二百石表其門閭乙亥幸
扶風舊宅夏四月己亥大獵於隴西壬寅高麗吐谷渾伊
吾並遣使來朝乙巳次狄道寬項羌來貢方物癸亥出臨
津關度黃河至西平陳兵講武五月乙亥上大獵於延山
長圍周匝二十里庚辰入長寧谷壬午度而橋壞斬朝散
臣於金山之上景戌梁浩聲表裏川分命內

信期本州

義臣東屯琵琶峽將軍張壽西屯泥嶺四面圍之吐谷渾
主伏允數十騎遁出遣其名王詐稱伏允保車我其山
賊所殺亞將柳武建擊破之斬首數百級甲午其仙頭王
壬辰投谷山路臨險魚貫而出風霰晦冥與後宮相失士
大斗拔谷山路臨險魚貫而出風霰晦冥與後宮相失士
卒凍死者太半景午次張掖辛亥詔諸郡學業該通才
黠感勤舊堪理政軍立性正直
不避強禦四科舉人壬子高昌王麴伯雅來朝伊吾吐屯
優洽奮力驍壯超絕等倫在官

設等獻西域數千里之地上大悅癸丑置西海河源鄯善
且末等四郡景辰上御觀風行殿盛陳文物奏九部樂設
魚龍曼延宴高昌王吐屯設於殿上以寵異之其蠻夷陪
列者三十餘國戊午大赦天下開皇已來流配悉放還鄉
晉陽遊黨不在此例隴右諸郡給復三年秋七月丁卯置
為牧於青海渚中以求龍種無效而止九月癸未車駕入
長安冬十月癸亥詔曰典訓尊事之言我
彰脬序彌熊為師無取叔元克壯其獻朕無斁
猶古用來至理是以尨眉黃髮更令收敘務簡秩優無替
藥餌庶等臥理宁其弘益今歲耆老可於近郡量
置年七十巳上疾流滯不堪在職即給賜帛送還本郡
其官至七品以上者量給粟以終厥身十一月景子車駕

幸東都
六年春正月癸亥朔旦有盜載十人皆素冠練衣焚香持
華自稱彌勒佛入自建國門監門者皆稽首既而奪衛士
仗將為亂齊王暕遇而斬之於是都下大索與相連坐者
千餘家丁丑角觝大戲於端門街天下奇伎異藝畢集終
月而罷帝數微服往觀之已丑倭
巳武賁郎將陳稜朝請大夫張鎮州擊流求破之獻俘萬
七十口頒賜百官乙卯詔曰夫帝圖草創王業艱難咸使

股肱叶同心德用能救厥大膺大寶然後疇庸戊賞

開國承家藝以山河傳之不朽近代溯我四海未壹亨土

妾假舊實相非麻菽求父莫能懷華皇運亨土

獨補舊黃未暇改作今天下交泰文軌收同亘率遵先典

景辰改封安德王雄為觀王河間王子慶為邶王孫承襲

魏齊周陳樂人緫配太常二月癸多幸江都宮甲子以鴻

臚御史祥為左驍衛大將軍夏四月丁未宴江淮父

老頒賜各有差六月乙卯至韋亦土逗遣使貢方物士泉

鴈門賊帥文通聚衆三千保於莫壁谷遣鷹揚楊伯泉

擊破〈甲寅制江都太守秋同京井冬十月壬申刑部尚

〈十五〉

書梁毗卒壬子戶部尚書銀青光祿大夫長孫熾卒十二

月乙未左光祿大夫吏部尚書牛弘卒辛酉朱崖人王万

昌舉兵作亂遣隴西太守韓洪討平之

七年春正月壬黃左武衛大將軍光祿大夫真定侯郭衍

卒二月己未上井釣臺臨楊子津大宴百寮頒賜各有差

庚申百濟遣使朝貢乙亥上自江都御龍舟入通濟渠遂

幸子涿郡去年詔曰武有七德先之以安民政有六本興

之以教義高麗虧禮將秩閏罪遼左恢宣勝略雖懷

代國仍事省為今往涿郡巡撫民俗其河北諸郡及山西

山東年九十巳上版授太守八十者授縣令三月十亥古

光祿大夫左屯衛大將軍姚辯卒夏四月庚午幸涿郡之

臨湖宮五月戊子以武威太守樊子蓋為民部尚書秋大

水山東河南漂沒三十餘郡民相賣為奴婢冬十月乙卯

底柱山崩偃木逆流數十里戊午以東平太守吐万緒為

左屯衛大將軍十二月己酉突厥處羅多利可汗來朝帝

大悅接以殊禮于時遼東戰士及餽運者填咽於道晝夜

不絶苦役者始為羣盜甲子敕都尉鷹揚與郡縣相知追

捕隨獲斬決之

〈八年春正月辛巳大軍集于涿郡以兵部尚書段文振為〉

〈十六〉

左候衛大將軍壬午下詔曰天地大德降繁霜於秋令聖

哲至仁著兵典故知造化之有蕭殺義在無私帝

王之用干戈蓋猶獲巳版泉丹浦莫匪亂取亂覆昏咸

由順動況平甘野誓師夏開承大禹之業南郊問罪周發

戎文王之志永監載籍屬當朕躬而我有隋誕膺鴻命

三才而建極一六合而為家提封所漸細柳蟠桃之間

是平在而高麗小醜迷昏不恭崇聚勃碣之

數爰賢紫塞黃枝之域遠至趙安困畔和會功成理定於

之境雖復漢魏誅夷巢窟殘亂雖多阻種落迸集辛

薮於前代播是繁以迄今聆彼華壤翦為夷類驟歷泰川

惡稔既盈天道禍亡徵己兆亂常敗德非可勝圖掩應
懷姦雖曰不足稔告之嚴未嘗面受朝觀之禮莫肯躬親
誘納亡叛不知紀極充斥邊垂亟勞烽候關柝以之不靜
三人為之嚴業在昔薄伐已漏天網既緩前禽之戮未即
後服豈懷恩之服優軼遠西又青乃兼契丹之黨慶劉海戍
智鶬鯨之諛曾不懷恩翻其長惡乃修職貢碧海之濱
朝軒奉使爰艇海東雄節所次途經蒲境而攘塞道路拒
絕王人無事君之心豈為臣之禮此而可忍孰不可容且
法令苛酷賦斂煩重彊臣豪族咸執國均朋黨比周以之

▲隋州總管刀
〈北史本紀十二〉
〈十七〉
吳湘號

成俗賄貨如市冤枉莫申重以仍歲災凶比屋飢饉兵戈
不息傜役無期力竭轉輸身填溝壑百姓愁苦妾誰適從
境內哀惶不勝其弊回面內向各懷性命之圖黃巖稚齒
咸興酷毒之歎省俗觀風爰屆幽朔弔人問罪無俟再駕
親拋六師用申九伐祗肅朝行分麾屆路捲甲齎糧克嗣
先謨今宜授律啟行分麾屆路捲甲齎糧克嗣
電掃比戈接甲俟誓而後行

一軍可鏤方道第五道第二軍可長岑道第三軍可海冥道第四
軍可蓋馬道第六軍可南蘇道第七
可遼東道第八軍可玄菟道第九軍可扶餘道第十軍可

朝鮮道第十一軍可沃沮道第十二軍可樂浪道右第一
軍可黏蟬道第二軍可含資道第三軍可渾彌道第四
可臨屯道第五軍可候城道第六軍可提奚道第七軍可
踏頓道第八軍可肅慎道第九軍可襄平道第十二軍可東
腕道第十一軍可帶方道第十二軍可碣石道凡此衆軍
先後略驛驛引途擁集平壤董蕫如犺如貔之勇百戰
百勝之雄顧眄則山岳傾頹叱咤則風雲騰腹心戈同
倒懸於遼門則則山岳傾頹其外輕蕭游閑隨機赴響卷
瓜牙斯往朕躬馭元戎為其節度沙漠而東循海之右解

▲隋州總管刀
〈北史本紀十二〉
〈十八〉
吳湘號

雲飛橫斷沮江迤邐平壤島嶼之望斯絕坎井之路已窮
其餘被髮左袵之人控弦待發盧龍濊之旅不謀同辭
杖順臨逆人百其勇以此衆戰勢若摧枯然則王者之師
義存止殺其餘脅從罔理若高元泥首轅門自歸司寇即解縛焚櫬
多辟寬恩同理若高元泥首轅門自歸朝奉化咸加慰撫
才任用無曠夷夏豈聲愛所次務在整肅蕭然有罪本在元惡人之
弘之以恩其餘臣人願歸朝奉化咸加慰撫各安生業隨
犯以布恩宥以喻禍福若稱朕意焉揿一百二十三萬三千
刑伴無遺穎明加晓示稱其同惡相濟抗拒官軍國有常
八百号二百万其餽運者倍之癸未第一軍發終四十日

引師乃盡旌旗亘千里近古出師之盛未之有也乙未以

右候衛大將軍儦玄為刑部尚書甲辰內史令元壽卒二

月甲寅詔曰朕觀風燕喬問罷遼濱文武叶九几乎思舊

莫不執銳勤王捨家從役軍會廛之資兼捐播殖之務

朕所以夕惕愀然慮其頓之難復素飽之疲情在志私悅

使之疾以勿恤飛芻人以上家口

君縣宜數存問若有糧食之少皆以下恤飛芻人以上家口

弱不能自耕種可於多丁富室勸課相助便夫多者有穀

積之豐行役無額後之慮士戌司空京兆尹光祿大夫觀

王雄薨三月辛卯兵部尚書左候衛大將軍段文振卒癸

巳上御師甲子臨戎于遼水橋戊戌大軍為賊所拒不果

濟壬屯衛大將軍左光祿大夫安德林武貴郎將錢士雄

又等皆死之甲午車駕度遼大戰于東岸敗賊破之

進圍遼東壬未大頓見二大鳥高丈餘鳴身朱足游泳

若上異之命工圖寫并立銘頌五月戊午納言楊達卒于

時諸將各奉旨不敢越機既而高麗各固城守攻之不下

六月己未幸遼東青怨諸將止城西數里御六合城七月

壬午宇文述等敗績千隆水右屯衛將軍薛世雄死之九

軍立陷師奔還亡者千餘騎癸卯班師九月庚辰上至東

都己五詔軍國異谷文武殊用匡危拯難則霸德彼興化

人成俗則王道貴時當機亂屠販可以登朝世屬隆平

經術然後升仕豐都羨肇儒服無預於周行建武之朝功

臣不參於吏職自三方未一四交爭不違文教唯尚武

功設官分職罕以才授班朝理人乃由勳敘莫非披行

陣出自勇夫學數之道既所不習政事之方亦無取是

非暗於在己威福之由故諸授勳官者並不得回授文

部輒擬用者御史即彈奏諸名制不傷於美錦老吏

事庶導彼更張取類於調瑟求諸理名制不傷於美錦老吏

民是由於此自今已後諸授勳官者並不得回授文

禄大夫韓壽卒甲申敗將宇文述于仲文等除名為民斬

尚書右丞劉士龍以謝天下是歲大旱疫人多死山東尤

甚密詔江淮南諸郡閱視民間童女姿貌端麗者每歲貢

之

九年春正月丁丑徵天下兵募民為驍果集于涿郡壬午

賊帥杜彦承王潤等陷平原郡大掠而去辛卯置折衝果

毅武勇郎將官以領驍果乙未平原李德逸聚眾

數萬稱阿舅賊劫掠山東靈武白榆妄稱奴賊劫掠牧馬

北連突厥隴右多被其患遣將軍范貴討之連年不能克

戊戌大赦己亥遣代王侑刑部尚書衛玄鎮京師辛丑以

右縣衛將軍李渾為右驍衛大將軍二月己未濟北人韓
進洛聚衆數万為羣盜壬午後宇文述等官爵文徵兵討
高麗三月景子渤北人孟海公起兵為盜衆至數万丁丑
發文男十万攻城太興戊寅幸遼東以越王侗工部尚書樊
子蓋鎮東都庚子北海人郭方預聚徒衆為賊目号盧公衆
至三万攻陷郡城大掠而去夏四月庚午車駕度遼壬申
遣宇文述楊義臣趣平壤城五月丁丑癸感入南斗己卯
濟北人甄寶車聚衆方餘寇掠城邑六月乙巳禮部尚書
楊玄感反於黎陽丙辰玄感過東都河南贊理裴弘策拒
之反為賊所敗戊辰兵部侍郎斛斯政奔于高麗庚午上
班師高麗犯後軍教右武衛大將軍李景為後拒達左翊
衛大將軍宇文述左候衛將軍屈突通等戰傳發兵以討
玄感秋七月己卯令所在發人城縣府驛突甲駕人劉
元進舉兵反衆至數万八月壬寅左翊衛大將軍宇文述
等破楊玄感於閿鄉斬之餘黨衆平餘寇杭人突晉陵
人管崇擁衆十万餘自稱帥將陳璡舉三万攻陷信安郡
遍免賊役丁未詔郡縣城去道過五里已上者從就之戊
申制盜賊籍没其家乙卯賊帥陳璡舉三万攻陷信安郡
辛酉司農卿光祿大夫萬國公趙元淑以罪伏誅九月己
卯澗陰人吳海流東海人彭孝才舉兵為盜衆數万庚

辰賊帥帥梁慧尚聚衆四万陷蒼梧郡甲午車駕次上谷以
供賣不給上大怒免太守虞荷等官丁酉東陽人李三四以
向阻子舉兵作亂衆至万餘閏月己巳幸博陵人李上謂
侍臣曰朕昔從先朝周旋於此年甫入歲月不居候經
三紀追惟曩昔不可復希言未卒流涕嗚咽侍衛者皆泣
下沾襟冬十月丁丑賊帥呂明星衆數千圍圉圍朕巡
郎將費青奴擊斬之乙酉詔曰博陵昔為定州地居衝要
撫綏庶瘵甫茲邦墅迥風義高陽邑朕衝境
先王歷試所基王化斯遠故冠為高陽郡坡境
覃被下愚崇紀顯号式光令緒可改博陵以宣播慶澤
讓王薄等謀讓自号燕王孫宣雅自号齊王衆
為天子遣將軍吐万緒魚俱羅討之連年不能剋壽人孟
壬辰以納言蘇威為開府儀同三司朱燮管崇推劉元進
各十万山東苦之丁亥以右候衛將軍馮孝慈討張金稱於清河
衆各數万勃海賊帥格謙自号燕王孫宣雅自号齊王衆
將軍十一月己酉右候衛將軍馮孝慈討張金稱於清河
反為所敗華及黨與千餘人仍焚而揚之丁亥之十二月甲辰車裂楊玄感臣擊破
夫積善及黨慈死之十二月甲辰車裂楊玄感臣擊破
舉兵作亂稱皇帝建元白烏遷太僕卿楊袭風人向海明

十年春正月甲寅以宗女為信義公主嫁突厥曷娑那

可汗二月辛未詔百僚議伐高麗數日無敢言者戊子詔

曰朕𢎞王役致身我事威由徇義董勤誠委命草芥暴

骸原野興言念之每懷恟惻往年問罪將圖遠濟廟算勝

略其有進止而諒惜凶愚識成敗高頻慢恨本無智謀

三軍猶戲視人命如草芥方遣使人分道收斂設祭於遼西郡

立道場一所恩加泉壤弭窮魂之冤澤及枯骨限嚻餘燼用弘

者之惠辛卯詔曰黃帝五十二戰成湯二十七征方乃德

苑諸侯令行天下盧芳小盜漢祖尚且親戎

武猶自登隴豈不欲除暴止戈而後逆者哉朕纂承寶

業君臨天下日月所照風雨所霑皆我臣獨隔聲教豈

小高麗僻居荒兀狼卂鴞張狼噬每慢不恭抄掠我邊垂侵

我城鎮是以去歲出軍問罪殄殱長蛇於玄菟戮封豕

於襄平扶餘眾軍風馳電逝追奔逐北徑蹈浿水滄海舟

門尋請入朝歸罪司寇朕以許其改過乃詔班師而長惡

鹹衢賊膽八桀其城郭汗于其宮室高元伏鎮泯首送款軍

於帟俊宴安鴆毒此而可忍孰不可容便可分命六師百道

麾懀進朕當親執武節臨御諸軍稜馬九都觀立遼水順天

誅進海外拯窮民於倒懸征伐以正之明德以誅之止除

元惡餘孽無所問若有識存亡之分悟安危之機翻然此首

自求多福必其同惡相濟抗拒王師若火燎原刑玆無赦

有司便宜宣布咸使知聞丁酉扶風人唐弼舉兵反眾十

萬推李弘為天子自稱唐王三月壬子行辛涤郡癸亥次

臨渝宮親御戎服祭黃帝斬叛軍者以釁鼓夏四月辛

未彭城賊張大彪聚眾數萬保縣薄山為盜遣楊林太守

董純擊破斬之甲午車駕次比平五月庚子詔舉郡孝悌

廉潔各十人壬寅賊帥宋世謨陷琅邪庚申延安人劉迦

論舉兵反自稱皇王建元大世六月辛未賊帥鄭文雅林

寶護等眾三万陷建安郡太守楊景祥死之秋七月癸丑

車駕次懷遠鎮乙卯曹國遣使貢方物甲子高麗遣使請

降四月送斛斯政上大悅八月己巳班師右衛大將軍左光

祿大夫鄭榮卒冬十月丁卯上至東都已五還京師十一

月景申文解斛斯政於金光門外乙巳有事於南郊已酉

賊帥司馬長安解斯政於金光門外乙巳有事於南郊已酉

稱天子以其第六兒為永安王眾至數万將軍潘長文討

之不能剋是月賊帥王德仁擁眾數万保林慮山為盜十

二月壬申上如東都其日大赦天下戊子入東都庚寅賊

帥王盎讓眾十餘万擾都梁宮逼江都丞王世充擊破之盡

虜其眾

十一年春正月甲午朔宴自蔡突厥新羅靺鞨甲夷解詞
呲傳越烏那烏波臘吐火羅俱廉建忽論靺鞨詞多沛汗
靚茲勒于闐安國曹國可國穆國甲衣密失靺延伽折
契丹等國亞遣使朝貢戊武貝郎將尚建毗破賊帥顏
宮政於齊郡廣男女數千口乙卯大會蠻夷設曲龍晏延
之樂頒賜各有差二月戊辰朝賊帥楊仲緒等率眾方餘攻
北平滑公李景破斬之庚申詔曰設險守國著自前經重
門徘衛暴軍彭往東所以宅土寧邦禁邪固本而近代戰爭
吾人散逸田嶹無伍邦郭不修遂使遊情寇繁寇擾未息
今天下平一海內晏如令人悉城君田隨近給便強弱
有司具為事條務令得所景子王須拔及自稱漫天王國
號燕賊帥魏力兒自稱歷山飛眾各十餘万北連突厥南
寇趙二月丁酉殺右驍衛大將軍光禄大夫郭公李渾將
作監光禄大夫李敏並族滅其家癸卯賊帥司馬長安破
西河己酉太原避暑汾陽宮秋七月己亥淮南人張起
緒興兵為盜眾至三万辛丑光禄大夫右驍衛大將軍張
壽本八月乙卯巡北塞戊辰突厥始畢可汗率騎數十万
謀襲乘輿義成公主遣使告變壬申車駕馳幸鴈門癸酉
突厥圍城官軍頻戰不利上大懼欲率精騎潰圍而出民

信州刊 北史本紀十二 廿五 徐子儀

部尚書樊子蓋固諫乃止齊王暕以後軍保于崞縣甲申
詔天下諸郡募兵於是守令各來赴難九月甲辰突厥解
圍而去丁未曲赦太原鴈門死者已下冬十月壬戌上至
于東都丁卯彭城人魏騏驎聚眾万餘為盜郡丞王辯擊
賊師自號燕王鐵元明政寇江都十一月乙卯賊帥王須
慶淮自號皇王鐵眾十餘万寇陳汝間東海賊李子通擁眾
襲昝稱楚帝建元昌達漢南諸郡多為所陷焉
拔破高陽郡十二月戊寅有大流星如斗隆明月營破其
衝軍庚辰詔尚書樊子蓋發關中兵司隸郡賊敦盧
陀柴保烏等歷年不能剋慶郡人朱粲擁眾数十万寇荊
襄督稱楚帝

廣州刊 北史本紀十二 九六 徐子儀

十二年春正月甲午鴈門人翟松栢起兵於靈丘眾主數
万轉攻傍縣二月己未其臘遣使貢方物甲子夜有二大
鳥似鸛飛入大業殿止于御幄至明而去四月丁巳顯
公進奉眾万餘保于蒼山夏四月丁巳顯陽門穴癸亥魏
刀兒所部將甄翟兒號歷山飛眾十万轉寇太原將軍潘
長文討之反為所敗長文死之五月景戌朔日有蝕之既
癸巳大流星於貝郡為石壬午上於景華宮微求螢災
得數斛夜出遊山而放之光遍巖谷秋七月壬戌民部尚
書光禄大夫隆達太府卿元文都檢校民部尚書章津右武

突厥圍城官軍頻戰不利上大懼欲率精騎潰圍而出民

衛將軍皇甫無逸右司郎盧楚等相繼留守軍事奉信郎崔民
象以盜賊充斥於建國門表諫不宜怒辛上大怒先解其
顧乃斬之戊辰馮翊人孫華自号總管舉兵為盜高涼通
守洗瑤舉兵作亂嶺南溪洞多應之己巳燚威守羽林
月餘乃退皇孫舉次汜水奉信郎王愛亡以盜賊日盛諫上
請達西京上慈斬之而行八月乙巳賊帥趙万海泉數十
万自恆山寇高陽壬子有大流星如斗出王辰闔道聲如
壞糒癸丑大流星如璽出羽林右禦衛將軍陳稜擊破之
揚州沈覓等作亂乃右禦衛將軍陳稜擊破之
戊午有二柱矢出比斗魁委曲蛇形注於南斗去戌安定

幽州 ▲北史本紀十二 〈二十七〉 刘

人盇非世雄殺臨涇令興六作亂自号將軍冬十月己丑
開府儀同三司左翊衛大將軍光祿大夫許公宇文述薨
十二月癸未鄜陽賊操天成舉兵反自号元興王建元始
興攻陷豫章郡乙酉以右翊衛大將軍來護為開府儀同
三司行左翊衛大將軍壬辰鄱陽人林士弘自稱皇帝國
号楚建元太平攻陷九江廬陵郡唐公破甄翟兒於西河

十三年春正月壬子齊郡賊杜伏威率衆度淮攻陷歷陽
郡景辰勃海賊竇建德設增於河間之樂壽自稱長樂王
建元丁丑辛巳賊帥徐圓朗率衆數千破東平郡弘化人
虜男女千口

到公成聚衆万餘人為盜傍郡苦之二月壬午朔亠人梁
師都殺郡丞唐世宗據郡反自稱大丞相遣銀北上谷郡己
夫張世隆擊之反為所敗戊子賊率王子英舉兵作亂洛
夫邑技尉可汗庚寅殺太守王仁恭舉兵作亂越王侗
自稱定楊公劉長恭光祿少卿李密翟讓等陷興洛倉越王侗
遣武賁郎將劉長恭光祿少卿李密翟讓等陷興洛倉死者
十五六庚子李密自号魏公稱元年開倉募民破武牢
數十万河南諸郡相繼皆陷焉壬戌黃劉武周郎將
王智辯於桑乾鎮智辯死之三月戊午盧江人張子路舉
兵反遣右禦衛將軍陳稜討平之丁丑賊帥李通德衆十

幽州 ▲北史本紀十二 〈二十八〉 刘

万寇盧江左屯衛將軍張鎮州擊破之夏四月癸未金城
校尉薛舉舉兵反自稱西秦霸王建元秦興攻陷隴右諸
郡己丑賊帥善讓夜入東都外郭燒豐都市而去癸巳李
密陷迴洛東倉丁酉賊帥房憲伯陷汝隆郡是月光祿大
夫武賁郎將裴仁基淮陽太守趙伦等近以衆叛歸李密
五月辛卯夜有流星如璽墜於江都甲子唐公起義師於
太原景寅突厥數千寇太原唐公擊破之秋七月壬子縊
感守積景辰武威人李軌舉兵反攻陷河曲諸郡自稱
涼王建元安樂八月辛巳唐公破武牙郎將宋老生於霍
邑斬之九月己丑帝括江都人女嫁婦少配從兵是月武

陽郡丞元寶藏以郡叛歸李密與賊帥李文相攻陷黎陽
倉彗星見於營室冬十月丁亥太原陽世洛聚撥万餘人
寇掠城邑景申羅令蕭銑以縣反鄱陽人董景珍以郡反
迎銑於羅縣號為梁王攻陷傍郡戊戌武賁郎將高毗敗
濟北郡賊甄寶車於嶑山十一月景辰唐公入京師辛酉
遙尊帝為太上皇立代王侑為帝改元義寧上起宮丹楊
將遜于江左有烏鵲來巢幄帳驅不能止熒惑犯太微有
石自江浮入于揚子日光四散如流血上甚惡之二年三
月右屯衛將軍宇文化及武賁郎將司馬德戡元禮監門
直閤裴虔通將作少監宇文智及武勇郎將趙行樞鷹揚

郎將孟景內史舍人元敏符璽郎李覆牛方裕千牛左右
李孝本弟孝質直長許弘仁薛世良城門郎唐奉義醫正
張愷等以驍果作亂入犯宮闈上崩于溫室時年五十蕭
后令宮人撤牀簀為棺以埋之化及發後右禦衛將軍陳
稜奉梓宮於成象殿葬吳公臺下發斂之始容貌若生衆
咸異之大唐平江南之後改葬雷塘初上自以藩王次不
當立每矯情飾行以釣虛名陰有奪宗之計時高祖雅重
文獻皇后而性忌妾媵皇太子勇內多嬖幸以此失愛帝
後庭有子皆不育之示無私寵取媚於后大臣用事者傾
心與交中使至第無貴賤皆曲承顏色申以厚禮婢僕往

來者無不稱其仁孝又常私入宮掖密謀於文獻后楊素
等因機構扇遂成廢立自高祖大漸暨諒闇之中烝淫無
度山陵始就即事巡游以天下承平日久士馬全盛慨然
慕秦皇漢武之事乃盛理宮室窮極侈靡召募行人分使
絕域諸蕃至者厚加禮賜有不恭命以兵擊之盛興屯田
於玉門柳城之外課天下富室分道市武馬疋直十餘万
富強坐是而凍餒者十家而九性多詭譎所幸之處不欲
人知每幸之所輒數道置頓四海珍羞殊味水陸必備焉
求市者無遠不至郡縣官人競為獻食豐厚者進擢疏儉
者獲罪姦吏侵漁內外虛竭頭會箕斂人不聊生于時軍

國多務日不暇給帝方驕怠惡聞政事冤屈不理奏請罕
決又猜忌臣下無所專任朝臣有不合意者必構其罪而
族滅之高熲賀若弼先皇心膂參謀帷幄張衡李金才藩
邸惟舊績著經綸惡其直道忌其正議求其無形之罪加
以丹頸之戮其餘事君盡禮謇謇匪躬無辜無罪橫受夷
戮者不可勝紀政刑弛紊賄貨公行莫敢有言道路以目
六軍不息百役繁興行者不歸居者失業人饑相食邑落
為墟上弗之恤也東西行幸靡有定居每以供費不給逆
收數年之賦所至唯與後宮流連耽湎惟日不足招迎姥
媼朝夕共肆醜言又引少年令與宮人穢亂不軌不遜以

為娛樂臨幸之內沒淪賊蜂起刼掠從官屠陷城邑近臣乍
相搶蔽皆隱賊數不以實對或有言賊多者頓大被詰責
各求奇兎上下相蒙每出師徒敗亡相繼戰士盡力不加
賞賜百姓無業戰承無積恣天下土崩至於就盡
而猶未之寤也
恭皇帝讓佈元德太子也母曰韋妃性聰敏有氣度
大業三年立為陳王後數徙為代王及煬帝親征遼東
令於京師摠留事十一年從幸晉陽拜太原太守
師義兵入長安尊煬帝為太上皇帝業業幸江都十
一月壬戌上即皇帝位於大興殿詔曰王道喪亂天步不
唐蜀之於朕達此百羅機褓之歲風遭懦凶孫子之辰太
上樁越興言感動實哀于懷太尉唐公膺期作宰科合義
兵賢貳皇舅罍奉明詔弱沖顯命光臨天威尽尺對
揚顰號悼小尖圖一人在遠三讓不逐儡便南面屠身無
所荷利社稷英敢戤違俯群議奉導重旨可大赦天下
改大業十三年為義寧元年十一月十六日味爽以前大
辟罪已下皆赦除之常赦所不免者不在赦限甲子以光
祿大夫大將軍太上遠憑追跋禕滿時蓬多難姜當隼
諸軍事尚黃令大丞相進封唐王景寅詔曰朕惟孺子未
出深宮太上遠憑追跋禕滿時蓬多難姜當隼極解不獲

光恭巳臨朝君涉大川周知所濟民之情偽曹末之閒賴
股肱勠力上率賢良匡佐沖人輔其不逮軍國機務事無
大小文武設官位無貴賤賞罰威歸相府庶績其凝
責成斯屬巳巳以唐王子隴西公建成為唐國世子敦煌
秦公為元帥撫眾破之丁亥十二月癸未薛舉眾自稱天子寇扶風
張被康老和舉兵反十二月癸未薛舉眾自稱天子寇扶風
公為京兆尹改封秦公元吉為齊公太原公克世右府乙亥通
聖一司義師禽驍衛大將軍屈突通於閿鄉巳巳師禽張
善安陷廬江郡
二年春正月丁未詔唐王劍履上殿入朝不趨贊拜不名
加前後羽葆鼓吹壬戌將軍王世充為李密所敗河內通
守王要漢武賁郎將王辨揚威劉長恭梁德重智通皆死
之庚戌河陽郡尉獨孤武都降於李密三月景辰右屯衛
將軍于文化及弒太上皇於江都宮石勣右衛將軍獨孤盛
死之齊王暕趙王侁燕王侯石勣衡大將軍于文協內史
侍郎虞世基御史大夫裴藴給事郎許善心皆遇害化及
立秦王浩木折衝郎將朝請大夫沈同謀討賊夜聚官
大夫宿公麥木折衝郎將朝請大夫沈皆受其官爵光祿
及酉反聚為所害戊辰詔唐王備九錫之禮加置絲綬游冠
祿綬綬位在諸侯王上唐國置丞相巳下一依舊式五月

乙巳朔詔唐王冕十有二旒建天子旌旗出警入蹕金根
車駕備五時副車置旄頭雲罕車輦八佾設鐘虡宮縣王
后王子王女爵命之號一遵舊典戊午詔曰天禍隋國大
行太上皇遇盜江都憫予小子奄號永感仰惟荼毒仇復
藤申相國唐王賢德侔造化功蓋穹旻庶歸心曆數斯在
朕躬翼翼王是賴重貢感泰義懷假手真人伸除醜逆仍敕
朕爲人臣載違天命當今九服崩離三靈改卜大運去矣
風爲入臣載重貢感泰義懷假手真人伸除醜逆仍敕
請選賢路私命賀濟歸藩國子本代王及予而代天之
有司凡有表奏皆不得以聞是日上遜位於大唐以爲鄰
所廢宣期如是庶馮稽古之聖以誅四凶幸值惟新之恩

預充三恪寔窮耻於皇祖守禋祀爲孝孫朝聞夕殞及泉
無憾今遵故事遂於褥郎臺辟改事依前典
趣上尊號若釋重負感泰義懷假手真人伸除醜逆仍敕
國公武德二年夏五月朔時年十五
史臣曰煬帝爰在弱齡早有志尚南平吳會北却匈奴毘
第之中獨荷聲績於是矯情飾見違欺回故得獻后鐘
心文皇憲天方肇亂遂升儲兩路峻極之粲塞寒玉顧
之休命地廣三代威振八絃單于頓顙越常重譯亦乃之
泉流溢于都內紅腐之粟充積於塞下頁其當強之資思

（右）　北史本紀十二　〈貳四〉

遑無獸之欲狹殺周之制度尚秦漢之規摹恃才矜已傲
很明德內懷險躁外示凝簡盛冠服以塞其效除諫官以
掩其過淫荒無度法令滋彰敕絕四維刑參五唐誅鋤骨
肉屠剿忠良受賞者莫見其功爲戮者莫聞其罪驕怒之
兵動輒殄人人不息類出方三駕遼左旌旗萬里徵
稅百端猶侵漁不息天子方輿中土速
之楊越威究棄甲兵之自是海內騷然無聊生矣俄
而玄感竊發黎陽之亂匈奴有鴈門而不通皇輿往而莫
返加之以師旅因之以飢饉流離道路轉死溝壑十七八
爲於是相聚羣蒲蝟毛而起大則跨州連郡稱帝稱王小
則千百爲羣攻城剽邑流血成川澤死人如亂麻欻者不
及祈殺食者不遑易子爲炬茫茫九土逼爲虜場慄慄黎
黎俱充如姑爹之餌四方萬里簡書相續猶謂鼠竊狗不
足爲虞上下相蒙莫肯念亂振蛤蚓之羽窮長夜之樂土
國終然不悟不惜同彼墅夷遂以萬乘之尊死於匹夫之手億
崩魚爛骨盈熈愍普天之下莫匪仇讎左右之人皆爲敵
兆麋感恩之士九牧無勤王之師子弟同就誅夷體骨棄
而莫掩社稷顛隕本枝殄絕自肇有書契以迄于茲宇宙
崩離生靈塗炭喪身滅國未有若斯之甚也書曰天作孽

隋本紀下第十二　　　北史十二

猶可違自作孽不可逭傳曰吉凶由人祅不妄作又曰共
猶火也不戢將自焚觀隋室之存亡斯亦炎帝年
在初沖遭家多難一人失德四海土崩羣盜滋興狼塞
路南巢遂往流毒不歸既鍾百六之期躬踐數終之運誣
欷有屬笙簧雖欲不遵棄舜之迹庸可得乎

方洽周益　校正

后妃上

魏神元皇后竇氏
文帝皇后封氏
桓帝皇后祁氏
平文皇后王氏
昭成皇后慕容氏
獻明皇后賀氏
道武皇后慕容氏
道武宣穆皇后劉氏

明元昭哀皇后姚氏
明元密皇后杜氏
太武皇后赫連氏
太武敬哀皇后賀氏
景穆恭皇后郁久閭氏
文成文明皇后馮氏
文成元皇后李氏
獻文思皇后李氏
孝文貞皇后林氏
孝文廢皇后馮氏

孝文幽皇后馮氏
孝文昭皇后高氏
宣武順皇后于氏
宣武皇后高氏
宣武靈皇后胡氏
孝明皇后胡氏
孝武皇后高氏
孝武文皇后乙弗氏
文帝悼皇后郁久閭氏
廢帝皇后宇文氏
文帝皇后若干氏
孝靜皇后高氏
恭帝皇后若干氏

漢因秦制，帝之祖母曰太皇太后，母曰皇太后，妃曰皇后，餘則各稱夫人。隨世增損，非如周禮有夫人、嬪婦、御妻之敘焉。魏晉相因，時有外降前史，言之具矣。魏氏王業之兆，雖始於神元，然自昭成以前，未具六宮之典，而皇平忠昭穆惠賜烈八帝妃后無聞。道武追尊祖妣，皆從帝諡焉。太祖始立中宮，餘妾或稱夫人，多少無限，然皆有品次。太武稍增左右昭儀及貴人、椒房等，後庭漸已多矣。故事，將立皇后，必令手鑄金人，以成者為吉，不則不得立也。

又太武文成保母劬勞之恩並尊崇之義雖事異華禮典
而觀過知仁孝文改定內官左右昭儀位視大司馬三夫
人視三公三嬪視三卿六嬪視六卿世婦視中大夫御女
視元士後置女職以典內司視尚書令僕人女書史視女
中二官視二品女尚書美人女史尚書內司視尚書令僕女
人書女五官視三品中才人供人女史書史視五品及典
小書女四品青衣酒女饗女食官女奴婢視五品及蠻神
人視四品青衣酒女饗女食官女奴婢視五品及蠻神
武文襄俱未踐算尊稱妃其所媚茹如妾姬茹如姬侍
茹如公主文襄既尚神武嫻妻稱妃其所媚茹如姬侍
並稱娘而已文宣後庭雖有夫人嬪御之稱然未具員數

【北史列傳一　二】

孝昭內職其少唯楊嬪才貌兼美後主貴家襄城王母桑
氏有德行遊蒙肉禮其餘無聞焉河清新令內命婦依古
制有三夫人九嬪二十七世婦八十一御女又准漢制置
昭儀有左右二人比三卿正華宣德凝曜儀明淑華比此
三公光猷昭訓隆徽為上嬪比六卿正華令則備訓曜儀明淑華
凝華光訓為下嬪比三卿正華令則備訓曜儀明淑華
敬婉昭華正曜寧貞範弘徽和德彌猷戎光明信靜訓
敬德廣訓曜範敬訓芳猷婉華明範豔儀則敬信為二
曜德廣華光茂德貞懿曜光貞凝光範令儀
十七世婦比擬三品穆光艷德婉妙範暉章敬茂靜肅
內範穆閒婉德明懿艷婉妙範暉章敬茂靜肅　章穆華

【北史列傳一　四】

周氏遂由姬制內職有序文帝刱基情挺以儉約武皇
比左右丞相降昭儀比二大夫尋又置才人女以為
比正四品武成好內並具其序其貞自外又置左右娥英
散號後主既立二后昭儀以下皆倍其數又置左右娥英
良媛淑猗戎良信譽華微娥蕭儀妙妙為八十一御女
淑懿柔則繁婉英範懷順悅媛良則瑤華昭順敬寧
明訓弘儀崇偹敬承閒昭容麗儀閒華思柔媛光懷德
嫻麗正信凝婉英範懷順悅媛良則瑤華昭順敬寧
游谷徽淑秀儀芳婉貞慎明豔　穆偹範蘭谷茂儀英淑
慎儀妙儀明懿棠明麗則婉儀彭　愉情範谷慎儀豔光

翩歷節情欲於編枉宮闈有貫魚之美戚里無私溺之尤
可謂得君人之體也宣皇外行其志內遂其欲漁豔瀆於
升蘭殿以正位踐椒庭而齊體者非一族焉雖辛癸之荒淫趙李之
青紫緣恩倖而擁玉帛非一族焉雖辛癸之荒淫趙李之
傾感曾未足比其蕪蔓邦人厭奇政蕪事實多文帝之祀
忽諸特申於此隋文思董前煥大嬌其遵唯皇右賞靈慢
無禮省減其數嬪三員掌女教四德視正三品世婦九員掌
周禮省減其數嬪三員掌女教四德視正三品世婦九員掌
寶客祭祀視正五品女御三十八員掌女功絲枲視正七

品又采漢晉舊儀置六尚六司六典遞相統攝以掌官掖
之政一曰尚宮掌導引皇后及閨閣稟賜管司言三人掌
圖籍法式糾察宣表典琮三人掌璿璽器玩二曰尚儀掌
禮儀教學管司樂三人掌音律之事典贊二人掌導引內
外命婦朝見三人掌簿籍四曰尚服掌賓寶管司飾三人掌
花嚴典櫛三人掌服章寶藏管司製三人掌裁縫三曰尚
帷帳袱褥管司筵三人掌鋪設灑掃三人掌表服裁縫典
醫二人掌方藥卜筮典器三人掌金燈
燭六曰尚工掌營造百役管司製三人掌五曰尚寢掌
三人掌財帛出入六尚各三員視從九品六司視勳品六

北史列傳一　五　伯

典視流外二品初又獻皇后功參歷試外預朝政內擅宮
閫懷姝妬之心虛槁妾之位不設三妃防其上逼自嬪以
下置六十員加柳損服章隆其品秩至文獻朋後罷置
貴人三員增媛至九員世婦二十七員御女八十一員貴
人等關內之務於令貴妃淑妃德妃是為三夫人品正第
御無嬪嬙婦職唯端容麗飾陪從宴遊而已帝文參詳典故
自製嘉名著之於令貴妃淑妃德妃是為三夫人品正第
一順儀順容順華修儀修容修華充儀充容充華是為九
嬪品正第二婕妤十二員品正第三美人才人二十
員品正第四是為世婦寶林二十員品正第五御女三十

四員品正第六采女三十七員品正第七是為女御總一
百二十以敍於宴寢又有承衣刀人皆趨侍左右近無員
數視六品以下時又增置女官進尚書省以六局管二十
四司一曰尚宮局管司言司簿司正司闈掌門閣管籥
衣服司飾管汝沐巾櫛玩弄司仗管羽儀仗衛二曰尚
禮儀贊相導引三曰尚服局管言司寶掌服章寶藏四曰尚食
司膳司醞司藥司饎五曰尚寢六曰尚工局管司製司珍司綵
局管司膳管庖廚酒醴司藥掌醫藥劑司
饎堂廩餼柴炭五曰尚寢局管司設掌鋪設灑

北史列傳一　六　伯

掃司輿掌輿輦傘扇執持羽儀司苑掌園圃種植蔬菜瓜
果司燈掌火燭六曰尚工局管司製掌營造裁縫司彩掌
金玉珠璣錢貨司織掌織染司製掌製衣服管司籍
員各二人唯司樂司膳員各四人每司又置典及掌以貳
其職六尚十人品從第五二十四司從第六二十
八人品從第七掌二十八人品從第九又更流外量局閒
劇多者十人以下無定員數聯事外職各有司存焉
魏神元皇后竇氏沒鹿回部大人賓在速侯等欲因帝會議為
二子速侯回題令善事帝及賓至速侯等欲臨終誡其
二子速語泄帝聞之展起以佩刀殺后馳使告速侯等暴
繾語泄帝聞之展起以佩刀殺后馳使告速侯等暴

崩速侯等來赴因執殺之

文帝皇后封氏生桓穆二帝早崩桓帝立乃葬焉文成初
穿天泉池獲一石銘稱桓帝葬母氏遠近赴會二十餘萬
有司以聞命藏之太廟次妃蘭氏是生思帝
桓皇后惟氏生三子長曰普根次惠帝次煬帝次平文崩后
平文皇后王氏廣寧人也年十三因事入宮得幸於平文
生昭成帝平文崩昭成在襁褓時國有內難將害帝子后
匿帝於袴中呪曰若天祚未終者汝無聲遂良久不啼得
免於難昭成初欲定都於灅源川築城郭起宮室議不決
右聞之曰國自上世遷徙為業今事難之後基業未固若
郭而居一旦寇來難卒遷動此烈帝之崩國祚殆興
後大業之力也崩葬雲中金陵道武即位配饗太廟
昭成皇后慕容氏慕容皝之女也初帝納甗妹為妃未幾
而甗就後請好遣大人長孫秩逆后甗送千境上后至
有寵生獻明帝及秦明王后性聰敏多智專理內事
必深防反辰及數擖終當滅汝柰勿祈還
多從初昭成道衛辰兄悉勿祈還部落死其子果為衛辰
所殺卒如后言建國二十三年崩道武即位配饗太廟
獻明皇后賀氏東部大人野干女也少以容儀選入東宮

生道武符洛之內侮也后與道武及故臣吏避難比徙
而高車來抄掠后乘車避賊而南中路失道乃仰天曰國
家亂冒宣正爾絕滅也惟神靈扶助遂馳輪正不傾行百
餘里至七个山南而免難後賀后劉顯使人將害帝姑為顯
第九渥婁知之密以告后后奔九渥弟家匿神車中三日
諸子始皆在此令盡亡失汝等誰殺之故顯使不急追道
武得至賀蘭部臺情夫甚歸附后從弟外朝大人悅舉部
隨從供奉盡禮顯怒將害后既而臺馬使起視馬后泣謂吾
武夜飲顯醉向晨故驚驀中韰馬后奔九渥家匿神車中
兀渥婁室請救乃得免會劉顯部亂始得亡歸後后第染
干思道武之得人心舉兵圍逼行宮后出謂染干曰汝等
安所置我而欲殺吾子也染干慚而去後后少子秦王
觚使千燕慕容垂止之后以觚不反變念寢疾皇帝始元年
崩祔葬于盛樂金陵後追加尊諡配饗焉
道武皇后慕容氏寶之季女也中山平入弋掖庭得幸左
丞相衛王儀等奏請立皇后帝從儀令后鑄金人成乃立
之封后母孟氏為漂陽君後崩
道武宣穆皇后劉氏劉眷女也登國初納為夫人生華陰
公主後生明元后專理內事寵待有加以鑄金人不成故
不登后位魏故事後宮產子將為儲貳其母皆賜死道武

末年后以舊法薨明元即位追尊諡位配饗太廟自此後
宮人為帝母皆正配饗焉

明元昭哀皇后姚氏姚興女西平長公主也明元以后納
之後猶欲正位后謙不當泰常五年薨帝追恨之贈皇后
璽綬而加諡焉葬雲中金陵

廟又立車廟于鄴剌史四時薦祀以魏郡太后所生之邑復

明元密皇后杜氏魏郡鄴人陽平王趙之妹也初以良家
子選入太子宮有寵生太武及明元即位拜貴嬪泰常五
年薨諡曰貴嬪葬雲中金陵太武即位追尊號諡配饗太

北史列傳一　〈九〉　道

廟詔曰婦人外成理無獨祀陰必配陽以成天地未聞有
華之國立大妣之饗此乃先皇所立一時之至感非經世
之遠制便可罷祀是太武保母竇氏初以夫家坐事誅
與二女俱入宮揀行純備進退以禮明元命為太武保母
性仁慈帝感其恩訓奉養不異所生及即位尊為皇太后
封其弟外漏頭為遼東王太后訓釐內外甚有聲稱性素
寡欲喜然不形於色好揚人之善陽人之過帝征涼州螻
蠕吳提入寇太后命諸州繫走之真君元監護喪事諡曰
臨三日太保盧魯元監護喪事諡曰惠葬崞山從后意也

初后嘗登坊山頓謂左右曰吾母養帝躬敬神而愛人若
死而不滅必不為賤鬼然於先朝本無位次不可違禮以
從園陵此山之上可以終託故葬焉別立后寢廟於崞山
建碑頌德

太武皇后赫連氏屈丐女也太武平統万納后及二妹俱
為貴人後立為皇后文成初崩祔葬金陵

太武敬哀皇后賀氏代人也初為夫人生景穆神䴥元年
薨追贈貴嬪葬雲中金陵後追尊號諡配饗太廟

景穆恭皇后郁久閭氏河東王毗妹也少以選入東宮
有寵生文成皇帝而薨文成即位追尊號諡葬雲中金陵

北史列傳一　〈十〉　道

配饗太廟文文成孔母常氏本遼西人因事入宮乳帝有
劬勞保護之功文成即位尊為保太后尊尊為皇太后告
於郊廟和平元年崩詔天下大臨三日諡曰昭葬葬於廣甯
寢廟置守陵二百家樹碑頌德
磨笄山俗謂之鳴雞山太后遺志也依惠太后故事別立
文成文明皇后馮氏長樂信都人也父朗秦雍二州剌史
西城郡公母樂浪王氏生后於長安有神光之異朗坐事
誅后遂入宮太武左昭儀后之姑也雅有母德撫養教訓
年十四文成踐極以選為貴人後五為皇后文成崩故事
國有大喪三日後御服器物一以燒焚百官及中宮皆號

泣而臨之后悲叫自投火左右救之艮久乃蘇獻文即位
尊為皇太后丞相乙渾謀逆獻文年十二居于諒闇太后
密定大策誅渾遂臨朝聽政及孝文生太后躬親撫養其
後罷令不聽政事太后行不正內寵李弈獻文因事誅之
太后不得意遂害帝承明元年尊曰太皇太后復臨朝聽
政后性聰達自入宮掖粗學書計及登尊極佛法尤為篤
文詔罷鷹師曹以其地為太學書計報怨因謂羣臣曰吾
遊于方山顧瞻川阜有終焉之志因以其地為壽陵於方山又起永固石室將終為
如不從豈必遠祔山陵然後為貴哉吾百歲後神其終此
孝文乃詔有司營建壽陵於方山及起永固石室將終為

清廟焉太和五年起作八年而成刊石立碑頌太后功德
太后以帝富於春秋乃作勸戒歌三百餘章文作皇誥十
八篇文多不載太后又制內屬蜀五廟之孫外戚六親
於龍城皆刊石立碑太后立文宣王廟於長安又立思燕佛圖
緦麻皆具復除性儉素不好華飾躬御縹緗而亡亦上
帝時侍側大怒將加極罰太后天而釋之自太后臨朝專
不安服葊閭子宰人合而進粥有蝘蜓在焉后舉匕得之
政孝文雅性孝謹不欲案決事無巨細一稟於太后太后
多知倩忍能行大事殺戮賞罰決之俄頃多有不關帝者
膳案栽徑又盖膳滋味減於故事十分之八太后曾以人

是以威福兼作覆動內外故杞道德王遇張祐符承祖等
拔自微閽歲中而至王公王遇歲出入卧內數年便為宰輔
賞賚千萬億計金書鐵券許以不死之詔李冲以器能受
任亦由見寵幃幄密加錫賚不可勝數至百餘人亦有寵
侍亦無所縱左右纖介之極動加捶楚多至百餘杖少亦數
十然性不宿憾尋亦待之如初或因此更加富貴是以人
人懷於利欲至死而不思退太后曾與孝文上幸太
羣臣及蕃國使人諸方渠帥各言其方舞孝文上壽泉池每
后忻然作歌帝亦和歌遂命羣臣各頌賜金帛興焉每
九十人太后外禮人望元丕游明根等頌賜

至覈美敏等皆引不及之以示無私文自以過失懼人
議已小有疑忌便見誅戮后之崩之后崩家死者數
李訢李惠之徒情嫌疑滅者十餘家死者數百人率多枉
濫天下冤之三十四年崩於太和殿年四十九其日有雄雉
集于太華殿帝酌飲不入口五日毀慕過禮諡曰文明太
皇太后葬于永固陵之節亦有成命內則方丈外裁殷誄詔曰尊旨從儉
不申罔極之痛亦亦有成命內則方丈外裁俺坎脱於孝
崩感文山陵之節稱情允禮俯損聖德進退思惟倍用
子之心有所不盡者室中可一丈墳不得過三十步今以
陵萬世所仰復廣為六十步孤負遺旨益以痛絕其塋房

大小棺槨質約不設明器至於素帳縵茵蒩尾之物亦皆
不置此則遵先志從冊令俱奉遺葦而從之達未達者
或以致怪梓宮之裏玄堂之內聖靈所已二奉導仰
昭儉德其餘有所不從以盡痛慕之情其宣示遠近
著告羣司上明儉誨之美下彰遵命之失及卒哭孝文服
衰近臣從服三司以下外臣袞服者變服就練七品以下
盡除即吉設祔祭於太和殿以下始親公事帝毀瘠
絕酒肉不御者三年初帝孝於太后乃於永固陵東北里
餘為山園之所而方山虛宮號曰萬年堂云

文成元皇后李氏梁國蒙縣人母頓丘王嶷之妹也后之
生也有異於常父方叔恆言此女當大貴及長姿貌甚麗
太武南征永昌王仁出壽春軍至后宅因得后及仁鎮長
安遇事誅后與其家人送平城宮高祖登百樓謼覓美之
乃下臺者亦私書於齊庫令依故事令后具條記聞貨付同及生獻文
守庫者亦得辛於壁記之別加驗閒貨付同及生獻文拜
貴太安二年太后令依故事令后具條記在南見第及
引所結宗兄洪之悉以付託臨決每一稱兄弟慟泣
獻文思皇后李氏中山安喜人南郡王惠之女也姿德婉
遂薨死後諡曰元皇后葬金陵配饗太廟

淑年十八以選入東宮獻文即位為夫人生孝文帝皇興
三年薨葬金陵承明元年追崇號諡配饗太廟
孝文貞皇后林氏平涼人也父勝位平涼太守叔父金閭
起自閹官獻文初為定州刺史后容色美麗得辛於孝文生皇
子恂以恂將為儲貳太和七年后依舊制薨帝仁恕不欲
死勝寵子有二女入掖庭后容色美麗得辛於孝文生皇
龍未前事而圖宗孝文明太后意故不累行諡曰貞皇后葬金陵
及恂將罪賜死有司奏追廢后為庶人
喪太尉元丕等表以長秋未建六宮無主請正內位孝文
孝文廢皇后馮氏太師熙之女也太和十七年孝文既終
梢有寵后而禮愛漸衰表自以年長且前入宮掖素見待至洛
念輕后而不率妄禮后雖性不妬忌時有慚恨之色昭儀
規為內主譖構百端尋廢后為庶人后貞謹有德操遂為
練行尼後終於瑤光佛寺
孝文幽皇后亦馮熙女母曰常氏本賤微得辛於熙熙元
妃公主薨後遂主家事生后與此平公馮文明太皇太后
欲家世貴寵乃簡熙二女俱入掖庭時年十四其一早卒
后有姿媚偏見愛幸夫幾疾病太后乃遣還家為尼帝
留念焉歲餘而太后崩帝服終頗存訪之又閒后素疹瘰

除遣閹官雙三尒書勞開逐迎赴洛陽及至寵愛過本
初當久宮人稍復進見拜為左昭儀後立為皇后帝頻歲
南征后遂與中官高菩薩私亂及帝在汝南不豫后便公
然醜恣中常侍雙蒙等為其心腹是時彭城公主宋王劉
昶子婦也年少躍雙蒙等志不願后欲強之婚有日矣公主
於孝文婦及僮從十餘人乘輕車冒霖雨赴懸瓠謁孝
密與待婢及僮從十餘人乘輕車冒霖雨赴懸瓠謁孝
文自陳本意因言后與母常氏求託女巫禱厭孝文疾
不起一旦得如文明太后輔少主稱命著賞報不貲又取
秘匿之此後后漸憂懼與母常氏等具得情狀孝帝
遣侍婢與相報苦帝至洛執閹菩薩雙蒙等六人分后臨入令搜
以疾臥含溫室夜引后升列菩薩等於戶外后臨入令搜
右屏左右有所密狀帝文敕中常侍令長秋卿
衣中稱有寸刃便斬后頓首泣謝乃賜坐東楹去御牀二
三姓宮中秖祠假言祈福專為左道母常或自詣宮中或
丈餘孝文示菩薩等陳狀又讓后曰汝有秖術可具言之
右盡屏左右猶不言孝文乃以綿堅塞整
白自小語再三呼整無所應乃令后言昔是汝事隱人莫知之高
耳自小語再三呼整無所應乃令后言昔是汝事隱人莫知他人但
祖乃嘆彭城北海二王令入坐言昔是汝事隱今便令他人但
入勿避又曰此老嫗欲自刃捕我肋上可窮閒本末勿有

所難又云馮家女不能復相發逐且使在宮中空坐有心
乃能自死汝等勿謂吾猶有情也帝素至孝猶以文明太
后故未行發二王出乃賜后辭死訣再拜稽首涕泣及入
宮後帝命中官有問於后罵曰我天子婦當面對豈令
波傳世耶怒留京師雖以罪失寵而夫人嬪妾禮敬
令世宗在東宮留京師雖以罪失寵而夫人嬪妾禮敬
尋南伐后留京師雖以罪失寵而夫人嬪妾禮敬如法唯
波傳世耶命中官有問於后罵曰我天子婦當面對豈令
久華陰德自絕於天吾死後可賜后藥后走呼不肯引決曰官
掩馮門之大過帝崩梓運道自陽乃行遺詔北海王詳奉
宣遺旨長秋卿白整等入授后藥后走呼不肯引決曰官
豈有此也是此諸王輩殺我耳整等執持強之乃含椒而
盡槥宮次洛南感陽王禧等知審死相視曰若無遺詔我
兄弟亦當作計去之豈可令失行婦人宰制天下殺我輩
也諡曰幽皇后葬長陵塋內
孝文昭皇后高氏司徒公肇之妹也父颺母蓋氏凡四
男三女皆生於東南恭王禧乃舉室西歸近龍城鎮表
后德色婉豔及至文明太后親幸比部曹見后奇之意
時后年十三初后幼曾夢在堂內立而日光自窗中照之
庭灼灼而熱后東西避之光猶斜照不已如是數夕怪之以
白其父颺颺以問遼東人閔宗宗曰此奇徵也昔有蹇嘗
灼灼而熱后東西避之光猶斜照不已如是數夕怪之以

入懷猶生天子況日照之徵此女將被帝命誕育人君之
象也後生宣武及廣平王懷樂安公主馮昭儀有
母養帝心后自代如洛陽暴薨於汲郡之共縣或云昭儀有
所忌也宣武之為皇太子二日一朝幽后親視櫛沐母道隆備
加孝文出征宣武時更上尊號遷靈櫬於長陵兆內西
其後有司奏請加號謚曰文昭貴人李氏親從之宣武踐作
之典正姑婦之禮廟號如舊文昭遷靈櫬於祥宮上獲大蚖長文餘黑
北六十步初開終竟陵數文於祥宮上獲大蚖長文餘黑
追尊酖寵后先葬在長陵東南陵制單局因就起山陵號
終靈陵置邑五百家明帝時更上尊號以同漢晉
色頭有王生蟄而不動靈櫬既遷還置蚖舊廬
宣武順皇后于氏太尉烈弟勁之女也宣武始親政事烈
時為領軍緫心脊之任以嬪御未備左右諷謝稱后有容
德帝乃迎入為貴人時年十四甚見寵愛立為皇后后靜
默寬容性不妬忌生皇子三歲夭没其後暴崩宮禁事祕
莫能知也而世議歸咎于高夫人葬永泰陵謚曰順皇
宣武皇后高氏文昭皇后第偃之女宣武納為貴嬪生
皇子早夭又生建德公主後拜為皇后甚見禮重性妬忌
宮人希得進御及明帝即位上尊號曰皇太后尋為尼居
瑤光寺非大節慶不入宮中建德公主始五六歲靈太后

唯明帝而已
有至帝崩不蒙侍接者由具在洛二十餘年皇子全育者
人妬防雖王有如寵后嬪平宣武高肇悍忌嬪御
也欲專其愛後宮接名見阻過孝文時言子近臣稱婦
天下寬之喪還瑤光佛寺殯旨以臣禮初孝文蚖后之寵
出觀母武邑君時天文有變靈太后欲以當禍是夜暴崩
宣武靈皇后胡氏安定臨涇人司徒國珍女也母皇甫氏
產后之日赤光四照京兆山比縣有趙胡者善卜相國
珍問之曰貴不可言女有大貴之表方為天地母生則勿過三人
知也后姑為尼頗能講宣武初入講禪中積歲諷左右
有姿行帝聞之乃召入掖庭為充華世婦而椒庭之中以
國舊制相與祈祝皆願生諸王公主不願生太子唯后每
梅夫人等言緣身一人之死而令皇家不育家嫡也明
帝在孕同列猶以故事相恐勸其薶計后固意確然幽夜
獨誓但使所懷是男次第當長子子生身死不辭既誕明
帝進為充華嬪先是宣武頻喪皇子自以年長深加慎護
為擇乳保皆取良家宜子者養於別宮皇太后及充華皆莫
得而撫視焉及明帝踐阼尊為皇太妃後尊為皇太后
臨朝聽政猶曰殿下後改令稱詔羣臣上書曰陛下自稱
曰朕太后以明帝沖幼未堪親祭欲倣周禮夫人與君交

獻之義代行祭禮官僚議以為不可而太后欲以幛幔
自郊觀三公行事重閤侍中崔光光便據漢和熹鄧后蕭
祭故事太后、悅遂攝行初祀太后性聰悟多才藝姑既
為屍幼相体託略得佛經大義親賭萬機手筆斷決辛西
林園法流堂侍臣射不能者罰之又自射針孔中之大
恍賜左右布帛有差先見太后救造申訟車時御為出自
雲龍大司馬門從宮西北入自千秋門以納冤訟又親覽
孝秀州郡計束於朝堂太后與明帝幸華林園宴羣臣于
都亭曲水令王公已無為賴慈英王公已下賦帛有差太
氣貞明帝詩曰恭已賦七言詩太后詩曰化光造物含

北史列傳一　十九　周

右父薨百寮表請公除太后不許尋幸永寧寺觀建剎於
九級之基僧尼士女赴者數萬人及改葬文昭自石太后
不欲令明帝主軍乃自為喪主出至終寧親覽喪還
哭於太極殿至於哭武親諸謠祀而胡天神不
公王以下從者數百人升于頂中發諸謠祀而胡天神不
在其例尋幸闕口溫水登雞頭山自射象手簪一發中之
敕示文武時太后逼幸清河王懌姪亂肆情為天下所惡
領軍元又長秋卿劉騰等奉明帝於顯陽殿幽太后於北
宮於禁中殺懌其後太后從子都統僧敬與備身左右張
車渠等數十人謀殺又復奉太后臨朝事不克僧敬坐徙

邊車渠等死胡氏多免黙後明帝朝太后於西林園宴文
武侍臣飲至日夕又乃起至太后前自陳外云太后乃欲害
已及騰等死太后合云典此語遂至于極言太后乃起執明帝
手下堂言母子不取父全暴共一宿諸大臣送我入太后為
與帝向東北小閤左衛將軍奚康生謀殺又不果自劉騰
死又寬急太后改元自是朝政疎輕勢傾海內李神軌
所在貪悋鄭儼汙亂宮掖勢傾海內李神軌徐紇並見親
侍十二年中位總揆手握王爵輕重在心宣謠於此矣僧
四方之所稴文武解體所在亂逆土崩魚爛由於此矣僧

北史列傳一　二十　周

敬又因聚集親族逐漸滋濘淳諫曰陛下母儀海內宜輕脫
如此大怒自是不召僧敬內為朋黨防敵耳目明帝所親
幸者太后多以事害之有寵多道人能胡語帝置於左右
實貴賊又於禁中殺領左右鴻臚少卿谷會紹達逆誣所
親也又太后慮其傳致消息三月三日於城南大集中殺之方懸
生女妄言皇子便大赦為武泰元年復陰行鴆毒其半二
親明帝暴崩乃奉潘嬪女言太子即位經數日見人心已
安始言潘嬪本實生女全宜更擇嗣君遂立臨洮王子釗
為主年始三二歲天下愕然及尒朱榮稱兵度河太后盡

召明帝六宮皆令入道大后亦自落髮榮遭騎拘送大后
及幼主於河陰大后對榮多所陳說榮拂衣而起大后及
幼主並沈於河大后妹馮翊君收瘞於雙靈寺武帝時始
葬以后禮而追加諡曰靈

孝明皇后胡氏靈太后從兄冀州刺史盛之女靈太后欲
榮重門族故立為皇后明帝頗有酒德專壁充華潘氏后
及嬪御並無過寵西林本嬪華女俱為世婦　人訴訟咸見
芬范陽盧道約女靖孝女俱遂居於瑤光寺
尒責貴武泰初石齊神武長女也帝見立乃納為后及帝西

幸關中降為彭城王韶妃

文帝文皇后乙弗氏河南洛陽人也其先世為吐谷渾渠
帥居青海號青海王涼州之高祖莫瓌母淮陽長公主女乃多為
拜定州刺史封西平公自莫瓌後三世尚公主女乃多為
王妃甚見貴重父瑗儀同三司兗州刺史母淮陽長公主
王之第四女也若生女何妨也后性好節儉蔬食故
示諸親曰第四女也若此者實勝男年十六文帝納為
妃及帝即位以大統元年冊為皇后仁恕不為嫉妬之心帝益重之
衰珠玉雕綺絕於服玩又仁恕不為嫉妬之心帝益重之
生男女十二人多早夭唯太子及武都王戊存為時新都

關中務欲令蠕蠕寇邊未違北代故帝結婚以撫之於
是更納悼后命后遜居別官出家為尼帝後猜忌恚然
徙后居秦州依子秦州刺史武都王雖悼后猜忌恚然
忘後密令養髮有追還之意然事祕禁莫知者六年春
蠕蠕舉國度河前驅已過夏頗有言蠕蠕為悼后之故興此
役何頗曰豈有百萬之眾為一女子舉也雖然致此物論朕
亦何顏以見將帥乎遣中常侍醫帥馳驛令后自盡后奉
敕撫淚謂寵曰願至尊千萬歲天下康寧死無恨
也因命武都王前與之決遺語皇太子辭旨悽悵因慟哭
久之侍御咸垂泣失聲莫能仰視召僧設供令侍婢數十
人出家手為落髮事畢乃入室引被自裹而崩年三十一

一滅一出後號寂陵及文帝山陵畢手書一萬歲後欲令
葬盤豪積崖為龕而葬神柩將入有一叢靈兒入龕中頃之
后配饗公卿乃議追諡曰文皇后祔於太廟廢帝時令葬
於永陵

文帝悼皇后郁久閭氏蠕蠕主阿那瓌之長女也容貌端
嚴風有成智大統初蠕蠕蠕蠕震死北邊為貴后之來營婚
婚扶風王孚受使奉迎蠕蠕俗以東為貴后之來營好結
席一皆東向車七百乘馬萬足駝千頭到黑鹽池魏朝國
薄文物始至王子亲請正南面后曰我見魏主故蠕蠕女也

魏伐向我自東面字無以辭四年正月至京師并為皇
后時年十四六年后懷孕將產居於瑤華殿聞上有狗吠
聲心甚惡之又見婦人盛飾來至后所后謂左右此為何
人醫巫傍侍悉無見者時以為文后之靈庄會橫橋北后梓宮先
六葬於少陵原十七年合葬永陵帝嘗會橫橋北后梓宮先
至鹿庭妃輀輬後來將就次所軏折不進
志操明秀帝深重之專寵後宮不置嬪御帝既發喪后亦
此女良慰人意發帝之為太子納為妃及即位立為皇后
芬蘊久之幼有風神好陳列女圖置之左右周文曰每見
殷帝皇后宇文氏周文帝文也后初產之日有雲氣滿室
以中忠於魏室罹禍
恭帝皇后若干氏司空長樂正公惠之女也有容色恭帝
納之為妃及即位立為皇后後出家為尼在佛寺薨竟無謚
孝靜皇后高氏齊神武之第二女也天平四年詔娉以為
皇后神武前後固辭帝不許興和初詔司徒孫騰司空襄
城王昶等奉詔致禮以后駕迎於晉陽之丞相第五月立
為皇后大赦齊受禪降為中山王妃後降于尚書左僕射

后妃下　　　　北史十四

齊武明皇后婁氏
蠕蠕公主父郁閭氏
彭城太妃尒朱氏（小尒朱氏）
上黨太妃韓氏
馮翊太妃鄭氏
高陽大妃游氏（李娘　馮娘）
文襄敬皇后元氏（琅邪公主）
文宣皇后李氏（段昭儀　薛嬪　王嬪）
孝昭皇后元氏
武成皇后胡氏
弘德李夫人
後主皇后斛律氏
後主皇后胡氏
後主皇后穆氏
馮淑妃
周文帝后元氏
文宣皇后叱奴氏
孝閔皇后獨孤氏

北史列傳二

一

明皇后獨孤氏
武皇后阿史那氏
武皇后李氏
宣皇后楊氏
宣皇后朱氏
宣皇后陳氏
宣皇后元氏
宣皇后尉遲氏
靜皇后司馬氏
隋文獻皇后獨孤氏
煬愍皇后蕭氏
容華夫人徐氏
宣華夫人陳氏

北史列傳二

二

齊武明皇后婁氏諱昭君贈司徒內干之女也少明悟強
族多娉之並不肯行及見神武城上執役驚曰此真吾夫
也乃使婢通意又數致私財使以娉己父母不得已而許
焉神武既有澄清天下之志傾產以結英豪密謀祕策皆
預又拜勃海王妃閨門之事系決焉后高明嚴斷雅遵儉
約徃來外舍侍從不過十人性寬厚不妬忌神武姬侍咸
加恩待神武嘗將西討出師后夜繰生二男一女左右以

危急請追告神武后弗聽曰王出統大兵何得以我故輕
難軍幕死生命也來復何為神武聞之嗟嘆良久沙苑敗
後侯景屢言請精騎二萬必能取之神武悅以告于后后
曰若如其言豈有讒失景言請精騎二萬必能取之神武
於蠕蠕欲娶其女而未決后曰國家大計願不疑也及茹
茹公主至右避正室之處之神武愧而拜謝焉曰彼將有覺
願絕勿顧慈愛諸子不異己出躬自紡績人賜一袍一袴
手繼戎服以帥左右弟昭以功名自達其餘親屬未嘗為
請嗣位每言有材當用義不以私亂公文襄嗣位進為太
妃文宣將受魏禪后固執不許帝所以中止天保初尊為

皇太后宮曰宣訓潘南即位尊為太皇太后尚書令楊愔
等受遺詔輔政踈忌諸王太皇太后密與孝昭及諸大將
定策之下令廢立武成帝即位復為皇太后孝昭崩太后
又下詔立武成帝大寧二年春太后寢疾忽自興用巫
媼言改姓石氏四月辛丑崩於北宮時年六十二五月甲
申合葬義平陵太后凡孕六男二女皆感夢孕文襄則夢
一嬲龍乃子文宣則夢大龍首尾屬天此張口動目勢狀驚
人孕孝昭則夢蠕龍於地駟武成則夢龍浴於海孕魏二
右詮夢月入裹孕裹城博陵二王夢鼠入衣下后未崩有
童謠曰九龍母死不作孝及后崩武成不改服緋袍如故

未幾登三臺置酒作樂宮女進白袍帝怒投諸臺下和士
閤請止樂帝大怒撾之帝於昆季九蓋其微驗也
魏通和欲連兵東伐神武病之令杜弼使蠕蠕為世子求
晉阿那瓌曰高王自聖則可神武猶豫尉景與武明皇后
及文襄並勸請乃從之武定三年使慕容儼往娉之號曰
蠕蠕公主阿那瓌長女也神武迎蠕蠕公主納為別室
送女且報聘仍戒曰待見外孫然後返國公主性嚴毅神
生不肯華言神武嘗有病不得往公主所禿突佳怒憲神
武自射堂興疾就公主其見將護如此神武崩文襄從蠕
蠕公主產一女焉

彭城太妃尒朱氏榮之女魏孝莊后也神武納為別室敬
重踰於妻妃見必束帶自梅下官神武迎蠕蠕公主還尒
朱氏仰射翔鳭應弦而落妃引長弓斜射飛鳥亦一發而
中神武喜曰我此二婦並堪擊賊後為尾神武太妃不從遂
遇禍小尒朱者兆之女也及文宣狂酒將無禮於太妃太妃
天保初為太妃及文宣神武納之生
城王未幾興趙郡公深私通定
上黨黨太妃韓氏軌之妹也神武微時欲娉之軌母不許及

神武貴韓氏夫巳死乃納之

馮翊太妃鄭氏名大車嚴祖妹也初為魏廣平王妃遷鄴

後神武納之寵冠後庭後生馮翊王潤神武之征劉誕升文

襄蒸於大車神武還一姬生之二姬告之馮翊王潤為證神武杖文襄一

百而幽之武明后亦見隔絕時彭城尒朱太妃有寵生王

子派神武將有廢立意文襄求救於司馬子如子如來朝

如妾如此事正可覆盖妃是王結髮婦常以父母家財奉

偽為不知者請武明告其故文襄遂見神武明后遷見神武一

王王在懷朔被杖背無完皮妃晝夜供給看養後避葛賊

同走并貧困然馬尿自作鞁恩義何可忘夫婦相且女

配至尊男承大業又妻領軍勲何冝搖動一女子如草芥

沉婢言不必信神武因使子如鞠之子如見文襄充之曰

男兒何意畏自訒因教二姬及辭脅告者自縊乃啟神

武曰果言神武大悦召后及文襄武明后遷見神武一

步一叩頭文襄且拜且進父子夫妻相泣乃如初神武乃

置酒曰全我父子者司馬子如賜之黃金百三十斤文襄

贈良馬五十疋

之不許遂牽與取之京之桑死游氏於諸太妃中最有德

高陽太妃游氏父京之為相州長史神武兄鄴欲納之京

訓諸王公主婚嫁常令主之馮娘者子昂妹也初為親任

城王妃適尒朱世隆神武納之生浮陽公主李娘者延宗

妹也初為魏城陽王妃又王娘生永安王浟穆娘生陽

平王淹並早卒不為太妃

文襄敬皇后元氏魏孝靜帝之姊也孝武帝時封馮翊公

主而歸於文襄容德兼美曲盡和敬初生河間王孝琬時

文襄為世子三日而孝靜世子第賜錦綵及布帛萬疋

世子辭求通受諸貴禮遺於是十屋皆滿次生兩公主文

宣受禪為文襄立宅於高陽之宅及天保六年文宣漸致

昏狂乃移居於高陽之宅而取其高氏女婦無親疏皆使左右亂交

我今須報乃潛於后其高氏女婦無親疏皆使左右亂交

之於前以為緝令魏安德王騎上使人推引之又命胡

人苦辱之帝又自呈露以示羣下武平中后崩祔葬義平

陵琅邪公主名王儀魏高陽王斌庶生妹也初不見齒為

孫騰妓滕又放棄文襄遇諸途悦而納之遂被殊寵奏魏

帝封焉文襄謂崔季舒曰爾由來為我求色不如我自得

一絕異者崔暹必當造直諫我亦有以待之及進諫事文

襄不復假以顏色居三日暹懷剌隆之於前文襄問何用

此為暹悚然曰崔暹常恣吾佞在大將軍前每言叔父含叔及

舒語人曰崔暹常云吾佞在大將軍前每言叔父含叔及

其自作体伏乃体過於吾王儀同產妹靜儀先適黃門郎

焉

崔括文襄亦幸之皆封公接父子由是超授寶賜甚厚

文宣皇后李氏諱祖娥趙郡李希宗女也容德甚美初為
太原公夫人及帝將建中宮高隆之高德正言漢婦人不
可為天下母宜更擇美配楊愔固請依漢魏故事不改元
姊而德正猶固請廢后而立段昭儀御乃至有殺戮者唯后獨
竟不從而立為后焉帝將納敦皇后孝昭即位降居昭信
宮號昭信皇后武成踐阼后滛亂云君不許我當殺爾
后懼從之後有娠太原王紹德至閤不得見慍曰見豈

兒后

【北史列傳二】　七▶

不知邪姊姊腹大故不見見后聞之大慙由見生女不舉
帝橫刀詬曰爾殺我女我何不殺爾對后前築殺絕德
后大哭帝愈怒裸后亂檛捶之號以絹囊流血
淋漉投諸渠水良久乃蘇憤車載送妳勝尼寺后性愛佛
法因此為尼齊亡入關隋時得還趙郡段昭儀韶妹也婚
夕韶妻元氏為俗弄女胥法戲文宣之後因發怒
謂韶曰我曾殺介婦元氏懼匿妻太后時改適趙世不取
出昭儀才色兼美禮遇猶同正嫡後主時改適錄尚書唐
邑王孃者琅邪人也孃妳先適崔脩文宣立幸之數數降
其夫家超用脩為尚書郎薛孃著本倡家女也年十四五

時為清河王岳所好其父來內官中大被槚樓寵其妳亦俱
進御文宣後知先與岳通又為其父乞司徒公帝大怒先
銘殺其妳薛孃當時有娠過產亦從戮

孝昭皇后元氏開府元蠻女也初為常山王妃天保末賜
姓步六孤孝昭即位立為皇后帝崩從拜宮之鄭始慶汾
武成闓后有奇藥追論君之不得使閹人就車頗廛辱君
橋武成既殺樂陵王元由是坐免官
順成皇后武成閨令檢推得后父信元蠻由是坐免官
内忽有飛語帝令檢推得后父信元蠻由是坐免官

武成皇后胡氏安定胡延之女其母范陽盧懷道約女懷
后以齊亡入周氏宮中隋文帝作相放還山東

后

【北史列傳二】　八▶

孕有胡僧詣門曰此宅瓢蘆中有月既而生后天保初選
為長廣王妃產後主日有雞鳴於產帳上武成崩尊為皇
太后陸媼及和士開謀殺趙郡王叡出鎮定遠高遠
為剌史和陸詔車太后無所不至初武成時后與諸閹人
藝犚犚武成寵幸和士開每與后握槊因此與后奸通自武
成崩後數出詣佛寺又與沙門曇獻通布金錢於獻席下
又挂寶裝胡狀於佛屋璧壁武成平生之所御也乃置百僧
於內殿託以聽講日夜與曇獻寢處以獻為昭玄統僧徒
遙指太后以弄雲獻乃至謂之為太上者帝聞太后不謹
而未之信後朝太后見二少尼悅而召之乃男子也於是

嘗獻書亦發皆伏法并殺元山王三郡君皆太后之所眄
也帝自晉陽奉太后還鄴至紫陌卒遇大風兼舍人魏僧
伽明風角奏言即時當有暴逆事帝詐云鄴中有急變號
繼馳入南城令鄧長顒幽
大驚慮有不測每太后相見父之帝迎後太后北宮仍有敕內外諸親
一不得與太后相見父之帝設食帝亦不敢當周使元偉來聘
作述行賦敕鄭莊公剋段而還妻氏文雖不工當時深以
為愧齊亡入周恣行姦穢開皇中祖
弘德夫人李氏趙郡李叔讓女也初為魏靜帝嬪武成納

為生南陽王仁盛為太妃姊為南安王思妃坐夫反以燒
之惻憐私遺衣物令出外避焉後又為太妃後又
有馬嬪亦得幸為后所妬自縊死彭樂佳祥起有女因坐
泣以為嬪武成崩後胡后令二嬪自殺二嬪悲哭後主為
死太妃聞之發狂而薨文宣王嬪及中人盧勤又妹武成
父兄事皆入宮為文宣所幸武成以彭為夫人養齊安王
任生丹楊王拉拉為太妃
後主皇后斛律氏左丞相光之女也初為皇太子妃後主
受禪立為皇后武平三年正月生女帝欲悅光詐稱男
為之大赦光誅后廢在別宮後令為尼齊滅嫁焉開府元
仁妻

後主皇后胡氏隴東王長仁女也胡太后夫母儀之道深
以弘德夫人求悅後主故飾后於宮中令帝見之帝果悅立
為弘德夫人進左昭儀大被寵愛斛律后廢陸媼欲以穆
夫人代之太后不許祖孝徵請立胡昭儀遂登為皇后陸
媼既非勤立又意在穆夫人其後於太后前作色而言曰
何物親姪女作如此語言太后有何言不可道固間
后之方立大家云二太后行多非法不可訓以通意後與斛
律廢后俱召入內數日而鄴不守後亦改嫁
後主皇后穆氏名邪利本斛律后從婢也母名輕霄本穆

子倫婢也轉入侍中宋欽道家姦私而生后莫知氏族或
云后即欽道女子也小字黃花後字舍利欽道婦姑輕霄
回顧為舍利字欽道伏誅黃花因此入宮有辛姦養以為
稱為舍利大監女侍中陸大姬知其寵養以為女薦為弘
德夫人武平元年六月生皇子恆於時皇后斛律氏未有儲副陸
女也慮其懷恨先令母養之立為皇太子陸以國姓之重
穆陸相對又奏賜姓穆庶人之發也陸有助焉故遂
立為皇后大赦初有折衝將軍元正烈於鄴城東水中得
一璽以獻文曰天王后璽盂石氏所作認書頒告以為穆后

之瑞為武成為胡后造真珠裙袴所費不可稱計被火燒
後主既立穆皇后復營之蠡周武曹太后賚詔侍中薛
狐康買等為弔使又遣商胡齎錦綵三萬疋與弔使同往
欲市真珠為皇后造七寶車周人不與父易然而竟造為
先是童謠曰黄花勢欲落清觴滿盃酌黄花者以皇后姓
狐詔改姓為穆陸大姬皆以皇后寵以陸為大姬陸嬀
婆為家更不採輕霄後自癢面欲求見為大姬陸嬀
主自立穆后以後昏飲無度故不清觴滿孟酌言黄花不久也後
使禁掌之竟不得見

馮淑妃名小憐大穆后從婢也穆后愛衰以五月五日進

之號曰續命慧黠能彈琵琶工歌舞後主惑之淑妃坐則同席
出則並馬願得生死一處命淑妃處改隆基堂寵曹昭
儀所常居也愛之多令反換其地周師之取平陽帝獵於三堆
晉州亟告急帝將還淑妃請更殺一圍帝柣其言識者以
為後主名緯殺周將言非吉徵及帝至晉州城已欲没帝恐
地道改之城陷十餘步將士乘勢欲入帝敕且止召淑妃
共觀之淑妝點不獲時至周人以木拒塞城遂不下舊
俗相傳晉州城西石上有聖人跡淑妃欲往觀之帝恐弩
矢又橋故抽攻城木造遠橋監作舍人以不速成受罰帝
與沖妃度橋壞至夜乃還補妃有功勳將立為左皇后

即令使馳取襠羅等皇后服御仍與之並騎觀戰東偏少
卻淑妃怖曰軍敗矣帝遂以淑妃奔還至洪洞戍淑妃方
以粉鏡自玩後聲亂賊至於是復走內參自晉陽以皇
后衣至帝為按轡命淑妃著之然後去帝奔鄴太后至
帝不出迎淑妃將至鑿城比門出十里迎淑妃奔
青州後主至長安周武帝以淑妃賜代王達妃帝曰朕視天下如脱
屣一淑妃如脱屣今而復與淑妃為此寵擲
致於死隋文帝將賜達妃兄李詢令著布裙配舂詢母逼
憶昔時憐欲知心惜也仍以賜之及帝遇害妃為
王達其聲之淑妃彈琵琶因絃斷作詩曰雖蒙今日寵猶

令自殺後主以李祖欽女為左昭儀進焉左娥英氏為
右娥英者兼取辭妃娥皇女英名陽休之所制樂人
曹僧奴進一女大肴忭旨剥面戌少者彈琵琶為昭儀以
僧奴為郡王為昭儀別起隆基堂極為綺麗蓬嬀誣以左道
遂殺之又有董昭儀後又貴其兄弟妙達等二人同日
皆為郡王為昭儀別起隆基堂極為綺麗蓬嬀誣以左道
李夫人旨瘕寵之毛能彈筆本和士開薦入帝所幸彭夫
人亦善琵進死於晉陽與撅持相垾一李是録戶
女以五弦進一李即孝貞之女也小王生一男諸閹人在
傍皆蒙賜給毛兄思安超發武衛重又賢義為作重王田

昭儀，亦超登開府，自餘姻屬，諸親至大官。

周文皇后元氏，魏孝武之妹也。初封平原公主，適開府張
歡。歡性貪殘過甚，帝殺歡，改封后為馮翊公主，以配
周文帝，生孝閔帝。魏大統十七年薨，恭帝三年十二月合
葬成陵。孝閔踐祚，帝無禮，帝殺歡，帝為丞相，納為姬，生武帝。

文宣皇后叱奴氏，代人也。周文帝為丞相，納為姬，生武帝。
天和三年六月尊為皇太后。建德三年三月崩，五月葬永
固陵。

孝閔皇后元氏，名胡摩，魏文帝第五女也。初封晉安公主。
帝之為略陽公也，尚焉。及踐阼，立為王后。帝被廢，后出俗
為尼。建德初，武帝誅晉公護，上帝尊號，以后為孝閔皇后，
居崇義宮。隋革命，后出居里第，大業十二年殂。

明敬皇后獨孤氏，太保衛公信之長女也。帝之在藩，納為
夫人。二年正月立為王后，四月崩，葬昭陵。武成初追崇為
皇后。明帝崩，與后合葬焉。

武成皇后阿史那氏，突厥木杆可汗俟斤之女也。突厥滅
蠕蠕後，盡有塞表之地，志陵中夏。周文方與齊人爭衡，結
以為援。俟斤初欲以女配帝，既而悔之。武帝即位，前後累
遣使。為保定五年二月，詔陳公純、許公宇文貴、神武公竇
毅、南安公楊薦等，備皇后文物及行殿并六宮以下，一百

二十人，至俟斤牙所，迎后。俟斤又許齊婚，將有異志。純等
累請不得，及會雷風大起，飄壞其穹廬，俟斤大懼，以為
天譴，乃禮送后。純等奉之以歸。天和三年三月至，武帝撲
以親迎之禮。后有姿貌，善容止，帝深敬禮焉。宣帝即位，尊
為皇太后。大象元年二月，改為天元皇太后。二年二月，
又尊曰天元上皇太后。宣帝崩，靜帝尊為太皇太后。隋開皇
二年殂，年三十二。隋文詔有司備禮，祔葬孝陵。

武帝皇后李氏，名娥姿，楚人也。于謹平江陵，后家被籍沒，至
長安。周文以后賜武帝，後得親幸，生宣帝。宣政元年七月
尊為帝太后。大象元年二月，改為天元帝太后。七月，
尊為天元聖皇太后。宣帝崩，靜帝尊為太帝太后。隋開皇元
年殂，以尼禮葬于京城南。

宣皇后楊氏，名麗華，隋文帝之長女也。帝在東宮，武帝為
帝納后為皇太子妃。宣政元年閏六月立為皇后。帝後自
稱天元皇帝，號后為天元皇后，尋立天元大皇后。自
是與為四皇后，又於五星中立大皇后及三皇后。
右與為四皇后。二年二月詔取象四星，於是后及左皇
右加大焉，冊授后為天元大皇后，又立五天中大皇后，與后
為五皇后。後帝昏暴滋甚，喜怒乖度，嘗譴后，欲加之罪，后進止
仰之。帝後昏暴滋甚，其柔婉不妒，四皇后及嬪御等咸愛而

許閒辭色不撓帝大怒遂賜后死逼令自引決后母獨孤
氏聞之請閒陳謝叩頭流血然後得免帝崩靜帝尊后為
皇太后居弘聖宮初宣帝不豫詔隋文帝入禁中侍疾及
大漸劉昉鄭譯等因矯詔以隋文帝受遺輔政后初雖不
預謀然以嗣主幼沖恐權在他族不利於己聞昉等謀行
此詔心甚悅後知隋文有異圖意頗不平及行禪代之際
愈甚隋文內甚愧之開皇初封后為樂平公主後又議奪
其志后誓不許乃止大業五年從煬帝幸張掖殂於河西
帝令備禮祔葬后於定陵

宣帝后朱氏名滿月美人也其家坐事沒入東宮宣帝之
為太子后被選掌帝衣服帝年長於后十餘歲以後色美
為天元帝七月改為天元大皇后二年二月又改為天
大皇后本非良家子文年長於帝十餘歲蹀躞無寵以
靜帝故特尊崇之班亞楊皇后焉宣帝崩靜帝尊后為帝
太后后隋開皇元年二月出俗為尼改名法淨六年殂以
禮葬于京城西

宣帝后陳氏名月儀自云潁川人大將軍山提之第八女
也太象元年六月以選入宮拜為德妃月餘立為天左
皇后二年二月改為天左大皇后二月又詔以坤儀比德
土載惟五四大皇后外增置天中大皇后一人於是以后

父山提本爾朱之隸仕齊位特進開府東兗州刺史謝
陽王武帝平齊拜大將軍封浙陽公大象元年刺史謝
接上柱國進鄴國公除大宗伯
宣帝后元氏名樂尚河南洛陽人開府晟之第二女也
年十五被選入宮帝貴妃大象元年帝崩后出家為尼改名華勝
二年二月改為天右大皇后宣帝崩后出家為尼改名華勝
初后與陳皇后同時被選入宮俱拜為妃及升后又同日
受冊朱氏尉遲后立相繼殂殁而二后貞觀中尚存后父
後奉朱氏尉遲后立相繼殂殁而二后貞觀中尚存后父
晟少以元氏宗室拜開府大象元年七月以后父進位上
柱國封鄴國公
宣帝皇后尉遲氏名繁熾蜀公迥之孫女也有美色初適
杞公亮子西陽公溫以宗婦例入朝帝逼幸之及亮謀逆
帝謀溫追后入宮拜長貴妃及真謀逆
靜帝司馬皇后名令姬柱國滎陽公消難之女也大象元
年二月宣帝傳位於帝七月為帝所納后為皇后二年九月
隋文帝以后父弃陳廢后為庶人後嫁為隋司州刺史李
丹妻息觀初適存

隋文獻皇后獨孤氏諱伽羅河南洛陽人周大司馬衞公
信之女也信見文帝有奇表故以后妻之時年十四帝與
后相得誓無異生之子后姊為周明帝后長女為周宣帝
后貴戚之盛莫與為比而后每謙卑自守及周宣帝崩隋
文帝輔政后揮立為皇后受禪通謂文帝曰騎獸之勢必不
得下勉之及帝受禪立為皇后突厥嘗與中國交市有明
珠一篋價直八百萬幽州總管陰壽白后市之后曰今
戎狄屢寇將士罷勞未若以百萬分賞有功者而進至
而罷賀文帝甚寵憚之帝每臨朝后輒與上方輦而

閤乃止使宮官伺帝政有所失隨則匡諫多所弘益候帝
退朝而同反宴寢相顧欣然后早失二親常懷感慕見公
卿有父母者每為致禮焉后言司奏曰周禮百官之妻命於
王后憲章在昔請依古制后曰婦人與政或從此漸不
可開其源也不許后每謂諸公主曰周家公主類無婦德
失禮於舅姑離薄人骨肉此不順事爾等當誡之後
都督崔長仁后之中表兄犯法當斬文帝以后故欲免之
后曰國家之事焉可顧私帝卒行之大都督崔長仁竟坐死
坐當死右三日不食為之請命曰陛下若憐妾見殺妪者不敢
言當坐為妾身請其命陶於是滅死一等后雅性儉約帝
常令止利藥須胡粉一兩宮內不用求之竟不得又欲賜

柱國劉昶妻織成衣領官內亦無上以后不好華麗時齊
七寶車及鏡臺絕巧麗使駕車而以鏡臺賜后后雅好讀
書識達今古凡言事皆與上書合宮中稱為二聖嘗謂后曰
阿史那后兄女受罪辛苦來營功德明旦言之上為立寺后曰
福焉后兄女夫死於并州后嫂以女有姝請之上許令遂行后曰
婦人事夫何容不徃其姑在宜自諧之姑不許安遂行后曰
顏仁愛每聞大理決囚未嘗不流涕然性尤妬忌後宮莫
敢進御尉遲迥女孫有美色先在宮中帝於仁壽宮見而
悅之因得幸后伺帝聽朝陰殺之上大怒單騎從苑中出
不由徑路入山谷間三十餘里高頻楊素等追及扣馬諫

帝太息曰吾貴為天子不得自由高頻曰陛下豈以一婦
人而輕天下帝意少解駐馬良久夜方還宮后俟上於閤
內及帝至流涕拜謝頻素等和解之上置酒極歡后自此
意頗折初后以高頻是父之家客甚見親禮至是聞知頻
已為一婦人因以衡恨又以頻夫人死其妾生男益不善
之漸加譖毀帝亦每事唯后言是用后見諸王及朝臣有
妾孕者必勸帝斥之時皇太子多內寵頻妃元氏暴薨后
太子受妾雲氏害之由是諷帝黜高頻廢太子立晉王
廣皆后之謀也仁壽二年八月甲子月晷四重已巳太
犯軒轅其夜后崩於永安宮時年五十九葬於太陵其後

宣華夫人陳氏容華夫人蔡氏俱有寵帝頗惑之由是發
疾及帝篤謂侍者曰使皇后在吾不及此云
宣華夫人陳氏宣帝女也性聰慧姿貌無雙及陳滅配
掖庭後選入宮為嬪時獨孤皇后性妬後宮罕得進御惟
陳氏有寵煬帝之在藩也陰有奪宗之計規為內助每致
事六宮莫與為比及皇后崩進位為貴人專房擅寵主斷內
禮為進金蛇金駝等物以取媚皇太子廢立之際
頗有力焉及文獻皇后崩遺詔拜為宣華夫人初煬帝所
疾於仁壽宮帝危篤與皇太子同侍疾平旦出更衣為太子所
過夫人拒之得免歸於上所上怪其神色有異問之夫人
泣以實對帝恚曰畜生何堪付大事獨孤誤我意謂廢
皇后也因呼兵部尚書柳述黃門侍郎元巖曰呼我兒述
等呼太子帝曰勇地述出閣為敕書訖示左僕射楊素
素以白太子太子遣張衡入寢殿令夫人及後宮同侍
者遽就別室俄聞上崩而未發喪也夫人與諸後宮相顧
曰事變矣皆色動股慄晡後太子遣使者齎金合帖紙於
際親署封字以賜夫人夫人見懼以為鴆毒不敢發使
者促之乃發見合中有同心結數枚諸宮人共相謂曰得免
死矣陳氏恚而卻坐不肯致謝諸宮人共逼之乃拜使者
其夜太子蒸焉煬帝即位出居仙都宮踰歲餘而終

時年二十九帝深悼之為製裳神傷賦
容華夫人蔡氏丹楊人也陳滅以選入宮為世婦容儀婉
嬺帝甚悅之以文獻后崩後漸見寵遇拜
為貴人參斷宮掖亞於陳氏帝寢疾加號容華夫人帝崩
後亦為煬帝所蒸
煬帝愍皇后蕭氏梁明帝巋之女也江南風俗二月生子
者不舉后以二月生由是季父岏岋收養之未幾岋及妻俱
死轉養張軻家軻其貧窶后躬親勞苦岋子安玄俱
帝為晉王選妃於梁卜諸女皆不吉岋歸乃迎后於舅氏使
占之曰吉遂冊為妃后性婉順有智識好學解屬文頗知
占候文帝大善之煬帝甚寵敬焉及帝嗣位立為皇后帝
每遊幸未嘗不隨從時后見帝失德心知不可不敢措言
因為述志賦以自寄焉其詞曰承積善之餘慶備箕帚於
皇庭恐名之不立將負累於先靈乃勉志於經書諒熏惛而
懼於玄黃雖自強而不息懼欲蓋而彌彰嗟夜月之
才追心而弗逮實庸薄之多幸何降寵之彌豐日月齊明而
地厚屬王道之升平均二儀之覆載與日月而齊明邁春
生而廣運之嘉惠賴天高而
執有念於知足苟無希於濫名惟至德之弗通於
聲色感懷舊之餘恩求故劍於宸極叩不世之殊眄謬非

【上欄】

才而奉職何寵祿之踰分撫曾傑而未識雖沐浴於恩光
內慙悚而累息頋微躬之寡昧思令淑之良難實不違於
啟處將有情而自安若臨深而履薄心戰慄其如寒夫居
高必危每處滿而防溢知忝夸之非道乃攝生於冲謐
噫寵辱之易驚倘尚無為而抱一懷謙光而守志且願安乎
容膝珠樓玉泊之奇金屋瑤臺之美雖時俗之崇麗蓋嘗
人之所鄙愧綺繡之不工豈綠竹而喧耳於經史之可尊
明善圖女豈今是而昨非噫黃老之猶思信為善之可歸
躬而三省覺今是而昨非噫黃老之猶思信為善之可歸

【上欄中央】
北史列傳二　王　二十一

慕周姒之遺風美虞如之聖則仰先哲之高才慕萋人之
休德節菲薄而難跋心怡愉而去惑乃平生之耿介豈禮
義之所遵雖生知之不敏庶積行以成仁慄達人之蓋寡
訓心觀女圖而作軌遵古賢之令範異福祿之能綏時循
謂何求而自陳誠素志之難寫同絕筆於獲麟及帝幸江
都臣雖戴有宮人自右日外聞人人欲反右日任汝決
之宮人言於帝大怒曰天下事一朝至此勢去
已然無可救也何用言徒令帝憂煩耳自是無復言者及
右日宿衛著性偶語謀及右曰非波宜言乃斬之後宮人復白

【下欄】
文終棄其失良有以也神武肇興承業武明追踪周亂溫
公之敗邦家馮妃比跡歷右然則汗隆之義蓋有係焉其
餘作嬖為嬖外平內憂臨金之近代於齊周氏粵自文
皇建平年踰二紀世歷四君業非草昧事求狥私之
政而課士彊奇真臣鉗口過矣哉而歷觀前載以分厥庶
讞敵奇正之道有異於斯千時武皇雖受制於人未親庶
外利既而報者倦矣她者無獄回之所謂和親序求狥狼之
宜之曰乃棄同即異以夷亂華泪婚姻之夷序求狥狼之
政而傾漢室之王族使周家者楊氏何滅亡
之禍若合契為隋文取鑒於已逮大董前失故母右之家
君宰輔者多矣而傾漢室之王族使周家者楊氏何滅亡

【下欄中央】
北史列傳二　二十二

二十一年詔以皇右禮於揚州合葬於煬帝陵諡曰愍
貞觀四年破突厥皆以禮致之歸于京師賜宅於興道里
迎右建德不敢留遂禮其孫正道及諸女入於虞庭大唐
時突厥處羅可汗方盛其可賀敦即隋義城公主也遣使
論曰男女正位人倫大綱三代巳還建於漢晉何嘗不敗
於嬌被而興於聖淑至如右稷墨巨迹於神元生自天女
克昌苗葉異世同符魏諸后婦人之識無足論者文明
險不隆國靈右漙炎卒七天下傾城之義其在茲乎乙
親世遂為常制子貴而其母必死矯枉之義不亦過乎卒
右迫於畏過有足傷矣晉鉤弋年少子幼漢武所以行權

不罹禍敗獨孤權無呂霍襲獲全仁壽之前蕭氏執與梁寶
不傾大業之後至或不隕舊基或更隆克構豈非勳之以
道其所致然乎

列傳第二　　　　　　　北史十四

方治周益周之覬　孫粹然　校正

列傳第三

魏諸宗室

上谷公紇羅

武陵侯因　　建德公嬰文　貞定侯陸　　　長樂王壽樂

望都公穎

武衛將軍謂　淮陵侯大頭　扶風公處真　長安公泥

六脩

曲陽侯素延　　順陽公都　　宜都王目辰

定君　　高涼王孤　司徒石　河間公齊　文安公泥

秦王翰

常山王遵　五世孫亨

陳留王虔　五世孫暉

毗陵王順

遼西公意烈

窟咄

〔上谷公〕紇羅神元皇帝之曾孫也初從道武皇帝自獨孤
如賀蘭部與爭建勒即闊訥推道武為主又道武即帝位
以援立功與建同日賜爵為公至子題賜爵襄城公後進
爵為王譬慕容驎於義臺中流矢薨帝以太醫令陰光為

北史列傳三

視瘵不盡衍伏法子悉襲祖隆爵為襄陽公至贈襄城王神
元後又有建德公嬰文真定侯陸社大武時護封爵

武陵侯因長樂王壽樂之後也因以長樂王壽樂之後也素
以功封曲陽侯太武時改爵武陵王文成即位壽樂有援立功拜太尉大都督
王改封長樂王文成即位壽樂選部尚書南安
中外諸軍錄尚書事以功與當賣長孫渴侯爭權立伏

望都公穎昭帝之後也蓋道武平中原賜爵望都侯太武
以穎美儀容進止可觀使迎左昭儀進爵為公卒

曲陽侯素延順陽公都宜都王目辰素延

法

以小統從道武征討讁部初定并州為刺史道武驚怒
柏肆也并州守將封賞真為逆索延斬之時道武意欲撫
悅新附悔殺之誅而素延多坐免官中山平拜
幽州刺史豪貴奢放選上谷守後賜爵曲陽侯持道
武留心黃老欲以純風化俗雖乘輿服御皆去雕飾素延
奢侈過淮帝深衛其過因徵其過賜延郁郁少忠正允直
文成時侯殺中當書賜爵順陽公文成崩乙渾為
順德門入欲誅諸渾窖怖遂奏獻文臨朝後復謀殺渾為
渾所誅歛郡忠正追贈順陽公諡曰簡目辰順陽公
位歷侍中尚書左僕射封南平公渾謀亂目辰順陽公

誅殺之事發旦辰逃兔獻文傳位有定策勳孝文即位進
爵宜都王除雍州刺史鎮長安有罪伏法爵除
六修穆帝長子也少善騎射穆帝五年遣六修與輔相衛雄
起班及姬澹等救劉琨帝躬統大兵為後繼劉聰懼突圍
而走殺傷甚眾帝因大獵壽陽山陳閱皮肉山為變赤穆
帝少子比延有寵欲以為後
六修有驊騮駿馬日行五百里穆帝欲取以給比延後六
修求朝穆帝又命拜比延六修不從穆帝乃坐比延於已
所乘步輦便人車從出遊六修望見以為穆帝謁伏路左
及至乃是比延慙怒而去穆帝怒伐之帝軍不利六修殺

比延帝改服微行人間有賤婦人識帝遂暴崩桓帝子普
根先守于外聞難來赴滅之

古陽男比干江夏公呂道武族第也比干少司衛監討
白澗子零有功賜爵吉陽男後為南道都將戰沒呂以軍
功封江夏公位外都大官大兄尊重卒贈江夏王陪葬金
陵
高涼王孤平文皇帝之第四子也多子藝有志略烈帝之
前元年國有內難昭成如襄國後烈帝臨崩顧命迎立昭
成及朋羣臣感以新有大故昭成未可果宜立長君次
第孤剛猛多變不如孤之覺和柔順於是大梁蓋等殺

母共推孤不肯乃自鄴奉迎請身留鄴為質石季龍義而
從之昭成即王位乃分國半部以與之鑿子斤夫職懷恐
曰神斤子真樂頻有戰功後襲祖封高追封高涼王諡
王鑿子禮襲本爵高涼王鑿諡懿王子那襲爵拜中都大
官廟猛攻戰正平初坐事伏法獻文時諸王減道武子孫改
紀紹封鑿子大曹性應直孝文時諸王米道位追勳孝前朝改
封太原郡公卒無子國除宣武大曹從兄子洪威紹
峰爵為公义大曹先世襲國功重高祖其樂卒賜諡
赤謙好學寡諧川太守有政績孝靜初在潁川殞西

魏源神武道將討平之禮弟陵太武賜爵襄邑男進爵為
子卒子襄位承爵鎮司馬瓌子藝字孔雀少以軍功
榮共登高壘俯而觀之自此後與榮合永安初封華山王
遂帝既殺余朱榮從子兆為亂帝欲率諸軍親討而藝與
北陰通乃勸帝曰黃河萬閃寧可卒度由馬之謀孝靜及兆入
發驚文約止備兵侍中熱容貌別壯魯帶十圍有武藝未訥少
為大司馬加侍中熱容貌別壯魯帶十圍有武藝未訥少
言性力厚每息直省闇難身月不解衣冠買於侍中高岳武
之庶咸陽王坦恃力使酒羣臣皆下之坦譖蠹曰孔雀老武

15-221

官何因得王羲之書答曰斬友人元懌首是以得之振皆失色
驚恠然如故與和三年薨贈假黃鉞尚書令司徒公子大
器襲爵後與元遵謀篡見害孤孫遵道武初賜爵
松滋侯位比部尚書卒子之斤龍驤將軍賜爵齒
拜外都大官甚優重子子平宇楚國襲開口而笑孝文遷都賜艾陵
功賜艾陵男卒子襲孝文時襲爵松滋侯閱降侯賜艾陵以
伯毅性剛毅雖有吉慶都大將因別賜長酒雖拜飲而頳色
代君留頴陰懷湖鎮都大笑宣爵為朕笑竟不能得
不泰帝聞公一生不笑今方隔山嘗亦何事不有左右
帝曰五行之氣偏有所不入六合之間亦何事不有左右

見者無不把腕大笑宣武時為北中郎將帶河內太守長
以河橋船纜路陜不便行旅又秋水汎漲年常破壞乃為
船路遂舊所工軍從京出者率令輪石一雙累之歷位度支尚書
求往便利近橋蒨郡無復勞擾公私賴之養子子華字
侍中雍州刺史辛謐曰成長年以後官位微達乃自尊
促閹門無禮昆季不禮性又貪詹論者鄙之養子子華字
伏奏襲爵荓初除荊州刺史先是州境數經反逆邢泉
之亂人不自保而性甚褊急當其忿急口不擇言于自捶擊長史
內帖然而性甚褊輪急當其忿急口不擇言于自捶擊長史
鄭子其子華親友也諶悔罵遂即去之子華雖自悔萬終

不能改在官不為矯潔之行凡有餽贈者辭多受少故人
不貽其取韓獄訊四務加仁恕尒人樹碑頌德後除濟州
刺史尒朱兆之入洛也兖州城人趙周逐刺史元顯先隨子
蕭贊表濟南太守旁士達攝行州事洛周逐刺史子華母房氏
華在濟州邀路改表請子華復為兖州刺史子華遂
曾就親人飲食夜還大吐人以為中毒母甚憂懼子華
謂令僕曰速可見殺何為父執國士子華謂子思曰由波
擒吐歐之其母乃安尋以憂還都孝靜初除南兖州
刺史弟子思通使閱西朝廷使右衛將軍郭瓊收之子思
麤疎令我如此頭叩牀涕泣不自勝子思以手將鬢顧謂
御史中尉先是兼尚書僕射元順奏以尚書百揆之本至
於公事不應為送御史至子思奏以尚書百揆之本至
報念性剛暴恆以忠烈自許元順奏以尚書百揆之本至
子華曰君惡體氣尋與子思俱賜死於門下外省子思
道一里王公百辟避路時經四帝前後中尉二十許人奉
司百寮書侍御史紏察繁內又云中尉出行車輻前驅除
周旋未嘗暫察府寺臺省近從此令唯蕭宗之世為臨
逃華哀故兼尚書左僕射臣順不肯與名又不送帳故中
尉華遷道元孳而奏之而順復啟云尚書百揆之本令僕
尉臣鄮道元孳而奏之而順復啟云尚書百揆之本令僕
納言之貴不宜下隸中尉送名御史尋亦彖敕聽如其奏

從此迄今使無准一臣初上臺具見其事意欲申請決議
但以權兼斯未宜便爾日後一日遂歷炎涼去月朝旦臺
移尚書索應朝名帳而省稽留不送尋復催井妻忽
為尚書郎中裴獻後注云棠舊事御史中尉逢臺郎於
禝道中尉下車執板郎中裴獻即道移閤事何所依又獲尚書
敵體臣既見此深為怪愕旅省二三未解所以正謂都省別
被新式改易高祖舊命即道移閤事何所依又獲常書
即王元旭報出恭氏漢官似非穿鑿始非裝王亦規典
謹兩人心欲自矯臣棠漢書宣秉乘云詔徵秉為御史中丞
與司隸校尉尚書令俱會殿廷並專席而坐京師號之為

四事州 ｜北史列傳三｜

〔七道〕

三獨坐又尋魏書崔琰傳晉文陽傳故傳皆云既為中丞
百寮震悚以此而言則中丞不揖省郎蓋已久矣憲臺不
屬都坐亦非今日又尋職令云朝會失時即加彈紏則百
官簿帳應送尚臺灼然明矣又皇太子以下違犯憲制皆
得紏察則令史專執朝名宜付御史又亦彰灼矣不付名至召藏
郎中臣裴獻伯王元旭等望班士流早條清宜輕年短札
斐然若斯苟執異端勿為至此此而不綱將隨朝令請以
何驗臣順專執未為平通先朝曲遂亘是正法謹案尚書
見事免獻伯等所居官付法科劾尚書納言之本令僕百
按之要同彼浮虛助茲未失宜明首從節級其罪詔曰國

異政不可擾之古事付司徹高祖舊格推尋得失以聞尋
俊子惠奏仍為元天穆所忿遂徙守元顥之敗封安定縣子
從靜時位侍中而死弟長城王彧之死珍率壯士害之子
天穆其盛贈司空天穆性和厚美形貌射有能名六鎮之
曲事高肇遂為帝寵昵彭城王勰之死珍率壯士害之
卒於尚書左僕射平弟生游擊將軍卒弟以子之後
乱尚書令李樂廣陽王深討天穆以太尉便勞諸軍路
出秀容見介未榮深結託約為兄弟未幾改授別將封
委容為榮腹心除并州刺史及深赴洛天穆參其始謀莊
帝踐阼除太尉封上黨王徵赴京師後墳封通前三萬戶

〔八道〕

尋監國史錄尚書事開府世襲并州刺史初杜洛周鮮于
修禮為寇瀛冀諸州人多避亂南向幽州前北平府主簿
河開邢杲擁率部曲七千餘家以拒洛周葛榮垂將二載
又廣陽王深等敗後杲南度青州北海界靈太后詔流
人所在皆置命蜀郡縣選豪右為守令以撫鎮之時青州
刺史元世儁表置新安郡以杲為太守未報會臺省休恥
授郡縣以杲從子瑤資陰呂前刀授河間邢杲起逆率來
恨於是遂反所在流人先為土人陵忽聞杲起遠率來
之旬朔之間眾喻十萬先是河南人常笑河北人好食榆
葉故眾人號之為醶榆賊杲東掠光州盡海而還又破都

叔本軍詔天穆與泰神武討大破之泉乃請降傳送
京師斬之時元顥乘虛陷滎陽天穆聞莊帝北巡自畢公
壘北度會車駕於河內介朱榮以天時炎熱欲還師天穆
苦執不可榮乃從之莊帝還宮加太宰羽葆鼓吹增邑通
前七萬戶　天穆以踈屬本無德望憑藉介朱爵位隆盛當
時薰灼朝野王公已下每且盈門受納財賄珍寶充積而
寬委容物不甚見忌於時任帝以其榮黨以兄禮事天
穆乘車馬出入大司馬門天穆與榮同時見殺即閔初贈
其相覩任如此莊帝內畏惡之與榮同時見殺即閔初贈

丞相柱國大將軍雍州刺史假黃鉞謚曰武昭子儼襲爵
才貌位都官尚書及郊受禪聞敕召假病遂怖而卒
西河公敦平文之冑孫也道武初從征名名後從
征中山所向無前明元時拜中都大官太武時進爵西河
公龍遇彌篤辛子撥襲
武衛將軍謂烈帝之第四子也其智力絕人隨道武征伐愛有
司徒石平文帝之玄孫也比部侍郎即華州刺史
位尚書令雍州刺史歷比部侍郎即華州刺史
討有功除武衛將軍謂烈帝之玄孫也寬雅有將略常從道武征
戰功官至鉅鹿太守子與都聰敏剛毅文成時為河間太

太尉錄尚書事時淮南王佗淮陽王尉元河東王苟頹並
以舊老見禮每有大事引入禁中乘步挽杖于朝進退相
隨王佗元三人皆容貌壯偉儀擢曇帶十圍大耳秀眉鬚鬢斑
白百寮觀瞻莫不祗聳唯苟頹小為短劣姿望亦不逮之
孝文文明太后重年效存問周渥不絕聲氣高朗博記國
事鄉宴之際恂恂居坐端必抗音大言敘列既往成敗帝后
敬納為然諸事要人驕悔每見王敬造宅故亦為王敬造甲第第成帝后
下之時文明太后為王敬造宅故亦為王敬宣詔謝太后金印
幸之率百官文武饗宴為王敬宣詔謝太后金印
一枋才隣才臣才君則亡逸於上臣則復冰於下若
日臣才隣才臣才君則亡逸於上臣則復冰於下若

守賜爵樂城子為政嚴猛百姓憚之獻文初以子不貴重
進爵樂城侯謝老歸家帝益禮之賜几杖服物致膳於第
其妻妻氏為東陽王太妃辛丑追贈定州刺史河間公謚曰
宣子提襲爵提第二太武時從駕臨江賜爵興平子
獻文即位累遷侍中尚書令改封東陽公孝文時封東陽王拜侍中司徒
之遷尚書令改封東陽公孝文時封東陽王拜侍中司徒
公子超生車駕親幸其弟乙渾謀反王以奏聞誅渾使
役調求受復除若有姦邪人方便誣謗毀者即加斬戮尋遷
傳示子孫把至百聽斬戮責怒之放其同籍丁口雜使

北史列傳三 十一

能如此太平豈難致乎及玉妻段氏卒謚曰恭妃又特賜
玉金券後例降王爵封平陽郡公求致仕詔不許又重駕
南伐玉與廣陵王羽留守京師並加使持節詔玉羽曰留
守非賢莫可大尉廣陵王羽留守京師尊德重位揔阿衡羽朕之懿弟溫柔
明斷故使二人留守京邑授以二節賞罰在手其祗允成
憲玆稱朕心玉不對曰謹以死奉詔羽對曰公傾朕漢事故親
乃詔玉等以移都之事使各陳志燕州刺史穆羆進曰今
及帝還代玉請作歌詔許之歌訖帝曰老者之智少者之決波何得爾也
歌述志令經構已有次第故斬還禧京願後時亦同發適
居中原帝曰黃帝都涿鹿既定亦遷于平城既亦不必悉
河南廣陵王羽曰臣思奉神規光宅中業請決之卜筮帝
曰昔軒轅請卜兆龜焦乃問天老天老謂為善遂從其言然致
昌言然則至人之量未然審於龜筮乃龜既焦吉乃首平曰
文皇帝棄背明成營居盛樂道武應天遷居平城朕
幸屬勝殘之運故宅中原此又十年使其徙居徐移朕
自多積年儲不令窘乏前懷州刺史青龍前秦州刺史呂
受恩等仍守愚固帝皆撫而杳之嘗屈退帝又將北巡玉
遷太傅錄尚書事頻表固讓詔斷表啓就家拜授玉留守

北史列傳三 十二

詔在代之事一委太傅賜上所乘車馬往來府省玉雅愛
本風不達新式至於變俗遷洛改官制服禁絕舊言皆所
不願帝亦不逼之但誘示大理令其不生同異至於衣冕
已行未服帝列在坐隅重亦不彊責之稍加弁帶而
不能俯飾容儀帝以玉年衰體重亦不疆責及罷降非道
南征玉表乞少留思後圖後會同徒馬誕覲詔曰今洛邑肇構
武子孫及異姓王者雖駁於公爵而利遠封邑亦不快帝
縱欲為孝其如大孝何欲為義其如大義何天下至重
政豈豈成勞開關閱豈有以天子之重遠赴舅國之喪朕
祔不玉又以熙豈千代更圖後事有以玉年衰體重詔曰今洛邑肇構
君臣道懸豈苟相誘引陷君不德令僕已下可付法官
貶之又詔以玉為都督領并州刺史玉前妻子隆同產數人皆與
封新興公初李沖文德望所屬既當時貴要情遂改
子超娶沖兄女即伯尚妹也玉前妻子隆同產數人皆與
別居後帝入所生同宅共氏玉父子情因此偏玉父子大
意不樂遷洛帝之發平城太子恂留於時以老居并州雖
與穆泰等密謀留恂因舉兵據北玉時以老居弁州雖
不預始計而隆咸以告玉玉外慮不成口乃致難心頗
幸帝幸平城推穆泰等首謀隆兄弟並是黨玉亦隨
然之及帝幸平城每於訓問令玉坐觀與元丕等兄弟並以謀逆
駕至平城每於訓問令玉坐觀與元丕等兄弟並以謀逆

有司奏處以義詔以王應連坐但以先許之死不死詔躬非
凑遠之身聽免死仍為太原百姓其後妻二子聽隨隆起
母弟及餘庶兄弟皆徙敦煌不時年垂八十猶自平城力
洛陽後宣帝引見之以不舊老禮有加焉茲敕留
崩不肯并來赴宣武帝每遇左右慰勉之乃還晉陽孝文
載隨駕至洛留為兄弟皆徙坐二子扶侍坐起不仕歷六世
亦同誅超第傳邑近以軍功傳封新安縣男邑封涇縣男
禄大夫冀州刺史都事特令二子扶先以反誅隆弟之升超
絕人事詔以不為三老景明四年薨年八十二詔贈左光
垂七十年位極公輔而還為庶人然猶心戀京邑不能自

淮陵侯大頭烈帝之曾孫也善騎射擢為內三郎文成初
封淮陵侯性謹密帝甚重之位當北將軍卒贈高平公諡曰
烈

河間公齊烈帝之玄孫也少雄桀粗岸太武征赫連昌太
武馬躓賊過帝齊以身捍決死力戰賊乃退帝得上馬
是日微齊帝幾至危殆帝以微服入其城齊固諫不許乃
與數人從帝入城內既覺諸門悉閉帝及齊等因入其宮
中得婦人裙縈之縋上帝乘而上因此得援於齊有力焉
賜爵浮陽侯從征和龍以功拜尚書進爵為公後與新興
王俊討禿髮保周坐事免官爵宋將裴方明陷仇池太武

復授齊前將軍與建與公古弼討之遂剋仇池威振羌氏
復賜爵河間公與武都王楊保宗對鎮駱谷時保宗弟文
德說關險自固有期矣秦州主簿邊谷知之密告齊晨詣
馳驛送臺諸民遂推文德為主求援於宋宋遣將房亮之
保宗呼曰古弼至欲宣詔保宗出齊呢左右扶保宗上馬
符昭嗥龍驤等率眾助文德齊擊斬殺龍驤兒之遂平以
功拜內都大官卒諡敬王長子陵襲爵陵性抗直天安初
為乙渾所害陵弟蘭以忠謹見寵孝文初賜爵建陽子卒
於武川鎮將子志字猛略少清辯彊幹歷臺聽書頗有文
不為洛陽令不避彊禦與御史中尉李彪爭路俱入見面

陳得失彪言御史中尉辟除華蓋駐論道劍戟安有洛陽
令與臣抗衡志言神鄉縣主普天之下誰不編戶豈有佩
同衆官趨避中尉孝文曰洛陽我之豐沛自應分路揚鑣
自今以後可分路而行及出與彪折尺量道各取其半帝
謂邢巒曰此兒竟可所謂王孫公子不鏤自彫帝嘗親幸
霜賴條故多劭帝非鸞則鳳馮俊昭儀
之弟持勢恣驕所部里正志為從事中郎軍駕南征帝微服觀
忏旨左遷太尉主簿俄為從軍中郎除官由此
戰所有箭欲犯帝志以身鄣之帝微服
一目喪明以志行恒州事宣武時除荊州刺史還朝御史

中尉王顯奏志於在州日抑買良人為婢無乘請供朝會
赦明帝初無廷尉卿後除楊州刺史賜爵建忠伯志在
州威名雖減李崇亦為荊楚所憚壽為雍州刺史晚年就
好聲伎在楊州日侍側後聚斂無極聲名益損及莫折念生
雍州逾都督後討之念生遣其弟天生屯龍口與志相持為
為西征都督尚書討之念生欲降志不聽城人果開門引賊鏃志
賊所乘棄大眾奔還岐州賊遂攻城州刺史裴芬之疑志
城人與賊潛通將盡出之志節閉門引賊鏃志
及勞之送念生見害節閟出初贈尚書僕射太保

扶風公屢真烈帝之後也少以壯烈聞位敘中尚書賜爵
扶風公委以大政甚見尊禮吐京胡曹僕渾等叛招引朔
方胡為接慶真與高涼王那等討滅之性貪婪在軍烈暴
命性明敏善奏事每令上与賜尉元功勞將軍與
坐事伏法

文安公泥魏之睐族也性忠直有智畧道武帝遇之賜爵
文安公拜安東將軍卒子蕤襲爵明元時居門下出納詔

南平公長孫蒿白馬侯崔密等並決獄訟明元東巡命蒿
行右丞相離石胡出以兵等叛置立將校外引赫連屈丐
吐京胡與離石胡出以兵等叛置立將校外引赫連屈丐
屈賢會稽劉絜等求安侯魏勳掉之勤沒於陣絜墜馬胡執

送屈丐唯屈丐眾存明元以屈丐沒失二將欲斬之時并州
刺史元六頭流涕總怠事乃赦屈丐令攝并州事屈丐嗜酒頗廢政
事帝積其前後失檻車徵還斬於市子磨渾少為明元所
知元紹之逆也明元潛隱於外磨渾與叔孫俟云為明元所
在紹使帳下二人隨磨渾往規為逆磨渾既得出便縛沙
下詣明元斬之帝得磨渾大喜因為羽翼以勳賜爵長沙
公拜尚書出為定州刺史卒
昭成皇帝九子庶長曰寔君次曰明元帝次曰秦王翰次
曰閼婆次曰壽鳩次曰紇根次曰地干次曰力真次曰窟
咄

宴君性愚多不仁昭成季年苻堅遣其行唐公洛等來
冠南境昭成遣世子寔庫仁逆戰於石子嶺時不勝不能
親勒眾軍乃率諸部避難陰山度漠南符洛軍退乃還雲中半
度漠南符洛軍退乃還雲中
部拔孤孤子斤失職懷怨欲伺陳為亂庫明皇帝及秦明
王翰皆先終道武年甫五歲慕容后所生欲先殺道武是
統未定斤因是說寔君曰帝將立慕容后子欲盡殺諸皇子
以順來諸子戎服夜以兵仗遠廬慶舍伺便將發時待逢君
軍猶在君子津夜常警備諸皇子挾仗彷徨廬舍宴君
斤言為信乃盡殺諸皇子昭成亦暴崩其夜諸皇子婦及

宮人太□告軍督將李栗張忭勒兵内逼部衆離散行堅
闕之召燕鳳閒其故以狀對堅曰天下之惡一也乃執寘
君及斤輦之長安定君孫勿期位定州刺史賜爵林慮侯
卒子六狀真定侯

秦王翰少有高氣年十五便請征伐昭成壯之使領騎二
千長統兵號令嚴信多有剋捷建國十五年卒道武即位
追贈秦王謚曰明子儀長七尺五寸容貌甚偉慕容垂遣儀
略少能舞劒鞬騎射絕人道武幸賀蘭部侍從出入登國初
賜爵九原公從破諸部有謀戰功及帝將圖慕容垂遣儀
觀釁垂閒儀道武不自來之意儀曰先人以來世據北土

子孫相承不失其舊乃祖受晉正爵稱代王東與燕世為
兄弟之奉命理謂非失儀若不因戲曰吾威加四海為
卿主不自見吾乎非失儀曰燕若不修文德欲以兵威
自強此乃本朝將帥之事非儀所知也及還報曰垂死乃
可圖今則未可帝以為然後改封平原公道武征衞辰儀出別
無威謀不能決慕容德自負才氣非弱王之臣豐將内起
是可計之帝以為然後改封平原公道武征衞辰儀出別
道獲衞辰子傳首行宮帝大喜徙封東平公命督屯田於
河北自五原至棝陽塞外分農稼大得人心慕容寶之寇
五原儀蹦據朝方要其還路及开州平儀功多遷尚書令

從圍中山慕容德敗也帝以晉驪妻周氏賜儀并其僮僕
財物尋還都叔中外諸軍事左丞相進封衞王中山平復
遣儀討鄴平之道武將還代都置中山行臺詔儀守尚書
令以鎮之遠近懷附尋徵儀以丞相輔入輔高車儀
別從西北破其別部又從討姚平有功賜以絹布綿牛馬
云衞王弓桓王稍太武之初育也道武喜夜召儀入曰卿
羊等儀御馬御帶縺錦等先是上谷侯及張袞代郡許
閒夜喚乃不怵懼子儀曰怵則有之懼實無也帝告以太
武生賜儀御馬御帶縺錦等先是上谷侯及張袞代郡許
謙等有名于時初來入軍閒儀待士先就儀就儀並禮之共

談當世之務謙等三人曰平原公有大才不世之略吾等
宜附其尾道武以儀器識待之尤重數幸其第如家人禮
儀粉功侍寵遂與宜都公穆崇伏甲謀亂崇子遂留在伏
士中道召之將有所使遂留閒召恐發踰牆告狀帝祕
而怒之天賜六年天文多變占者云當有逆臣伏尸流血
帝惡之頗殺公卿欲以厭當天災儀内不自安單騎道走
帝使人追執之遂賜死葬以百姓禮儀十五子慕五歲道
武命養於宮中恩與諸皇子同太武踐阼除定州刺史封
中山公進爵為王賜步挽几以優異之慕好酒愛佚政以
賕成太武殺其親壁人後悔過修謹拜内大將軍居官清

約蘭慎更稱廉平篡於宗廟蜀最長宗室有事咸就諮焉薨
謚曰蘭纂第良性忠篤明元追錄其功封南陽王以紹儀
後良弟幹善弓馬以騎從明元於白登之東北有雙鳥飛
鳴於上帝命左右射之莫能中鳥遊飛翔高幹以二箭下
雙鳥帝賜之御馬弓矢金帶一以旌其能鞍放馬以二箭下

尚書卒謚曰昭子禎膽氣過人武時為司衛監從征蠕
蠕忽遇賊別部多少不敵禎乃就山解鞍放馬以示有伏
蠻果疑而避之及文初賜爵新蔡郡公後拜南豫州刺史大
胡山蠻時鈔掠前後牧多羈縻而巳禎乃召新蔡襄城
蠻首使之觀射先選左右能射者二千餘人禎自發數前
皆中然後命左右以次而射先出一囚犯死罪者使參射
限命不中禎即責而斬之蠻觥等伏伎畏威相視股慄又
舉目瞻矣微有風動禎謂蠻曰風氣少暴似有鈔賊乃
預教左右取死四十人皆著蠻衣云是鈔賊禎乃臨坐偽
不過十人當在西南五十里許即命騎追捕果縛送十人
禎告諸蠻曰爾鄉里作賊如此合宛以不繼蠻等皆叩頭曰
合萬死禎即斬之因慰喻遣還自是境無暴掠淮南人相
率投附者三千餘家置之城東汝水之側名曰歸義坊初
豫州城豪胡丘生數與外交通及禎為刺史丘生嘗有犯

懷恨圖為不軌詐以婚進城人告云刺史欲遷城中大家
送之向代共謀釁醸城人石道起以事密吾禎速掩丘生
弁諸預謀者禎曰吾不負人人何以叛吾但丘生若即
收掩眾必大懼吾以之不以自當悔服語未訖若即
中三百人自縛詣州阿陳丘生謙誰之罪而丘生單騎逃
走禎恕而不問後徵為都督尚書卒贈侍中儀同三司謚
蘭公有八子第五子瑞禎毋尹氏有娠致傷晝寢夢
一老翁具衣冠告之曰大吉未幾汝一子次易憂也語而私甚
又問筮者曰大吉未幾而生瑞禎以為慞夢故名瑞
字天賜位太中大夫卒贈太常卿儀第烈武有智略元
紹之逆百察莫敢有聲唯烈行出外訴於紹募執明元紹
信之自延秋門出遂迎立明元以功進爵陰平王薨謚曰
乞中散太夫乞子晏孝靜初累遷吏部尚書平心不撓時
嘉子求龍弟道士位下大夫道子子洛位羽林將天樂之逆
論稱之出為瀛州刺史在任未幾百姓欣賴將天樂之逆
見引詔錄送定州賜死晏好集圖籍家書多祕閣諸有假
借感不逆其意亦以此見稱烈第颭勇烈有膽氣少兄
儀從道武侍衛左右使於慕容垂垂末年政往羣下遂止
之更厚因留心學業誦讀經書數十萬言華國人咸稱重
飄以來略道武絕之飄率左右馳還為垂子寶所執垂待

之道武之討中山慕容普驎遂（雲舠以固眾心帝聞之哀

慟及平中山發普驎塚斬其尸從議書舠者傅高霸程同

等皆夷五族以大刃刵殺之乃葬舠追論秦愍王封子慶

為豫章王以紹舠

常山王遵壽鳩之子也少而壯勇不拘小節道武初有佐

命勳賜爵略陽公慕容寶之敗也別率騎七百邀待中領軍

由是有參合之捷及平中山拜尚書左僕射加待中領軍勃

海之合口及博陵勃海蓋盜起遵討平之遷州牧封常山

王遵好酒色天賜四年坐醉亂失禮太原公主賜死葬

以百姓禮子素明元從母所生特見親寵太武初復襲爵

休屠郁原等叛素討之斬渠莘從千餘家於涿鹿之陽立

平原郡以處之及平統萬以素有威懷之略拜假卽征西

大將軍以鎮之後拜內都大官文成卽位務崇寬政諸

雜調有司奏國用不足固請後之唯素有略臣聞百姓不足

君孰與足帝善而從之素宗屬之懿又子无忌每引入訪

以政事固辭疾歸第雅性方正居官五十載終始若一時

論賢之囊論曰康陪葦朴金陵配鄉饗廟廷長子司恭陵

七從太武獵逐一猛獸逐空手搏之以獻帝曰汝才力

絕人嘗曾為國立功立事勿如此也卽拜內行阿千又從平

涼州沮渠茂虔令一驍將與陵相擊兩娛竟折陵捋箭射

之逐薦陵恐其敗至未及接劒以刀矢矢其頸使身首異

蠆陵卅之卽上拜都憧將封陽子突其頭乃[□]帝第陪

斤襲爵坐事國除陪斤子昭小字阿倪尚書張彝引兼殿

中卽孝文將為蓁郡王蘭舉哀而昭乃作官懋帝引發

宣武時昭從弟暉親寵用事稍遷左丞宣武崩于忠執政

曰阿倪黠誰引而卽於是黙舜白衣守尚書左僕射納貨元義

導也靈太后臨朝為尚書河南尹聲而很矣理務峻急所指

昭為黃門又曲事之忠寧權擅威陷忠賢多昭所指

在惠之尋出為雍州刺史在州貪臺贈尚書

書詔事劉騰進號征西將軍卒贈尚書左僕射納貨元義

所以贈禮優越子玄字孝道以節儉知名孝莊時為洛陽

令及節閔卽位玄上表乞葬莊帝時議善之後除尚書左

丞孝武帝卽位以孫騰為左僕射玄卽承神武心膂伏入

省玄依法舉劾當時咸為玄懼孝武重其強正封臨淄縣

子玄從入關封陳郡王位儀同三司加開府薨諡曰平昭

弟紹字醜倫少聰慧選尚書右丞紹斷決不避強禦宣武

詔令檢趙脩獄以修奸慝因此遂加杖罰令其致死帝責

紹不重聞紹曰修姦使其罪重顫臣若不因釁除之恐

下復關哀帝之名以其言正遂不罪焉又出廣平王懷拜

紹賀曰阿翁乃皇家之正直雖朱雲汲黯何以仰過紹曰

但恨褻之稍晚以為愧耳卒於涼州刺史陪斤第忠字仙
徳以忠謹聞孝文時累遷右僕射賜爵城陽公加侍中鎮
西將軍有翼贇之勤百寮咸敬之太和四年病篤辭退養
妾於高柳輿駕親送都門之外羣寮待臣執也莫不涕
妾卒皆悼惜之謚曰宣命有司為立碑銘子盛字始興
泣及平王薨贈尚書左僕射謚曰貞慧子陟字景升開府
襲爵位調者僕射賜爵襄陽王位侍中及
封比平王薨諸人多舉廣平王為嗣順於別室垂涕
儀同三司第順字敬叔從孝武入關封濮陽王位侍中及
武帝崩祕未發喪諸人多舉廣平王不宜居大寶周文深然之
謂周文曰廣平雖年徳並茂不宜居大寶周文深然之
因宣國讖上南陽王尊號以順為中尉行雍州事又加開
府儀同三司秦州刺史順善射初孝武在洛於華林園戲
射以銀酒巵容二升許懸於百步外命善射者十餘人共
射中者即以賜之順發矢即中帝大悅并賞金帛順仍於
箭孔處鑄一銀童足蹋蓮手持剗炙蹋背上序其射
工子偉字子猷有清才大統十六年封南安郡王及尉遲
迴代蜀以偉為司錄書檄文言皆偉所為六官建拜師氏
下大夫改准南縣公周明帝初拜師氏中大夫受詔於驄
驥殿刊正經籍建徳中累遷小司寇為使主報聘於齊是
秋武帝親戎東討偉遂為齊所留齊平偉方見釋加授上

北史列傳三 九三

開府後除襄州刺史位大將軍偉性溫柔好虛靜篤學愛
文初自鄴還庾信贈其詩曰梁亡垂棘反平寶匪歸為
辭人所重如此後疾卒盛弟壽興少聰慧好學宣武初為
徐州刺史在官貪虐失於人心其從兄暉深害其能
因讒之於帝詔尚書省馳驛撿覈亮發日受暉言遂鞭
撻三募婦令其自誣稱壽興家逢赦己為婢壽興終恐不免乃
令其外弟中央參軍薛修義以大木函盛壽興出見帝
而出遂至河東匿修義家赦乃出見帝自陳為暉所諧
帝亦更無所責初壽興為中庶子時王顯在東宮賤因公
事壽興秋之四十及顯有寵為御史中尉奏壽興在家每
有怨言誹謗朝廷因帝極飲無所覺悟遂奏其事命帝注
可直付暉壽興賜死帝壽半不成字當時見者亦知非本心
但懼暉威賜死不敢申抰及行刑日顯自往看之壽興命筆
自作墓誌銘曰洛陽男子姓元名景有道無時其年不求
餘文多不載顧謂其子曰我棺中可著百張紙筆兩枚吾
欲訟顯於地下若有知百日內必取顯壽興之死時論亦以為
知亦何足戀又宣武崩顯諷所致盡太后臨朝三公即中崔鴻
前任中尉彈高肇諷諷所致盡太后臨朝三公即中崔鴻
上𣊅理壽興詔書追雪贈豫州刺史謚曰莊子最字幹從

北史列傳三 卅四

【北史列傳三】

孝武入關封樂平王位侍中兼尚書左僕射加特進
壽興弟益生少七子毗字休弼武帝之在藩郎少親之及
即位出必陪乘入於臥內及帝與齊神武決戰或云奔梁唯
有異同或勸天子入東或言與齊神武有隙時謀者各
密之事毗別奉旨藏之於櫃唯毗入乃開其餘侍中黃門
千戶唯毗邑一千五百齊神武宣告關東云將天子西入
毗數叩頭於鎮南將軍贈曹州刺史簽傳卒於
開公卒於鎮南將軍贈曹州刺史德子悝潁川太守卒於
事起元雖百赦不在原限薨葬宣告關東云將天子西
光州刺史論曰孝子嶷字子仲孝武初授兗州刺史千時

城人王奉伯等相煽謀逆棄城出走縣門發斷疑要而出
詔遣州刺史尉景本州刺史簽傳各部在州士佐討之疑
返復住封濮陽縣伯事靜時轉尚書令攝選部疑雖看重
任隨時而已薨於瀛州刺史贈司徒公謚曰靖懿悝弟暉
字景龍頗少沉敏頗涉文史宣武即位為給事黃門侍郎初
孝文遷洛舊賣此難務時欲和衆情遂許冬則居南夏便
居比宣武頗惑左右之言外人遂有還比之問至乃旁便
田宅不安其君暉乃請閑言事具奏所聞曰先皇遷都以
百姓戀土故發之夏二君之計權寧物意耳乃是當時之
言先皇深意且比來遷人安居歲久私計立無復還情

伏願陛下終高祖既定之業勿信邪臣不然之說帝納之
再遷侍中領右衛將軍雖無補益深被親寵凡往禁中要
密之事暉別奉旨藏之於櫃唯暉入乃開其餘侍中黃門
莫有知者暉別奉旨藏之於櫃唯暉入乃開其餘侍中黃門
雁侍中遷吏部尚書納貨用官皆有定價大郡二千匹次
郡一千四下郡五百匹其餘官職各有差天下號曰市曹
出為萬州刺史下州之日連車載物發信都至湯陰開
尾相屬道路不斷其車少脂角即於道上所達之牛生藏
取角以充其用檢括丁戶聽其歸首出調絹五萬匹邊然
聚斂無極百姓患之明帝初徵拜尚書左僕射詔攝吏部

選軍後詔暉與任城王澄京兆王愉東平王匡共決門下
大事暉又上書論政要其一曰御史之職務便得賢悉得
其人不拘階秩久於其事責其成功其二曰安人寧邊觀
平吳之計自有良圖不在於一城一戍也又河北數州國
之基本飢荒多年戶口流散方今境上兵復徵發即如此
居何易興動愚謂數年以來唯宜靜邊以息召役安勸
聞阿鶩蛄蝝之處屬結斯乃庸人所為銳於姦利之所致未
農惠此中夏請嚴敕邊將自今有賊戍來內附者即不聽輒
日何易興動愚謂數年以來唯宜靜邊以息召役安勸
遣援接旨須表聞達者雖有功請以違詔書論三曰國之

資儲唯籍河北飢饉年戶口逃散生姦詐因生隱藏
出縮老小妄迕失收人租調割入於已人困於下官損
於上自非更立權制善加檢括損耗之來方在未已請求
其議明宣條格帝納之暉雅好文學招集儒士崔鴻等撰
錄百家要事以類相從名為科錄凡二百七十卷上起伏
羲迄於晉凡十四代暉疾篤表上之卒賜東園祕器謚使
持節都督中外諸軍事司空公謚曰文憲將軍給羽葆班
劍鼓吹二十人羽林百二十子弼字宗輔性和舉美容
儀以莊帝舅子壻封黃川縣子天平初累遷尚書令弼
妹為孝武所納以親情見委禮遇特隆歷中書監錄尚書

北史列傳三

〈二七〉

事位特進宗師齊受禪除左光祿大夫天保二年卒十年
諸子與諸宗同誅死弼第十士將有巧思至齊武成時位
將作大匠德弟贊頗有名譽好陳國軍國事宣初置司州以
贊為刺史賜爵上谷侯文戒教化徽伺可覬孝道必令
風敎洽和文禮入備自今有不孝不悌有比其門以
刻其柱又詔曰司州刺史官掌位重職摠京畿選屬宜親
以允具瞻之望恒諸王年少未關政體故以贊燕愈能助
暉道化今司州始立郡縣初置公卿已下旨有本屬可人
率子弟用相展敬於是賜名曰贊詔贊乘戈挽入殿門加
太子少師遷左僕射孝文將謚遷洛諸公多異同唯贊贊

成大衆帝每歲南代執手寄以後事卒寄如
故後以留守贊輔之功進封晉陽縣伯贊第淑字賈仁彎
弓三百斤善騎射率至時為河東太守河東俗多商賈翠
事農桑人至有年三十不識朱耜淑下車勸課躬往教示
二年閒家給人足為之謠曰泰州河東杼柚代春元公至
止田疇始理卒於平城鎮將謚曰靜有七子李沖之友莊
兄弟中最有名譽位洛州刺史李海妻司空李沖之女莊
帝從母也賜爵唐郡君政在爾朱禍難方始勸李海為外
官以避纖分及孝莊之難季海果以在藩得免從孝武入
關封馮翊王位中書令會雍州刺史遷司空病薨謚曰穆子

北史列傳三

〈二八〉

冑字德良一名孝才遇周齊分陝時年數歲與母李氏在
洛陽齊神武以冑父在關中禁固之其母遂稱凍餒得就
食馮陰託大豪李子長書攜身及孤姪數人得至長安周文
以功臣子其禮之大統末龍東封馮翊王東遷勳州刺史改
封平涼王周受禪倒降為公隋文帝受禪改司州徵
拜太常卿受廿世為衛州刺史在職八年風化大洽以老病
乞骸骨吏人詣闕上表請留上嗟歎若父之其年卒於家
疾重請還京上太令使者致醫藥問動靜相望於道卒于家
謚曰宣
陳留王虔統根之子也登國初賜爵陳留公與衛王儀破

黙弗部從衛辰慕容寶來寇虔絕其左臂寶敗垂志憤來
桑乾虔恃勇而輕敵於陳戰没虔姿氣魁傑武力絕倫每以
子細短大作之猶患其輕復庾姿等於刃下其弓力倍加常
人以其殊異代京武庫常存而志之庾常以稍人遂貫
而高舉又審以一手頓稍於地馳馬偽退敵人爭取引不
虓出虜引弓射之一箭殺二三人搓稍之徒亡艇而散徐

道武追惜傷慟者數焉追諡陳留桓王配饗廟廷封其子
悦為朱提王悦外和内很道武常以桓王事特加親

當時敵無衆寡莫敢抗其前者及為偏將常先登陷陳勇冠
乃令人取稍而去每從征討及為偏將常先登陷陳勇冠
寵為左將軍襲封後為宗師悦恃寵驕恣每謂所親王洛

生之徒言曰一旦宮車晏駕吾止避徇公除此誰在吾前
衛王儀英幕為内外所重悦故云初姚興之贈狄伯支
送之路由鴈門悦因背諛姦豪以取其意後遇事譴逃亡
投鴈門規收豪傑欲為土人執送帝恕而不罪明
元即位引悦入侍仍懷姦計說帝云京師雜人不可保信
宜誅其非類者又云鴈門人多詐并可誅以欲以雪其私
忿帝不役悦内自疑懼懷刃入侍謀為大逆叔孫俊疑之
竊視其懷有刃執而賜死弟崇太武詔令襲桓王爵崇性
沉厚初襲王死後道武欲敦崇親之義詔引諸王子弟入

宴常帶山王素等三十餘人咸謂與衛王相坐疑懼皆出逃
遁將希蠕蠕唯崇獨至道武見之其悦厚加禮賜遂寵敬別
之素等於是亦安父之拜并州刺史有政績曰景王子建襲
督諸軍出大澤涿耶山威憶漠北蠕益曰景王子建襲
隆爵為公位鎮北將軍懷荒鎮大將卒建子琛位恒
州刺史孫子翌尚書左僕射翌子暉

暉字叔平貌眉如畫進止可觀好涉獵書記少得美名於
京下大夫時突厥叅為宼惠朝廷結和親令暉貿錦
綵十万使突厥歆暉說以利害可汗大悦遣其名王隨獻方

物儀拜儀同三司周武帝之娉突厥后令暉致禮授開府
轉司憲大夫及平關東使暉安集河北封義寧子隋文帝
總百揆加上開府進爵為公開皇初拜都官尚書兼領太
僕奉詔決杜陽水灌三時原涇鳥園之地數千頃人賴其
利册遷兵部尚書監護喪事諡曰元子肅嗣位光禄少卿廉第二器性明
安頗有惠政後以疾去職卒於京師帝嗟悼久之敦鴻
膽監護喪事諡曰元子肅嗣位光禄少卿廉第仁器性明
敏使曰南郡丞建第嫡子祚字龍壽宣武校藝每於歲暮
詔令教習講武初建以子罪失爵欲求本封有司奏聽
祚襲爵其王爵不輕其求更議詔祚之卒於河州刺史節

閔時贈侍中尚書僕射虔兒顗性嚴重少言道武常敬之
雅有謀策㧞平中山以功賜爵蒲城侯特見寵厚給鼓吹
羽儀禮同岳牧㧞政以威信著稱居官七年乃以元易干
代顗為郡時易千子万言得寵於道武易千忤其子輕忽
於顗不告其狀輕騎卒至排顗墜牀而據其牀殺之顗被
已謂以罪見捕旣而知之恥其侮慢謂易千曰我更聞被
代常也坟效無禮見殺之以狀具聞道武

後從求昌王仁南征武時龍父爵以功除統万鎮將
之復免其贖荊卒子崙太武時龍父爵以功除統万鎮將
方軌竝進乘風縱煙火以精兵自後乘之破之必矣從之
斬康祖傳首行宮文成即位除泰州刺史進爵隴西公卒

武事以邀軍路師人患之崙曰今大風旣勁若令推草車
毗陵王順地千之子也性跛很登國初賜爵南安公及道
武討中山留順守京師栢肆之敗軍人有右歸者言大軍
奔散不知帝所在順聞之欲自立納莫題諫乃止時賀分
養等聚眾作亂於陰館順討之不剋乃從留官自白登南
入繁時故城阻灄水為固以寧人以道武善之進封為王
位司隸校尉道武好黃老數乃諸王及朝臣親為說之在

家

坐臭不袛肅唯順獨坐麻不顧而唾帝怒廢之以王薨於
遼西公意烈力真之子也先没於慕容垂道武征中山棄
妻子迎於井陘及平中原有戰獲勳賜爵遼西公除廣平
太守時和跋為鄴行臺意烈性雄耿自以帝屬廣耻居跋下
遂陰結徒黨將龍鄴發覺賜死幷其子跂千博之
罪道武枚干宗親委之心腹有討略屢効勤明元踐
阼除勃海太守更人樂之賜爵武邑公卒子轉平原鎮將得將

鎮將呲奴子洪超頗有學涉大秉賊亂之後詔洪超持節

士志卒論曰靈公子受洛襲進爵武邑公卒子呲奴武川
鎮將呲奴子洪超武
城公卒論曰諡
州卒於北軍將光禄大夫意烈弟勃善射御以勳賜爵彭
里頁海陂遠宜分置一州鎮過海曲朝議從之後遂立滄
兼黃門侍郎綏慰冀部還上言冀土寬廣界夾州六七百
漢南蠕蠕表聞粟亮直善馭衆撫臨將士必與之同勞逸
征和龍以功進封為王薨陪葬金陵粟襲父渾涉善弓馬大
武嘉之曾有諸方使命運射獸三頭發皆中時舉坐咸以
為善及為宰官尚書頗以驕縱為失坐軍免徒長社為人
所害子庫汗為羽林中郎將從比必有兔起乘輿前命庫
汗射之應弦而斃太武悅賜一金兔以旌其能文成起景

穆廟賜爵陽豐侯獻文即位復遣文成朝拜殿中給事進

爵稱之泰州父老詣闕乞庫汗為刺史者前後千餘人朝

皆稱之庫汗明於斷決每奉使案行州鎮折獄以情所歷

廷許之未交遣遇病辛子古辰襲

窋咄昭成崩後符洛以其年長逼從長安符堅禮之教以

書學因亂乃隨慕容垂求東遷求以為新興太守劉顯之敗遣

第九窋等迎窋逼南界於是諸部騷動道武右于桓

等謀應之同謀入單烏干窋以告帝帝駭動人心沉吟未發

後三日桓以謀白其舅穆崇文告之帝乃此踰陰幸賀蘭部

莫題等七姓悉原不問帝慮內難乃比踰陰幸賀蘭部

遣安同及長孫漫徵兵於慕容垂曼亡奔窋咄安同間

行達中山慕容垂遣子賀驎步騎六千以隨之安同乃隱

垂使人蘭紇俱還達牛川窋兄子意烈捍之安同乃隱

藏於商賈囊中至暮乃入空井得免仍奔賀驎軍既不至

而稍前逼賀染干賀染干陰懷異端乃為窋咄來侵北部

人甘驚駭莫有固志於是北部大人叔孫普洛即及諸烏

九亡奔衛辰賀驎聞之遂遣安同朱譚等來既知賀驎軍

近衆乃少定道武自登山牽牛川窋咄進屯高梂道武復

使安同詣賀驎因赴會期安同還帝踰參合出代北與賀

驎會於高梂窋窮迫望旗奔走遂為衛辰殺之帝悉收

其衆賀驎乾帝別歸中山

論曰魏氏始自幽都肇基帝業上谷公等分枝若木晞派

天潢或績預經綸大開土宇或迹同凶禍自致殲夷其禍

福之來唯人所召至如神武之不事黃臺高梁萬乘義感

鄰國祚隆帝統太伯延陵未足多也高涼讓國之儔子那

猛壯之風或大位未加或功不贖罪纍德圖國勞其義為關

松滋氣幹相承聲迹俱顯天穆得不以道往過其量持盈

必悔殺身為幸武衛父子兼將正略始見器重終以姦棄

不足觀矣河間扶風武烈宣著宗子之可稱乎衛王英風

猛黠折衝見重謀之不臧卒以自喪秦王體度恢儻陳留

升降亦以優乎陰平忠烈蒲陰器宇榮寵兼萃蓋有由焉

膽氣絕倫亡身強寇志力不展惜哉常山勇冠戎戎與魏

毗陵踉跟很遂西猾介全身保位固亦難矣符堅之輒寔君

衛辰之誅窋咄逆子賊臣蓋亦天下之惡一焉

列傳第三

北史十五

道武皇帝十男宣穆劉后生明元皇帝賀夫人生清河王
紹大王夫人生陽平王熙王夫人生河南王曜河間王修
氏樂王處文三王母氏立闕皆早薨無傳
皇子渾及聰毋氏立闕段夫人生廣平王連京兆王黎
清河王紹字受洛技天興六年封性凶很險悖好劫剥行
人所射大家以為戲樂有孕婦紹剖觀其胎道武嘗怒之

〔北史傳四〕

列傳第四　　　北史十六
道武七王
明元六王
太武五王

倒懸井中垂死乃出明元常以義方責之由此不協而紹
毋賀夫人有譴帝將殺之會日暮未決賀氏密告於紹
紹乃與帳下及宦者數人踰宮犯禁帝驚起求弓刃不及
暴崩明旦宮門至日中不開紹稱詔召百僚於西宮端門
前比面紹從間扇間謂我有父亦有兄公卿欲從誰也
王公以下皆失色莫有對者良久南平公長孫嵩曰事等
不審登遷狀唯陰平公元烈興涕而去於是朝野人皆
懷異志肥如侯賀護舉烽於安陽城北故賀蘭部人皆
趍之其餘舊部亦率子弟招集故往往相聚紹聞變乃還
不安乃出市帛班賜王公以下先是明元在外聞變乃還

潛于山中使人夜告北新侯安同眾皆響應衛士執送紹
於是賜紹毋子死帳下閹官宮人為內應者十數人其
先犯城南都街生繫食之紹時年十六紹
毋即獻明皇后妹也美而艷道武如賀蘭部見而悅之告
獻明后請納為后曰不可此過美不善且已有夫密令
人殺其夫而納之生紹紹終致大逆焉

〔魏列傳四〕　二

陽平王熙天興六年封聰達有雅操明元練兵於東部詔
熙督十二軍校閱其偉軍儀賞賜金帛泰常六年改封淮南
王鎮武牢威名甚著孝文時侶司徒賜安車几杖入朝不
趍太和十二年薨時孝文有事太廟始聞之廢祭輟駕
親臨哀慟禮開有加諡曰靖王世子吐萬早卒子僮王顯
龍襲祖爵薨子蓮龍孝明時為荊州刺史吐萬早卒子僮以
來互相抄掠遷到州不聽侵擾其弟均時在荊州為朝
陽戍主有南戍主妻三日遊戲沔水側均輒遣部曲
掠取世遵聞之責均移還本成吳人感荷後頒行貨賄
散費邊儲是以聲名有損薨於定州剌史諡曰康王吐萬
弟鍾葵早卒長子澄壽累遷安州刺史澄壽先令所親微
服入境觀察風俗下車便大行賞罰於是境內蕭然
河陰遇害子慶智性貪副為太尉主簿事無大小得物然

後判或十數錢或二十錢得便取之府中號為十錢主簿
法壽第法僧位益州刺史數自任威怒無悝王賈諸姓
州內人士法僧皆召為卒伍無所假縱於是合境皆反招
引外寇後拜徐州刺史元又以驕恣恐禍及已
將謀為逆時領主書兼舍人張文伯馬曰僕寧死見文陵松柏不能
我欲與卿去危就安能從我否文伯曰安能棄孝義而從
叛逆也法僧殺之文伯罵曰安能棄孝義而從
生作背國之虜法僧殺之孝昌元年法僧行臺高諒反
於彭城自稱尊號改元天啟大軍致討法僧奔梁其武官
三千餘人咸彭城者法僧皆印額為奴遁將南度梁武帝

授法僧司空封始安郡王尋改封宋王甚見優寵龍又進位
太尉仍立為魏主〔不行授開府儀同三司〕郢州刺史乃徵
為太尉卒於梁〔諡曰襄〕屬王子景初封丹楊公位
廣州刺史卒梁復以景仲為廣州刺史封枝江縣八侯景作
亂遣誘召之許奉為主景仲應之為西江督護陳霸先
州刺史梁從徐州改封彭城王丁父憂襲封宋王又為廣
為平五歲嘗射雀於道武前中之帝驚
河南王曜天興六年封五歲嘗射雀於道武前中之帝驚
所攻乃縊而死
服其勇及長武藝絕人與陽平王熙等立督諸軍講武眾咸
歡焉又長鬚美髯子提襲驍烈有父風改封潁川王迎昭儀于

塞北時年十六有風成之量殊域敬焉後改封武昌累遷
統萬鎮都大將其見寵待甍諡曰成王長子平原襲爵忠
果有智略後北聚平陵年號聖君平原身自討擊偽小君送
自稱晉後北聚平陵年號聖君平原身自討擊偽小君送
京師斬之文有袄人劉舉自稱天子復討斬之遷征南大
登齊人飢饉平原以私米三千餘斛賑之全命頗不
戈卒一千餘人還者皆給路糧長安齊豎謂之遷北州
將軍開府雍州刺史鎮長安齊豎諡曰簡王長子和字善意
龍襲爵初和聘乙氏公主女為妃生子顯薨以公主故不
得遺出〔念淳自落髮為沙門〕乃捨顯以爵

讓其次第鑒臨鑒固辭公主以其外孫不得襲爵許於孝文
孝文詔鑒終之後令顯襲爵鑒乃受之鑒達連沈重少
言寬和好士為齊州刺史時華陰始鑒上書遵孝文之
旨操齊之舊風軌制粲然皆合規矩孝文崩後和
天下一如臨所上齊人愛詠咸曰耳目更新孝文班和
罷沙門歸俗棄其妻子納一寡婦曹氏為妻曹又
和十五歲攜男女五人隨臨其意言無不從於是獄以賄成取
五子七歲受納臨皆順其意言歷城于亂政事和與曹又
多飢餓臨金表加賑恤人賴以濟先是京兆王愉為徐州王
受狼籍齊人苦之言無不從轉徐州刺史宛大水人

既年少長史盧陽烏覽以駁下郡縣多不奉法鑒表梁郡

太守程靈虯虐政殘人盜冠迸起詔免靈虯然是徐境蕭

然慝訟悼王和與鑒子伯崇競求承襲詔聽和襲位東郡

太守先是郡人孫天恩家豪富嘗與和爭地遣奴客打和

財田宅皆沒於官天恩孫從欲詣闕訴寃以和元之之親

不敢告列和諭其郡人曰我見一州亦應可得念此小人

痛入骨髓故乞此郡以報宿怨此後更不求富貴識者曰

王當沒於此矣薨贈相州刺史

河間王修天賜四年封薨無子太武詔河南王曜子羯兒

龍設封略陽王正平初有罪賜死爵除

長樂王處文天賜四年封聰辯風成年十四薨明元悼傷

之自小歛至葬常親臨哀慟陪葬金陵無子爵除

廣平王連天賜四年封薨無子太武以陽平王熙第二子

渾為南平王以繼連後渾好弓馬射鳥輒歷飛而中之日

射兔得五十頭太武大悅賞命左右分射勝者中的籌矞涌詔渾

解之三發皆中帝大悅賞其藝能常引侍左右累遷涼州

鎮將都督西戎諸軍事領護西域校尉恩著涼土更涼還

京父老皆涕泣追送如遠所親薨子飛龑襲後賜名霄身長

九尺鬢帶十圍容兒黝儒雅有風則貞白卓然好直言正

諫朝臣憚之孝文特垂欽重除宗正卿詔曰今奏事諸

臣相稱可云姓名唯南平王一人可直言其封遷左光祿

大夫薨賜東園第一秘器孝文緦袞臨霄褒宴不舉樂謚

曰安王子纂襲

京兆王黎天賜四年封薨子吐根襲改封江陽王薨無子

獻文以南平王霄第二子繼宇世仁為後龑封江陽王宣

武時為青州刺史為家僮取人女為婦妾又以良人為婢

為御史所彈坐免官爵又薨太后臨朝繼子又先納太后

妹復繼本封後徙封京兆王歷司徒加侍中繼孝文時已

武內外顯任靈太后臨朝入居讚閤轉台司頗表遜位

歷位高年宿可依靈郡王簡故事朝訖引坐免其拜伏轉太

傅侍中如故時又執殺生之權拜受之日送者傾朝有識

者為之致懼又詔令乘輿挽至殿廷兩人扶侍禮與丞相

高陽王埒後除使持節侍中太師大將軍錄尚書事大都

督節度西道諸軍事及出師車駕臨餞傾朝祖送尋加太

尉公又班師新除赴官無不受納貨賄以相託付妻子各別請

守令長乃郡縣微更亦不獲平心選舉憑叉威勢法官不敢

屬至乃郡縣微更亦不獲平心選舉憑叉威勢法官不敢

紀摘天下患之又黜繼麽於家初爾朱榮之為直寢數以

名馬奉又接以恩意榮甚德之肇義初復以繼爲太師
司州牧求安三年薨贈假黃鉞都督九州諸軍錄尚書事
大丞相如故諡曰武烈又贈鄉小字伯儁又守新平君後遷馮翊君拜朝
以又妹夫除通直郎又妻封新平君後遷馮翊又靈太后臨朝
中又女天靈太后所信委太傅清河王懌雖得免以親
門下兼總禁兵深之又爲靈太后贈主又所信委太傅清河王懌都尉韓
賢輔政每欲斥罷兵衛深之又遂令通直郎宋維告司染都尉韓
文殊欲謀逆立懌懌坐禁止後竊案無實懌雖得免以
兵衛守於宮西別館久之又恐懌終已害乃與侍中劉
騰密謀誣訟取主食中黃門胡度胡定列評懌云貲慶等金

帛令以毒藥置御食中以害帝騰以具奏明帝信之乃御
顯陽殿騰閉求巷門靈太后不得出懌入遇又於含殿
後命宗士及直齋執懌衣裓將入含章殿公
卿議持公卿議入奏夜中殺懌於是假爲靈太后辭遜詔語
又騰與太師高陽王雍等輔政常直禁中明帝呼又爲姨父
卿議以大逆論咸畏又無敢異者唯僕射游肇執意不同
後議百寮重跡後帝從御微音殿又亦入居殿右曲盡
自後百寮重跡後帝從御微音殿又亦入居殿右曲盡
又遂與太師高陽王雍等輔政常直禁中明帝呼又爲姨父
婿遂出入禁中恒令勇士持刀劒以自先後又於千秋門
外廠下施木闌檻有時出入止息其中腹心防守以備竊
發初又之專政矯情自飾勞謙待士得志之後便自驕慢

耽酒好色與奪任情乃於禁中自作別庫槖撮之寶充牣
其中又曾臥婦人於食輿以帊覆之輿入禁內出亦如之
直衛雖知莫敢言者姑姊婦女朋媟無別政事愈慢綱紀
不舉州鎮多非其人於是天下遂亂矣又知自不法恐被
廢黜乃陰遣軍洪業召武州人姬庫根等遣還州與洪
誓盟令爲腹心爲大將軍往伐因以共爲表
裏如此可得自立根等以已爲大將軍往伐因以共爲表
業賈馬從劉騰死後防衛微緩又頗自寬時宿於外每
日出遊留連他邑靈太后微察知之正光五年秋自下殿帝與
對明帝謂羣臣求出家於嵩山閑居寺欲自下殿帝與太后
臣大懼叩頭泣淖遂與太后密謀圖之乃對又流涕叙太
后欲出家於是太后從太后意於是太后數御
顯陽二宮無復禁礙與其親元法僧爲徐州刺史法僧據
之許後雍從帝朝太后乃進言又父子權重太后曰然元又
重於又反叛靈太后數以爲言又深愧悔丞相高陽王雍雖位
州反叛靈太后數以爲言又深愧悔丞相高陽王雍定圖又
郎若忠於朝廷大抵不去領軍以餘官輔政又聞之其懼
免冠求解乃以又爲儀同三司尚書令侍中領左右又雖
夫兵權然解撼任內外不慮黜廢又有闖人張景崇劉思逸
屯弘昶伏景謀廢又嵩以帝嬪潘外憐有幸說云元又欲

害之孃泣訴於帝去又迷直欲殺妾亦將害陛下帝信之

後又出宿遂解其侍中旦欲入宮門者不納尋除名初咸

陽王禧以逆見誅其子樹梁封鄴王及法僧及叛後樹

遺公卿百寮書暴又過惡言又本名夜叉又弟羅實名羅剎

夜叉羅剎此毘食人非遇黑風事同飄漬鳴呼魏境離此

二叉惡木益泉不息不飲久矣始信斯言又遠近所惡如此

名表能噬物曰露久不與中書舍人韓子熙對曰臣聞殺活莫計與否

後靈太后顧謂侍臣曰劉騰元又昔邀朕索鐵券望得不

死朕頹不與何解今日不殺靈太后憮然未幾有人告

又及其弟爪謀及先遣其從弟洪業率六鎮降戶反定州

又令勾魯陽諸蠻侵擾伊闕又兄弟為內應起有日矣得

其事書靈太后以妹婿故未忍便使又及弟爪立賜死於家太后

又以為言太后乃從之於是又及弟爪子舒秘書郎又死

猶以妹故後追贈尚書令異州刺史又死

後亡奔梁官至征北大將軍青異二州刺史

子善亦名善住少隨父至江南性好學通涉五經尤明左

氏傳侯景之亂善歸周武帝甚禮之以為太子宮尹賜爵

江陽縣公每執經抑揚觀者屬目陳使袁雅來聘上令善就館受

數奏詞氣抑揚觀者屬目陳使袁雅來聘上令善就館受

書雅出門不拜善論舊事有拜之儀雅未能對遂拜成禮

而去後遷國子祭酒上嘗親臨釋奠令善講經於是敷

陳義理兼之以諫上大悅曰聞江陽之說更起朕心資絿

一百四衣一襲善之通懷在何安之下然以風流醞籍術

仰可觀音韻清朗由是為後進所歸善每懷不平心欲屈

善因講春秋初發題諸儒畢集善私謂曰名望已定幸

無相苦安然之及就講肆安逐引古今滯義以難善多不

能對二人由是有隙陳善以高頹有宰相之具嘗言於上曰

楊素麤疎蘇威怯懦元冑正似鴨耳可以付社稷者

唯獨高頹上初然之及頹得罪上以善言為頹游說深責

善之善憂懼先患消渴於是病頓而卒又弟羅字仲綱雖

父兄貴盛需虛已接物累遷青州刺史又當朝專政羅望

傾四海於時才名之士王元景邢子才魏收華咸為其賓

客從遊青土罷州入為宗正卿又死後羅通又妻時人穢

之或云其救命之計也時位至尚書令開府儀同三司

梁州刺史莽靜初梁遣將圍過羅以州降封南郡王及侯

景自立以羅為開府儀同三司尚書令改封江陽王梁元

帝滅景景周文帝求羅遂得還除開府儀同三司侍中少師

襲爵江陽王舒子善住在後從南入關羅乃以爵遜善住

改封羅為固道郡公羅弟藥字景猷少而機警位給事黃

門侍郎金紫光祿大夫卒諡曰懿襄弟蠻仕齊歷位兼度

支尚書行潁州事坐不為繼母服為左丞所彈後除開府

儀同三司齊天保十年大誅元氏昭帝元后蠻第羅侯遷洛之際以意得為適不入

位給家於燕州之昌平郡內豐貲產唯以意得為適不入

京師有賓客往來者必厚贈司空蠻第爪子景茲

苦請自市追免之昌平郡太守

又虬攏尤不樂入仕就拜昌平太守

明元皇帝七男杜密皇后生太武皇帝大慕容夫人生樂

平戾王禾安定殤王彌閼母氏慕容夫人生樂安宣王範

氏

〈十一〉 丁

尹夫人生永昌壯王健建寧王崇新興王俊二王並闕母

榮平王禾少有才幹泰常七年封拜車騎大將軍後督河

西高平諸軍討南秦王楊難當軍至略陽禁令齊蕭所過

無私百姓畢致牛酒難當懼還仇池而諸將議曰若不誅

豪帥軍還之後必聚而為寇又以大眾遠出不有所掠則

無以充軍實實將亡將從之時中書侍郎高允委不軍事

諫曰今若誅之是傷其向化之心恐大眾速

武部遣送之高麗不遣太武怒將討之上疏以為和龍

以為然於是綏懷初附秋毫無犯初馮弘之奔高麗太

新定宜復之使廣修農殖以錢帛實然後進圖可一舉而

滅帝納之乃止後坐事賜死國除玉之蘗及曰者董道秀之死

子拔龍襲爵後坐事賜死國除玉之蘗在絜傳諡曰戾王

也高允遂著篆論曰昔明元末起白臺高二十餘丈蘗

平王嘗夢登其上四望無所見王以問目者董道秀

秀若推六爻交以對王曰大吉王默而有喜色後軍發王以聞

曰大吉王默而有喜色後軍發玉有悔而道秀之

人不為善也夫如是則上寧於下保於已福祿方至豈

有禍哉今舍於本而從其末咎釁之至不亦宜乎

安定殤王彌泰常七年封薨諡曰殤王無子國除

〈十二〉 丁

樂安王範泰常七年封雅性沈厚太武以長安形勝之地

乃拜範為衛大將軍開府儀同三司長安鎮都大將範諫

恭惠下推心撫納百姓稱之

繼請崇易簡之禮帝納之於是遂寬僥與人休息後劉絜

之謀聞而不告是時秦土新離寇賊流亡首相

曰兄弟之子猶子親撫養之長子親暴薨長子長太武未有子嘗

計文成時蘗王拜長安鎮都大將軍雍州刺史為內都大官

蘗諡曰簡王

永昌王健泰常七年封健姿兒魁壯所在征戰常有大功

才藝比陳留桓王而智略過之從太武破赫連昌遂西略

至未狼上討和龍健別攻援建德後平叛胡白龍餘黨于
西海太武襲蠕蠕越涿邪山詔健殿後矢不虛發斫中皆
應弦而斃威震漠北尋從平涼州健功居多又討破禿髮
保周自殺傳首京師復降沮渠無禾兗蒐諡曰莊王子仁襲
仁亦驍勇有父風太武奇之後與濮陽王閭著文謀為不
軌發覺賜死國除

建寧王崇泰常七年封文成時封崇子麗濟南王後與京
兆王杜元寶謀逆父子並賜死

新興王俊泰常七年封少善騎射多藝坐法削爵為公俊
好酒色多越法度又以母先遇罪死而巳被斂削怕懷恐
望顏有悸心後事發賜死國除

太武皇帝十一男賀皇后生景穆帝越椒房生晉王伏羅
舒椒房生東平王翰弗椒房生臨淮王譚伏椒房生廣陽
王建閭石昭儀生吳王余其小兒猫兒員兒炮頭龍頭並闕
母氏皆早薨無傳

晉王伏羅真君三年封加車騎大將軍後督高平涼州諸
軍討吐谷渾慕利延軍至樂都謂諸將曰若從正道恐軍
聲先振必當遠適潛軍出其非意此鄧艾禽蜀之計也遂
將威難之伏羅曰夫大將軍制勝萬里擇利專之可也遂間
道行至大母橋慕利延炪泆等叛白蘭慕利延子拾寅走阿

降其一万餘部落八年薨無子國除

東平王翰真君三年封秦王拜侍中中軍大將軍參典都
曹事忠貞雅正百寮憚之太傅高允以翰年少作諸侯咸
以遺之翰覽之大悅後鎮枹罕羌戎敬服改封東平王太
后令立南安王余遂殺翰子道符襲爵拜長安鎮都大將
武崩諸大臣等議欲立翰而中常侍宗愛與翰不協矯太

臨淮王譚真君三年封燕王拜侍中參都曹事後改封臨
淮王薨諡宣王子提襲爵以貪縱削除加罰提
皇興元年謀反及司馬段太陽斬之傳首京師
配北鎮父之提子貞分郎穎免冠請解所居官代父邊戍
孝文不許後詔提從駕南伐至洛陽參定遷都之議尋卒
以預參都功追封長鄉縣侯宣武時贈雍州刺史諡曰
慈攝子昌子法顯好文學居父母喪哀號孺慕悲感行人
宣武時復封臨淮王未拜而薨贈齊州刺史諡曰康王追
改封濟南王子彧字文若紹封彧少有才學常時其美侍
中崔光見而謂人曰黑頭三公當此人也少與從兄安豐
王延明中山王熙並以宗室博古文學齊名時人莫能定
其優劣尚書郎范陽盧道將謂吏部清河崔休曰三人才
學雖並儁美然安豐少於造次中山皂白太多未若濟南
風流寬雅時人謂之語曰三王楚琳琅未若濟南備貞方

或於制閫裕吐路流羨琅邪王誦有名人也見之未嘗不
心醉忘疲奏郊廟歌詞旧稱其美除給事黃門侍郎或本
名亮学仕明時侍中穆紹旧同署避紹父諱啓求改之
詔曰仕明風神運吐常自以比葡文若可名或以取定體
相倫之美或求復本封詔許復封淮食相州魏郡又
長兼御史中尉或不謝領軍于忠怒之
將軍左光祿大夫兼尚書左僕射攝選以本官為東道
非所堪遂去威儀復本詔而還朝流為之歎息累遷待中衛
朝廷曰臨淮復可觀而無骨鯁慟哭遂奔梁武
行臺會介朱榮入洛殺害元氏或撫膺
聲歎欷涕交下梁武為之不樂自前後奔叛皆侯景聞
遣其舍人陳建孫迎接升觀或為人建孫撫彧風神閑偉
梁武亦先聞名深相器待見哦於樂遊園因設宴樂哦聞
責及知莊帝踐阼或母請還啓旨懇切梁武惜其人
才又難違其意遣彧僕射徐勉勸留或曰苑猶頮此
況於生也梁武乃以禮遣或雅性不以為
魏為偽唯或表啟常云魏臨淮王梁武體之
憔悴容貌見者傷之歷位尚書令大司馬兼錄尚書莊帝
追崇武宣王為文穆皇帝號蕭祖母李妃為文穆皇后
將遷神主於太廟以孝文為伯考或表諫以為漢祖創業

香街有太上之廟光武中興南頓立春陵之寢元帝之於
光武跡為絕服尚身奉子道入繼大宗高祖之於聖躬
親實猶子陛下既纂洪緒宣且加伯考之名且漢宣之繼
孝昭斯乃上後叔祖宜忘宗承考妣宜規刻裂冠斯奪及金
德將興奉質稱臣高德溢德巡元復將配享乾位此乃君臣
魏主而權歸晉室觀墳籍未有其事莊帝意銳朝臣無
文王成其大業故晉武宣曹魏有伯考之稱以今類
立延嫂叔同室猶曾奉質稱臣高德溢德巡元復無外蕭
古恐或非傳高德溢德巡元復無外蕭祖德雖勳格宇宙
敢言者唯或與吏部尚書李神儁並有表聞詔報曰文穆
皇帝勳格四表道邇百王是用考德增飾鄣恭上尊號何
云漢太上於香街南頓敷有歸朕泰承下武遂主神器
既帝業有統漢氏非倫若以人臣而終豈得與餘帝別廟有
又無世及之德甘身受命不由父祖別廟異寢於理何
羌文穆皇帝皇天睠人宅曆敷有歸朕泰承下武遂主神器
晉景帝雖王跡巳顯皆以人臣而終豈得與餘帝別廟有
闕餘序漢郡國立廟者欲尊高祖之父非使饗遍天下雖不
太廟神主獨在外祠薦漢宣之父非關
尊不亦可乎伯考之名旨是尊卑之稱何必準古而言非
追遷神主於太廟以孝文為伯考或表諫以為漢祖創業

以此為疑禮天子元子猶士褅祫嘗不得同室乎且晉文
景共為一代議者二冊限七主無定數昭穆既同明有共
室之理專以共至為孝宣帝或又面諫諍曰陛下作而不法後
室也若專以共至為疑谷可更議遷毀雅帝既遍諸妹之
請此詞意黃門侍郎常景中書侍郎邢子才所贊成也又
追尊兄彭城王為孝宣帝或又面諫諍曰陛下作而不法後
世何觀歷尋書籍未有其事帝不從及神王入廟復敕百
官崇尚君親襄明功懿乃自皇號終無帝名今君去帝直
葉崇尚君親襄明功懿乃自皇號終無帝名今君去帝直

【魏書列傳四】　【十七】

留皇名求之古義少有依違又不納尒朱榮死除或司徒
公又尒朱兆率奄至出東掖門為賊所獲見北辭也不
無為臺胡所歐斃孝武帝末贈大將軍太師太尉公錄尚
書事諡曰文穆或美風韻善進止衣冠之下雅有容則然
居臣不能清白所進舉止於親姬為識者所譏無子弟孝
覽羣書為章句所制文漢雜多失猶有傳於世者然
又少有時譽龔爾淮陽王累遷滄州刺史為政溫和好行
小惠不能清白而無所侵犯百姓又以此便之魏靜帝能君
齊文襄於華林園孝友因自譽又云陛下許賜臣罪於是君
夫曰朕怕聞王自道清文襄曰臨淮王雅旨舍罪於是君

北史列傳四　【十八】

臣俱笑而不罪孝友明於政理屢奏表曰今制百家為黨
族二十家為閭五家為比隣百家之內有師二十五徵發
皆免苦樂不均羊少狼多復有蠶食此之為弊久矣京邑
諸坊或七八百家唯一里正二史庶事無闕而況外州乎
請依舊置三正之名不改而百家為族正即如一閭正比族
少十二丁得十二匹賢絹略計見戶應二萬餘族一族
歲出賢絹二十四萬四千五百一番兵可響得一萬六千
兵此富國安人之道也古諸侯娶九女士有一妻二妾晉
令諸王置妾八人郡君侯妾六人官品令第一第二品有
四妾第三第四有三妾第五第六有二妾第七第八有一
妾所以陰教聿修繼嗣有廣廣繼嗣孝也修陰教禮也而
聖朝忽棄此數由來漸久將相多尚公主王侯娶后族故
無妾媵習以為常婦人多幸生逢今世舉朝略是無妾天
下略皆一妻設令人彊志廣娶則家道離索身事迍邅內
外親知共相嗤怪凡今之人通無準節父母嫁女則教以
妒姑姑逢迎必相勸以忌持制夫為婦德以能妒為女
工自云受人欺愍之心生則妒他笑我王公猶自一心已下何敢二
夫妒忌之心生則妒他笑我王公猶自心以下何敢二
興斯臣之所以毒恨者也請以王公第一品娶八通妻以
備九女稱事二品備七三品四品備五五品六品則一妻

二妾限以一周悉令充數若不充數又待妾非禮便妻妒

加捶撻免所居官其妻無子而不聚妾斯則自絕無以血

食請科不孝之罪離遣其妻臣之忿心義唯家國欲

使吉凶無不合禮貴賤各有其宜省臣帥以出兵丁文者

諸祖父請科不孝之罪離遣其妻而不聚妾臣之赤心義唯家國欲

食足衣信之矣又曰今人生為卑隸賤嫁娶擬王侯存沒異途無復

臣子弟茍亂滿朝傳祚無窮此臣之志也詔付有司議奏

食不同孝友又曰申妻妾之數正欲使王侯將相功

節制崇壯立籠盛飾祭儀隣里相榮稱為至孝又夫婦之

始王化所先共食合瓢足以成禮而今之富者彌奢同牢

之設甚於祭槃素魚成山山有林木林木之上鸞鳳斯存

徒有煩勞終成委棄仰惟天意其或不然請自茲以後若

婚葬過禮者以違旨論官司不加糾劾即與同罪孝友在

尹積年以法自守其者聲補然性無骨鯁善事權勢為正

直者所譏齊天保初准倒降爵封臨淮景公拜光祿大夫

二年冬被詔入晉陽宮出與元暉業同被害弟字字秀

和少有令與豊悴中游肇并州刺史高聰司徒佳光等見尚

咸曰此子當令與豊悴待吾徒蓁暴不及見耳累遷兼尚

書右丞靈太后臨朝官者于政乎乃摠括古今名妃賢后

凡為四卷奏之遷去丞嬬嬬主阿那瓌既得友國其人大

飢相率入塞阿那瓌上表請振給詔字為北迫行臺詔

彼振恤孚陳便宜表曰皮服之人未嘗粒食宜從俗因利

拯其所無昔漢建武中單于款塞時轉河東米糒一萬五

千斛牛羊三萬六千頭以給之斯則前代和我撫新柔遠

之長策也乞以特牛產羊餉其口食昌牧燊息是其所

便毛血之利惠兼衣食又尚書奏云如其仍住七州隨寬

置之臣謂人情戀本窒音從內若依臣請給振雜畜愛本

重鄉必還攜土如其不然禁留益損假令通從事非父計

死亡者人面獸心去留難測既易水草病瘦多斃勢必殘

何者人必甚兼其餘類尚在沙磧脫出狂勃歸舊業必

掠邑甲遺毒百姓亂而方塞未若杜其萌又貿遷起於

上古交易行於中世漢與胡通亦立關市今北人阻飢命

大者不計小名圖遠者必求市易彼若願來且見聽許又云營

懸瀟寬公給之外必來市易弗拘求戎狄衰盛歷代不同

叛服之情略可論討周之北伐僅獲中規漢氏外攘裁收

下策昔在代京恂為重備將師勞止甲士疲力計前世苦

之力未能致今天祚大魏亂亡在彼朝廷垂天覆之恩廓

大造之德鳩其散云禮洙令及宜因此時善思遠第以

理雖乃變可以一觀來事雖懸易以往下昔漢宣之世呼

韓款塞漢遣董惠韓昌領邊郡士馬送出朔方因留衛助

又光武時亦令中郎將段彬置安集掾史隨單于所在參
察動靜斯皆守吉之元龜安邊之勝策計今朝廷成功不
感襄時蠕蠕國弊亦同時日宜準昔成謀略依舊事借其
所開地聽使田牧粗置官屬示相慰撫戒邊以見
衛馭以仁寬蔡以方策使親不至矯詐疏不容叛反令此
鎮諸將舊常一人代外邏因令防察所謂天子有道守
在四夷者也又云先人有奪人之心待降如受敵武非
尋外亦以防內若從處分割配諸州鎮遼遠非轉輪可到
悔叛之情變起難測又君人商業布在原野戎夷性食見
則思盜防彼蕭此少兵不堪渾流之際易相干犯驅之遷

本未必樂去配州內徙復不肯從既其如此為費必大朝
廷不許孚持白武幡勞阿那瓌於柔玄懷荒二鎮間阿那
瓌眾號三十萬陰有異意遂拘留孚載以轀車日給酪一
升肉一段每集其眾坐孚東廂稱為行臺甚加禮敬阿那
瓌遂南過至舊京後遣孚等還因上表謝罪有司以孚
下延尉高謙之云孚庫受命處孚流罪後拜冀州刺史孚
勸課農桑境內稱慈父命號曰神君先是州人張孟都
張洪建馬潘崔獨憐張叔緒崔醜張天宜崔思祈等八人
皆屯保林野不臣王命州郡號曰八王孚至皆請入城願
致死効力後為葛榮所陷為榮所執兄祐為防城都督兄

子禮為錄事參軍榮欲先害子禮孚請先死以贖子禮叩
頭流血榮乃捨之又大集將士議其死事孚兄弟各詬已
引過爭相為死又潘紹等數百人皆叩頭就法請活使
君榮曰此魏之誠臣義士也凡同禁五百人皆得免榮卒
還除冀州刺史元顥入洛授孚東道行臺彭城郡王孚封
顥逆莊帝命孚監儀注孚上表曰昔太和中中書監高
閭太樂令公孫崇脩造金石數十年間乃奏成功時大集
儒生考其得失太常卿劉芳請別營造父奏見施用往
鄉皇校合否論者沸騰莫有適從登被旨敕竝見施用往
器殘缺莊帝命孚置造金石數十年間乃奏成功時大集

歲大軍入洛戎馬交馳所有樂器亡失垂盡至太樂署
問太樂令張乾龜等云承前義置官縣四箱祠廟六架
東北架編黃鍾之磬十四虡器名黃鍾而聲實夷則考之
西南竝皆器篆位調懸於東北太蔟而又有儀鍾十四虡懸列於
初不叩擊今便刪除繁雜討論實
音制不甚諧韻沽洗以從正則臣今據周禮凫氏脩廣之
規磬民俗句之法吹律求音損除繁雜討論實
錄依十二月為十二宮各準辰次當位懸設月聲既備遺
用擊奏則會還相為宮之義又得律呂相生之體今量鍾
磬之數各以十二架為定奏可于時搢紳之士咸往觀聽

靡不咨嗟歎服而反太傅錄尚書長孫承業妙解聲律特
復稱善復從孝武帝入關除尚書左僕射扶風郡王尋監
國史歷位司空兼尚書令太保時蠕蠕主與孚相識先請
見孚然後道女於孚是乃使孚行蠕蠕君臣見孚莫不懼悅
奉皇后來歸孚性機辯好酒頗短而充周文帝偏所眷顧
嘗於室內置酒十瑰瑰餘一斛上皆加帽欲戲孚孚適入
室見即驚喜曰吾兄弟董甚無禮何為竊入王家巨坐相
對宜即早還宅也因持酒歸周文撫手大笑後遇風患手足
不隨口不能言乃左手畫地作字乞解所任三奏不許遷
時論鄙之
子端嗣位大行臺尚書華州刺史性疎很頗以基地驕物

廣陽王建真君三年封華王後改封廣陽靈諡曰簡子
石侯沈敏喜慍不形於色兼有武略孝文初拜徐州刺史
嘉小沈敏後封廣陽靈諡曰足王無子石侯弟
甚有威重後贈廣陽王以紹建後孝文南代詔嘉斷口
嘉違失指授令賊得免帝怒責之曰叔祖定非世孫何太
不上賴也及將大漸遺詔以嘉為尚書左僕射與咸陽王
禧等輔政遷司州牧嘉表請於京四面築坊三百二十各
周一千二百步乞發三正復丁以充茲役雖有暫勞姦益

永止詔從之拜儀大將軍尚書令除儀同三司嘉好飲酒
或沈醉在宣前言笑自得無所顧忌帝嘗實年老常優容
之與彭城北海高陽諸王每入宴集秘懷彌夜數加賞賜
帝亦時幸其第性好儀飾車服鮮既居儀同又任端首
出入容備路榮之後遷司空司徒嘉好立功名有益
公私多所敷奏帝雅委付之愛敬人物後來才俊未為時
知者侍坐之次轉加談引時以此稱之嘗遺命薄葬官
武悼惜之贈侍中太保諡曰懿烈嘉後妃宣郡王壽孫
女司空從妹也聰明婦人及為嘉妃多所匡贊光益家道

子深字智遠襲爵孝明初拜拜州刺史預行恩信胡人便
之劫盜止息後為恂州刺史在州多所受納政以賄成私
家有馬千四者必取百匹以此為恂累遷殿中尚書未拜
坐濫城陽王徽於于氏為徽妾訟詔付丞相高陽王雍等
宗室議決其罪以王還第及汶野鎮人破六韓拔陵反叛
臨淮王或議討之失利詔深為地道大都督受尚書令李崇
節度時東道都督崔暹違敗於白道深等諸軍退還朔州深
上書曰邊豎搆逆以成紛梗其所由來非一朝也昔皇始
以移防為重盛簡親賢擁麾作鎮配以高門子弟以死防
遇不但不廢仕官至乃偏得復除當時人物忻慕為之及
太和在歷僕射李沖當官任事凉州土人慜免廝役豐沛

舊門仍防邊戍自非得罪當世莫肯與之為征鎮驅使為
虞候曰直一生推遷不過軍主然其往世房分留居京者
得上品通官在鎮者便為清途所隔或投彼有此以御魑
魅多後逃胡鄉乃峻邊兵之格鎮人浮遊在外皆聽流刑
捉之於是少年不得從師長者不得遊宦獨為匪人言者
流溣自定鼎伊洛邊任益輕唯底滯凡可出為鎮將轉相
摸習專事聚斂或有諸方姦吏犯罪配邊為之指蹤過弄
官府政以賄立莫能自改威言姦吏為此典不切齒增怒
及阿那瓌背恩縱掠奔命師追之十五萬衆度沙漠不
戍主率下失和拔陵殺之為迎命攻城掠地所見必誅王
師屢北賊黨曰盛此段之事指望鎖平其崔暹雙輪不反
臣崇與臣遠巡復路今日所應非止西北將恐諸鎮
之叛朝議更思深言深此天下之事何易可量時不納其筭
尋亦如此天下之情莫不解體今日所應兼黃門侍郎酈道元為大使欲復
西邁將士之情莫不解體今日所應非止西北道元為大使欲
鎮俱叛二郡高車亦同惡黨以疲兵討之必不制敵請簡
鎮為州以順人望會六鎮盡叛不得施行深後上言今六
選兵或留守恒州要處更為後圖及李崇徵還深專總戎

政拔陵避蠕蠕南移度河先是別將李叔仁以拔陵來逼
請求迎援深赴之前後降附二十萬人深與行臺元纂表
求恒州比別立郡縣安置降戶隨宜振贍息其亂心不從
詔遣黃門侍郎楊昱置分散之於冀定瀛三州就食深謂纂為
曰此輩復為乞活兵禍亂當由此作既而鮮于修禮叛於
定州杜洛周反於幽州其餘降戶猶在恒州深乃令叔隆別
為侍中右衛將軍定州刺史時中山太守趙叔隆別駕崔
融討賊失利臺使劉審戮數未訖曾賊逼中山深乃令叔隆
防境審應還京云深擅相放縱城陽王徽與深有隙因
主深乃上書復乞活兵六禍亂當由此
融為左都督裴衍為右都督並受深節度徽因奏靈太后
構深曰廣陽以愛子握兵在外不可測也乃敕章武王李等
潛相防備融遂以敕示深懼事無大小不敢自決靈太
后聞之乃使閒深意狀乃具言曰往者元又執權移天徙
欲使徽深相憾敕因宴會令相和解徽銜不已後河閒王
琛等為辭千脩禮所敗乃除深儀同三司大都督章武王
此構之乃徵深為吏部尚書兼中領軍及深至都明帝不
街臣次骨臣以踈滯遠離京輦今大明及其構阻無所不為然臣
昔不在其後自此以來翻成陵谷微遂一歲八遷位居宰

相臣乃積年淹滯有功不錄自微執政以來非但抑臣而
巳比征之勳背被擁塞將士吉捷終無片賞雖為表請多
不蒙遂前留元摽撘平盛樂後被重圍析骸易子倒懸一
隅嬰城二載賊散之後依階乞官微乃盤退不允所請而
徐州下邳戍主賈勳沐僧叛國天下之事其流一也功勳之
未重乃得立州即授開國天下之日澄募八州之人聽用關
不平謂何又驃騎本崇比賞復言比道征者不得同於關
西之挌及臣在後彼科賞復言此料賞復言異
何負於秦楚恒以媄臣之故便欲望風排抑然其賞當途以
西定襄陵廟之至重平城守國之要鎮君討此而論功亦

來何直退勳而巳但是隨臣征者即便為所媄統憑時碳色
和曾經省訴微初言有理又聞比征比征隸臣為統憑時碳
復令兄子仲顯異端訟臣緝緝偏偏謀相誹謗言臣惡
者接以恩顏桷臣善者即被媄貴甄琛曾理臣屈乃視之
若仇讎徐紇頗言臣短即待之如親戚又驃騎長史祖瑩
昔在軍中安壇首級矯亂戎行獲罪有司避命
山澤直以謗臣之故徵乃還雪其濊臣府司馬劉敬比送
降人既到定州翻然背叛賊如決河亘其能擁且以臣府
參寮不免身首異處徵既怒遷捨其元惡及脅徒從臣行
者莫不悚懼頃恒州之人乞臣為刺史徵乃斐然言不可

測乃降戶結謀臣頓表啟微乃因執言此事又向定州遠
彼姦惡又復論臣將有異志翻覆如此欲相陷沒致令國
朝遽賜遷代賊之由誰使然也微既優幸任隆一世蒙
勢之徒於臣何有是故餘人攝選軍馬填門又臣若邊流人
遊罕至臣近此為意其極是以致政乞起京關屬流
與齊元戎翹復從命自安無所僞傀先驅不敢辭軍
及臣出都行塵未滅已聞在後復生異議言臣將兒左
證為可疑之兆忽稱此以構亂悠悠之人復傳莆響言
軍臣融右軍臣行皆受密敕伺察臣軍微既用心如此臣
將何以自安竊以天步未夷國難猶梗乃伯之任於斯為
急微昔臨藩乃有人舉又君端右無聞焉爾今求出乃為
州使得申其利用微若外從所長臣無內慮之切脫蒙公

私幸甚深以兵士頻經退散人無鬭情連營轉相信行十
里幸違交津隔水而陣賊偹禮常與葛榮謀後相信朝州
人論之普賢乃有降意又使錄事參軍元孚以在交津深傳
果相猜貳鳶逢殺普賢偹禮而自立深以新得大眾上
下未安遂比度瀛州深便率眾東攻章武王融戰
敗於白牛邏深遂退走趣定州聞刺史楊津疑其有異志
乃止於州南佛寺停二日夜乃召都督毛諡等六七人贊

有為危難之際期相拯恤謚疑深意異乃密告津云深
謀不軌津遂謚討深深走出謚訓謀追躡深與左右行至
博陵郡界逢賊遊騎仍引諸葛榮賊徒見深頗有喜者榮
新自立內惡之乃害深莊帝追復王爵贈司徒公謚曰忠
馬尚書令謚曰文獻謚名位漸重留連聲色始以婢紫父
武子湛字士淵少有風尚莊初襲封孝靜初累遷冀州
武作相以湛頗有器望啓超拜太尉公典兵贈假黃鉞大司
剌史所在聚斂風政不立入為侍中後行司州牧時齊神
道大致紛紜乃云紫光湛父所寵湛母遺巳將致公文父
乃傳息論者兩非之湛弟瑾尚書祠部郎後謀殺齊文襄
事泄合門伏法湛子法輪紫光所生也齊王孫湛復謀乃
啓原之復其爵土

南安王余真君三年封吳王後改封南安王大武暴崩中
常侍宗愛矯皇大后令迎立之然後發喪大赦改年為永
平余自以非次而立厚遺羣下取悅於衆為長夜之飲聲
樂不絕旬月之間縮藏空罄無好弋獵出入無度邊方告
難余不恤之百姓憤惋而余眥央知也宗愛穢恣日甚內外
憚之余疑愛謀奪其權愛因余祭廟夜殺余文成葬以
王禮謚曰隱

論曰梟鏡為物天實生之觀夫元紹所懷蓋亦特鍾沴氣
平陽以降並多夭促英才武略未顯高年靖簡二王為時
稱首鑒既有聲渾亦見器霄繼荷遇太和之日名位豈妄
及哉又階寵私逐亂天下殺身全祀固為幸焉樂平
安俱以將領自効竟以惡道而逞克終之後或為盛德
廣陽之世甚實為美深之
力智謀一時之傑與夫建寧新興不同日也太武之子泰
晉才賢而翰之遇酷徇伏豈曰吳臨淮之為鮮鮭王才
之見殺不其晚歟　　惡於元徽所謂盜憎之義余

列傳第四

北史十六

方洽　周益　校正

景穆皇帝十四男恭皇后生文成皇帝袁椒房生
王新成尉椒房生京兆王子推濟陰王小新成陽里□
生汝陰靈王賜椒房良萬壽王推濟陰王小新成陽椒房
孟椒房生任城康王雲劉椒房生南安惠王槙城陽康王
長壽慕容椒房生安定靖王休趙王深早薨無傳母樂陵康王
胡仁孟椒房生安定靖王深早薨無傳母闕親
太子後庭未有位號文成即位景穆宮人有子者並號為
椒房

北史列傳五　一　吳茂山

陽平王新成太安三年封後為內都大官薨諡曰幽王長子
安壽襲爵孝文後賜名頤景運懷朔鎮大將都督二道
諸軍事北討詔徵赴京島以戰代之事對曰當仰杖廟筭
使呼韓同渭橋之禮帝歡曰壯哉王言朕所望也未發遣
母憂詔遣侍臣以金革敦喻既殯而營與陸叡集三道諸
將議軍途所詣於是中道出黑山東道向
□延河軍過大磧大破蠕蠕顧入朝詔曰王之前言果不
□此後除朔州刺史及怕州刺史稷泰謀友道使推顧為
主顧密以狀聞泰等伏誅帝甚嘉之宣武景明年薨於青
州刺史諡曰莊王傳國至孫宗胤明帝時坐殺叔父賜死

爵除順弟衍字安樂賜爵廣陵侯行梁州刺史表請假王
以崇威重詔曰可謂無厭求也所請不合轉徐州刺史至州
病重帝敕伯乘傳療疾至成伯還帝曰卿定名醫賽
絹三千疋成伯辭請受一千疋帝曰六人云二郵國於
庶以疾而言當惟三千疋平其為帝所重如此後坐母
宋陵卒表請解州刺史既親詔曰先君餘之所厭禮之義便見
雷氏卒表請解州刺史既親詔曰康侯衍行性清慎所在廉潔又不
功後卒於雍州刺史諡曰康侯衍行性清慎所在廉潔又不
譽產業歷牧四州皆有稱績曰無斁屍其子暢字叔
暢從壽武帝入關拜馮朦封博陵王大統三年東討沒於
陣手敏嗜酒多費家為之貧其婿桂國乙弗貴大將軍大
利稽祐家貴皆千萬每營給之敏隨即散盡而帝不之責
貴祐後遂絕之位儀同三司改封南武縣八暢弟融字叔
融貌甚短陋驍武過人莊帝謀殺尔朱榮以融為直闇將
軍及介朱兆入洛融逃人間後從孝武入關封魏與王位
侍郎殿中尚書
衍弟欽字思若位中書監尚書右僕射儀同三司欽邑无
黑破時人號為黑面僕射欽滔從兄羆妻崔氏為御史中
尉封回劾奏過敕免尋除司州牧欽少好學早有令舉晉
時人語曰皇宗略略壽安思若及晚年貴重不能有所匡

益論者輕之歆曾託青州人高僧壽為子求師至未幾
逃去歆以讓僧壽僧壽性滑稽反謂歆曰凡人絕粒七日乃
死始經五朝便關逃遁去食就信實有所關歆乃大慙於
是待客稍厚後除司空公封鉅平縣公於河陰遇害贈假
黃鉞太師太尉公子子孝字季業早有令譽年八歲於
徒崔光見而異之曰後生領袖必此人也孝武帝入關不
及從駕後赴長安封義陽王子孝美容儀善笑謔好酒
愛士緒紳歸之賓客常滿終日無倦性又寬慈敦穆親族
乃置學館於私第集群從子弟晝夜講讀並給衣食與
諸子同後歷尚書令柱國大將軍子孝以國運漸徙深自

北史列傳五　〈三〉　元亶

貶晦日夜縱酒後例降為公俊姓拓拔氏未幾卒子贇襲
京兆王子推太安五年封位侍中征南大將軍長安鎮大
將子推性沈雅善於綏接泰雍之人服其威惠入為中都
大官察獄有稱獻文將禪位於子推以大臣固諫乃傳孝
文孝文即位拜侍中本將軍開府儀同三司青州刺史未
至道薨子太興襄拜長安鎮大將以贓貨削除官爵後
除秘書監還後前爵改封西河轉守衛尉卿初太興遇惠
請諸沙門行道所有資財一時布施乞求病愈名曰散生
齋及齋後僧皆四散唯有一沙門　方云乞齋餘食沙門曰亦能食之因出酒一斗羊
曰齋人既盡唯有酒肉沙門曰亦能食之因出酒一斗羊

腳一隻食盡猶言不飽及辭出後酒肉俱在出門追之盃
所見太興後遂佛前乞願向者之師當非俗人若此病得差
即捨王爵入道未幾便愈遂請為沙門表十餘上乃見許
時孝文南討在軍詔皇太子於四月八日為之下髮施帛
二千疋既為沙門名僧懿居嵩山太和二十二年終子昂
字伯暉龍驤長子昂驚字慶襲長寺靜時累遷太尉錄
書事同州牧青州刺史薨并州贈假黃鉞太傅同徒公諡
曰文既寬和有度量茂谷貌望儼然得喪之間不見於
色性清儉不營產業身死之日家無餘財昂弟仲景性
嚴峻李莊時兼御史中尉京師蕭然每向臺恆駕赤牛

信州敗蕭譽列傳　〈四〉　娥元亶

時人號赤牛中尉太昌初為河南尹奉法無私時更部尚
書樊子鵠部下縱橫又為益窳仲景密加收捕恣獲之咸
即行決於是貴賤懾心孝武帝將入關仲景遂棄妻子乃
仍除尚書右僕射封順陽王仲景既失妻子乃娶故小朱
督留京師齊神武欲至洛陽仲景追駕至長安
天光妻也列氏本倡女有美色仲景甚重之經數年前妻
叔袁紀氏自洛陽聞行至也列遂徙居異宅父之有愛事
露詔仲景寵情愈至譖殺一婢蒙其屍而厚
叔袁紀氏殺之仲景寵眷愈至譖殺一婢蒙其屍而
葬以代紀氏生也皆以宗室早歷清官仲景以列尚在恐妻

漏之乃謀殺袁紀紀先覺獲免欲除害列列謂從奴曰吾表

紀親我必殺我我告丞相異或不死若不理我猶

埋我好地啣為袁告之奴遂告周文依奏詔訾仲

景一百兔右撲射以王歸第此奴告周文帝周文

通為後周文帝以其曆任有令名且杖藁追駕乃奉詔猶

爵也列表紀於是同岩大統五年除幽州刺史仲景猶

亂後就州賜死仲京弟退字叔照孝住初除南兗州刺史

在州猛暴多所殺害元顯入洛退攘州不屈莊帝還官封

汝陽王累遷秦州刺史先秦州人慶為反攘退盡誅

之存者十二普泰元年除涼州刺史含息無秘欲規府

人又商胡富人財物訴臺符評諸豪等六欲加賞一時

暑戰所有資財生口悉沒自入孝靜時位侍中錄尚書事

亮贈太師錄尚書子沖襄無子遷字太原有

器望以左衛將軍從孝文南征賜辭鏡陽男子初逦所

生母憂表請解任詔以餘尊所厭不許明帝初遷左光

祿大夫仍領護軍時冀州沙門法慶既為妖幻遂說勒海

人李歸伯歸伯合家從之招擊鄉人推法慶為主法慶以

歸伯為十住菩薩平魔軍司定漢王自曉大乘殺一人者

為一住菩薩殺十人者為十住菩薩又合在樂令人服之

父子兄弟不相知識唯以殺害為事刺史董紹賈寅遣兼長

史權伯驎討之敗於葛榮城伯驎戰沒山振盛所在屠

滅寺舍斬戮僧尼焚燒經像云新佛出世除去舊魔詔以

過為便持節都督此征諸軍事討破之僧籍此遺大功兄弟皆開

惠暉等斬法慶傳首京師戮於都市初遣華州屬籍者則閣

景穆之孫以下至明帝而本服絕故除遣等屬籍者曰籍聞

聖人所以以見天下其不有得緣華者者刪此四

世而總服兔第五世祖兔六世而親盡娠矣去茲以住猶

繫之以姓歷謂先帝之五世謹尋斯旨將以廣帝宗

當世之屬親別緝之以食而弗珠又律云謹親者非唯

重盤石先皇所以變愛茲事條為此別制者太和之季方有憂

於吳蜀經始之費應在初割藏之起暫出當時也且臨

淮王提分屬籍之始高祖賜帛三千疋所以重分離之念

王長命亦賜緣二千疋所以存慈眷此皆先朝殷勤之至

不得已者眾臣誠不欲妄親此百足之蟲至死不僵者以其

則天子屬籍不過十數人而已在漢諸王之子不限多少

輔已者眾臣誠不欲妄親苟求潤屋但傷大宗一分

皆列土而封謂之古侯至于親晉莫不廣胙河山稱之

五世之遠於先帝便是天子之孫高祖所以國秩祿雖是

公者蓋惡其大宗之不固骨肉之恩陳炎臣去皇上雖是

給衣食后族唯給其賦不與衣食者欲以別外內限異同也
今諸廟之感在心未忘行道之悲惆然已及重諸封者之身
此事實用未安詔作尚書監今任城王澄尚
書左僕射元暉奏同遵袤鑒大后不從卒謚曰宣六公通袤求
悕字景安粗涉書史恂以春秋之義為名不以山川表求
改名之歷位太常卿中後於河陰遇害贈大傳
司徒公謚曰宣穆公
濟陰王小新成和平二年封頗有武略庫莫奚侵擾訖新
討之新成乃多為毒酒賊通便棄營而去賊至競欽遂
簡輕騎縱擊停賊甚多後位外都太官覽贈大將軍謚曰
惠公子鬱字曇襲位開府為徐州刺史少顯貨賜死
國除長子彌字邕明剛正有文學位中散大夫以世嫡應
襲先爵為季八尚書僕射罷因干氏親寵遂奪彌王爵橫
被固諫入表王爵永安三年追贈尚書令司徒公建義元
年子暉業訴復王爵入謂之曰君身不得傳世封其紹先爵者君
文獻初彌骨爰人謂之曰君身不得傳世封其紹先爵者君
長子紹遠也彌覺即加暉業終如其言暉業蜀文而慷慨有志節歷
寇盜交通長乃變即涉子史亦頗蜀文而慷慨有志節歷

信州路軍州
北史列傳五
〈七〉
江土堅

位司空太尉加特進領中書監錄尚書事齊文襄嘗問之
曰比何所披覽對曰數尋伊霍之傳不讀曹馬之書暉業以
時運漸謝不復圖全唯事飲噉一日三羊三日一犢又曾
賦詩云昔君王道泰濟濟富群英今逢世路阻狐兔鬱縱
橫齊初降封美陽縣公開府儀同三司特進暉業在晉
陽也無所交通常閉眼乃撰魏藩王家世錄
四十卷行於世位望隆重又以性氣不倫每被猜忌天保
二年從駕至晉陽於宮門外罵元韶曰爾不及一老嫗背
負顧眄人何不打碎之我出此言知即死然爾亦詎得幾
時文宣聞而殺之并斬臨淮公孝友孝友臨刑驚惶失措
暉業神色自若仍鐾沈其珽暉業弟昭業頗有學尚
位諫議大夫莊帝幸洛南昭業立於閶闔門外叩馬諫
帝避之而過後勞勉之位給事黃門侍郎衛將軍右光祿
大夫卒謚曰文侯昭業弟僵位大中大夫誕字雲首初誕
伯父鬱以貪污賜死爵除詔以誕僵正妃子立為嫡誕誕
不遍醫家之奴隸乘迫取良人為婦有沙門為誕藥還
聽紹封累還郡州刺史在州貪暴大為人患牛馬騾驢無
見誕間外消息對曰唯聞王貴顧王早代誕曰郡州七萬家
吾至來一家未得三十錢何得言貴後為御史中尉元纂
所糾會救免克謚靜王子撫字伯懿襲封莊帝初為從兄

信州路軍州
北史列傳五
〈八〉
土城王

暉業訴奪王去爵偓弟麗字寶掌位兼宗正卿右衞州軍
遷光祿勳宗正右衞如故時秦州號各王法智推州主簿呂
茍兒為主號建明元年以麗為儀持節都督與楊椿討
聚眾自稱王號聖明元年置立百官攻逼州郡涇州人陳瞻亦
之茍兒舉眾十餘萬屯孤山別據諸城圍逼州城麗出
擊大破碭兒進軍永洛賊逆戰麗夜擊走之行秦州
事李詔破碭兒率其玉三十餘人諸軍乘勝追擄其父毋妻子諸城
圍亦迷奔散茍兒善七百餘人宣武嘉其功詔有司不聽追
賊之勢狂掠良善詔麗酷吏人患之其妻崔氏誕一男麗

檢拜雍州刺史為政嚴酷更人惠之
遂出州獄囚死及徙流案未申臺者一時放免還襄州刺
史入為尚書左僕射帝開曰聞公在州殺戮無理狂濫並
一又帝道人對曰臣所告納諸陰況殺道人二百而已
何多帝曰一物不得其所若在道人可殺道人二百許人亦後
不多麗脫冠謝賜坐卒謚曰威子顯歷
司徒記室參軍司徒崔光毋見之曰兒象軍風流清秀容止
開雅乃宰相之器除徐州安東府長史剌史元法僧叛顯和
與戰被禽魏手命與連坐顯和與阿翁同源別洮
皆是盤石之宗一朝以地外叛若遇畫狐能無斷德遂不
肯坐法僧猶欲慰喻顯和曰乃可死作惡鬼不能生為叛

臣又州殺之神色自若建義初贈秦州刺史
汝陰王天賜和平三年封後為内都大官孝文初殿中尚
書胡莫寒簡西部敕勒豪帥十五人為殿中武士而大納
財貨眾怒殺莫寒及高平假鎮將葵陵於是諸部敕勒來
叛詔天賜與給事中羅雲討之前鋒敕勒許降雲信之副
將元伏曰敕勒色動恐有變今不設備將為所圖雲不從
敕勒麾殺雲天賜僅得自全累遷慎朔鎮大將軍東豫
州剌史天賜為梁將所攻舉城陷梁武以為北道總督魏王
死削除官爵卒謚曰感觀贈本爵大將葬禮諡曰感王

靈王子遵字萬安卒於鄴州剌史諡曰感遵子慶和東豫
至項城朝廷出師討之望風退走梁武責之曰言同百舌
膳者聽鼠遂徙合浦遷弟況字普安自士稍遷營州刺
史性貪殘人不堪命相率逐之況走平州後除光祿大夫
宗正自元士稍遷齊州剌史遇害況弟偽義字壽安顯表
文才自元士稍遷齊州剌史遇害況弟偽義字壽安顯和遷
固辭詔不許聽隨便立解宇偽義乃移東城為政覽和遷
秦州剌史明帝初表陳庶人禧庶人愉等請宥前釁賜葬
陵域靈太后詔曰收葬之恩事由上旨藩岳何得越職干
陳在州多受納果遷吏部尚書及在銓衡唯事貨賄授官
大小皆有定價時中散大夫高居者有旨先敘上黨郡缺

居遂求之脩義私已許人抑居不與居大言不遜脩義命左右棒之居之居更對大衆呼天喝賊人間居義得有賊居指脩義曰此非大賊平脩義失色居居上者違天子明詔物多者得官駕輪脩義罪狀左僕射蕭錝賀寅喻之乃止二秦反假偽軍兼尚書右僕射蕭錝至長安為諸軍節度性好酒每飲連日遇風病神明昏興蕭錝詣之以脩義為之益志志敗沒賊東至黑水更遣蕭錝詣之以脩義為雍州刺史卒於州贈司空諡曰文子均位給軍度諡曰平後入西魏封安昌王位開府儀同三司叢贈司空諡曰即

信州路學刀 ▲北史列傳五▲ 〈十一〉 吳摭号

子則字孝規襲爵義州刺史仕周為小冢宰江陵總管文都性梗直仕周開皇初授內史舍人煬帝即位累遷御史大夫坐事免未幾授太府卿其有當時譽大業十三年帝幸江都宮詔文都與段達皇甫無逸韋津等同為東都留守帝崩與元文化及立秦王為帝侗署文都為內史令開府儀同三司光祿大夫左驍衛大將軍攝右翊將軍皆國公既而宇文化及立秦王浩為帝擁兵至彭城所在饗震文都諷侗遣使通於李密密乃請降因授官爵其使甚厚王世充不悅文都知之陰有誅世充計侗以文都領御史大夫世充固執而止盧

楚說文都誅之文都遂懷奏入殿有人告世充世黨馳遶含嘉城至夜難作攻東太陽門而入拜於紫微觀下曰請斬文都歸罪司寇侗見兵勢盛遣遣其所署將軍黃桃樹執文都以出文都顧謂侗曰臣今朝亡陛下亦當夕及侗慟哭遣之左右莫不慟黙出至興教門世充令左右亂斬之諸子並見害則弟矩字孝矩西魏時襲祖爵始平縣公拜兄見顗而不扶焉用宗子為兄則所過乃止後周文之心路人所豐州刺史弟矩字孝矩興教時襲祖爵始平縣公拜南大夫護愛其妹為妻情好甚密寄坐徙蜀後拜司寇晉公護重其門地娶其女為房陵王妃及為丞相拜

信州路學刀 ▲北史列傳五▲ 〈十二〉 吳摭号

少冢宰位柱國賜爵洵陽郡公及房陵五為皇太子立其女為皇太子妃親禮彌厚拜壽州總管時陳將任蠻奴等屢寇江北復以孝矩領行軍總管江上後以年老上表乞骸骨轉涇州刺史卒官諡曰閒子無嗣矩次弟雅字孝方有文武幹用開皇中歷左領軍右將軍集沁二州刺史封順陽郡公卒官諡曰順少有成人量年十歲而孤為諸兄所愛養善書計諸兄讓欲別居褒泣諫不從家素富多金寶襁褓一無所受脫身而出仕周位開府比平縣公趙州刺史從韋孝寬平尉遲迥以功拜柱國進封河開郡公隋開皇中拜原州總管有商人為賊劫其人疑同

宿者而執之暴察其色而辭正遂捨之商人詣闕訟襄
受金縱賊隋文帝遣窮之使者簿責襄何故利金而捨盜
襄引咎無異辭使者與襄俱詣京師遂坐免官其盜亦發
他所謂上謂曰何至自誣襄曰臣受委一州不能息盜罪
一也百姓為人所誣不付法司懸即放臣罪二也臣無顧
之罪是以自誣上歎異之稱為長者煬帝即位拜鄃郡太
守及遼東之役郡官督事者前後相屬有西曹掾當行詐
疾襄杖之撫大言曰我將詣行在所欲有所告襄大怒因
杖百餘數日死坐免官卒于家

儀州華州　北史列傳五　〈十三〉　循吏孔

樂良王萬壽和平三年封拜征東大將軍鎮和龍性貪暴
人賜死國除命宗室諸王陪宴時復前爵位太常少卿暴
徵還道憂恚死諡曰厲王康王樂平龍襄亮子長命龍坐殺
舟天泉池命忠明帝時復前爵位太常少卿孝武帝汎
紅羅襦繡作領碧紬捧綠緣帝謂朝廷衣冠雁有常
武何為著百戲衣忠曰臣少來所受情存綺羅歌衣僞服
是臣所願帝曰卿之無良乃至此乎
廣平王洛侯和平二年封覺諡曰殤無子後以陽平幽王
第五子匡後之匡字建扶性耿介有氣節孝文器之謂曰

叔父宣必能儀形杜稷匡輔朕躬今可改名為匡以成克終
之美宣武即位累遷給事黃門侍郎如皓始有寵百僚微
憚之帝曾於山陵還詔匡陪車駕當時壯其忠蹇宣武親政
匡諫帝推之令下皓恨匡失色當時壯其忠蹇宣武親政
除肆州刺史匡既忤皓懼為所害廉慎自脩其有聲績
恆州刺史匡徵為大宗正卿河南邑中正匡奏親王及始蕃
二藩王妻乘有妃號而三藩而下不及五品以下皆謂之
妃名亦宜同等妻者殁也理與已然可從妃例自是三藩
貴於朝妻樂於室婦女無定升從　其夫三蕃既啓王封
名而下不及五品以上有命婦之號稱以為疑詔曰夫

信州梓州　北史列傳五　〈十四〉　循吏孔

王妻名號始定後除度支尚書匡表引樂陵章武之例求
紹洛侯封詔付尚書議匡妻聽封以明興絕之義時
宣武委政於高肇宗室傾憚唯匡與肇抗衡而巳
後因與太常劉芳議辯論肇之罪惡自殺切諫肇聞而惡之
顯奏匡曰金行失御群僞競興禮壞樂崩舊倫斁高
祖孝文皇帝以睿聖統天克復舊典乃命故中書監高
廣旌儒林推嘉樂府以秦裁千將均周漢舊章屬霊禧中
遷尚末云就高祖睿思玄深參考經記以一泰之大用成
分體準之為尺宣布施行暨正始中故太樂令公孫崇輒

自立意以黍十二為寸別造尺度定律列鍾皆向成記表
求觀試時較太常卿臣芳以崇造既成請集朝英議其得
石芳疑尺度與先朝不同察其作者於經史復異推造
鮮據非所宜行時尚書令臣肇清河王懌等以崇造乖謬造
與周禮不同竊秦臣芳依周禮更造成記量校從其善者
而芳以先朝尺度事令古典乃依前詔書以黍成十二呈
崇物故之後而惠蔚亦造一尺仍云扶以比崇尺自相乖
蔚用裁金石于時議者多云芳是唯黃門侍郎臣孫二尺
朝廷用裁金石于時議者多云芳是唯黃門侍郎臣孫二尺

背量省二三謂芳一尺為得而尚貴臣臣表云劉孫二尺

長短相傾稽考兩律所容殊異言取中秦校彼二家云並
灸差抑中無所自立一途請求議判當時議者或是然臣
兩途姅姝即時定肇文云權斛斗尺班行已久今者所
論豈踰先旨宜仰依先朝故尺為定爾以後而臣與肇
立鍾石之名希播制作之響乃憑樞衡之尊藉馬氏之勢
表列擾已十是云芳十非又云肇秋校旨其芳譽賢規
屬言都坐聲宜相加高下失其常倫嗃競無復彝序
以恩言依經案古者即被慇責芳雖未指鹿化馬移天後
寶使蘊藉之士堂乾氣坐端懷道之夫結吉延次又言芳昔

與崇競恒言自作今共臣論忽稱先朝豈不前謂可行輙
欲自取後知錯謬便推先朝殊非大臣之體深失為下之
義復考校數臣之前量度偏頗之手臣必刪足內朝抱璞
人外置言畢意彰於朝野然臣職當出納獻替所任十尺
權度正是所同書已有所見能練藏否宜應首鳴義端早
辯諸惑何故嘿心隨從不關一言見芳成事乃始發恐此語由心
才學與人規成處譽況臣表云臣所據銅權形如古誌明是
漢作并莽別造又安權銘黃帝始祖德布於虞虞帝始祖
德布於新若莽佐漢時事窒有銘偁新之號哉又豈莽傳

云莽居攝即纂漢制度考校二證非漢權明矣復云芳之
所造又短先朝之尺臣既比之權然相合更云芳尺與千
金堰不同臣復量比因見其異三三浮溫難可據準又云
共虛端妄為疑似臣以先朝云芳何以言之芳被敕車造鍾律管臣愚
在於臣不在於芳何以言之芳被敕車造鍾律管臣愚
少是其所裁權斛尺度本非其事比前門下索芳尺復應
芳牒報云依先朝所班新尺復應下黍更不增損芳為遷
律調正分寸而已檢臣造時在牒後一歲芳亦計崇造十積黍十二群情共知
共爭已有此牒豈為誑也計崇造十積黍亦俱見先朝記書以黍成十二首尾歷
而芳造寸唯止十黍亦俱見先朝記書以黍成十二首尾歷

然寧有輒欲自取之理肇任居端右百寮是望言行動靜
必副具瞻若惇權阿黨詐託先詔將指鹿化馬徙日移天
即是魏之趙高何以宰物若無此匠既誣毀宰相訕謗
時政阻惑朝聽不敬至甚請以肇匠並禁尚書推窮其原
付廷尉定罪詔曰可有司奏匠誣肇匠勠匠臨發帝引
降為光祿大夫又兼宗正卿出為兗州刺史刑宣武知死
見於東堂勞勉之匠猶以尺度金石之事國之大經前雖
為南臺所彈然猶許更議若議之日何願聽臣輒赴帝曰劉
何得復云先朝之意也兗州既所執不經後議之日何待
芳學高一時深明典故其所據者與先朝尺寸不過一黍

【十七】

赴都也明帝初入為御史中尉匠嚴於彈糾始奏于忠次
彈高聰等免官靈太后並不許違其紏惡之心又廬匠辭
解欲㧞姦安南將軍後加鎮東將軍匠屢請更權
禝不已於是詔曰謹權審度自昔令更集章革歷往代良
規匡宗室賢亮兆留心可故集諸儒貴以驗決必務
權衡得衷令十篇不尒又詔曰故令集諸儒貴以驗決必務
宗茂年薨殉國除祀廢不祀諸匠親殉王洛侯體自兼
宜樹維城永茲盤石可特製王爵封東平郡王匡所制尺
以聞太師高陽王雍等議以為晉中書臨苟勖所造之尺
度託請集朝士議定是非詔付門下尚書三府九列議定

上高祖所定臺輦略同侍中崔光得古象尺于時亦準議
今施用仍性孝文皇帝德邁前王叡明下燭不刋之式事
難改改臣叡等參論請依匠議永導先皇制詔從之匠每
有奏請尚書令任城王澄時致執奪匠剛隘內遂不平先
所造棺猶在僧寺乃復修朝駮愕澄因是奏匠罪狀三
十餘條廷尉勠以死刑詔付八議特加原宥削爵除官三
公即中辛雄奏理之後特除平州刺史徙青州刺史尋卒
開右都督兼尚書行臺遇疾還京孝昌初卒諡曰文貞初
追復本爵改封濟南王第四子獻龍襲子祖育龕襲武定初

墜馬薨子勤又襲薨烈受禪爵例降

【十八】

列傳第五

北史十七

方沆　周益　校正

任城王雲和平五年封少聰慧年五歲景穆崩號哭不絕
聲太武抱之泣曰汝何知而有成人意也獻文時拜都督
中外諸軍事中都大官聽訟甚收時譽及獻文欲禪位於
京兆王子推王公卿士莫敢先言雲進曰皇太子雖聖德風彰然實沖幼陛下
東陽公元丕等進曰皇太子儲宮正統纂育之有何不
皇魏未之有華太尉源賀又言雲進以為不可顧思任城之言
欲隆獨善其若宗廟何帝曰儲宮正統纂公任城之言
可於是傳位於孝文後蠕蠕犯塞雲為中軍大都督從獻文
討之過大磧雲曰夷狄之馬初不見武頭楯若令此楯在

信州刊　　北史列傳六

【一】子夏

而歌方駕而前大破之獲其兇首後仇池氏反又命雲討
平之除開府徐州刺史雲以太妃蓋氏薨表求解任雲
不許雲悲號動疾乃許之性善撫接深得徒方之心為百
姓所追戀送遺錢貨一無所受丹遷奧州刺史雲康謹
於是合州請戶輸絹五尺粟五升以報雲恩孝文嘉之詔
宣告天下使知勸勵遷長安鎮都大將雍州刺史雲康謹
自脩留心庶獄挫抑豪強劫盜此息雍州人頌之者十餘人
太和五年薨於州遺令薄葬勿受贈襚諸子奉遵其言諡

竟誰對曰鄭子產鑄刑書而晉叔向非之此二人皆賢士得失
曰昔鄭子產鑄刑書乘古式合今權道帝方革變深善其對笑
刑書以示威雖乘古式合今權道帝方革變深善其對笑
府徐州刺史其著聲績朝京師引見賜衣一襲乘黃馬一匹以旌其能轉開
西南款順加侍中賜衣一襲乘黃馬一匹以旌其能轉開
宗室領順加侍中誠屬之顧謂中書令李沖曰此兒風神吐發當為
后引見誠屬之顧謂中書令李沖曰此兒風神吐發當為
北大將軍以氏羌反叛除征南大將軍梁州刺史文明太
舉止言解清辯響若縣鐘康王薨以孝聞龍襲封加征
曰東陪舜雲中之金陵長子澄字道鏡少好學美鬚髯善

信州刊　　北史列傳六

【二】

曰任城當欲為魏子產也朕方割制當與任城共之
世之功後徵為中書令改授尚書令孝文制當與任城共之
韻道雅風儀秀逸謂王客郎張彝曰往魏任城以武著稱
今魏任城乃以文見美也時詔延四廟之子下逮玄孫
冑申任宗宴於皇信堂不以爵秩為列悉序昭穆之親
人之禮宴帝曰行禮已畢欲令宗室各言其志可率賦詩特
命澄為七言連韻與孝文往復賭賽至極歡際夜乃罷
後帝幸鄴澄在謀遷之議帝臨太極東堂引見澄曰易言革
親令詭卜易筮南代之事其兆遇革澄進曰易言革言革首更
也將鈇革君臣之命湯武得之為言陛下帝有天下今日

【二】

卜徵不得云革命未可全為吉也帝厲聲曰此象云大人
武變何言不吉也帝厲遂謂曰向
者之革今更欲論之明堂之忿懼衆人競言沮我大計故
色怖文武耳乃獨謂澄曰國家興自北土徙居平城雖
富有四海文軌未一此間用武之地非可與文壽函帝宅
河洛王里因茲大舉光宅中原任城欲以為何如澄深贊
成其事帝曰任城便是我之子房加撫軍大將軍太子少
保又兼尚書左僕射及車駕幸洛陽定遷之策澄並有力
駟向北問彼百司論擇可否曰近論革今真所謂革詔澄馳
既至代都衆聞遷詔莫不驚駭澄揮引之今古徐以曉之衆

乃開伏逮南馳還報會車駕於滑臺帝大悅曰若非任城
朕事業不得就也從幸鄴宮除吏部尚書及車駕自代北
巡留澄銓簡舊臣初魏自公侯以下動有萬數凡散無事
英里懼似有求焉澄曰陛下經殺墟而弔比千至洛陽而
京復兼右僕射至比干遂幸洪池命澄侍中秋命澄侍升龍舟帝曰
朕昨夜夢一老公拜立路左云晉侍中荀勗故此奉迎神
遺秘紹當是希周而感夢帝曰朕既有此夢或如任城所
言於是求其兆域遣使弔祭焉澄明帝既發軾自立其雍
州刺史薈貝武請以襄陽內附車駕將自赴之引澄及咸陽

王禧彭城王勰司徒馮誕司空穆亮鎮南李沖等議之禧
等或云宜行或言宜止帝曰衆人意見不等宜有客主共
相起發任城與鎮南為雁行之議朕當為宜行之論諸公
坐聽長者從之於是帝往復數交駕遂南征至縣瓠以疾
侍臣言後從征至縣瓠帝曰此堂成來未與王公行宴樂之禮今
與諸賢欲無高而不升無小而不入因之流化渠帝曰此
有嘉魚澄曰所謂魚在在藻有頒其首帝曰且取王在靈
沼於牣魚躍次之觀德殿帝曰射以觀德故遂命之次之
曲水者取乾道曲成萬物無滯大之洗煩池帝曰此池亦

疑閒堂帝曰此堂取夫子閒居之義不可縱奢以忘儉自
安以忘危故此堂後作茇堂謂李沖曰此東曰步元廡
西曰遊凱廡此坐雖無唐堯之君卿等當無媿於元凱沖
對曰臣既遭唐堯之君敢辭元凱之譽帝曰光景垂落朕
同宗有戴考之義卿等將出何得匆匆音德音蕭門侍
郎崔光郭祚通直郎邢巒崔休等賦詩言志帝曰江左
遲本沖再拜上千萬歲壽帝曰燭至辭退庶姓之禮在夜
萬壽朕報卿以南山之詩乃曰燭至辭退庶姓之禮在夜
載考宗族之義卿以燭至致辭復獻詩
坐公事免官尋兼吏部尚書恒州刺史穆泰在州謀反授

澄節鉞武竹使符御仗左右仍行恆州事行臺鴈門遺書
侍御史李煥先赴至即禽泰窮其黨與眾人皆得鉅鹿公
陸廙安樂侯元隆等百餘人斬其狀表聞帝覽表乃
大悅曰我住城可謂社稷臣正復皋陶斷獄豈能過之顧
感陽等曰安豐懷異志不能辦此也車駕幸平城勞澄引
見澄澄表請以國秩一歲租帛助供軍資詔受其半帝幸右僕
射澄表住城在省為舉夫下綱維為當署事而已澄曰臣實
邦見公卿曰朕昨入城見車上婦人冠帽而著小襦襖者
署事而已帝曰如此便一令史足矣何待住城尋除尚書
左僕射從駕南伐孝文朋受領命宣武初有降人嚴叔懋
告尚書令王肅遣孔思達潛通蕭國為叛澄信之乃表
蕭將叛輒下禁止咸陽北海二王奏澄擅禁宰輔免官選

言可以襲邦其斯之謂可命史官書之文曰王者不降佐
於蒼具拔于而用之群婦女肇當更銓
第爭除開府揚州刺史下車封封孫叔敖之墓顯蔣子文之
蕭將叛輒下禁止咸陽
廟上表請脩復皇宗之學開四門之教詔從之先是朝議
有南伐之計以蕭寶寅為東揚州刺史攝東城陳伯之為

江州刺史戍陽石以澄摠督二鎮授之節度澄於是遂統
軍傳密眼等進次大峴東關九山淮陵皆分部諸
將傳道撲之澄摠勒大眾駱驛相接所在克捷詔書褒美
既而遇兩淮水暴長澄引歸壽春還既狼損失兵四千餘
人澄頻表解州帝不許有司奏奪其開府又降三階轉鎮
地大將軍定州刺史初百姓每有橫調恆苦之前後牧
守未能蠲除澄多所首減又明黠陟賞罰之法表減公園
之地以給無業貧人布絹不任衣者禁不聽造百姓時
為毋孟太妃喪居喪高致當世稱之服闋除太子太保時
高肇當朝猜忌賢戚澄為肇間構常恐不全乃終日酣飲
空加侍中俄詔領尚書令澄表上皇詔宗制并訓詁各一
卷欲於太后覽之思勤誠之益又奏求利國濟人所且振舉者
十條一曰律度量衡公私不同所且一之二曰宜興學校
于忠侍中崔光等奏澄為尚書令於是眾心欣服遷司
擁兵於外禦沖幼朝野不安澄雖踈斥而朝琴玖所屬軍
以示荒敗所作詭越時謂為狂宣武夜崩時事倉卒高肇

外一不煩人任人之力不過三日五日臨人之官皆須聽
以明黠陟之法三曰宜與減繼絕名舉所知四曰五調之
陛以徭賞罰六曰逃亡代輸未來年父者若非佞作仕聽
即住七日邊兵逃走或實陷沒皆須精檢三長及近親若

實隱之徵其代輸不隱勿論八曰工商世業之戶後徵租
調無以堪滯今請免之便專其業九曰三長禁姦易不得隔
越相領戶不滿者隨近并合十日羽林武賁邊方有事暫
可起戰常戍宜遣番兵代之靈太后下其奏百察議之事
有同名時四中郎將兵數寡弱不足以襟帶京師澄奏宜
以東中帶滎陽郡南中帶魯陽郡西中帶恒農郡北中帶
河內郡選二品三品親賢兼稱者居之非急之作配以
後議者不同乃止尋以疾患表求解任不許澄以比邊鎮
將選舉彌輕恐賊虜闚邊山陵危迫表求重鎮將之選修
警備之嚴謟不從後賊虜入寇至於舊都鎮將多非其人
所在叛亂犯過山陵如澄所慮澄奏都城府寺猶未周悉
今軍旅初密子無宜發衆請取諸職人及司州郡縣犯十杖
以上百鞭以下收贖之物絹一匹輸塼二百以漸修造詔
從之太僕清河王懌表駁其事遂寢不行澄又奏司州牧
高陽王臣雍拷殺奉朝請韓元昭前門下錄事姚敬賢雖
因公事理實未盡何者君耶等狀彰死罪以定應刑於都
市與報章之如其疑似不分情理未究不宜以三清九流
之官杖下便死輕絕人命傷理敗法往年在州於大市鞭
殺五人及檢職狀全無寸尺今復酷害一至於此朝野云

一之咸懷驚愕若生殺在下虐專於臣人君之權安所復用
請以見事付廷尉推究驗其爲劫之狀祭其拷殺之理詔
從之澄當官無所回避又奏狼田授受之制八條甚有綱
貫西域厭達波斯諸國各因公使並遺澄駿馬一匹澄請取
付太僕以充國閑詔曰王廉貞之德有過龔相可敕付廐
以成君子大哉之美御史中尉東平王匡奏請取景明元
年以來內外考簿吏部除書中兵奏案并諸殿最欲以
其司至於冒勳妄階皆有處別若一勳有風詿自露然後繩以
一簿研撿虛實若姜殊不同僞情自露然後繩以
校籍階盜官之人靈太后許之澄表以爲御史之體風聞
誰不服豈有後一省之事窮華世之尤如此求過誰堪其
罪斯實聖朝所宜重慎也靈太后納之乃止後選司徒公
侍中尚書令如故神龜元年詔加女侍中郎蟬同外侍中
之飾澄上表諫曰高祖世宗皆有女侍中官耶蟬金蟬
於象珥極韻郭於鬢髮江南僞晉穆何后有女尚書而加
貌璫此乃衰亂之世袄服且婦人而服男子之服至
陰而陽故自穆哀以降國統二絕因是劉裕所以墓逆禮
意舉措在京師則起永寧太上公等佛寺工費不少外州
各造五級佛圖又數爲一切齋會施物動至方計百姓疲
於興繕措風化之本請依常儀追還前詔帝從之時太后銳

於土木之功金銀之價為之踊上削奪百官禄力費損庫
藏兼賣左右日有數千澄上表極言得失雖卒不從常
優客禮之政亦無大小皆引參預澄亦盡心匡輔事有不便
黃鉞使持節都督中外諸軍事大傅領大尉公加以殊禮
於人者必於諫諍殷勤不已內外咸敬憚之二年薨贈假
備九錫依晉大司馬齊王攸故事諡曰文宣王澄之薨也
凶飾甚盛靈太后親送郊外傳詔慰哭慟左右百官會
赴千餘人莫不歔欷當時以為哀榮之極第四子謐嗣爵
字子倫繼室馮氏所生頗有父風拜通直散騎常侍及元
又專權而粹耻於託附故不得顯職莊帝初河陰遇害贈

儀同三司青州刺史諡曰文羣庶長兄順字子和年九歲
師事樂安陳豐初書王羲之小學篇數千言晝夜誦之旬
有五日一皆通徹豐奇之曰澄之白首
耳目所經未見此比江夏黃童不得無雙也澄笑曰藍田
生玉何谷不爾十六通杜氏春秋下帷讀書篤志愛古性
蹇愕淡於榮利好飲酒解鼓琴每長吟永歎吒詠虛室
武道頌文多不載起家為給事中時高肇權重天
下人士魏道拜伏順曾懷刺詣肇門者以其年少弦云
在坐大有貴客不肯為通順叱之曰任城王兒可是賤也
及見直往登床捧手抗禮王公先達莫不悚惕而順辭吐

懍然若無所覩肇賓曰此兒憂氣尚尒況其父乎及
去肇加敬送之澄聞之大怒杖之數十後拜太常少卿以
父憂去職哭泣歐血身自負土時年二十五便有白鬚卿以
喪抽去不復更生世人以為孝思所致尋除給事黃門侍
郎時領軍元乂威勢亦盛凡有遷授莫不造門謝謁順拜
表而已曾不詣乂又謂順曰卿何得聊不見我順正色曰
天子富於春秋政宗輔叔父宜以公為心舉士報國
正議曾不阿旨由此見憚叔父宜以公為心舉士報國
如何責人私謁宣所望也至於朝論得失順常鯁言
紛紜方為國棟請假都督為國廷捍乂心疑難不欲授以
州刺史順自言天曆在我躬何得復有朝廷彌忿懟之轉齊
兵官謂順曰此朝廷之事非我所裁順曰叔父既殺生由
已自言天曆在我躬何得復有朝廷彌忿懟之轉齊
酒自娛不親政事又解領軍徵為給事黃門侍郎親友郊
迎賀其得入順曰不惠不入正恐入而復出耳俄兼殿中
尚書轉侍中初中山王熙起兵討元乂不果而誅及靈太
后反政方得改葬順侍坐西遊園因奏太后曰臣昨往看
中山家葬莫不酸泣又妻時往太后側順指之曰陛下奈何
為青蠅所葬排唯宗親哀其冤酷行路士庶見一家十喪皆
以一妹之故不伏元乂之罪使天下懷冤太后噁然不語

就德興於營州及使尚書盧同往討之大敗而還屬侍中
穆紹與順侍坐因論同之罪同先有近宅借紹紹欲為
言順勃然曰盧同終將無罪太后曰何得如侍中之言
曰同有好宅與要勢侍中豈庸罪也紹斷不敢後言靈太
后頗重糚飾數出遊幸順面諍之曰禮婦人喪夫自稱未
亡人首去珠珥衣不被綵陛下毋臨天下年垂不惑過循
容飾何以示後世靈太后慚而還入召順責之曰千里相
徵豈欲眾中見厚也順曰陛下盛服炫容不畏天下所笑
何耻臣之一言乎初城陽王徽慕順才名偏相賞納而廣
陽王深通徽妻于氏大后為嫌隙及深自定州被徵入為吏

信州總管【北史列傳六】【十二】子明

部尚書兼中領軍順為詔書辭頗優美徽疑順為深左右
由是與徐紇間順於靈太后出順為護軍將軍太常卿順
奉辭於西遊園徽紇侍側順指謂靈太后曰此人魏之宰
豁魏國不滅終不死亡紇哼而不言時追論順父增託之功增
介刀筆小人正堪為机案之吏寧應恭茲執戟虧我戎伍
遂振衣而起靈太后曰順父爵鸞
任城王鸞邑二千尸又析鸞邑五百以封順為東阿縣公
順疾徽等間之遂為蒼蠅賦屬疾在家杜絕慶弔後除吏
部尚書兼右僕射與城陽王徽同日拜順順怒曰卿是使人當拜倭王我是
軍門外先謂徽後拜順順怒曰卿是使人當拜倭王我是

直人不受曲拜徽懷謝順曰卿是高門子弟而為北宮
幸臣僕射李思沖尚與王洛誠同傳以此度之卿亦難繼
其卷下代者為之震動而順安然自得及上省登階向揚
見榻甚故問都令史徐忤起忤起曰此榻曾經先王坐榻
即嘿塞第四文流父而不能言遂令換之時三公曹令史
朱暉素事錄尚書高陽王雍雍欲以為廷尉評順託順
坐都聽召尚書及丞郎畢集欲待順至於眾挫之順曰高
順不為用雍遂下命用之於地雍聞之大怒睞順
方至雜襆袂幾而言曰身天子之子天子之弟天子之
叔天子之相四海之內親尊莫二元順何人以身成命投

信州總管【北史列傳六】【十二】子明

棄於地順纘鬢鬢俱張仰面看屋憤氣奔湧長歔而不言又
之搖一白羽翁徐而謂雍曰高祖遷宅中土創定九流官
方清濁軌儀萬古而朱暉小人身為省吏何合為廷尉清
官毅下既先皇同氣誠宜遵百自有恒規而復踰之也雍
不理庶尸祝不越樽俎而代之未聞有別百令毅下參選
事順又厲聲曰殿下必如是順當依事奏聞雍遂笑而言
曰豈可以朱暉小人便相忿恨遂起呼順入室與之極飲
順之元毅不撓皆此類也後兼左僕射尒朱榮之奉莊帝
召百官悉至河陰素聞順數諫諍惜其亮直謂朱瑞曰可

語元僕射但在省不須來順不達其百聞雲衣冠遂便出
走為陵尸鮮于康奴以首祭順墓然而託詣闕廷請罪家徒四壁無物欲止有書數千
卷而巴門下通事令史王才達裂裳縛之莊帝還呂遺黃
門侍郎山偉巡喻京邑僚喪悲慟無已卽還莊帝怪
其聲散偉以狀對莊帝敕侍中元祉曰宗室喪亡非一不
可周贍元僕射清苦之節乃益彰特贈絹百匹餘不得
尋見莊帝從閶闔門入登太極殿唱乃歲者三百官咸加

北史列傳六 【十三】 士壺

朝服詔帝唯順集書省步廊西槐樹下脫衣冠卧既縊苦
元暉業曰吾昨夜夢於我殊自不佳說夢因解之曰黑雲
氣之惡者是北方之色終當必以北敵以亂京師害二宮
俄而雲消露散便有日出自西南陽甚明淨雲云長樂王曰
殘賊百寮何者曰君象也月后象也衆星百官象也以此
言之京邑其當禍于昔劉曜有文德於天下今夢其見為
事得無此乎雖然盲城王紹有文德於天下今夢其出為
天子積德必報尚年不過三載但恨我不見之不久所以然者
自西南以時易年不見何者我夢囚然者出為
槐樹下槐字木傍鬼身與鬼弁復解冠兒此鑑子不死乎然
云後乃得三公贈耳皆如其慶順撰帝錄二七卷詩賦表

頌數十篇立多亡矢長子朗時年十七枕戈潛伏積年乃
手刃康奴以首祭順墓然而託詣闕廷請罪朝廷嘉而不問朗
徒屬天平中為奴所害贈尚書右僕射順弟紀字子
綱隨帝位步兵校尉大司馬安定王休叔及卒哭喪道
岳孝文時位尚書左僕射華山郡王澄弟蔦學道
便遊田帝聞而大怒詔曰萬大司馬蔦姐兩爾便可鷹鶵

北史列傳六 【十四】 士壺

悦曰任城康王大有福德文武頗出其門以功賜爵高平
免官後卑直前覃冠三軍將士從之顯達每潰萬
身備二代兼衛將軍孝文南代齊將陳顯達率衆拒戰萬
自娛有如父之痛無獨子之情捐心棄禮何其太速便可
縣侯任城王大之發洛也馮皇后以罪幽於宮內既平顯達
回次殺唐原帝疾其將賜后死曰使人不易可得顧謂任
城王澄曰不負我萬亦當不負任城可使萬也於
是引萬入內親認遣之宣武即位所為揚州刺史威名大振
從弁妻穆氏為著頭李大伯等所害謚曰剛侯第二子世
傳頗有幹用而無行業禮婁爵莊時選吏部尚書小朱弁
寇京師詔世傳以本官為都督牛河橋及北至河世傳初
無拒守意傳陽岸皆世傳之罪時論疾之尤為尓朱世隆所昭孝武
初改封武陽縣子世傳弘君選曹不能屬人多所受納為中
都破殘皆世傳之尚時論疾遂將船五艘迎兆軍北因得入京

尉彈糾坐免官章靜時位尚書令世儁輕薄好去就興和
中薨贈太尉諡曰躁矣

南安王楨皇興二年封孝文時累遷長安鎮都大將軍雍州
剌史楨性忠謹其母疾篤憂毀異常遂有白雀遊翔其庭前
帝聞其致感賜帛千四以襃美之徵赴講武引見於皇信
堂戒之曰公孝行著於私庭令問彰於邦國既國之懿親
終無貧賤之慮所宜慎者略有三事一者恃親驕矜違禮
憚度二者傲慢貪奢不恤政事三者飲酒遊逸不擇交友
三者不去患禍將生而楨不能遵奉後乃聚斂肆情孝文
以楨孝養聞名內外特加原恕削除封爵以庶人歸第禁

銅終身以議定遷都復封南安王為鎮北大將軍相州剌
史帝餞楨於華林都亭詔立賦詩不能者立可聽射當使
武士彎弓文人下筆送楨下階流涕而別太和二十年
五月至鄴上日暴雨大風凍死者數十人楨又以旱祈雨
于羣神鄴城有石季龍廟人奉祀之楨告神像云三日不
兩當加鞭罰請雨不驗遂鞭像一百是月疽發背薨諡曰
惠及恒州刺史穆泰謀反楨知而不告雖薨猶追奪爵封
國除子英性識敏聰善騎射解音律微曉醫術孝文時為
梁州刺史帝南伐為漢中別道都將後大駕臨鍾離英以
大駕親動勲傾東南漢中有可乘之會表求追討帝許之

以功遷安南大將軍賜爵武伯宣武即位拜吏部尚書
以前後軍功進爵常山侯尋轉部英率衆南討大破梁曹景
宗軍司州剌史蔡道恭棄死三關戌棄城而走初孝文
平漢陽英有戰功許復其封及為陳顯達所敗遂寢是役
也宣武大悅乃復之段封中山王既而梁入寇肥梁詔英
率衆十方討之所在皆以便宜從事英表陳事機乃擊破
陰陵斬梁將柳惔等大將五人沿淮
梁城斬其支將四十二人殺獲及溺死者又頻破梁軍於
大將軍臨川王蕭宏尚書左僕射
東走凡收米四十萬石英追奔至馬頭梁戌主安城

道走遂圍鍾離詔以師行已久命英為振旅之意英表期
至二月將末三月之初理在必剋但自此月一日已來霖
兩連弁可謂天違人願然王者行師舉動不易不可以少
致睽海便宜議顯聞朝廷特開遠略少復賜寬假以日
月無使為山之功中途而廢及四月水盛破橋英及諸將
狼狽奔退士衆沒者十有五六英至楊州遣使送節及表
冠貂蟬音綬詔以付典有司奏英懲失圖柰勣廢死詔
怒死後百姓京兆王愉及復英王封除便持節假征東
將軍都督冀州諸軍事英未發而冀州刺史京州中從
事督榮祖潛引梁軍以義陽應之三關之戌並據城降梁

郢州刺史妻悅舉城負守縣人白早生等殺豫州刺史
司馬悅擁城南版梁將荀見率衆苟子尚華陽
公主并為所劫詔英使持節都督南征諸軍事假征南將
軍出自汝南帝不許而英輒與邢巒分兵共攻縣孤必衆
少累表請軍向東關果如英策兄弇其大將六人支將二十
乃引軍而南既次義陽分兵共攻縣孤剋之
易政宜須先取即黃石公所謂戰如風發攻如河決也英
恐其并力於汝東乃使長史李華率五統向西關分其兵勢
左右手若剋一關而二關不待攻而定攻難不如易東關

人卒七千米四十万石軍資稱是還朝除尚書僕射囂贈
司徒公謚獻武王英子熙宇真與好學俊爽有文才聲著
於世姿輕躁浮動英深非保家之主常欲發之立第四子
略固請乃止累遷光祿動時領軍于忠執政熙忠之塔
此故歲中驟遷後授相州刺史熙聞其祖父前事心惡
兩凍死者二十餘人驢馬數十熙以七月上其日大風寒
之又有蛆生其庭初熙兄弇坐為清河王懌所眄又劉騰
元凍陽絕二宮矯殺懌熙乃起兵討之熙起兵甫十日
為其長史柳元章別駕游荊魏郡太守李孝哲恒執熙置之
高樓并其子第又遣詔尚書左丞盧同斬之於鄴街傳首京

師始熙如于氏知熙必敗不從其謀目初哭泣不絕至於
熙死熙既藩王加有文學風氣其高始友才學之
士表翩李琰之李神儁王誦兄弟幷敬憲等咸知友於河梁
賦詩告別又將死復與知故書恨意不遂時人惜之又
熙於任城王澄蕘前夢有人告之曰任城當死死後二百
日外君亦不免若其不信試看所夢諸堵焉熙惡之覺而以告所親又
迎降逐北至有斬殺無章多增首級以為功狀又于史謟
死也果如所夢期無遺堵焉熙兄弟三人每從英征伐在軍貪暴因
箄舍四面牆期無遺堵焉郭祚榦植也忠意未決害之由熙勳將遂至極法以為

兗又熙之禍識者以為有報應焉靈太后反政贈太尉公
謚曰文莊王熙弟略字雋興位給事黃門侍郎熙敗略潛
行自詭舊識河內司馬始賓始賓便為狄後與略俱渡
盟津詣上黨也留縣栗法光家法光素敬信義所而納之
略舊識刀雙時為西河太守略復歸之傳止經年雙乃令
從子昌送略潛遁江左梁武甚禮敬之封中山王宣城太
守俄而徐州刺史元法僧據城南版梁乃以略為大都督
令詣彭城接誘略身若喪又惡法僧為人與法僧言未
以家禍晨夜哭泣身若喪若丧又惡法僧為人與法僧言未
崔一笑梁復除略衡州刺史未行會其豫章王綜以城歸

國綜長史江革司馬祖暅將士五千人悉見禽虜明帝敕
有司悉遣革等還南因以徵略梁乃備禮遣之明帝詔光
祿大夫刀雙境首勞閭除畧侍中義陽王還達石人驛亭
詔宗室親黨內外百官先相識者迎之近郊其司馬始賔
除給事中領直後栗法光本縣令刀昌東平太守刀雙西
兗州刺史畧所經一食一宿慶典不竛賞寻改封東平王
榮兼衛之榮入洛也見害於河陰加贈太保司空公諡曰
於時天下多事軍國万端畧守常自保無他裨益唯具臣
而已介朱榮與小字盆子性輕躁有膂力莊帝初封長廣王

北史列傳六　〈十九〉　〈雙君爾〉

弟聘字華與介朱榮婦兄贈太尉扶風王子融封魯郡王融
莊帝初以介朱榮婦兄弟鎮將在鎮貪暴為有司所糾逃免卒
城陽王長壽皇興二年封位沃野鎮都大將其有威名薨
諡曰康王子鸞龍襲爵明身長八尺臂帶十圍以武藝稱
頻為北都大將孝文初除使持節征南大將軍與安南將
軍盧陽烏李佐攻赭陽不剋敗退降為定襄縣王後以留
守功還復本封宣武時為定州刺史續愛佛道繕起佛

立封為東海王孝武初被殺

寺勸率百姓大為土木之勞公私費擾頗為人患宣武聞
之詔奪祿一同戴諡懷王子徽字顯順粗涉文史頗有吏
才宣武時龔封為河內太守在郡清整有時譽明帝時為
幷州刺史先是州界夏霜安業者少徽開倉振之文武
咸共諫止徽曰普汜長孺郡守耳尚輒開倉救人災況
我皇帝嘉之加安北將軍汾州山胡舊多劫掠自徽為郡
奏明帝勿得侵擾隣州汾肆之人多來詣徽投訴頗
聿胡自相戒勿得侵掠自徽授慶支尚書
得口判除秦州刺史還都吏人泣涕攀車不能自己徽
馬巃弊皆京來舊物見者莫不歎其清微改授慶支尚書

信州莘州　〈二十〉　〈雙君爾〉　北史列傳六

兼吏部尚書尋為正徽以選舉法期在得人限以停年有
乖舊體但行之日久難以頓革以德同者盡年勞等者進
德于時莫不歡息徽為中平除侍中餘官如故徽表乞守一官天下
士子莫不歡息徽為
俄然上徵還令兼吏部尚書果遷尚書令時靈太后專制
朝綱褫褫徽既居寵任無所匡弼與鄭儼之徒更相阿黨
外似柔謹內多猜忌睚眥之忿必思報復識者疾之又不
能防閑其妻于氏遂與廣陽王深姦通及深受任軍府毎
有姦咎論徽罪過雖涉誣致頗亦實焉莊帝踐阼拜司州
牧尋除司徒仍領牧元顥之入洛徽從莊帝比巡及車駕

還宮以與謀之功除侍中大司馬太尉公加羽葆鼓吹增
邑通前二萬戶徽表辭官封前後屢上徽爲莊帝親待內
懼衆朱榮等故有此辭莊帝識其意聽其辭封不許讓官
徽後妻莊帝男女侍中李彧帝之姊壻徽性佞媚善自取
容挾內外之意謂莊帝親寵莫與比焉遂與或等勸帝圖榮
不欲人居其前每入參謀議獨與帝決朝臣有上軍國籌
策者垃勸帝不納乃云小賊何慮不除又惜財用於時有
馬宗師錄尚書事總統內外徽本意謂榮死後枝葉散亡
及衆朱宗族結謀難徽籌略無出憂怖而已性多嫉妬

信州路案州 北史列傳六 二十一 子明

所賞錫咸出薄少或多而中減與而復追莊帝雅自約狹
尤亦徽所贊成太府少卿李苗徽司徒時司馬也徽待之
頗厚軍每致忠言徽多不採納苗謂人曰城陽本自蜂目
而豺聲復將露也及衆朱北之入禁衛奔散莊帝初蜂出
龍門徽乘馬奔度帝頓呼之徽不顧而去遂走山南至故
吏寇彌宅彌容納內不自安乃怖徽云官捕將至令
卽避他所使人於路邀害送死於衆朱北莊武官使持
節侍中太師錄尚書事司州牧諡曰文獻子延襲爵齊受

禪例降
章武王太洛皇興二年薨追贈征北大將軍章武郡王諡

曰敬無子孝文初以南安惠王第二子彬爲後彬字豹兒
勇健有將用爲夏州刺史以貪穢削封後除汾州刺史胡
六百餘人保險謀及彬請兵二萬帝大怒曰必須大衆
則先斬史然後發兵彬奉詔大懼身先將士討胡平之
辛贈散騎常侍子融字永興儀狼壯麗性通率有豪氣宣
武初復先爵累遷河南尹融性尤貪欲恣情眼敏爲中尉
糾彈削除官爵汾夏山胡叛逆運連結正平平陽諸胡所敗後
封征東將軍都督以討之融兵敗於經略爲胡所敗後

信州路案州 北史列傳六 二十二 序名

賊帥鮮于修禮寇暴瀛定二州長孫承業等共討之失利除
融軍騎將軍爲前驅左軍都督與廣陽王深等討修禮
師度交津葛榮殺脩禮而自立轉營至百牛邏輕騎擊融
於陣見殺融贈司空尋以融死王事進贈司徒公加前後
部鼓吹諡莊武子景越襲景近弟朗卽廢帝也
樂陵王胡兒和平四年薨追封樂陵王諡曰康無子獻文
詔胡兒汝陰王天賜之第二子永全後之襲封後改名
思譽封爲庶人太和末復王封薨諡密王子景略襲位幽
告削封爲鎮北大將軍穆泰陰謀不軌思譽知而不
安定王休皇興二年封少聰敏爲外都大官斷獄有稱車
州刺史薨諡惠王
駕南伐領大司馬孝文親行諸軍遇休以三諡人徇六軍

將斬之有詔救之休執曰不斬何以息盜詔曰王者之體
亦時有非常之澤雖違軍法可特原之休乃奉詔帝謂司
徒馮誕曰大司馬嚴而執法諸軍未可不慎於是六軍肅
然定都洛邑休從駕命體率從駕三臨帝至其門改
疾中使醫藥相望於漳水之北十八年休纂疾帝幸其第流涕問
帝親餞素并經皇太子百官皆從行弔禮謚曰靖王詔
贈假黃鉞加羽葆鼓吹悉准三老配饗廟庭大子燮襲拜
慟哭而返諸王恩禮莫比宣武世配饗廟庭
太中大夫除華州刺史燮表曰謹惟州居李潤堡雖是少
梁舊地晉為錫壤然胡夷內附遂為戎落編以馮翊古城
實性西藩興府面華渭包原澤井淺地平樵牧饒廣操材
華陰運七十伐木龍門順流而下賠削舊雄功省力易
丁不錢之費人無八旬之勤損輕益重乞垂昭鑒遂詔
曰一勞求逸便可聽移蠲於州贈瓠州刺史子超字化生
龍裝時以胡國珍封安定公改封北平王後復本封
入洛避難見害超弟琰字伏寶大統中封宋安王薨謚曰
懿子景山

景山字寶岳少有器局幹略過人周閔帝時以軍功累遷
開府儀同三司從武帝平齊以功拜大將軍平原郡公累遷

州總管法令嚴肅隋賊屏迹部內大清徵為候正宣帝嗣
位從上柱國韋孝寬經略淮南鄖州總管宇文亮及以輕
立龍壽寬為其所薄景山擊破之以功拜亳州總管隋
文帝為丞相寬為其所薄榮州刺史宇文冑與亮通謀陰
以書諷景景山為行軍元帥出漢口將渡江會亮事免卒
功遷安州總管進柱國隋文帝受禪拜上柱國明年大舉
伐陳以景山為帥元帥出漢口將渡江會亮事免
詔班師梁州總管謚曰襄子成壽嗣成壽狂無行宣武初
于家贈梁州大業中為西平郡通守襲子成壽嗣成壽
庫直大業中為西平郡通守襲弓馬為羣王
為給事中悖惡曰甚殺人劫盜公私咸患帝以戚近不忍
致之法免官禁之列館館名愁思堂異其克念帝崩乃得
出靈太后臨朝以其不悛還於別館依前禁削將軍坐偉
還家付宗師嚴加誨詞大後拜通直散騎常侍削父之禁
其妻王氏於其男女前又強姦妻妹於妻母之側御史中
尉侯剛案以不道處絞刑會赦免黜為員外常侍卒
論曰平陽諸子熙乃忠壯京兆之亂慌實有聲匡之塞直
有足稱矣當歡文將禪可謂國之大節康王毅然廷靜德
音孔昭一言興邦斯之謂歟文宣員固俊遠邁為宗傑戾
用累朝寧濟惠險社稷是佳其梁棟之望乎順襄謁傲儻

列傳第六

北史十八

有汲黯之風不用於時橫挑非命惜矣蓋有行陣之氣儻
乃裂冠之徒南安原始要終善不掩惡英將帥之用著聲
於時熙略兄弟早播人譽或才踈志大或器挾任廣咸不
能就其功名俱至非命惜也康王不永屬馬起家聲徽飾智
矯情外諂內忌永安之禍誰任其責宛其死也固其宜哉
章武樂陵蓋不足數靖王聽斷威重見稱於大和美矣

方洽周益周之冕孫粹然校正

文成五王
獻文六王
孝文六王

文成皇帝七男孝元皇后生獻文皇帝李夫人生安樂
王長樂曹夫人生廣川莊王略沮渠夫人生齊郡順王簡
乙夫人生河間孝王若悦夫人生安豐臣王猛玄夫人生
韓哀王安平早薨無傳

安樂王長樂皇興四年封建昌王後改封安樂王長樂性
凝重獻文器愛之承明元年拜太尉出為定州刺史頓辱

衣冠多不奉法百姓詣闕訟之孝文罰杖三十貪暴彌甚
以罪徵詣京師後謀不軌事發賜死於家葬以王禮謚曰

成後除定州刺史及京兆王愉之反詐言國釁在北州鎮
屬子詮字搜賢襲宣武初為涼州刺史州貪穢政以賄

凝疑朝廷有豐遺使觀詮動靜詮具以狀告李平高殖等四面攻燒愉突門而出尋除侍

咸疑都詮以首告之功除尚書左僕射薨謚曰武康子鑒字長

中兼以首告之功除尚書左僕

文襲後除相州刺史比討大都督裴衍共攻信都兼尚書左僕

射北道行臺尚書令與都督裴衍都督源子邕與裴衍合圍鑒既庸才不見

天下多事遂謀反降附葛榮都督源子邕薨贈太尉謚武

斬首傳洛詔改姓元氏莊帝初許復本族又特復鑒王爵
贈司空鑒第斌之字子英性險無行及與鑒反敗遂奔蕭

榮滅得還孝武帝時封潁川郡王委以腹心之任帝入
關斌之奔梁大統二年還長安位尚書令薨贈太尉謚武

襄

廣川王略興二年封位中都太官性明敏鞠獄稱平太
和四年薨謚曰莊子諧字仲龍卒十九年薨詔曰古者大

臣之喪有三臨之禮此蓋三公已上自漢已降多無此禮

庶之喪有三臨大功親者為之再臨小功親者為之

有其親者為之三臨大功親者為之

仰遵古典哀感從情雖以尊降私痛寧欲令親王

一臨廣川王於朕大功必欲再臨者欲於大斂日親臨盡

哀成服之後緦衰而弔既殯之緦麻理在無疑大斂之臨

當否如何為須撫柩於始喪及弔蟲哀於閣黃門侍郎

崔光宋弁通直常侍劉芳等以為若甚親喪之者稱陛

高聰等議曰三臨之事乃自古禮宜及漢魏行之者稀

下方遵前軌臣等以為應須撫柩為雁蟲哀行之者

哀之至極旣以情降宜從始喪大斂之臨如始喪之初

魏晉已來親臨多闕至於戚臣必於東堂哭之頃大司馬

安定王薨朕旣親臨多闕宜從降宜於東堂今日之事應更哭不光

文安定王薨朕旣親臨之後受弔蓋以不臨之故今陛下躬親撫視羣臣

等議曰東堂之哭蓋以不臨之故今陛下躬親撫視羣臣

從駕臣等議以為不宜復哭

哭於東堂而廣川既是諸王之子又年位尚幼卿等議之

朕無異焉諸將大斂帝素委貌深衣哭之入室哀慟撫尸

而出有司奏諸廣川王妃薨於代京未審以新尊從於甲舊

為宜皆不得就塋代葬其有夫先葬比婦今喪在南婦人

苫領皆不得就塋代葬母亦得就父之其有妻墳於恒

從夫死宜還代葬代葬若欲移母就父欲移葬母就父母

葬亦從於洛不得以尊就卑欲喪葬之彼此皆得就之其

代夫若不在葬限身在代喪葬之彼此皆得任之其

戶屬恒燕身官洛去留之宜亦從所擇其屬諸州者各

得任意詔贈諧武衛將軍諡曰剛及葬帝親臨送之子靈

道龍姜卒諡悼王

齊郡王簡字叔亮太和五年封位中都大官簡母沮渠牧

犍女世簡性貌特類外祖後為內都大官孝文嘗與簡俱

朝文明太后皇信堂簡居帝左右行家人禮遷太保孝文

仁孝以諸父竇落存者唯簡每見立以侍之倭坐致敬問

起居傳簡拜伏簡性好酒不能理公私之事妻常氏燕郡

公喜女世文明太后以賜簡幹綜家事頗節簡酒乃至盜

竊求乞婢侍卒不能禁薨時孝文不豫詔曰叔父薨皆盜

慕摧絕不自勝任怛虛頓痳桃未堪奉赴當力疾發哀諡

曰靈王宣武時吹諡曰順子祐字伯援母常氏孝文以納

不以禮不許其為妃宣武以母從子貴詔特拜為鄯國太

妃祐位涇州刺史薨諡曰敬

河間王若字叔儒未封而薨追封河間諡曰孝詔京兆康

王子大安為後太安於若為從弟非相後之義廢之以齊

郡王琛繼琛字曇寶幼敏孝文愛之宣武時拜定州

刺史琛妃宣武舅女高皇后妹琛恃內外在州貪惏及

還朝靈太后詔曰琛在定州唯不將中山宮來自餘無所

不致何可叙用由是廢于家琛以明帝始學獻金字經

又無方自達乃與劉騰為養息賂騰金寶巨萬計騰為言

乃得兼都官尚書出為秦州刺史在州聚斂百姓吁嗟東

益南秦二州氐反詔琛為行臺仍充都督還攝州事既

軍省束慾無厭進討氐羌大被摧破內侍劉騰無所畏憚

為中尉彈糾會救除名尋復王爵後討鮮于脩禮敗免官

爵後討汾晉胡蜀卒於軍追復王爵

安豐王猛字季列太和五年封加侍中出為鎮都大將營

州刺史猛寬仁雄毅甚有威略宣武時授太中大夫延昌

尉諡曰匡子延明龍襲甚愛之薨于恂王州贈太

延明乃減家財以拯實客數十人并贍其家至明帝初為

豫州刺史甚有政績累遷給事黃門侍郎延明既博極羣

山王熙及第臨淮王彧等並以才學令望有名於世雖風
流造次不及熙彧而稽古淳過之遷侍中詔與侍中崔
光撰定服制後彧爲尚書右僕射以延明博識多聞敕監金
石事及元法僧反詔爲東道行臺徐州大都督節度諸軍
事與都督臨淮王彧尚書李憲等討法僧彝遣其豫章王
綜鎮徐州延明先牧徐方之復東南之境至宿豫而還遷都
督徐州刺史頻經師旅人物彫弊延明招攜新故人悉安
綜降延明因以軍乘之復徐方甚得人譽招懷舊土遠近歸之
書兼有文才詩頌碑誄圖籍乃有餘卷性清儉不營產業與中
業百姓咸附莊帝時兼大司馬元顥入洛延明受顥委寄

北史列傳七
五

誼聚奔梁死於江南莊帝末妻還身武初贈太保王如故
詩禮別義注帝王世紀及列仙傳又以河間人信都芳工
筭圖又集聚興淮九篇芳別爲之注皆行於世矣孫長儒壽

歆文皇帝七男皇后生壽文皇帝封昭儀生咸陽王禧
韓貴人生趙郡靈王幹高陽文穆王雍孟椒房生北海王詳
王羽潘貴人生彭城武宣王勰高椒房生廣陵王羽
咸陽王禧字忠永太和九年封加侍中驃騎大將軍中都
大官文明太后令皇子皇孫於靜所別置學選忠信博聞

之士爲之師傅匠庀成之孝文以諸弟與三都職謂禧曰
第等皆幼年任重三都折獄特宜用心夫未能操刀而使
割錦非傷錦之尤寔授刀之責文明太后亦致誠勗出爲
使持節開府異州刺史孝文又以漷陽王繼
李冲爲禧師時王國舍人應取八族及清脩之門禧取任
城王隸戶爲之深爲帝責帝以諸王婚多猥濫於是爲禧
明樂安女廣陵王羽娉滎陽鄭懿女始平王勰娉
娉故頴川太守隴西李輔女河南王幹娉代郡穆
王雍娉故中書博士范陽盧神寶女始平王勰娉廷尉卿
隴西李冲女北海王詳娉吏部郎中滎陽鄭懿女有司奏
異州人蘇僧瓘等三千人稱禧清明有慧政請世胙異州
詔曰畫野由君理非下請入除司州牧詔以禧元胙之重

北史列傳七
六

比語一從正音禧贊成其事於是詔年三十已上習性已
久容或不可卒革三十已下見在朝廷之人語音不聽仍
舊若有故爲當降爵黜官若仍舊俗恐數世之後伊洛之
下復成被髮之人朕常與李冲論此冲言四方之語竟知
誰是帝者言之朕嘗與李冲論此冲言四方之語應合

食邑三千戶自餘五王皆邑食二千尋文引見朝臣詔斷
死罪乃謂冲曰卿寶貞社櫻冲免冠陳謝又責留京之官

曰昨望見婦女之服仍為夾領小袖何為而違前詔禧對
曰陛下聖過堯舜光化中原舛違之罪實合處刑孝文曰
若朕言兆卿等當舊辭廷論如何人則順旨退有不從昔
舜語禹汝無面從退有後言卿等之謂乎平秦以禧長兼太
尉公後帝幸禧第謂司空穆亮僕射李沖曰元弟禧長兼太
皇極且長兼太尉以和餗鼎朕每加切誡而終不改操
禧次長禮遇優隆然亦知其性貪禧雖為宰輔之首而
彼已之刺今幸其宅徒貲二寶良以為愧帝篤於見弟以
潛受賄賂姬妾數十意尚未已猶欲遠有簡娉以恣其情

宣武頻惡之景明二年春召禧等入光極殿詔曰諱比繼
廷疾實憑諸父便親攝政禧既覺政禧意不安遂與其兄兼給
進位太保領太尉帝覽時幸小平禧在城西小宅初
事黃門侍郎李伯尚謀及帝時幸小平禧在城西小宅初
欲遂直入金墉陰謀沮異禧心因緩自旦連晡計不能
決勒兵直入金墉狼懷沮異祖辭禧與禧將害帝是
帝息於芒山止少時睡臥禧孫便赴廷承祖
私言於魏孫曰吾聞天子者身當癲魏孫止帝尋覺祖
悟儀有武興王楊集始出便馳告而禧意不疑乃與臣妾
向洪池別野遣其齋帥劉小苟奉啟二檻行田牧小苟至

芒嶺巳逢軍人怪小苟亦夜將欲殺害小苟言欲出已及乃
緩之禧是夜宿於洪池不知事露其士所在追禧禧
自洪池東南走左右從禧者唯兼防閤尹龍武禧憂迫謂
曰試作一謎當思解之以擇毒悶龍武欲憶舊謎云眼則
同眠起則同起貪如犲狼贓不入已都不有心於規剌也
禧亦不以為諷巳因解之曰此是眼也而禧被漏悶垂死
計龍武曰若與殿下同命雖死猶生俄而禧被禽送華林
都亭著千斤鎖格龍武羽林掌衛之時熱其禧漏悶垂死
敕斷水將侍中崔光令左右送酪漿升餘禧一飲而盡初
渡洛水至栢塢顧謂龍武曰汝可勉心作與太尉公同死
孝文觀台宿有逆謀氣言殺禧曰玄象變汝終為逆謀會
無所成但受惡名而已至此果如言禧臨盡叵憂志乃與
諸妹公主等訣言及一二愛妾哭且罵之言禧愧而無
此婢輦貪逐財物致今日之事何復嘅問此等禧恥而
言遂賜死私第絕其諸子屬籍禧之諸女微給資產奴婢
自餘家財悉私第其積聚若此其餘賜內外百官逮于
流外多百四下至十四其其官人為之歌曰可
憐咸陽王奈何作事誤金床玉几不能眠夜蹋霜露落
水湛湛彌岸長行人那得度其歌遂流至江表北人之在
南者雖富貴聞弦管奏之莫不灑泣禧八子長子通字曇

和稠父河內太守陸琇家初與通情既聞禧敗乃殺之與二弟昌

弟翼字仲和後會赦詣闕上書求葬父不許乃與二弟

瞱奔梁正光中詔咸陽京兆二王諸子並聽附籍後復

禧王爵葬以王禮詔瞱弟坦襲禧翼與昌申屠氏出瞱李如

所出也翼容貌甚壯麗觀梁武甚重之封為咸陽王

翼讓其嫡弟瞱梁武不許後瞱為青冀二州刺史鎮郁州翼

謀襲郡入國為梁武所殺翼第樹字秀和一家獨立美姿

貌善吐納兼有將略位宗正卿後亦奔梁梁武尤器之封

為魏郡王樹時為鄖州刺史請討榮梁武賫其士馬侵擾境

百官也樹時改封鄴王數為將領窺邊服令未榮之害

上壽武初御史中尉樊子鵠為行臺率徐州刺史杜德含

人李昭等討之樹城守不下子鵠使金紫光祿大夫張安

期說之樹請委城還南子鵠許之殺白馬為盟樹恃誓不

為戰備與杜德別遣南德不許送洛陽置在景明寺樹年

十五奔南未及高貴每見蒿山雲向南未嘗不引領歔欷

初發梁觀其愛妹王覓以金指環與別樹常著以寄意

梁表必還之意朝廷知之俄而賜死未幾杜德忽得狂病

云元樹打我不已至死此歡不絕也人李昭尋奉使向秦

州至潼關驛夜夢樹云我已訴天帝待卿至隴終不相放

昭覺惡之及至隴口為賀拔岳所殺子鵠尋為達野拔所

殺孝靜時其子貞自建業求隨聘使崔長謙赴鄴對樹果

武許之詔贈樹太師司徒尚書令貞既葬還江南位太子

含人及侯景南奔梁武以貞為咸陽王遣使為魏主

幾景及瞱字世茂梁封為雜乾王卒於南坦一名穆字延

和慚恨出奔因飲酒之際於洛橋左右頓辱行人為道路

所患從叔安豐王延明每切責之曰汝党悖性與身而長

昔宋有東海王禕志性凡劣時人號曰驢王我熟觀汝所

作亦恐不免驢號當時聞者號為驢王禧諸子後坦

等五人相繼南奔故坦得承襲改封敷城王求安初復樹

封咸陽郡王累遷侍中莊帝從容謂曰王才非苟恭中藏

屢遷當由少長朕家故有超授初禧死後諸子貞之坦兄

第為彭城王勰所收養故有此言孝武初禧其兄樹見禽坦

見樹既長且賢慮其代己密勸朝廷以法除之樹知之泣

謂坦曰我住因國家難不能死工寄食江湖受其爵命今者

之來非由我意豈望榮華汝何肆其猜忌志在

原之義青背誰停善無可稱坦作色而去樹死竟不臨哭

後為司徒太傅加侍中太師錄尚書事宗師司州牧

雖祿厚位尊貪求滋甚賣獄鬻官無不紀極為御史劾奏

免官以王歸第尋起為特進出為冀州刺史事復嬰繳每

百姓納賦除常別先責絹五匹然後為受性好畋漁無日

不出秋冬獵雉兔春夏捕魚鼈黽雁為太常數百頭自言寧三
日不食不能一日不獵入為大傅酔天保初準例降爵封
新豐縣公除特進開府儀同三司坐子世寶與通直散騎
侍郎彭貴平因酒醉誹謗妄說圖讖有司奏當死詔立宥
之坦配北營州死配所

有邦國得不自勵也詔以李憑為長史唐茂為司馬盧尚
督冀州刺史帝親戚於郊誠曰刑獄之理先哲所難然既
愛諸弟以幹搊戎別道誠之曰司空穆亮年器可師散騎
趙郡王幹字思直太和九年封河南王位大將軍華文駕
馬人於律過重而尚書以幹初臨縱而不勃詔曰尚書曲
阿朕意賓傷皇度幹闇於政理律外重刑並可推聞後轉
特進司州牧車駕南討詔幹都督中外諸軍事給鼓吹一
不以為意彭表彈之詔幹與北海王詳俱隨太子詣行在
彭將糾劾之會遇彈於尚書幹貪淫不遵政典御史中尉
部甲士三百人出入殿門幹都督中尉李
所及至密使左右察其意色無有憂悔乃親數其過杖之
一百免所居官以王還第竟謚曰靈王陪葬長陵子謚襲
封幹妃穆氏表諡及謚母趙等悖禮樣常詔曰妾於女君

猶婦人事姑舅妾子於君母禮加如子之恭為何得顙我風
獣可可付宗正依禮正罪謚在母喪聽聲飲戲為御史中尉
李平所彈遇赦復封後除岐州刺史謚性暴虐明帝初臺
使元延到其州界以驛邏無兵攝師檢敕隊主高保顧列
言所有之兵王皆私役謚聞大怒鞭保顧等五人各二百
除大司農卿遷幽州刺史謚妃胡氏靈太后從女也未發
將軍王諱馳驅喻之城人既畔至開閉靈太后乃遣游擊
樓毀橋以自固士人散走城人分守四門靈太后大怒鞭
備至又無事而斬六人合城兇懼衆遂大呼屯閉門謚發
數日開謚召近州人夫開四門內外嚴固搜掩城人楚掠
坐歐其妃免官後除都官尚書車駕出拜圓丘謚與妃乘
赤馬犯圍薄為御史所彈靈太后特不問薨謚髙陽王雍幹
之母弟啓論謚贈假侍中司州牧謚員景謚兄謚字典伯
性平和位都官尚書介朱榮之入洛陽啓莊帝欲遷都晉
陽帝以問謚君應之以為不可榮怒曰天下事何關君而固
而恐元謐宗室廝屬位居常伯既無益死復何損正使
河陰之役君應之謚曰以河陰之酷
諫乃止見者莫不震悚謐顏色自若後數日帝與榮見宮
今日碎首流腸亦無所懼榮大怒欲罪謐其從弟世隆固
關壯麗列樹成行乃歡曰臣昨思志有遷京之意今見

皇居壯觀亦何用去河洛而就晉陽臣竊思元尹言深
不可奪是以還都議因罷永安元年拜尚書左僕封第
郡王諶本年長爲觀義王封爲其父靈王愛太尉錄尚書事
子莊帝詔復諶封趙郡王歷位司空太保錄尚書
孝靜初拜大司馬義諡謙無他字識歷位雖重時人
諶之諡弟譚頗強立少爲宗室推敬卒於秦州刺史譚弟
字叔翻太和九年封加侍中大夫封平鄉男河陰遇害廣陵王羽
獄之稱後罷二郡以羽爲大理典次決京師獄訟遷特進尚
書右僕射又爲太子太保錄尚書事孝文將南討遣羽持
節安撫六鎮發其突騎夷夏寧悅還領廷尉卿及車駕發
羽與太尉元丕留守帝友愛諸弟及將別不忍早分詔羽
從至應門及令羽歸望其稱紗敕賜如意以表心十八年
羽表解廷尉不許以羽奏外考以定京官績行詔
狀及至再考察理應同等臣輒推准外考以考成令績
班內外考之事理在不輕問緝之方應關朝堂考蔡臣顧謂
爲躁此今始雜夏且待至秋後孝文臨朝堂考蔡臣顧謂
羽曰上下二等可爲三品中等俱爲一品所以然者上下
是黜陟之科故推綠璣之實中等守中本事可大通帝文謂

羽曰汝功勤之績不聞於朝阿黨之音頻干朕聽今黜汝
錄尚書廷尉卿但君特進太保又謂尚書令陸叡曰叔翻在
省之初甚著善稱自近以來偏頗懈怠不由卿等隨其
邪僞之心今奪卿尚書令祿一周謂左僕射元贊曰計叔
翻之黜卿應謹風夜敕辭以疾今解卿尚書殊無憂存
之任削祿一周詔吏部尚書澄曰觀叔父神志驕懈可解
少保又謂長兼尚書于果曰卿不能勤謹風夜數辭以疾
尉羽卿林勲在集書殊無憂存左史之事今降爲長兼
常侍亦削祿一周又謂守尚書盧陽烏曰卿在集書雖非
高功爲一省文學之士常不以左史在意今降卿少
師守常侍尚書敬奪常侍祿一周謂左丞八孫良右丞
之伏義安曰卿等不能正心直言罪應大辟但以事鐘叔
翻故不能別致黜二丞可以白衣守本官冠服祿恤盡皆
削奪若三年有成還復本任如其無成則永歸南畝謂散
騎常侍元景曰卿等自往集書令省通煩致使王言遺滯
起若不悛今降爲中大夫守常侍又謂中庶子游
夫李彪卿實不稱職可去諫議還爲中大夫守常侍又謂中庶子游
肇及中書舍人李平識學可觀可爲中第初孝文引陸叡
元贊等前曰朕爲天子何假中原欲令卿等子孫博見多

知若求居恒比遇不好文王卿等子弟不免面牆也陸叡
對曰實如明詔幸羽第與諸弟言曰朕親受人訟知廣陵之
也帝大悅帝幸羽第賜金氏若不入仕漢朝七葉知名亦不得
明了咸陽王禧曰汝年為廣陵兄明為廣陵弟帝曰我為
汝兄汝為羽昆汝復何恨車駕南伐除開府青州刺史詔
羽曰海服之寄故唯宗良唯酒田可不誡嫩宣武即位
邊司州牧及帝覽政引入內面授司徒請為司空乃許之
羽先淫貪外郎馮俊與妻夜私遊為俊興所輕積曰祕匪
覽於府宣武親臨哀贈司徒諡曰慧子恭龍恩俊為節閭帝
恭兄欽字慶樂廙魏率好雁犬孝莊初封沛郡王後封進
陽王壽武時加太師開府復封廣陵王太傅司州牧尋除
大司馬孝武入關中欣投人使達長安為太傅錄尚書
事欣於中興室禮遇最隆自廣平諸王悉居其下又為
大宗師進大冢宰中軍大都督大統中為桂國大將軍太
傳文帝謂欣曰王三為太傅再為太師自古人臣未聞此
例欣遜謝而已後拜司徒恭帝初遷大丞相覺諡曰容欣
好營產業多所樹藝京師名果皆出其園所汲引及僚佐
感非長者為世所鄙
高陽王雍字思穆少儇儻不恒壽曰吾亦未能測此兒
之深淺然觀其性真率素或年器晚成太和九年封潁川

王或說雍待士以營聲譽雍曰吾天子之子位為諸王用
聲名何為政封高陽後為相州刺史帝誡曰為牧之道亦
易亦難其身正不令而行故便是易其身不正雖令不從
故曰是難宣武初遷冀州刺史雍在二州微有聲稱入拜
司州牧帝時幸武初遷冀州皆盡家人禮遷司空轉太尉加侍中
壽除太保領太尉侍中如故明帝初詔雍入居西柏
堂諮決大政給親信二十人又詔雍為宗師進太傅侍中
領太尉公別敕將作營國子學寺給雍千忠擅歷
權專恣僕射郭祚勸雍出忠矯詔殺祚及尚書長植歷
以雍王歸第朝有大事使黃門就諮訪之忠尋復矯詔將
殺雍以問侍中崔光拒之乃止未幾靈太后臨朝出忠為
冀州刺史雍表暴忠罪陳已不能匡正請返私門靈太后
請王公已下賤妻妾不聽用織成錦繡金玉珠璣違者以
違旨論又詔雍乘步挽出入掖門又以本官錄尚書事朝暉侍講
感忠保護之勳不聞其罪除雍侍中太師領司州牧雍表
竟不得以金銀為釵帶犯者鞭一百太后從之而不能久
也詔雍乘車出入大司馬門進位丞相又詔依霸
明帝覽政詔雍乘車出入大司馬門進位特優拜伏之禮惣攝內外
郡順王簡太和故事朝說引坐
與元乂同決庶政歲祿粟至四萬石伏侍盈房榮貴多盛

昆第莫及元妃盧氏薨後更納博陵崔顯妹欲以爲妃宣
武初以崔顯世號東崔地寒望劣難之乃聽許延昌已
後疎棄崔氏別房樂禁僅給衣食而已未幾崔暴薨多云
雍歐殺也靈太后許賜其女伎未及遘之雍道其闕豎丁
孝莊初於河陰遇害贈黃鉞相國諡文穆雍識懷短淺
鴆自至宮內料簡四人冒以還第太后責其專擅追停之
又無學業雖位居大常卿與雍同時遇害贈太尉公高陽
禍落及清河王懌之死元乂專政天下大責於雍歸以嫡子泰
字昌顗有時譽相國以爲時情所推自熙平以後朝政

王諡曰文子斌襲斌字善集歷侍中尚書左僕射斌美

儀貌性寬和居官重愼顏爲齊文襄愛賞齊天保初準
倒降爵爲高陽縣公拜右光祿大夫二年從文宣討契丹
遠至白狼河以罪賜死

【北史列傳七】
【十七】

彭城王勰字彥和少而岐嶷性不羣太和九年封始平
王加侍中勰生而母潘氏卒其年獻文崩及有所知啓求
追服文明太后不許乃毀容悴心喪三年不參吉慶孝
文大奇之敏而好學雅好屬文長直禁內參決軍國大政
万機之事無不預焉及車駕南代領宗子軍宿衛左右轉
中書令侍中如故改封彭城王升金墉城顗見堂後桐
竹曰鳳皇非梧桐不栖非竹實不食今梧竹並茂詎能降

鳳乎勰曰鳳皇應德而來豈桐竹能降帝笑曰朕亦未
望降之後宴待臣於清徽堂曰桐竹猶於流化池芳林下帝
仰觀桐兼之茂曰其樹其質離離慎悸君子莫不令
儀令林下諸賢敷詠遂命黃門侍郎崔光讀暮春
之至公乃見勰詩至帝乃爲改一字曰昔祁奚舉子
臣應制詩至聖朝之私賴蒙神筆賜刋一字曰蟬貂
方見聖王之本體勰詩始知中令之爲譽非私也勰
字猶甚以價筆連城勰表解待中詔曰雖刋得有今譽
人之之秋何容方退後從率代都次千葦黨之銅親山路

【北史列傳七】
【十八】

傍有大松樹十數根時帝進觴遂性而賦詩令示勰曰吾
作詩雖不七步亦不言遠汝可作之比至吾閒令就也時
林經幾冬山川何如昔風雲與古同帝大笑曰汝此亦調
青吾且詔贈勰所生母潘氏爲彭城國太妃又除中書監
侍中如故帝南討漢陽假勰中軍大將軍加鼓吹一部思
勰去帝十步遠且行且作未至而就詩曰問松林松
既成文於昔臣顗誦之於後陳思求而不允愚臣得此
以籠襁顗煩乃面陳曰臣朝兼親疏而兩慰異同而建此
得當但今古云殊遇否大異帝大笑執勰手曰二曹才名
相忌吾與汝以道德相親緣此而言無慚前列烈帝親講喪

服於清徽堂從容謂羣臣曰朕與和李豫等年在沖䄍皇登
纘戎失過延之訓逖未肖禮毎自審義
解浮疎抑而不許頃因酒醉坐脫幘言從啟敢朝彥遂親
傳說御史中尉李彪對曰自古及今未有天子講禮臣得
親承音旨千載一時從征洒北除便持節都督南征軍
事正中軍大將軍開府穆於是為人所獲穆言於帝曰天鳥
破淮惠景穆衍其衣大兩帝曰昔聞國軍獲勝毎逢靈甫

今破新野南陽及摧此賊果降時潤誠武斯言穆對曰水
德之禎遠稱天心帝令穆為靈甫辭曰臣聞露布者欲
四海露之耳目以臣小才豈足大用帝曰汝亦為才達但
可為之及就元類帝文有人見者咸謂御筆帝曰汝所為
者人謂吾製非兄弟誰能辨之穆對曰先
聖臣又荷責於我元族汝親則宸極官乃中監風標才器實
立一宗師蕭我於元及至豫州帝為家之書於穆曰毎欲
足軌範宗制之重捨汝誰寄有不導教典隨事以聞帝不
豫聰內侍醫藥外揔軍國之務毀瘠蕭然人無異議徐譽
當世上醫先是假歸洛陽及召至穆引之列所江涕執手

祈請懇至左右見者莫不嗚咽及引入塞便欲進藥穆以
帝神力虛弱唯令以食味消息穆乃密為壇於汝水濱依
周公故事告天地及獻文為帝請命乞以身代帝瘵損自
懸錄幸鄭穆常侍坐晝夜不離其側飲食必先嘗之
而後手自進御軍駕還京會百寮於宣極堂行飲至榮勳
之禮以穆功為最賞將陳顯達內寇帝復親討之詔穆持節都督
中外諸軍事帝揔攝六師時帝不豫親辭侍疾無眠更請一
王揔當軍要帝曰吾慮之最畢孟以異姓受
帝至焉圉疾甚謂穆曰今吾當戒不濟霍子孟以異姓受
付況親賢不可不勉也穆泣曰士卒布衣猶為知己盡命
況臣託靈先皇誠竭股肱之力但出入喉膋毎跨時
要此乃周旦逃成王疑惑臣非所以辭勤請免正欲仰
成陛下令穆嘆曰理實難奪乃手詔宣武曰汝第六叔父之曰吾尋
思汝言理實難奪乃手詔宣武曰汝第六叔父之
與白雲俱朝緣恬真丘壑吾以松竹為心吾少與綢繆提攜道
趣毎謂朝綸怙真丘壑吾以松竹為心末忍離遠何容仍
屈素業長嬰世網五百年之後其聽穆辭蟬捨冕豈其
挹之性也帝崩于行營過秘喪事獨與右僕射任城王澄
及左右數人為計奉遷於安車中穆等出入如平常視疾

進膳可決外奏累日達死城乃夜進安軍於郡聽事得加
斂襯還載卧輿六軍內外莫有知者遣中書舍人張儒奉
詔徵宣武會駕梓宮至魯陽乃發喪行服宣武即位勰跪
授遺敕數紙咸陽王禧疑勰爲變偉於魯陽郡外父之乃
入謂勰曰汝非但辛勤亦危險至極勰恨之對曰汝識吾
年長故知有夷險彥和握蛇騎武不覺艱難禧對曰汝恨吾
後至耳自孝文不豫勰常居中親侍醫藥鳳夜不離左右
至於衣不解帶亂首垢面而帝患父多恣因之遇怒勰每被
王於帝昇遐齊將陳顯達奔逌焙爾庵山問泄漏致有過
諸書言至屬近侍動將誅斬勰承顏悲心多所匡
誠介之過勰上謚議惕時懷防懼而勰推誠盡禮卒無
東宮官屬勳多疑勰有異志竊懷防懼而勰推誠盡禮卒無
陵曰長陵帝從之既葬帝固以勰爲宰輔勰頻口陳遺旨
博聞曰文經緯天地曰文上尊號曰孝文皇帝廟號高祖
請㝮𥧌懷帝對勰悲慟每不許之頻表勰爲都格
遂其雅情徇過以外住乃以勰爲都格定州刺史勰仍陳
讓帝不許乃述職帝與勰書極家人敬請勰入京景明初
齊豫州刺史裴叔業以壽春內屬詔勰都督南征諸軍事
與尚書令王肅迎接壽春㝮授司徒又詔以本官領揚州

剌史進位大司馬領司徒齊將陳伯之也於肥口胡松又
據壽春攻齊城勰部分將士頻戰破之淮南平徵勰還朝初
定壽春攻齊次陵太守王果豫州中從事庚勰之
傾衿禮之常參坐席果承聞求還振旅反跡江外至此又
謝曰果等今還仰負慈澤請聽七駕振旅反跡江外許之果又
乃還其爲速人所懷如此勰至京師頻表辭大司馬領司
徒及所增邑乞還中山有詔不許乃除錄尚書侍中司徒
陵等又出領軍于烈爲恂州剌深以爲恣烈子忠常在左
禧言於帝又言勰大得人情不宜父在宰輔勸帝運遺敕
如故圓辭不免時咸陽王禧有不法北海王詳
敕令遂叔父高陽又爲書於勰造宅務從簡素以遂其
心勰因是作蠅賦以喻懷又以勰爲太師勰遂固辭詔侍
中勰喻是帝又爲書於勰崇家人之敬勰不得已而應命
前後頻幸勰第及京兆廣平王暴虐不法制宿衛隊王率
羽林武賁幽守諸王雜八坐朝士有才學者五曰一集參論
律令勰與高陽王於其第勰上表切諫帝未納時議定
制應否之宜凡所裁決時彥歸仰又加侍中勰敕尚文
乾制勰東坊帝遣于烈將壯士六十人召禧勰詳等引見帝謂勰

史撰自古帝王賢達至於魏世子孫蔟從為三十卷名曰
要略性仁寿言於朝廷以其舅潘僧固為長樂太守京兆
王愉構逆僧固通南招撫賊國又肇兄女入
為夫人順皇后崩帝欲以肇固執以為不可肇於是
屢諧魏僧固之同愉逆諶與愉通南招撫賊國
郎中令魏僧前防閣高祖希肇提攜構成事肇初令
侍中元暉以奏暉不從又元左衛元永平元年
無此帝更以聞肇肇以魏偃祖為證乃珍信之
九月乃薨及高陽王雍廣陽王嘉清河王懌廣平王懷及
髮軍入東掖門度一小橋牛傷人挽而入宴於禁中夜皆
醉各就別所消息俄而元珍將武士賈毒酒至殞曰一見
至尊死無恨也珍曰可復見武士以刀環築一
下魏大言稱寬武士又以刀築殞乃飲毒酒武士就殺之
高肇等死時魏妃方產困醉不得已意甚憂懼與妃訣而
向展以裙裹殞屍興昇門出載屍歸第六囚飲而薨殞妃
還當惡死及肇以罪見殺還於此屋論者知有報應焉
李氏司空沖之女也號哭曰高肇枉理殺人天道有靈汝
為舉哀於東堂殞既有大功於國無罪見害行路士女皆
明報德寺僧鳴鐘欲飯忽聞殞薨一寺一千餘人皆嗟痛
流涕曰高肇小人枉欲殺如此賢王在朝貴戚莫不喪氣景

為之不食但飲水而齋追贈假黃鉞使持節都督中外諸
軍事司徒公太師給鑾輅九旒武賁班劍百人前後部羽
葆鼓吹輼輬車有司奏太常卿劉芳議殞諡保大定功曰
武善聞周達曰宣諡武宣王詔可及莊帝即位追號文
穆皇帝妃李氏為文穆皇后遷神主於太廟稱肅祖閔節
帝時去其神主媾子劭字子訥龍封劭善武藝少有氣節
明帝初梁大將寇邊劭表其至意不許累遷青州刺史孝
昌末靈太后婿四方紛擾劭逐有異志遠安豐王延明河
所啓徵入為御史中尉莊帝即位尊為無上王尋遇害河
陰追諡曰壽宣皇帝妻李氏為文恭皇后子韶字世胄好
學美容儀初介朱榮將入洛父劭恐以詔奇所親梁陽太
守鄭仲明兄子僧副避難路中為賊遍僧副恐不免因令
仲明兄子僧副詔客曰窮鳥投人尚或矜愍況諸王如何棄僧
馬僧副詔詢客曰窮鳥投人尚或矜愍況諸王如何令詔下
劭舉乃遍詔達一老母姓程哀之隱於私家者
十餘日莊帝詔獲為龍襄封彭城神武後以至武帝
后配之魏室奇寶多隨后入詔家有一王鈺相盛轉而不
可出馬腦榼容三升王縫之皆稱西域見作也歷位太尉
侍中錄尚書事司州牧特進大傳齊天保元年降爵為縣

公詡性行溫裕以高氏壻頗儕朁時寵能自謙退臨人有慧
政好儒學禮致于身愛林泉脩第宅而不修文章常削
韶岳績加以粉黛衣婦人服以自隨曰以彭城為壻御議
元氏微弱比之漢光武何故為諸劉之婦女十年太史奏云今當除舊布新文
宣謂韶曰漢光武自昭已下無遺焉咸食父祖為壻而死及
十九家竝禁止之韶幽於京讖地牢絕食噉衣袖而死及
七月大誅貴願或兄弟強壯旮斬東市其黨兇投於空中承之以
稍前後死者凡七百二十人悉投屍漳水剉魚者多得术
義雲餓殺之

比海王詡宇李豫養女谷善舉止太和九年封加侍中孝
文自洛北巡詡常與侍中彭城王勰竝在圍輦陪侍左右
臺榭乘紙鴟以飛黃頭獨能至東陌乃隊訪付御史獄畢
甲都下為之父不食魚世苦從弟蕭頤使與諸囚自金鳳

故詡之拜命其夜暴風震電拔其廷中桐樹大十圍倒立
本勳之覽武之覽政詡聞彭城王勰有震主之慮而欲奪
其司徒大懼物議故為大將軍至是乃居之天威如此識
者知其不終既以季父崇寵位㠯義舉兼極貴冒無厭公私營
販又於東掖門外規占第宅有喪柩在室請延至葬而
啾然妃宋王劉昶女不見苔禮寵姜范氏愛牽優儽及死
不見興櫬視之丞於安定王燮妃高太妃頗助威虐怨響
詡既素附於皓又緣淫好往來網密詡雖貪貨俊宣武禮敬
尚隆常別佳華林園西隅與都亭宮館相接帝每潛幸其
葬訖毀隨隊視之文不見苔禮寵姜范氏即皓皓妻妹
所肆歛終曰與高太妃相見呼為阿姊伏而上酒禮若家
人臨出高毐拜迭舉觴祝言願宣家千萬年壽歲八妾
母子舍也初宣武之親政詡與咸陽王禧彭城王勰竝被
名父共乘憤車防衛嚴固高胖慞惶迫以為必死亦乘車傍
路哭送至金埔及詡得免高云自今以後不願富貴但令
母子相保共女掃市作活也至此貴寵崇盛不復言有禍
敗之理後初宣武詔謐等謀逆時詡在南第帝
乃中尉崔虎虎入禁糾詡貪淫及茹皓等劉冑常季賢陳掃靜
等專恣之狀夜即收禁南臺文貴百人園守詡第夜
慮其懼為懼舞越道左郛翼開金墉門馳出喻之示以中
反詡表求解住制不許除太尉領司徒侍中錄尚書事如
空輔政宣武覽政為中大將軍錄尚書妻咸顧命詡為司
皆去二十步唯詡前及之帝拊掌欣笑遂詔勒銘親自

尉彈狀詳母高見翼頓首號泣不能自勝詳言審如中尉
所糾何憂此人奉我珍異代我取之果為之果為取受吾何
憂平至明皓等皆賜死引高陽王雍等五王入議詳罪單
車防守還華林館母妻相與哭入所居小奴弱婢數人隨
從防援甚嚴徙就太府寺免為庶人別營坊館於洛陽縣
東此隅如法禁衛限以終身名曰思善堂將徙詳居之會
其家奴陰結黨羽欲劫出密抄名字潛託侍婢通於詳詳
始得執省而門防主司遇見突入就詳手中覽得呈奏令
夜母妻不來死於奴婢手中詔喪還南宅諸王皇宗悲令
奔赴贈物一依廣陵故事詳之初禁乃以淫高事告母母
大怒詈之曰汝自有妻姜侍婢少盛如花何共高麗婢姦
令致此罪我得高麗婢當嚍其肉乃杖詳背及兩脚百餘
下自行杖力疲乃使奴代之高氏素嚴詳每有微罪常加責
司以婢裹杖至是去婢皆至刲膝文杖其妃劉笑而受罰
婦人家女門戶匹敵何所畏而不撿校夫壻劉笑之曰新
卒無所言詳貪淫之失雖聞遠近而死名遠
近歡怪之求平元年十月詔追復王爵謚曰平王子顥襲
顥字子明少慷慨有壯氣為徐州刺史尋為御史彈劾除
名後賊師宿勤明達叱干麒麟等寇亂幽華等州乃復顥

王爵兼左僕射西道行臺以討明遠頻破賊解幽華之圍
後蕭寶夤黃華大敗於平涼顥亦奔還京師武泰傳為相州
刺史以禦葛榮屬爾朱榮入洛推莊帝授顥以葛
榮南侵爾朱榮害之盤桓顧望圖自安之策事不諧遂濟
子冠受奔梁梁武以為魏主假之兵將入荊令其比入求安二
年四月於梁國城南登壇燔燎號孝基元年莊帝詔濟
陰王暉業於考城拒之為顥所禽莊帝北幸顥遂入洛改
稱建武元年顥以數千之眾轉戰有都邑號令自
已天下人情想望寵待干擾政事又曰夜縱酒不恤軍國
安定晉之徒咸見寵政自謂天之所授頗懷驕怠宿昔賓
所統南兵陵籍市里朝野失望時又酷儉公私不安莊帝
與介朱榮還師討顥顥自於河梁拒戰敗被禽顥
自輕輳出至臨潁為臨潁縣卒所斬初顥入洛其日暴風
欲入閶闔門馬大驚不進令人執轡乃入有恠農楊曇華
告人曰顥必無成帝業袞冕不過六十日又諫議大夫元
昭業曰昔更始自洛陽而西初發馬驚舟觸比宮鐵柱三
馬皆死而更始不成帝位以古驗今其比一也至七月
果敗孝武初贈太師大司馬顥弟項莊帝初封為東海王位
中書監及顥入洛成敗未分便以意氣自得為時人笑顥
敗潛竄為人執送斬於都市孝武初贈太尉

孝文七男林后生廢太子恂文昭
平文穆王懷表貴人生京兆王愉羅夫人生清河文獻王
懌汝南王悅鄭充華生皇子桃未封早夭
廢太子庶人恂字元道生而母死文明太后撫視之常置
左右年四歲太后親為立名恂字元道於是大赦太和十
七年七月癸丑立恂為皇太子及冠恂於廟孝文臨光極
堂引恂入見誠以冠義曰字波元道所寄不輕汝當壽
名求義以順吾旨二十年改字宣道遷洛詔恂詣代都其

東進止儀體皆為定矣恂入辭帝曰今汝不應向代但太
師薨於恂壞胗既居皇極之重不容輕赴舅氏之喪欲便
太師事畢後曰宜一拜山陵拜訖汝族祖南安可一就問
訊在途當溫讀經籍今日親見吾也後帝每歲征幸恂常
留守主執廟祀恂不好書學體貌肥大深忌河洛暑熱意
每追樂北方中庶子高道悅數苦言致諫恂甚銜之孝文
幸嵩岳恂留守金墉謀欲召牧馬輕騎奔代手刃道悅於
禁中領軍元儼勒門防遏夜得寧靜帝聞之駭惋恂與其
事仍至沐口而還引恂數乘與咸陽王禧等親杖恂又令
引見羣臣於清徽堂議廢之司空太子太傅穆亮尚書僕

射少保李沖並免冠稽首而謝帝曰古人有言大義滅親
此小兒今日不滅乃是國家之大禍待我無後恐有求
帝幸代乃發為庶人置之河陽服食所供粗免飢寒而已
嘉之亂遂如長安中尉李彪承間開密表告恂復與咸陽
逆帝在長安使中書侍郎邢巒與咸陽王禧奉詔賚椒酒
諸河陽賜恂死時年十五餘斂以麤棺常服瘞於河陽城
御史賈尚寢不為聞賈坐廷尉時彪坐法當死尚以繫累病數
二十二年冬御史臺令史龍文觀坐受囚絹罷
表彼彪赴洛會赦逐不窮其本末賣尚歸帝帝在鄴尚
前後被攝左右之日有手書自理不知狀而中尉李彪侍

城劉長文榮陽鄭懿女為左右孺子時恂年十三四帝嘗
初帝將為恂娶司徒馮誕長女以女幼待年長先為娉彭
謂郭祚崔光宋升曰人生須自放不可終朝讀書我欲使
恂曰出省經傳食後還內晡時復出日夕而罷卿等以為
何如光曰孔子稱血氣未定戒之在色太子尚幼以幼弱涉
學之日不宜於正晝之時捨書御內又非所以安柔弱之
體固永年之命也帝以光言為然乃不令恂晝入內無子
京兆王愉字宣德太和二十一年封拜都督徐州刺史以
彭城王中宣府長史盧陽烏兼長史州事巨細委之陽烏
宣武初為護軍將軍帝留愛諸弟愉等常出含披晨昏

寝疾君家爲遷中書監爲納

愉在徐州納孝氏本姓楊東郡人夜聞其歌悅之遂

被寵嬖罷州還京欲進貴之託右中郎將趙郡李叔歡擊之強爲

之養父就之禮迎產子寶月順皇后召李文宮發難爲

令尼於內以子付勁以后父無所

誕乃表勤廣頒因令后歸李於愉攜愛重其愉好文章

始均等共申宴喜招四方儒學賓客嚴懷慕等數十人館

頗著詩賦時引才人宋世景李神儁祖瑩邢晏王遵業張

而禮之所得穀帛率多敬施又崇信佛道用度常至不接

與第廣平王懷頗相夸尚競慕奢麗貪縱不法於是壽武

◀北史列傳七

◀卅一▶

攝愉禁中推案杖愉五十出爲冀州刺史 始愉曰以職求

侍要勢劣二弟潛懷愧恨頗見言色又以孝妻廬被頓辱

內外離抑及在州謀逆愉遂殺長史羊靈引及司馬李遵

稱得清河王密疏云高肇專爲殺害主上遂爲壇於信都

之南柴燎告天即皇帝位赦天下號建平元年立李氏爲

皇后奉武訒尚書李平討愉愉出拒王師頻敗遂嬰城自

守愉知事窮攜李及四子數十騎出門諸軍追之見執以

送詔徵赴京師申以家人之訓愉每止宿其傳必攜李以

盡其私情雖李君愉言臣君略無愧懼之色至野王於

愉語人曰雖主上慈深不忍殺我吾亦何以面見至尊於

是歡秋流涕絕氣而死年二十一（或云高肇令人殺之）敕

以小棺瘞諸子至洛皆赦之後靈太后令愉之四子皆附

龜籍追封愉臨洮王寶月乃改葬父母追服三年

清河王懌字宣仁幼而敏慧美姿貌文愛之彭城王勰

甚器異之誕曰此兒風神外偉黃中內潤君天假之年

二南矢博涉經史兼綜群務其有文才善談理覽古今

怒不形於色太和年封壽武初拜侍中轉尚書僕射懌

才長從政明於斷決割判眾務有文才名司空高肇以帝

◀北史列傳七

◀卅二▶

怒遂舉冀州因愉之逆又構殺勰懷恐不免肇又錄

舅寵任既擅威權謀去良宗屢讒懌及愉等愉不勝其忿

狹父萩惠懌因侍宴酒酣乃謂肇曰天子兄弟詎有幾人

而炎炎不息昔王莽頭禿亦籍渭陽遂篡漢室君

曲形見矣恐復終成亂階又言於壽武曰臣聞唯器與名

不可以假人是故李氏旅泰山宣尼以爲深譏仲叔軒懸

丘明以爲至誡諒以天尊地卑君臣道別宜杜漸防萌無

相僭越至於減膳錄囚人君之事今乃司徒行之詎是人

臣之義且陛下修政教解獄訟則時雨可降玉燭知和何

使明君失之於上姦臣竊之於下長亂之基於此往矣孝

武帝不應每明熙平初選太尉侍中如故懌詔威門下之

事又典經義注時有沙門惠懌者自云呪水飲人能差諸

病人就之者日有千數靈太后詔給衣食事力重使於
城西之南治療百姓病懌表諫曰臣聞律深感衆之科禮
絶袂淫之禁皆所以大明堂防過姦邪昔在漢末有張
角者亦以此術惑亂當時論其所行與今不異遂能詿誘
生人致黃巾之禍天下塗炭數十年閒之由也昔新垣姦
不發於明堂五利僥於懌以此術惑當時論其所行與今
不異遂能詿誘

領軍元乂太后之妹夫也特寵驕盈懌裁之以法每以黜
德先具瞻委以朝政夫黨人通直郎宗進愛希旨告懌謀反禁
之為乂所疾又太后以朝政擬周霍懌竭力匡輔以天下為己任
懌門下詔問左右及朝貴貴人分明得雪乃釋懌以忠
而獲謗乃鳩集昔忠烈之士為顯忠錄二十卷以見意焉

廣平王懷閒自有魏諸王召入華林別館禁其出入令四
門博士董徵授以經傳孝武崩乃得歸

正光元年七月又與劉騰過孝明於顯陽殿閉靈太后於
後宮囚懌罪伏逐害之時年三十四朝野貴
賤知與不知令悲喪振速近夷人在京及歸聞懌之
喪為之劈面者數百人

汝南王悅好讀佛經聽書史為性不倫慨懭難測悅妃
氏即東海公之女也生一子不見禮答有崔延夏者以
道與悅遊合服仙藥松木之屬時輕與出採之宿於城外

小人之所為遂斷酒肉菜稻唯食麥飯又絕務中而更好男
色輕怒妮妾至加捶撻同之婢使悅之出也妃住於別第
靈太后敕檢閒之引入窮悅事故妃病杖林華寺寅與魁
太后因悅檢閒乃令下禁諸親王及三番其有正妃
病患百日已上皆還奏聞若有循行捶撻就削封位及清
河王懌為元乂所害始至不濟仍呼阿兒親自循撫悅
之盡其私伎又喜以悅為侍中太尉臨拜曰就懌子亶求
氣羸弱暴加威撻殆於不濟仍呼阿兒親自循撫悅
懌服為元乂所喜以悅為侍中太尉臨拜曰就懌子亶
乃為大劓碓置於州門益者便欲斬其手時人懼其無常

能行異事姦偷畏之而暫息及尒朱榮舉兵向洛悅遂奔
梁梁武厚相資待莊帝崩遂立為魏主號年更興節閔初
遣兵送梁置於境上以觀侵逼及齊神武既誅尒朱以悅
孝文子宜承大業乃令人示意悅既至清狂如故動為罪
失乃止孝武初除大司馬開府孝武以廣陵頗有德望以
悅屬尊地近內懷忌故前後害之贈假黃鉞太師司

州牧大司馬王如故諡曰文宣子頤與父俱奔梁遂卒於
江左

皇子桃年七歲景明元年薨就斂於華林東閣葬于
文昭皇后陵東後以增廣文昭后墳塋徙空比岡

論曰文成五王安豐持標令望延明學業該贍加以雅談
之美及于永安運迍寇戎卒致奔亡亦其命也獻文諸子
俱漸太和之訓而咸陽終於逆節廣陵斃於梁中人而無
儀各宜遠死高陽器術缺然終荷棟幹至於梃敗寶乃其
闢武宣專崇為質忠而樹行及夫在安慮危之誠事實兼之竟而功
若之節周旦匪佗之旨霍光異姓之誠事實兼之竟而功
高震主德隆動俗開言一入卒不全生嗚呼周成漢昭未
易過也北海義昧鶺鴒奢淫自喪禍發青蠅亦行貽伊
戚顯取若拾遺亡不旋踵宣守之無術其天將覆之庶人
险暴之性自幼而長終以廢黜不得其終斯乃未均之性

堯舜不能訓也京兆早有令聞晚致顛覆習於所染可不
慎乎清河器識才譽以懿親作輔時鐘屯誠如蒱苃之
逼運屬道消晚扼凶權之手悲哉廣平早歲驕盈汝南性
致狂逸撥其始自西邸之後權移周室而周文天縱
之毒蓋地逼之尤也魏自西遷之後保全內外任使布於列職
孝閔踐祚無替前緒明武績業亦遵先志雖天厭魏德非
命已遷梭葉榮哉足以愈於前代矣

方洽　周益　　周一兒　孫　粹然　校正

列傳第八 衛操

衛操字德元代人也少通俠有才略晉征北將軍衛瓘以
操為牙門將當桓鮮卑神元時頗自結附及神元崩後與從子
雄及其宗室鄉親姬澹等來歸說桓穆二帝招納晉人桓
帝以為輔相任以國事及劉石之亂桓帝崩後操立碑於大邗城南以
頌功德云魏軒轅之苗裔言桓穆二帝統國弛網襲禁大
來歸誠奉晉皇廓禦邊疆王室多難天綱弛紐四心遠
濟雍雝其殃歲翦逆命姦盜狂狼跋扈過天王立甲屢起怙象肆暴虐用將
當黑貐逆東西狼跋敢過天王立甲屢起怙象肆暴虐用將
行國無姦溢路有頌聲威武所向無交兵招喻六狄咸
蛇寒塗晉道應天言展良謨使持節平北將軍并州刺史
士粼洛循陳葉親求疏乃招其類屠各凶奴殳刃千里長
護匈奴中郎將東贏公司馬騰才神絕世規略超遠欲求
外救朝臣莫應簡賢選士命茲良使遠參軍壺偷牙門中
行嘉義陽亭侯衛謨協義守侯衛難等馳使至晉
陽城叉補相穆二儒對揚毗翼其操展
文謀雄舊武烈承命會議論審殷翼衛内鎮靜四方
志在竭力奉戴天王忠恕用暉外勳亦攘功濟方州勳烈
光延升平之日納貢充藩馮瞻繼鑾盍步趾三川有德無祿
大命不延年三十九以求興三年六月二十四日寢疾薨

俎背薨葬華殿雲中名都國失惠主袁感歔欷悲痛煩冤載呼

載號遠近親軌奔赴梓盧仰訴造化痛延慈天時晉光熙

元年也皇興初雍州別駕鷹門叚榮於大邪摇得此碑文雖

非麗事宜載焉爲故略附於傳操以穆帝三年卒始操所與

宗室郷親入國者衛勤安樂亭侯衛崇衛清並都亭侯賈循衛

折衝將軍廣武亭侯賈慶建武將軍上洛亭侯賈循都亭

沈叚歕並信義亭侯乳婭灣莫含等名皆爲相帝末

難存者多隨劉琨任子遵南奔衛都郷侯姬灣莫含等名皆隨

侯李壹關中侯郭内侯賈雄姬灣莫含等名皆隨

右輔相六倚之逆國内大亂雄並立爲羣情所附乃與劉

至信義將軍樓煩侯穆帝初並見委任衛操卒後俱爲左

導率烏九晉人數万而叛

欲因以滅石勒後爲勒將孔長所滅

莫含鷹門繁峙人也劉琨爲并州辟含從事含居於

常交通國中穆帝受其干器及爲代王備置官屬求含於

征伐義將遷至左將軍雲中侯灣亦以勇績著名相帝末

碑雄字世遠灣字世雅並勇健多計相帝並以爲將常隨

琨琨喻遣之乃入參國官常參軍國大謀卒於左將軍關

回城云子顯昭成世爲左常侍顯子題道武初爲大將以

中侯其故宅在桑乾川南世栅莫含辭舍音訊或謂之莫

功賜爵東宛侯常與太子秦侍宴秉坐不敬獲罪顯亦被黜

爲濟陽太守後道武欲廣宮室規度平城四方數十里將

模鄴洛長安之制運材數百万根以題機巧微令監之召

入與論興造之制題久侍頗怠賜死題第雲好學善射

道武時常典選曹賜爵安德侯遷鎮統萬國謀議

太武克赫連昌詔雲與常山王素留鎮統萬進爵安定公

雲撫慰新舊皆得其所卒諡敬公

劉庫仁字没根獨孤部人劉武之宗女少豪俠有智略母

平文皇帝之女昭成皇帝復以宗女妻之爲南部大人建

國三十九年昭成暴崩道武年付堅以庫仁爲陵江將

軍關内侯令與衛辰分國衆統之河西屬衛辰河東屬庫

仁於是獻明皇后攜道武及衛辰秦二王自賀蘭部來居焉

庫仁盡忠奉事不以與廢易節符簡衛辰在庫仁下衛

辰怒叛攻庫仁庫仁代之符堅賜庫仁妻公孫氏

厚其資送慕容垂圍符丕於鄴又道將平規攻堅幽州刺

史王求于薊庫仁遣兄子公孫希助求擊規大破之庫仁

復將大舉以救不發鷹門上谷代郡兵次於纍頭先是慕

容文等當徙長安道依庫仁乘其駿馬舉慕容垂公孫希聞亂走

率三郡人攻殺庫仁通依庫仁部常思東歸是役也文等夜

丁零庫仁弟眷繼攝國事卷第三子羅辰機警曾有智謀謂

北史列傳八

春曰從兄顯忍人也顯早圖之春不以為意後庫仁子顯
果殺春而代立顯既殺春羅慕又謀逆及道武即位討顯于馬
邑追至彌澤大破之後奔慕容驎徙之中山羅辰即宣
穆皇后兄也顯既殺春羅辰遂奔道武顯特強每謀逆羅
辰輒先聞奏拜南部大人從平中原以功賜爵永安公以
軍功除征東將軍定州刺史卒諡曰敬子殊暉龍敥爵位并
州刺史卒子求引位武衛將軍卒諡曰貞子尒頭位尚魏定二
書史麻位衛將軍西兖州刺史在州有當時之譽武定二
年卒贈大將軍吏部尚書青州刺史諡曰敬仁之外示二
癭陶二縣令贈鉅鹿太守子仁之字山靜少有操尚

長者內多矯詐其對賓客破琳奬蒂鹿麗飯冷菜衣服故惡
乃過遍下善候當塗龍為詭激每於稠人廣衆中或搁一
姦吏或縱一孤貧大言自眺識皆稱其美公能之譽動
過武實性又酷虐在晉陽旨營城雜仁之統作役以小
稽緩遂杖前殿州刺史裴瑗并州刺史王緒齊神武大加
譴責性好文字吏好頗重加鞭撻言韻微訊亦見撻楚
更人以此苦之敬當出隆厚時人以此尚
歈元興死後積年仁之營視其家常失體便加齋師馮元興交
誰責性好文史敬重人流與物無競未
之仁之伯乞歸豊君中除中散大夫性寬和與物無競未
嘗言人善惡旨遇患書寢有奴偷竊乞歸詐睡不見亦不

北史列傳八

洩之此奴走入蠕蠕方笑言之亦無唱色獻文末除圭客
尚書孝文初位與東雍州刺史賜爵安侯卒子萬壽阿龍
好周人之急與王仲興自平城被追赴洛冢貧不能自達
萬事事資遣宣武時仲興龍幸乃奏除給事請疏黃河以
通船漕授龍門都將歷年功不就坐流元暉偕立授大鴻
臚卿子挑湯位終奉朝請
賜爵東州侯明元初以鴻飛將軍鎮大洛卒於定州刺史
尉古眞代人也道武之在賀蘭部賀染干遣引乙突等將
肆逆古眞知之密以馳告染干疑古眞洩其謀乃執拷之以
兩車軸押其頭傷一目不服乃免之後從平中原以功
子億萬龍古眞第諸以忠謹著稱從道武圍中山先登傷
目道武歎曰諸兄弟並毀目以建功効誠可嘉也賜安樂
子從平姚平遷拜國部大人太武時政邑遷西公卒第八
子歡龍諾長養忠謹有父風明元時執事左右為大官
令時侍臣受斤六入蠕蠕詔眷追之遂至虜庭舍之天檀
前由是以驍烈聞太武即位命眷與散騎侍郎劉庫仁等八
人分典四部綰奏機要加陳兵州軍文成時拜侍中太尉
封漁陽王與太宰常英等錄尚書事文成北巡狩以寒雲
方降謙還眷曰今去都不遠而旋虜必疑我有內難方寒雲
雲宜更進前帝遂度漠而還帝以眷元老賜杖復上殿戲

諡曰莊子多侯龍表爵多侯少有武幹獻文時假節領護羌
戎校尉敦煌鎮將至求輕騎五十西入于闐兼平諸國因
敝眼資平定為劫弗許壽文初又求北取伊吾斷蠕蠕通
西域路帝善其計以東作方興難之為妻元所害多侯弟
子慶賓善騎射有將略稍遷太中大夫明帝時朝議送蠕
蠕主阿那瓌還國慶賓上表固爭不從後蠕蠕遂執行臺
還都尋起之據城不納為司空子瑾

瑾少而敬悟好學慕善以國姓門資稍遷直後贈司空子瑾
執政瑾聚其甥皮氏為妻由此除中書令後除吏部郎
中齋文襄朋文宣命瑾在鄴共居高德正典機密天保
連往遇彌後又吏部尚書右僕射並通顯除吏部尚書武成踐祚
趙彥深本子如賈顯度元文通和士開並帝鄉故舊共相薦
頗亦預聞後尚書右僕射萃咸成方在三臺鄉宴文遙
裴聞遂命撤樂能飲瑾於雖內闕風訓閨門穢雜為
世所鄙有女在室忽從奔誘瑾遂以適婦姪皮逸人為
對令史云我實不稽古未知通嫂得作稽古不瑾聞大慙

然亦能折節下士意在引接名流但不之別也有賈彥始
者儀釣雖是儒生擁堪充聘陳使司徒府曹祖崇儒文婦
俱不足言將為當世所莫及好學吳人搖脣振足為人所哂
見人好笑時論比之寒蟬又少威儀子德載以蒲鞭責之
便自投井瑾自臨井上呼云兒出聞者皆笑及位住重便
大躁急省內郎中將論事者逆即嗔罵旣云方大選彌目驕
恣而發之子賤特其親通多所談薦大有受納瑾死後其弟靜
侃皮子賤坐決鞭二百比營州初瑾出鎮使主聘彔使梁
人陳昭善相謂瑾曰二十年後當為宰相瑾出私謂人曰

此公宰相後不過三年當死昭後當為陳使主兼散騎常侍
至鄴瑾時兼右僕射鳴騶吹照復謂人曰二年當死果
如言為德載位通直散騎侍郎卷弟地干機悟有才藝馳
馬立射五的時人莫能及太武時位庫部尚書加散騎
侍領葦郎奉上忠謹尤善諂笑太武見其效人舉措忻
悅不能自勝甚見親寵愛軍國大謀往往預時征平原試衝車以
攻冢地干為索所絹折脊而卒帝親往哭慟贈中領軍燕
郡公諡曰惠子長壽位右曹殿中尚書賜爵會稽公卒於
涇州刺史古真族玄孫葦字成興性耿介明帝時為武
衛將軍時領軍元乂執權百寮莫不加敬葦獨長揖不拜
壽出為涼州刺史涼州緋色天下之最又選白綾二千四

【北史列傳八】

穆崇，代人也。其先代勤節於神元、桓、穆之時。崇少以盜竊為事。道武之居獨孤部，崇性來奉給，時人無及者。後劉顯之謀逆也，平文皇帝外孫梁眷知之，密遣崇告道武。告難，道武曰：「顯若知之，雖刀劍割，勿泄也。」因以寵妻及所乘良馬付崇曰：「事覺，吾當以此自明。」崇來告難，道武與昆弟及左右素所識賊者，皆驚起。崇留馬與從者，微服因匿院中。徐乃縛馬奔走，宿於大澤，有白狼向崇求從者。不得因匿，狼奔走，免難。道武甚奇之，命崇立祀，子孫世奉。崇覺悟，馳隨狼奔，遂免難。崇長子遂留，以功賜爵零陵侯，後以罪廢。子乙以功賜爵富城公，卒於侍中，諡曰靜。子真，尚長城公主，拜駙馬都尉，後敕離婚，納文明太后姊。位南部尚書、侍中，卒，諡曰宣孝，文追思崇。

令涂畢拒不受，又諷御史劾之，驛徵至京，獲無狀，還任卒。
為事，道武之居獨孤部，崇性來奉給，時人無及者，後劉顯
之逆，平文皇帝外孫梁眷知之，密遣崇告道武。告難，道武曰：
顯若知之，雖刀劍割，勿泄也，因以寵妻及所乘良馬付
崇曰知之當以此自明，崇來告難道武，眷不顧恩義，將顯為逆
崇與眷謀執道武以應之，崇夜告道武，道武馳賀蘭等比
喻陰山，復幸賀蘭部，道武為魏王，崇從平中原，位侍中，豫
我琮得其妻馬，足以雲戀顧聞信之，窘咄之難，崇為逆今
果疑眷泄凶之，崇乃唱言梁眷不顧恩義，將顯為逆
驚起，崇留馬與從者微服，因匿院中，徐乃縛馬奔走，宿於大澤
有白狼向崇求從者，不得因匿，狼奔走，免難，道武甚命崇
立祀子孫世奉，崇覺悟，馳隨狼奔，遂免難，崇長子遂
留以功賜爵零陵侯，後以罪廢，子乙以功賜爵富城公，卒
於侍中，諡曰靜，子真尚長城公主，拜駙馬都尉，後敕離婚
納文明太后姊，位南部尚書侍中卒，諡曰宣孝，文追思崇

勳令著作郎韓顯宗與真選定碑文，建於白登山。真子泰，
本名石洛，孝文賜名焉。以功臣子孫尚章武長公主，拜駙
馬都尉、典羽獵四曹事，後為尚書右僕射、馮翊侯，出為定
州刺史。初文明后幽孝文於別室，將謀廢。泰切諫乃止，
孝文德之，故寵待隆至。自陳久病，乞為怕州刺史，許之。泰不願
遷都，潛圖叛，乃與定州刺史陸叡及安樂侯元隆等謀推
朔州刺史陽平王頤為主。頤遣書青州，表其事。帝乃遣任城王澄，
發并肆共討之。澄先遣書侍御史李煥，單騎入代，出其不
意。泰等驚駭，計無所出。煥曉喻逆徒，示以禍福。於是凶黨
離心莫為之用。泰自度必敗，乃率麾下攻煥郭門，不克，走
出為人禽，送孝文。孝文幸代，泰等伏誅。子士儒，字叔賢，徙涼州，
後得還為太尉參軍事。子子容，少好學，無所不覽，求天下
書，達即寫錄，所得萬餘卷。魏末為兼通直散騎常侍，聘梁。
慈受禪，卒於司農卿。遂留弟觀，字閭披，龍裒崇爵，少以文藝
知名。明元中，位為左衛將軍，綰門下，中書出納詔命及訪舊
事，未嘗有遺漏。尚宣陽公主，拜駙馬都尉，位太尉、太監、
國觀為石弼，出則統攝朝政，入則應對左右，事無巨細，皆
關決焉，終日怡怡無慍色。勞謙善誘，不以富貴驕人。太常
八年暴疾薨，年三十五。明元親臨其喪，悲動左右，賜以通
真隱起金飾棺，喪禮一依安城王叔孫俊故事，贈宜都王

諡曰文成太武即位毋與羣臣談宴未嘗不歡息勤以
為自道武以來佐命勳臣子武兼濟無及之者壽龍爵
尚樂陵公主拜駙馬都尉明敏有父風太武愛之權為
下大夫敷奏機辯有聲內外遷侍中中書監領南部尚書
進爵宜都王加征東大將軍壽辭曰臣祖崇先皇之世屬
逢覲毫幸天資梁養誠心先告故得效功前朝流福於後
惟陳平受賞歸功無知今春元勳未錄臣獨奕世受榮豈
惟仰愧古賢抑亦有媿國典太武嘉之乃求春孫賜爵郡
公興駕征涼州命壽輔景穆總錄機要內外聽焉雲中
將濟河帝別御靜室召壽及司徒崔浩尚書李順謂壽曰
蠕蠕吳提與牧犍連和今聞朕征涼州必來犯塞若伏兵
漠南疑之為易牧田吼可分伏要害以待虜至引使深入
然後擊之若達信卜壽指校為虜侵害言朕還斬卿崔浩李順為
證非虛言也壽不知所為從築西郭門請景穆避保南中惠
京邑大駭壽不聽乃遣司空長孫道生等擊之太武還以無
大損傷故不追咎景穆監國壽與崔浩等輔政人皆敬浩
保太后不聽乃止遣司空長孫道生與崔浩等輔政人皆敬浩
壽獨陵之又自恃位任以人莫已及謂其子師曰但令吾兒
及我亦是勝人不須苦教之遇諸父兄弟有如僕隸夫妻
娷坐共食而令諸父餕餘為時人鄙笑甍贈太尉諡曰文

宣子平國襲爵尚城陽長公主拜駙馬都尉侍中中書監
為太子四輔卒子伏于龍尚濟北公主拜駙馬都尉卒諡
曰康無子伏于弟罷襲爵尚新平長公主拜駙馬都尉武
生鎮將深自剋勵後改吐京鎮為汾州仍以罷為刺史
吐京鎮將劉升在郡甚有威惠限滿還都胡人八百餘
前吐京太守劉升等其動德之舊讓而赦之轉
人諸罷請之前定陽令從焉罷既頻薦升等所部守令
人懷之竝為表請孝文旨從焉亦有恩信增數倍罷隨
咸自砥礪威化大行州人李軌郭及祖七百餘人詣闕輔
罷恩德孝文以罷政和人悅增秩延限後徵為光祿勳隨
例降王為魏郡公累遷侍中中書監穆泰之友罷與潛通
赦後事發削封為編戶卒于家宣武時追贈鎮北將軍怕
州刺史罷第亮字幼輔早有風度獻文時起家待御中散
尚中山長公主拜駙馬都尉封趙郡王加待中散封長樂
王孝文時除征南大將軍領護西戎校尉仇池鎮將宕昌
王梁彌機死子彌博立為吐谷渾所逼來奔亮表請納之彌
博悅悖氏羌所藥彌機兄子彌承我氏豪楊卜為廣興
文從為於是擊走吐谷渾五彌承而還我氏豪楊卜為廣興
以來從軍二十一戰前來鎮將抑而不聞亮表卜為廣業
太守豪右咸悅境內大安徵為侍中尚書左僕射十時後

置司州孝文曰司州始立未有寮吏須立中正以定選舉
然中正之任必須德望兼資世祖時崔浩為冀州中正長
孫嵩為司州中正可謂得人公卿等宜審舉尚書陸叡
舉亮為司州大中正後拜司空參議律令刪降爵為公時
文明太后崩已過葬月孝文哀毀猶甚亮表請上承金冊
遺訓稱德兆之心時龍輅服數御常膳脩崇郊祠垂惠
咸秩詔曰苟孝懼之至無不通今飄風亢旱時兩不降
實由誠衷朕未洽幽顯無感也念不輕膳今故臨對卿等
殷帝引見羣臣於太華殿曰將營宇今欲徙居永樂
以避昆埃王木雖復無心毀之能不悽愴今故臨對卿等

與之取別此殿乃高宗所制朕歷顯祖逮朕沖年受位於
此但事來奪情將有啟制仰惟疇昔唯深悲感亮稽首請
稽之卜筮又以去歲頻興恐人力彫獘且材幹新代頗待
若仍歲頻興恐人力彫獘且材幹新代頗待餘年便就
央是作草創之初猶尚若此況朕承累聖之運屬漢受命之
遠朕見前王無不興造故周創業經建靈臺乃逮漢受命未
基欲及此時以就大功人生定分豈假卜筮御永樂宮後帝臨朝羣謂亮
命何當委之分豈假卜筮御永樂宮後帝臨朝羣謂亮
曰三代之禮日出視朝自漢魏以降禮儀漸殺晉令有朝
望集公卿於朝堂而論政事亦無天子親臨之文今因卿

等曰中之集中前卿等自論政事中後與卿等共議可否
遂命讀奏豪帝親涉之及遷都加武衛大將軍必本官董
攝中軍事帝南伐以亮錄尚書事留鎮洛陽後帝自小平
津況舟幸石濟亮諫曰漢帝欲乘舟渡渭廣德將以首
汗軍輪帝乃感而就橋渭之小水猶若斯況洪河有不測
之慮帝曰司空念當宣武親臨五表自勤
帝優詔還令司空公薨當宣武親臨五郡公以
紹崇爵宣武即位拜尚書令司空公薨贈武親歷
位祕書監侍中衛將軍太常卿中書令七兵尚書
太尉諡曰匡子紹字求業尚書琅邪長公主拜駙馬都尉歷
領軍元又當權董灼寶往紹宅迎送下階而已時人歡
本邑中正紹無他才能而資性方重室客稀造之門
遵所生憂免喪以孝聞又歷衛大將軍中書監侍中領

尚之及靈太后欲黜又猶豫未決紹迎送之以功加特進
侍中元順二十年侍中興卿先君及運職事歟進何宜
順曰老臣二十年侍中興卿先君及運職事歟進何宜
相排突也遂謝事還家詔喻乃起除侍中託疾未起故免
河陰之害莊帝立齊朱榮徵之紹以為必死哭辭家廟及
見榮捧手不拜榮亦痛意禮之顧謂人曰穆紹不虛作大
家兒捧車駕入宮尋授尚書令司空進爵為王給班劍四十

人仍侍中時河南尹李獎往詣紹以敬紹又持封邑是雙國王匡坐待之不為望致拜而還議者兩議焉未幾隆王復本爵普泰元年除尚書令大保謚曰文獻子長高子石左襲爵位光祿大將軍國弟正國尚長樂公主拜駙馬都尉正國子左襲爵位光祿以卿平文時始平公主薨於宮追贈平城駙馬都尉與公主冥婚壽弟多侯封長壽子位司備監文成崩乙渾專權召司徒陸麗麗時往溫湯療疾多侯謂曰渾有無君心大王眾所望也去必危宜徐歸而圖之麗不從遂為渾害多侯亦見殺觀弟翰平原鎮將西海王覺子龍兒龍蓋器隆為公辛子弱有風格善自位置涉獵經史與長孫陸樂陸道等辭彌有勦已陵物頗以此損為孝文定氏族欲以弼為國子名熟而黏助教弼辭以為屈帝曰朕欲敦勵胄子弼卿先之曰王拯涅豈能相汗弼曰既遇明時恥沈涊濘坒會司州牧咸陽王禧入帝曰朕與卿作州督舉一主薄即令弼諮謁之因為帝所知宣武初為廣平王懷國郎中令數有匡諫之益除中書舍人卒於華州刺史謚懿翰弟顯有才力以侍御郎從太武征赫連昌勇冠一時賜爵涅陽子拜司備監從太武田峙山有武突出顯搏而擭之帝歡曰詩云有力如武顯

乃過之後從征曰龍討蠕蠕以功進爵建安公後拜殿中尚書出鎮涼州還加散騎常侍領太倉尚書文成時為征西大將軍督諸軍西征吐谷渾坐擊賊不進免官爵徙遣邊文成大將軍顯著勳微為內都大官卒贈征西大將軍建安王謚曰康子寄生龍襄崇宗人醜善道武初澤部歸附與崇同心勦力捍禦左右拜天部大人居東蕃子莫提從平中原位相州刺史假陵陽侯其子孫位亦通顯癸斤代人也世典馬牧父蓋有寵於昭成皇帝時國有良馬曰騧駒駟一夜忽逸後知南部大人劉庫仁所盜蓋慚懼臺辭聞而馳往取馬庫仁以國甥特寵斬而逆擊蓋蓋捽其後沒洛陽其一乳及符堅使庫仁與衛辰分領國部蓋懼逐奔衛辰及道武滅衛辰晚乃得歸故名位後以為侍斤機辯有識廋登國初與長孫肥筆俱統禁兵後以為侍郎親近左右從征慕容寶於參合皇始初拜越騎校尉典宿衛禁旅車駕還京師博陵勃海章武諸郡羣盜並起斤與略陽公元遵等討平之從征破高車諸部又破庫狄有連部從其別部諸落於塞南又進擊莫陳部至大娥谷置成而還遷都水使者出為晉兵將軍幽州刺史賜爵山陽侯明元即位為鎮兵將軍詔以斤世忠孝賜其父單長寧子明元年雲中斤留守京師昌黎王慕容伯兒謀反斤

召入天安殿東廡下誅之詔與南平公長孫嵩等俱坐朝
堂錄決囚徒明元大閱于東郊講武以斤行至丞相大菟
於石會山車駕西巡詔斤先驅討越勒部於鹿那尖破之
又詔斤與長孫嵩等八人坐止車門左聽理万機拜天部
大人進爵為公斤出入乘輿止車門左輔宋廢主義待立其國內離
皇太子臨朝聽政以斤為左輔將軍公孫表等南征用表計
阻乃遣斤收河南地假斤節都督前鋒諸軍事司空晉兵
大將軍行楊州刺史率吳兵將軍公孫表等南兗孫諸郡還
攻滑臺不拔求濟師帝怒其不先略地切責之乃親南巡
次中山斤自滑臺趣洛陽長驅至武牢遂平兗孫諸郡還

長孫嵩拒宋武斤征河南獨給漏刻及十二年旗大武即
位進爵宜城王仍為司空太武征赫連昌遣斤率義兵將
軍封禮等襲蒲坂斤又西據長城泰雍氏宄皆來歸附斤
與赫連定相持累戰破定聞昌敗走上邽斤追至雍不
及而還詔斤班師斤請因其老平之乃進討安定昌退保
平涼斤也軍安定以糧竭馬死深興自固監軍侍御史安
頡擊翕昌豶之昌眾復立昌弟定為王守平涼斤恥以元帥
而翕昌之功更不在已乃舍輜重追定於平涼眾將出
會一小將有罪亡入賊具告其實定知斤軍無糧之水乃

遣斤後斤眾大潰斤及將娥清投技為定所禽後為太武
剋平涼斤等得歸免斤為宰人使員酒食從駕還京師以
辱之尋拜安東將軍降爵為公太延初為備尉改為恬農
王後為万騎大將軍太武議伐涼州斤等三十餘人議以
為不可帝不從涼州平以戰功賜隸七十戶又以斤元
老賜安軍平壽男斤時年八十九大武親臨
說宴先朝故事雖未皆是時有所得聽者歎美之每議大政
多見從用朝廷稱焉其後訪朝政斤聰辯彊識善於談論遠
哀慟謚曰昭王斤有數十婦子男二十餘人長子他觀襲
爵太武曰斤西征之敗國有常刑以其佐命先朝故復其

爵秩將收孟明之効今斤終其天年君臣之分全矣於是
降他觀爵為公傳國至孫緒無子國除太和中孝文追錄
先朝功臣以斤配饗廟庭宣武繼世以緒第子監紹其後
叔孫建代人也以武幹為昭成母王太后所養與皇子同列
建少以智勇著稱道武之幸賀蘭部常從右益國初為
外朝大人與安同等十三人迭典庶事參軍國之謀隨泰
王航使慕容垂歷六載乃還累選中領軍賜爵安平公出
為正直將軍相州刺史以飢胡劉武等聚黨叛明元即
為弁州刺史後以公事免守鄴城園明元即位念前功以
號安平公督公孫表等以討武斬首万餘級餘眾奔走投

泚水死水為不流晉將劉裕伐姚泓令共部將王仲德為
前鋒將逼滑臺兗州刺史尉建率所部棄城濟河仲德遂
入滑臺乃宣言曰晉本意欲以布帛七萬匹假道於魏不
謂魏之守將便爾棄城明元聞之詔建度河曜威斬尉建
投其屍於河呼仲德軍人責讓詰其侵境之狀尋遷廣阿
鎮將威名甚著父之除使持節都督前鋒諸軍事楚阿
軍徐州刺史率衆自平原濟河徇下青死諸郡遂東入青
州圍宋刺史竺夔於東陽城未遣將檀道濟王仲德救夔
建不克而還以功賜爵壽光侯與汝陰公長孫道生濟河
而南仲德等自清入濟東走青州太武以建威名南震為
宋所憚除平原鎮大將封丹楊王加征南大將軍先是簡
幽易以庫戊兵集于河上一道討洛陽一道攻滑臺宋將
檀道濟王仲德救滑臺建與汝陰公道生拒擊之建分軍
挾戰縱輕騎邀其前後焚燒穀草以絕其糧輜建初為將
叛有相繼由是安頡等得拔滑臺建沈敬多智東西征伐
常為謀主容貌清整号曰嚴明入雅尚人倫禮賢愛士在
平原十餘年綏懷內外其得邊稱魏初名將鮮有及之南
方憚其威略青死輟不為寇太延三年薨時年七十二謚
曰襄賜葬并金陵長子俊字醜歸少聰敏年十五內侍左右
性謹密初無過行以便弓馬轉為獵郎道武崩清河王紹

閉宮門明元在外紹拘逼俊以為已援外雖從紹內實忠
款仍與元磨渾等謀紹歸明元時明元左右車路頭
王洛兒等及得俊等大悅以為爪牙及即位稍遷衞將軍
賜爵安成公及朱提王悅懷中得兩刃匕首遂親悅殺之明元以俊
動有異志乃於悅懷中得兩刃匕首遂親悅殺之明元以俊
前後功重軍國大計一以委之舉官上事先由俊銓校然
後奏聞性平正柔和未嘗有喜愠色忠篤愛厚不諂上抑
下毋奉詔宣示慇懃莫以上下嘉歎凡元年二年卒
時年二十八明元親臨哀慟朝野無不追惜贈司空安成
王謚孝元賜溫明祕器載以轀輬車衞士導從陪葬金陵
子蒲龍襲爵後有大功及寵幸貴臣薨賵贈送終禮皆依俊
故事無得踰之者初俊卒明元命其妻和氏曰夫生既共
榮沒宜同穸可任相氏氏乃縊遂合葬焉既
為安城公俊弟隣龔父爵降為丹楊公位尚書入涼州鎮
大將與鎮副將羨牧立以貴戚子弟競貪財貨遂相糺生
誅
安同遼東胡人也其先祖曰世高漢時以安息王侍子入
洛歷魏至晉避亂遂家焉父屈仕慕容暐為殿中郎堅
所滅盤友人公孫眷妹沒入苻氏宮出賜劉庫仁為妻庫
仁實寵之同隨春商販見道武有濟世才遂留奉侍性端

嚴明惠好長者之言登國道武徵兵於慕容垂同頻使
稱旨為外朝大人與跋等出入禁中決典庶事從征姚
平於柴壁姚與粃衆救平同進討曰汾東有蒙阬東西三
百餘里徑路不通姚與粃必從汾西乘高臨而直至柴壁
如此則寇內外勢接豆截汾為南北浮橋東西岸築圍西
圉跣固賊至無所施其智力矣從之與果視平暮滅而不
能救以諜同與賜爵北新侯賀謹將帥循察并定二州
嵩並理人訟又詔同與肥如侯明元即位命同與南平公長孫
乃諸山君雜胡丁零宣詔撫慰問其疾苦糾舉守宰不法
郡國蕭然同東出井陘至鉅鹿發衆欲修太嶺山通天門

關又築城於宋子以鎮靜郡縣護媒同得衆心使人告同
訓子帝嘉而恕之遂詔長給米同往察長身自劾不能
金事盜官梗來數石欲以養親同大怒求戮自劾不能
即位進爵高陽公與青二州刺史同長子孟明元時典犬及
築城聚衆欲圖大事太武監國臨朝聽政以同為左輔及
法備整衆以世所稱及往異州年老頻殖財貨大興寺塔
百姓所苦卒贈高陽王謚曰恭惠西弟原雅性矜嚴沈勇
多智略明元時為獵郎出監雲中軍事時赫連屈丐犯河
西原以數十騎擊之殺十餘人帝以原輕敵違節度加罪
然知原驍勇遂任以為將鎮雲中蠕蠕犯塞原輒破之以功

賜爵武原侯加虎賁將軍太武即位拜駕部尚書車駕征
蠕蠕大檀分為五道邊尚書左僕射進爵河閒公原在朝
無所比周然惟寵驕恣多所排抑為子求襄城公盧曹元
女曾元不許原告其罪狀事相連歷時不決原懼不勝
逐謀逆事泄伏誅原兄弟外甥連後裔籍
其財至數刀弟姪辯慧多聚略最有父風明元初為內侍
長令至察畢百療糾剌姦愿無所迴避畢自長安追赫連以
為忠將親寵之宜城王奐斤自長安至安定頡
為監軍侍御史斤以馬多疫死主嚴之賴乃葉聖自固道

太僕立堆等督租於人間為昌所敗昌遂驅於曰來侵掠
頡曰等死當戰死寧可坐受四孚斤猶以馬死為辭頡乃
陰與尉眷等謀選驕馬來攻靈頡出應之昌馬蹶而陷
列守南岸至於衡關太武西征定以頡為內馬軍督諸
頡令昌送京師賜爵西平公代堆統攝諸軍赫連定將後
入長安詔頡鎮蒲坂以拒之宋將朱脩之援河南將督諸
軍擊彥之遂濟河攻洛陽拔之進攻武牢潰又援諸
王司馬楚之平滑臺臺禽宋將朱脩之李元德及東郡太守
申謨乃振旅還京師進爵為王卒謚曰襄頡為將善綏士
衆及卒宋士卒降者無不歔欷
庚業延代人也後賜名岳其父及兄和展世典畜牧稍轉

中部大人昭成崩苻氏內侮事難之閒收斂畜產富族國
君劉顯謀逆道武外幸和辰奉歡明太后歸道武又得其
資用以和辰為內侍長和辰分別公私舊畜頗不會旨適
武由是恨之岳獨恭慎俏謹善製危難之閒道武嘉之與
王建等俱為外朝大人參預軍國從平中原拜安遠將軍
官軍之警於栢肆賀蘭部帥附力眷紇西河叛胡帥張崇等
庭統突部帥叱奴根等聞之反於陰館南安公元順討之
不剋詔岳討破雜石叛胡帥呼延鐵西河叛胡帥張崇等
以功賜爵西昌公遷鄴行臺以所統六郡置相州即拜岳為
勇名兒諸將及罷鄴行臺以所統六郡置相州即拜岳為

北史列傳八　　廿三　第

刺史兼法平當百姓稱之鄴舊有園池時果初熟丞吏送
之岳不受曰果未進御吾何得先食其謹如此還司空岳
兄子路有罪諸父兄弟悉誅持赦岳父子侯官告岳衣服
鮮麗行止風采擬儀人君遇道武不豫多所猜忌遂誅之
時人咸惋惜然改容遂下詔為立廟令二川之人四時致祭
其墓宅惟焉岳葬在代西善無界後太武征赫連氏經
王建廣寧人也祖姑為平文后昭成皇帝伯祖豐以帝
求其子孫任為帥者得其子陵從征有功聽襲爵
男並尚童豐子支尚昭成女甚見親待建少尚公主初
為外朝大人與和政等十三人送典禮事衆與計謀道武

遣使慕容垂建辭色高亢壯之還為左大夫建見迴時
為大夫諸子多不慎法建其以狀聞迴父子伏誅其許直
如此從征伐諸國破二十餘部又從征辰破之為中部
大人破慕容寶於參合帝乘勝將席卷南夏於是簡擇悖
殷有才能者留之其餘欲悉給衣糧遣歸令中州之人咸
知恩德建以為寶覆敗於此國內空虛獲悟機生
患不如殺之帝曰若從建言誅伐弗人既悔焉而車駕
建言為然建固執乃院諸降唯中山鄴信都三城不下乃遣
出井陘次常山諸郡皆降唯中山鄴信都三城不下乃遣
衛王儀攻鄴建攻信都等城建等攻城六十餘日不能

北列傳八　　廿四　第

剋士卒多傷帝自中山幸信都降之車駕幸鹿鹿破寶弟
於栢肆塢遂圍中山寶棄城走和龍城內無主將夜人乘
勝擄守其門建貪而無謀意在虜獲恐士卒肆掠盜亂府
庫請侯天明帝乃止是夜徒何人共立慕容普驎為主遂
閒門固守帝乃悉衆攻之使人登巢車臨城招其衆皆曰
但恐城中山平賜建爵濮陽公遷大僕供真定公加散騎常
其面中山平賜建爵濮陽公遷大僕供真定公加散騎常
侍薨青　幽州刺史卒陪葬金陵
羅結代人也其先世領部落為魏附臣劉顯之逆從道
武幸賀蘭部後賜爵屈地侯太武初累遷侍中外都大官

揔三十六曹事年一百七歲精爽不衰太武以其忠慤甚
信待之監典後宮出入卧內因除長秋卿年一百二十詔
聽歸老賜大宅再營東川為私第別業并為藥城即號曰羅侯
城朝廷每有大事驛馬詢問焉年一百二十卒謚曰貞子
斤從太武討赫連昌力戰有功歷位四部尚書從平涼州
以功賜爵帶方公除長安鎮都大將襲爵位庫部尚書
鎮都大將卒謚曰靜陪葬金陵子敦襲爵位庫部尚書
卒子伊利襲

北史列傳八 共五

位頓落道武初從破賀蘭部又平中山及征姚平於榮
裹從連代人也代為酉帥伏連忠厚有器量年十三襲父
辟以功賜爵安邑侯明元時為晉兵將軍并州刺史太武
即位封廣陵公再遷光祿勳進爵為王後鎮統萬巍謚慕
王子真龍裒降爵為公真弟大枝封鉅鹿子大枝孫寳字道
成性淳朴好讀書明帝時至朔州刺史時邊事夐興人
多流散及寳至稍安集之殘壞舊宅皆命葺構之歸繼路
栽考為天下最後隨大都督源子邕討擊葛榮王師敗
績寳因於榮軍變姓名匿於戎伍以免害久之賊中有朔
州人識寳者謂寳曰使君窘若此遂將諳榮笑曰吾道
公吾方圖事何相見之晚因顧謂人曰此公行善天道報
之得免乱兵即其驗也寳遇逃者密啟賊形勢規為內應

天子感其壯志召寳第二子景賢授員外散騎常侍郎葛
榮滅寳始得還求安申除假員外散騎常侍使寳先是
蠕蠕稱潘上表後以中州不竸書為敵國之儀寳責之蠕
蠕主大駭自知惡謝曰此人誤逐更稱潘子後授國
敦寳典行臺長孫子㫖鎮恆農後從關封廣寧子縣伯大
統元年詔著作郎監修國史事別封平城縣子後授國
子祭酒侍中進儀同三司兼太子太傅攝
人清簡少言頗諳舊事位歷師傅靖謙恭以此為人所
敬後行涇州事卒於州
閭大肥蠕蠕人也道武時歸魏尚華陽公主賜爵其思子

共史傳八 廿六

與弟㯹為上賓入八議明元即位為內都大官進爵為侯
宜城王㯹斤之攻武牢大肥與娥清領士一軍出中道太
武初復與娥斤出雲中白道討大檀破之後從討赫連昌
以功授衆陽公公主薨復尚渡澤公主太武將拜大肥為
王遇疾卒
竇牧代人也重厚有智謀道武龍遇之稱曰仲兄初劉顯
害帝梁眷知之潛使牧與穆崇至于木山以告帝錄先帝
舊臣又以牧告顯功使敷奏政事參與計謀從征慕容寳
以功拜并州刺史賜爵惟城公州與姚興接界與顧寇邊
牧乃與興書稱顧首均禮抗之責興侵邊不直之意興以

與國和通恨之有言於道武道武觀之

和跋代人也世領部落為魏附臣至跋以才辯知名道武
權為外朝大人參軍國大謀雅有智筭賜爵曰南公從平
中原以功進為尚書鎮鄴以破慕容德軍改封定陵公與
常山王遵討賀蘭部別帥木易干破之出為平原太守道
武寵跋於諸將羣臣甘敢恭儉而跋好脩虛譽炫曜於
時性尤奢淫帝我之不革後軍駕北狩材山收跋刑之路
側妻劉氏自殺以從初將刑跋命其諸第毗等視訣於

【北史傳八】　【共十七】　益

跋謂毗曰灅北地瘠可居水南就耕良田廣為產業各相
勸勵令之背已汝曹何忍視吾之死毗等解其微意詐
稱使者奔長安道武誅其家後太武幸材山校獵忽暴霧
四塞怪問之羣下發言跋世居此祠家猶存或者能致斯
變帝遣道建與公吉弼祭以三牲霧即除後太武蒐狩之日
每先遣祭之

莫題代人也多智有才用初為幢將領禁兵道武之征慕
容寶寶夜犯營軍人驚駭逐有亡還京師者言官軍敗
於栢肆京師不安順乃止後欲攝國事題曰大事不
可輕尒不然禍將及矣順因欲南安公吉呫呫謂之曰三歲犢
題時貳於帝道箭於窘呫謂之曰三歲犢豈勝重載言
咄長而帝少也帝既銜之後有告題居處倨傲擬則人主

帝乃使人示之簡告之曰三歲犢能勝重載不題奉詔父
子對泣詰朝乃刑之

賀狄干代人也家本小族世忠厚為將少平當稍遷比
部大人登國初與長孫嵩為對明於聽察為人愛敬道武
遣狄干致馬千匹贖平陽道武討平之禽其將狄伯支還帝
等四十餘人後興以駿馬千匹贖伯支而道武不許
絕婚興遣弟平陽道武討之會其將狄伯支死因此狄干而
之千在長安因習讀書史通論語尚書諸經舉止風流有
似儒者初帝封功臣及狄干至帝見其言語衣服類中國
襄武侯加秦王將軍及狄干至帝還許

信州臨州

【北史列傳八】　【廿八】　童

以為慕而習之故忿為既而殺之

本栗鴑門人也昭成時父祖入比栗少辯捷有才能兼將
略初隨道武幸賀蘭部愛其藝能時王業草創爪牙心腹
多任親近唯栗一介遠寄兼非戚舊數有戰功拜左軍將
軍栗性簡慢矜寵不率禮度每在道武前舒放倨傲不自
祗肅笑唾任情道武即其宿過誅之於是威嚴始厲制勤
羣下盡早謀之禮自栗始也

寨眷代人也少有將略道武世有戰功明元時賜爵南陽
公及征蠕蠕眷以都曹尚
將為寇所憚大武時賜爵南陽公及征蠕蠕眷與中山王辰等諸大將
書督偏將出別道詔會鹿渾海眷與中山王辰等諸大將

俱後期斬于都南爵除

論曰帝王之興雖則天命經綸所託威藉股肱元相穆之
際王迹未顯操合貞騏驥之秋自立功名之地可謂志
識之士矣而劉庫仁兄弟忠以為八盛襄不一純節所存
甘意蓋遠而並貽非命惜乎尉貞兄弟勇奮驍義以志
生眷威略著時增隆家業穆崇盛奉龍顏早著誠款遂
賀寵眷伍稱白司至乃身豫逆謀至蒙全護從身于廟抑
亦尚功世載公卿弈弈青紫盛矣矣汗儿之效蘖立有
剋平涼之役師鐵身寓雖敗峰之責已赦封尸之效蘖立
而恩禮隆渥沒祀廟廷叔孫建少展誠勤終著庸代畋邊

北史傳八

廿九

有術威震夷狄俊委節明元義彰顯沛涼朱提之變有日
碑之風加以柔而能正見美朝安同異類之人智識入
用任等時俊當有由哉頴禽赫連昌推宋氏衆逐為名將
未易輕也庫業延見紀冤難之中受事草創之際智男既
申功名尤舉而不免傾覆蓋亦其命王建位遇既高許以
求直參己之役不其羣歟雖結枝附葉從子孫榮祿蔓伏
連閭大肥並征伐著蹟策名前代矣拔抍跋提賀狄千
李栗奚奄有忠勤征伐之效不能以功名自卑俱至誅夷
亦各其命也

列傳第八

方洛周益

北史二十

燕鳳
張衮 弟㢸
許謙　　崔宏 子浩
鄧彥海

燕鳳字子章代人也少好學博綜經史明習陰陽讖緯昭
成素聞其名使人以禮致之鳳不應聘及軍國代謂昭
成來者將屠之代人懼遂送鳳昭成待以賓禮後拜代
王左長史參決國事又以經授獻明帝嘗使符堅問鳳
曰代王何如人對曰寬和仁愛經略高遠一時雄主也常
有吞并天下之志堅曰卿言北人無剛甲利兵敵弱則進
敵強則退安能弁兼邪鳳曰北人壯悍上馬持三仗馳

若飛主上雄傑率服比土控弦百萬號令若一軍無輜重
雄衆之苦輕行速捷因敵取資此南方所以疲弊北方所
以常勝也堅曰彼鄉言人衆則可說馬衆鳳曰雲中川
自東山至西河二百里此其別部大
馬一百萬匹堅曰鄉言馬多少鳳曰每歲孟秋馬
常大集略為滿川以此推之使人言猶未盡鳳以道武
贈道及昭成崩道武將遷長安鳳以道武幼弱固請於符
堅曰主初崩臣子亡為遺孫沖幼莫相輔立其別部大
人劉庫仁勇而有智鐵弗衞辰狡猾多端貳不可獨任宜
分部為二令人統之兩人素有深讎其勢莫能先發此蔽

邊之上簟待其孫長乃存而立之是陛下大惠於亡國也
堅從之鳳尋東還及道武即位麻部郎給事黃門侍郎
行臺尚書其見器重明元世與崔宏封懿梁越等人講經
傳出議朝政太武初以舊勳賜爵平舒侯至子才襲

許謙字元遜代人也少有文才善天文圖讖學建國時將
家歸附昭成擢為代王郎中令兼掌文記與燕鳳俱授獻
明帝經昭成崩後謙徙從長安苻堅第行唐公洛鎮和龍請
謙與張衮等參贊初基慕容寶之來寇也道武使謙為書遺
馬與張衮等參贊初基慕容寶之來寇也道武使謙為書遺
於姚興與興遣將楊佛嵩來援佛嵩稽緩道武命謙為書遺
之佛嵩乃倍道兼行道武大悅賜謙爵關內侯寶敗佛嵩
乃還及慕容垂死謙上書勸進幷州平以謙為陽曲護軍
賜爵平舒侯卒贈幽州刺史高陽公謚曰文子洛陽龍襲爵
明元追錄謙功以洛陽為鷹門太守洛陽家田三生嘉禾
皆異畆同穎謙太武善之進爵地公平洛陽謚曰恭

崔宏字玄伯清河東武城人魏司空林之六世孫也祖悅
仕石季龍位司徒右長史父潛仕慕容暐為黃門侍郎並
以才學稱少有儁才號曰冀州神童苻融之牧冀州虛
心禮敬拜陽平公侍郎領冀州從事出總庶事入為賓友
衆務修理剸斷無滯苻堅聞之徵為太子舍人辭以母疾

不就左遷著作佐郎太原郝軒名知人稱宏有王佐之材近代所未有也堅士避難承間為丁零翟釗及晉叛將張願所留郝軒歎曰斯人也遇斯時不用扶搖之勢而與鶖雀飛沈豈不惜哉仕慕容垂為吏部郎尚書左丞高陽內史所歷著稱其子不免飢寒道武征慕容寶次中山棄郡走海濱帝素聞其名遣使求之以為黃門侍郎與張袞對總機要草創制度時晉雅正雖在兵亂猶志篤學不以資曰三皇五帝之立號也或以所生之土或以封國之名故虞夏商周始皆諸侯及聖德既隆萬國宗戴稱號隨本不

僕更立唯商人屢徙改號曰殷然猶兼行不廢始基之號故詩云殷商之旅此其義也國家雖統北方廣漠之土逮于陛下應運龍飛曰積德惟新以是登國之初改代曰魏慕容永亦奉進魏土夫魏者大名州之上國斯乃革命之徵驗利見之玄符也臣愚以為宜號為魏道武從之於是稱魏及帝幸鄴歷問故事宏應對若流帝善之還次信嶺帝親登山頂撫慰新人適遇宋扶老母登嶺賜以牛米因詔諸從人不能自進者給以車牛遷吏部尚書時命有司制官爵撰朝儀協音樂定律令申科禁宏總而裁之以為永式及置八部大人以擬八坐宏通署三十六曹如

令僕統事深被信任勢傾朝廷約儉自若不營產業家徒四壁出無車乘朝晡步上旬年七十僕養無重膳帝聞益重之厚加饋賜時人亦或譏其過約而宏居之愈甚常引問古今舊事王者制度宏陳古人制作之體及往代廢興之由甚合上意未嘗寤寐帝曰亦不諒諄忤曰亦不諮諫者由於此也帝嘗謂宏講論年大臣多犯威怒宏獨無譴者漢書至婁敬說漢祖欲以魯元公主妻匈奴善之嗟嘆者良久是以諸公主皆嫁於國朝之國馬侯加周兵將軍與舊功臣庾岳案斤等同班而信寵過之道武崩明元未即位清

河王絕困人心不安大出財帛班賜朝士宏獨不受絕財長孫嵩以下咸愧焉詔遣使者循行郡國紏察守宰不如法者令宏與宜都公穆觀等案之帝將其平當又詔宏與長孫嵩等朝堂決刑獄明元以郡國豪右大人嘉害乃優詔徵之人多戀本而長吏逼遣道之於是輕薄少年因相扇動所在聚結西河建興盜賊並起帝乃謂宏曰此引宋又此新侯安同壽光侯叔孫建武城侯元屈等問焉宋欲大赦以紓之或曰不如先誅首惡赦其黨類宏曰王者臨天下以安人為本何顧小曲直也夫赦雖非正道而可以權行若赦而不改誅之不晚明元從之神瑞初詔

掠河內遣將軍六孫表等討之敗續帝聞計於群臣宏曰
表等諸軍不為不足但失於處分故使小盜假息耳胡衆
雖多而無猛主將數分騎就攝表軍以討之賊聞必望風震
胡所服信者將數千騎共一瞻也宜得大將素為
怖壽光侯建前在并州諸將莫及帝從之遂平胡觀拜
就等貴言侍臣問疾一夜數返卒三年夏宏病篤帝遣中
天部大人進爵為公太常三年夏宏病篤帝遣司空諭文貞公喪
禮一依安城王叔孫俊故事詔群臣及附國渠帥皆會
葬自親王以外盡命拜送子浩襲太和中孝文追錄先朝
功臣以宏配饗廟廷

北史列傳九

（五）

（公）

浩字伯深少好學博覽經史玄象陰陽百家之言無不該
覽研精義理時人莫及弱冠為通直郎遷著作郎道武
以其工書常置左右道武季年威嚴頗峻宮省左右多以
微過得罪莫不逃隱匿目下之變浩獨恭勤不怠或終
日不歸帝知之輒命賜以御粥其砥直任時不失或撫
之曰此明元初拜博士祭酒賜爵武城子常授帝經書每
至郊祀父子並乘軺輧時人榮之明元好陰陽術數聞浩
說易及洪範五行善之因命筮吉凶參觀天文考定疑惑
浩綜覈天人之際舉其綱紀者數家蒂有應驗恂與軍國

大謀甚為寵密時有免在後宮檢無從得帝令浩推之
浩以為當有隣國貢嬪媵者明年果與姚興獻女神瑞二年
秋穀不登太史令王亮蘇坦因華陰公主言讖書云國
家當都鄴大樂五十年勸帝遷都於鄴可救今年之飢帝
以問浩浩曰非長久策也東州之人常謂國家居廣漠之
地人畜無筭號稱牛毛之衆今留守舊部分家南徙恐
蒲諸州之地參錯百姓意阻四方聞之有輕侮之意屈丐及
情見事露則之下不便水土疾疫死傷
蝡必摧挌而來雲中平城則有危殆之事阻隔恒代千里
之際須欲救援赴之甚難如此則聲實俱損矣今居北方

北史列傳九

（六）

（子）

假令山東有變輕騎南出耀威桑梓之中誰知多少百姓
見之望塵振伏此是國家威制諸夏之長策也至春草生
乳酪將出兼有菜果足接來秋若得中熟事則濟矣帝
然之復使中貴人間浩曰今旣無以至來秋或後更願
圖也但不可遷都帝於是分人諸山東三州就食出倉穀
將如之何浩曰今諸州就穀若秋無年願更
死之前歲太史奏熒惑在牝瓜星中一夜忽然亡失不
以槀賜浩妾各一人及御衣綿絹等初
知所在或謂下入危亡之國將為童謠妖言而後行其災
禍帝乃召諸碩儒與史官求其所詣浩對曰案春秋左氏

傳說神降于莘其至之日各其物也請以曰辰推之庚午

之夕辛未之朝天有陰雲癸感之主當在此二日之內庚

與午皆主於秦平為西夷今姚興據咸陽是燊矣人秦矣

諸人皆作色曰天上失星入安能知其所詣而妄說無微

之言浩笑而不應後八十餘日燊惑果出東井留守盤旋

興死二子交兵三年國滅於是諸人乃服太常元年晉將

秦中大旱赤地昆明池水竭童謠訛言國中喧擾明年姚

劉裕伐姚泓欲泝河西入求假道詔群臣議之外朝公卿

咸曰函谷天險近河西入揚言伐姚意或難測且先發

軍斷河流勿令西過內朝咸同外計帝將從之浩曰此非

上策也司馬休之徒擾其荊州劉裕切齒父夫今與死子

幼乘其危工而伐之臣觀其意必自入關勁躁之人而我

後患今若塞其西路裕必上岸北侵如此則姚無事而我

受敵矣蠕蠕內冠人食又乏之發軍赴南則北冠進擊若

其救北則蠕蠕南州復危未若假之水道從裕西入然後興兵塞

其東歸之路所謂卞莊刺彪兩得之勢也使裕勝也德

我假道之東令姚氏勝也亦不失救降之名縱裕得關中

懸遠難守彼不能守終為我物今不勞兵馬坐觀成敗闕

兩彪而收長父之利上策也夫為國之計擇利為之宜歸

姻酬一女子之惠也假國家乘恒山以南裕必不能發矣

越之兵爭守河北也議者猶曰裕西入函谷則進退路窮

腹背受敵北上岸則姚必不出關助我揚聲西行意往

晉將朱超石所敗帝恨不用浩言二年晉齊郡太守王懿

比進其勢然也帝遂從群議遣長孫嵩拒之戰於畔城為

來降陳計稱劉裕在各勤以軍絕其後路則裕軍不戰而

可克秦帝善之浩在前進講書傳帝閒浩言姚興

已至潼關卿親離版築乘危亡克之必矣帝曰姚興好養虛名而

子泓又病荒版築乘危亡克之必矣帝曰姚興好養虛名而

裕武能何如慕容垂浩曰垂承父祖之資生便尊貴同類

歸之若夜蛾之赴火少加倚仗便足立功劉裕挺出寒微

不因一卒之用舊臂大呼而夷滅相交比禽慕容超南摧

盧循亦終當為國家所有帝曰裕亦不能守之

秦地亦終當為國家所有帝曰裕已入關不能進不能退

我遣精騎南襲彭城壽春裕亦何能自立曰浩曰今西比二

冠未殄陛下不可親御六師長孫嵩有經國之用無進取

之能非劉裕敵也臣謂待之不晚帝笑曰卿量之已審矣

浩曰臣常私論近世人物不敢不上聞若王猛之經國付

堅用漢比司馬德宗之曹操也少主慕容暐之霍光也劉裕之

平逆亂管仲也慕容恪之輔少主慕容暐之霍光也劉裕之

祖用漢比淳朴之人南入漢地變風易俗化洽四海自與

羲農舜禹咸烈臣宣能仰名帝曰屈丐何如浩曰屈丐家
國夷滅一身孤寄為姚氏封植不思樹黨強隣報復雌恥
乃結蠕蠕背德於姚撥豎小人無大經略正可殘暴終為
人殘滅耳帝大悅說至中夜賜浩縹醪酒十斟水精戎鹽
一兩曰朕味卿言若此鹽酒故與卿同其味也三年彗星
出天津入大微經比斗絡紫微犯天棓八十餘日至天漢
而滅帝復召諸儒術士問之曰災異之應也諸人莫能易
浩曰災異由人而起人無釁妖不自作漢書載王莽篡位
之前彗星出入正與今同國家主尊臣卑人無異望是為
僭晉將滅劉裕篡之之應也

五年宋代晉南鎮上宋改元赦書時帝幸東南灄池
射鳥聞之驛馳召浩告曰往年卿言彗星之占驗矣朕今
日始信天道初浩父疾篤乃翦爪截髮夜在庭中仰禱斗
極為父請命求必身代叩頭流血歲餘不息家人罕有知
者又父喪盡禮時人稱之浩襲爵白馬公自朝廷禮儀
優文策詔軍國書記盡關於浩浩自以為不長屬文而
之禮豐儉之節義理可觀性不好莊老之書每讀不過數
十行輒棄之曰此矯誣之說不近人情必非老子所作老
聃習禮仲尼所師豈設敗法之言以亂先王之教袁生所

謂家人篋匱中物不可揚於王庭帝恂有微疾而災異屢
見乃使中貴人密問浩曰今茲日蝕於胃昴盡光趙代之
分野朕疾病彌年恐一旦奄忽諸子並少其為我設圖後
計浩曰陛下春秋富盛聖業方融德以除災幸就平愈昔
宋景見災修德熒惑退舍願陛下遺諸憂慮恬神保和無
不崇儲貳之說致損聖思必不得已請陳愚見自聖化龍興
以闡昧之說致損聖思是必求興之始社稷幾危今宜早建東宮選公
卿忠賢者以充賓友入總萬機出撫軍六柄在手若
此則陛下可以優游無為頤神養壽此乃萬代之令典塞
禍之大備也今皇子諱年漸一紀明叡溫和眾情所繫

時登儲副則天下幸甚立以長禮之大經若須並太成
人而擇倒錯天倫則生覆霜堅冰之禍自古以來載籍所
記興衰存亡不由此帝納之於是使浩奉策告宗廟令
太武為國副主居正殿臨朝之徒長孫嵩高陽公奚斤比
新公安同為左輔坐西廂東面浩與太尉穆觀散騎常侍
立堆為右弼坐西廂東向聽政已以聽焉明元居西宮
時隱而窺之聽其決斷大悅謂左右侍臣曰長孫嵩宿德
舊臣歷事四世功存社稷奚斤辯捷智謀名聞遐迩安同
曉解俗情明於校練觀達政事要識吾昔趣崔浩博聞

強識精於天人之會立堆雖無大用然在公專謹以六人
輔吾子足以經國吾與汝曹遊行四境伐叛柔服可必得
志於天下矣群臣時奏事所疑帝曰此非我所知當決之
於汝曹國王也會聞宋武帝殂帝欲取洛陽武牢滑臺浩
曰陛下不以劉裕歘起納其貢贄裕亦敬事陛下不幸今
死乘喪伐之雖得之不令春秋晉士匃侵齊聞齊侯卒乃
還君子大其不伐喪以為恩足以感孝子義足以動諸侯
今國家未能一舉而定江南宜遣人弔祭恤其凶災布義
其惡懃如其強臣爭權纔難必起然後命將揚聲可不勞
風以天下令德之事也且裕新死黨與未離不如緩之待
士卒而收淮北之地帝銳意南伐語浩曰劉裕因姚興死
而滅其國裕死我伐之何為不可浩固執曰興死二子交
爭裕乃伐之帝大怒遂遣奚斤等南伐議於監國之
前曰先攻城浩先略地斤請先攻城浩曰攻其小城若不時剋
氏攻襄陽經年不拔今以大國之力攻其小城若或
挫損軍勢危道也不如刀軍略地至淮為限列置守宰收
斂租穀乃殺滑臺武牢及在軍北絕望乃拜浩為相州刺
不然即是圍中之物公孫表請先圍其城斤等濟河先攻
滑臺經時不拔表請濟師帝怒乃親南巡幸拜浩為相州刺
史隨軍謀王及車駕還浩從幸西河太原下臨河流傍覽

川城憮然有感遂與同僚論五等郡縣之是非考秦皇漢
武之達失時其伏言天師寇謙之每與浩言聞其論古興
壬之迹常自夜達旦竦意斂容美之曰斯人言也惠皆
可底行亦嘗今之皐陶也但人貴遠賤近不能深察之耳
因謂浩曰吾當兼脩儒教輔助太平真君而著書二十餘篇上推
太初下盡秦漢變斃之迹大旨先以後五等為本太武左
右忌浩正直共排毀之帝雖知其能不免群議故浩以公
歸第及有疑議召問焉浩纖妍自昔如莢婦人性敏達長
於謀計自此張良謂己稽古過之既歸第因忿怨服食養
性術而寇謙之有神中錄圖新經浩因師事之始光中進
爵東郡公拜太常卿時議伐赫連昌群臣皆以為難唯浩
曰往年以來熒惑再守羽林越鈎陳其占秦亡又今年五
星井出東方利以西伐天應人和時會並集不可不進帝
有風雨從東南來揚沙昬冥帝欲退浩諫前陣為兩翼會
復討昌使奚斤等擊蒲坂而親率輕騎襲其都城大獲而還後
乃使奚斤等擊蒲坂而親率輕騎襲其都城大獲而還後
後來我回彼背天不助人又將士飢渴願陛下攝騎避之
更待後日浩叱之曰千里制勝一日之中豈得
繼易賊前行不止後以離絕宜分軍隱山奄擊不意風道

在人豈有常也帝曰善分騎舊擊昌軍大潰神鷹二年議
擊蠕蠕朝臣內外盡不欲行保太后亦固止帝皆不聽
唯浩贊成之尚書令劉潔左僕射安原等乃便黃門侍郎
仇齊推赫連昌太史張深徐辯說帝曰今年巳巳三陰之
不從而敗今天時人事都不和協如何舉動帝意不快乃
歲歲星襲月太白在西方不可舉兵比伐必敗雖克不堅
於上又群臣共讚深等云深少時常諫符堅不可南征堅
者用刑之大者也以此言之三陰用兵蓋得其類脩刑之
召浩與深等辯之浩難深曰陽者德也陰者刑也故月蝕
修刑夫王者之用刑大則陳之原野小則肆之市朝戰

義也歲星飛襲月年飢人流應在佗國遠期十二年太白行
蒼龍宿於天文為東木妨比伐深等斬曰蠕蠕高車旋頭
術數不達大體難與圖臣觀天文比年以來月行奄昴
至今猶然其占三年天子大破旄頭之國蠕蠕高車旋頭
之眾也夫聖明御時能行非常之事古人語曰非常之原
黎人懼焉及其成功天下晏然願陛下勿疑深等斬曰蠕
蠕荒外無用之物得其地不可耕而食得其人不可臣而
便輕疾無常難得而制有何汲汲而勞苦士馬浩曰深言
天時是其所職若論形勢非彼所知斯乃漢世舊說常談
施之於今不合事宜何以言之夫蠕蠕者舊是國家北邊

叛隸今誅其元惡收其善人令復舊位非無用也漠北高
涼不生蚊蚋水草美善夏則北遷田牧其地非不耕而
食也蠕蠕子弟來降貴者尚公主賤者將軍大夫居列蒲
朝又高車號為名騎非不可臣而畜也夫以南人追之則
惠其輕疾於國兵則不然何者彼能遠走我亦能遠非
難制也住歲入塞國人震驚今夏不乘虛掩進破滅其國
之間其西國未滅之前有何可徵知而不言是其不忠若
至秋復來不得安即自太宗之世迄於今日無歲不驚豈
不汲汲乎哉世人皆謂深辯通解數術明決成敗臣請試
寶不知是其無術時赫連昌在坐深等自以無先言斬不

能對帝大悅謂公卿曰吾意決矣亡國之臣不可與謀信
哉而保太后猶疑之復令群臣至尊評議帝命浩
善曉之令寤既罷朝或有尤浩曰吳賊侵南舍之此伐師
行千里其誰不知蠕蠕遠遁前無所獲後有南侵之患此
危道也浩曰今年不摧蠕蠕則無以禦南敵彼知我南侵
國以來勢然矣南人恐懼揚聲
息其勢然矣比破蠕蠕徙還之間故不見其至也何以言
之劉裕得關中留其愛子精女數萬良將勁卒猶不能固
守舉軍盡沒號哭之聲至今未巳如何正當國家休明之
世士馬強盛沒號哭之時而欲以駒犢齒虎巳也設國家與之河

南彼必不能守之自量不能守是以必不來若或有衆備
邊之軍耳夫見甁水凍知天下之寒嘗食一臠識鑊中之
味物有其類可推而得且蠕蠕恃遠謂國家力不能至自
寬來久故夏則散衆放畜秋肥乃聚背寒向溫南來寇抄
今掩其不備不得水草未過數日朋聚而困弊可一舉
而滅暫勞永逸時不可失也唯患上無此意今聖慮已決
戀駒驅馳難制不得水草未過數日朋聚而困弊可一舉
諸將瑣瑣前後顧慮不能乘勝深入使不全舉耳及軍到
入其境蠕蠕先不設備於是分軍搜討東西五千里南北
三千里所虜及獲畜產車廬數百萬高車殺蠕蠕種類歸
降者三十餘萬落虜遂散亂帝沁弱水西至涿邪山諸大
將果慮深入有伏兵勸帝止天師以浩曩日言固勸帝窮
討帝不聽後有降人言蠕蠕大檀先被疾不知所為乃焚
穹廬科車自載將百人入山南走大畜聚方六十里無
人領統相去百八十里追軍不至乃徐西遁唯此得免聞
涼州賈胡言若復前行一日則盡滅之矣帝深恨之大軍
既還南軍竟不能動如浩所料浩明識天文好觀星變常
置金銀銅鐵於酢器中令旦夜有所見即以鐵畫紙作字
以記其異太武每幸浩第多問以異事或卒不及束帶

奉進蔬食不暇精美帝為舉匕箸或立嘗而還其見寵愛
如此於是引浩出入卧內特進撫軍大將軍左光
禄大夫以賞謀謨之功帝從容謂浩曰卿才智淵博事朕
祖考忠著三世朕故延卿自近欲使深思規諫勿有隱懷朕
雖當時遷怒若或不用卿言至所深恨也卿所懷可不盡規諫朕
頌群臣事在長孫道生傳又曰新降高車數百人賜
酒食於前詔浩曰汝曹視此人纖弱懦手不能
彎弓持矛其胷中所懷乃踰於此人導吾始時雖有征討之
志而應不自決前後甲捷皆於此人導吾今乃敕諸
尚書曰凡軍國大計卿等所不能決皆先諮浩然後行焉
而南藩諸將宋師欲犯河南請兵三萬先其未發逆擊
之因誅河北流人在界上者絕其鄉道足以挫其銳氣使
不敢深入詔公卿議之咸言宜許浩曰此不可從也往年
國家大破蠕蠕馬力有餘南賊喪精常恐輕兵奄至故揚
聲動衆以備蠕蠕非敢先發又南土下濕夏月燕暑非行
師之時且彼先嚴有備必堅城固守屯軍攻之則糧食不
給分兵討則無以應敵未見其利就使能來待其勞倦
秋涼馬肥因敵取食徐徃擊之萬全之計也在朝群臣及西
北守將從陛下征討西滅赫連比破蠕蠕多獲美女珍寶
馬畜成群南鎮諸將聞而生羨亦欲南抄以取資財是以

妄張賊勢披毛求瑕冀得肆心既不獲聽故數稱賊動以
恐朝廷背公存私為國生事非忠也帝從浩議南鎮諸將
表賊至而自陳兵少求簡幽州以南戍兵佐守就潭永造
船嚴以為備公卿議者僉然欲遣騎五千并假署司馬楚
之資軌延之等令誘引邊人浩曰非上策也彼聞司馬楚
族必舉國駭擾懼於滅亡當悉發精銳來備此境後審知
官軍有聲無實恃其先聚必喜而前徑來至河肆其侵
暴則我守將無以禦之若彼有見機之人善設權謀乘間
深入虞我國虛生變不難非制敵之良計今公卿欲以威
力攝賊乃所以招令速至也夫張虛聲而召實害此之謂
矣不可不思後悔無及我使在彼期四月前還可得使至
審而後發猶未脫也是彼所忌將奪其國彼安
得端坐視之故楚才能招合輕薄無頼而不能成就大功為國
且楚之等項才能招合輕薄無頼而不能成就大功為國
生事使兵連禍結必此之群矣臣嘗聞醫軌說姚泓求入
荊州至則分散敗乃不免蠻賊掠責為奴使禍及姚泓已然
之效浩也又陳天時不利於彼曰今茲害氣在揚州不宜先
舉兵一也午歲自刑先發者傷二也熒惑伏匿於翼軫戒
飛鳥讒落宿當斗牛憂在危亡三也

亂又喪四也太白未出進兵者敗五也夫興國之君先悋
人事次盡地利後觀天時故萬舉萬全國安而身盛今
宋新國是人事未周也災變屢見是天時不恊也舟行水
潤是地利不盡也三事無一成或不安何得先發
而攻人哉彼必聽我虛聲而嚴備我亦求氣未可動也帝
不能違眾乃從公卿議浩復固爭不從彼嚴而動兩推其
咎皆以為應敵兵法當待我虛聲而迎受害氣到彼之
鎮鄴琅邪王司馬楚之等屯潁川於是寇來遂遏平王社超
自清水入河泝流西行分兵列守南岸西至潼關帝聞赫
連定與宋縣分河比乃先討赫連群臣皆曰義隆軍猶在
河中舍之西行前寇未可必剋而義隆乘虛則東州敗矣
帝疑焉問計於浩浩曰義隆與赫連定同惡相招結馬
跂拏引蠕蠕規肆逆心虛相唱和義隆望定進剋待義隆
前驅莫敢先入必聽我有似連雞不得俱飛無能為害
也臣始謂義隆軍屯住河中兩道北上東道向冀州西道
衝鄴如此則陛下當自致討不得徐行今則不然東西列
兵徑二千里中一處不過千形分勢弱以此觀之進退之
正望固河自守免死為幸無暇窺窬何以知其然
擬之必剋剋定之後東出潼關席卷而前威震南極江淮
以此無立草矣聖策獨發非愚近所及頓陛下必行無疑

平涼旣平其日宴會帝執酒手以示蒙遜使曰所云山推公
此是也才略之美當分無比朕行止必閒戎敗決焉若合
符契後冠軍安頡軍還獻南賊因詭南賊之言云宋敗其
諸將若北國兵動先其未至徑前入河若其不動住為彭城
勿進如浩所量帝謂公卿曰卿輩前謂我用浩計為諛輜
怖固諫常勝之家自謂踰人遠矣至於歸終乃不能及遷
浩司徒時方士初纖奏立四王以旦東西北為名欲以
致禎吉除災異詔浩與學士議之浩曰先王建國以作藩
屏不應假旦其實奄邦畿名之則逆不可承用先旦是纖奏
其內四王之稱實

崔浩

改代為萬年浩曰晉太祖道武皇帝應期受命開拓洸業
諸所制宜無不循古以始封代土後稱為魏故代親兼用
猶彼殷商國家積德著往圖史當軍萬億天下假名以為
益也纖之所聞皆非正義帝從之時河西王沮渠牧犍內
有貳意常將討為先閒於浩浩對曰牧犍惡心已露不可
不誅官軍往年比伐雖不剋獲竟無所損于時行者內外
不圖大軍卒至必驚懼擾擾不知所出其
軍馬三十萬四計在道死傷不滿八千歲常羸死恒不減
萬乃不少於前而遠方承虛便謂大損不能復振今出其
弱詘諸弟驕恣爭權縱橫人心離解加以比年以來天災地

蠻都在秦涼咸滅之國也帝心命公卿議之恒農王奚斤等
三十餘人皆表曰牧犍西垂下國雖心不為純臣然繼父
備職貢朝廷接以蕃禮又王姬釐降罪未甚彰謂且羈縻
而已今士馬勞止可宜小息又其地鹵薄無所
既到不得久停彼聞軍來必完城守攻則難拔野無所
掠於是尚書古弼李順皆言徒皆曰自溫關以西至於涼
地絕枯石了無水草大軍
軍至決此渠口水不通流則致渴之來城百里之內赤地
冬有積雪深一丈至春夏消液下流成川引以溉灌彼聞
無草不住久停軍馬斤等議是也帝乃命浩以其前言與

斤共相難抑諸人不復餘言唯曰彼無水草浩曰漢書地
志稱涼州之畜為天下饒若無水草之地築城郭立郡縣也又雪之消液
不敏塵何得通集引漕漱灌數百萬頃平此言大誣於
居終不於無水草之地築城郭立郡縣也又雪之消液
人矣李順等復曰吾曹目見何可共辯浩曰汝曹受人金
錢欲為之辭謂我目不見便可欺也帝隱聞之乃出親
見斤等辭旨嚴厲形於神色群臣乃不敢復言於是遂討
志稱涼州平之多饒水草如浩所言乃詔浩總理史務從實
涼州平之多饒水草如浩所言
錄於是監秘書事以中書侍郎高允散騎侍郎張偉參著
作續成前紀至於損益褒貶折衷潤色浩所總焉浩有鑒

識以人倫為己任明元太武之世徵海內賢才起自仄陋及所得外國遠方名士拔而用之皆旨浩之由也至於禮樂憲章皆歸宗於浩及景穆始摠百揆浩復與宜都王穆壽輔政事文將計蠕蠕劉潔復致異議帝愈欲討之乃召問浩浩對曰往擊蠕蠕潔等各欲迴還後獲生口云軍還之時去賊三十里是潔緊等之計過矣夫比土多積雪至冬時常避寒南徙若因其時潛軍而出必與之遇既與之遇則可禽獲帝以為然乃分軍四道諸將俱會鹿渾海期日有定而潔恨計不用沮誤諸將無功而還帝西巡至東雍親臨汾曲觀叛賊薛永宗聖進軍圍之永宗出兵欲戰帝閱浩曰今日可擊否浩曰永宗未知陛下自來人心安固北地風迅疾宜急擊之須臾必破若待明日恐見官軍盛大必夜逃走帝從之永宗潰滅車駕濟河前驅吉賊在渭北至洛水橋起夜道詔問浩曰蓋吳在長安比九十里渭北地空穀草不備欲度渭南西行何如浩曰蓋吳營去此六十里賊魁所在擊蛇之法當先破頭頭破則尾豈能動宜乘勢先擊吳余軍往一日便到吳平之後回向長安亦一日而至蓋吳徐入比山卒未可平帝不從乃度渭南以吳聞帝至晝盡散入比山果如浩言軍無所剋帝悔之後以

浩輔東宮之勤賜縑絮布各千段帝寬于河西詔浩詣行所議軍事浩表曰昔漢武惠凶奴彊盛故開涼州五郡通西域廣農積穀為滅賊之資東滅載故漢來疲而匈奴已獘後逐入朝昔平涼州臣愚以為比賊未平征役不息可不徙其人案前世故事可御邊而已至於大舉軍資必之陛下以虛離有鎮戍適可御邊臣愚意猶如前議募從豪彊大家此事闊遠竟不施用如臣愚計之得者浩又上五盛充實涼上軍舉之日東西齊勢此計之長若從其人則土地空元曆表曰太宗即位元年敕臣解急就章奇經論語詩書春秋禮記周易三年成訖復詔臣學天文星曆易九宮無不盡看三十九年晝夜無廢臣稟性弱劣力不及健婦人更無餘能是以專心思書忘寢與食至乃夢共鬼事妄造得周公孔子之要術始知古人有虛有實妄語者多真正者少自秦始皇燒書之後經典絕滅漢高祖以來世多不可言盡臣恐其如此今遭陛下之正大誤四十小誤其宜改誤曆以從天道之正太平之世除偽謹以奏皇惟恩省臣察以從臣曆術宣示中書博士然後施用並但時人天地鬼神知臣得正可以益國家萬世之名過於三皇五帝矣浩又以晉書諸家並多誤著晉後書未就傳世者

五十餘卷初道武詔秘書郎鄧彥海著國記十餘卷編年
次事體例未成逮于明元廢于著述神䴥二年詔集諸文
人撰錄國書浩及第覽高謐鄧晁繼范文趙輔等共參
著作敘成國書三十卷著作令史太原閔湛趙郡郗標素
諂事浩乃請立石銘載國書以彰直筆并勒浩所注五經
浩贊成之景穆善焉遂營於天郊東三里方百步用功三
百萬乃訖浩書國事備而不典而石銘顯在衢路往來人咸
悉忿毒相與構浩服受賕真君十一年六月誅浩清
河崔氏無遠近及范陽盧氏太原郭氏河東柳氏皆浩之
姻親盡夷其族其秘書郎史以下盡死浩始弱冠太原郭
逸以女妻之浩晚成不曜華采故時人未知逸妻王氏宋
鎮北將軍王仲德姊也每奇浩才能自以為得婿俄而不可
七王氏深以傷恨復欲以少女繼昏好浩非毀佛法而妻郭
氏敬好釋典府時讀誦浩慈取而焚之指灰中又浩幽
執被置擱內使衛士數十人溲其上呼聲嗷嗷
聞于行路自宰司之被戮辱未有如浩者世皆以為報
之驗初浩害李順基萌已成夜夢以火藝順煖室火作而
順死浩與室家群立觀之俄而順弟窺哭而出曰此輩

吾賊也以戈擊之惡投於河悟而以告館客馮景曰此
真不善也夫以火藝人暴之極也且兆始惡者有終殃積
不善者無餘慶鷹階成矣公其圖之浩曰吾方思之而不
能悛至是而書族浩旣工書人多託寫急就章從少至老
不憚勞所書蓋以百數必稱馮代彊以示不敢犯國其謹
也如此浩書體勢及其先人筆勢巧妙不如也世寶其迹多
裁割綴連以為摹楷浩書國事備而彰露此其失也余
焉昔逢喪亂饑饉仍臻饘蔬糊口不能具其物用十餘年
朝夕養男姑四時供祭祀雖有功不僅常手自親
自少及長其目所見諸母諸姑所修婦功無不蘊習酒食
聞不復備設先妣慮久廢忘後生無所知見而少不習書
乃占授為九篇文辭約舉婉而成章聰辯彊記皆此類也
鉉與參大謀賞獲封厚牛羊蓋澤貲累巨萬衣則重錦
親沒之後遇國龍興之會平暴除亂拓定四方本備位台
文垂示來世深謀遠慮惟平生惠季路采之時不可復得故遺
食則梁肉遠惟平生惠季路采之時不可復得故序遺
玄小名白位豫州刺史爵武陽侯坐浩伏誅宏祖悅與范
道武初歷中書侍郎爵五等侯參著作事卒簡弟恬字叔
陽盧諶並以博藝著名諶法鍾繇書傳子偃偃子邈
之草皆盡其妙諶傳子偃偃子邈悅傳子潛潛傳子宏

世不替業故魏初重崔盧之書宏自非朝廷文誥四方書
檄初不妄作故世無遺文尤善草隸為世摹楷行押特盡
精巧而不妄述始宏因符氏亂欲避地江南為張顧所
獲本圖不遂迺作詩以自傷而不行於時蓋懼罪也宏所
中書侍郎高允受敕收浩家書始見此詩允知其意允孫
緝錄於允集初宏潛為家書於市遇得之年將二百寶書以
作佐郎王遵業初宏寶書於市遇見濬等誅手筆本草遺昌初孫
藏秘之武定中遵業初宏寶書標以工書遺黃門郎崔舒人多
墓楬之左光祿大夫姚元標以工書知名於時見潛書以
為過於浩也宏弟徽字玄猷少有文才與勃海高演俱知

名歷位秘書監賜爵貝立侯樂安王軌鎮長安選舊德之
士與軌俱以徽為平西將軍副將行樂安王傅進爵濟南
公徽為政務存大體不親小事性好人倫引接賓客或談
及平生或講論道義誨終日不止必疾徵還京師
卒諡曰元公士類無不欷惜始清河崔寬祖彤隨晉南陽
王保避地隴右遂仕西涼及沮渠氏彤生剖字伯宗每慨
慨有懷東土常歎曰風雨如晦雞鳴不已吾所庶幾及太
武西巡剖乃總率乃義使子寬送款太武嘉之拜寬歧陽
武西巡剖乃總率乃義使子寬送款初附徵剖詣京師未
令賜爵延水男遣使與寬俱著先朝贈涼州刺史武陵
至而卒文成以剖誠著先朝贈涼州刺史武陵公諡曰元

寬字景仁還京封安國子位弘農太守初見浩通欽見浩浩
與相結次與接之及浩誅以遠來踈族獨得不坐逐家
于武城居司空林舊墟以二子繼浩與浩第覽妻封氏相
奉如親後襲爵武陵公陝城鎮將二崤地嶮人多寇劫
而寬性滑稽誘接豪右宿盜魁帥與相交結傾衿待遇不
逆細微莫不感其意氣時官無祿力唯取給於人寬善撫
納招致禮遺大有取受而與之者無恨又以恃農出漆蠟竹
木之饒路與南通貿易來往家產豐富而百姓樂之諸鎮
之中號曰能政及解鎮還時服長子衡送父喪還詣闕上疏稱父
卒遺言薄葬斂以時服長子衡字伯玉少以孝行著稱學

崔浩書頗亦類焉天安元年擢為內秘書中散班下詔命
又御所覽書多其迹也衡舉秀才對策上第拜著作郎典
器家明元年遷內都坐令善折獄考文嘉之太和二年襲
爵武陵公衡涉獵書史頗為文筆蠕蠕時犯塞衡上書陳
備禦之方便國利人之策凡五十餘條除泰州刺史從爵
桑周年間寇盜止息卒贈冀州刺史諡惠公衡五子長子
敞郡公先是河東年饑劫盜大起衡至修襄遂法勸課農
丞周年間寇盜例降為侯為平原相敞性徇急與刺史揚
敞字公世襲爵坐宮宣武初為鉅鹿太守第胤之逆敞
春送相表列敞坐免官宣武初為鉅鹿太守第胤之逆敞
為黃木軍主韓文殊所藏其家悉見籍沒唯敞妻李氏以

公主之甥自隨奴婢田宅二百餘口得免正光中普釋禁
錮敬復蔚郡侯卒於趙郡太守敬弟鐘字公輔奉朝請第
胜之逆以出後被原歷司徒右長史金紫光祿大夫冀州
大中正敬亡後鐘貪其財誣敬息子積等二人非兄徹辭
訴累歲人士疾之爾朱世隆為尚書令袞奏除其官勿辭
蔺胜好學有文才為京兆王愉錄事參軍與愉同逆伏法
宏同郡董謐謐父京與同郡崔凍時廣陽霍原撰朝
學播名遼海謐好學傳父業中山平入朝拜儀曹郎撰朝
觀鄉宴郊社稷之儀

張袞字洪龍上谷沮陽人也祖翼父卓位並太守袞篤實
好學有文才道武為代王選為左長史從追蠕蠕
黑諸部帥因袞言糧盡不宜深入帝悶袞殺副馬足三日
食乎宣言足帝乃倍道追及於廣漠赤地南林山下大破
之既而帝閒袞常參大謀每告人曰主上天資儁邁必能籯
卒至出其不意役必驚散其勢然矣前問三日糧蓋乎蠕蠕
本走數日畜產失飲至水必餇計其道程三日足及輕騎
括六合天逼風雲之會不建騰躍之功者非人豪也遂策
名委質竭誠伏事時劉顯地廣兵彊跨有朔會會其兄弟
乖離共相疑阻袞言於道武曰顯志大意高今因其內

豐宜速乘之帝從之遂破賀納道武登勿吉
山遊宴從官請袞石為峯以記功德乃命袞為文慕容寶
之來寇也袞言於道武曰寶乘滑臺功因長子捷傾財餌
力難與爭鋒宜羸師以驕其心後與崔逞者將郡
事黃門侍郎道武次中山袞遺寶書以成敗寶見
書大懼遂奔和龍既刻中山聽人八議拜幽州刺史賜爵
臨渭侯百姓安之天興初徵還京師後與崔逞相識聞風稱美又中山平盧溥
恢書失百黜為尚書令袞表遺劉庫之初始以才謀見任
率心奉上不顧嫌疑道武曹問南州人於袞袞與盧溥州
里數稱薦之又未嘗與崔逞相識聞風稱美及中山平盧

溥聚黨為逆出佳逞苔書不允並乘本言故怨之袞年過七
十闔門守靜手執經史列定乘失愛好人物善誘無倦士
類以此高之求興二年卒太武後追錄舊動遺大鴻臚即
墓業贈太保諡文康公子白澤年十□遭母憂以壽聞長而博學文
成初除殿中曹給事中甚見寵任白澤本字鐘袞獻文賜
中都大官慶子白澤少有學尚龍爵臨渭侯卒於
名白澤納其女為嬪出行雍州刺史清心少欲人吏安之
獻文詔諸監臨官取所監羊一口酒一斛者罪至天辟與者
以從坐論紆得尚書以下罪狀若名隨所紆官輕重而授
之白澤上表以為此法若行之不已恐姦人親望勞臣懈

節請依律令舊法獻文納之太和初懷州人伊祁苟初三
十餘人謀反文明皇太后欲盡誅一城人白澤諫以為周
書父子兄弟罪不相及不諱十室而況一州后從之乃止
轉散騎常侍殿中尚書卒贈相州刺史廣平公謚曰簡長
子倫字天念大司農少卿燕州大中正熙平中蠣螺主醜
奴遣使來報之倫抗敵國之禮不修臣敬朝議將依漢咨匈
故事道使報之倫表以為虜雖慕德亦來觀我懼之以彊
世宗知其若此來既莫逆去又不追必其委贄以珍物至於王人遠役衝
儻或歸附示之以弱觀覷或起春秋所謂以我卜也高祖
屈膝藩方之禮則豐其勞賄藉以珍物至於王人遠役之辰

命虜庭優以匹敵之尊加之想望之寵恐徒生虜慢無益
聖朝不從孝莊初卒於大司農卿弈弟恂
恂字洪讓隨兄袞歸鄉平阜子出為廣平太守恂始拜中書侍郎離散
密謀頗亦參預賜爵平阜子異甚始初拜中書侍郎招集
之望以建大業帝深加器異皇始初拜中書侍郎招集
庶人歸者數千戶遷常山太守恂開建學校優
勸課農桑流人歸者之時喪亂之後罕能克厲著唯恂當官
禮儒士吏人歌詠之時喪亂之後當時第一明元即位徵
清白仁恕臨下百姓懷之當時第一明元即位徵
拜太中大夫卒恂性清儉死日家無餘財贈并州刺史平
皐侯謚曰宣子純字道尚靜爵卒必事除純弟代字定無陳

留北平二郡太守卒贈營州刺史謚惠侯代所歷著稱有
父遺風代子甚年為汝南太守郡人劉崇之兄弟分析家
貧唯一牛爭不能決訟於郡庭長年懷而泣之謂曰汝曹
當以一牛故致此競脫有一牛必不爭為必已牛一頭賜
之於是境中各相戒約咸敬敬讓卒于郡子琛字寶貴少
有孝行位至太子翊軍校尉卒
鄧彥海安定人也祖羌杅堅車騎將軍父翼河間相慕容
垂之圍鄴以為冀州刺史爾兵定侯拒對使者曰先君忠
于秦室翼豈可先叛乎臣不事二主未敢聞命垂遣喻
之曰吾與車騎結為異姓兄弟卿亦猶吾子弟安得辭乎
翼曰冀州宜住親賢冀請作役効命垂乃用為河間太守
後卒於趙郡內史彥海性貞素言行可復博覽經書長於
易筮道武定中原彥海所為即再遷尚書吏部即彥明
解制度多識故事與尚書崔宏參定朝儀律令音樂文軍
國詔記十餘卷唯次年月起居行事而已未有體倒彥海謹
國文記記多識故事即彥下悼子道武詔彥海撰
定陵侯和跋厚跋有罪誅其從父弟暉時為尚書即兒快好奇典
之由是道武疑知情遂賜彥海死既而悔之時人咸惜
馬子穎襲爵稍遷中書侍郎太武詔太常卿崔浩集諸文

學撰述國書頡與浩弟覽等俱參著作事太武幸温南高

重冥弗庫若干率騎數萬餘驅鹿百餘萬詣所詔頡為

文銘於温南以記功德散騎常侍使宋進爵為侯卒謚

曰文恭子怡襲爵位荆州刺史賜爵南陽公卒子侍文

賜名述位兗州刺史初改置百官始重公府元佐以述為

太傳元丕長史卒於司空長史謚曰貞

論曰昭成道武之時雲雷方始至於經邦緯俗文武兼資

燕鳳傳識多聞首膺禮命許謙才術俱美驅馳慶不然

何以成帝業也崔宏家世傳偉仍屬權輿撩機任重守正

成務禮從清朝固其宜也浩才藝通博究覽天文政事籌

策時莫之二此其所以自比於子房焉明元為政之秋

太武經營之日言聽計從寧廓區夏遇既深矣勤亦茂或

謀雖蓋世威未震主末途避逮不自金豆為盡弓藏人

惡其上將器盈必謝陰善貽禍何斯人而遭斯酷乎至若

張袞才策不免其戾彥海貞白禍非其罪亦足痛云洪讓

世著循吏家風良可貴矣

長孫嵩 五世孫儉 儉子平
長孫道生 玄孫幼 從弟紹遠
長孫肥
　兒 兒子敳 敳弟晟
　紹遠子覽

北史列傳十 〈一〉

長孫嵩代人也父仁昭成時為南部大人嵩寬雅有器度
昭成賜名焉年十四代父統事昭成末年諸部乖亂苻洛內侮
便劉庫仁攝國事嵩與元他等率部眾歸之劉顯謀難
之子渥亦聚眾自立嵩欲歸之見于烏渥迴其牛首高佩倪從父之
此事高車舊人及庶師七百餘家叛顯走將至五原時是君
一漢亭道武以嵩為南部大人累著軍功後從征中山除冀
州刺史賜爵鉅鹿公歷侍中司徒相州刺史封南平公所
在著稱明元即位山陽侯奚斤北新侯安同自馬侯崔宏
等八人坐止車門右聽理萬機故世號八公晉將劉裕之
伐姚泓明元假嵩節督山東諸軍事傳詣平原緣河北岸
列軍次於畔城軍頗失利詔假嵩道以舟中望嵩蓋
道以鄴酒及江南食物嵩皆送京師詔嵩高厚蒼又敕簡
精兵為戰備若裕西過者便率精銳南出彭沛如不時過
但引軍隨之彼至崤陝關必與姚泓相持一死一傷眾力
疲弊比及秋月徐乃乘之則裕首可不戰而縣於是叔孫

北史列傳十 〈二〉

建等尋河趣洛遂入關嵩與建等自城皋南濟晉諸屯戍
皆望塵奔潰遂入關嵩長安嵩乃班師明元寢疾問事於嵩
嵩曰立長則順以德則人服今長孫賢而世嫡天所命
也請立乃定策詔太武臨朝監國嵩為左輔太武即位進
爵比平王長孫翰司空奚斤等曰皇子賢而世嫡位進
平陽王司州中正詔問公卿赫連蟺蟺征討何先嵩與
世為邊害宜先討大檀及則收其畜產足以富國不及則
校獵陰山多殺禽獸皮肉筋角以充軍實亦愈於破一小
國太常崔浩曰大檀遷徙鳥逝疾追則不足經久大眾則
不能及之赫連屈丏土宇不過千里其刑政殘害人神所
不能及之尚書劉絜武京侯安原請先平馮跋帝默然
遂西巡狩後閭屈丏死關之乘虛而寇嵩議欲征之帝乃問彼若
棄宜先討之尚書劉絜武京侯安原請先平馮跋帝默然
父之加柱國大將軍自是軍征伐嵩以元老多留鎮京
固諫不可帝大怒責嵩在官貪污使武士頓辱嵩太尉
於天師寇謙之勸成崔浩之議論言西代利嵩等
師坐朝堂平斷刑獄嵩年八十諡曰宣王後孝文追錄先
朝功目以嵩配饗廟庭子頹嗣善騎射彎弓三百斤襲爵加
侍中征南大將軍有罷黜為戎兵後復爵覽曾孫文時自訟先世
敦牛孝友位北鎮都將坐顯坐降為公孝文時諡曰安王子

勳重復其王爵薨諡簡王子道穿念僧龍裒義之隨例降
為公位左衛將軍卒諡慎子悅襲爵建義初復本王爵尋
儉本名慶明冒祖地汾安東將軍臨川公祖酌恬州刺史
父誡員外散騎侍郎早卒贈司空高五世孫儉方正有操行神彩嚴肅雖在
私室終日儼然性不妄交非其同志雖貴遊造門亦不與
為錄事參軍事深敬器之又賀拔岳被害周文赴平涼兄
相見太昌中邊方騷動儉初假東夏州防城大都督從兄
朱天光破宿勤明達等以功賜爵索盧縣侯周文臨夏州以
元壽東魏後河渭間人情離阻刺史李弼令儉權鎮渭州
儉將十餘騎冒難赴之復隨機安撫羌胡悅服轉夏州刺
史甚得人和時西夏州仍未內屬而東魏遣許和為刺史
儉以信義招之和乃歸即以儉為西夏州刺史摠統三
防城大都督委以後事別封信都縣伯渭州刺史可朱渾

夏州諸軍事荊州刺史東南道行臺僕射授儉都督三荊等十二州
諸軍事荊州刺史襄
百姓所訟推按獲實儉即大集僚屬遂於聽事前引已過
肉袒自訓捨杖不問於是屬城肅勵莫敢犯法魏文帝璽
書勞之周文又與儉書曰近聞公部內縣令有罪遂自杖

三十用蕭詧下聞之嘉歎良久不可言儉清正率下兼懷
仁恕有鷁盜者原情得實誨而放之荊蠻舊俗少不敬長
儉殷勤勸導風俗大革務廣耕桑兼習武事故邊境無虞
人安又以儉秩滿恐有代至詣闕乞留儉朝廷嘉而許之
更以儉為大行臺尚書兼相府司馬常與羣公
在州遂歷七載徵授大行臺尚書左僕射加侍中後除東南
素可改名儉以彰雅操遷尚書左僕射尚書常志安
敬恕有所失他日周文謂左右曰此人關每與語常蕭然畏
侍坐及退周文謂左右曰此人關孤每與語常蕭然畏
道行臺僕射大都督十五州諸軍事荊州刺史時梁岳陽
王蕭詧內附初遣使入朝至荊州儉於聽事列軍儀具戎
服以賓主禮見容貌魁偉音聲如鐘大為鮮卑語遣人
傳譯以告閩客惶恐不敢仰視曰晚儉乃著裙襦紗帽引
客宴於別齋因敘國喪亂朝廷招撫之意發言可觀使
人大悅出曰吾所不能測也魏廢帝二年授東南道大都
督荊州襄等三十三州鎮防諸軍事及梁元帝嗣位於江陵
外敦鄰睦內懷異計儉密啟陳攻取之謀於是徵儉入朝
問以經略儉陳周文深然之乃命還州授揔管令

柱國于謹伐江陵軍平以儉元謀賞奴婢三百口遂令儉
鎮江陵進爵昌寧郡公後移鎮荊州授揔管荊襄等五十

二州諸軍事行荊州刺史及周閔帝初趙貴等將圖晉公
護儉長子僧衍豫其謀坐死護乃微儉操行清白動績隆
兼賜以雜綵粟麥以儉美天和初轉陝州總管七州諸
軍事陝州刺史儉骨骾剛直大雪雪中待報自旦達
暮竟無倦容其護殯若此以疾還京詔以儉舊居狹隘賜
甲第一區後薨於夏州總管臨終遺令斂以時服素車載
樞不設儀仗親友贈賵一無所受諸子攷奉行之又遺啓
請葬周文帝側并以所賜宅還官詔此曰從之贈本官加
涼瓜等十州諸軍事涼州刺史追封鄷國公謚曰文荊州

〈五〉

人儀同趙超等六百九十七人詣闕請爲儉立廟樹碑詔
許之建德元年詔曰故柱國鄷國公儉操行清白美吐德
音以所居之宅本因上賜制度宏麗非諸子所居請以還
官更遷他所昔叔敖辭沃壤之地蕭何就窮僻之鄉以古
方今無慚矧哲而有司未達大體遂以其材外給夫追善
念功先王令典豈得遂其謙挹致乖黴勸令以本宅還其
妻子倂清風遠播無替畫修次子隆位至司金中大夫從其
潮公元定伐陳汲江南卒隆第平最知名
帝遍於宇巚均美容儀有器幹煩覽書曰記爲周儁王侍讀時武
平字巚均美容儀與儁王諫誅之王常使平通意於帝儁誅

拜開府儀同三司宣帝置東京官屬以平爲少司寇與宗
伯趙芳分掌六府隋文龍潛時與平情好款洽及爲丞相
恩禮彌厚時賀若弼鎮壽陽帝恐其懷貳遣平代之爲揚
州總管賜爵襄陽公弼果不從平麾壯士執弼送京師隋
開皇三年徵拜度支尚書平見天下州縣多罹水旱百姓
不給秦人開每秋家出粟麥一石以下貧富爲差儲之
閭里以備凶年名曰義倉帝深嘉納自是州里豐衍後轉
工部尚書名曰稱職時有人告大都督邴紹非毀朝庭爲
慣情者上怒將斬之平稱曰諫誅云不癉不聾不作大家
翁此言雖小可以喩大邴紹之言不應聞奏陛下又復誅
之恐百代之後有虧聖德上於是赦紹因敕羣臣非謗之
罪勿復以聞後突厥達頭可汗與都藍可汗相攻各遣使
請援上遣平持節宣諭令其和解平至陳利害各解兵
可汗贈平馬二百疋還進所得馬上盡以賜之二州俱有
以尚書檢校汾州事尋除汾州刺史後歷許二州刺
史其有能名在州數年坐正月十五日百姓大戲畫衣裳
善政鄴都俗薄前後刺史多不稱職朝廷以平鎭相州
犯法上以其不克負荷遣便弔帝平以師孝爲勃海郡守薄
拜太常卿更部尚書卒官謚曰康子師孝性輕校好利數
鑒甲象上怒免之俄而上念平以師孝爲勃海郡守薄

〈六〉

蜀大業之季恣行貪濁一郡苦之後為王世充所害

長孫道生高從子也忠厚廉謹道武愛其慎重使掌機密與賀毗等四人內侍出入詔命明元即位除南統將軍冀州刺史後取人美女以獻明元切責之以撟臣不加罪黜衆出白黑兩漢閒大捷而還太武征赫連昌道生與司徒長孫翰宗正娥清為前驅遂平其國昌弟定走保平涼宋遣將到彥之王仲德冠河南以救定詔道生與冊王太之屯河上以禦之遂詔朱將檀道濟遂其前後追至歷城而還除司空加侍中進封上黨王薨年八十二贈太

尉諡曰靖道生廉約身為三司而衣不華飾食不兼味一能發郭泥數十年不易時人比之晏嬰第宅陋出鎮後其子弟頗更脩繕起堂無道生還歎曰昔霍去病以匈奴未滅無用家為今強寇尚遊魂漠北吾豈可安坐華美也乃切責貴子第令毀其宅太武世所在著績每建大議多合時機為將有權略善待士報命歌工歷頌舉臣曰智如崔浩廉如道生及年老頗惑其妻孟氏以此見譏與從父高俊為三公當世以為榮子觀少卿以壯勇知名後襲爵上黨王時異姓諸王襲爵多降為公以帝以其祖道生佐命先朝故特不降以征西大將軍假司

安蒨河西七鎮諸軍討吐谷渾部帥拾寅道藏焚其所居城邑而還孝文初拜殿中尚書侍中吐谷渾又侵逼復假觀司空討降之後為征南大將軍薨諡曰定葬禮依其祖靖故事陪葬雲中金陵子叡歸六歲襲爵降為公蒨文又其幼承家業賜名幼字宣武時為楊州刺史南大將軍都督淮南諸軍事討承業聰敏有才藝虛心愛士為前將軍都督淮南諸軍事討小兒詔河閒王琛惣援之琛欲決戰承業以兩叉更遣兵持重琛弗從遂戰為賊所乘承業後殿初承業既惣強兵

父叉決戰議者疑有異圖朝廷重遣河閒王琛及臨淮王或尚書李憲等二都督外聲助承業內實防之會鮮于脩禮反於中山以承業為大都督北討尋又本使達鄴城詔承業解行臺罷大使遣河閒王琛為行臺承業遣子子裕本表稱與琛同在淮南俱當國難琛敗臣全逐生私隙且臨機奪帥非策所長賣奏不納琛與承業削前到呼沲承業未欲戰而琛不從行達五鹿為脩禮擊琛不赴之賊惣至遂大敗承業與琛頻戰有功除平郡蜀又復假承業鎮西將軍討蜀都督頻戰有功除平東將軍復本爵後除尚書右僕射未幾雒州刺史蕭寶寅據

州友後以承業為行臺討之承業時背疽未愈靈太后勞
之曰卿疹源如此朕欲相停更無可寄如何承業荅曰死
而已敢不自力時子芽亦患脚踒扶杖入辭尚書僕射
元順顧相謂曰吾等備為大臣各居寵位危難之日病者
先行無乃不可乎莫有對者時薛鳳賢及於正平薛脩義
屯聚河東時有詔發鹽池攻圍蒲坂東西連結以應寶夤
乃檬河東分攄鹽池稅蒲坂東承業上表曰鹽池天資貨
密邇京畿唯須寶而謹之均贍以理今四境多虞府藏罄
竭察異定二州且亡且亂常調之繒不復可收仰惟府綃
而言猶不應減三十萬定也便是移異二州置於畿甸
今若廢之事同册失臣前仰遠嚴旨而先討關賊徑解河
某者非是關長安而急蒲坂蒲坂一陷沒失鹽池三軍口
命瀝贍理絕天助大魏兹計不爽昔高祖昇平之年無所
乏少猶創置鹽官而加典讓非為物而競利恐由利而亂
俗也況今王公素餮百官尸祿祖徵六年之粟調折來歲
之資此皆出人私財奪人齎力豈是願言事不獲已臣輒
符司監將尉還率所部依常牧稅更聽後敕及離州平徐
難州刺史孝莊初封上黨王尋攺馮翊王後降為郡公遷
司徒公加侍中兼尚書令大行臺仍鎮長安節閔立遷太

尉公錄尚書事及韓陵之敗斛斯椿先據河橋謀誅爾朱
使承業入洛啟閔閭誅世隆兄弟之章孝武初轉太傅以
定策功更封開國子承業表請迴授其姨兄三十
超次子懌初封開國子承業生而母亡為洪超母所撫養是以求讓
許之武帝入關承業時鎮長安位太師錄尚
書事封上黨王大統元年薨贈假黃鉞太宰錄尚
州諸軍事離州刺史論曰文宣承業表請迴授其姨兄三十
殺人因亡抵龍門將陳與德家會赦乃免因以後妻羅
前夫女呂氏妻興德兄興恩以報之羅年大承業十餘歲
酷妬忌李承業雅相敬愛無姬妾童侍之中在承業十餘歲
疑致死者乃有數四前妻張氏二子子彥子裕羅生三子
紹遠士亮本名亮兄弟皆雄武子彥本名偁有資力累從
父征討功封槐里縣子孝武帝與齊神武搆陳加子彥中
軍大都督臺僕射鎮恆農以為心膂及從帝入關封高
平郡公位儀同三司以從征竇泰戰沙苑功加開府侍中
及東復舊京以子彥兼尚書令行司州牧留鎮洛陽後以
不利班師大統七年拜太子太傅子彥少帝墜馬折臂肘
上骨起寸餘乃命開肉鋸骨流血數升言戲自若時以為
蹄於關羽末年右發舉體生瘡雖親戚兄弟以為惡疾
彥曰惡疾如此難以自明世無良醫吾其死矣普閉惡疾

蠣蚖螫之不痛試為求之當令兄弟知我乃於南山得蚖以股觸之痛楚號叫俄而腫死文帝聞之慟哭曰失我良將贈雍州刺史子裕位衛少卿咨詢階十七級為子

義員求官除左將軍加通直散騎常侍又以父勳封平原縣伯

義儀同三司歷熊絳二州刺史竝有能名襲爵平原縣公

義貞弟兒字若汗性機辯強記聞雅重賓游充善談論從魏孝武西遷別封鄴縣侯周天和初進驃騎大將軍開府儀同三司

熾字仲光性敏慧美姿容頗涉群書兼長武藝建德初周武帝崇尚道法求學兼經史者為通道館學士熾膺其選隋文帝作相自御正上士擢為丞相府功曹參軍加大都督封陽平縣子遷稍伯下大夫以平王謙拜儀同三司及帝受禪熾率官屬先入清宮即授內史令人上儀同三司攝東宮熾右庶子出入兩宮甚被委遇累遷太常少卿改封饒陽縣子進位開府儀同三司開皇中歷位吐谷渾

以大理卿戶部尚書吐谷渾寇張掖令熾擊之追至青海以功授銀青光祿大夫六年帝幸江都宮留熾東都居守

晟字季晟性通敏略涉書記善彈工射矯捷過人年十八

仕周為司衛上士初未知名唯隋文帝一見深異焉謂曰長武藝逸羣又多奇略後之名將非此子邪及突厥攝圖請婚周以趙王招女妻之周與攝圖各相謗競妙選驍勇以晟充使者因遣晟副汝南公宇文神慶送千金公主至其牙前後使人數十輩攝圖多不禮之獨愛晟每共游獵留之竟歲嘗有二鵰飛而爭肉因以箭兩隻與晟請射取之晟馳往遇鵰相攫遂一發雙貫焉攝圖喜命諸子弟貴人皆相親友其突厥近之以學彈射其弟處羅侯號突利設尤得眾心為攝圖所忌密託心腹陰與晟盟晟與之游獵因察山川形勢部眾強弱皆盡知之還拜奉車都尉開皇元年攝圖曰我周家親也今隋公自立而不能制何面目見可賀敦因與高寶寧攻陷臨渝鎮約諸面部落謀共南侵文帝新立由是大懼修長城發兵屯北境命陰壽鎮幽州虞慶則鎮并州屯兵為之備晟先知攝圖與諸弟昆阿波突利等叔姪兄弟各統強兵俱號可汗分居四面內懷猜忌外示和同難以力征易可離間因上書曰臣於攝圖之於周末恭充外使匈奴俯伏惟彰鼓動其情必將自戰又處羅侯者攝圖之弟奸多而勢弱曲取狼心國人愛之因為攝圖所忌又名相屬內隙已彰鼓動狼心必將自戰又處羅侯者攝圖阿波首鼠介在其間頗畏攝圖受其牽率唯強是與未有

定心宜遠交而近攻離強而合弱通使玷厥說合阿波則

攝圖迴兵自防右地又引處羅遣連笑雲則攝圖分乣還無所

備左方首尾猜嫌腹心離阻十數年後承豐討之必可一

川寫其虛實皆如指掌上深羨異皆納用為因遣晟口陳形勢手畫山

暉出伊吾道使詣玷碛賜以狼頭纛諜為欲因遣敬玷碛將軍出黃

引君誘令內附二年攝圖號四十萬騎自蘭州入至于周

龍道齎幣賜奚霫契丹等相猜貳授晟車騎將軍出處羅侯所深布

心腹達奚長儒軍更欲南入玷碛不從引兵而去時晟又

說染干詐告攝圖曰鐵勒等反欲襲其牙攝圖乃懼迴兵

此塞後數年突厥大入發八道元帥出拒之阿波至涼州

與竇榮定戰賊帥累北時晟為偏將使謂之曰攝圖每來

戰皆大勝阿波縱本敵令攝圖日勝為衆所崇阿波不利為國之

生辱攝圖本敵令攝圖日勝此乃突厥之恥且攝圖之

與阿波兵勢本敵今攝圖日勝為衆所崇阿波不能制可

阿波使至晟又謂曰今達頭與隋連和而攝圖不能制可

汗何不依附天子連結達頭相合為強此全之計豈若

喪兵負罪歸就攝圖受其戮辱耶阿波納之因留塞上後

使人隨晟入朝時攝圖受達官與衛王軍遇戰於白道敗走至碛

聞阿波懷貳乃掩比干盡獲其衆而殺其母阿波還無所

歸西奔玷碛乞師十餘萬東擊彗攝圖復得故地收散卒自

攝圖相攻玷碛頻勝其勢益強攝圖又遣使朝貢公主自

請改姓為楊氏改封大義公主四年遣晟副虞慶則使于攝圖奉詔不肯拜晟

賜公主與隋俱得玷碛索何不起安敢違意但可

進曰突厥與隋俱是大國天子可汗不起可汗不敬婦八攝圖笑

謂其動衛軍騎將軍七年攝圖死遣晟持節拜受詔授儀同三司

賀敢為帝女則可汗以其子雍閭為葉護可汗雍羅侯因晟奏曰

左動衛軍騎將軍七年攝圖死遣晟持節拜受詔授儀同三司

為莫何可汗以其子雍閭為葉護可汗雍羅侯因晟奏曰

阿波為天所滅與五六千騎在山谷閒當取之以獻時召

文武議為樂安公元諧曰就彼梟首以懲其惡武陽公

李充請生入朝顯戮非百姓上閒晟以懲其惡武陽公

負國家因其困窮取而為戮恐非招遠之道不如兩存之

上曰吾言往吊仍籲陳國所獻寶器公劉昶共

賜雍閭十三年流人楊欽亡入突厥詐言彭城公主共

宇文氏女謀反隋遣晟往來密告公主雍閭信之乃不修

貢又遣晟出使微觀察其來密告公主雍閭遣以狀奏又遣晟往

胡人安遂迦共欽計議扇惑雍閭晟還以狀奏又遣晟往

索欽雍閭欲勿與諜曰家內無此色人晟乃貨其達官知

欽所在夜掩獲之以示雍閭
閭乃逃迦等並以付晟使
泄殺大義公主雍閭又表請賚發議將許之晟奏曰臣觀
雍閭反覆無信特共玷厥有隙所以依倚國家縱與為婚
終當必叛今兩世臣雍閭又為婚姻玷厥染干必又受其
徵發強而更反後恐難圖且染干者雍閭之子素有誠
封安義公主以妻之晟說染干曰雍閭南徙居度斤舊鎮雍閭疾
喻染干許尚公主十七年染干遣使隨晟來逆女以宗女
兵少力弱易可撫馴使敵雍閭以為邊捍上曰善又遣
之要來抄略染干伺知動靜輒遣奏聞是以寇來每先有
備十九年染干因晟奏雍閭作攻具欲打大同城詔發六
揔管並取漢王節度分道出塞討之雍閭懼復共達頭同
盟合力掩襲染干大戰於長城下染干敗績其兄弟子
姪盡殺而部落亡散染干與晟獨以五騎遍夜南走至
旦行百餘里收得數百騎乃相與謀曰今兵敗入朝一降
人耳大隋天子豈禮我乎玷厥雖來本無冤隙令連往投之
必相存濟晟知懷貳乃密遣使者入伏遠鎮令連夜燒染
必遇見賊來我國家法若烽少舉二烽來多舉三烽大過
干見四烽俱發閭晟城上烽然何也晟給之曰賊來多舉

舉四烽使見賊多而又近耳染干大懼謂其衆曰追兵已
過且可投城既入領晟留其衆自將染
干馳驛入朝帝大喜進晟左勳衛驃騎將軍持節護突厥
晟遣降虜覘候雍閭知其牙內屢有災變夜見赤虹光照
數百里天猶賽雨三日流星墜其營內有聲如雷每夜
自驚言隋師且至並遣奏聞以染干為意彌豆啟人可
汗賜射於武安殿選善射者十二人分為兩朋許啟人曰
由是孫大使得見天子今日賜射願入其朋啟人給箭六
發皆中鹿啓人之朋竟勝時有鳶群飛上曰公善彈為我
取之十發俱中並雁九而落是日官獲賽晟獨居多
遣領五萬人於朔州築大利城以處染干安義公主死持
節送義城公主復妻之晟又奏染干部落歸者既衆雖
在長城內猶被雍閭抄略往來辛苦不得寧居請徙五原
以河為固於夏勝兩州閒東西至河南北四百里掘為橫
塹令處其內任情放牧於是免於抄掠人必自安上並從之二
十年都藍大亂為部下所殺晟因奏曰賊內攜離其主被
殺乘此招誘必並來降請遣染干部下分頭招慰上許之
果惠來附達頭恐怖又大集兵詔晟與王相抗晟進策
軍揔管取晉王廣節度世討達頭達頭與王相抗晟進策
曰突厥飲泉易可行毒因取諸藥毒水上流達頭人畜飲

之多死大聾曰天雨惡水其亡我乎因夜遁晟追之斬首千餘級俘百餘級晟曰王大喜引晟入内同宴極歡有突厥達官來降時亦預坐說言突厥之内大畏長孫晟聞管聞其号聲謂為霹靂見其走馬稱為閃電王突曰此誠師旋授上開府儀同三司復遣還大利城安撫新附仁壽元年晟表奏曰臣夜登城域外遂與雷霆為此一何壯哉望見磧其下亦有氣長百餘里皆如雨足下垂被地謹驗兵書此名灑血其國必且破亡欲滅匃奴宜在今日詔楊素為亳降使者往比方鐵勒思力侯刃等領兵拒戰晟麾大將軍深黙次此河逢賊帥思力侯刃等領兵拒戰晟分遣使者往比方鐵勒部招攜取之三年有鐵勒思結伏具渾斛薛阿拔僕骨等十餘部盡背達頭來降附達頭衆大潰西奔吐谷渾晟送染干安置于磧口事畢入朝遇文帝崩喪夫發揚帝引晟於大行殿前委以内衙宿衛知閣禁事即日舜左領軍將軍軍遇大行遂敕以本官為相州刺史發山東兵馬與李雄等共經略之晟辭作逆敕以不可為相州在逆地帝曰公終不以兒害義其易之辭也於是馳遣起相州陳兵耀武經突厥中指言義其易辭也於是馳遣起相州陳兵耀武經突厥中指大業三年煬帝幸榆林欲出塞外陳兵耀武經突厥中指于涿郡仍恐晟于驚懼先遣晟往喻旨稱述帝意染干驚

之因召所部國公寶室等種落數十酋長咸集晟見牙中草穢欲令晟親自除之示諸部落以明晟重乃指帳前草曰此根大香晟干遽取之曰殊不香也曰國家法天子行幸所在蒲桃晟干遮掃糞耘除御路以表至敬之心今牙中蕪穢謂是留香草耳乃悟曰奴罪過奴之骨肉皆天子賜也得効筋力豈敢有辭特以邊人不知法耳遂拔榆林北境至于劍長三千里廣百餘乃舉遂拔榆林北境開御道帝聞益喜為後突厥亦復為右驍衛將軍五年卒年五十八帝悼惜之任城圓鵰門帝歎曰向使長孫晟在不令匃奴至此晟好奇計務立功名性至孝居憂毀瘠為朝士所稱大唐貞觀中追贈司空上柱國諡曰獻少子無忌嗣其長子行布亦多謀略有父風起家漢王諒庫真後遇諒開府州起逆率衆南拒官軍留行布守城遂與豆盧毓就閉門拒守諒城陷遇害次子恒安以兄功授鷹揚郎將

紹遠字師少名仁覽容有大度雅好墳籍聰慧過人父承業作牧壽春時紹遠年十三承業嘗記有王碩者文學士也聞紹遠強記遂白承業求驗之承業命試之碩乃試以禮記月令於是紹遠讀數紙纔一徧誦之若流碩歎服之

祖述樂章然黃鍾為君天子之正位往經創造歷稔無成

調因取而配奏方始克諧乃摽明帝曰魏氏來宅秦雍錐

恨之嘗經韓使君第佛寺聞浮圖三層上鐸鳴其音雅合宮

公初紹遠為太常廣召工人創造樂器唯黃鍾不調每恨

任使處令人無反顧憂漢之蕭寇何足多也其容止堂堂

翊郡恭帝二年累遷尚書事周文每謂羣臣曰長孫公

統二年除太常卿遷中書令仍襲父爵後例降為公政

伯魏孝武西遷紹遠隨承業奔赴以功別封文安縣子大

起家司徒府參軍事後以別將討平河東蜀薛封東阿縣

方知水行將季木運伊始六命有端靈樂自降此蓋乾坤

祐助宗廟致感方當降物和神祚隆萬世詔曰朕以菲薄

何德可以當之此蓋天地祖宗之祐亦由公達鑒所致也

俄改授禮部中大夫時猶因魏氏舊樂未遑更造但去小

呂加大呂而已紹遠上晤陳雅樂詔立行之紹遠所奏

以八為數故樂娶黃門侍郎裴正上書以為昔者大舜欲聞

七始下泊周武制七音持林鍾作黃鍾以為正調之首

何德可以當八非無典故縣而不擊未聞

記與紹遠詳議正曰天子用八非無典故縣黃鍾而擊太

始下泊周武制七音持林鍾作黃鍾以忽昔者大舜欲聞

呂為地太蔟為人今縣黃鍾而擊太

蔟便是盭天位專用人矣紹遠曰夫天不言四時行焉地

不言萬物生焉人感中和之氣居敬通之道今縣黃鍾而

擊太蔟是天子端拱羣司奉職從此而議何往不可正曰

案呂氏春秋曰楚之衰也為巫音承之衰也以此而奏深非至

且大呂以下七鍾皆是欲迎仲冬猶行季夏以十一月調事

用六月之均便是七鍾皆是欲迎仲冬猶失周公之大禮且今

理紹遠曰卿引呂氏之小文不覺失周公之大禮且今

苟案周禮祀天神謂引呂氏之小文不覺失周公之大禮且今

宛而成章雖知引呂氏之小文不覺失周公之大禮且今

縣大呂則有黃鍾林鍾二均乃備春夏則奏林鍾秋冬則

奏黃鍾作黃鍾不擊大呂作林鍾不擊黃鍾此所謂左之

右之君子宜之右之君子有之而卿不縣大呂止有

黃鍾一宮便是季夏之時仍作仲冬之調以此為至理無

乃不可乎然周禮又云乃奏黃鍾歌大呂以祀天神謂五

帝及日月星辰也王者各以夏正月祀感帝於南郊又曰

朝日以春分夕月以秋分依如正禮並用仲冬之調又曰

奏大蔟歌應鍾以祭地祇謂神州及社稷以春秋二仲使

如正禮唯奏孟春之宮自外四望山川先姚先祖並各周

宮不依月略舉大綱則三隅可反然則遠相為宮雖有

其義引禮取證乃不月別變宮且黃鍾為君則陽之正位

若隨時變易是君無定體而卿用林鍾以為正調便是君

黃鍾者實得相生之義既清且韻妙合員體然八音平濁
臣易位陰陽相反正之名器將何取焉正曰今用林鍾為

何足可稱紹遠曰天者陽位故其音平而濁地
者陰位故其音急而清清則臣調然急清者於體易絕平
叄拜京兆尹歷少保小司空出為河州刺史河右戎洛向
濁者在義可久可久可大王者之基至於鄭衛新聲非不
清韻若欲施之聖卅吾所不取也於是遂定以八為數焉
化日近同姓婚姻因以成俗紹遠導之以禮大革斃風政
存簡恕百姓悅服入為小宗伯紹遠讀史書見武王克風政
而作七始又欲廢八縣七并除黃鍾之正宮用林鍾為調

〈此史列傳十〉
〈二十二〉
異揮分

首紹遠奏云天子縣八百王共軏下逮周武甫循七始之
音詳諸經義又無廢八之典且黃鍾為君天子正位令欲
廢之未見其可臣棄周禮棄黃鍾歌大呂此則先聖之乳
範不易之明證願勿輕變古典趣改樂章帝默然思其義
朕欲廢八縣七者所望本求直茝苟易名當更思其義乃
後竟行七音屬紹遠遘疾未獲面陳廬有司遠捐樂器乃
興樂部齊樹書曰伏聞朝廷前讓而欲廢八縣七然則天
子縣八有自來矣古先聖塗一致逮周武克殷逆取順
守專用干戈事乃揖讓友求經義是用七音蓋非革代不
易之典其縣八簞簠廣不得數之宜待吾疾瘳當別奏聞此

後紹遠疾篤乃命其子覽曰夫黃鍾者天子之宮呂大昌者
皇右之位今廢黃鍾之位是祿去王室若用林鍾為首者
政出私門將恐周之永也吾既為人
臣義無寢默必興疾固爭關庭後疾甚乃上遺表曰謹案十
春秋隱公之薨十六漢成帝獲古磐十六周禮云天子縣八周
六此數事者照爛典章揚榷而言足為龜鏡伏惟陛下受
圖膺籙接統玄精秦漢以還獨為稱首至如周武有事干
戈臣獨鄙之而況陛下以臣自揣餘息旦夕伊朝伏願珍
御萬機不勞改八從七帝省表泫零重賜柱國大將軍論

〈憶州路毉刀〉
〈此史列傳十〉
〈二十二〉
異揮分

曰獻號樂祖配饗廟庭子覽嗣
覽字休因性乳雅有器度喜慍不形於色略涉書記尤曉
鍾律周明帝時為大都督明帝以覽性質淳和堪為師表
使事魯公甚見親善及魯公即位是為武帝拜車騎大
將軍每公卿上奏必令省讀覽有口辯聲氣雄壯凡所宣
傳百寮屬目帝每嘉嘆多覽初名善帝謂曰朕以萬機委
卿先覽遂賜名為覽誅宇文護功進封柱國公武帝時位上
司空從平齊歷位柱國公武帝崩受遺輔政宣帝時位上
柱國大司徒同涇二州刺史隋文帝為丞相轉宜州刺
史開皇二年將有事於江南徵為東南道行軍元帥統八

揔管出壽陽水陸俱進師臨江陳人大駭會陳宣帝殂覽
欲秉寰滅之監軍高熲以禮不伐喪乃還文帝命寵與安
德王楊雄上柱國元諧等李充左僕射高熲右衛大將軍竇
慶則吳州揔管賀若弼等同宴上曰朕昔在周朝備眾誠
即但若被猜忌每致寒心為臣若此竟何情賴朕與公等
其事終吉被猜忌謀逆一無所問朕亦知公至誠侍太子宜
數奉見之柱臣素望實竇於公識朕意其厚禮如此又
為蜀王秀納妃女為妃後為涇州刺史卒官子洪嗣位宋
順臨三州刺史司農少卿北平太守
澄字士亮年十歲司徒李琰之見而奇之遂以女妻焉十

〈榮刻傳十〉 「廿二」

四從父承業征討有智謀勇冠諸將以功封西華縣侯又
長容貌魁岸風儀溫雅魏大統中歷位豫渭二州刺史以
軍功別封求寧縣伯尋進覆津縣侯魏文帝與周文史及舉
公宴從容曰孝經一卷人行之本諸君宜各引其要
言澄應聲曰夙夜匪懈以事一人座中有人次云臣之
惡既出西閤周文深歎登之合機而譴其次答者周孝經
言踐阼拜大將軍進爵義門郡公出為玉璧揔管頗有威
信卒於鎮贈柱國諡曰簡自襄初至及薨明帝三臨之典
祀中大夫宇文容諫曰君臨臣喪自有節制今秉輿婁降
恐乖典禮帝不從其為上所追惜如此子巘嗣姼弟禮少

以父住為散騎侍郎與襄城公盧譽元等內侍恭敏有才
志太武寵信之曰其父親近吾祖宗在我左右不亦宜乎
長孫肥代人也昭成時年十三以選內侍少有雅度果毅
少言道武之在獨孤及賀蘭部常侍從樂侮左右帝深信
仗之登國初迎莫題等俱為大將屢有軍功後從平中山
以功賜爵琅邪公遷衛尉卿改爵盧鄉時中山太守仇儒
不樂內徙亡匿趙郡推趙準為主趙準喜而從之自號鉅鹿公儒為
當績欲知其名淮水不足淮長吏肥討之自號斬仇
長史據關城連引丁零殺害長吏肥討破準於九門斬肥
儒禽淮詔以儒肉食淮傳送京師轘之於市夷其族除肥

〈臨州梁州〉 「北史列傳十」 〈二十四〉

兗州刺史姚平之寇平陽道武徵肥與毗
鋒平退保柴壁帝進攻屠之遣肥還鎮兗州撫慰河南威
信著於淮泗善策謀勇冠諸將前後征討未嘗失敗坡每
有大難令肥當之南平中原西摧羌寇功居多賞賜
計後降爵藍田侯卒諡曰武陪葬金陵子翰寵無財翰少
父風道武時以善騎射為獼郎明元之在外翰與元磨渾
等潛謀奉迎明元即位踰磨渾等拾遺左右以功累遷平
南將軍率眾鎮北境威名甚著太武即位封平陽王娥清出長
大檀之人寇雲中太武親征之遣翰與東平公娥清出長
川討大檀大檀比道追擊刺獲而還遷司徒從駕赫連昌

15-334

破之翰清正嚴明喜撫將士費太武爲之流涕親臨其喪

喪禮依安城王叔孫俊故事諡曰威陪葬金陵子成龑爵

降爲公位南部尚書卒陪葬金陵翰弟位駕部尚書性

寬厚好學愛士封吳郡公贈吳郡王論恭陪葬金陵

論曰昭成之末衆親離長孫嵩寬厚沈毅仕重至歷

事歷世遂爲元老生則宗臣歿祀清廟美矣儉器識明允

智謀通贍謂堂爲有八輔之望主審晉爲有王臣之節而虖

朝廷之日少在方岳之日多何哉平識其誠通出內流譽

取諸開物成務蓋亦有隨之攘楠也道生恭愼廉約兼著

威名見知明主聲入歌奏二公班列暉炫朝野門祉世祿

榮被後昆雖漢世八王無以方其茂績張氏七葉不能躐言

此重光子彥勇烈絕倫綽速藥聲特抄熾乃早稱英俊覽

乃獨擅雄辯不然則何以並統師旅俱司禮闥鍾鼎不墜

且公且俟晟體資英武兼包奇略因機制變懷彼戎夷傾

巢盡落屈膝頹顙塞垣絕鳴鏑之旅渭橋有單于之拜惠

流邊朔功光王府保茲世祿不亦宜乎肥結髮內侍雄武

自立軍鋒所指固不葉散關張萬人敵未足多也翰有父

風不殞先構臨喪加禮柳有由哉

列傳第十　　北史二十二

周之冕　孫粹然　校正

于栗磾
翼子靈　孫勁　六世孫謹　謹子寔
　　　　　　　　　寔子顗　仲文　寔弟翼
義子宣道
宣敏

北史二十三

【北史列傳十一】

于栗磾代人也少習武藝材力過人能左右馳射登國中
拜冠軍將軍假新安子與寧朔將軍公孫蘭潛自太原從
韓信故道開井陘關路襲慕容寶於中山道武帝至見道
路修理大悅即顯其名馬及趙魏平帝置酒西會謂栗磾
曰卿吾之顯彭也即賜栗磾曰能搏之乎對曰若搏之皆禽獸帝顧而謝之
數子顧栗磾曰能驅致御前坐而制之尋皆禽獲帝顧而虛艱一
壯士自可驅致御前坐而制之尋皆禽獲

【信州萃州】

為河內鎮將劉裕之伐姚泓栗磾慮北侵擾築壘河上
之遺栗磾書假道西上題書曰黑矟公麾下栗磾以狀
表聞明元因之授栗磾黑矟將軍栗磾好持黑矟望而
異之故有其號遷豫州刺史進爵新安侯在洛陽雖歷代所
都實為邊境栗磾勞來安集甚得百姓心明元南幸洛陽謂栗磾曰
調栗磾為邊界栗磾勞來安集甚得百姓心明元
船構橋於野坂六軍既濟帝深歎美之太武之征赫連昌
敕栗磾與常山王平刑折獄甚有聲稱卒贈太尉栗磾自少
摠戎迄於白首臨事善斷所向無前加以謙虛下士刑罰
累遷外都大官平刑折獄甚有聲稱卒贈太尉栗磾自少

【北史列傳十一】

不濫太武甚悼惜之子洛拔有祖父善應對拜侍御中散
太武甚加愛寵因賜名萬輝監御曹令景穆在東宮厚加
禮遇洛拔自恪畏避屏退不敢逆自結納項之寵襲爵後為待
中尚書令百寮畏之卒官洛拔有六子長子烈善射少言
有不可犯之色少拜羽林中郎累遷待中殿中尚書射少言
孝文幼冲文明太后稱制烈與元丕陸叡李冲等名位略同
策許以有罪不死進爵洛陽侯遷都洛陽人
情總以有異議帝以問列曰陛下聖略深遠非愚管所
測若隱心而言遷之與留各有其勢顧聽下轉衛尉卿及遷都洛陽
朕深感心而言之益敕鎮代留臺庶政一相委卿不唱異同
執烈手曰宗廟至重翼儒不輕卿當祗奉靈駕時遷違洛
烈與高陽王雍奉神主於洛陽遷光祿卿十九年大選百
僚烈子登引求進烈表引已素無教訓請乞黜落帝曰
此乃有識之言不謂烈能辦此乃引見登詔曰朕今創禮
新邑明揚天下卿父乃行謙讓之表而有直士之風故進
卿為太子翊軍校尉又加烈散騎常侍封聊城縣子及穆
叙金策歡謀及舊京帝幸代都養法賜烈一宗無所深
泰隆益器重之意時代鄉舊族同惡者多唯烈一宗無所深
帝益器重之意曰元儼決斷威恩深自即斬其五三元首烈之御
不如烈也爾曰烈在代都心即斬其五三元首烈之御

不謝金日磾除領軍將軍以本官從征荊沔加鼓吹一
部二十三年齊將陳顯達入寇馬圈帝與疾討之執烈手
以京邑為託帝崩於行宮彭城王勰秘諱而返稱詔召宣
武會駕鄴陽以烈留守之重密報凶問烈慮分行留神守
無虧宣武即位龍仕如前咸陽王禧為宰輔權重當時曾
遣家僮傳言於烈求舊羽林武賁仗出入烈不許禧遣

直出之烏怕州刺史列烈不願蕃授謂彭城王勰曰殿下
答曰向亦不道王非天子兒叔元輔之命豈詔遣官人所由若
謂烈曰我是天子兒天子叔元輔之命豈詔應遣官人所由若
道私奴素官家羽林烈頭可得羽林頭可得也詔應遣官人所由若
先帝南陽之詔乎而逼老夫乃至於此遂以疾辭宣武以
禧等專擅潛謀廢之景明二年正月初祭三公致齋於廟
帝夜召烈子忠謂曰老臣歷奉累朝
慢意分欲使卿以兵召之卿其早入及明烈至詔曰諸
頗以幹勇賜卿今日之事所不敢辭乃將直閤以下六十
餘人宣旨召咸陽王禧彭城王勰北海王詳衛送至帝前
諸公各礦首所參識今日之事所不敢辭
機密大事皆所參焉莫知其計乃敕烈子忠馳覘虛實烈時
右分散倉卒之際莫知其計乃因忠奏曰臣雖朽邁心力猶可
留守巳處分有備因忠奏曰臣雖朽邁心力猶可禧等倡

狂不足為慮願緩躇徐遠以安物望帝甚以為慰軍駕還
宮禧已逃詔烈追執之順后既立以世父之重彌見優禮
及卒宣武舉哀於朝堂給東園第一秘器贈太尉封鉅鹿
郡公子祚襲祚弟忠字思賢本字千年弱冠拜侍御中散
文明太后臨朝刑政顏峻侍臣左右多以微譴得罪忠朴
中郎領直寢元禧之亂車駕在外變起倉卒忠曰臣父
為領軍直寢元禧之亂帝遣忠馳觀果如所量
還宣武撫其背曰卿差彊人意先帝賜卿名嚴備果如所量
朕嘉卿忠款今改名忠既表貞固之誠亦以名相副也

以父憂去職桃為司空長史時太傅錄尚書北海王詳親
尊權重將作大匠王遇多隨所欲而給之忠於詳前謂
遇曰殿下國之周公阿衡王室何至阿諛附勢損公私
也遇既不寧不惟王手避亦不免不翻王不能殺詳因忠表讓之
我暴在前見爾死時也忠曰人生自有定
分若應勤帝以忠為列卿於是詔傳其封優進太府卿正始
際密勤帝以忠為本官使持節兼侍中為西道大使刺史鎮將
二年詔忠以本官使持節兼侍中為西道大使刺史鎮將
贓罪顯暴者以狀聞守令以下便行決斷與尚書李崇分

使二道忠劾并州刺史高聰贓罪二百餘條論以大辟除
華州刺史遭繼母憂不行服闋再遷衛尉卿河南邑中正
忠與吏部尚書元暉度支尚書元匡河南君元長等推定
代方姓族高肇巳其為入乃言於宣武稱中山要鎮作捍
須于乃出忠為定州刺史既而帝悔復授衛尉卿領左衛
將軍恃剛迎明帝於東宮而即位忠與侍中崔光遣右衛
識宣武曰學識有文章者不少但心直不如卿欲使卿勤
勞於下我當無憂於上及帝崩夜忠與侍中崔光遣右衛
未親機政太尉高陽王雍屬聲望重宜入居西柏堂首決
廢政任城王澄明德茂親可為尚書令總攝百揆奏中宮
請即敕授御史中尉王顯欲遲薪計與中常侍給事中黃
蕃錄尚書事顯與高猛為侍中忠即殿中收顯殺之令高
居門下文摅禁衞遂執朝政權傾一時初太和中軍國多
事考文以用不足百官祿四分減一忠既擅朝欲以惠澤

自固乃悉復所減之祿職人進位一級舊制百姓絹布一
四之外各輸綿麻八兩忠悉以與之乃自高陽王雍大將軍忠
宣武許優轉雍懌忠威權便順意加忠車騎大將軍
自謂新故之際有安社稷功諷百寮上山郡公忠又難於獨
河王懌廣平王懷達其意封忠常山郡公忠又難於獨
受乃諷朝廷同在門下者加封邑尚書左僕射郭祚尚書
裴植以忠權勢曰盛勸雍出忠忠聞之遍有司誣奏其罪
不切菡王公以下畏之累跡又欲殺高陽王雍待中崔光
祚有師傅舊恩植擁地入國忠並矯詔殺之朝野憤怨無
固執乃止遂免雍太尉以王遜第自此詔命生殺官出於
忠既聲靈太后為皇太后居崇訓宮忠為儀同三司尚書
令崇訓衞尉侍中領軍如故靈太后臨朝解忠侍中領軍
崇訓衞尉此為儀同三司尚書令侍中忠為令餘靈太后引
門下侍官忠在端右聲聽咸曰不稱厥任乃出為冀州
刺史大傅清河王等奏忠擅殺樞納輒歷辛輔朝野駭心
遠近怪愕功過相除詔不合賞請悉追奪靈太后從之熙
平元年御史中尉元匡尚書令僕崇訓衞尉原其
於明世又自矯旨擅朝命無人臣之心裴郭常受遇累朝幸
大災專擅朝命無人臣之心自劾既事在恩後宜加顯戮請遣御史一
此意便欲無上自劾既事在恩後宜加顯戮請遣御史一

人令吏二人就州行決靈太后令以忠事經肆青遂不追
罪又詔以忠歷任禁要誠節皎然賜爵靈壽縣公初宣武
朝後高太后將害靈太后劉騰以告元叉剛剛以告忠忠請
計於崔光光曰宜置靈太后於別所嚴兵守衞忠從之具以
此意啓靈太后太后以叉之黨多懼不免禍願還京欲自營救靈太后許之
覺贈司空有司奏大常少卿元端議案諡法剛強理直曰
年三月後儀同三司疾未拜見裴郭為子乙以為嬙靈太后
養二弟第二子司徒掾永超為子以為嬙靈太后許之
不許二年四月除尚書右僕射加侍中將軍如故神龜元
諡武敬公二卿不同靈太后令依正卿議忠性多阻已不
奉上前翦除凶逆依諡法除偽益旦武鳳夜恭事曰敬宜
武怙威肆行曰醜宜諡武醜公太常卿元脩義議諡忠盡

北史列傳十一 【七】

交勝已唯與直閤將軍章初環千牛備身楊保元一人談
之交多歲引為腹心引為斷金
遂被賞愛引為腹心忠擅權昧進為崇訓之申皆默為計
懷荒鎮將又蠕蠕主阿那瓌叛鎮人請糧景不給鎮人遂
也忠弟景字百年忠薨後為武衞將軍謀廢元叉皆世哲
執縛景及其妻文拘守別室旨去其衣服令景著皮裘妻著
故絡旗襷神褻褻廢如此月餘乃投之烈弟果嚴毅直亮有父

十堅

兄風歷朔華并恒四州刺史賜爵武城子東弟勁
勁字鍾葵頗有武略位沃野鎮將賜爵富昌子宣武納其
女為后封勁太原郡公妻劉氏為章武郡君後為征北將
軍定州刺史卒贈司空諡曰恭莊公自栗碑至勁累世貴
盛一皇后四贈公三領軍二尚書令三開國公勁雖以后
父但以順后母弟也少有氣幹襲爵位汾州刺史瞱善
事人為尒朱榮所親以女妻其子長儒歷侍中河南尹元
兼尚書僕射東南道行臺興齊神武討尒朱仵於兗州元
子瞱字宣明后早崩竟不居公輔

北史列傳十二 【八】

顥入洛害之勁弟天恩位內行長遷西太守贈平東將軍
燕州刺史天恩子仁生位太中大夫仁生子安定平原郡
太守高平郡都將安定子子提隴西郡守茂平縣伯周保
定二年以子謹著勳追贈太傅建平郡公
謹字思敬小名巨引沈深有識量略窺經史州郡之職先
書昇君未有仕進志或有勸之者謹曰知命之歲來太宰
鄙台鼎之位須待時來太宰元天穆見之歎曰王佐材也
及破六韓拔陵首亂北境引蠕蠕為援大行臺元纂以
凰聞謹謹名碑為鎧曹參軍事從軍北伐蠕蠕逃出塞竟
謹追之前後十七戰盡降其眾後率輕騎出塞覘賊屬鐵
勒數千騎奄至謹以眾寡不敵乃散其騎使匿薄閒又

遣人升山指麾軍衆賊望見離疑有伏特衆不以
為慮乃進達謹以常乘駿馬一紫一騧賊先所識乃使
二人各乘一馬突陣而出賊乃得入塞正光四年行臺廣陽以為謹爭逐之乃率餘重擊
其追騎賊走因得入塞正光四年行臺廣陽元深北伐
引謹為長流參軍特相禮接使其世子佛陁拜焉遂與廣
陽破賊主斛律野穀祿等謹請馳往喻之謹兼解諸國語
乃單騎入賊示以恩信於是西部鐵勒酋長乜列河等三
萬餘戶泣款附相率南遷廣陽與謹至析郭嶺迎接之謹
曰拔陵兵衆不少關也列河等款附必來要擊後若先據
險則難與爭鋒令以此列河等款附必來要擊後然後設
河於嶺上部衆皆沒謹伏兵發賊大敗悉收也列河之
衆孝昌元年又隨廣陽伏兵征鮮于脩禮軍次白牛邏會
章武王為脩禮所害遂停軍中山侍中元晏宣言於靈太
后曰廣陽盤桓不進坐圖非望又有于謹者智略過人為
其謀主恐非陛下純臣靈太后詔於尚書省門外立木募
獲謹者許以重賞謹聞之請詣闕披露心腹廣陽許之謹
遂到勝下曰吾知此人衆共詰之謹曰我即是也有司以
聞靈后見之大怒謹備述廣陽忠款兼陳停軍之狀靈后
遂捨之後從爾朱天光與齊神武戰於韓陵山天光敗謹

〈北史列傳十一〉〈九〉〈君王〉〈信州路等卅〉

神武乘勝逐北不以為虞謹自後擊之敵人大駭人馳獨孤信
太子太保蘭山之戰大軍不利謹率麾下偽降立於路左
郡公又從戰河橋拜大丞相府長史兼大行臺尚書再遷
尚書左僕射領司農卿及侯景款附請兵為援謹諫以為景
史進爵藍田縣公大統三年大軍東伐謹進爵常山
中策魏帝西遷仍從周文征潼關破回洛城授北雍州刺
時也周文大悅會有軹追謹為關右大行臺尚書
在洛過迢迢謹為關內大都督進拔弘農
都古稱天府今若據其要害招集英雄足觀時變且天子
及賀拔岳被害周文赴平涼謹言於周文曰關中秦漢舊
遂入關周文帝臨夏州以謹為防城大都督兼夏州長史

〈北史列傳十一〉〈十〉〈君王〉〈信州路等卅〉

收兵乘勝逐北不以為虞謹自後擊之敵人大駭人馳獨孤信
又收兵於後舊擊神武軍亂及侯景款附請兵為援謹諫以為景
書左僕射領司農卿及侯景款附請兵為援謹諫以為景
情難侵軹周文不聽尋兼大行臺尚書大丞相長史率兵鎮
潼關加授華州刺史賜珝爵一珪瓚副其儀拜司空恭
帝元年除雍州刺史初梁元帝於江陵嗣位密與齊交通
將謀侵軹其兄子岳陽王督時為雍州刺史初梁元帝殺
其兄譽舉家結隙據襄陽來附乃命謹出許周文饒於青泥
谷孫儉曰為蕭繹計將如何謹曰耀兵漢沔席卷渡江
直據丹陽是其上策移郭內居人退保子城以待接至是

其中箕若難於移動據守羅郭是其下策傲曰裁繹出何
策謹曰必用下傲曰何也對曰蕭氏保據江南緜歷數紀
屬中原有故未遑外略又以我有齊氏之患必謂力不能
分且繹憚而無謀多疑少斷愚人難與慮始皆戀邑居既
惡遷移當保羅郭所以用下策謹令中山公護及大將軍
揚忠等先據江津斷其走路梁人堅柵於外城廣輪六
十里尋而謹至悉衆圍之旬有六日外城遂陷梁主退保
子城翌日率其太子以下面縛出降尋殺之虜其男女
餘萬人收其府庫珍寶得宋渾天儀梁日晷銅表魏相風

烏銅蟠螭跌大玉徑四尺圍七尺及諸輿輦法物以獻軍

無私焉謹立蕭詧為梁主振旅而旋周文親至其第宴語極
歡賞謹婢一千口及梁寶物并金石絲竹樂一部別封
新野郡公謹固辭不許又令司樂作常山公平梁歌十首
使工人歌之謹自以久當權重功名既立願保優閑乃上
先所乘駿馬及所著鎧甲等周文識其意曰今巨猾未平
公豈得便爾獨善遂不受六官建拜大司寇及周文崩孝
閔帝尚幼中山公護雖受命而名位素下羣公各圖執
政護深憂之密訪於謹謹曰昔帝
室傾危丞相志存匡救今上天降禍奄棄百寮嗣子雖幼

而中山公親則猶子兼受顧託軍國大事理須歸之辭色
抗厲衆皆悚動護曰此是家事護何敢有辭謹既周文等
夷護每申禮敬至是謹乃起而言曰公若統理軍國謹等
便有所依遂再拜羣公迫於謹亦拜衆議始定孝閔踐阼
進封燕國公邑萬戶遷太傳伯與李弼侯莫陳崇等
參議朝政及賀蘭祥討吐谷渾明帝令謹遍統其軍授以
方略保定二年謹以年老乞骸骨優詔不許三年以謹為
三老固辭不許又不許賜延年杖武帝幸太學以食之三老入
門皇帝迎拜三老荅拜有司設三老席於中楹南向

太師晉公護升階設席施几三老升席南面馮几而坐師

道自君大司寇楚國公寧升階正於皇帝升立於斧扆之
前西面有司進饌皇帝跪設醬豆親袒割三老食訖皇
帝又親跪授爵以醑有司撤訖皇帝北面立訪道三老乃
起立於席皇帝曰很當天下重任自惟不才不知政術之
要公其誨之三老荅曰木從繩則正君從諫則聖百古明
王聖主皆虛心納諫以知得失天下乃安惟陛下念之又
曰為國之本在乎忠信古人去食存信不可失國家興
廢莫不由之願陛下守而勿失又曰為國之道必須有法
法者國之綱紀不可不正所正在於賞罰若有功者日益為善有
罪必罰則為惡者日益為惡者日止若有功不賞有罪不

罰則天下善惡不分人無所措其手足又曰言行者立
身之基言出行隨誠願陛下慎之三老答拜禮成而出及晉公護代謹時有病護以其
宿將舊臣猶請與同行詢訪戎略軍還賜鐙馨一部天和
二年又賜安車一乘尋授雍州牧三年薨年七十六武帝
親臨詔護王儉監護喪事賜絹千段粟來千斛賜本官加
使持節太師雍恆等二十州諸軍事雍州刺史諡曰文及
薨王公以下咸送郊外配享於文帝廟庭謹有智謀善於
事上名位雖重愈存謙挹每朝象往來不過從兩三騎而
已朝廷凡有軍國之務多與謹沒謹亦竭其智能故功臣
中特見委信始終若一人無間言每誡諸子務存靜退加
以年齒遇隆禮重子孫繁衍皆至顯達當時莫比子寔嗣

寔嗣

尚書是歲周文帝與魏太子西巡是時從行周文刻石隴
山上錄功臣名位以次鐫勒預以寔為開府儀同三司至
十五年方授之尋除渭州刺史特給鼓吹一部進爵為公
親恭帝二年羌東念姐座部落反西連吐谷渾大將軍豆
盧寧討之蹟時不剋又令寔往遂破之周文大書自然開賜
奴婢一百口馬百匹孝閔帝踐阼授戶部中大夫進爵延

壽郡公天和二年延州蒲川賊郝三郎反攻丹州遣寔討
平之仍除延州刺史五年龍襄燕國公進位柱國以罪免尋
復本官除涼州總管大象二年加上柱國拜大左輔隋開
皇元年薨贈司空諡曰安子顥
顥字元武身長八尺美鬚眉周大冢宰字文護見而器之
以女妻之以父勳賜爵新野郡公歷左右宮伯郋州刺史
大象中以水軍總管從韋孝寬經略淮南卧閣內詠疾文表
總管趙文表與顥素不協顥將圖之因反時
獨至顥殺之因言文表與迴通謀其麾下無敢動者時隋
文帝以迴未平慮顥復生邊患因宥免之即拜吳州總管
以頻敗陳師賜綵數百段及隋受禪文表弟詣闕撝兄無
罪原之眹為開府後龍襄爵燕國公尋拜澤州刺史免卒于
家子世度顥第仲文

仲文字次武少聰敏髮亂就學耽習不倦父寔異之曰此
兒必興吾宗九歲嘗於雲陽宮見周文帝問曰聞兒好讀
書書有何事對曰資父事君忠孝而已周文甚嗟嘆之後
就博士李詳受周易三禮略通大義及長倜儻有大志氣
調英挺起家為趙王屬安固太守有任社兩家各失牛後
得一牛兩家俱認州郡久不決益州長史韓伯儶曰子安

固少年聰察可令決之仲文曰此易解耳乃令二家各驅
牛羣至乃放所認者牛遂向任氏羣中又使人微傷其牛
任氏嗟惋杜氏自若仲文詰詰杜氏服罪而去始州剌
史甄突尚宇文護之黨也先坐事下獄無敢繩者仲文至
郡窮之遂竟其獄蜀中語曰寧斷無雙有子公不避彊禦
宣帝時為東郡太守及尉遲迥作亂使誘迥仲文自度不
有次武徵為御正下大夫封延壽郡公以勳授儀同三司
又遣其將宇文威攻之仲文逆擊大破威以功授開府迥
迥遣儀同宇文威攻之仲文擊大破威以功授開府迥自白馬二道俱進
復攻仲文郡人赫連僧伽敬子哲率衆應迥仲文自度不
能支章率妻子貴圉而遁達于京師迥署其三子一女隋文
帝引入臥內為之下泣賜緜五百段黃金二百兩進位大
將軍領河南道行軍緫管給散吹馳傳詣洛陽發兵討迥
將擅讓時章孝寬拒迥於永橋仲文率所部自蒙陽普
度明識有餘仲文在京三日頻見三善非常人也忻曰三
善何如仲文曰有陳萬敵新從賊中來丞相即令其弟難
敵召募鄉曲從軍討賊此大度一也上卡宋謙奉使句檢
謙緣此別求他罪丞相責之曰入網者自可推求何須別

訪以虧大體此不求人私二也三曰及仲文妻子未嘗不潛
法此有仁心三也忻自是遂安仲文軍至池州東頻破迥
將進攻梁郡迥守將劉子寬棄城走仲文入據諸將
皆曰軍自遠來疲斃不可決戰仲文令趣食列陳既而破
賊諸將問其故笑曰吾所部將士皆山東人果於速進不
宜持久乘勢擊之所以制勝諸將曰房恭
州獲迥所署剌史李仲康及上儀同房恭
成武迥將仲文未能卒至方屯沛縣將攻徐州其妻子在金
鄉仲文遣人詐作毗羅使謂金鄉城主徐善淨曰檀讓明
日午時到金鄉將宣蜀公令賞將士金鄉人謂為信然皆
喜仲文簡精兵偽建迥旗幟善淨以為檀讓至出城迎謁
仲文執之遂取金鄉諸將勸屠之仲文曰當寬其妻子在
兵可自歸如即屠之彼皆絕矣衆皆稱善於是毗羅侍衆
來薄官軍仲文簡騎設伏兵俱發俘斬柴敭敭軍
潰皆投洮水死水為不流獲檀讓檻送京師河南悉平毗
羅匿衆陽人家執斬之傳首闕下勒石紀功樹於泗上入
朝京師文帝引入臥內宴享極歡賜雜緜千段妓女十人
拜柱國屬文帝受禪不行未幾其叔父尉遲翼坐事下獄
仲文亦為吏所簿於獄中上書曰叀者尉遲迥逆亂所在景

從臣任勩關河地居衝要嘗膽枕戈誓以必死迴時贖臣
位大將軍邑萬戶臣不顧妻子不愛身命冒白刃潰重圍
高官委臣以兵革于時河南兇寇狼狽讓於蒙堤平曹州復臣以
三男一女相繼淪沒披露肝膽馳赴闕庭蒙陛下授臣以
郡安成武定永昌解亳州圍破徐州賊席毗羅十萬之眾
一戰土崩河南蝗聚之徒雁時戰定當葦兇聞鼎之際生
靈之主壬辰臣第二叔翼先在幽州揔馭燕趙黑水寇
比掃堯頭內安外撫得免罪戾臣顗作牧淮南坐剗勤
王謙為隣武過蠻服鎮綏蜀道臣兄顗第五叔智建

敵來機勤定傳首京師王謙竊據二州叛授三蜀臣第三
義受脤廟庭恭行天罰自外父叔兄弟皆當文武重寄
命危難或侍衛鈞陳合門誠款異有可明伏願升冀
辛之恩降雲雨之施則寒灰更然祜骨還肉上覽表升冀
釋之明年拜行軍元帥統十二州道揔管辛明瑾元湣陵
遇廣破之於是従金河出白道趣郝頭山至護軍州北
志呂樊段諧等二萬人出歲樂道趣郝頭山至護軍州北
與廣遇可汗見仲文軍容整肅不戰而退仲文踰山追之
及還上以尚書省文簿繁更多軒詐令仲文勘錄省中
事所發摘甚多上嘉其明斷厚加勞賞上每憂轉運不給

仲文請決渭水開漕渠上然之使仲文總其事及伐陳之
役拜行軍總管高智慧等作亂江南仲文復以行軍總管
討之時三軍乏食米粟踊貴胡晉仲文私糶軍糧坐除名明年
復官爵尋兵屯馬邑以備胡晉廣以仲文有將領才每
常屬意至是秦王軍大破賊而還煬帝即位遷左翊衛
大將軍參掌文武選事從帝討吐谷渾進位光祿大夫甚
為元帥使仲文將前軍既而率眾東過高麗出兵掩其
見親重遼東之役仲文率軍拍樂浪道次烏骨城仲文簡
羸馬驢數千置於軍後既而率眾東過高麗出兵掩其
重仲文回擊大破之至鴨綠水高麗將乙支文德詐降來
入其營仲文先奉密旨若遇高元及文德者必擒之至是
文德來仲文將執之時尚書右丞劉士龍為慰撫使固止
之仲文遂捨文德尋悔遣人給文德曰更有言議可復來
文德不從遂濟仲文選騎度水追之每戰破賊文德
仲文詩答書諭之文德燒柵而遁時宇文述以糧盡欲
云止仲文議以精銳追文德可以有功述固止之仲文怒曰
還仲文杖十萬之眾不能破小賊何顏以見帝且仲文此行
也固無功矣述因厲聲曰何以知無功仲文曰昔周亞夫
之為將也見天子軍容不變此決在一人所以功成名遂

今者人各其心何以赴敵初帝以仲文有計畫令諸軍諮
稟節度故有此言由是述等不得已而從之遂行東至蓬
水宇文述以兵餒退歸師遂敗績帝以屬吏諸將皆委罪
於仲文大怒釋諸將獨擊仲文仲文憂恚發病困篤方
出之卒於家時年六十八撰漢書刊繁三十卷略覽三十
卷有子九人欽明最知名
寔弟翼字文若美風儀有識慶年十一尚文帝女平原公
主拜員外散騎常侍封安平縣公大統十六年進爵郡公
加大都督領文帝帳下左右禁中宿衛遷武衛將軍護平
江陵所賜得軍實分給諸子翼一無所取唯簡賞已內名

〈此史列傳十一〉　〈十九〉　子明

望子弟有士風者別待遇之文帝聞之賜奴婢二百口翼
固辭不受尋校軍騎大將軍開府儀同三司六官建除左
宮伯孝閔帝踐阼出為渭州刺史翼兄寔先莅此州頗有
惠政翼又推誠布信事存寬簡寔貪威悦比之大小馮君
焉時吐谷渾入寇河右涼都河三州咸被攻圍使必告急
秦州都督遣翼赴援不從寮屬咸以為言翼曰此寇之來
非事攻圍掠而無獲勢將自走勞師以往非無所及翼撫
之已了辛勿復言數日間至東如翼所策賀蘭祥討吐谷
渾翼率州兵先鋒深入以功增邑尋徵拜右宮伯明帝雅

愛文史立麟趾學在朝有藝業者不限貴賤皆聽預焉乃
至蕭撝王褒等與卑鄙之徒同為學士翼言於帝曰揚梁
之宗子褒梁之公卿今與趨走同蹤恐非尚賢貴爵之義
帝納之詔翼定其班次於是有等差矣明帝崩翼與晉公
護同受遺詔立武帝保定元年徙軍司馬三年改封常山
郡公天和初遷司會中大夫阿史那氏至自突
厥武帝行親迎之禮命翼攝司儀禮雖儀制犯狄人雖蹲踞無節然
咸憚翼之禮法莫敢違犯遭父憂去職居喪過禮宿
及諸王等相傳以下並委翼選置其所擢用皆民譽也時

〈此史列傳十一〉　〈廿〉　子明

所稱尋有詔令視事武帝又以翼有人倫之鑒皇太子
論僉謂得人遷大將軍揔中外宿衛兵事晉公護以帝委
翼腹心內懷猜忌轉為小司徒加拜柱國雖外示崇重實
跣斥之及誅護帝召翼遣往河東取護子中山公訓仍代
鎮蒲州翼曰家宰無君陵上自取誅夷元惡既除餘釁宜
然一彼一此不能有所克護武帝既親萬機將圖東討詔
代翼先是與齊陳二境各修邊防雖通聘好而每歲交兵
異姓非直物有橫議愚臣亦所未安帝然之乃遣越王盛
殄然皆陛下骨肉猶謂蹤不聞親陛下不使諸王而使臣
邊城鎮並益儲峙加戊辛二國聞之亦增修守禦翼諫曰
壇場相侵乆有勝敗徒損兵備非策之上者不若解邊嚴

減文防邊好息人敬待來者必喜然通和懶而無備然
後出其不意一舉而山東可圖帝之建德二年出為安
州摠管時大旱汾水絕流舊俗每逢亢旱禱白兆山祈雨
帝先蠲其祀山廟已除翼道王薄祭之即日澍雨歲遂有
年百姓感之聚會歌舞頌之四年武帝將東伐朝臣未有
知者帝遣言盧輻前後三來馳詔翼門策翼贊成之及軍
出詔翼自宜陽城旬日下齊一十九城所過秋毫無
犯所部都督賴入人村即斬以徇由是百姓欣赴若歸
歸屬帝有疾班師翼亦旋鎮轉宜陽摠管以宜陽地非襟
帶請徙鎮然陝詔從之仍除陝州刺史摠管如舊其年大

（儒州刺）

軍復東討翼自陝入徑到洛陽齊洛州刺史獨孤永業開
門降河南九州三十鎮一時俱下襄城人庶等喜復見翼
並臺漿道左除河陽摠管仍從豫州陳將當天念久圍光
州閉翼到汝南望風退散大象初徵拜大司徒詔念久圍
城立亭郭西自鷹門東至碻石剏新改舊成得其要害仍
除幽州摠管先是突厥屢為抄掠居人失業翼素有威武
兼明斥候自是不敢犯塞百姓安之及尉遲迴構相州舉
兵以書招翼翼執其使并書送之時隋文帝執政賜翼雜
繒一千五百段并珍寶服翫等進位上柱國封任國公增
邑通前五千戶別食任城縣一千戶收其租賦翼又遣子

讓通表勤進并請入朝許之隋開皇初翼入朝上降榻握
手極歡數日拜太尉或有告翼往在幽州欲同尉遲迴按
驗以實見原三年薨於本位加贈六州諸軍事蒲州刺
史諡曰穆翼性恭儉與物無競常以滿盈自戒故能以功
名終子璽嗣
璽干伯符少有器幹仕周位職方中大夫封黎陽縣公宣
帝嗣位轉右勳曹中大夫桑領右忠義隋文帝受禪加上
大將軍進爵郡公歷汴二州刺史所歷並有風惠後檢
校江陵摠管邵州人張願等數十人詣關上表請留璽上
嘉歎良久令還邵州父老相賀璽歷洛熊二州刺史亦粗

有惠政以疾還京師卒於家諡曰靜有子志本藥革詮位
上儀同三司吏部下大夫常山公詮舉讓儀同三司翼弟
義

義字慈恭少袴嚴有操尚篤志好學大統末以父功賜爵
平昌縣伯後政封廣都縣公周閔帝踐阼遷安武太守專
崇教化不尚威刑有郡人張善安王叔兒爭財相訟義曰
太守德薄不勝所致尢是以家財分與二人喻而遣去善
安等各懷恥愧移貫他州於是風化大洽進位開府宣帝
即位政刑日亂義上疏諫帝時鄭譯劉昉以恩倖當權謂
明武世歷西兗瓜邵三州刺史數從征伐進位開府宣帝

義不利於巳先惡之於帝帝覽表邑勸謂侍臣曰予義謗
訕朝廷也御正大夫顏之儀進曰古先哲王立謗訕之木
置敢諫之鼓猶懼不聞過于義之言不可罪也帝乃解及
王謙構逆隋文帝謀將於高熲頴言義可為元帥文帝將
任之劉昉曰梁睿任望素重不可居義下乃以睿為元帥
義為行軍惣管將左軍破謙將達奚惠於開遠尋拜潼州
總管賜奴婢五百口雜綵三千段超拜上柱國歲餘以疾
免歸卒於京師贈豫州刺史論曰剛子宣道宣敏並知名
宣道字元明性謹密不交非類仕周以父功賜爵城安縣
男位小承御上士隋文帝為丞相引為外兵曹及踐阼遷

北史列傳十一　二十三　子公

視事免喪拜車騎將軍兼右衞長史舍人如故後遷太子
左衞副率進位上儀同卒子志寧早知名出繼叔父宣敏
宣敏字仲達少沈密有幽貞之志招大奇之詔周閔帝踐阼拜車都尉奉使
詩宣敏為詳其有幽貞之坐客莫不嗟賞起家石侍上士遷千牛備身周閔皇茂石以永
撫慰巴蜀及還上疏曰臣聞閉磐石之宗漢室於是惟永
建維城之固周祚所以靈長昔秦皇置牧守而罷諸侯魏
后眠謟邪而疎骨肉家使宗社移於他族神器傳於異姓
此事之明甚於觀火然山川設儉非親勿居且蜀土沃饒

人物殷阜西通印棘南屬荊巫周德之裹越土遂成戎首
炎政失御此地便為禍先是以明者防於無形安者制其
未亂方可慶隆萬世年逾七百伏惟陛下日角龍顏受靈理須
推之運參天貳地居揖讓之期億兆宅心神受職須
樹建藩屏封植子孫繼周漢之宏圖改秦魏之覆軌抑近
習之權勢崇公族之本枝但三蜀二齊古稱天險分王戚
屬今正其時矣謝多聞然情深體國輒申管見戰灼惟
斯臣其邪謀盛業洪基同天地之長久英聲茂實齊日
月之照臨臣表嘉之謂高熲曰于氏世有人焉竟納其言遣蜀
深帝省表嘉之謂高熲曰于氏世有人焉竟納其言遣蜀
述志賦以見志焉未幾卒官年二十九蜀義弟禮上將軍趙
王秀鎮於蜀宣敏常以盛滿之誠昔賢所重每懷靜退著
州刺史安平郡公紹弟弼初為開府以受宣帝密旨告齊
王憲反遂封齊國公尋拜柱國位大司空恩智弟弼弟蘭上
儀同襄陽縣開國公紹弟曠上儀同贈恒州刺史
論曰魏氏平定中原之後于栗磾有武功著於三世兼以
綏州刺史華陽郡公紹弟弼上儀同平恩縣公弼弟蘭上
已下物訓不濫加斯亦諸將所稀矣洛拔任參內外以功
名自終烈氣英沈遠受任艱屯之際有柱石之質殆樂侮
之臣乎忠以樓朴見親棄非其據遂擅威權生殺自已苟

北史列傳十一　二十四　子公

非女主之世何以全其門族不至誅滅抑其幸也謹貞佐
時之略逢興運之期為大廈之棟梁擬巨川之舟檝卒以
耆年碩德譽高均董禮備上庠功勳司樂而常以滿盈為
誠覆折是憂不有君子何以能國翼旣功臣之子地則姻
親荷累葉之恩兼文武之寄理同休戚與存亡加以摠
戎馬之權受扞城之託智能足以衛難勢力足以勤王曾
無釋位之心但務隨時之義弘名節以高貴豈所望於斯
人仲文博涉書記以英略自許尉迥之亂遂立功名自茲
厥後屢當推轂遂東之役實與師徒斯乃大樹將顚蓋非
一繩之罣也宣其力用崇基弗隆折薪克荷

盛矣

尉州邦

列傳第十一　　　北史二十三

方治　周益　周之冕　孫粹然　校正

崔逞　六世孫頤　孫彧　玄孫辨辭　　　　北史二十四
　　　　　　　　　　　　　玄孫昂
王憲　族曾孫回
　　　曾孫昕　　回子隆之
　　　　晞　　　回族弟述
封懿

崔逞字叔祖清河東武城人魏中尉逞之五世孫也曾祖
遼晉中書令祖瑜黃門郎逞少好學
有文才仕慕容暐著作郎撰燕記遷黃門侍郎暐滅苻
堅以為齊郡太守堅敗仕晉歷清河平原二郡太守為翟
遼所廢以為中書令慕容垂滅翟釗以為秘書監逞攜妻子歸魏
東走和龍為慕容寶中書令及慕容寶攜妻子歸魏

張袞先稱美之由是道武禮遇其甚厚拜尚書錄三十六曹
別給吏屬居門下省事除御史中丞道武攻中山未拔六
軍之糧闕計於逞曰飛鴞食椹而改音詩稱其事可取
以助糧雖衛其侮慢然既須食乃聽人以甚當相逞
又言可使軍人及時自取過時則落盡乃故不加罪及姚興侵
兵人安可解甲收甚乎以師於常山王遵書云賢兄武步
中原道武以為悖君臣之體救逞與張袞為遵書乃云貴主帝怒其失自然袞亦
朕賜逞死號以報之遂與荊州刺史司馬休之等數十人為桓玄所
遂賜逞死後晉荊州刺史司馬休之等

逞皆將來奔至陳留聞逞被殺分為二輩一奔長安一奔
廣固帝聞深悔自是士人有過多見優容逞子頤嚴頤
初逞之內徙終慮不免乃使其妻張氏與四子歸慕容德
於廣固獨與小子頤在代及逞死亦以此為譴
頤字太沖散騎常侍賜爵清河侯大武聞宋以譚為
異州刺史入為大鴻臚持節奉拜楊難當為南秦王奉使
異州刺史乃曰義隆用其兄豈無異州地邪乃以頤為
數返光揚朝命太武善之後與方士韋文秀詣王屋山造
金丹不就真君初卒始崔浩與頤及榮陽太守模等年皆
相次浩為長次模次頤三人別祖而模頤為親浩特其家

世魏晉公卿常悔模浩不信佛道模深所歸向雖糞壤中
禮拜形像浩大笑曰持此頭顱不淨觀是胡神也模曾
謂人曰桃簡可欺我何容輕我周兒也浩小名桃簡頤小
名周兒大武頤聞之故浩誅時二家獲免頤五子少子敳
以交通境外伏誅自逞之死至敳之誅三世積五十餘年

或字文君頤兄禕之孫也父勳之字寧國位大司馬外兵
郎贈通直郎或與兄相如俱自宋入魏相如以才學知名
早卒或少逢隱沙門敦以素問甲乙遂善醫術中山王英
子略曾病王顯等不能療或針之抽針即愈後位異州別

駕性仁恕見瘵者莫不與療之廣教門生令多救療其弟子
清河趙約勃海邦文法之徒咸亦有名或子景哲率亦
以醫術知名仕魏太中大夫司徒長史景哲子凱字法峻
幼好學沉覽經傳多技藝尤工司空咸參重齊
天保初為尚藥典御歷高陽太守仕魏為司空參軍事
騎常侍假儀同三司從幸晉陽嘗謂中書侍郎李德林曰
唯此圖性廉謹恭儉自修所得俸秩必分親故終鴻臚
比日看高相王以下文武官人相表俱盡其事口不及見也其
卿臨終誡其二子曰夫恭儉福之興傲後禍之機乘福輿

〈三〉

者漫以康休蹈禍機者忽而傾覆汝其誡歟吾沒後斂以
時服榮典年饌棺槨屍腐不洩露而已及卒長子修道
父命景哲弟景鳳字驚威叔位尚藥典御
休字惠盛冒祖諱仕宋位青異二州刺史休小孤貧矯然
散騎侍郎父宗伯始還魏追贈清河太守小孤貧矯然
自立舉秀才入京師與宋邪戀雅相知友尚書王巚欽
其人望以為長子娉以財貨由是少振孝文納休妹
為嬪頻遷兼黃門侍郎休勤學父事軍旅之際手不
釋卷禮遇亞于宋弁郭祚孝文南伐以比海王詳為尚書
僕射統留臺事以休為尚書在丞詔以北海年少百揆務

殷便以柔休轉長史兼給事黃門侍郎定禮儀帝嘗閱
故府得舊冠題曰南部尚書崔逞制顧謂休曰此卿家舊
事也後從駕南行及還幸彭城汎舟泗水詔在侍遊觀者
榮之宣武初休以祖父未葬弟羡又亡固求出為勃海太
平性嚴明雅長政體下車先戮豪猾數人姦盜莫不禽竄
清身率下部內安之時大儒張吾貴名盛山東弟子恆千
餘人所在多不見容休招延禮接使辯業選任多所拔擢為
口實每為吏部郎中遷散騎常侍權兼選任多所拔擢為
平王懷歡引談宴以與諸王交游兔官後復為司徒右長史
公平清絜甚得時譽麻青二州刺史皆以清白稱二州

〈四〉

可異也卒贈尚書右僕射論曰文貞休少而謙退事母孝
典故每朝廷疑議咸取正焉諸公咸謂崔尚書下意慮不
謹及為尚書子仲文娶李雅女女通領軍事母孝
燕長子舒娶顏氏女高陽王雍女女李氏欲
僕射蕭寶寅石皆以此懼下之始休母房氏欲
以休女妻其外孫邢氏休乃違母情以妻義子議者非之
子懷

禕字長儒狀貌偉麗善於容止少知名為魏宣武挽郎釋
褐太學博士累遷散騎侍郎坐事免歸鄉里冀部蒙傑之

起爭召懷兄弟懷中立無所就高敖曹以三百騎劫取之
以為師友齊神武至信都以為開府諮議參軍歷給事黃
門侍郎衛將軍神武入洛都議定廢立太僕素備盛言節閔
帝賢明可主社稷懷作色而前曰君若從儁言王是為孝武以建
義既為遇胡所立何得猶作天子若其賢明自可待我高
舉由是節閔及中興主皆廢更立平陽王是為孝武以建
義功封武城縣公懷特預義旗頗自縱恣以貪汙為御
史紏劾逃還鄉里時清河多盜齋文襄以石懷為太守
得專殺懲經懷宅謂少年曰諸郎輩莫作賊太守打殺人
懷顧曰何不荅府君下官家作賊止捉一天子藥臂下殿

北史列傳十二 〈五〉

捉一天子推上殿不作偷驢摸犢賊及遇赦出復為黃門
天平中授徐州刺史給廣宗部曲三百清河部曲千懷性
暴慢寵妾馮氏長姒姣家人號曰收輕薄徒耳更引祖鴻勳
姦之至是其威勢慈情收不立初懷為常侍求
人修起居注汪或曰懷收可不孝之罪乃
是收衒之又欲陷收不孝乃
為之又欲娉梁過徐州懷備刺史圖簿迎之使人抇
聞收曰勿怪儀儔多稽古力也收
義之勳故以此挫之罷徐州除祕書監以母憂去官服終兼
㥄懷故何以稽古之有懷自以門代素高特不平此言收乘

太常卿轉七兵尚書清河邑中正懷有文學偉風貌嘗奏言
辭端疑如神以簡貴自劇齋神武言崔懷應作令僕恨其
精神太遍趙郡李渾將聘梁名輩畢萃詩云正謹懷欷為
常與蕭祇明少遊等高宴終日獨不畏服懷以籍地自矜
洪鍾響蜀中歎曰邢子才鄭伯歌使人那得不畏少遊謂懷曰
一坐無復談話鄭伯歌明少遊等高宴終日獨無言懷亦無言直曰令每謂盧元明曰
神武葬後懷又竊言黃頷小兒堪當重任不遲還聞而銜之
天下盛門唯我與爾博崔趙李何事者哉崔遲遲外兄李慎之
風飄白日忽然落西山懷亦無言直曰令少遊謂盧元明曰驚
以告遲遲啓文襄絕懷朝謁懷要拜道左文襄發怒曰黃

北史列傳十二 〈六〉

頷兒何足拜也於是鑣懷赴晉陽訊之不服遲引邢子才
為證子才執無此言懷在林桑謂邢曰卿知我意屬太立不
邪出告懷子元康元康為言於文襄曰崔名望素重不
女乃許殺之文襄曰尊公意正應欲結姻陳元康贈有新生
懷若在邊武將外叛以英賢資寇敵非所宜也文襄追
可以私語殺之文襄曰若免其性命當徙之遲啓曰黃
有李琚之罪還令輸作可乎元康曰元康常讀崔琰傳
恨魏武不矜在所作而殞後世豈道公不殺也文襄
曰然則柰何元康曰元康合死朝野皆知公誠能以寬濟猛
特輕其罰則仁德彌著天下歸心段孝先亦言懷勳舊乃

揩之懷進謂奉謝文襄猶恐不我雖無堪忝當大任被卿
以為黃領小兒金石可銷此言難滅齊天保初除侍中監
起居以禪代之際參董儀禮別封新豐縣男回授第九弟
子約懷一門婚嫁皆衣冠美族吉凶儀範為當時所稱慕
大后為博陵王納懷妹為妃敕其使曰好作法用勿使崔
家笑人婚夕文宣帝舉酒祝曰新婦宜男孝順富貴懷跪
對孝順乃自臣門富貴恩由陛下五年為東兗州刺史復
攜馮氏之部為御史劾盡精爽尋遇偏風馮氏受納
狼藉為御史劾與懷俱召詔付廷尉為九段懷以疾卒獄中致
競尋別詔斬馮氏於都市支解為九段懷以疾卒獄中懷

廠覽崔昂昂兼有辯豪中興迄於孝武詔誥表檄多懷所
為然性後耽財色於諸弟不能盡雍穆之美世論以此譏
之素與觀收不協收後專典國史懷恐被惡言乃悅之曰
昔有班固今則魏子收縮舉笑之懷不釋懷子瞻
瞻宇彥通梁自善容止神彩斐然言不妄發才學風流為
後來之秀初穎川荀濟自江南入洛贍學於濟得經史
有師法侍中李神儁雅有風譽睨年無子見贍歡謂邢郎
昨見崔懷兒便為後生第一我遂無此物見此使人傷
懷年十五剌史高昂召署主簿清河公高岳辟為開府西
閤祭酒博陵崔邏遷為中尉啓除侍御史以父與邏隙俄而

去官神武召與北海王昕俱為諸子賓友仍為相府中兵
參軍轉主簿文襄崩祕未發襄文宣命贍兼相府司馬使
鄴魏孝靜帝以人曰登雲龍門與其父咸俱侍宴贍為詩
問邢邵等曰今贍此詩何如其父咸曰懷博雅弘麗贍氣
調清新迅詩人之冠晃夏罷咸共嗟賞之〈六今日之宴併
為崔贍父子楊愔歲思道引贍為中書贍時盧思道直中書
省愔問其文文藻優劣愔曰詞藻之美實有可稱但
舉世重其風流所以才華見沒愔歲沒愔云此言有理其曰奏用
之愔又曰昔裴瓚晉世為中書郎神情高邁每於禁門出
入宿衛者皆肅然勤容崔生堂堂當無媿裴子乎皇建
元年除給事黃門侍郎與趙郡李騫為莫逆之友騫將東
遷贍遺之書曰伏侍酒我之常歟誣詞指切在鄉尤甚
足下告歸吾於何閒過也贍患氣兼性運重居二省竟
不堪數奏曰東宮弱年未陶訓義受業重居中庶子微
赴晉陽敕曰東宮幼蒙一物三善皆以相寄贍尊在
故勞卿調護崔劼與遊勸開發幼蒙一物三善皆以為後武時詔議
敕贍與鴻臚崔劼撰定婚禮儀注主司以為後武科律氏
東宮調護崔劼撰讀及進退禮度皆歸太子納妃斛律氏
三恪之禮太子少傅魏收為一議朝士莫不雷同贍別立
異議收讀訖笑而不言贍正色曰聖上詔群臣議國家大

典少傳名位不輕瞻議若是須盡其所長君非須詰其不
允何容讀國士議文直此冷笑崔瞻居聖朝顯職尚不免
見斑草萊諸生欲云何自進贈容頼方嚴詞已雄辯收懃
遠竟無一言大寧元年除衛尉少卿尋兼散騎常侍聘陳
使主行過彭城讀道旁碑文未畢而絕倒從者遇見以為
中惡然雍谷可觀辭韻溫雅南人大相感爲贈經熱病面多
瘢痕然此碑乃瞻父徐州時所立故哀感爲贈陳熱病陳人劉
師知見而心醉乃言常侍前朝通好之日何意不來今日誰
相對揚者其見重如此還襲爵武城公再遷吏部尚書尉瑾性
患耳請急十餘日瑾式百日不上解官吏部尚書尉瑾性因
信州芊洲

天統末加驃騎大將軍就拜銀青光祿大夫卒贈大理卿
瀋州刺史諡曰文瞻性簡傲以才地自矜所與周旋甚一
時名望在御史臺怕宅中送食便往造焉贈食龍而退明日自攜
自君有一河東人士姓裴亦為御史同贈食便往造焉贈
不與交言文不命已筋裝坐觀食龍而不共君語遂能不
筋怨情欲喚贈謂曰我初不喚君食亦不共君語豈非君定名士於
拘小節苦劉毅在京口目脾讀攜炙亦異是君定名士於
是毋與之同食性方重好讀書酒後重更事謂袋止醞
自天保以後重更事謂袋止醞籍者爲淒倒而贈終不政

爲常見選曹以劉逖爲縣令謂之曰官長正應子瓊輩乃
復爲名人馮子瓊聞之大怒及其用事幾敗爲有集二十
卷懷弟仲文有文學太和中爲丞相掾沙苑也遠道舩赴
馬尾度河波中乍沒乍出神武望見曰崔掾家之孝子國之
接友至謂曰卿爲君爲親不顧萬死可謂家之孝子國之
忠臣也後文襄欲使行青州聞其醉乃止天保初懷爲
侍中仲文爲銀青光祿大夫同日受拜時云兩鳳連飛操
被敕百宿醒未解文宣怒罰之試使爲觀射詩十韻操
筆立成乃原之拜散騎常侍光祿大夫卒子儇太子洗馬
尚書郎儇弟儁
信州拜洲

儁字歧叔少與范陽盧思道隴西辛德源同志友善毋以
讀書爲務自侍才地大署其戶曰不讀五千卷書者無得
入此室初舉秀才爲員外散騎侍郎遷殿中侍御史與能
安生馬敬德等議五禮兼散騎侍郎傳陳還
待詔文林館歷尚書郎兼議曹尋轉令尋兼散騎侍郎還
京師灼灼崔儁若著每謂其子曰盧思道崔德儁者然崔
岸吾所重也波其師之思道與儁齊名後相調儁曰儁遂
無聞思道讓儁云高曾官薄齊士歸鄉仕郡兼爲功曹補
侍郎聘陳選授員外散騎侍郎少龍其常得無事一醉輒八

曰越國公楊素時方貴辛重儼閹地為子玄縱聚其女為
妻婳禮甚厚親迎之始公卿蒲坐素令騎迎之儼樊衣冠
騎驢而至素推令上坐儼禮甚倨言又不遜素忿然拂衣
而起竟罷坐後數日儼語人曰易州刺史何必勝仕魏
為潁州刺史以貪汙為御史中丞高仲密劾賜死於宅臨
刑賦詩五絕與諸弟訣別不及其兄懌以其不甚營仕魏
史或言其未合乎京師子世濟仲文弟叔仁弟叔義休為青州刺史放盜賊令
莊時為尚書庫部郎初叔義父休為青州刺史放盜賊令
出其黨遂以為門客在洛陽與兄叔仁鑄錢事發合家逃
逸叔義見執時城陽王徽為司州牧臨淮王彧以非其身
罪驟救之致言執而殺之叔義之叔義弟子
仍以寄名從軍絕級為中書郎為尚書左丞和子岳彈糾
失官性兼使氣後自修改閉門讀書當時稱為傳洽後兼
通直散騎常侍使梁為卒於路子探位太子僕武德郡守子
為陽子語輒折之還斐副恥居妻下自負才地呼雙
弟子犖位東莞太守子犖弟子約五歲喪父不肯食由後
喪母居喪哀毀骨立人云崔九作孝風吹即倒禪月兄子

度死又百日不入房長八尺餘姿神偉異瞽觀梁使劉孝
儀賓從見者駭目武定中為平原公開府祭酒與子贍
俱詣晉陽寄居佛寺贍長於子約二歲每退朝父立子贍
馮几對之儀望佛儼然相映諸父以為二天
人也乾明中為考功郎病且卒謂贍曰自諸兄歿而吾業
頹替居家大唯吾與汝為門命之脩短曾何悲汝能免之吾
不餒矣休弟寶字敬禮位太子舍人
安王長晉寧公主也貞烈有德行忩子愍字安太守妻樂
濟州刺史女盧尚之欲以長女妻之休懌為姤娌尚之感其義於
次女曰家道多由婦人欲令姊妹為姤娌尚之感其義於
是同日成婚休誡諸子曰汝等冝皆一體勿作同堂意若
不用吾言見神不享汝祭祀亡枕中有書如平生所誡
諸子奉焉為長謙與休第二子仲文同年而月長其家謂之
大二小二長謙少與太原王延業俱為著作佐郎監典校
書後為青州司馬賊圍城二百日長謙讀書不廢凡手抄
八十餘紙天文律曆醫方相風角鳥言靡不開解晚頹
以酒為損注加金紫光祿大夫後兼
散騎常侍使汲將行謂人曰我尼在吳國已在酉年今忿
不免及還未入境卒時為慕容垂尚書左丞范陽盧毓二
通字寧祖亦有名於時為慕容垂尚書左丞范陽盧毓二

郡太守遇曾孫延壽冀州主簿輕財好施其收鄉曲譽延

壽子隆宗簡率友悌居喪以孝聞位蘭陵燕二郡太守

信待物撿慎至誠故見重於時卒贈齊州刺史諡曰孝子

敬保冀州早卒子昇贈冀州刺史敬保子恂

位曾郡太守安子昇武定中連元瑾事伏

法遲宗人模字思範琰兄霸之後也父遵慕容垂少府卿

頤相親往來如一家始模在南妻張氏有二子仲智季未

模長者篤厚不營榮利雖為崔浩輕侮而不為浩屈與崔

模仕宋為榮陽太守神麚中平滑臺歸降後賜爵武城男

模至京師賜妻金氏生子幼度仲智等以父隔遠乃聚貨

【北史列傳十二】

〈十三〉 君弼

規贖歸之其母張曰汝父志懷無決必不能來行人以賄

至都模果顧念幼度等指謂行人曰何忍捨此輩乃棄妻子走

厚當為尒取一人使名位不減我乃授以申謨

守也神麚中被執妻生子靈度申謨聞此乃棄妻子走

還江外靈度刑為閣人初真君末模兄恊子衰利為宋曾

郡太守以郡降賜爵臨淄子拜廣甯太守卒衰利二子懷

順次恩仍居宋青州懷順以父入魏故不仕及魏克青州

懷順迎喪利喪還青州云

王憲字顯則北海劇人也其先姓田秦始皇滅齊田氏稱

王家子孫因以為氏仍居海岱祖猛仕苻堅位丞相父休

河東太守憲幼孤隨伯父永在鄴符丕稱尊號復以永為

丞相永為慕容永所殺憲歷於清河人家皇始中乃歸魏

道武見之曰此王猛孫也厚禮待之以為上谷太守賜爵

曹事兼堂門下武即位遷廷尉拜外都大官復徙中都歷

高唐子清身率下風化大行尋拜外都大官卒子祖

任二曹斷獄稱旨進爵縣侯出為并州刺史又進北海

公境內清肅及還京師以憲年老特賜錦繡布帛珍羞禮

膳天安初卒年八十九諡曰康子崇襲業弟巍字道長孝

文初為南部尚書在任十四年時南州多事訟者填門巍

【北史列傳十二】

〈十四〉 君弼

性儒緩不斷終日昏睡季訢鄧宗慶等號為明察而二人

所部荊山戍主杜慶財又取官絹因漆遂有割易御史糾

實襲寶爵相念弟雲字羅漢頗有風尚位南兖州刺史坐受

終見誅戮餘十數人或出或免唯疑卒得自保時人語曰

念襲寶爵相念弟雲字羅漢頗有風尚位南兖州刺史坐受

勣會赦免卒官贈豫州刺史諡文昭長子訢

昕字元景少篤學能誦書曰以中疊舉手極上為率與太

原王延業俱詣魏安豐王延明歎美之太尉汝南王

悅辟為騎兵悅好逸遊或地驅信宿昕軏棄還悅耶

之末嘗肯在前手為驅策昕拾彎弯高拱住馬所之左右言其

令騎兵在前手為驅策昕拾彎弯高拱住馬所之左右言其

誕慢悅曰府望唯在賢不可責也悅數散錢於地令諸
佐爭拾之昕獨不拾悅又散銀錢以目昕乃取其一悅與
府寮飲酒起自移床人爭進手昕獨執板却立悅作色曰
我帝孫帝子帝弟帝叔今親起舉觴卿何偃蹇對曰元景
位望微劣不足使殿下式引滿酣暢昕先卧於閒室頻召
養之役乃悅謝焉坐上皆引滿酣暢昕先起卧於閒室景
不至悅乃自詣呼之曰懷其才而忽府主可謂仁乎昕曰
商辛沈湎其亡也忽諸府主自忽微寮佐敢任其咎悅大
笑而去後除著作郎以兵亂漸起將避地海隅侍中李
瑒之黃門侍郎王遵業惜其名士不容外任奏除尚書右

〈北史列傳十二〉

〈十五〉

外兵郎中出為光州長史故免河陰之難遷東萊太守于
時年山人多相食昕勤恤人隱多所全濟昕少時與河間
邢邵為元羅賓友及守東萊邵舉之郡人以邵之才是
邢景俱為元羅賓友及守東萊邵舉之就之郡人以邵才
當昕先執我邵乃免太昌初還洛吏部尚書李神儁奏言比
因多故敢常侍遂無員限今以王元景等為常侍定限八員
加金紫光祿大夫武帝或時褰露興近臣戲押每見昕即
正冠而斂容焉昕體素甚肥後遂終身羸瘠揚愔重
其德素必為人之師表元象元年兼散騎常侍聘梁魏收
為副竝為朝廷所重使還高隆之求貨不得諷憲臺劾昕

〈北史列傳十二〉

〈十六〉

秘書監昕雅好清言詞無淺俗在東萊時獲殺其同行侶
者詰之未服昕謂曰彼物故不歸卿無恙而反何以自明
邢邵後見文襄說此言以為笑樂昕聞之極深憾之詣邵曰卿不識
吾數戲之其在更事遂為良二十石齊文宣踐阼拜七兵
尚書以參議封宜君縣男嘗有鮮卑聚語崔昂戲問昕
曰頗解此不昕曰關西諸羌非濟世才罵曰好門戶惡人身又讒
陽平太守在郡有摠績文襄自難解時喝洙干似道我
造化還謂人曰子才應死我罵之極深頃之詣邵曰卿不識
之者云王元景每嗟水運不應遂絕帝愈怒乃下詔曰元
景本自庸才無勳行早雜纓紱遂躋清途發自餒超
居膺事俄佩龍文之劍仍啓帶礪之書語其器分何因到
此誠宜清心勵已酬萬一尚揆之本庶務收政損
景與義安任情威福在已能使直而為枉曲反成紘偉
公名奪實謝宣尚書百揆之本庶務收政損
琴曲盡風制推此為長餘何足取此而不縄後將焉蕭在
身官爵且從削奪於是徙幽州為百姓昕住運窮通不改
其操未幾徵還奉敕送蕭莊於迎為主除銀青光祿大夫
刑祠部尚書帝怒臨漳令祠晔及舍人李文師以晔賜薛

豐洛文師賜士順為奴鄭子默私誘昕曰自古無朝士
作奴昕曰箕子為之奴何言無也子默遂以昕言啓文宣
仍曰王元景是其伴侶下於紂楊愔微為解之帝謂愔曰王元
景是公懷士人諸皆爾於後與朝臣酣飲帝謂昕稱疾
不至帝遣騎親之見其方搖膝吟詠遂斬於御前投屍漳
水天統末追贈吏部尚書有文集二十卷子顗嗣卒於燕
郡太守昕母清河崔氏學識有風訓生九子皆風流蘊籍
世號王氏九龍昕弟暉昭最知名暉字元旭少與昕
齊名兼多術藝辛於中書舍人贈兗州刺史昭字仲亮與昕
好儒術又顧以武藝自許性敦篤以友悌知名卒於考功
郎中

昕字叔朗小名沙彌幼而孝謹淹雅有器度好學不倦美
容儀有風則魏末隨兄東適海隅與邢子良遊邢子良
愛其清悟與其從兩兄書曰賢弟彌郎意識深遠曠達
不羈關於造次言必詣理吟詠情性麗絕當時恐足下方
難為兄不暇庸其進止魏永安初第二兄暉聘梁啓昕
母竟不受署母終後仍屬鄴邀遊華洛悅其山水與范
陽盧元明鉅鹿魏季景結侶同勢往天陵山浩然有終焉
之志及西魏將獨孤信入洛署為開府記室昕稱先被犬

傷困篤不赴有故人疑其所傷非犬所書勸令赴昕復書曰
辱告存念見令起疾循復春旨似疑吾所傷未必是犬吾
豈願其必犬哉但理契無疑正就下疑吾疑昕下
既疑其非犬亦可疑其是犬其疑半矣若疑其犬而營
護雖非犬亦無損或至於死若王昕無可惜也若疑而不
療則致萬全過不療或死且將軍
足取既取之便是可惜奈何奪其萬全任其或死且將軍
威德所被鷹飛露襲方捲八紘豈在一介若必從隗始先
須活其生靈乎昕遂歸鄴齊神武訪朝廷子弟忠孝謹密令
俄而信返昕遂歸鄴齊神武訪朝廷子弟忠孝謹密者令

與諸子遊昕與清河崔贍頓丘李度范陽盧正通首應此
選文襄時為大將軍權昕等辛曰我弟並向成長志識未
定近善狎惡不能不移吾第不負義方卿祿位常亞吾弟
若苟便回邪致相詿誤皋及門族非止一身昕隨神武到
晉陽補中外府功曹帶常山公演發齊帝假辭於保初行太
原郡事及文宣受禪常山王數諫帝疑王假辭於昕欲加
大辟王私謂昕曰博士明日當作一條事為欲相活亦須
自全且深體勿怪乃於眾中杖昕二十帝尋發怒聞昕得
杖以故不殺鞭鏵配甲坊居三年王又固諫爭大被歐
撻開口不食太后極憂之帝謂左右曰儻小兒死奈我老

15-357

母何於是每間王疾謂曰勢力強食當以王睎還釋
睎令往王抱睎曰吾氣息惙然恐不復見睎流涕曰汝乃
道神明覺令殿下遂斃此含至尊親為人兄尊為人主安
可與計殿下不食殿下亦不食殿下縱不自惜不惜太后
尚書事新除官者必詣王謝職去必辭睎言於王友王復錄
平言未卒王彊坐而飯睎由是得免徒還為王友不惜太
上起居不恒卿耳目所具吾豈可以前逢一怒遂企結舌
天朝拜恩私第自古以為干紀朝廷文武出入入辭睎曰主
約絕主上顯顯賴殿下扶翼王深納為常從容謂睎曰主
卿宜為撰諫草吾當同便極諫睎遂條十餘事以呈因切

〈十九〉 元庸

諫王曰今朝廷乃介衆欲學介子匹夫輕一朝之命往藥令
人不自覺刀箭豈復識親踈一旦禍出理外將奈殿下家
業何奈皇太后何乞且將順曰慎一日王獻欹不自勝曰
乃至是平明日見睎曰吾長夜九思今便息意便命火對
注頸罵曰誰敢有言帝催道撲燒亂枕數十會醉卧得解
口除臣誰敢苦諫遂致忤旨帝使力士反接伏白刃
睎炎之後王承開若諫遂致忤旨非我是誰教汝王曰天下
乃後襄顯之好遍於宗戚所往運撻獄作夜常山郎
亦保優閑因言朝廷寬見仁慈怨貝守文良主睎曰天保事
衆無適而去及帝崩濟南嗣立王謂睎曰一人垂拱吾曹

〈下半〉

柞東宮委一胡人今卒覽萬機駕馭雄傑如聖德幼沖未
湛多難可得也假令得遂沖退自養家祐得長上王默
職其可得也假令得遂沖退自養家祐得長上王默
然思念父之曰何以勅我睎曰周公抱成王朝諸侯詔以
七年然後復子明辟幸有故事惟殿下慮之王曰我安敢
自擬周公殿下今日地望欲避周公不得今君側雖獲
睎謂曰不早用卿言使群小弄權幾至傾覆今君側雖至
臨發敕王從駕除睎并州長史及王至鄴王不答帝
王為大丞相都督中外諸軍事督文武還揚燕等詔以
暫清終當何以勅我睎曰殿下將往時地位猶可以名教

〈二十〉 元庸

出奧今日事勢遂關天時非復人理所及有頃奏趙郡王
叡為左長史睎為司馬每夜載入晝則不與語以睎儒緩
恐不允武將之意後進睎密室曰比正欲以正法繩之睎曰
言我違天不祥恐當或有變起吾正欲以正法繩之睎曰
道不恒劇盈送至神機變化酌酌斯集雖執諫把粃糠神
朝廷比者踈遠親戚寧恩骨血之重殿下卒所行非復
人臣之事蘭剌在背交戰之頸上下相疑何由可久且天
器便是違上玄之意隆先人之基王曰卿何敢須發非所
宜言須致卿於法睎曰竊謂天時人事同無異揆是以冒
犯雷霆不憚斧鉞今日得披肝膽抑亦神明收贊王曰挺

難臣時方侯聖哲吾何敢私議幸勿多言尋有詔以丞相
任重普進府僚一班晞以司馬領吏部從事中
郎陸杳將出使臨別握晞手曰相王功格區宇天下樂推
歌謠滿道物無異望杳等伏願披赤心而忽奉外使無
由面盡短誠寸心謹以仰白晞尋述杳言王曰若內外咸
與言之晞以事陳問彦深朝夕左右何因都無所論自以卿意試密
有異望彦深發論吾亦欲昧死一披肝膽因亦同勸
則口噤心戰相曰我內外
是時諸王公將弟既發論吾亦欲昧死一披肝膽每欲陳聞
則敢請四方岳牧表陳符命乾明元年後

北史列傳十二 〔二十一〕

八月昭帝踐阼九月除晞散騎常侍仍領兼吏部

因奏事罷帝從容曰比日何為自同外客略不可見自今
假非局司但有所懷隨宜作一牒候少隙即徑進也因敕
尚書楊休之鴻臚卿崔劼等三人每日本職務罷並入東
廊共裒錄歷代廢禮墜樂職司嚴置朝饗異同興服增損
或道德高儁久在沈淪或巧言眩俗妖邪害政爰及田市
舟車徵稅通塞婚葬儀軌賓贍等襄有不便於時而古今
行用不已者或自古利用而當今毀棄者悉令詳思以漸
條奏來待頓備遇懷續聞晡給典御食畢景聽思時百
官請建東宮敕未許每令晞以局司奉輦輿授皇太子冠服太子擇
趙拜尋輦為太子太傅晞以局司奉輦輿視太子

奠又兼中庶子帝謂曰今既當劇職不得尋常舒慢也帝
將北征敕問比何所聞晞曰道路傳言車駕將行帝曰庫
莫奚南侵我未經親戎因此聊欲習武晞曰鑾駕巡狩為
復何爾若輕有征戰恐天下失望帝曰此懦夫常慮吾自
當臨時斟酌帝使齋帥裴澤手書蔡暉各四十帝斬
與諸人遊宴帝曰此人合死不晞曰卑征後楊休之王晞
人於前問晞曰此公事在懷帝杖休之不得
死地臣聞刑人於市與眾棄之殿廷非殺戮之所帝改容
曰自今當為王公改之帝欲以晞為侍中苦辭不受或勸

北史列傳十二 〔二十二〕

晞勿自疎晞曰我少年以來閱要人多矣充詘少時鮮不
敗績且性實疎緩不堪時務人主恩私何由可保萬一
猶求追無地非不愛作熱官但思之爛熟耳百官當賜射
晞中的當賜絹為不書筆前有司不與晞妻及妻子弟之
宅宣旨皇后相聞晞令妻及妻子弟不言晞以手搏買
可謂武有餘文不足矣晞無不自勝因以贏敗武成
而退宣聞之笑莽殆不自勝因以雅步晏然
本愛其儒緩由是昭朋晞哀慕殆大被詞此而雅步晏然
脈東徐州刺史秘書監武平初遷大鴻臚加儀同三司監
修起居注待詔文林館性閑澹寡欲雖王事鞅掌而雅操

晞弟聯字季炎卒於滄州司馬

通直散騎常侍卒贈邢州刺史子伯奉朝請待詔文林館

得言大寶初兼散騎常侍聘陳使主天統末修國史尋除

嘲嘲者曰誰家屋當頭鋪首浪遊逸於是嗤笑季高不復

前方云我馬尚在為司後掾在府聽午鼓蹀躞待去聲察

自言失馬卡虞候為求覓不得須曳日出馬體霜氣盡繫在幕

緩亦同諸兄眥後文宣北征乘赤馬旦蒙霜氣遂不復識

皓字季高少立名行為士友所稱遭毋憂居喪有至性儒

州刺史

北史列傳十二　〈二十三〉

議大夫隋開皇元年卒於洛陽年七十一贈儀同三司曹

志避周兵東北走山路險過懼有土賊而晞曰莫尤我行事若不

悔久作三公久齊亡周武帝以晞為儀同大將軍太子諫

不一廢每不肯疾走山路險過懼尤之晞曰莫尤我行事若不

韋亦是留連之一物豈直在魚鳥而已及晉陽陷改與同

得無以魚鳥致怪晞緩笑曰昨晚陶然頗以酒漿被責卿

時至明日丞相西閣祭酒盧思道謂晞曰昨被召已朱顏

祠賦詩曰丞相西閣祭酒盧思道謂晞曰昨被召已朱顏

詠遨遊登臨山水以談讌為事人士謂之方外司馬譜晉

不移在并州雖我馬填間未嘗以世務為累良辰美景嘯

封懿字處德勃海蓚人也曾祖釋晉東夷校尉父放慕容

暐吏部尚書兄孚慕容超大尉懿有才器能屬文與孚雖

器行有長短而名位略齊仕慕容寶位中書令已部尚書

寶敗歸魏除給事黃門侍郎都坐大官章安子道武引見

問以慕容舊事懿應對陳慢廢黜還家明元初復徵拜都

坐大官進爵為侯撰燕書頗行於世子玄之坐與

司馬國璠溫楷等謀亂伏誅臨刑明元謂曰終不令絕汝

種也乃命宥汝一子玄之四子赦磨奴以致刑者由浩也後為中曹監太

全其命乃殺玄之以弟虜之子磨奴字君明早孤乞

北史列傳十二　〈二十四〉

武謂磨奴曰汝本應全所以致刑者由浩也後為中曹監

使張披賜爵高城子卒於懷州刺史贈勃海公謐曰定以

回字叔念孝文賜名慕容暐太尉奕之後也父鑒寧遠將軍滄水太守回襲

族子叔念為後

奴兒以回為後請於獻文贈鑒寧遠將軍滄水太守回襲

磨奴爵高城子宣武時累遷安州刺史山人願朴父子貴

旅同寢一室回下車勒令別處其俗遂改明帝時為滄州

刺史時大乘寇亂之後加以水潦表求振恤免其兵調

內賴之歷度支都官二尚書異州大中正榮陽鄭雲譖事

長秋卿劉騰貸紫纈四百匹得為安州刺史除書且出晚

往詣回坐未定問回安州興生何事為便回曰卿荷國寵

靈位至方伯雖不能拔圍去纖婦耳思方略以濟百姓
如何見問興生平封回不爲商賈何以相示雲慙失色
轉七女尚書領御史中尉劾奏尚書右僕射元欽與從兄
麗妻崔氏敎通姦時人稱之後爲殿中尚書右光祿大夫莊
帝初遇害河陰贈司空公謚曰孝宣長子隆之
隆之字祖裔小名皮貌和有度量延昌中爲尚書右僕射
異州自號大乘衆五萬人隆之以開府中兵參軍與大都
督元遞討之獲法慶賜爵武城子累遷河内太守未到郡
屬衆朱兆入洛莊帝幽崩隆之以父罷遇害常懷報雲因持
節東歸圖爲義軍遂與高乾等夜襲異州克之乃推爲刺
史及齊神武自晉陽東出隆之遣子子繪隨高乾華奉迎於
滏口中興初拜吏部尚書韓陵之役留隆之鎮鄴城未幾
徵爲侍中封安德郡公子時朝議以衆朱榮宜配食明帝
廷隆之議曰榮爲人臣親行弒逆宣有害人之母而與
廟庭隆之議曰榮爲人臣親行弒逆宣有害人之母而與
子對食之理以參議麟趾閣新制又贈其妻祖氏范陽郡
君隆之表以先爵富城子及武城子轉授弟子孝琬等初
廷嘉而從之後爲斛斯椿等所構逃歸鄉里齊神武召赴
晉陽魏孝靜立除吏部尚書尋加侍中元象初除異州刺
史加開府累遷尚書右僕射及北豫州刺史高仲密叛
陰招異州豪望李爲內應詔隆之馳驛慰撫遂得安靜隆之

首參神武經略奇謀密以啓聞手書削藁卒知於外卒
於齊州刺史贈司徒神武以追榮未盡復啓贈太保謚宣
懿神武至異州北境次交津追憶隆之顧謂異州行事司
馬子如言其德美爲之流涕令以太牢就祭隆之歷事五
帝以謹素見知凡四爲侍中再爲吏部尚書一爲僕射四
爲異州刺史中舊兩咸曰我封公公復來其得
物情如此子子繪嗣子繪字仲漢小名攉性和理有器局
釋褐祕書郎累遷平陽太守每加散騎常侍晉州北界霍山
舊號千里徑山坂高峻大軍往來士馬勞苦子繪請開
於舊徑東谷別開一路神武從之仍令子繪修開旬日而
就徵補大行臺吏部郎中神武崩祕未發喪文襄以子繪
爲勃海太守執其手曰誠知未允勸臣官望但須鎮撫且
衣錦晝遊古人所貴且善加經略不勞習常太守向州參
也仍聽收集部曲一千人太寧三年爲都官尚書高歸彦
作逆命子繪參贊軍事賦平敕子繪城陷送揚州齊亡後逃
三司尚書右僕射吳明徹諡曰簡子寶蓋龍襲子繪位霍
州刺史陳將吳明徹侵淮南子繡城陷送揚州齊亡後逃
歸終於通州刺史陳子繡爲勃海太守定遠犯兄女婿逃
空妻定遠於通州刺史子繡爲勃海太守定遠犯兄女婿逃
及諸女謔集言戲微有藝慢子繡鳴鼓集衆將攻之定遠

免冠拜謝父之乃輝隆之弟與文字明行脩儉素
清靜位滄襄二州刺史平北府長史所歷有當官譽卒以
隆之佐命功贈殺中尚書雍州刺史諡曰文子孝璵字士
偁七歲而孤為隆之翰養慈愛甚篤隆之啓以父爵高城
子授為位東宮洗馬立贈太府少卿孝璵弟孝琛字士
詠太子少師邪卭七兵尚書王昕班先達高才與孝琛年
位懸隔脫相逢遇分好遂深孝琛性恬靜頗好文
有風儀位祕書丞散騎常侍聘陳使主在道逍遙授中書侍
外慈哭懟懵有感路人孝琛常侍聘陳使主在道逍遙授中書侍
郎遷坐受魏收賕牒其門客從行事發付南都獄决鞭二

信濰州

北史列傳十二　二十七　子

義孝有一士人亦在哭限半出謂人曰嚴興之
其後會黃門郎李瓊出外乘其副馬捨離部伍別行戲語時孝琛女為
士關母喪託附者咸往奔哭鄴中高崇丁鄴嚴興等並為
范陽王妃為禮事因假入醉帝遂決馬鞭一百放出又遣
高阿那肱重没五十幾死還鄴在集書省上下自此沈嚴
士開死後為通直散騎常侍後與周和好以為聘使副
祖珽輔政奏入文林館撰御覽孝琛文筆不高但以風流

自立善談戲威儀門雅容止進退人皆慕之以祖珽好自
孫大使之云是衣冠宰相異於餘人近習聞之大以為恨
尋以本官兼尚書右丞其所彈射多乘意旨時有道人統
獻者為皇太后所幸賞賜隆厚車服過度又乞為沙門統
後主意不許但太后欲之遂得居任然後主常憾焉因僧
尼佗事訴其家珍異悉以沒官由是正授左丞門下事
熱極沐其讁引臺獻
性煩簡懶不諧時俗遇漸高彌自矜誕興動訏遊無所
隆屈識者鄙之與崔季舒等以正諫同死子君緒二人皆
人從北邊少子君嚴君贊下鬱室南安敗君確等二人皆

信州刺

北史列傳十二　二十八　綠

州刺史多所受納後行晉州事沙苑之敗延之棄州北走
以隆之故免其死卒贈尚書左僕射司徒公諡文恭子
嗣鑒長子琳字彥寶位中書侍郎與侍中南平王馮誕等
議定律令有識者稱之歷位中尉長史司宗下大夫南夏
青二州刺史光祿大夫琳弟子蕭
蕭字元卨博涉經史與崔光見而賞為位尚書左中兵
郎中性恭儉不妄交游唯與崔勆勆從兄子鴻尤相親善所
制文章多亡失存者十餘卷勆從兄子懍字思懌爽之孫
七父勸慕容覽待中太常卿儁位給事黃門侍郎散騎常

侍後入代都名出慕子支之右俱坐司馬氏事死懼妻盧
玄女也愷子伯達棄母又妻李氏南奔河羡政婚房氏獻
文來伯達子休傑內入祖母盧猶存垂百歲矣而李已死
休傑位冀州咸陽王府諮議參軍
放叔軏字廣度好學通覽經傳與光祿大夫武邑孫惠
蔚同志友善軏每推軏曰封生之於經義吾所弗如者
多矣頗自情潔儀容甚偉或曰學士不事脩飾此賢何獨
如此軏聞笑曰君子整其衣冠尊其瞻視何必蓬頭垢面
而後為賢豈有憔退以兼負外散騎常侍衛命高麗高麗
王雲恃其偏遠稱疾不親受詔軏正色詰之諭以大義雲

【北史列傳十二】 【二十九】 子

乃北面受旨便遠轉若功郎中除本郡中正勃海太守擢
休入為史郎郎中以已考事于軏軏曰法者天下之事不
可以舊君故虧之也休歎其在臺中稱為儒雅除
國子博士假通直散騎常侍慰勞汾州山胡司空清河王
懌義脩明堂碑詔百寮集議軏議曰周官匠人職云夏
后氏世室殷人重屋周人明堂五室九階四戶八牖鄭玄
曰武寧宗廟或舉王寢或舉明堂文以見同制然則三
代明堂五室之制一也案周與夏殷損益不同至於五室明堂
弗革然則九階者法九土四戶者達四時八牖者通八風
行也然則五室之義得天載矣是以鄭玄又曰五室者象五

誠不易之大範有國之恒式君其上圓下方以則天地通
水璆宮以節觀者其盖曰盛為之質飾亦微曰綴為之戶
牖皆典籍所載制度之明義也秦焚滅五典并毀三代殘
更先聖不依舊憲故昌氏令見九室之義大戴著
以象十二辰夫室以祭天堂以布政依行而祭堂不過
五依時布政故堂不踰四州之與十二辰室以祭天不踰
五室時布政人備禮化物宜則五室後平
厭用安在今聖朝欲尊道訓人備禮化物宜則五室後平
永制至如廟學之嫌臺沼之雜秦淮之徒已論正矣後平

【北史列傳十二】 【三十】 頊

然廷尉少卿贈濟州刺史初軏深為郭祚所知祚常謂子
景尚曰封軏高緝二人誠幹國之才必應達至吾平生不
妄進舉而每薦此二人非直自業高緝亦以風緊五音高舉
其見重如此軏既以方直自業高緝亦以風緊五音高舉
拜司徒掾送迎往來軏竟不詣緝顧不見軏乃遠矣以
一生自謂無愆規矩今自舉措不如封生遠矣以務德
防姦四戒文多不載長子偉伯字君良懷挈有才思弱冠
除太學博士每朝廷大議偉伯參焉雅為太保崔光僕射
游肇所知賞太尉清河王懌辟參軍事懌親為孝經解詁

命偉伯為難例九條皆發起隱漏偉伯又討論禮傳詩易
疑事數十條儒者咸稱之時朝廷將經始明堂集儒學
議其制度六卷九五之論久而不定偉伯乃搜撿經緯上明堂
圖說六卷又撰封氏本錄六卷正光末尚書僕射蕭寶夤
為關西行臺引偉伯為行臺郎及寶夤為逆偉伯與南平王固
潛結關中豪右韋子粲等謀舉義兵事發見殺永安中贈
瀛州刺史聽一子出身無子轉授弟翼翼弟述

述字君義有幹用天平中為三公郎中時增損舊事為麟
趾新格其名法科條皆述所刪定齊受禪累遷大理卿清
河三年敕與錄尚書趙彥深撰僕射魏收尚書陽休之國子
祭酒馬敬德等議定律令歷位度支五兵殿中三尚書述
又為法官明解律令議斷平允深為時人所稱而厚積財
產一無分饋雖至親密友貧病困篤亦絕於拯酒朝野物
論甚鄙之外貌方整而不免病請謁回避頗致嗤駭前
妻河內司馬氏一息為娉隴西李士元女大輸財聘及將
成禮猶競懸違述忽取所供養像須哲便用一息愛將
笑曰封公何劇常得應急像對士元打像為哲言盧莊
之女遂封何以勑脚跋許田則云鹹薄銅器
又嫌古廢經府許云送驟乃致紛紜子元舊位太子人舍人
述弟詢字景文闊涉經史以清素自持位尚書左丞濟南

太守歷官皆有幹局才具臨郡甚著聲績隋開皇中卒
論曰崔逞文學器識當年之俊忽微廣遠俱以為災休立
身有本當官著稱長儒才望之美禍因驕物雖有周公之
才猶且為累況未足論其高下能無及手贍詞韻溫雅風
神秀發固人望也王憲名公之孫老見優異元景昆季履
道標映人倫美哉封回克光家世隆之勤勞霸業子繪寔
隆堂搆可謂載德者矣君義聚斂省惋無乃鄙哉

列傳第十二

北史二十四

古弼
張黎
劉潔
立堆
娥清
伊馛
乙瓌
周幾
豆代田

車伊洛
王洛兒
車路頭
盧魯元
陳建
來大干
宿石
萬安國
周觀
尉撥

北史列傳十三

陸真
呂洛拔
薛彪子　子琡
尉元
慕容白曜
和其奴
苟頹
宇文福

古弼代人也少忠謹善騎射初為獵郎門下奏事以敏正
稱明元嘉其真而有用賜名曰筆後改名弼言其有輔佐

北史列傳十三

才也今典西部與劉潔等分綰機要數奏百揆太武即位
以功拜立節將軍賜爵靈壽侯歷位侍中吏部尚書典南
部奏事後征馮弘弘將奔高麗高麗陳兵於外弼乃隨之令
婦人被甲居中其精卒及高麗陳兵於外弼部將高苟子
擊賊軍弼酒醉按刀止之故弼得東舞大武怒戰為廣
夏門卒尋復為侍中與尚書李順使涼州賜爵建興公錦
長安甚有威名及議征涼州弼與順咸言涼州之水草不
宜行帝不從既剋姑臧微嫌之以其有將略弗之責宋將
裝古明剋仇池仇池立楊玄庶子保熾以為將軍
軍討仇池平之未幾諸氐復推楊文德為主圍仇池弼攻

解其圍文德走漢川時東道將皮豹子閉仇池圍解議欲還軍弼使謂曰吾其班師寇衰復至後舉為難不出秋冬南寇必來以逸待勞百勝之策也豹子乃止大武聞之曰弼言長策也制有南秦弼多矣景穆總攝萬機徵為東宮四輔與宜都王穆壽並參政事遷尚書令弼雖事務殷湊而讀書不輟端坐庭宇不言禁中事功名等於張黎太而廉不及也上谷人上書言苑囿過度人無田業宜減太半以賜貧者弼不獲其奏申曰朝廷不理寔亦之罪帝方事弼待坐良久不懌歐其背曰朝延不理寔亦之罪帝

碁曰不聽奏事過在朕樹何罪置之弼曰為臣逞志於君前者誅無公直皆可其奏以與百姓弼曰為臣逞志於君前者誅無罪也乃詣公車免冠徒跣自劾請罪帝召之謂曰卿冠則卿有何罪置之於後苟利社稷益國便人吾雖復顛沛復吾聞築社之役塞慶而築之端晃而事之神與之福然

造次卿則為之無所顧也太武大閱將校獵於河西弼留守詔以肥馬給騎人弼命給弱者弼頭尖太武常名之曰尖頭奴弼懼誅此奴弼頭尖時人呼為筆公屬官懼誅弼告之曰吾謂事大也今比狩不過裁量朕也朕不備不虞使我寇恣逸其罪大也令比狩不過盤游其罪小也不備不虞使我寇恣逸其罪大也令比狩不過

戰南虜虜來滅我後之志窺伺邊境是吾憂也故選肥馬備軍實為之不虞之遠慮苟使國家有利吾寧避死乎明王可以理干吾罪帝聞而歎曰有臣如此國之寶也賜衣一襲馬二疋鹿十頭後車駕田於山北獲麋鹿數千頭詔尚書發車牛十五口東運之帝尋謂從者曰筆公必不與我汝輩不如馬運之速還行百餘里弼表至曰今秋穀懸黃麻菽布野豬鹿竊食如馬鷹犬所耗朝夕參倍乞賜矜緩使得收載帝謂左右曰筆公果如朕言可謂社稷之臣初楊難當之來也詔弼送黃金三十斤賂弼受金少子文德以黃金三斤賂弼而遇之無禮

〔龍馬二疋鹿十頭後車駕田於山北獲麋鹿數千頭詔〕文德亡入宋太武以其正直有戰功胖加罪責之太武崩王正以弼為司徒文成即位與張黎並坐謀不食俱免有怨謗之言其家人告巫蠱俱伏法時人兗之張黎馮門平原人也善書計道武知待之明元器其忠真賜爵廣平公管綜機要太武以征赫連定功進號征東將軍與樂安王範等綜南公崔徽鎮長安清約公平甚得羌代下之曰安無餘財太武征涼州蠕蠕其後以議長安與司坐長孫道生拒擊走之景穆初總百揆黎與崔浩等輔政忠於奉上殊公軍不言韶賜浩黎於帛各千疋以襄

舊勳吳王余立以黎為太尉後文成即位與古弼俱誅

劉潔長樂信都人也昭成時慕容氏獻女潔祖父生為公
王家臣乃隨入魏賜以妻要生子堤賜位樂陵太守封信都
男卒潔襲堤爵數從征討進爵會稽公後與永安侯魏勤
及功勞將軍元屈等擊吐京叛胡為其所執送赫連屈丐
潔聲氣不撓呼其字而與之言神色自若屈丐壯而釋之
後得還國典明元寢疾太武監國潔與古弼卜者之言
侍東宮對綜機要令改為鉅鹿公軍駕西伐
議軍國朝臣咸推其能遷尚書令改為鉅鹿公軍駕西伐
潔為前鋒沮渠牧犍弟董來距戰於城南潔卜者之言

以日辰不協擊鼓却陣故董來得入城太武嫌之潔父
在樞密特寵自專帝心稍不平時議伐蠕蠕潔言不如廣
農積穀以待其來羣臣皆從其議帝決行乃從崔浩議既
出與諸將期會鹿渾谷而潔恨其計不用欲沮諸將乃矯
詔更期諸將不至時虜敖大亂景穆欲擊之潔執將不可傳
鹿渾谷六日諸將猶不集虜已遠遁至石水不及而還
師次漢中糧盡士卒多死潔陰使人驚軍勤帝棄軍輕還
帝不從潔以軍行無功奏歸罪於崔浩帝曰諸將後期及
賊不擊罪在諸將豈在於浩又潔私謂親人曰若軍出無功車駕
收潔幽之太武之征也潔私謂親人曰若軍出無功車駕

不返即吾當立樂平王潔又使右丞張嵩求圖讖問劉氏
應王繼國家後我審有名姓不嵩對曰有姓而無名窮驗
欵引搜萬家果得讖書潔與南康公狄鄰及嵩等皆夷三
族死者百餘人潔既居勢要內外憚之目而視籍其家
財產鉅萬太武追忿言則切齒

丘堆代人也姿容儀初以忠謹入侍明元即位拜赫連定留
城王奚斤表留堆合軍與赫連相拒斤進擊赫連定留
及即位賜爵臨淮公位太僕與宗正娥清略地關右而宜
稍遷散騎常侍太武監國觀等為右弼

公孫頡斬堆

娥清代人也少有將略累著戰功稍遷給事黃門侍郎明
元南巡幸鄴以清為中領軍將軍與奚斤討馮氏度
河略地至湖陸以功賜爵須昌侯與幾等遂鎮枋頭太武
初乃還京師進為東平公後從平統萬與奚斤討赫連
昌至安定及昌第定西走斤追之清欲等水往斤不從遂
與斤俱為定禽斤平涼乃得還後卒於家子延賜爵以

不急戰弘奔高麗檻車徵黜為門卒而卒於家子延賜爵

南平公

伊馛代人也少勇健走及奔馬善射力曳牛却行神鷹初

擢為侍郎轉三郎賜爵汾陽子太武將討涼州議者咸以
無水草諫唯司徒崔浩勸行羣臣出後毅曰涼州若無水
草何得為國宜從浩言帝善之及剋涼州大會於姑臧帝
謂羣臣曰崔浩謂浩智計有餘吾亦不復奇之正奇敦曰馬士
所見能與崔同耳顧謂浩曰敦智力如此終至公相浩曰
何必讀書然後為學衡青霍夫病亦不讀書而致公輔帝
南公拜司空三年與司徒陸麗等並平秘書監賜爵河
祕二首敦約自守為政與大綱而已不為苛碎大安
欲以敦為尚書封郡公敦以尚書務殷公爵至於重辭之中
二年領太子太保三年與司徒陸麗等並平尚書事慶子

臨州彙刊 ▲北史列傳十三▲ 〈七〉 童

蘭馥爵位庫部尚書卒子益生驍勇有膽氣累有戰功遂
為名將以勳賜爵平城子為西道都督戰歿贈雍州刺史
乙瑾代人也其先世統部落太武時瑾父匹知遣瑾入貢
後進爵為王又為西道都將慶年二十九贈太尉公諡曰
都尉賜爵乾歸襲爵乾歸有氣幹頗習書跡尤好兵法尚景穆
帝乾歸襲爵西平公父從駕南征都賢前鋒諸軍事勇寇三軍
女安樂公主除駙馬都尉侍中獻文初為秦州刺史有惠
恭子進爵為王又為西道都將慶年二十九贈太尉公諡曰
政孝文即位為中道都將卒諡曰康子海字懷仁位散騎
女璵公主除駙馬都尉尚景穆帝女淮陽公主除駙
侍郎卒諡曰孝海子璵字雅珍尚孝文女淮陽公主除駙

死
馬都尉累遷西兗州刺史天平元年與兵應樊子鵠戰敗
周幾代人也少以善射為徹郎明已即位為左部尚書以
軍功封交趾侯太武以幾有智勇遣鎮河南威信著于外
境幾常嫌宋兵將率繞開中失和每至言論形于聲色斤
等悍焉進號宋兵將軍率洛州刺史諡曰桓子步蕃襲爵
城卒于軍軍人無不歎惜之歸葬京師
且代田代人也明元時以善騎射遷內細射從攻武昌諸
勝追賊入其宮門閉代田踰官而出太武壯之拜男武
代田登樓射賊矢不虛發以功遷內三郎從討赫連昌
龍戰功封長廣公卒於統萬鎮大將贈長廣王諡曰恭子
滕行授酒於代田敕斤曰全尔身命者代田功也以從討和
將軍後從討平涼破赫連定得赫斤等以定妻賜之詔斤

信州彙刊 ▲北史列傳十三▲ 〈八〉 童

周求襲爵
車伊洛為蜀朝也世為東境部落師帕修職貢延和中授
平西將軍封前部王伊洛規欲歸闕為沮渠無諱斷路伊
洛連戰破之無諱卒伊洛前後道使招喻其子乾壽等及
其戶五百餘家送之京師又率部衆二千餘人伐高昌討
破焉耆東開七城正平二年伊洛朝京師拜都官尚書將
軍王如故卒諡曰康王葬禮依盧魯元故事子歇襲爵

王洛兒京兆人也明元在東宮以善騎射給事帳下謹愿
未嘗有過明元嘗獵于漫南永陷没馬洛兒投水奉帝出
殆將凍死帝解衣賜之自是恩寵日隆天賜洛兒投水奉
外洛兒晨夜侍衛恭勤發於至誠元紹之逆帝左右唯洛
兒與車路頭晝居山鎮夜還洛兒家居洛兒隣人李道潛相
奉給晨復還山衆頗知喜而相告紹開收道斬之洛兒常侍
獨昌難往返京都通聞於大臣大臣遂出奉迎百姓奔起
明元還宮社稷獲全洛兒有功為明元即位拜散騎常侍
賜爵新息公加直意將軍又追贈其父為列侯散賜使殿中
十戶辛贈太尉建平王賜溫明秘器載以輼輬車使隸五

衛士為之導從親臨哀慟者四馬乃鴆其妻周氏與合葬
子長城龔爵

車路頭代人也少以忠厚選給東宮為帳下帥天賜末明
元出於外路頭隨侍竭力及即位封宣城公忠意將軍帝
性明察羣臣多以職事遇譴至有杖罰故路頭優游不任
事性無害彌得獻替之議以此見重於朝帝
亦敬納之辛明元親臨哀慟贈太保宣城王謚曰忠貞喪
禮一依安城王叔孫俊故事陪葬金陵子養襲爵

盧魯元昌黎徒河人也曾祖副鳩仕慕容氏為尚書令臨
澤公祖父斌至大官魯元寬和有雅度明元時選為通直

郎以忠謹給事侍東宮太武親愛之即位以為中書侍郎寵
待彌渥而魯元益加謹肅帝愈親待之内外大臣莫不敬
憚性多容納等與人交好掩人過揚人美由是公卿咸親
附之以工書有文才累遷中書監領祕書事賜爵襄城公
贈其父為信都侯從征赫連昌太武親擊入其城門曾
第於宮門南衣食車馬皆乘輿之副真君三年駕幸陰山
帝貴異之臨幸其第不出旬日欲其居近易往來乃賜甲
元隨帝出入是日微魯元幾至危殆後遷太保錄尚書事
則贈帝衣帽魯元疾篤醫藥傳驛相屬於路及薨帝甚
悼惜之還臨其喪哭之哀慟東西二宮命太官日送算晨

昏哭晚訖則備奏鐘鼓伎樂興駕比葬三臨之與禮依安
城王叔孫俊故事而賜襄城王杜超女南安長公主所生
妻之車駕親自觀興貴臣恩寵無與為比子統襲爵以父
任侍東宮太武以元舅陽平王杜超女南安長公主所生
選部主客二曹卒贈襄城王謚曰景穆子弟彌娥襲卒贈
襄城王謚曰恭曹元少子内給侍東宮景穆第彌娥襲卒贈
卧起同衣食父子有寵兩宮勢傾天下内性寬厚有父風
而恭慎不及正平初宮臣伏誅太武以魯元故唯殺内而
厚撫其兄弟

陳建代人也以善騎射擢為三郎遷下大夫內行長太武
討山胡白龍輕之單將騎戰十每自登山白龍伏壯士出
不意帝陛之賜馬幾至不測建以身捍賊奮擊殺數人被十餘
瘡帝壯之賜別戶二十文成初出為幽州刺史假秦郡公
右僕射加侍中進爵趙郡公建與晉陽侯元仙德長樂王
穆亮射平原王陸叡密契啓南伐帝嘉之遷司徒薨子
王帝與文明太后頻幸建第賜建妻於後庭薨子念生襲
有罪爵除

來大千代人也父初眞從道武避難叱候山象絪業功官
至後將軍武原侯與在八議大千驍果善騎射永興初襲
爵位中散至於朝賀之日大千常著御鎧盤馬殿庭朝臣
莫不嗟歎遷內三郎幢將典宿衛禁旅大千用法嚴明上
下齊蕭嘗從明元校獵見獸在高巖上持矟直前刺之應
手而死帝嘉其男壯太武踐阼與襄城公盧魯元等七人
俱為常侍持仗侍衛夜不離左右累從征伐以其壯勇著
戰功兼侍比境險要詔使巡撫六鎮以防寇虜經略布置
甚得軍宜後吐京胡及以大千爲都將計平之在吐京卒
喪還停於平城南太武出游還見而問之左右以對帝悼

歎者良父詔聽其喪入殯城內贈司空諡莊公子立賴襲
爵降為晉興侯

蘇由是御文成親欲射猛獸石叮馬諫引帝至高原公
又常從獵文成嘉之賜以綿常駿馬改爵義陽子後
猛獸騰躍殺人襲美其忠許後有犯罪宥而勿坐賜駿馬
漢安男後從討蠕蠕戰没石走馬引前道峻馬倒殞絕乃
行令從馬苑中游獵石走馬引前道峻馬倒殞絕乃
時賜魏道武嘉之以宗安妻焉拜上將軍祖若豆根明元
子歸魏道武嘉之以宗安妻焉拜上將軍祖若豆根父
宿石朔方人赫連屈丐第文陳之曾孫也天興中文陳父

為比征中道都大將卒追贈太原王諡康葬禮依廬曾元
萬安國代人也世爲酋帥父振尚高陽長公主拜駙馬
尉位長安鎮將爵馮翊公安國少明敏以國甥入
公主拜駙馬都尉位更部尚書進爵河南
將軍封安城王安國先與神部長奚買奴不平承明初
詔殺買奴於死中孝文聞之大怒遂賜死年二十三子翼
襲王爵有兹根者世爲紇奚部帥皇始初率部歸魏尚昭
成女生子枝位尚書今技尚華陰公主生子敬元紹之逆

官根事迹遺落故略附云

也主有功超授敬大司馬封長樂王薨子讓龔襲拜外都大

周觀代人也聽勇有膂力太武以軍功賜爵金城公位高

平鎮將善撫士卒號有威名後拜內都大官出為秦州刺

史撫馭失和部人薛永宗聚衆汾曲以版觀討永宗為流

天所中太武幸蒲坂觀聞帝至驚怖而起癉重遂卒帝怒

絕其爵云

北史列傳十三

〈十三〉

尉撥代人也父郍濮陽太守撥為大學生募徙兗州刺史

羅坥毄賊於南汝有功賜爵分休男討和龍毄吐谷渾皆

爵安城侯位比陳汝豫州刺史卒諡敬侯

陸真代人也父洛秦州刺史真少善騎射太武以真督

力過人也拜內三郎真君中從討蠕蠕以功賜爵關內侯後

攻懸瓠發權臨射城中弦不虛發從太武至江還次盱台

真功居多文成即位進爵都昌侯位選部尚書後拜長安

鎮將時初置長安鎮真率衆築城未訖而氐豪仇傊檀等

反叛真擊平之卒贈長安鎮將賜爵河南公長安人素伏其威稱卒諡曰列子延字樂

至皆帖然安靜在鎮數年甚著威稱卒諡曰列子延字樂

胡提頲有氣幹龍驤爵河南公例降改封汝陽侯位懷朔鎮

大將太僕卿受使綏慰秀容為牧子所害

呂洛拔代人也曾祖渇侯昭成時率戶五千歸國父知

太武時為西部長封榮陽公洛拔以壯勇知名文成末為

平原鎮都將將隨尉元動攻宋將張永大敗之賜爵武侯卒

長子文祖獻文以其動臣子補龍驤將素事中散以牧產

不滋坐徙武川鎮後文祖以獲虜語譯諸呈詔辭義通辯為

外都曹奏事中散後坐事伏法

薛彪子代人也祖達頭自姚萇時翠部落歸魏道武以壯

聊城侯待以工客禮賜妻鄭氏卒贈冀州刺史諡曰悼父

貌壯偉明斷有父風為內行長典奏諸曹事富官為近臣

野賭幵太二州刺史封河東公有聲稱卒諡曰闇彪子姿

外憚之及文明太后臨朝出為枋頭鎮將素剛簡子惠政

所嫉因小過黜為鎮門士及獻文南巡次山陽虎子拜訴

於路復除枋頭鎮將惠政文南通賊庸若文曰此

百姓便之沛郡太守邠太守張變咸以賊汙彪子

案之於法安率遣子第上書諡彪子南惠子

玦字壘珍形貌環偉少以幹用為典官容異後當升進何以慰官

玄矣推案東虛卒諡曰文子琇

笑嘗宣武謂曰卿風度峻整姿貌秀異後令每引見儀望甚

琛又曰宗廟之禮不敢不敬不忠朝廷之事不敢不忠自此之
外非庸臣所及正光中行洛陽令部內肅然時以久旱京
師見冤悉召集於都亭理問無久而雨元乂又滯洛陽獄唯有三人孝明
嘉之賜縑百疋琛本附元乂又復憂懼由是政教廢弛
是吏部尚書崔亮先奏立停年格不奏之以
免官本神軌執事靈太后格不委之以學割瑚璉任重言寄之
上書曰臣聞錦穀雖輕而寵太后格不委行鴈次若
命繫於牛長若其得人則蘇息有地任非其器為患更深
貫魚勘簿呼名一吏足矣數人而用何謂銓衡今黎元
以弱力若使選曹唯取年勞不簡賢否使義均行鴈次若
請郡縣之職吏部先盡擇才并學通古今曉達政職者以
應其選不拘入職遠近年勤多少其積勞之中有才堪牧
人者自在先用之限其餘小小當否未為失宜依次補
棄之將佐丞尉丟人稍遠老而
叙以酬其勤勞不報後因引見復陳之曰今四方初定
務在養人臣請依漢氏更立四科令三公牟貴各薦時賢
以補郡縣明立條格防其阿黨之端庶令塗炭之餘戴仰
有地詔下公卿議之事亦張元天穆討邢杲以琛為行臺
尚書軍次東郡時元顥已據鄴城邢杲又遍歷下天穆議
其所先議者咸以杲盛宜先經略唯琛以杲為聚眾無名

雖強猶賊元顥皇室眼親來稱義舉自河陰之役人情駭
怨今有際會易生感動待顥事決然後迴師天穆以軍情
所願遂光討杲杲降軍還至定陶天穆留琛行西兗州事
尋為元顥所陷顥執琛自隨尒朱榮破顥天穆引琛曰不
用君言乃至於此天平初拜七兵尚書齊神武舉兵信都琛不
府長史軍國之事多所關知琛亦推誠盡節屢進忠讜神
武大舉西伐度蒲津賊諫曰西賊連年饑饉故冒死來
入陝州但置兵諸道勿與野戰比及來秋麥人應餓
死寶炬黑獺自然歸降願無渡河侯景亦曰今舉兵極大
萬一不捷卒難收斂不如分為二軍相繼而進前軍若勝
後軍合力為前軍若敗後軍承之神武皆弗納遂有沙苑之
敗後泥陽盧仲禮及琛與諸軍討之轉毅州刺史為政
嚴酷更人苦之後歷位度支殿中二尚書天保元年卒於
兼尚書右僕射臨終勑其子儉以時服斂蹈月便葬不聽
求贈官自制喪車不加雕飾但用麻為旒領蘇纖綱絡而已
明器等物並不令置琛久在省閤明閑簿領當官剖斷敏
連如流然天性險忌情義不篤外若方格內實貪浮動受納
貨賄曲理舞法深文刻薄多所傷害人士畏惡之親東平
王元匡妻張氏淫逸放恣琛初與姦通後納以為婦感其
議言遂棄前妻于氏不認其子允家人內忿競相告列深

為世所識鄙贈開府儀同三司尚書左僕射青州刺史諡
曰威恭子允嗣

尉元字苣仁代人也世為豪宗父目斤勇略間於當時位
中山太守元以善射稍為羽林中郎以歷懶見知稍遷驍
部給事中賜爵富城男和平中遷北部尚書進爵太昌侯
天安元年薜射爵富城公孔伯恭赴之宋兗州刺史畢衆敬
東平太守章仇檻歸款元元為持節都督東
道諸軍事與城陽公孔伯恭征之遂長驅而進宋遣張
末沈攸之等屯于下磕安都出城元元依朝旨授其徐
州刺史遺中書侍郎高閭李璨等與安都俱入城別令

〔十七〕

孔伯恭撫安內外然後入彭城元以永仍擾陲要乃命
安都與璨等同守身率精銳揚文於外分擊呂梁絕其糧
運送捐城夜遁於是遣高閭與張讜對為東徐州刺史
本璨與衆敬對為東兗州刺史拜元開府都督徐州刺史
史淮陽公太和初徵為內都大官既而出為使持節鎮西
大將軍開府統萬乘步挽校於朝齊高帝既立多遣間諜
王以舊老見禮聽乘步挽然入為侍中都曹尚書遷高
軍動新人不逞之徒斬近帖然入為侍中都曹尚書遷高
書令進位司徒十年側降庶姓王爵封山陽郡公其年頻

表以老乞身詔許之元詣闕謝老引見於庭命升殿勞宴
賜玄冠素服文詔曰前司徒山陽郡公尉元前大鴻臚卿
新太伯游明根竝元身利貞明允誠素位顯旦宿歸老私
第可謂知始知卒希世之賢也公以八十之年宜處二老
之重卿以七十之齡可充五更之選於是養三老五更於
明堂國老庶老於階下孝文冉拜三老親祖割牲執醬而
饋於五更行肅拜之禮賜國老庶老衣服有差既而元言
曰自天地分判五行施光人之所崇莫重於孝順五孝
六順天下之所先願陛下重之以化四方臣既年衰不究
速趣心耳所又敢不盡誠帝曰孝順之道天地之經全承

〔十八〕 余

三老明言銘之于懷明根言曰夫至孝通靈至順感幽故
詩云孝悌之至通於神明光于四海如此則孝順之道無
所不格願陛下念之以濟黎庶年志杪數識昧然在
於黑髮豈不敢不敢盡誠帝曰孰數識昧然在
當剋已復禮以行來授禮甲乃賜步挽一乘詔曰夫尊老
尚更剋聖同致歆年敬德綿哲勳雖道謝玄風識昧
叙則然仰仰稟先誨企遵獻旨故權老以德立更以五德
斯彰見焉斯顯矣前司徒公元前鴻臚卿明根竝以元父德
勳重懃量歸老故篁老以三事更以五雖老更兼官篁篁
周祿然況事既高宜加珠養三老可給上公祿五更可食

元僚供食之味亦同其例十七年元爽馬帝親自茶覽
謚景桓公葬洛以珠禮給羽葆鼓吹假黃鉞班劍四十人子
覇襲爵遷洛於山陽在讖內已改為博陵郡公卒於恒州刺
蚵龍襲爵稍遷北部尚書文盛朋與乙渾共執朝政遷
事官中龍驤爵
尚書右僕射進爵南鄉公宋東平太守申纂以廉賜爵
恭赴之而宋東平太守申纂無鹽井州刺史房崇吉此
史謚曰順

三城遇絕王使皇興初加白曜使持節督諸軍事征南大
將軍進爵（黨公屯碻磝為諸軍後繼）白曜攻篡於無鹽
拔其東郭慕遣兵追執之（迴攻斗城下襲破慕容溝垣苗二戍得粟
萊城道束復粟三十萬石又先是淮陽公皮豹子再征垣苗
十餘萬斛由是軍糧充足先是淮陽公皮豹子再征垣苗
不剋白曜一旬內頻拔四城威震齊土白曜聞軍至
斗城不降殺數百人崇吉夜遁白曜撫其
人百姓懷之擢崇吉毋妻待之以禮宋遣將赴之白曜到
彭城鎮南大將軍尉元請濟師白曜詔襄吾毋妻待之以禮
瑕立遇東因傳會崇吉與從弟法壽詔盜宋盤陽城以贖毋

妻白曜遣將軍長孫觀覽等率騎入自馬耳關赴之觀至盤
陽諸縣悉降白曜自瑕立進攻歷城二年出東道固又茶州
刺史梁鄒邵于將密款而降白曜背釋之送道固
休賓及其弟屬千京師後乃從二城人望於下館延首
蕶郡懷寧歸安二縣以居之百餘家或為奴婢分賜百官
白曜雖在軍旅而接待人物寬和有禮所獲崇吉毋妻申
平壽縣獲其母別管安置不令士卒喧雜三年築圍攻擊雖士卒死
傷且多怨叛三齊安堵樂業刻城之日以沈文秀抗
俘不為之拜忿而挪撻唯以此見識以功拜開府儀同三
秀凡獲倉粟八十五萬斛始開府儀同三

司都督青州刺史進爵濟南王初乙渾專權白曜頗所挾
附後緣此追以為責四年見誅云謀反叛時論寃之白曜
少子真安年十一闓父被執將自殺家人止之曰我不忍見父
之死遂自縊王位高功重若小罪終不至此我不忍見父
可知真安曰王太和中著作佐郎成淹上表理白曜孝文覽
袁盎忿之白曜弟子契輕薄無檢太和初以名家子擢為
中散遷寧南安王楨之文祖受楨金賄云見條文祖
詣長安案之文祖貪瀆有貪暴之響導中散間文祖
后引羣臣謂曰前論貪瀆陪云見條文時亦在中後
竟犯法以此言之人心信不可知孝文曰卿等自審不勝
彭城鎮南大將軍尉元請濟師元詔襄吾公欲寇
瑕立遇東因傳會崇吉與從弟法壽盜宋盤陽城以贖毋

貪心者聽辭位歸第獎進曰小人之心無厭而帝王之法
有常以恆之心奉有常之法非所剋堪乞垂退免帝曰
契若知心不可常即知貪之惡矣何為求退遷宰官令賜
爵定陶男後卒於都督朔州刺史諡曰剋初慕容氏破後
種族仍繁天賜末頗忌而誅之時有免者不敢復姓皆以
興為氏延昌末詔復舊姓而其子女先入掖庭者猶號慕
容特多於他族

和其奴代人也少有操行善射御初為三郎文成初封平
昌公果遷尚書至僕射又與河東王閭毗太宰常英等並

平尚書事在官慎法不受私請遷司空加侍中文成崩乙
渾與林金閭擅殺尚書楊保年等時殿中尚書元郁率殿
中有衛士欲加兵於渾渾懼歸咎於金閭執以付郁時其
奴以金閭罪惡未分出之為定州刺史皇興元年長安鎮
將東平王道符反詔其奴討之未至而道符賊軍還斃內
外歎惜之贈平昌王論曰宣子受襲爵

苟頹代人也本姓若干父洛拔內行長賴厚重賽言少嚴
毅清真武力過人權為中散小心謹敬太武至江賜爵建
德男累遷司衛監洛州刺史抑強扶弱山東畏威不敢為
寇雖文明太后生殺不允頹亦言至懇切李惠李訢之誅

頹並致諫遷司空進爵河東王以舊老聽乘步挽杖於朝
大駕行幸三川頹留守京師沙門法秀謀反頹率禁旅收
捕聲獲內外晏然薨諡傳王長子愷襲爵河東王倒降為
公

宇文福其兗南單于之遠屬也世為擁部大人祖活撥入魏
慕容垂為唐郡內史遼東公道武之平慕容氏活撥以事及遷
洛敕福檢牧馬所規石濟以西河內以東雜畜牧於其所福
千里為牧地全之馬場是也及從代還雜畜孳耗孝文嘉之尋
善於將養遷無損耗

為第一容福少驍果有膂力太和中累遷都牧給事及遷
樂縣男歷位太僕卿都官尚書營州大中正瀛州刺史性
忠清在公嚴毅以信御人其得聲譽後除都督懷朔沃野
武川三鎮諸軍事懷朔鎮將至鎮卒諡曰貞惠子延字慶
壽體貌魁岸眉目踈朗位至散騎侍郎以父老詔聽隨
侍在瀛州屬犬乘袟竇突入州城延率奴客逆戰身被重
瘡賊縱火燒爇閣福時在內延突火入抱福出外支體灼
爛鬢鬚盡焦崔於是勤衆與賊苦戰賊乃散走以此見稱累
遷直寢與乃侯醜奴戰沒

論曰古弼軍謀經國有柱石之量張黎誠謹廉方以勳舊
見重亙纖介之間一朝隕覆宥及十世乃徒言耳劉潔等

之徒也五堆敗以亡身娥清伊歒俱以材力見用而歒以
謀歒取異其殆優乎乙瓌猛周幾之智勇代田之騎
射其位遇盡徒然也車伊洛宅心自遠宣常戎乎王洛兒
車路頭廬昌元陳建來大千宿石或誠發于衷驅卸苞難
或忠心存衛主義足感人苟非志烈亦何能若此宜其生受
恩遇殄盡哀榮至如安國以至覆亡害盈之義也周觀尉
撥陸真呂洛扶等咸克盛家聲美矣乎魏之諸
子者矣薛虎子世載強正曇珍之風膺將帥之佳咸名遠被
將罕方面之績尉元以寬難之風膺將帥之佳咸名遠被
位極松公老自致乞言之地無乃近代之一人歟白曜出專
薄代席卷三齊考績圖勞固不細矣而功名難勵追猜嬰
戮宵賢議勤未聞於斯日也和其奴之貞正苟頗之剛直
宇文福之氣幹咸亦有用之士柔

列傳第十三　　　北史二十五

宋隱　從子楷　楷孫弁　世軌　翻弟世景　弁族弟韶

許彦　子遵　曾孫冲

刀雍　采　五世孫憚

辛紹先

韋閬　孫子粲

杜銓

儒州徐州

【北史列傳十四】

昌

宋隱字處默，西河介休人也。曾祖奭，祖活，父恭，世仕慕容氏，始家於廣平列人焉。隱性至孝，專精好學，仕慕容垂位本州別駕，道武平中山，拜隱尚書吏部郎，積遷尚書左丞，領選以老病乞骸骨，不許。尋以母憂，列人既葬被徵乃還，妻子匿於長樂，數年而卒，臨終謂其子經曰：浮榮蹔聚，苟能入順父見，出恭鄉黨，至於功曹史，以忠事親，恐汝不能富貴，徒延門戶累耳，若忘吾言，是死其父也，使鬼有知，吾不歸食汝矣。弟宣字道茂，興泛陽盧玄、勃海高允等被徵拜中書博士，後拜侍郎行司徒校尉卒論從祖悟俱被徵，

〔二〕

昌昌

訪政弁年少，官微自下，而對詔瀑清，名為弁意取弁在南與亡之，數弁以為善者父之因是大被知遇，賜名為弁，佐才世顯，弁襲爵弁與李彪州里，選相祗好結承，請為著作郎，遷尚書殿中郎兼員外散騎常侍，奉使蕭子良，秘書丞王融等皆稱美之，以為志氣審誇不逮李彪而體韻和雅舉止閑邃，過之，轉散騎侍郎時散騎位在中書之右，孝文曾論江左事，弁在南與亡之弁既以逆取不能順守必不能貽厥孫謀保有南海若物憚其威身免為幸後車駕南征弁為司徒司馬東道副將軍人有盜馬韉者斬而徇於是三軍震懼莫敢犯法黃門郎崔光薦弁自代時大選內外群官弁為尚書奏吏部令長帝不許亦賞光知人未幾以弁兼司徒左長史四海士族弁專於銓量之任多稱旨然好言人之陰短高門大族意所不便者弁因毀之至於蕭族淪滯而人非可忘者又申達之弁又為本州大中正姓族多所降抑頓

外散騎常侍使江南爵列人，子卒於廣平太守長子顯襲爵顯無子養弟子弁為後，弁字義和父叔珍聚趙郡李敷妹因數事而死弁至京師見尚書李沖因言論移日沖異之退曰此人一日千里王佐才也顯卒弁襲爵弁與李彪州里

東莞侯宣子諶子乾字普賢以孝稱母喪歷中書博士員夢想見之求而遂獲時人異之卒於家諶歷中書博士爰瑤字普賢以爵卒於家曰蘭侯宣子謀子乾字普賢襲位

15-377

為時人所怨遠散騎常侍尋遷右衞將軍領黃門弈屢自
陳朕讓帝曰吾為政且常侍者亦不可有辭豈得專守一官不
助朕為政以弈弈常侍者黃門之職領軍者三衞之假攝不
足空所參預讓以棄大委其被知過如此孝北都之選李
沖多所參預讓抑朱氏弈與彭彧交結雅相知重
及彧之抗沖沖謂彧曰爾如狗耳為人所嗾及沖勁彧不
至大罪弈之力也彧除名弈大相嗟慨圖申復孝文在
汝南不豫大漸句餘日不見侍臣左右唯彭城王韌等數
人而已小瘥乃引見門下及宗室長幼諸人入者皆
致逘泣惟弈與司侍司馬張海歎欷流涕由是益重之

賀駕征馬圈留弈本官兼祠部尚書攝七女事又行執其
手曰臣家在祀與我故令卿緩攝一曹弈頓首辭謝
升動勢王事恩過亞於李沖帝每稱弈可為吏部尚書又
前道詔以升為之與咸陽王禧等六人輔政而弈先卒年
三十八贈瀛州刺史謚曰貞順弈性好矜伐自許骨肉孝
文以郭祚晉親名門從容謂弈曰卿自漢魏以來既無高官又
笑曰郭家未肯推弈人身自不惡乃復欲以門戶自矜為帝
傷勢何得不推升即取清素自立要爾不推侍臣出後帝
謂彭城王勰曰升人身自不惡乃復欲以門戶自矜殊為
可怪長子維字伯緒龍裝父爵為給事中坐諂事高肇出為

益州龍驤府長史辭疾不行太尉清河王懌輔政以維名
臣子薦為通直郎辟其弟紀行參軍靈太后臨政委任元
又恃寵憍盈懌每以公理裁斷又甚忿恨患懌遂與維
殊父子謀迎立懌被錄禁中文殊父子懌而逃道鞫無
反狀父子謀亡走懸廳大辟置懌於宮西別館禁共守之
維應及坐又言於太后欲開將來告者之路乃顯為燕州
昌平郡守紀為秦州大羌令維及紀頗涉經史構間天下
行懌篡奪親懿望朝野屬維安懌尊貴無狀構閒天下
十人莫不怪忿而賤薄之又又殺懌專斷朝政以維兄弟

前者告懌譏維為散騎侍郎紀為太學博士領侍御史又
甚眠之維超遷通直常侍又除洛州刺史紀超遷尚書郎
紀字仲烈初升謂族弟世景言維疎險而紀識慧不終
必敗吾業世景以為不爾至是果然聞者以為知子莫若
父尚書令李崇右僕射郭祚右僕射游肇每云伯緒凶疎
終敗宋氏幸得殺耳論者以為有徵後除營州刺史靈
太后反政以又黨除名遂還鄉里尋追其前誣告清河王
事於太后賜死子春卿早亡紀以次子欽仁嗣欽仁武定
末為太尉祭酒紀明帝末為北道行臺卒晉陽子欽道
欲道仕齊歷位中山太守長於撫接然好察細事其州府

佐吏使人間者先酬錢然後敢食臨從劇稱為嚴憂尋徵

為黃門侍郎又令在東宮教太子軍時鄭子默以文學

見知亦被親寵欽道本文法更不其謗譏古今兄有疑事

必詢子默二人幸於而宮雖謁王貴臣莫敢不敬憚欽道

遷祕書監仍帶黃門侍郎乾明初遷待中與楊愔同誅

贈吏部尚書趙州刺史頴字文賢

文劉膡言之以為涼州刺史弁族弟頴前妻劉氏後十五年

頴夢見之拜曰新婦今被顯分為易崇妻故來頴君法然

弼流頴曰見崇言之崇後數日而卒頴族弟鴻貴為定州

北平府參軍送戍兵於荊州坐取兵絹四百四兵欲殺之

乃斬兵十人又跛凡不達見令律有暴首罪乃生斷兵手

以水澆之然後斬決尋坐伏法時人良兵之苦笑鴻貴之

愚弁族弟翻

翻字飛鳥少有操行世人以剛斷許之華莊時除司徒左

長史河南尹初翻為河陰令順陽公主家奴為劫攝而不

送翻將兵圍主宅執主壻馮穆成驅向縣時正炎昌立之

日中流汗霑地縣攜有大枷時人號曰彌尾青及翻為縣

主更請於之翻曰置南墻下以待豪右未幾有內監楊小

駒詣縣請事辭色不遜翻命取尾青少蜀之小駒既兌入

訴於宣武宣武大怒敕河南尹推之翻具自陳狀詔曰兄卿

故違朝法豈不欲作威以買名翻對曰造者非臣買名者

亦宜非臣所以留者非敢施於百姓欲待山暴之徒如駒

者耳於是威振京師及為洛陽迄於河南尹畏憚權勢更

相承接故當世之名大致減損卒官贈待中衛將軍相州

刺史武初重贈驃騎大將軍儀同三司尚書左僕射雍

州刺史諡曰貞烈翻弟毓字道和敦篤有志行卒於太中

大夫子世良

世良字元亥年十五便有膽氣後隨伯父翻在南兗州屢

有戰功行臺臨淮王或與語奇之親朝以小朱榮有不臣

跡帝將圖之密令或將兵赴洛或在梁郡輒疾假世良都

督令遠南家發兵少聽期世良請簡見兵三十騎五日必

到洛陽弁陳三策或貧不能從弃為殷中待御史詣河北

括戶大獲浮惰遂見郡城旁多骸骨後書州郡恭令收

瘞其夜甘雨滂沱河內太守田佑賕貨百萬世良檢按之

奏殷中主齊會之事請改付餘曹帝曰卿意不欲親庖廚

官人肯如此用心便是更出一天下也其後遷殿中世良

未竟馮敖而遷孝莊勞之曰知卿所括得丁倍於本帳若

不敬其賢正便令頻年補疾秦科其聚帝嘉之謂長孫永

道常為送秦世良証奏科其聚帝嘉之謂長孫永業曰宋

郎中實有家風甚可重也後拜清河太守世良才識閑明

尤善政術在郡未幾聲聞甚高陽平郡移檄劫盜三十餘

人世良訊其情狀唯送十二人餘皆放之陽平太守魏明

朗大怒云頗放吾賊及推問送者皆實非明朗大

服郡東南有曲堤成公一姓阻而弗賓之蕃溢多姦於此人

為之語曰寧度東吳會稽不歷成公曲堤世良施八條之

制盜奔他境人又謠曰曲堤雖險賊何益但有宋公自牙

跡齊天保初大赦每日牙門虛敕無後訴訟者謂之神門其

桃樹蓬萬高亦滿郡無一囚率羣吏拜詔而已獄內穆生

冬醴泉出於界內及代至傾城祖道有老人丁金剛者泣

【北史列傳十四】

【七】

而前謝曰老人年九十記三十五政府君非唯善政清亦

徹底今失賢者人何以濟莫不攀轅涕泣後卒於東郡太

守贈信州剌史世良強學好屬文撰字略五篇宋氏別錄

十卷子伯宗位侍御史性清退好學多所撰述至齊不仕

世軌幼自脩整好法律大業初歷三尚書三公二千石都

官郎中兼并州長史執獄寬平多所全濟為都官郎中有

因事杖將送垂致法世軌道騎追止之切奏其狀遂免

遷廷尉少卿洛州人聚結欲劫河橋吏捕案之連諸元徒

黨千七百人崔昂為廷尉以為反數年不斷及世軌為少

卿判其事為劫賊殺魁首餘皆從坐悉舍焉大理正蘇珍之

平幹知名寺中語曰決定嫌疑蘇珍之視表見裏宋世

軌時人以為寺中二絕南臺因到廷尉世軌多垂不止送

攝御史將問其濫狀中尉畢義雲不送移往復不止移雲

遂上書極言義雲酷擅文宣引見二人親敕世軌曰我知

臺比所為誠合死理卿執抗衡但守此心勿慮不富貴敕義雲

曰卿比人卿能執理在疾惡敕一恕仍顧謂朝臣曰

宋廷尉死我等宜有生路贈光州剌史諡曰平無子世良

以第五子朝基嗣翻弟世景

【信州襄州百州汝】

【北史列傳卅四】

【八】

世景少自脩立事親以孝聞與弟道與下帷讀誦博覽羣

言尤精經義族兄弁甚重之舉秀才上第冊還彭城王勰

開府法曹行參軍勰愛其才學雅相器敬文其嘉異之

曰此二人立我身後諸君宜為致死之志在疾惡敕

僕射才也臺中疑事右僕射游肇每稱曰宋世景精微審

如流轉尚書祠部郎彭城王勰每稱曰宋世景明幹無儔

從政加之夙勤不忩兼領數曹深為尚書令任城王澄

為行臺郎然密懷其族以備所黜陟實判寺不咸允還七

別置諸戍明設鎮十有餘所黜陟懷大相委重還為宣

武以為不減李沖帝曰朕亦聞之後為伏波將軍行滎陽

太守鄭氏豪橫號為難制滄州刺史鄭尚弟遠慶死為苑
陵令多所受納百姓患之而世景縄之以法遠慶懼棄官
亡走於是屬縣畏威行
意自若世景終日坐於聽事未嘗寢息父聞之事巨細必知
莫不改肅終日坐於聽事未嘗寢息父聞之走於
發姦摘伏有若神明嘗有一吏休滿還郡食之雞豚又有
一幹受人一帽又食二雞道遠世景叱而告之吏俯伏首服
哀而卒焉世景曾撰晉書竟未得就遺腹子李儒位大學博
性過絕於人及道瓌死哭之酸感行路致後寢室壞墜而
於是上下震悚莫敢犯禁坐弟道瓌甚有理致

殞時人悼傷惜之道瓌少而敏俊自太學博士轉京兆王
愉法曹行參軍坐愉又得罪作詩及挽歌詞寄之朋親以
見寬福道瓌又曾贈著作郎張始均詩其末章云子深懷
壁憂余有當門病道瓌既不免難始均亦遇世禍時咸怪
之道瓌與從孫孝王學涉亦好綴文藻形貌魁陋而好風
非人物時論甚疾之為比平王文學求入文林館不遂因
儻余有撰甚疾之為比平王文學二十卷會周武滅齊改為關東風
俗傳更廣見勒成三十卷以上之言多妄謬篇第兀雜
許孝字道讓高陽新城人也祖茂仕慕容氏高陽太守孝
無著述體周大象末預尉迥事誅死

孤貧好讀書從沙門法敷受易太武徵令卜筮頗驗遂
在左右參與謀議身質厚慎密與人言不及內事帝以此
益親待之賜爵昌國公拜相州刺史州受納多違法度
詔書切讓之然以舊腹心近臣弗之罪也卒諡宣第公子熙
契熙辛子安仁襲安仁子元康襲隆爵為侯既平宗之
殺超家人告狀宗之上超誣蔑之罪宗之曰此必
之因循郡縣求取不節深澤人馬超誣謗宗之怒歐
歷位中尚書定州刺史潁川公受敕討丁零既平宗
子恂字伯禮頗有業尚闊門雍睦三世同居卒

宗之懼罪誣超謀反果狀送斬於都市元康弟護州主簿
神傳常稱其家風位司徒諮議參軍脩起居注拜太中大
悼字李房清識敏達從政位司徒主簿悼
時人號為入鐵主簿稍遷陽平太守時選都於鄴陽平為
夫卒贈吏部尚書冀州刺史諡弟悼
之以道咸以無怨政為天下第一特加賞異圖形於闕詔
頌天下願魏尹齊梁二州刺史政並有治聲選大司農
王恩政入據潁城王師出討悼常督軍無之絕引洈水灌
城悼之策也遷殿中尚書悼美頌下垂至帶省中號長蠟
公齊文宣畳因酒酣提悼頻稱美以刀截之唯留一握悼

懼因不復敢長人又號武頌公歷御史中丞膠州刺史司
農太理二卿再爲支尚書太子少保少師光祿大夫開
府儀同三司尚書右僕射特進賜爵萬年縣子食邑下邳
郡幹博年老致仕於家三年卒伸少純直晚更浮動齊朝
體式本州大中正以官官歷之乾明中邢邵爲中書監德
望其高博與邢競中正遂憑附宋欽道出邢邵爲刺史朝議
甚鄙薄之雖父勵中諸人或談訊經與邢魏牧陽休之徒
而睡不爲勝流所重子文紀武平末慶支郎中文紀弟文
嘲戲欣笑滿堂博不好劇談又無學術或吟詠詩賦更相

經勤學方雅身無擇行口無戲言武平末殿中侍御史隋
開皇初侍御史兼通直散騎常侍聘陳使副主爵侍郎卒
於相州長史博兄遜字仲讓有幹局乾明中平原太守卒
贈信州刺史遜子文高司徒掾
刀雕字淑和勃海饒安人也曾祖協從晉元帝慶江表京
口位尚書令父暢晉右衛將軍初晉相劉裕微時負社錢
二万達時不還暢故吏逄舞姚興爲太子中庶子及姚泓滅與司
馬休之等歸魏請於南境自効明元假雕建威將軍雕遊
於河濟間招集流散傳檄邊境雕第彌時亦率衆入京口

親共討裕裕頻遣兵破之阝兀南幸鄴雕雕朝於行宮明元
問曰縛劉裕者於卿親跳雕曰伯父帝笑曰劉裕父子當
應嫜卿於是假雕鎮東將軍青州刺史東光侯使別立義
軍又詔雕合隨機立効雕於是招集謀渠彭沛人五千餘
家置二十七營遷鎮濟陰遷徐州刺史賜爵東安伯後除
以高平定統萬及薄骨律等四鎮出車五十乘運屯
薄骨律鎮將雕以西土乏雨麥求鑒渠漑公私田又奉詔
幸屯山河水之次造船木運又以所綰邊要常懼不虞造
城儲穀置兵備守詔皆從之詔即名此城爲刁公城以旌

功焉皇與中雕與隴西王源賀及中書監高允等立以者
年特見優禮錫雕几杖翊復上殿月致珍羞焉雕性寬柔
好尚文典手不釋書明敏多智凡所爲詩賦論頌并諸雜
文百有餘篇以訓子孫太和八年卒年九十五諡曰簡子遵
遵字奉國襲爵辭讓少不拘小節長更慷改太和中倒降爲
侯嘗經篤疾幾死見有神明教之言福門子當專長年後
辛於洛州刺史諡曰惠侯子楷早卒楷子沖
沖字文朗十三而孤事慕過人其祖母司空高允女聰明
婦人也哀其早孤撫養尤篤沖免喪後便志學他方高氏

涇渭留之沖絲不止雖家世賣遂及從師於外自同諸生
于時學制諸生乘日直監廚沖雖有僕隸不令已身自
炊爨每師受之際發志精專未捨晝夜忘寢與暑學通諸
經偏愔鄭說陰陽圖緯算數天文風氣之書莫不關綜當
世服其精愔刺史郭祚聞其盛名詣以疑義沖應機解辯
無不祛其父惑後太守范陽盧尚之從高肇擅恣威權沖乃抗
沖為功曹主簿非其人也受署而已不關事務唯以講學
為心四方學徒就其受業者歲有數百沖雖儒生而執心
壯烈不畏強禦延昌中帝甚嘉之起家司徒祭酒加立徵
表極言其事辭旨懇直文義忠憤太傅清河王懌覽而歎

〈十三〉　北史列傳十四

息先是沖曾祖雕作行孝論以誡子孫稱古之葬者衣之
以薪不封不樹後世聖人易之以棺槨至秦以後生則不
能致養死則厚葬過度及於末世遷靡裂纊碎俗而葬者
確而為論立非折衷既知二者之失豈直同之當今所存
者棺厚不過三寸高不過三尺并用繪絹以時服輬車
止用白布為幰不加畫飾各為清素車又去挽歌方相并
以新器雜物及沖祖遵將卒敕其子孫令奉遺旨河南尹
明用惠讚為太僉貽書於沖叔整令與通學議之沖乃
丞張普惠讚為論其事學官竟不能否神廳末沖以
致書國學諸儒以論其事學官竟不能否班以高選頻碎記室
傳祖爵東安侯京兆王繼為司空也班以高選頻碎記室

參軍明帝將親釋奠於是國子助教韓固與諸儒詣國
子祭酒崔光更部尚書甄琛舉其子學秦而徵焉及卒國
子悖士高涼及范陽盧道倪廬景裕等復上狀陳沖業行
議奏謚曰安憲先生祭以太牢子欽字志儒早亡楷第整
字景智少有大度頗涉書史太和十五年為奉朝請文
都洛親沖選除司空法曹行參軍累遷黃門郎普泰初假
征東大將軍滄冀瀛三州刺史大都督尋加車騎將軍右
光祿大夫崔光遂達本鄉賊亂奉母客於齊州饒之際光卒母即
高允之女崔光妻亮皆經允接持是以涼煥之際光等皆
致拜焉天平四年卒於鄴贈司空公謚曰文獻整辭音律

〈十四〉　北史列傳十四

子柔
輕財好施交結名勝聲酒自娛然貪而好色為議者所貶

子柔字子溫少好學留心儀禮性強記至於氏族內外皆所
諳采居母喪以孝聞初為魏廣武挍郎解巾司空行參軍
齊天保初累遷國子悖士中書令魏收撰魏史啓柔等同
其事柔性專固自是所聞收常嫌悖又參議律令時議者
以為五等爵邑承襲與典無嫡孫應立嫡曾孫不應立嫡
孫子年立嫡孫弟柔議曰案禮立嫡以長故謂長子為嫡
子弟議曰案禮立嫡孫死則曾玄亦然然則嫡子之名本為傳重

資夜服曰庶子不為長子三年不繼祖與禰也禮公儀仲
子之夜檀弓曰我未之前聞也仲子舍其孫而立其子何
也子服伯子曰仲子亦猶行古之道也昔者文王舍伯邑
考而立武王發微子舍其孫腯而立其弟衍鄭注曰仲子
為親者諱耳立子非也文王之立武王權也微子舍其孫
立衍殺禮也子游問諸孔子孔子曰不五孫注商以嫡子死
子死立孫嫡子之母周以嫡子死立嫡孫嫡子之子為嫡故
尊先立孫夜服云為父後者為出母無服小記云祖父卒
而後為祖母後者三年為母無服喪者不祭故也為祖母
春秋公羊之義為後者為之子質家親親先立弟文家尊
尊先立孫夜服云為父後者為出母無服小記
子母弟者則為父後矣嫡子母弟本非承嫡以無嫡故得
為父後者則為嫡矣嫡子母弟本非嫡以無嫡故得
三年者大宗傳重故也今議以嫡孫死而立嫡子母弟嫡
祖後者服既得為祖服而不應合其弟或從周家尊
尊之文豈宜舍其弟或立嫡子母弟而立其弟或以周家尊
用商家親親之義本不應合嫡子而立其弟或從周家尊
祖後者服既得為祖服而不得為傳重矣之間也小記
為父後則嫡子母弟本非嫡以無嫡故得為父後然後為
云嫡婦為舅姑後者則舅姑為之小功注云夫有廢疾
他故若死無子不受重者則舅姑為之小功凡父母於子夜
姑於婦將不傳重於將所傳重者非嫡及將所傳重者皆如衆
子庶婦也言死無子者謂絕世無子非謂無嫡婦如其子

清蕭苓莊初行濟州刺史以功封曲城鄉男壽武初遷驄
而不聞後有盆發之勅令桃弓追捕咸來禽獲於是州境
雙至境先遣蕭桃弓陳示禍福桃弓即隨便歸罪雙捨
州刺史時賊盜蜂起州人張桃弓等招聚亡命公行劫掠
二人易之以慢與略微有舊乃令至境迎接明帝末除西死
頗訴靈太后乞徵略還朝廷乃以徐州所獲俘江革祖昕
知略因雙慴慴拜光祿大夫時略姊饒安主刀宣妻也政
略曰會有一死所難過耳今遭知己視死如歸願不以為
康略復專求南轉雙乃遣從子昌送達江左靈太后反政
第略投命於雙雙藏謹周年時贈略甚切略懼來送出境
守為政清簡吏人安悅及中山王熙起兵誅元又事敗熙
鄉雙少好學兼涉文史雅為時所知賞雙字子山高
祖敕召吉𨛻郡太守戡因貲瓽者青州之安樂至雙始歸本
有榮貴而陰風不墜情樂為時所鄙雍蔟孫字子出高
官尚書僕大將軍濟州刺史卒贈太尉公謚曰武刀氏世
貴為時論所譏整毕宣字季達以功封高城縣候歷位都
勒戍之際則為後服斬亦宜有損益革代相沿必謂宗嫡
變者則為後服斬亦宜有損益革代相沿必謂宗嫡
為得云無後夫雖廢疾無子婦猶以嫡為名候既在而
資夜服曰庶子不為長子三年不繼祖與禰也禮公儀仲
欲廢其子者如禮何有損益革代相沿必謂宗嫡可得而

騎大將軍左光祿大夫興和三年卒贈車騎大將軍儀同

三司瀛州刺史諡曰清穆

辛紹先隴西狄道人也五世祖怡晉幽州刺史父深仕西

涼為驍騎將軍及涼州歆而身死於難與沮渠蒙遜戰於蒙泉軍敗

失馬深以所乘授歆而身死於難與沮渠蒙遜戰於蒙泉軍敗

平級先內徙家於晉陽明敏有識量尠嗜慾義烈見稱西土涼州

盧度世同郡李欽等甚相友善故常著垂裙帽魏時朝廷欲綏安初

甘味頭不櫛沐遂落盡故常著垂裙帽自中書博士

轉神部令皇興中薛安都以彭城歸魏時朝廷欲綏安初

道成謂順之曰辛紹先未易侵也宜共慎之於是不歷郡

境徑屯呂梁卒於郡贈兗州刺史晉陽侯諡曰惠子鳳達

既道樂古有長者之名卒於京兆王子遵咸王推國常侍鳳達子

祥字萬福舉司州秀才珊還司空王簿咸陽王禧妃即祥

妻之妹也及禧構逆親知多離謗祥獨蕭然不預轉并

州平北府司馬有白馬還立蹇道顯祥被誣為賊官屬咸疑

之祥曰道顯面有悲色察獄以色其此之謂子苦執申之

生之友也梁遣求援因此緣淮嶺戍相繼降沒唯祥堅城

月餘別攻具賊後徐州龍驤府長史帶義陽太守曰早

固守梁又遣將胡武城陶平虜於州南金山之上連營優

遍獲出其不意襲之賊大崩禽平虜斬武城以送京師州

墇獲全功方有賞授而刺史裴忻惡勳出其下聞之執虜

政事竟不行胡賊劉龍駒作迎華州徐祥安定王燮征虜

府長史仍為別將與討胡使薛和滅之卒贈南青州刺史

祥弟少雍字季和少聰穎有孝行尤為祖父紹先所愛紹

先性仁愛羊肝常呼少雍共食及紹先卒少雍終身不食肝

性仁厚有禮義門內之法為時所重稍遷司空高陽王雍

田曹參軍少雍清正不憚強禦積年人訟造次決之請託

路絕時稱賢明正始中詔百官各舉所知高陽王雍及吏

部郎中李憲俱以少雍為舉首卒於給事中少雍妻王氏

有德義少雍與從弟懷仁兄弟同居懷仁等事之甚謹閨

門禮讓人無間焉士大夫以此稱美子元桓武定中儀同

府司馬元桓弟士遜太師開府功曹參軍鳳達弟穆字叔

宗舉茂才東雍州別駕初隨父往下邳與彭城陳敬文友

善敬文弟敬武少為沙門從師遠遊經二十年始

卒以雜綵二十四詐穆與敬武為別穆如故世稱廉信歷東荊州

於洛陽見敬武以物還之封題如故敬武不得見經二十年始

司馬轉長史帶義陽太守領戍雅有惠人之志丗轉波陽一郡

太守遇水澇人饑上表請輕租賦帝從之遠敕汝陽一郡

聽以小絹為調除平原相徵為征虜將軍太中大夫未發
卒於郡贈後將軍幽州刺史子子馥字元穎早有學行累
遷平原相父逝為此郡更人懷安之元顯入洛子馥不
從莊帝反政封三門縣男天平中除太尉府司馬白山連
接三齊琅玡政之所又諸州豪右在山戲鑄姦黨多依
之又要害宜立六伏上表請破罷諸州治朝廷善而從之後卒
於清河太守子馥以三傳經同說異遂總為一部傳注立
出校比短長會亡未就

韋閬字友觀京兆杜陵人也世世為三輔冠族祖楷晉長樂
清河二郡太守父逮熹容垂大長秋御閤少有器望遇慕
容氏政亂避地薊城太武初徵拜咸陽太守轉武都太守
卒郡子範試守華山郡賜爵高平男卒範子儁字潁超早
有學少孤事祖母以孝聞性溫和廉讓為州里所稱太和
中襲祖爵歷位都水使者宣武朋領軍于忠矯擅威刑儁與
左僕射郭祚昏嫁故亦同時遇害臨終訴枉於尚書元欽
欽知而不敢申理儁歎曰吾一生為善未蒙善報常不為
惡今為惡終憾恨恨著天抱直無訴時人咸怨傷焉熙平元
年追贈洛州刺史子暉茂歷王蕭寶夤為雍州刺史引為府主簿轉錄
子粲字暉茂歷王蕭寶夤為雍州刺史引為府主簿轉錄

事參軍及錦衾寅及子樂與弟子樂執志不從相率逃免雍
州平賜爵長安子晉泰中累遷中書侍郎孝武帝入關子
粲歷行臺左丞南汾州刺史少弟道諧俱被獲送於晉陽子粲
中齊神武命將出討子粲父道諧男後卒於豫州刺
史遷南兗州刺史齊天保初封西煞縣男後卒於豫州刺
史論曰忠子粲兄第十三人立有孝行居父喪毀瘠過禮
既葬廬於墓側負其成壙弟樂其最知名樂兄弟子昱博
學有文才德行仁孝為時所重歷議大夫衛大將軍卒
贈河州刺史子綱字世紀有操行才學見稱領袖本州調
為中正開皇中位趙州長史有子文宗文翩立

叔道福父罷為待堅丞相王猛所器重以女妻為仕堅為
東海太守堅滅奔江左仕宋為秦州刺史道福有志略仕
宋位盱眙南沛二郡太守領南兗州刺史父喪重與徐州刺
史薛安都謀擁州內附賜爵高密侯因家彭城卒贈兗州
刺史論曰簡子欣宗以歸國勳別賜爵歷位太中
大夫行幽州事卒贈南兗州刺史諡曰簡閭從子崇字洪
其父庵寧道壽隨劉義真度江位豫州刺史子崇年十歲父
卒母鄭氏攜以入魏因居河洛少為舅兗華嬪除南穎
所器賞位司徒從事中郎孝文納其女為充華嬪除南穎
川太守不好發擿細事恒云何用小察以傷大道更人感

之郡中大安帝閏而嘉賞賜帛二百匹遷洛以崇為司州
中正桑除咸陽王禧開府從事中郎復為鄉郡太守更滿應代史中諸
頗居衡品以平直見稱出為鄉郡太守更滿應代史中諸
闕乞留復延三年後將軍太中大夫卒子猷之釋褐奉朝請轉給事中步
兵校尉補遷前將軍太中大夫卒子道之弟休之貞和自
守未嘗言忤物歷位給事中河南邑中正安西將軍光父
祿大夫卒文叔子道建道儒閭閭族弟珍字靈智孝文賜名焉父
子尚字文叔位樂安王良安西府從事中郎卒贈雍州刺
史珍少有志操歷位尚書南部郎孝文初蠻首桓誕歸款
朝廷思安邊之略以誕為東荊州刺史令珍為使與誕招
慰蠻左珍至桐栢山龍淮源宣揚周澤莫不懷附淮源舊
有祠堂蠻俚恒用人祭之珍乃曉告曰天地明靈即人之
父母豈有父母甘子肉味自今宜悉以酒脯代用羣蠻從
約自此而改凡所招降七萬餘戶置郡縣而還以奉使稱
旨賜爵霸城子後以軍功進爵為侯累遷顯武將軍郢州
刺史所在有聲績朝廷嘉之遷龍驤將軍賜驊騮二匹帛
五十四穀三百斛珍乃召集州內孤貧者謂曰天子謂我
能撫綏卿等故賜以穀帛吾何敢獨當遂以所賜悉分與
之尋轉荊州刺史與尚書盧陽烏征赭陽為齊將垣歷生
蔡道恭所敗免歸鄉里臨別謂陽烏曰主上聖明志吞吳

會用兵機要在於上流若有事荊楚恐老夫復不得停耳
後車駕征鄧沔復起珍為中軍大將軍彭城王勰長史鄧
沔既平試守曾陽郡孝文復南伐路經珍郡加中壘將軍
正天守珍從至清水帝曰朕頃戎車再駕卿恒翼務中軍
今日之舉亦欲引卿同行但三鵶嶮要非卿無以守也因
中散大夫尋加鎮遠將軍太尉諮議參軍卒贈本將軍青
州刺史諡曰獻長子纘字遵彥年十三補中書學生聰敏
明辯為博士李彪所稱再遷侍御中散孝文每與德學沙
門談論往復纘掌綴錄無所遺漏頗見知賞累遷長兼尚
書左丞壽春內附尚書令王肅出鎮揚州請纘行州事任城王澄
史加平遠將軍帶梁郡太守蕭衍敕纘行州事任城王澄
代蕭為州復啟纘為長史澄坐事免官卒纘弟綏字遵慶亦
攻襲迷樣外郭雖奉朝請稍遷平遠將軍東豫州刺史綏懷蠻
有學識解褐奉朝請稍遷平遠將軍東豫州刺史綏懷蠻
左頗得其心蠻酋田益宗子曾生曾賢先叛父南入數為蠻
寇掠自或至州曾生等咸感啟悔敬不復為害或以蠻俗
不識禮儀乃立太學選諸郡生徒於州總教又於城北置
崇武館以習武焉州境清肅罷還遇大將軍京兆王繼西
征請為長史尋以本官兼尚書為關夏行臺以功封陰盤

縣男卒贈撫軍將軍雍州刺史諡曰文子彤襲爵莊末為
藍田太守因仕關西彤弟融以軍功賜爵長安伯稍遷大
司馬開府司馬融要司農卿趙郡李瑾女疑其妻與童武
王景欣姦通乃酖殺之懼亦自殺融弟胚字遵顯少有志業
年十八辟州主簿時屬歲儉胚以家粟造粥以飼饑人所
活甚衆解褐太學博士稍遷右軍將軍為荊郡和糴大使
南鄧州刺史田夷於稱胚父珍往任荊州恩洽夷夏乞胚
充南道別將領驍勇共為膚骨詔從之未幾行南荊
州事遷東徐州刺史梁遣其弟鄧州刺史田麟悟率衆來寇
胚於石羊岡破斬之以功封杜縣子卒於侍中雍州刺史
諡曰宣長子鴻字道衍頗有幹用累遷中書令人天平三
年坐漏泄賜死於家

杜銓字衡士衡北人晉征南將軍預五世孫也祖胄符堅
太尉長史父叡慕容垂秘書監仍僑居趙郡銓學涉有長
者風與盧玄高允等同被徵為中書博士初窈太后父豹
裹在濮陽太武欲令迎護於鄴謂司徒崔浩曰天下諸杜
何處望重高朕今方改葬外祖意欲取杜中長老一人以為
宗正令管護凶事浩曰此縣杜頭最盛當召見銓器貌瓌雅太
在趙郡見杜頭後於今為諸杜最浩乃引見與杜超子道
武感忧謂浩曰此真吾所欲也以為宗正令與杜超子道

生送豹喪椒杷致葬鄴南銓遂還如親超謂銓曰既是宗
近何緣僑居鄴郡乃延引同屬魏郡居趙
新豐侯卒贈相州刺史魏鄧縣侯諡曰宣子振字元舉秀
才卒於中書博士振子遇字廉卿位尚書起部郎贈官村
瓦起立私宅清論鄙之卒於河東太守贈郡官尚書豫州
刺史諡曰惠銓族孫亮字宣明學通經史府位止樂陵
景子裕字慶延雖官非貴仕而文學相傳仕齊位止
今齋亡退居教授終于家子正玄字知禮少傳家業聰志
經史隋開皇十五年舉秀才試策高第曹司以策抵地不視
射楊素怒曰周孔更生尚不得為秀才刺史何忽妄舉此
人可附下考乃以策抵地不視時海內唯正玄一人應秀
才餘常貢者隨例銓注記正玄獨不得進止曹司以選期
將盡重以啟素素志往試退正玄乃手題使擬司馬相如
上林賦王褒聖主得賢臣頌班固燕然山銘張載劒閣銘
白鸚鵡賦曰我不能為君住宿可至未時令就正玄及時
並了素讀數編大驚曰誠好秀才命曹司錄表薦之吏部
期已過注邑令還期年重集素謂曹司曰秀才訝杜正玄至
又試官人有奇器關問以擬長寧王記室參軍時素情
優叙曹司以擬長寧王記室參軍時素情
小王不盡其才也晉王廣方領揚州秒選府寮乃以正玄

為晉王府參軍後豫章王鎮揚州又為豫章王記室卒正
玄弟正藏字為善亦好學善屬文開皇十六年舉秀才時
蘇威監選試擬賈誼過秦論及尚書湯誓匠人藏運理樹
賦几賦弓銘雁時立就又無點竄時射策甲第者合奏曹
司難為別奏抑為乙科正藏訴屈威怒改為景第授純州
行參軍遷梁郡下邑縣正大業中與劉炫同以學業該通
應詔被舉時正藏儀貢充進士正倫為秀才兄第三
人同時應命當世嗟美之著作郎王劭奏追慱史司毅大
夫薛道衡奏擬從事立以見任且拔還九年從駕征遼為
夫餘道行軍長史還至涿郡卒正藏為文迅速有如宿構
貫令數人立執紙筆各題一文正藏口授俱成皆為文理
為當時所異又為文軌二十卷論為文體則其有修貫後
論曰宋隱探行之名資以觧禍大行於世謂之杜家新書云
生寶而行之多資以觧禍大行於世謂之杜家新書云
可謂德門者矣義和以才度見參額命按幸出類當
有以哉典子之歎豈徒羊舌宗祀不亡蓋其幸也翻岡鯁便
自立猛而斷務世良比李雅有家風道謨卜筮取達李良
累於學淺刀雕才識恢遠著聲立事禮遇優隆世有人爵
堂搆之義也辛韋不殞門風杜銓所在為重正玄難兄難
弟信為美哉

列傳第十四

北史二十六

方淪　周益　周之覓　孫　　　校正

屈遵

張蒲

谷渾　曾孫楷

公孫表

張濟

李先

賈彝

竇瑾

李訢

韓延之

袁式

毛脩之　顯祖　朱脩之

寇讚　孫儁

酈範　子道元

韓秀

堯暄　孫雄

柳崇

此史傳十五

一

屈遵字子度昌黎徒何人也博涉……宇多所藝綜容止以為博

此史傳十五

二

陸令武南代屬成長吏率多逃……遵獨歸道武道武素聞其
東走海濱屬成長吏率多逃竄遵……
名拜中書令中原既平賜爵……蔡子卒子須襲爵除長樂
太守進爵信都侯卒贈昌黎公諡曰恭須長子恂字長生
沈粹有局量歷位尚書右僕射加侍中以破平涼功賜爵
濟北公太武委以大政車駕出征常居中留鎮與襄城公
盧魯元俱賜甲第真君四年薨馬卒時帝幸陰山景穆
使馬送令步贈贈西大將軍諡曰成公子道賜襲爵尚書右僕射加侍
乘輿喪狀帝其悼惜之謂使人曰汝等殺朕良臣何用
賜善騎射機辯有辭氣太武其器之位尚書右僕射加侍
史

張蒲字玄則河内脩武人也本名謨父攀仕慕容垂位兵
部大人時太武南伐禽守將胡盛之以付拔酒醉不覺盜
子孫朕將何以應乃赦我後獻文以其功臣子拜濟州刺
部尚書以清方稱蒲少有父風仕慕容寶為尚書左丞道
武定中山寶官司叙用多降品秩帝既素聞蒲仍拜尚
書左丞明元即位為内都大官賜爵泰昌子參決庶獄私
謁不行後改為壽張子太武即位以蒲清貞妻子衣食不

給乃以為相州刺史扶弱抑彊進菁惡風化大行卒於
官吏人痛惜之蒲在謀臣之列蔞出為將朝廷論之常以
為稱首贈平東將軍平公謚曰文恭子昭龍襲以軍功進
爵脩武侯位幽州刺史以善政見稱
谷渾字元沖昌黎人也父袤彎弓三百斤勇冠一時仕慕
容垂位廣武將軍渾少有父風住俠好氣脫乃折節授經
業被服類儒者道武時以善隸書為內侍左右太武時累
遷侍中儀曹尚書賜爵濮陽公渾正直有操行性不苟合
然愛重舊業故不以富貴驕人時人以此稱之在官廉直為
太武所器重以渾子孫年十五以上悉補中書學生卒謚
曰文宣子闓字崇基襲爵位外都大官卒謚曰簡公子洪
字元孫位尚書賜爵滎陽公性貪奢者僕妾衣服錦綺時獻
文舅李峻等初至官給衣服洪輒截沒為有司所糾并窮
其削後贓罪伏法子穎位太府少卿封元城縣侯贈營州刺史謚曰
貞子恢字紹達位鴻臚少卿封元城縣侯贈營州刺史謚曰
僴懼紹達聞構於帝因言次以紹達為州紹達耽寵不願
出太后諷其罪嚴忍前後奉使皆以酷暴為名時人號曰
聊一目性其嚴忍前後奉使皆以酷暴為名時人號曰瞎
武累遷城門校尉卒
公孫表字玄元燕郡廣陽人也為慕容垂尚書郎慕容垂

破長子從入中山慕容寶走乃歸為博士初道武以慕容
垂諸子分據勢要權柄推移遂至亡滅表詣關上韓秩書
二十卷道武稱善明元初賜爵固安子河西飢胡劉武反
於上黨詔表討之為胡所敗帝深銜之太常七年宋武帝
殂時議取河南侵地以奚斤為都督以表為吳兵將軍廣
州刺史表既剋滑臺逐圍武牢車騎次汲郡始昌子蘇坦
太史令王亮奏表置軍司馬武牢東不得形便之地故令賊不
時滅明元雅好術數又積前忿及攻武牢士卒多傷乃使
人夜就帳中絞殺之以賊未退祕而不宣初表其衡之及封氏為司
惜友善後為子求惜從女惜不許表其衡之及勃海封
馬國璠所逮帝以舊族欲原之表證其罪乃誅封氏夷外
和內忌時人以此薄之表本與王亮同營署及其出也輕
侮亮故及於死第二子軌字元慶明元時為中書郎出從
征討補諸軍司馬太平赫連昌引諸將帥入其府藏各
今任意取金玉諸將取之盈懷軌獨不取帝把手親探金
賜之謂曰卿臨財廉潔朕所以增賜者欲顯廉於眾人後兼
大鴻臚持節拜立氏楊玄為南秦王及境玄不郊迎軌數
玄無番臣禮玄懼詣郊受命還稱旨拜尚書賜爵燕郡
公出為武牢鎮將初太武將北征發驢以運糧使軌部調
雍州軌令驢主皆加絹一匹乃與受之百姓語曰驢無彊

弱輔晉自壯衆其嗤之坐徵還卒軌旣死帝謂崔浩曰吾
過上薨父老皆曰公孫軌為將受貨縱賊使至今餘姦不
除軌之罪也其初來單馬軌鞭及去從車百兩載物而南
丁零渠帥乘山麕軌怒取鞭驅軌者之每少矛剌其陰而
死之曰何以此近子從下到劈分磔四支於山樹上是
恩行不忍之事軌幸而早死至今在者吾必族誅之軌終
得娶裴氏生子叡文位儀曹長賜爵陽平公時獻文
於死內立殿敕中祕羣官制名叡妻曰臣聞至尊至貴莫
崇於帝王夫人挹檳莫大於謙光臣愚以為宜曰崇字良
可卒於南部尚書諡曰宣叡妻崔浩弟女也生子良字遵

州事例 【北史列傳十三】 〈五〉 尹

伯聰明好學為尚書左丞為孝文所知遇良弟衡字道津
良雅簡字元直有經義為中書學生稍遷傳士太武征涼
軌弟簡字元直有經義為中書學生稍遷傳士太武征涼
雅信任質為謀王頴性好卜筮者咸云必不來故不
設備由質敗國後豐進讜言起遼尚書封襄平伯出為青
剌史以選往公遺迹可紀下詔襃述卒官孝文在鄴宮為
之舉亥時百度唯新青州佐史疑為遼服詔曰專古也理之
與今違專今也太尉長樂王義當剖判兩途商量得夫人吏之
曰恭第二子遵字文慶位南部尚書封襄平伯出為青

情亦不可苟順也主簿云近代相承服斬過葬便可如故
自餘無服大成衰落可進諸境內之人為齊衰喪三月子同
始韉對叡卒於給事中叡叡為從父兄弟叡子器小優又封
氏之男夋崔氏之壻遂毌云叡為李氏地望縣陽鉅鹿太守祖
李真亥識北方人物每云士大夫當須好婚親二公孫同
堂兄弟耳言山曾集便有士庶之異
張濟字士度西河人也父千秋慕容永驍騎將軍永滅來
奔道武愛之與公孫表等俱為行人拜散騎侍郎裴
善儀容道武愛之拜建節將軍賜爵成紀侯濟涉獵書傳
爵先是晉雍州剌史楊佺期之師於常山王遵以獯興

州事例 【北史列傳十五】 〈六〉 丑

帝遣濟為導從事即報之濟自襄陽還帝開濟江南事濟
曰司馬昌明死子德宗代立君弱臣彊全無綱紀全期問
臣魏初代中山幾十萬衆居四十餘萬外軍無數全期曰
我馬可有幾匹臣荅中軍精騎十餘萬外軍全期
以此討羌豈不滅也又曰都何城臣荅都平城全期七
戎為家全期曰都何城臣荅都平城將移也曰洛城救援仰恃於魏
用城為又曰魏帝欲為羌所來窘便魏取道武嘉其辭
方餘家全期朝廷不都山東貌有喜色曰勿非所知也
閒朝聞使許救洛陽後以累使稱旨拜勝兵將軍卒子名
厚賞其使許救洛陽後以累使稱旨拜勝兵將軍卒子名
若獲保全當必厚報如為羌所來窘便稱旨拜

李先字容仁中山盧奴人少好學善占相術慕容永迎爲
謀主勸永據長子城仕永位祕書監永滅從中山皇始初
先於井陘歸道武間先曰卿何國人祖父及身榮歷何官
曰臣本趙郡平棘人大父重晉平陽太守大將軍右司
馬父懃石季龍樂安太守左中郎將臣祖父不左主客郎慕
容永祕書監高密侯軍駕選代之典可以先爲尚書右中兵郎
遠博士唯有經書三皇五帝政化之典可以補王者神智又問
朕欲集天下書籍如何對曰主之所好羣下必尚書亦不難帝於是

班制天下經籍稍集太武討姚興於柴壁也問計於先對
曰宜以正合戰以奇勝聞姚興欲屯兵天渡利其糧道及
其到削道奇兵先邀天渡紫壁左右嚴設伏兵備其表裏
興欲進不得住又多糧夫高祖從其計興果敗歸明
共法所忌而興居之可不戰而取從其計興果敗歸明
元即位問左右舊臣中誰爲先帝所親信公王洛兒
曰有李先者爲先帝所知俄而召先讀韓子連珠論二十
二篇太公兵法十一事詔有司曰先所知者皆安東將軍壽春
侯賜隸戶二十二卒於内都大官年九十五詔賜金縷命
自今常宿於内賜先絹綵及御馬一匹拜安東將軍壽春

服一龍裘贈定州刺史中山公謚曰文懿子國𩑺嗣國子
中書博士鳳史字元凱太和初歷祕書令齊郡王友征
西大將軍長史帶馮翊太守府解龍郡逯居長安美古人
殂王法乃採訪監田躬往攻捆得若環壁雜器形著大小
百餘頒有鷹䳄黑者亦騰盛以還至而觀之皆光潤可玩頒
乃權七十枚爲肩食之餘多惡人後頒及聞者更求王於
故勸皆無所見馮翊公源懷弟子王琰爲器服佩皆鮮明
可實預服經年云有效驗而世事疑食皆不禁節又好
酒㩱志及疾篤謂妻子曰吾酒色不絶自致於死非藥過
也然吾尸體必當有異勿速殯令後人知殞服之妙時七

月中旬長安毒熱預傅屍四宿而體色不變其妻常氏以
王珠二枚唅之口閉常謂曰君自云殞王有神驗何不受
唅言訖啟齒納珠因嘘其口都無穢氣斂於棺堅直不
傾委死時有遺王屑數升囊盛納諸棺中先少子皎天
中密問先曰子孫永爲魏臣將復事他姓耶先曰國家政
化長遠不可紀極皎爲冠謙之弟子逢服氣絶穀數十年
隱於恒山年九十餘顔如童一旦沐浴冠帶家人異之
俄而坐卒道士咸稱其得尸解仙道皎孫義徽太和中以
儒學博通有子華儒府記室盛書義疏文不加
熊清典贍速當世稱之文爲傳撰輿地圖及顯忠錄性好

老莊其言嗤釋教靈太后臨朝嘗有沙門惠憐以呪水飲人
云能愈疾百姓奔湊日以千數義徽曰憐稱其妖妄因令
義徽奏以諫太后納其言元又惡憐徒義徽都水使者
俄而憐被害官隱於大寺山少子蘭以純孝著聞不
愛辭名孝昌中旌表門閭正先中文宣王曾嗣位思義徽
雅正博薦薦其為孫景儒位至奉車都尉自皇始至齊受禪
百五十歲先之所言有明徵焉景逸尊奉葛洪至齊受禪
略不羈時人稱其為播郎因以字行於燕趙為善欲論有
宏辯屬文任氣不拘常則傾蓋如舊昌見庸識雖王公蔑如
訪道不遠千里遇高尚則傾蓋如舊昌見庸識雖王公蔑如
初為道士中年應詔舉為高唐尉大業中將妻子隱於高
山曉黃冠子有文集十卷為學者所稱

賈彝字彥倫本武威姑臧人也六世祖敷魏幽州刺史廣
川都尉侯子孫因家焉遠近歎之與京邑父僕璽及其從兄代郡太守潤等
誼之後莫不與京邑父僕璽及其從兄代郡太守潤等
武先聞其名常遣便者求堅聚容垂遼西王農記室及遣其太
武即位拜尚書左丞參預國政天賜末臺請詣溫陽療疾
子寶來降大敗於參合執彝於軍道歸又為赫連屈丐所執
為叛胡所掠送於姚興積數年道歸又為赫連屈丐所執

拜秘書監尋太武平赫連昌子秀迎其尸柩葬於代南秀
位中庶子賜爵陽都男本州大中正獻文即位進爵陽都
子時丞相乙渾妻庶姓而求公主之號屢言於秀秀默然
後因公事就第見渾渾夫妻同坐屬巴曰爾管攝職事無
所不從我請公主不應何意秀慷慨大言對曰若渾夫
妻默然含忿他日乃書太皇遂給事楊惠富臂作老奴官慍
笑於後渾每欲伺隙陷之會渾伏誅遂免黃時秀退
字令以示秀渾左右莫不失色為之振懼秀神色自若渾慍
王姬之號尊寵之極非庶族所宜秀密就死於今朝不取
中書令勃海高允以儒舊重於時皆選擬方岳以詢訪
被留各聽長子出為郡秀固讓不受許之自始及終歷奉
五帝雖不至大官常當機要廉清儉約不營資產年七十
三遇疾詔給醫藥賜几杖時朝廷舉動大事不決每遣
尚書高平王叡就訪決卒贈冀州刺史武邑公諡曰
簡子僎字奧隆襲爵位荊州刺史依例降爵為伯先是上
洛男傷爵改為洛州在重山人不知學僎表置學官在
州五載清靖寡事為吏人所安卒贈荊州刺史武子叔休襲
爵潤冒孫祯字叔願涉經史居喪以孝聞太和中以中
書博士副中書侍郎高聰使江左還以母老患輒在家定
省坐免官後為司徒諮議參軍通直散騎常侍加冠軍將

軍卒贈齊州刺史禎兄子景儁亦以學識知名為京兆王
愉府外兵參軍愉起逆於冀州將授其官不受死之贈河
東太守謚曰景儁弟景興清峻鯁正為州主簿遂栖遲
不仕後為榮陽棚疾不拜景興每捫膝而言曰吾不
負汝以不拜榮也
實瑾李道瑜頓立備國人自云漢司空融之後也高祖
尚書初定三秦人猶去就拜長安鎮將待之賞賜甚厚從
侍郎賜爵滎陽子參軍國謀臺有功進爵衛國侯轉四部
司馬彌陀以選尚臨涇公主瑾敕彌陀辭託有誹謗詛
之言與彌陀同誅唯少子瑾逃匿得免瑾善楷篆北京諸
碑及臺殿樓觀宮門題署多瑾書位濮陽太守多所受納
其子僧演姦通人婦為部人貫逃告坐免後以善書拜庫
部令卒官
李訢字元盛小名真奴范陽人也曾祖產產子績二冊知
名於慕容氏父崇馮跋吏部尚書石城太守車駕至和龍

【北史列傳十五】 十一

崇率十餘郡歸降太武甚禮之呼曰李公為北幽州刺史
固安侯卒謚曰襄侯訢母賤為諸兄所輕崇曰此子之生
相者言貴吾每觀或未可知遂使入都為中書學生太武
幸中書學見而異之指謂從曰此小兒終効用於朕常
子孫因識昕之帝舅陽平王杜超有女將許貴南人李
訢後必富貴達人門戶可以妻之遂勸成婚姻初訢以超女婿得
必為朕家幹事臣訢聰敏辯疆記明察初李
在襁位出入帝指謂左曰觀此人舉動豈不異於眾也
言訢必當貴達中書學生器業優者為助教與其弟子
博士詔崔浩選中書學生器業優者為助教李靈為文成
兄姪等以為浩阿黨其親戚言於景穆以浩為不平聞之
太武意在訢曰云何不取幽州刺史李崇老翁兒
浩對曰前訢亦訢合選但以其先行在外故不取之帝曰
可待訢選箱子等罷之遂除中書助教博士入授文成經
文成即位選箱子等以舊恩親寵遷儀曹尚書領中秘書賜爵扶
風公贈其母孫氏為容城君顧羣臣曰朕始學之歲情
未能專既緫方機溫習靡暇是故儒道實有闕焉豈惟予
各抑亦師傅之不勤所以爵賞仍隆蓋不遺舊也
拜謝出為相州刺史為政清簡百姓稱之訢上疏求於州

【北史列傳十五】 十二

郡各立學官使士望之流衣冠之胄就而受業其經藝通
明者上王府書泰獻文從之以訢政為諸州之最加賜衣
服自是遂有驕於自得之志受納人財物商胡珍寶兵人
告言尚書李敷與訢少長相好每左右之或有勸以奏聞
敷不許獻文聞訢罪狀檻車徵訢拷劾抵罪敷兄弟見
踈斥有司諷訢中旨嫌敷之意令訢告列敷等陽罪
可得自全訢深所不欲且弗之知也乃謂其女壻裴攸收
吾與李敷族世雖遠情如一家既有此勸昨來引簪
自剌以帶自絞而不能致絕曰何以為為
他死敷兄弟豈可知有馮闡者先為敷殺其家切恨之
但呼闡弟聞之足可知委訢從其言又趙郡范攛具列敷
兄弟事狀有司以聞敷坐得罪詔列訢貪冒應死以糾李
敷兄弟故免百鞭鉗刑配為廝役訢之廢也壽侯張讜李
見訢與語奇之謂人曰此佳士也終不久屈未幾而復為
大倉尚書攝南部事用范攛陳策計令千里之外一尹別轉
運詣倉輸之使所在委滯傳延歲月百姓競以貨賂各求
在前於是遂近大為困幣道路羣議曰范攛善能降人以色若
盜臣訢弟左軍將軍璞謂訢曰范攛善能降人以色假
以辭未聞德義之言但有世利之說聽其言也甘察其行
也賊所謂讒諛匿貪貪姦佞不早絕之後悔無及訢

從彌信之腹心事皆以告攛訢既寵於獻文參決軍國大
議兼典選舉權傾內外百寮莫不曲節以事之攛以無功
起家拜盧奴令獻文朋訢遷司空進爵范陽公出為侍中
鎮南大將軍開府儀同三司徐州刺史范攛知文明太
之忿訢又知內外疾之太和元年希旨告訢外叛文明太
后微訢至京師言其叛狀訢曰無之引攛證訢言爾妄
云知我吾公德於攛何若李敷之德於公公昔忍於敷攛
今敢不忍公乎訢慨然曰吾不用璞言以至於此不仁
其矢攛曰公德於攛訢何顧余之厚德而忍為此乎
心何嘆及矢遂見誅璞字季直性惇厚多識人物賜爵宜

陽侯太常卿

韓延之字顯宗南陽堵陽人魏司徒暨之後也仕晉位建
威將軍荊州從事轉平西府錄事參軍晉將劉裕伐司馬
休之未至江陵密與延之書招之延之報書辭甚驚厲曰
劉裕足下海內之人誰不見足下此心而復欲欺誑國士
其不屈如此事見南史宋本紀延之以裕父名翹字顯宗
於是已字顯宗名子為翹蓋示不臣劉氏也後奔姚興泰
常二年與司馬文思等俱來性栢谷塢省賣宗之墓有終焉
賜爵曾陽侯初延之曾來性栢谷塢省賣宗之墓有終焉
之志因謂子孫云河洛三代所都朝廷必有居此者我死

不勞向北代葬也即可就此子從其言遂葬宗之墓次延
之後五十餘年而孝文徙都其孫敷等即居於祖墓之北
栢谷塢

袁式字季祖陳郡陽夏人漢司徒滂之後父深晉侍中式
在南歷武陵王遵諮議參軍及劉裕執權式歸姚興及姚
泓滅歸魏為上客賜爵陽夏子與司徒崔浩一面便盡國
士之交時朝儀典章采出於浩以式博於故事每所草
剙恒顧訪之性長者雖羈旅飄泊而清貧守度不失士節
時人甚敬重之甘呼曰袁諮議至延和二年衛大將軍樂
安王鑑為雍州刺史詔式與中書侍郎高允俱為從事中

北史列傳十五 〈十五〉

郎辭而獲免先式沈靖樂道周贍墳書傳至於詁訓舍雅儉所
憚懷作字釋末就以太安二年卒贈兗州刺史諡肅爾侯子
濟龍父爵位魏郡太守政有清稱加寧遠將軍及宋王劉
昶開府召為諮議參軍

毛脩之字敬文滎陽陽武人也世仕晉劉裕之平關中留
子義真鎮長安以脩之為司馬及義真敗脩之沒統万太
武平赫連昌獲之使領吳兵以功拜吳兵將軍脩之能為
南人飲食手自煎調多所適意大武親待之累遷尚書賜
爵南郡公常在太官主進御膳從討和龍時諸軍攻城行
宮人少宋故將朱脩之為雲中將軍欲率吳兵為逆因入

和龍冀浮海南歸以告脩之不聽乃止是日無脩之大變
幾作脩之遂奔馮弘脩之又以軍功遷特進撫軍大將軍
位次崔浩下浩以其中國舊門雖不博洽猶涉獵書傳與
壽論說之次及陳壽三國志云有古良史風其所著述文
義熙為諸葛亮門書以來無及壽者脩之曰昔在蜀聞長老言
非其所長浩乃與論曰承祚得禕之評亮乃有故義過美之譽
壽為著蜀亮乃與論曰承祚得魚水
為喻而不能與曹氏爭天下委棄荊州退入巴蜀守窮崎
嶇之地楷號邊夷之間此策之下者可以趙他為偶而以

北史列傳十五 〈十六〉

管蕭之亞匹不亦過乎且亮既據蜀弗量勢力嚴威切法
控勒蜀人欲以邊夷之眾抗衡上國出兵隴右再攻岐山
一攻陳倉跆蹶而反後入秦川更求野戰魏人
知其意以不戰屈之智窮勢盡發病而死由是言之豈合
古之善將見可知難乎脩之謂浩言為然而卒於外都大
官諡恭公脩之在南有四子唯子法仁言聲壯大至於軍旅
部尚書襲爵轉殿中尚書法仁卒贈征東大將軍南郡王諡曰威武
唱呼脩之分振於山谷卒贈中郎守滑臺

脩之者仕宋為司徒從事中郎守滑臺為安頡所禽朱
善其固守以宗室女妻之以為雲中鎮將後奔馮弘弘送

之江南頡之剗滑朱陳留太守嚴綾戌會垣及山陽公失
亣軍至綾川綾率文武五百人請亣降明元嘉其誠款賜
爵鄀陽侯假荊州刺史簡為南討豪為上客及太武踐作
以歸化之功除中山太守有清廉禕卒於家子幼王龔綾
傳書有傳今附之云脩之在宋顯達事並其南史

北史列傳十五 十七

蠕蠕道郡帥阿若討和至白力城和先攻高盜敕與阿若
經二十年和與契遺使降魏為蠕蠕所過遂擁部至高昌
伊吾招撫人衆二千餘家臣於蠕蠕以契為伊吾王
王翶于河右及涼下和與兄子契推涼武昭
唐和字幼起晉西凉安人也父辜亂推涼武昭
之輩賜之墜書後和興朔部王車伊洛破安周太武嘉
之新安周兄子樹又剗高盜曰力二城遂便表狀太武嘉
伽甶是時柳驢戍王乙真城叛和綎入其城禽斬乙真
鎮高昌者時柳驢戍居羅城拔伊洛率所領赴度歸諭下柳驢
以東六城固共擊波居羅城拔伊洛率詔為著和與喻下柳驢
公力度歸討為著詔和與喻下柳驢
之待以為上客文成以和歸誠先朝封酒泉公太安中為
洳州刺史其甚有稱績徵為內都大官評決獄訟不加捶楚
察疑擭實者甚多世以是稱之卒贈征西大將軍太常卿

酒泉王諡曰宣子欽字孟貴位陝州刺史降爵為侯卒子
景宣龍驤將軍卒於東都太守戴子玄達性果毅有父風與叔
父和歸關俱為上客封晉昌公獻文時位華州刺史太和
十六年降國上谷人也因難徙馮翊万年父脩之字延期
遠讚字奉國上谷人也因難徙馮翊万年父脩之字延期
寇讚字奉國上谷人也因難徙馮翊万年父脩之字延期
州為立碑墓文贈脩之字延期
安西將軍秦州刺史馮翊公賜諡曰良公詔追贈太守二
待取東萊太守讚算謙有道術太武敬重之故追贈秦雍
二州為立碑墓文贈脩之字延期
縣令侯子男者十六人其臨職者七郡五縣讚之郡縣以撫
知名身長八尺姿容殼殼巍巍非禮不動待壓僕射讚少以清素
河南郡太守其後秦雍人來奔河內滎陽河南者戸至万
曹後除襄邑令姚泓滅秦雍人千餘家推讚為主歸魏拜
高達雖年時有異恒以風味相待華為馮翊太守召為功
南將軍領南蠻校尉仍剗史駁縣侯於洛陽立為雍之
數拜讚南雍州刺史駁縣侯分洛豫二州為雍河南公以撫
由是流人襁負自遠而至秦倍於前進讚爵河南公以加安
雖位高爵重接待不倦初讚之未貴曾徙相著唐文相
曰君頜上黑子入幘當富至方伯封公及其貴也文以益
姓禮拜謁曰明公憶疇昔言乎延文坐曰往時鄉言村瑣
不得官長人咸謂不然及瓛又為鹽屋令鄉猶言相中不見

北史列傳十五 十八

而瓊果以暴疾未拜而終世魏舒見主人兒死自知己必
至六五五怕以卿言瓊之驗亦復不息此望也乃賜文衣服
良馬讚在州十七年其收公私之蒼皆老求致仕卒遺令
薄菲斂以府服太武悼惜之謚曰宣穆子元寶鼓爵元寶又
弟臻字仙勝年十二遭父憂居襄以孝稱輕財好士獻文
卒於家子祖訓順陽太守祖訓弟祖禮兄立孝友敦穆
父之兼廷尉卿又兼尚書長避難家承顏候色不能有所
附之其得意後為弘農太守坐受納為御史所彈遂廢
白首同居父母雖亡猶於平生所愛堂字備設幃帳几
杖以時節開堂列拜垂涕陳薦若宗廟焉吉凶之事必先
執幰後蛆反於三鵰為都督追討戰歿贈衛大將軍七兵
尚書雍州刺史齊昌男祖禮弟隽
啓告遠出行反亦如之祖禮宣武末為河州刺史在任數
年遇郤鐵忽反又城人詣都列其貪狀十六條會赦免
隽字祖隽性寬雅幼有識量好學彊記性又廉恐不以財
利為心家人賣物與人而利得絹一匹隽於後知之乃
曰得財失行吾所不取訪主還之以選為孝文帝挽郎除
奉朝請大衆賦起燕趙擾亂隽護軍事東討以功授員
外散騎侍郎累遷司空府主簿時靈太后臨朝減食祿官

十分之一造求寧興佛寺令隽興之貲費巨方更不能欺
隱寺戍文極壯麗靈太后嘉之除左軍將軍孝昌中朝議
以國用不足乃置監池都將秩比上郡前後居職者多有
侵隱乃以隽為之仍主簿永安初華州人史底與司徒楊
椿訟田長史以椿勢貴皆言椿直欲以田給椿隽曰史底
窮人楊公橫奪其地還史底孝莊帝後知之嘉隽守正不撓
敢聞命遂以地還史底椿為二年出為梁州刺史人俗荒獷多
為盜賊隽乃令郡縣為立庠序勸其耕桑敦以禮讓數年
之中風俗頓華涼遺其將曹琰之鎮魏興繼曰扳築琰之
為盜賊隽遺其將長史杜林道攻克其城斬琰之
褰擾疆場邊人患之隽遺長史杜林道攻克其城斬琰之
之琰之即梁大將景宗之季弟也於是梁人懼焉屬魏室
多故隽又僻遠梁人知無外援遂大兵頗魏興志圖攻取
隽撫屬將士思効命梁人知其得衆心也弟之敢過隽
在州清苦不事產業其子等並徒步而還更人送隽留連
於道久之乃得出界大統三年東魏授隽洛州刺史隽因
此乃謀歸闕五年東魏家及親屬四百口入關拜祕書監時
軍國草創墳典散逸隽始選置令史抄集經籍四部群書
稍得備加鎮東將軍封安西縣男十七年加散騎常侍
逐櫚薦疾不復朝觀恭帝三年賜姓若口引氏孝閔帝踐

所進爵爲子武成元年進驃騎大將軍開府儀同三司儁
年齒雖高而志識未衰教授子孫必先典禮明帝尚儁重
德特歡賞之數加恩賜恩與相見儁身長八尺魁顏皓然容止端
同席而坐顧訪洛陽故事講論不覺屢爲之前脞及儁遷
詳音韻清明帝與之談論不覺屢爲之前脞顧謂左右曰
親執其手曰公年德俱尊朕所欽尚已於帝前乘輿世顧謂帝
宜數相見可以慰想以御興今亦人朝常與
如此事唯積善者可以致之何止見重於今亦將軍傳加其
古時人咸以爲榮卒年八十二武帝歡惜之贈本官加箕
定瀛三州諸軍事冀州刺史諡曰元儁篤於仁義期生之

之中有孤幼者衣食豐約必與之同少爲司徒崔光所知
光命其子勵與儁結友儁每造光常清談移日小宗伯盧
辯以儁業行俱崇待以師友之禮毋有閒暇輒詣儁論語
弥日怛謂人曰不見安西君煩憒愛不遣其爲通人所敬重
公奉年顯少好學最知名君喪衰毀位儀同大將軍堂國縣
如此子奉位至儀同大將軍順陽郡守洵州刺史昌國縣
布憲爲典祀下大夫小納言漢澤郡公
鄴範字世則范陽涿鹿人也祖紹慕容寶濮陽太守以郡
宮太武踐阼陳追錄先朝舊勳贈爵永寧男以奉禮郎華還
迎隆道武授充州監軍父嵩天水太守範太武時給事東

太武景穆神主於太廟進爵爲子爲征南大將軍慕容白
曜司馬及定三齊範多進策白曜皆用其謀遂表爲青州
刺史進爵爲侯加冠軍將軍還表爲尚書右丞後除平東將
軍青州刺史假范陽公範前解州還京也夜夢陰毛拂踝
他日說之時齊人有占夢者史武進云八公豪盛於齊下矣
笑容曰吾將爲卿必驗此夢果如言時鎮將元伊利表範
與外賊交通謀罪詔範曰鎮將伊利表卿與外
賊交通規陷卿罪窺覦州任有司推驗虛實自顯有罪者
令伏其辜矣卿其明爲筆略以復懷疑還朝卒京師諡曰
穆子道元

道元字善長初襲爵求寧侯後爲伯御史中尉李彪以
道元執法清刻自太傅掾引爲書侍御史彪爲僕射道元以
所奏道元坐免景明中爲冀州鎮東府長史刺史
于勁順皇后父也西討關中亦不至州守曾陽郡道元爲
政嚴酷更人畏之後試守魯陽郡道元表
立黌序崇勸學教詔曰曾陽本以蠻人不立大學今可聽
之以成良守文翁之化道元在郡山蠻伏其威名不敢爲
寇延昌中爲東荊州刺史蠻
訟其刻峻請前刺史寇祖禮及以遣戍兵七十八人送道元

還京二人竝坐免官後為河南尹明帝以沃野懷朔薄骨
律武川撫冥具柔玄懷荒禦夷諸鎮改為州其郡縣成名
令準古城邑設道元持節兼黃門侍郎馳驛與大都督李
崇籌宜等立裁減法留會諸鎮叛不果而還孝昌初梁李
將楊昱刺史元法僧又於彭城反叛詔道元持節兼侍中
攝行臺尚書節度諸軍依僕射李平故事軍至渦陽敗退
匯悅筭時還其家道元密訪知收念付靈太后請
道元追討多有斬獲後除御史中尉道元素有嚴猛之稱
權豪始頗憚之而不能有所糾正聲望更損司州牧汝南
王悅嬖近左右立念常與卧起及選州官悅時雍州刺史
蕭寶夤反狀稍露侍中城陽王徽素忌道元因諷朝廷遣
為關右大使實寶夤慮道元圖己遣其行臺郎中郭子恢
十餘丈不得水水盡力屈賊遂踰墙而入道元與其弟道
道元於陰盤驛亭前亭在岡上常食岡下之井既被圍穿井
二子俱被害道元瞋目叱賊厲聲而死寶夤猶遣欽其
父子殯於長安城東事平夜還贈吏部尚書冀州刺史安
定縣男道元好學歷覽奇書撰注水經四十卷本志十三
篇又為七聘及諸文皆行於世然兄弟不能篤睦又多嫌
忌時論薄之子孝友襲道元第四弟道慎字善季歷史

（二十三）

傳有幹局位正平太守有能名遷長樂相卒贈平州刺史
道慎弟道約字善禮樸質遲鈍頗愛琴書性多遊請好以
榮利干謁而不已多為人所笑弄坎壈於世不免飢寒
晚歷東萊魯陽二郡太守為政清靜吏人安之鮑弟道峻
子懷字幼和好學有文才尤長吏幹樂秀才射策高第歷
位尚書外兵郎行臺郎承業引為行臺郎懷頻進計於承業多見納用以功賞魏昌縣
子懷在軍後啓求減身官爵授父請贈詔授征虜將軍安州
刺史懷與元珍不從為榮行臺郎中樻子鴟陷城被害所作
闕懷與元珍不從為榮行臺郎中樻
文章頗行於世撰慕容氏書不成子懷則司空長流參軍
韓秀學白武昌魏人也祖宰慕容儁謁者僕射父景皇始
初歸魏拜宣威將軍騎都尉秀歷位尚書郎賜爵遂昌子
文成稱秀聰敏清辯才任喉舌遂命出納王言掌機密
曜軍事延興中尚書奏以敦煌一鎮介遠西北冠賊路衝
行幸遊獵隨侍左右獻文即位轉給事中領西征南幢
慮或不固欲棄就涼州臺臣會議僉以為然秀獨曰此蹙
國之事非闕土之宜愚謂敦煌之立其來已久雖鄰彊寇
而兵人素習循常置戍足以自全若徙就姑臧虜人懷異
意或貪利逼重遷情不願徙脫引寇內侵深為國患且捨遠

（二十四）

就近遍防有闕一旦廢罷豈啟戎心則夷狄交構互相求

往關右荒掠烽燧不息邊役煩興艱難方其乃從秀議後

為平東將軍青州刺史卒子務襲爵學道世性踹謹有

更幹為定州平北將軍鄖州刺史務獻七寶林象

付廷詔昔晉武帝龍驤將軍頭有受納為御史中尉李平所劾

免官後除龍驤將軍雜頭求朕常嘉之今務所獻亦此

之流也奇麗之物有玼風素可付其家人後以詔表破賊

兔官久之拜太中大夫進號左將軍卒

堯暄字辟邪上黨長子人也本名鍾葵後賜名暄僧賴

道武平中山與趙郡呂含首來歸國暄聰了美容貌為千

人軍將太武以其恭謹擢為中散後兼北部尚書于時始

五三長暄為東道十三州使更比戶籍賜獨車一乘廄馬

四匹暄前後捴拔征及出使檢案三十許度貧者有剋己奉公

之稱賞賜衣服練絹奴婢等物賜爵平陽伯及改置百官

授太僕卿轉大司農卒於平城孝文為少舉哀賵贈相州刺

史初暄至徐州見州城樓觀嫌其華盛乃令往往毀徹由

是後更損落及蓉文幸彭城聞之曰暄猶可追斬暄長子

洪襲裂爵洪子傑字永壽謚曰恩導弟榮位員外散騎侍郎

子雄字休武少驍果輕財重氣位燕州刺史平城縣伯隨

尒朱兆與齊神武戰敗於廣阿葬所部據定州歸神武其

從兄傑為北滄州刺史亦遣使降神武以其兄弟俱有誠

款使傑便為行瀛州事使雄代傑為瀛州刺史進爵為公

時更人所懷關官司相與聚微唯雄義然後取接下以恩其

為吏傑便關官司相與聚微唯雄義然後取接下以恩其

勝於穰城仍除予州刺史元洪威據潁川叛叛人趙繼宗

殺絹川太守邵招撫樂口比應洪威討之繼宗敗走城

內因雄之出據州引西魏雄復興行臺侯景討平之梁將

李洪芝雄之當伯襲破平鄉城雄血禽之又破梁司川刺史

陳慶之復圍南荊州東救未至雄陷其城梁右丞韋孝

若統執刺史田迁據州降西魏詔雄與廣州刺史趙育揚

州刺史是寶隨行臺往祥攻之西魏將怡峯敗祥等育寶

各還據州雄收散卒保大梁周文帝遣其右丞韋孝

寬等攻豫州降雄都督程多寶收雄家口還大梁以

及部下妻子數千口欲送長安至樂口雄外兵參軍王伯

伽別破樂口斶承伯進討縣瓶復以雄行豫州事西魏以

是寶為揚州刺史據項城義州刺史韓顯據南頓雄一曰

拔其二城禽顯及長史岳寶遭走加驃騎大將軍儀同三
司仍隨侯景平曾陽復除豫州刺史雄雖武將性質寬厚
為政舉其大綱而已在邊十年屢有功績愛物多所施
與亦以此稱興和四年卒於鄴贈司徒諡曰武恭子師嗣

柳崇字僧生河東解人世七世祖軌晉廷尉卿崇方雅有
器量身長八尺美鬚明目兼有學行舉秀才射策高第解
褐太尉主簿轉尚書右外兵郎中于時河東河北二郡爭
境其間有鹽池之饒虞坂之便宰百姓皆恐外割公私
朋競紛鬧臺府又詔崇持節與州郡經略加慰喻還遷太子洗
南寇窺擾又詔崇持節
馬本郡中正累遷河中大守崇初屆郡郡人張明失馬疑
執十餘人崇見之不問賊事人別惜以溫顏更問其親老
存不農業多少而微察其辭色即獲其賊曰穆等二人餘
皆放遣郡中畏服境內怡然卒於官贈岐州刺史諡曰穆
崇所制文章冠遺失長子慶和頗
事中本郡中正卒慶和弟楷字士則身長八尺善草書頗
涉文史位撫軍司馬
論曰屈導學藝知機恠乃匊量委張蒲谷渾文武為用
人世仍顯不亦善事公孫表初則一介見知終以輕薄致
灰軹始受探金之賞末陷財利之嫌鮮克有終固不虛也

張濟使於四方有延譽之美李先學術嘉謀府遇三世買
蟲卓播譽亮則不畏疆禦實季訢時曰良幹瑾以片
言諶似訐以夙故猜嫌而嬰合門之戮民可悲也韓延之
忠於所事有國士之列表式取遇崔公以博雅而重儔之
晚著誠款唐和万里慕義冠讀誠信見嘉鄰範智器而達
道元遭命有衝艱又風韓秀議遂得駁遠之竿竟暗聰察
致位禮加存沒柳崇素業有資器能行仍世盛矣乎

列傳第十五　　北史二十七

方洽周益　周之晃　孫幹然　校正

陸俟

源賀〔寘孫彪〕

劉尼〔師從叔雄　玄孫師〕

薛提

陸俟，代人也。曾祖幹，祖引，世領部落父突，道武初帥部人從征伐，數有戰功，位離石鎮將、上黨太守、關內侯。俟少聰慧。明元踐阼，襲爵關內侯，給事中。典選部蘭臺事，當官而無所撓。太武征赫連昌，詔俟督諸軍鎮，以備蠕蠕，與西平公安頡攻剋武牢，賜爵建鄴公，拜冀州刺史。時考州郡唯俟與河內太守丘陳為天下第一，轉武牢鎮大將。平涼休屠金崖、羌狄子王筝等叛，復轉為安定鎮大將軍，追討崖筝，皆獲之。遷懷荒鎮大將。未幾，諸高車莫弗乾懼俟嚴急，請前鎮郎孤。孤至京朝見，言不過周年，孤身必敗，高車必叛。帝疑不實，切責之，以公歸第。明年，諸莫弗果殺孤以叛。帝聞之，大驚，召俟問其故。俟曰：夫高車之俗，無上下，無禮，無禮之人難為其上。臣苣以威嚴節之，憲網欲漸加訓導，孚使知分限。而惡直醜正，宴紊有徒，故訟臣無恩，欲以賣惠臨還鎮，於其名譽必加恩於百姓，議臣為失專孤之美。孤獲還鎮，懷之以仁，怨待之無禮之人，易生陵慢，不過朞年

無復上下，既無上下，然後收之以威，則人懷怨憝，怨憝既多，敗亂彰矣。帝歎曰：卿身乃短，慮何長也。即日復除散騎常侍。帝征蠕蠕，破凉州，常隨駕別督輜重。又與高涼王那復渡河南略地，仍遷長安鎮大將。與高涼王那擊吳於杏城，獲吳二叔。諸將欲送京師，俟獨不許，曰：若不斬吳，恐長安之變未已。乃斬其親信，誰能獲之。若停十萬眾追二人，非上策也。不如私許吳叔，免其妻子，使自追。諸將咸曰：今獲其二叔，唯吳一人，何所復至。俟曰：諸君不見毒螫乎，不斷其頭，猶能為害，況除腹心之疾，而遺吳不其類可乎。遂捨吳二叔與之期，及期吳叔果劉超等叛。太武以俟威恩被關中，詔以本官加都督秦雍諸軍鎮長安。帝曰：超等恃險不順王命，朕若以重兵與卿，則超等必合為一，若以輕兵與卿，則不制矣，令使卿以方略定之。於是俟單馬之鎮，既至申揚威信，示以成敗。超猶如其言，俟之明略獨決，皆此類也。還內都大官安定盧水無降意。俟乃率其帳下見超，超使人逆曰：三百人以內當以酒食相供，三百人以外當以弓馬相待。遂縱酒盡醉而還。後偽獵詣超與士卒約曰：今會發機當以醉為限。俟乃詐醉上馬大呼，斬超首士卒

應聲縱擊遂平之帝大悅拜外都大官文成踐祚以子

觀有宗策勳進爵東平王薨年六十七謚成王有子十二

人長子敨多智有父風文成見而悅之謂朝臣曰吾常數

其父智過其軀是後踰於父矣少為內都下大夫奉上接

下行止取與每能逆曉人意與其假長廣公為政清平抑彊

扶弱州中有德宿老名望素重者以友禮待之詢之政事

責以方略如此者十人號曰十善又簡取諸縣彊門百餘

人以為假子諳接殷勤賜以衣服令各歸家為耳目於是

發姦擿伏事無不驗百姓以為神明無敢劫盜謚者在州七

年家至貧約徵為散騎常侍百姓乞留敨者千餘人歐文

不許謂羣臣曰羣臣雖古人何以加之賜絹五百

奴婢十口敨之代還也更人大斂布帛必遺之敨皆不受

人亦不取於是以此物起佛寺因名名長廣公寺後襲父

爵衡官撫慰諸有陷軍為奴婢者敨皆免之百姓

懷去就敨衡百撫慰諸有陷軍為奴婢者敨皆免之百姓

改封建安王時宋司州刺史常珍奇以懸瓠內附新人猶

及獻文將禪位於京兆王子推任城王雲隴西王源賀

固諫敨抗言曰皇太子聖德承基四海瞻望不可橫議干

國之紀臣請刎頸殼殂庭有死無貳夕之帝乃解詔曰敨直

臣也其能保吾子平遂以敨為太保與太尉源賀拜勅奉

皇帝璽綬傳位于孝文延興四年薨贈以本官謚曰貞王

敨有六子琇凱知名琇字伯琳敨第五子也母赫連氏身

長七尺九寸甚有婦德敨有以爵傳琇之意琇年九歲敨

謂之曰汝祖東平王有十二子我為嫡長承襲家今

年老屬汝幼冲詎堪為陸氏宗首苟非勳力何

好讀書以功臣子孫為侍御長累遷祠部尚書太中

患立幼敨奇之遂立琇為世子敨薨襲爵琇沈毅言雅

正會從兄敨免官景明初試守河內郡咸陽王禧謀反先

令子曇和等據河內琇聞禧反斬曇和首時以琇不先

案琇大逆隆宗大小咸見收捕會將赦先敨於獄琇第

仍上書訴免琇鬱于景祚龍衣敨學智君謹童好

學位太子庶子給事黃門侍郎凱在樞要十餘年必忠厚

見稱後遂頻上書乞骸骨除正平太守在郡七年號為

良吏初孝文將議革變舊風大臣並有難色又每引劉芳

郭柞等常與規謀共論政事而國戚謂遂踧已快有不

平之色帝乃令凱私喻之曰至尊欲廣知前軍直當閉

其古式耳終無寵彼而踈國戚舊人之意乃稍解及兄琇陷

罪凱亦被收遇赦乃免凱痛兄之死哭無時節目幾失明

訴寬不已至正始初宣武復琇官爵凱大喜置酒集諸親
曰吾所以數年之中抱病忍死者顧門計耳今顧已遂以
其年卒贈龍驤將軍南青州刺史諡曰惠長子暐字道暉
與弟恭之並有時譽洛陽令賈禎見其兄弟歎曰僕以老
年更覩雙璧又省兄弟共候黃門郎孫惠蔚謂禎曰不
意二陸復在坐隅吾德謝張公無以延譽暐與恭之晚
急就篇為悟蒙章及亡誘十醉表數十篇暐撰隆賜律曆
三公郎坐事免後軍卒贈冠軍恆州刺史暐擬
意不和為時所鄙子元規位尚書郎元規子撥隆賜律曆
多所通解并州長流參軍恭之字季順有操尚位東荊
州剌史贈吏部尚書諡曰懿恭之所著文章詩賦凡千餘
篇子暈字仁宗篤志文學齊律厚則仁宗之詞位終通直
散騎常侍字寬字仁惠太子中舍人待詔文林館覽兄弟
並有才品議者榫為二武餘弟歸位東宮舍人駕部校尉
子珍夏州剌史贈太僕卿諡曰靜珍子旭性雅澹好易緯
候之學榫五星要決及兩儀真圖頗得其指要太和中徵
拜中書博士榫遷散騎常侍知天下將亂遂隱於太行山
屢徵不起卒後贈并汾恆肆四州剌史子騰
騰字顯聖少懍慨有大節從侄朱榮平葛榮以功賜爵清
河縣伯稍遷通直散騎常侍及孝武西遷時使青州遂留

鄴為陽城郡守大統九年大軍東討陽城被執周文帝釋
而與語騰盛論東州人物又叙述時事辭理抑揚周文嘆
曰卿真不背本也即拜帳內大都督未幾除太子庶子遷
武衞將軍騰既為周文所愛欲立功不願內職及安康
賊黃眾寶等作亂攻圍東梁州中糧盡詔騰率軍大破
之軍還拜龍州剌史使通江由路直出南秦周文謂曰此
是卿據柱國之日即解使金帶賜之州人李廣嗣李武
等馮據嚴險歷政不能制騰密令多造飛梯夜襲破之
廣嗣等於鼓下其黨有任公忻圍通州城請免廣嗣及武
即散兵請罪騰謂將士曰吾不殺廣嗣等可謂墮軍實而
長寇讎即斬廣嗣及武以首示之於是出兵舊擊盡獲之
進位驃騎大將軍開府儀同三司轉江州剌史進爵上庸
縣公陵州木籠獠恃險每行抄刧詔騰討之獠因山為城
攻之未可拔騰遂於城下多設聲樂及諸雜伎示無戰心
諸賊果棄其兵仗或攜妻子臨城觀樂騰知其無備遂縱
兵討擊盡殺破之周明帝初陵眉等八州夷夏並反攻破
郡縣騰率兵馬鎮防旨委騰以蜀夷反為隆州剌
史令憲入蜀兵討平之及齊公憲作鎮於蜀以騰為隆州刺
之遷隆州揔管領剌史保定二年資州石蒐人反殺郡守
據險自守州軍不能制騰率軍討擊盡破斬之而蠻子反

所在輋起山路險阻難得掩襲遂量山川形勢隨便開道
蟹療畏威承風請服所開之路多得古銘並是諸葛亮桓
溫舊道是年鐵山獠抄斷內江路使驛不通騰乃進軍討
之一日下其三城招納降附者三萬戶晉公護奏令告騰母
巳誅齊公憲與晉公護護東征請騰為副趙公招時在蜀復欲
生齊公護欲發其怒泣志在復讎四
之日公護與晉公護奏令告騰母在齊未
溫舊道是年鐵山獠抄斷內江路使驛不通騰乃進軍討
初信州蠻蜑檄江破反叛連結二千餘里又詔騰討之騰
留之晉公護與軍至湯口分道奮擊所向摧破乃築京觀以
沄江南而下軍至湯口分道奮擊所向摧破乃築京觀以
陵摠管陳遣其將章昭達圍江陵孺王直聞有陳寇遣大
前後破平諸賊凡責得奴婢八百口馬牛稱是四年遷江
騰討之巴蜀悉定詔令樹碑紀功績為騰自在龍州至是
旌武功涪陵郡守蘭休祖又阻兵為亂方二千餘里復詔
將軍趙聞陳將程文季率步騎赴之立受騰節度時遷哲等
守外城陳將程文季等率步騎赴之立受騰節度時遷哲等
抗禦騰夜遣開門奮擊大破之陳人本潰道勤夜來掩龍
獠夜決龍川寧朔堤引水灌江陵城騰親率將士戰於
陳人決龍川寧朔堤引水灌江陵城騰親率將士戰於
西堤破之陳人乃道加位柱國進爵上庸郡公建德二年
徵拜大司空尋出為涇州摠管宣政元年冬薨於京師贈

太尉公諡曰定子玄嗣玄字士臨入關時年七歲仕齊為
奉朝請成平縣令齊平武帝見玄特加獎勉即拜地官府
都上士大象末為隋文帝相府內兵參軍玄第融字士倩
最知名少歷顯職大象末位至大將軍定陵縣公第麗少
以忠謹入侍在左右太武特親昵之舉動審慎初無懈失
爵章安子稍遷南部尚書太武崩南安王余立既而為當
侍宗愛等所殺百僚憂惶莫知所立麗首建大議與殷中
尚書長孫渴侯謀奉源賀羽林中郎劉尼奉迎文成於苑
中而立之社稷獲安麗之謀也由是愛心腹賜
無出其右與安初封平原王麗頻讓不聽乃啟以讓父文
成曰朕為天下主豈不能得二王封卿父子也以其父侯
為東平王麗尋遷侍中撫軍大將軍司徒公復其子孫賜
妻妃號麗以優寵既頻固辭不受帝益重之領太子太傅
麗好學愛文常以講習為業其年遭父憂毀瘠過禮和平
六年文成崩先是麗療疾於代郡溫泉聞凶欲赴左右止
之曰宮車晏駕王德恕素重若疾人憂憤恐有不測之
禍麗曰安有聞君父之喪方憚險難便馳赴初乙弗渾恃
傲每為不法麗數諍之由是見忌害之諡曰簡王陪葬金
陵妻文追錄先朝功臣以麗配饗廟廷麗二妻長曰杜氏
次張氏長子定國杜氏所生次嶷張氏所出定國在襁抱

文成辛其第詔養宮內至於游止常與獻文同歲年六歲
為中庶子及獻文踐祚拜散騎常侍賜封東郡王定國以
承父爵辭不許又以父爵讓弟猷乃聽之俄遷侍中儀曹
尚書轉殿中尚書前後大駕征巡擢為行臺錄都曹事超
遷司空定國恃恩不循法度延興五年坐事免官爵超為兵
太和初後除通直散騎常侍歷兗青二州刺史並有政績轉
以主壻除駙馬都尉歷通直郎景明中以從叔琰罪免官尋
公主拜駙馬都尉歷端雅龔襲爵例降為公尚獻文女常山
子昕之字元始風望端雅龔襲爵例降為公尚獻文女常山
薨於某州贈以本官諡曰莊王

安北將軍相州刺史卒贈鎮東將軍異州刺史諡曰惠初
定國娶河東柳氏生子安保後娶范陽盧慶世女生昕之
二室俱為舊族而媵妾不分定國亡後兩子爭襲父爵昕之
射本沖有寵於時與度世子伯源婚親相好沖遂左右助
之所由是承爵尚主職位赫弈安保沈廢貧賤不免飢
寒昕之容貌祟謹孝文以其主壻宣武時年未
四十頻撫三蕃當世以此榮之昕之卒毋盧悼念傷過
而亡公主奉姑有孝稱神龜初與穆氏琅邪長公主並為
女侍中又性不妬忌以昕之從兄希道第四子子彰為後子彰
主有三女無男以昕之從兄希道第四子子彰為後子彰

字明遠本名士沈年十六出後軍公主盡心丞相高陽王
雍常言司常山妹雖無男以子彰為兒乃過自生矣正光
中龍襲爵東郡公累遷給事黃門侍郎子彰妻即咸陽王禧
女禧誅養於彭城王第莊帝親之略同諸姊建義初朱
中以本將軍除潁州刺史以母憂去職尋象比
仍復先爵天平中拜衛將軍右光祿大夫行瀛州事尋
榮之還朝除衛大將軍行瀛州事除侍讀兼七兵
豫州刺史仍除徐州刺史並如故一年歷三州當世
復行滄州事進號驃騎大將軍行異州事除侍讀兼七兵

尚書行青州事子彰初為州以聚斂為事晚節悔改自行
青異滄瀛其有時譽加以虛已納物人士敬愛之除中書
監立贈開府儀同三司諡曰文宣子彰不忍害物遂不服焉其仁如此教
病藥中須眾藥蝶蛸子彰不忍害物遂不服焉其仁如此教
訓六子雅有法度子卬
卬字雲駒少機悟美風神好學不倦博覽墳籍五經多通
太義善屬文其為河間邢邵所賞邵又與子彰交游嘗謂
子彰曰吾以卿老蚌遂出明珠意欲為群拜紀平由是
名譽日高雅為主簿中書舍人兼中書侍郎以本職兼太子洗馬
大將軍主簿中書舍人兼中書侍郎以本職兼太子洗馬

自梁魏通和歲有交聘印每兼官讌接在席賦詩印必先
成雖未能盡工以敏速見美除中書侍郎修國史以父憂
去職居喪盡禮哀毀骨立詔以本官起文襄時鎮鄴甚見
至行親詣門以慰勉之印母魏上庸公主初封藍田高明
婦人也甚有志操印昆季六人竝主所出故邢邵常謂人
云藍田生玉固不虛矣主亦敎訓諸子皆以義方雖劉巨繡
深出於天性然動依禮度亦母氏之訓焉印兄弟相率為盧
於墓側貧土成墳朝廷嗟尚發詔褒揚改其所居里為
孝終里服竟當龍其不忍嗣俟使迄未應受齊天保初常山
王薦印器幹文宣面授給事黃門侍郎遷吏部郎中上洛

王思宗為清都尹辟為邑中正食貝丘縣幹遭母喪哀慕
毀悴殆不勝喪頓伏林桃又成風疾第五弟搏
遇疾臨終謂其兄曰大兄尪病如此性至慈愛搏之死
日必不得使大兄知之哭泣聲必不可聞徹致有感動家
人至於祖載方始告之印閭而悲痛一慟便絕年四十八
印自在朝行篤慎周密不說人短不伐己長言論清遠有
人倫鑒裁朝野甚其悲惜之贈儀將軍青州刺史諡曰文所
著文章十四卷行於世齊之郊廟諸歌多印所制子乂字
旦襲爵始平侯又聰敏博學有文才年十九舉司州秀才
歷祕書郎南陽王文學通直散騎侍郎待詔文林館兼散

騎侍郎迎陳使還兼中書舍人加通直散騎常侍乂於五
經最精熟館中謂之石經人為之語曰五經無對有陸乂
印第二第駿字雲驤自中書舍人歷黃門侍郎散騎常侍
卒於東廣州刺史駿弟杳字雲邁亦歷中書舍人黃門
侍郎儀同三司泰州刺史武平中為寇所圍經百餘日就
加開府儀同三司
卒及城陷陳將吳明徹以杳有善政吏人所懷啟陳主還
其屍家累貲物無所犯贈開府儀同三司尚書僕射子玄
鄉住尚書膳部郎者弟蕭字雲儀亦歷中書舍人黃門常
侍武平末吏部郎中騫弟搏字雲征好學解屬文行檢卒於著

作佐郎搏弟彥師字雲房少以行檢稱又長好學解屬文
魏襄城王元旭引為參軍事以父難去職哀毀殆不勝喪
與兄印居於墓次鄉人重之皆就墓側閭朔之際為
馬不絕印補中書令河間邢邵表薦之未報印當龍襲父使至必
牧召補主簿後歷中外府東閤祭酒印兄弟最幼表讓封
以彥師昆弟中最幼表讓封馬彥師回辭而止世稱友悌
孝義摠萃一門為中書舍人通直散騎侍郎每陳使至
高選主客彥師所接對者前後六輩歷中書黃門侍郎後
以不阿官者遇讒出為中山太守有惠政數年徵為吏部
郎中散騎常侍又拜銀青光祿大夫儀同三司行鄭州

刺史尋除給事黃門侍郎武平末車駕如晉陽北平王鎭

鄴彥師留臺機密以重慎見知周武帝平齊授彥師下大

夫轉少納言賜爵臨水縣男及隋文帝爲丞相彥師遇疾請

假還鄴尉遲迥將爲亂彥師知之遂將妻子潛歸長安文

帝嘉之授內史下大夫拜上儀同及帝受禪拜尚書左丞

進爵爲子彥師素多病未幾以務劇病動乞解所職有詔

聽以本官就第歲餘轉吏部侍郎隋承周制官無清濁彥

師在職凡所往人頗甄別於士庶論者美之後後以病出

爲汾州刺史卒官

臨淮王

北史列傳十四

〈十三〉

周

叡字思弼年十餘襲爵撫軍大將軍平原王沈雅好學折

節下士年未二十時人便以宰輔許之聖東徐州刺史博

陸崔鑒女時孝文未改北人姓臨謂所親云東徐州平原王才

廢不忘但恨其姓名殊爲重複叡婚自後徐州彥經擊蠕蠕

彭甚敬悅之仍與趣京以爲館客後叡爲北征都督擊蠕蠕

大破之遷侍中都曹尚書時蠕蠕又犯塞詔叡討之追至

石磧禽其帥赤阿突等數百人還加散騎常侍詔叡遷尚書左

僕射領北部尚書十六年降五等之爵以龐動著前朝封

叡鉅鹿郡公尋爲使持節鎭北大將軍尚書令衞將軍討

蠕蠕大破之而還以母憂解孝文將有南伐之事以本官

起授征南將軍叡固辭請終情禮敕有司敦諭不許復除

使持節都督恆州刺史行尚書令時車駕南征上表諫帝

不從叡又表請車駕還代親臨太師馮熙喪坐削奪都督

三州諸軍事尋進號征北大將軍以有順惡之表加邑四

百戶時穆泰爲定州刺史以疾病請恆州自劾乃以叡爲

定州刺史叡未發遂與泰等同謀構逆賜死獄中聽以叡

從其妻子於遼西叡長子希道字洪度有風貌美鬚髯歷

瞻經史頗有文致初拜中散遷通直郎坐父事徙於遼西

遷前將軍鄧州刺史希道善於馭邊甚有威略轉平西將

軍涇州刺史卒官贈撫軍將軍定州刺史希道有六子士

信都芳字

北史列傳十六

〈十四〉

周

㧻字元偉天平中以其曾祖麗有冀戴之勳詔持復鉅鹿

郡公令士㧻襲位嘗州刺史士㧻第士宗字仲芳尚書左

外兵郎中士述字幼文符璽郎中建義初崔於河

陰遇害士沈第士述字繼出繼叔昕之沈第士廉字季脩建

州平北府長史永安末汆朱世隆攻陷州城見害士廉第

士佩字季偉武定中安東將軍司州從事希道第士脩尚

書外兵郎中麗季騏騄侍御中散轉侍御史大和初新

平太守子高貴孝昌中兗州鎭東府法曹參軍高貴子操

字仲志高簡有風格好學業知名雅好文操仕魏兼散

騎常侍聘梁使還爲廷尉卿希文襄爲世子其好色崔季

辭為掌媒馬薛氏宣書妻元氏有色迎入欲通之元氏正
辭且哭世子使季辭送付廷尉罪之操廷尉守天子法
須知罪狀世子怒召操命刀環築之更令科罪操終不撓
乃口書之後徙御史中丞天保中卒兄弟遠位奉朝請孟業
武平中卒於高陽太守高貴弟孟遠位奉朝請業
之位司農卿㝾之子英字閏明少聰敏年九歲就學日誦
二十餘言齊尚書僕射楊遵彥見而異之曰陸氏世有人
焉仕齊位中書侍郎齊滅周武帝聞其名與陽休之表叔
德等俱徵入關諸人多將輜重載數十卷書至長安
授宣納上士隋文帝受禪頻遷太子洗馬與左庶子宇文
愷等撰東宮典記七十卷朝廷以其博學有口辯陳人至
境常令迎勞卒官贈上儀同宣州刺史子法言敏學有家
風釋褐承奉郎初英之為洗馬常奏文帝云皇太子諸子
未有嘉名請依春秋之義更章名字上從之及太子廢上
追怒英曰我孫製名筆不自解陸英乃爾多事翁惑於妻
亦由此人其身雖故子孫並宜屏黜終身不齒法言竟坐
除名

源賀西平樂都人私署河西王禿髮傉檀之子也傉檀為
乞伏熾磐所滅賀自樂都奔魏賀偉容善風儀太武素
聞其名及見器其機辯賜爵西平侯謂曰卿與朕同源因

事分姓今可為源氏從擊叛胡白龍又討吐京胡皆先登
陷陣以功進號平西將軍太武征涼州以為鄉導問攻戰
之計賀以姑臧外有四部鮮卑各為之援然皆臣祖父舊
人臣願軍前宣國威信必相率請降外援既服然後攻其
孤城拔之如反掌耳帝曰善乃遣賀招慰下三万餘落及
圍姑臧由是無外慮故得專力攻之涼州平以功進爵西
平公又從征蠕蠕擊五城吐京胡討賊皆有功拜
散騎常侍從駕臨江為前鋒大將善撫士卒加有料制
勝之謀賀為人雄果每遇強寇每自舊戰帝深誠之賀本
名破羌是役也帝謂曰人之立名宜保其實何可濫也賜
名賀焉拜殿中尚書南安王余為宗愛所殺賀部勒禁兵
靜遏內外與南部尚書陸麗決議定策翼戴文成令麗與
劉尼馳詣苑中奉迎賀營中為內應俄而麗抱文成單騎
而至及即位賀有力焉以定策勳爵西平王及班賜百
僚敕賀任意取之唯取其辭以江南未實漢比不款付軍不宜致
賈固使取之家其子孫雖養他族追還就戮所以絕罪人之類
謀及之家其子孫雖養他族追還就戮所以絕罪人之類
彰大逆之辜其為劫賊應誅者兄弟子姪在遠道隔關津
皆不坐宗緦惟先朝制律之意以不同謀非絕類之罪故特
垂不死之詔若年十三巳下家人首匿計所不及臣愚以

為可原其命没入官帝納之出為冀州刺史改封隴西王

既受除上書曰臣聞人之所寶莫寶於生命德之厚者莫

厚於宥死然犯死之罪難以盡恕權其輕重有可矜恤今

勍寇游魂於北狡賊充斥於南其在墻場猶須防扞有可矜恤今

勍寇游魂於北狡賊充斥於南其在墻場猶須防扞可矜恤今

之恩徼役之家漸蒙休息之惠父之化庶幾在茲源賀嘉

應入死者皆可原命詣守邊境是則已斷之體更受生成

以為自非大逆赤手殺人之贓及盜與過誤之帝謂羣臣曰昔

納之已後入死者皆恕死徒皆充邊戍之兵有益苟人人如賀臨天

勸朕宥諸死刑徒先北薄諸戍之兵有益苟人人如賀臨天

不少濟命之理既多邊戍之兵有益苟人人如賀臨天

下後何憂哉羣臣咸曰非忠臣不能進此計非聖明不能

納此言賀之臨州鞫獄以情徼役闕省請約寬裕其得人

心時武邑郡姦人石華告沙門道可與賀謀反有司以聞

文成曰賀保無此乃精加訊檢華果引誣乃遣使慰勉之

帝顧左右曰賀忠誠尚致誣謗其不若是者可無慎乎時

考殿最賀政為上第賜衣馬器物班宣天下後徵拜太尉

蠕蠕寇邊賀從駕討破之及獻文將傳位于京兆王子推

時賀都督諸軍事屯漠南乃馳傳徵賀至正色固執不

可即詔持節奉皇帝璽綬以授孝文是歲河西叛敕道賀

討之多所降破賀依古今兵法及先儒舊說略採至要

為十二陳圖上之獻文覽而嘉焉又都督三道諸軍屯漠

南時每歲秋冬遣軍三道出以備北寇至春中乃班歸

賀以勞役京都又非禦邊長計乃上言請募諸州鎮有武

勇者三萬人後其徭賦厚加振恤分為三部二鎮之間築

城城置萬人給強弩十二牀武衛三百乘二鎮之間築

而有盈畜矢刃之備不虞於白道南三處立倉運近州鎮租粟以充

二人以鎮撫之冬則講武春則種植並戍並耕則兵未勞

頭武衛一乘給牛二頭多造馬槍及諸器械使武略大將

報上書稱病乞骸骨至于每三乃許之朝有大議皆就詢

之民食足兵備不虞於事為便不可歲常興衆事寢以兵未勞

訪又遣使屬臺閣消息太醫視疾篤還于溫湯乃遣今諸

太后遣使屬臺閣消息太醫視疾篤還於溫湯孝文明

子曰吾頃以老患辭事不悟天慈降恩爵達於汝汝其每

懷憂母荒怠母耽好妬疑恩問言爵行思恭服思

慶過惡揚善親賢遠佞目觀必真其屬必申孝心蕩靈明

清約以臨己吾終之後所葬時服單櫬足申孝心蕩靈明

器一無用也三年薨槥侍中太尉隴西王印綬諡曰宣王

賜輼輬車及命服溫明祕器陪葬金陵長子延性謹厚少

好學位侍御中散賜爵廣武子卒贈涼州刺史廣武侯

曰簡子麟龍延第思禮後賜名懷謙恭寬雅有大度文成

末為侍御中散父爵後卒節督諸屯於漠
南蠕蠕甚憚之還除殿中尚書出為長安鎮將雍州刺史
清儉有惠政善撫恤劫盜息止復拜殿中尚書加侍中參
都曹事又督諸軍征蠕蠕充道大將咸度節度遷尚書令
參議律令後例降為公除司州刺史又從駕南征加衛大
將軍領中軍事以憂去職賜帛三百四穀一千石車駕
幸代詔使者弔慰景明二年除尚書左僕射加位特進時
詔以父效世犯罪每多逃逋皆遠流若永避不出見弟代犯罪乃
不問輕重藏竄者悉皆釋然自今犯罪

奏曰謹案條制逃吏不在赦限竊惟聖朝之恩乃
諸流從在路尚蒙放免況有未發而仍遣戍成守宰犯
罪逃走者眾祿潤既傷尚有茲失及家帑卒然得還今
獨苦此等恐非均一之法書奏門下以成式既班駁奏不
許懷重奏曰以法貴經通政尚簡要刑憲之設所以
網羅罪人苟理之所備不在繁典伏尋條例制勳品以下
罪發逃亡遇恩不宥雖欲抑絕姦途匪為通式謹按事條
宰職仕清流至有貪濁事發逃竄而遇恩免罪勳品下
獨永斯例如此則寬縱上流法切於下育物有差使大宥之
等文又謀迸溺天經常尚免更犯微罪獨獨不蒙赦使大宥之

〈十九〉

經不通開生之路致壅進違古典退毋令律臣少踐天官
老何樞要每見訴訟出入嗟苦輒率愚見以為冝傳書奏
宣武納之其年除車騎大將軍涼州大中正懷又表曰昔
世祖升遐南安在位出拜東廟為賊臣宗愛所見識蒙
避難龍潛芁中宗纂徽寶以扶貞屬以神位未立先臣賀與長孫渴侯
陸麗等奉迎高宗纂徽寶命麗以扶貞躬親誅愛所見識蒙高宗
授撫軍司徒公平原王興安二年追論定策之勳進先臣
爵西平王皇興年顯祖傳大位於京兆王先臣時都
督諸將屯於武川被徵詣京顧問先臣固執不可顯
祖父乃許之遂命先臣持節授皇帝璽綬於高祖至太和
十六年麗息歡狀祕書稱其亡父與先臣援立高宗朝廷
追錄封爵鉅鹿郡開國公臣時丁難草土不容及倒至三
十年除雍州刺史臨發奉辭面奏先臣攜勳時
蒙敕旨但赴所臨尋當別判至二十一年車駕幸雍復
陳間時蒙敕旨征還當授自官車晏駕逡亦不申籍惟先
臣遠援立高宗寶曆不隊陳力顯祖神器有歸如
斯之勳超世之事也麗以父功而獲山河之賞臣有家勳
不蒙知土之錫得否相垂裁處詔曰宿老元臣有家勳
所訴詔之史官頗亦言此可依授比馮翊郡開國公如
九百戶又詔為使持節加侍中行北邊六鎮恒燕

〈二十〉

朔三州賑給貧之兼採風謠考論殿最事之得失先決

後闕自京師遷洛邊朔遙如連年旱儉百姓困斃懷

銜命撫導存恤有方便宜運轉有無過瀚時后父于勁勢

傾朝野勁兄子祚與懷宿昔通婚時為沃野鎮將受

納將入鎮袄郊迎道左懷不與相聞即郊袄免官懷朔鎮

將元尼須與懷少舊亦貪穢狼籍置酒請懷曰命之長短

由鄉之口豈可不相實貸懷曰今日之集乃是源懷與故

人飲酒之坐非鞫獄之所也明日公廷始為使人檢鎮將

罪狀不撓皆此類也時百姓為蒙強陵斃積年攜滯一朝

奉公不撓皆此類也

又詔懷子直寢徵隨懷北行詔賜馬一匹細鎧一具御矟

一枚懷拜受既託乃於其庭跨轘執矟躍馬大呼顧謂賓

客曰吾力雖衰尚得如此蠕蠕雖畏壯老我亦未便可

欲直趣沃野懷朔南寇恒代詔懷以本官加使持節侍中

出擁北蕃指授規略隨須徵發諸所處分皆以便宜從事

見嘉納正始元年九月有告蠕蠕率十二萬騎六道並進

見申者日有百數所上事宜便於北邊者凡三十餘條皆

欺今奉廟勝之規抵駑捍之眾足以禽其酋獻俘闕下

耳時年六十一懷至雲中蠕蠕遁走於恒代乃案視諸

鎮左右要害之地可以築城置戍之處皆重其高下揣其

厚薄及儲糧積俠之宜大牙相救之勢凡表五十八條宣

武並從之卒贈司徒公諡曰惠懷性寬簡不好煩碎恒語

人曰為政貴當舉綱何必須大子細也如為屋但外望高

顯棟梁平正足矣斧斤不平非屋病也性不飲酒而喜以

絲竹自接賓客雅善音律雖在宴居之暇常自操

飲人好接賓客雅善少好文雅篤志於學推誠待士士多

歸之累遷夏州刺史時沃野鎮人破六韓拔陵首為反亂

統萬逆徒寇害延伯拔陵城自守城中糧盡煑馬皮而

食之子邑善綏撫無有離貳以飢饉轉切欲自出求糧留

子延伯據守實兗云未若棄城俱去更展規略子邑泣

請於眾曰吾世荷國恩此是吾死地更欲何求遂自率羸

弱向東夏運糧延伯與將士送出城哭而拜辭三軍莫不

嗚咽子邑為朔方胡帥曹阿各拔所邀力屈被執乃密遣

人齎書間行與邑中云大軍在近汝其奉忠勿移其志

邑雖被四束雅為胡人所敬常以百姓禮事之子邑為陳

安危禍福之端勸阿各拔令降將從之未果而死拔其弟桑

生代揔部眾竟隨子邑降時北海王顥為大行臺子邑具

陳諸賊可滅狀顥顧子邑兵令其先出時東夏合境反叛

所在屯結子邑轉戰而前九旬之中凡數十戰乃平東夏

徵稅租粟運糧統萬於是二夏漸寧及蕭寶寅等為賊所

敗關右驍擾時子邕新平黑城遂率士馬并夏州募義人
鼓行南出賊帥康維摩守鋸谷斷絕黻冢橋子邕返戰大
破之禽維摩攻破賊帥契官斤於楊氏堡出自西夏至
於東夏轉戰千里至是朝廷始得委閣除兼行臺尚書後
破賊帥紀單步胡提於曲沃明帝璽書勞勉之子邕在白
水都破城率宿勤明達子阿非軍多所斬獲除給事黃門
侍郎封樂平縣公以為榮榮父通信都詔子邕為北討都督
時相州刺史安樂王鑒據鄴反軟子邕與都叔李神軌先
討平之改封陽平縣公與裴衍俱進子邕戰敗而歿贈司空

諡曰莊穆子邕弟平恭字靈順聰敏好學稍遷尚書北主
客郎橋南壬客事時梁亡人許周目云梁給事黃門侍郎
朝士咸共信待子恭奏以為真偽難辯請下徐揚二州密
訪周果以罪歸關許假職位如子恭示以威恩兩句聞來降朝廷
反詔子恭為行臺討之子恭上書末加經綜書奏從之稍遷豫州
嘉之正光元年為行臺左丞巡比邊轉為起部郎中明堂
辟雍並未建就子恭以軍功加鎮南將軍兼尚書行臺元顥之入洛也
刺史頻以軍功加鎮南將軍子恭不敢拒之而頻遣間使參莊帝動
加子恭幾顚敗車駕還洛錄前後征討功封臨潁縣侯侍中

介朱榮之死也世隆度律斷擾河橋詔子恭為都督以討
之尋而太府卿李苗夜燒河橋世隆退走以子恭表諸擾尚書
僕射為大行臺大都督卽闕帝初以預定策勳封臨汝縣
子永熙中入為吏部尚書以子恭前在豫州戰功追賞當襲第
城縣男又論子恭餘劾封新城縣子恭尋表諸擾神
五子文盛許之天平初除中書監三年拜魏尹又為衛神
武王軍司卒贈司空公諡曰文獻子彤
彤字文宗學涉機警少有名墨魏永安中以功賜爵臨潁
縣伯天平四年為涼州大中正及齊文襄攝選沙汰臺郎
以文宗為尚書祠部郎中皇建二年累遷涇州刺史文宗

以恩心信待物甚得邊境之和為隣人所欽服前政被抄掠
者多被放遣果遷秦州刺史萊傳之府特給後部鼓吹時
李貞聘陳陳主云齊朝還遣源涇州來在此步真可謂通
和矣武平三年授祕書監陳將吳明徹冠淮南歷陽氏步
相尋失守趙彥深於高堂前以為宜以淮南委之王琳
國家待遇淮南失之同於高堂前密訪文宗討捍之計文宗曰
琳於賀拔項不肯北面事之明矣彥深曰此良圖但以口
舌單來十日巳是不見從時事如此安可盡言因相顧流
涕及齊平與陽休之等十八人入京授儀同大將軍司成
下大夫隋開皇中拜莒州刺史遇病去官卒文宗以貴族

〔上欄〕

子弟升朝列才識敏贍以幹局見知然好游貴要之門時

論以為善附會

師字踐言少知名明辯有識悟尤以吏事自許仕齊為尚
書左外兵郎中又攝祠部後屬孟夏以龍見請雩時高阿
那肱為錄尚書事謂為真龍出見大驚以龍見問龍所在云作
何顏色師整容云此是龍星初見依禮當雩奈時高阿
祭事不行師出見歡曰國家大事在祀與戎既知星宿
真龍別有所降歡曰滿見多奇彊知星宿非謂
能久乎齊一典日奏平周武帝平齊授司賦上士隋文帝乃

以師為益州摠管司馬俄而秀乃作色曰此我家事何預卿也
師數勸之不可違命秀乃從徵秀發後州屬多相連坐師以此
病師垂涕苦諫秀不可違命秀乃從徵帝即位拜大理少卿帝在
後免加儀同三司煬帝即位拜大理卿時煬帝有變將謝
敕宮外儒士不得輒離所守有一主帥私令儒士出外帝
付大理師據法奏徒斬之師奏曰若陛下初便殺之
自可不關文墨既付有司義歸恒典脫宿衛近侍者更有
此犯將何以加之帝乃止師居職強明有口辯而無廉
之稱卒於刑部侍郎子恭第慕宇靈秀位太府少卿遇害
河陰贈定州刺史子雄

〔下欄〕

雄宇世略少寬厚美姿容初仕魏歷位秘書郎在周以伐
齊功封朔方公歷異平二州刺史以書檢校徐州摠管及尉運
迴作亂時雄家累在相州迴潛以書誘之雄卒不顧隋文
帝遺書慰勉之迴遣其將毋義緒據蘭陵雄席此陷昌下
邑雄遣報卷平之迴見中原多故遣其將陳紀據摩訶
任蠻奴周羅睺樊毅等侵江北自江陵東距壽陽入多應
之攻陷城鎮雄與吳州摠管于顗等擊走之悉復故地進
位上大將軍拜徐州摠管遷朔州摠管平陳之役從秦王
俊出信州道陳伯復鎮朔方後歲上表乞骸骨徵還京師伯
暖為安化縣伯以功進位上柱國賜爵端氏縣伯

贈正議大夫

於家子嵩嗣大業中為尚書虞部郎計北海賊力戰死之

劉尼代人也曾祖敦有功於道武為方面大人妻妾為兒
軍將軍尼勇果善射太武見而善之拜羽林中郎賜爵昌
國子宗愛既殺南安王余於東廟祕之唯尼知狀尼勸愛
立文成愛自以負罪於景穆聞而敬曰君大癡人皇孫
立豈忘正平時事乎尼曰若爾立誰愛曰待還宮擇諸王
子賢者而立之尼懼其有變密以狀告殿中尚書源賀時
與尼俱典兵宿衛仍共南部尚書陸麗謀奉皇孫於其
賀與尚書長孫渴侯嚴兵守尼與麗迎文成於苑中麗

抱文成於馬上入於京城尼馳還東廟大呼曰宗愛殺南
安王大逆不道皇孫已登大位有詔宿衛之士皆可還宮
衆咸唱萬歲賀又渴侯登宗愛賣周等勒兵而入奉文
成於宮門外登永安殿以尼為內行長封東安公尋還
尚書右僕射為定州刺史在州清慎然率多酒醉文成末
為司徒獻文即位以尼有大功於先朝特加尊重賜戶
四十皇興四年車駕北征帝親哲報而尼昏醉兵陳不整
帝以其功重特恕之免官而已延興四年薨子社生襲

薛提太原人皇始中補太學生拜侍御史累遷晉王衛
兵將軍冀州刺史封太原公有政績徵拜侍中和延等議以皇
孫幼沖宜立長君徵秦王翰置之祕室提曰皇孫有世嫡
之重人望所係春秋雖少令問聞於天下廢所宜立而更
別求必有不可延等未決中常侍宗愛知其謀矯皇后令
徵提等入殺之文成即位以提有謀立之誠詔提弟浮子
襲先爵太原公有司奏降為侯

論曰陸俟以智識見稱毅乃不替風範雅杖名節自立功
名其傳芳銘典豈徒然也麗忠國奉主懃為梁棟資忠盧
義赴難如歸世載克昌名不虛得奮琰以沈雅顯達何末
亦披掲子彰令終之美歟聲孔振印及彥師俱以孝為本

列傳第十六　　北史二十八

出處之譽並可作範人倫爽學業有聞亦人譽也源賀堂
堂非徒武節觀其翼佐文成廷抑禪讓殆乎社稷之臣懷
幹略兼舉出內馳譽繼迹賢不隋世業子邑功立夏方
身亡冀野尉著名香朝師雄官成隋代美矣劉尼忠國豈
徒驍猛之用薛提正議忠謀見奪安閹痛乎

方洽　周益　周
之晃　孫　粹然　校正

司馬休之
司馬楚之〔曾孫肅　司馬景之
　　　　　司馬叔璠　司馬天助〕
劉昶
蕭寶黃　兄子贊
蕭撝
蕭泰
蕭祗
蕭退
蕭正表
蕭圓肅
蕭大圜

北史列傳十七　　一

司馬休之字季豫河內溫人晉宣帝季弟譙王進之後也
晉度江之後進子孫襲封譙王至休之父恬爲鎮北將軍
青兗二州刺史天興五年孫襲封譙王至休之爲荊州刺史休之頗得江
遂奔慕容德及玄誅還建業復爲荊州刺史休之被桓玄逼逐
漢人心其子文思繼其兄尚之爲譙王謀圖劉裕裕執送
休之令爲其子文寶兄子文祖並殺之乃討休之休之與魯宗
之及宗之子軌起兵討裕兵敗遂奔姚

興裕滅姚泓休之與文思及晉河間王子道賜等數百人
皆將妻子降長孫嵩卒贈征西大將軍右光祿大夫始平
公諡曰聲文思與淮南公國璠陽子道賜不平而僞親
之國璠性疎直因醉欲外叛文思告之皆坐誅以文思爲
廷尉賜爵鬱林公文思善於其職聽斷百姓不得匿其情

司馬楚之字德秀晉宣帝弟太常馗之八世孫也父榮期
益州刺史爲其參軍楊承祖所殺楚之時年十七送父喪
還丹陽會劉裕誅翦司馬氏叔父宣期兄貞遇害楚
之乃逃匿諸沙門中濟江至汝潁閒楚之少有英氣能折
進爵譙王位懷荒鎮將薨

北史列傳十七　　二

節待士及宋受禪規欲報後收衆據長社歸之者常萬餘
人宋武深憚之遣刺客沐謙圖害楚之謙夜詐疾知楚之
往省之謙既念楚之必來欲因殺之楚之聞謙病果自齎湯藥
夜詐疾知楚之必來欲因殺之楚之閒謙病果自齎湯藥
其推誠信物得士心皆此類也明元末山陽公奚斤略地
河南楚之遣使請降授荊州刺史奚斤既平河南以楚之
所率人戶分置汝南汝陽頴新蔡四郡以益豫州以楚之
初楚之遣妻子內居於鄴尋徵入朝授安南大將軍封琅
邪王以拒宋師賜前後部鼓吹破宋將到彥之別軍於長
社又與冠軍安頡攻拔滑臺禽宋將朱修之李元德及東

郡太守申誕伴萬餘人上疏求更進討太武以兵久勞不
從以散騎常侍徵還宋將裴方明胡崇之寇仇池楚之與
淮南公庆豹子等督關中諸軍擊走方明禽崇之仇池平
而還軍駕征蠕蠕楚之與涼陵公盧中山等督大
軍時鎮北將軍封沓亡入蠕蠕說令擊楚之以絕糧運蠕
楚乃遣覘楚之軍載驢耳而去有告失驢耳者楚曰必
覘賊截之為騎耳賊將至矣乃伐柳枝為城灌水令凍城立
而賊至不可攻遁乃走散太武聞而嘉之事拜假節侍中
鎮西大將軍開府儀同三司雲中鎮大將朔州刺史在邊
二十餘年以清儉著聞及薨贈征南大將軍領護西戎校

尉揚州刺史諡貞王陪葬金陵長子毅亂與楚之同入魏
孫中書博士鴈門太守卒後尚諸王女河內公主生
子金龍字榮則少有父風後龍襲爵拜侍中鎮西大將軍關
府雲中鎮大將朔州刺史尚書部尚書薨贈司空公諡康王
金龍初納太尉隴西王源賀女生子延宗次悅後降為公坐連
沮渠氏生子徽亮即河西王沮渠牧犍女太武威公
主所生也有寵於文明太后故以徽亮尠例降為公坐連
樓泰罪朱爵卒悅字慶宗歷位豫州刺史時有汝南上蔡
董毛奴者齎錢五千堤憧拘自誣言殺至州悅觀色疑其不
堤家得錢五千堤憧拘自誣言殺至州悅觀色疑其不實

引見毛奴兄靈之謂曰殺人取錢當時狼須應有所遺得
何物靈之曰唯得一刀削悅取視之曰此非里巷所作去歲
乃召州內刀匠示之有郭門前曰此刀削門手所作去歲
賣與郭人董及祖悅收及祖詰之及祖款引靈之又於
祖身上得毛奴所衣皂襦及祖伏法悅察獄多此類人自
剌史改為豫州刺史英義攻克義陽詔改梁司州為郢州以悅為
與鎮南將軍元英義攻克義陽詔改梁司州妹陽公主拜駙馬都尉
史諡曰莊子子朏龍朏高齊武妹陽公主拜駙馬都尉
員外散騎常侍卒贈滄州刺史子鴻字慶雲性儉武龍辭

位郡水使者坐通西魏賜死子孝政龍襲歿禪例降忸第
騎常侍大統三年大軍復弘農乃於溫城送款歸西魏六
年授北徐州刺史八年入朝周文帝嘉之命領河內郡守令
河內有四千餘家歸附並喬之鄉舊乃諸將等能率眾入關
安集流人十五年周文令山東立義諸將等能率眾入關
義之主遠歸化者皆見其誠心內發豈喬能率之乎今
者加重賞喬領君千室先至周文欲以封喬喬辭曰
以封喬便是賣義士以求榮周文善而從之授師都督拜

其妻元為襄城郡公主孝周閔帝踐祚除巴州刺史進
使持節驃騎大將軍開府儀同三司進爵琅邪縣伯四年
為御正中大夫進爵為公大軍東討齋與少師楊摽守軹
關即授懹州刺史天和初隨上庸公陸騰討信州反蠻冊
令賢等甯南開州道入先遣使宣示禍福群蠻率服麻信
潼二州刺史六年徵拜大將軍除西甯州刺史未及部卒
於京師甯薺性清約不事生產所得體祿並散之親戚身
之日家無餘財毕守卑陋喪庭無所詔以起祠堂焉贈本
官加泗州刺史謚曰定子侃嗣侃字文道遷少果勇未贈本
便從戎誅位榮安郡守以軍功加驃騎大將軍開府儀同

三司遷充州刺史未之部卒贈本官加豫州刺史謚曰惠
子連嗣金龍弟躍字寶龍高趙郡公主拜駙馬都尉代兄
為雲中鎮將拜朔州刺史假安北將軍河內公表求罷代
西苑封巧人魋殖有司執奏此苑慶鹿所聚太官取給若
丐人懷有所關躍固請孝文從之還為祠部尚書大鴻臚
卿潁川王師卒楚之父子相繼鎮雲中朔土服其威德司
馬氏桓安劉裕之際歸比者又有司馬景之叔璠天助位

景史字淡略晉汝南王亮之後明元時歸關賜爵著碁公
加征南大將軍汝真有卿操卒贈汝南王子師子龍槃爵景
並崇顯

之兄進字巨之以太常末歸魏封新安公除廣甯大守改
密陵侯卒子安國襲爵

叔璠晉安平獻王孚之後文貞之後入雲之晉河間王桓玄劉裕之
際叔璠與兄國璠奔慕容超後投姚泓泓滅奔西統万
平兄弟俱入魏國璠賜爵淮南公叔璠賜爵丹楊侯

天助自云晉驃騎將軍元顯之子歸關封東海公歷青兗
二州刺史

劉昶字休道本宋文帝子也在宋封義陽王位至徐州刺史及
發昶子菜立疑昶有異志昶和平六年遂奔魏每妻妾其
氏聞行隆魏朝廷嘉重之尚武邑公主拜侍中征南將軍
宋明帝使至獻文詔昶與長公主皇興中
更為書辭曰臣改書為二敬猶俯往文彼所不納請
傳會答朝廷從之拜外都坐大官公主復甍更尚平陽長
公主昶好犬馬愛武事入魏歷紀猶布衣皂冠同凶素之
服然呵罵僮音雜夷夏雖住公坐諸王每悔弄之或庶
手翱醻賓至於痛傷笑呼之聲聞于御聽孝文每優假之不
以怪間至於陳奏本國軍故語及征役則斂容涕泗悲動
左右而天性褊躁喜怒不怕每至威怒楚扑特苦引待南

士禮多不足緣此人懷畏避太和初轉內都坐大官及齊

初昶與諸將南代路經徐州哭拜其母舊堂哀感從者

乃徧循故居亦莫不酸鼻及至軍所將臨

陣四回拜諸將士自陳家國滅亡蒙朝廷慈覆辭理切至

督氣激揚泝泗橫流三軍咸為感歎後昶恐水兩方降表

請還師從之又加儀同三司領儀曹尚書於時改革朝儀

詔昶與蔣少遊專主其事昶條上舊式略不遺忘孝文臨

宣文堂引武興王楊集始宴詔昶曰集始邊方之酋不

足以當諸侯之禮但王者不遺小國之臣故勞公卿於此

又為中書監閻建五等封昶齊郡公加宋王之號十七年

孝文臨經武殿大議南代語及劉蕭墓奪之事昶每悲泣

不已帝亦為之流涕崇十八年除使持節都督吳

越楚彭城諸軍事大將軍開府鎮徐州昶頻表辭大將軍

詔不許及發帝親餞之日時契勝殘事鍾文業雖一

部賜昶因以所製文筆示之曰昶指彭城至是久矣昔齊守山池

則不學耳其重昶如是自昶指彭城更脩繕廬宇其中不能綏

一笑耳其欲罷不能脫思一見故以相示雖無足味聊復為

而閻門喧猥內外軒雞舊吏莫不慨歎預營墓於彭城西

南與三公主同坐而異穴發石累之墳昶墜殺十餘人後

復後改公私費害十九年昶朝京師孝文臨光極堂大選

曰國家昔在恆代隨時制宜非通世之長法或言唯能是

寄不必門朕以為不然何者清濁同流混齊一等若子

小人名品無別此殊為不可我今八族以上士人品第有

九九品之外小人之官復有七等若苟有其人可起家為

三公正恐賢才難得不可止為一人混我典制故令班鏡

九流使十載之後我得髦儁唐虞卿等依佈元凱二十人蠶於彭城孝

將軍帝曰劉昶即其人也後給班劍二十人蠶於彭城孝

以殊禮備九錫給前後部羽葆鼓吹依晉琅邪王伷故事

謚曰明昶嫡子承緒主所生也少而庭疾尚孝文妹彭城

長公主為駙馬都尉先昶卒承緒子暉字重昌為世子襲

封尚宣武第二姊蘭陵長公主嚴妬暉嘗私辛氏侍婢

有身主誓殺其子節解以草裝實其故於靈太后

暉遂怨懟踈薄公主剖其孕子姉因入聽講言其故靈太后

不和狀請聽復舊義太后流涕送公主誡令謹敕正光初

太后敕清河王懌窮其事懌與高陽王雍廣平王懷泰其

不聽狀請離婚削除封位太后從之公主在官內周歲雍

等屢請聽復舊義太后不許暉姑陳留公主更不檢忌主姑陳留公主遂傷胎暉

又私淫與張陳二氏女公主更不檢忌主姑陳留公主遂傷胎暉

扇弊與暉復致忿讟暉推主墜牀手腳毆蹋主遂傷胎暉

懼衆逃逸靈太后召清河王懌決其事二家女競詣付宮
兄弟皆坐鞭刑從配敦煌為兵主因傷致斃太后親臨慟
哭舉哀大極東堂出葬城西太后親送數里盡哀而還後
輒暉於河內溫縣幽卒司州將加害數里盡哀後其官
爵選征虜將軍中散大夫卒家遂襄頓
蕭寶寅字智亮齊明帝第六子廢王寶卷之弟也在齊
封建安王及和帝立改封鄱陽王梁武克建業以兵守之
夜出寶寅具小船於江岸脫本衣服著烏布襦氅帽計穿墻
將加害焉其家闔人顏文智與左右麻拱黃神密計穿墻之

錢潛起江畔蹒跚徒步脚無全皮防守者至明追之寶寅

委人命投華文榮與其從天龍惠連等三人葉家將寶
黃道臨山澗債驢乘之晝伏宵行景明二年至壽春東城
戍主王杜元倫債檢知寶乘蕭氏子以禮延待馳告揚州刺
史任城王澄澄以車馬侍衛迎之時年十六徒步憔悴見
者以為掠賣生口也澄待以客禮乃請殷君斬襄
遣人曉情禮以喪兄之制給其祿襄寶寅從命澄率官
僚赴吊寶寅君處有禮不飲酒食肉轍笑闔三一同極哀
之節壽春冬其故義此皆受慰言唯不見晏侯一族以其重
梁故也改日造澄澄深器重之又至京師宣武禮之其重

伏許闕下請兵南伐雖遇暴風大雨終不暫返後昌至渡江
州刺史陳伯之與其長史褚胄等自壽春歸降請軍立功
帝謂伯之所陳時不可失以寶寅愍誠除使持節都督東
揚州刺史鎮東將軍舟楊郡公齊王配共一及令撫東城
待秋冬大舉寶寅明當拜命其夜慟哭至晨備禮葉授賜
車馬什物事從豐厚猶不為積蓄也懌隆也又任其募天
下壯男得數千以文智三人寶寅行景改封南
人為強弩將軍拉主寶寅雖少羈寓而志性雅重遇
其猶絕酒肉憔悴形色疏食薑虀未嘗寢笑又被命嘗南

伐貴要多相馬記門廷賓客若市而書記相尋寶寅接對

報復不失其理正始元年寶寅行達淮陰東城已陷遂傅
壽春〈栖賢寺逢梁將姜慶真內侵圍通壽春寶寅衆寡
力戰破走〉寶寅冠諸軍閱見者莫不壯之遂改封梁
郡公及中山王英南伐寶寅表求征與夾頻破梁軍乘
勝攻鍾離淮水汛溢寶寅與英狼狽引退卒卒死沒者十
四五有司奏劾以極法詔恕死免官削爵還第桑南陽
長公主寶寅每入室公主必立以待之相遇如賓自非太妃疾
贊寶寅黃每休沐寶寅盡雅和之禮雖好合而敬公主內外諧
篤未曾歸休寶寅器性溫順自處少禮奉敬公主內外諧
穆清河王懌親而重之永平四年盧昶克梁朐山戍以琅

邪戍主傳文驥守之梁師攻文驥昶督眾軍救之詔寶夤
為便持節假安南將軍別將長驅往援昶御度寶夤受
詔進淮橫流硬咽良久後昶軍敗唯寶夤全師而還延昌
初除瀛州刺史復其齊王還冀州刺史及大乘賊起寶夤
遣軍討之頻破臺軍至乃滅之復封梁郡公興平初梁堰
梁將康絢於浮山堰淮揚徐除寶夤使持節都督寶夤
淮水為揚徐之患寶夤於堰上流更鑿新渠堰水乃小
減乃遣壯士千餘人夜度淮燒其竹木營聚破其三壘火
數日不滅又分遣將破梁將垣孟孫張僧副等於淮比仍
營及還京師為殿

度淮南於梁徐州刺史張豹子等十一
中尚書寶夤之在淮堰梁武寓書招誘之寶夤表送其書
陳其危毒之意志存蜜復疊請居邊神龜中為都督徐州
刺史單騎大將軍乃起學館於清東朔望引見士姓子弟
接以恩顏興論經義勤於聽理更人念之正光二年徵為
尚書左僕射善於更職甚有聲名四年上表曰竊惟九官
之名在人之極地德行之稱為生之最首忠貞之美立朝
之譽仁義之號處身之端自非職惟九官任當四嶽授曰
周高甲人無貴賤皆飾辭假說用相褒舉求者自比以來
弭誥讓稱俞往將何以克歐大名允茲令問自此以來不能量其

多少與者不能數其是非遂使冠復相貿名實皆襲謂之
考功事同汎汲紛紛漫漫焉可勝言又在京之官積年十
考其中或所事之主遷移數四或所奉之君身二廢絕雖
當時文簿記其殿最日月遙散落部盡累年之後方求
為約既而限代還復經六年而叙是則歲周十二始得
隱咸歸守令厥仕非輕所責實重然而及其考課悉以勤人
何論官以求成身以請立上下相蒙莫斯為甚中庸已降夫復
得階而已無所顧惜達君子未免斯患坫掩疵妄加丹素趣
追訪無不苟相悅附共為脣齒飾

一階於東南兩省文武閒職公府散佐無事宂官或數旬
方應一直或朔望止於暫朝及其考日更得四年為限是
則一紀之中便登三級彼以實勞劇任而遷貴之路至難
此以散位虛名而升陟之方甚易何內外之相縣今
之若此孟子曰仁義忠信天爵也公卿大夫人爵也古不
實茲名器不以假人是以賞罰從之故雖文資異時浴隆殊世莫不
諷諷五權無官漢之察察館陶徒諸誠以賞罰差若此況
以懲勸至公暫替則覿覬相欺故至于慎殺勤差若此況無
平親非肺腑才乘秀逸或充單介之使始無汗馬之勞或
說興利之規終縣十一之潤皆虛張無功妄指贏益之勞獲

數階之官籍成通顯之貴於是巧詐萌生偽辯鋒出役萬
慮以求榮開百方而逐利抑之則其流已往引之則有何
紀極夫琴瑟在於必和更張求其適調去者既不可追來
者猶或宜改案周官太宰之職歲終則令官府各正所司
受其會計聽其事致而詔於王三歲則大計羣吏之政而
誅賞之愚謂今可粗依其準見居官者每歲終本曹皆明
辯在官日月具覈才行能否審其實用而注其上下遊辭
宕說一無取焉列上尚書覆其合否如此紕繆即正而罰
之不得方復推詰委下容其進退既定其優劣善惡交分
經奏之後考功曹別書於黃紙油帛一通則本曹尚書與

令僕印署留於門下一通則以侍中黃門印署掌在尚書
嚴加緘密不得開視考績之日然後對其裁量其外內考
格裁非庸管乞求博議以為畫一若殊謀異策事關廢興
遐迩所談物無異議者自可臨時斟酌匪拘恒例至如援
流引比之訴貪榮求級之請如不限以關鍵肆其傍通則
蔓草難除涓流遂積穢我彝章撓茲大典謂宜明加禁斷
以全至化詔付外博議以為永式竟無所改時梁武弟子
西豐侯正德來降寶夤表曰正德既不親親安能親人脫
包此凶醜寘之列位百官是象其何誅焉臣與其結禍深痛
纏骨髓日暮途遙報復無日豈區區於一豎哉但才雖庸

近職居獻替愚衷寸抱敢不申陳正德既至京師朝廷待
之尤薄歲餘還叛初秦州城人薛伯珍劉慶杜遷等反執
刺史李彥推莫折大提為首自稱秦王大提尋死其第四
子念生竊號天子年曰天建置官僚以息阿胡為太子其
兄阿倪為西河王弟天生為高陽王伯珍為東郡王安保
為平陽王天生率衆出隴東遂寇雍州屯於黑水朝廷甚
憂之除寶夤開府西道行臺為大都督西征明帝幸明堂
以餞之寶夤與大都督崔延伯擊天生大破之追奔至小
隴進討高平賊帥万俟醜奴於安定更有負捷時有天水
人呂伯度兄弟始共念生同逆後與兄衆保於顯親聚衆

討念生戰敗奔於胡琛琛以伯度為大都督秦王資其士
馬還征秦州大破念生將杜粲於城紀又破其金城王莫
折普賢於永洛城遂至顯親念生率衆身自拒戰又大敗
伯度乃背胡琛遣其兄子忻和率騎東引大軍念生事迫
乃詐降於寶夤朝廷以嘉伯度立義之功授涇州刺史平秦
郡公而大都督元脩義高聿停軍隴口久不西進念生復
反伯度為醜奴所殺故賊勢更甚寶夤不能制孝昌三年
除寶夤侍中驃騎大將軍儀同三司假大將軍尚書令給
前後部鼓吹寶夤初自黑水終至平涼與賊相對年年攻
擊賊亦憚之關中保全寶夤之力三年正月除司空公出

師朕父兄將破醜是月大敗還雍州有司處寶寅死罪詔
奴為編戶四月除征西將軍雍州刺史關府西討大都督
門皆盡殺隆寶以寶寅十月除尚書令復其攜封常山王杜粲所殺合
自關以西皆受節度元月念生為其常山王杜粲所殺山東關西
冠賊充斥王師疊北人情沮喪寶寅自以出師屢年虜封常山王虜所殺
御史中尉一旦覆康見猜貳因不自安朝廷頗欲取己將有異
圖聞河東柳楷措言讖生十子天下所屬歸欲取己將有異
寶寅父望且謠言讖生十子天下所屬歸欲取己之舉
王有亂臣十人亂者理也大王當理關中何所疑康道元舉

行達隆盤驛寶寅第遣主將郭子恢等攻殺之而詐收緒
元乃表言白賊列害道人惜畢大號大赦其部內稱隆緒
元年五百官詔尚書僕射行臺長孫承業討之時北地毛
鴻賓與其兄避圖寶寅軍至白門寶寅與妻姊妹及德
為亂有與其兄避紀率鄉義將討寶寅寶寅軍至白門
往攻避終被圖寶寅軍至白門寶寅與妻姊妹及德公
攜公主及其少子與部下百餘騎從後門出遂奔破醜奴
奴醜奴以寶寅為太傅余朱天光遣賀拔岳等破醜奴於
安定追尉醜奴及寶寅並送京師詔置闔闔門外都街中
京師士女聚觀元經三日吏部尚書李神雋黃門侍郎高
道穆並與薛童素舊二人相與左右言於莊帝言其逆迹

事在前朝冀將救免會應詔王道習時自外至莊帝問道
習在外所聞道習曰唯閣陛下欲不殺蕭寶寅人乎李尚
書而黃門與寶寅用救並善得言之地必能全之道習因
曰君謂蕭寶寅來在前朝便救蕭寶寅乎乃殺
主僕駝牛署賜死將刑神儁唯稱攝酒就之下
泣寶寅夷然自持于不憂懼唯稱攝酒就之下
太僕駝牛署賜死之日賊臣不朝法彼主死苑中死
當北陛下御曆之日賊臣不朝法彼主死苑中帝
寅三子曰公主所生並皆為長子列樸尚明帝妹建德公
公主攜男女就寶寅寅訣別慟哭極哀寶寅亦色貌不改
主綵駙馬都尉坐寶寅反伏法伏于推與小子凱射戲凱
矢殺中之死凱妻長孫承業女也輕薄無禮公主數加罪
吳氏始生賓梁武以為己子封豫章王凱長
學涉有才思其母告之不言乃及生賓梁武以為己子
有濟陰南文寵安定綵話賓曲加禮接割血自拆晉布以心
腹寵話感其情義深相綵諼會元法僧以彭城叛入梁梁
武命賓都督江北諸軍事鎮彭城時明帝遣安豐王延明
臨淮王彧討之賓與寵話夜奔延明孝昌元年秋居于洛

陽陸見後就館舉哀追服三載寶貴時往關西遣使觀察
閱其形貌斂眉共威朝廷賞賜豐厚禮遇隆厚授司空封
高平郡公丹楊王又寶貴及贄悌欲奔白鹿山至河橋為
北中所魏朝議明其不相干預開府儀同三司寶貴見贄拜表請寶
剌史驃騎大將軍開府儀同三司寶貴見贄拜表請寶
還太尉尚帝姊壽陽長公主拜駙馬都尉出為豫州
黃命介朱兆入各為城人趙洛周所逐八公主被錄送京介
朱世隆欲相逼八主守操被害贄既棄州為沙門潛詣嵩山
長白山未幾至陽平病卒贄機辯文義頗有可觀而輕薄
僄懍猶有父風普泰初迎其喪以王禮與公主合葬嵩山
馬贄江南有子在魏無後

元象初吳人盜其喪遠江東梁武猶以為子祔葬蕭氏墓
蕭正表字公儀梁武帝第臨川王宏之子也在梁封山陰
縣侯位北徐州剌史鎮鍾離正表長七尺九寸雖豐其貌豐
美而性理短暗初梁武未有子以正表兄西豐侯正德為
子及自有子正德歸本私懷怨憾以正光三年背梁奔魏
魏朝以其人才庸劣不禮焉及逃歸梁梁武不之罪封為
臨賀王侯景將濟江知正德有恨密與交通許推盤桓
德以船迎之景度攻揚州正表為南兗州剌史封南郡王正表遂於
一不赴援景尋以正表為南兗州剌史封南郡王正表遂於

歐陽立柵斷梁援軍會理遣兵擊
破之正表走還鍾離以武定七年據州內屬封蘭陵郡王
尋除侍中太子太保開府儀同三司薨贈司空公諡曰昭
烈子廣壽
蕭祗字敬式梁武帝第南平王偉之子也少聰敏美容儀
在梁封定襄縣侯位東揚州剌史于時江左承平政寬人
慢祗獨位以嚴切梁武悅之遷北兗州剌史太清二年侯
景圍建業祗聞臺城失守遂來奔以武定七年至鄴齊文
襄令魏收邢卲與相接對歷位太子少傅領平陽王師封
清河郡公齊天保初授右光祿大夫領國子祭酒時梁元
帝平侯景後與齊通好文宣欲放祗等還南俄而西魏克
江陵遂留鄴卒贈中書監軍大將軍揚州剌史子放字
希逸隨祗至鄴祗卒放居喪以孝聞所居廬室前有二慈
烏來集隨時舒翅悲鳴全似哀泣家人則之未嘗有闕時
每臨時欲啄午後更不下
樹每臨時舒翅悲鳴全似哀泣家人則之未嘗有闕時
頗善丹青因此在宮中被覽書史及近世詩賦監畫工作
為至孝之感服闕襲爵武平中待詔文林館放性好文詠以
異風等雜物見知遂被眷待累遷太子中庶子散騎常侍
蕭退梁武帝第司空鄱陽王恢之子也退在梁封湘潭侯
位青州剌史建業陷與從兄祗俱入東魏齊天保中位金

紫光祿大夫卒子惔深有體表好學姜草隸書南士中
稱為長者歷著作佐郎特詔文林館卒於司徒從事中
郎蕭泰字世怡亦愷之子也在梁封酆城侯位譙州刺史俟
景襲而陷之因被執尋逃至江陵梁元帝平侯景以泰為
兼太常卿桂陽內史未至郡蜀子謹十江陵梁遂隨兄脩佐
郢州及脩卒即以泰為刺史湘州刺史王琳襲泰為永州
保定四年大將軍權景宣略地河南泰遂歸西魏以名犯
周文帝諱稱字焉珠開府儀同三司封義與郡公授蔡州
刺史政存簡惠深為吏人所安卒官子寶嗣寶字季美

風儀善談笑未弱冠名重一時隋文帝輔政引為丞相府
典籤開皇中至吏部侍郎後坐太子更事誅時人惜之
蕭撝字智遐梁武帝第安成王秀之子也性溫裕有儀表
在梁封豐縣侯東魏遣李諧盧元明使梁梁武帝以撝
辭令可觀令兼中書侍郎受幣於賓館歷黃門侍郎遷
東巴西梓潼二郡守及侯景作亂武陵王紀稱尊號時宗
室在蜀唯撝一人封撝秦郡王紀率眾東下以撝為尚
令征西大將軍都督益州刺史守成都文令梁州刺史楊
乾運守潼州周文帝知蜀兵寡翁遣大將軍尉遲迥襲眾
討之迥入劍閣長驅至成都撝見兵不蒲萬人而倉庫空

竭於是率文武於益州城北共迥升壇歃血立盟以城歸
魏撝侍中開府儀同三司封歸善縣公周閔帝踐阼進爵
黃臺郡公武成中明帝令諸文儒於麟趾殿校定經史仍
撰世譜撝亦預焉尋以母老兼有疾乃請在外著書詔許
之保定三年出為上州刺史為政以禮讓食多陵縣
五百戶牧其租賦撝禮部中大夫又以歸款功別賜食陵縣
嘗至元日獄中囚荷恩並放歸家聽三日然後赴獄主者爭
之撝曰昔王長虞延見稱前史吾雖寡德竊慕其行必
獲罪譴部人李煎等三百餘人上表乞留更兩載詔雖不

蒲向還部人李煎等三百餘人上表乞留
許甚嘉美之及撝入朝屬置露門學武帝以撝與唐瑾元
偉王襃等四人俱為文學博士撝以母老表請歸養私
帝弗許許尋以母憂去職歷少保少傅改封蔡陽郡公卒武
帝舉哀於正武殿贈使持節大都督少傳益州刺
史諡曰襄撝善草隸名亞王襃筆數萬言頗行於世子濟嗣
著詩賦雜文數萬言頗行於世子德成少仁厚頗好
屬文為東中郎將從撝入朝周孝閔帝踐阼除中外府記
室後至蒲陽郡守
蕭圓肅字明恭梁武帝之孫武陵王紀之子也風度淹雅
敏而好學紀稱尊號封宜都王除侍中紀下峽令圓肅副

蕭撝字智遐成都及尉遲迥至臨撝俱降授開府儀同三司侍
中封安化縣公周明帝初進爵蓬城郡公以歸歆勳別賜食
思君縣五百戶收其租賦後拜咸陽郡守以母老請歸就
授太子少傅作上開府儀同大將軍歷司宗中大夫洛州
州刺史尋進位大將軍隋開皇初授貝州刺史以母老請歸
刺史之卒於家有文集十卷准海離亂志四卷又撰時人詩筆為文海四十
養許之卒於家有文集十卷准海離亂志四卷行於世

卷廣牆十卷准海離亂志四卷行於世

蕭大圜字仁顯梁簡文帝第二十子也幼而聰敏年四歲
能三都賦及孝經論語七歲居母喪便有成人性梁大
寶元年封樂梁郡王丗楊并蜀侯景殺簡文大圜潛遁獲
免景平歸建業時喪亂之後無所依乃寓居善覺佛寺人
有以告王僧辯乃給船餉得往江陵梁元帝見之甚悅賜
以越衫胡帽改封晉熙郡王除琅邪彭城二郡太守時大
圜見汝南王大封等猶未通謂元帝性旦刻其恨望之乃
以越人沈胡帝改封晉熙郡王除琅邪彭城二郡太守大
使大圜恐讒愬生乃屏絕人事閉門讀書優游自易為事元帝嘗
自閒五經要事數十條大圜詞約指明應答無滯帝甚歎
之因曰昔河間好學術既有之臨淄好文爾亦兼之然
遊狎兄姊閒止幾疏而已恨以讀禮書易為事元帝嘗
美之因曰昔河間好學術既有之臨淄好文爾亦兼之然

有東平為善彌高前藏及千謹案至元帝乃令大封充使
請和大圜副焉其實質也出至軍所信宿元帝降魏麥帝
二年大圜至長安周文帝以客禮待之信保定二年大封為
晉陵縣公大圜始寧縣公尋加大圜車騎大將軍儀同三
司俄而開府趾殷招集學士大圜預焉梁武帝集四十卷
簡文集九十卷後並藏祕閣大圜入麟
趾方得見之乃手寫二集一年並畢識者稱歎之大圜深
信因果心安閒放當云拂衣褰裳無吞舟之漏網挂冠深
節虔我志之末從懷獲展禽之免有美慈明之進如蒙比
曳之故實勝濟南之徽其故何哉夫閒闔者有優遊之美

朝廷者有簪佩之累蓋由來久矣留侯追跡於松子陶朱
成術於辛文良有以焉況乎智不逸群行不高物而欲
苦一生何其僻也豈如知足知止蕭然無累比山之北乘
絕人閒南山之南超踰世網面恰原而帶流水倚郊甸而
枕皐築蝸舍於叢林構環堵於幽藪近瞻煙霧遠睇風
雲籍繊草以陰長松結幽蘭而懷芳桂仰翔禽於百仞俯
泳鱗於十尋東園在後開窗以臨花卉西
看灌畦二頃以供饘粥十畝以給絲麻侍兒五三可充紉
織家僮數四足代耕耘沽酪牧羊協潘生之志畜雞種黍
應莊叟之言樵蘇蒂氾氏之書露葵葵徵君之錄烹葵炰豚

而介酒迎伏臘而候歲時披良書探至嚬臬簧鳴烏
烏可以娛神可以撤慮有朋自遠揚榷古今田畯相過劉
談稼穡斯亦足樂不可永保性命何畏夏貴崖若礎
足入絆申頸就羈游泊王之阿趨拏衡之勢大道昧安
少選寧覺平生祀之斯須万物營營難存其意大道昧之
可閒或嘆平人生若浮朝露當非直五明所恥抑亦宣尼耻之建
煬夜遊讌其武過百壹幾何驚踶曲奉四時如流倪晋蹈
德四年除滕王迥友追省問大國曰吾聞湘東王作梁史
有之平餘傳乃可抑揚帝紀参若隱則非實記則揆羊對
曰言之妄也知使有之亦不足怪昔漢明爲世祖紀章帝
顯宗紀殺鑒不遠且是爲成例且君子之過如日月之蝕
彭於四海安得而隱乎盖子爲父隱直在其中諱國之惡
抑又樞也迥乃大笑後大軍攻晋州或問大國師送克不
對曰高歡昔以晋州肇基枈爲迹今本既攻聞者以爲知言
隋開皇初拜內史侍郎卒於西河郡守撰梁舊事三十卷
彭記三卷主要儀注五卷要決兩卷并文集二十卷大封
位開府儀同三司陳州刺史
論曰諸司馬以亂亡歸命楚之最可稱平其餘碌碌未足

論也而以往代遺緒當出遇可謂幸矣劉昶昞待疑懼禍
蕭齝衁破之餘竝潛竄鼠影委命上國俱稱晩了盛寵位
遇雖有桃戈之忘終無鞭墓之成昶諸子狂陳喪其家業
鴦寶黨祈周忠義戮鋭其心蕭賁脘身晩去離賊寵禄
頓臻顛狽旋至信吉凶之相倚也梁氏云云季子孫奔亡正
表動不由仁胡顏之甚祗退泰撟圓肅大國等雖羈旅異
國而終其榮名非素有鐙基懷文抱質亦何能至於此也
方武陵擁眾東下任禍以蕭何之專君臣之道既篤而魏安
之情亦隆金石不足比其心河水不足明其誓言及西王
至城下旬日而智力俱竭委金湯而不守舉庸蜀而來王
若乃見機而作誠有之矣守節沒齒則未可焉

列傳第十七　　　北史二十九

盧玄　元孫思道　昌衡　潛
　玄孫　　　　　　　　　　　
　　盧觀　第仲宣
　　　　叔虎　　盧同　光　子斐
　　　　　　　　盧柔　子愷
盧誕

【北史列傳十八】

盧玄字真范陽涿人也魯祖諶曾司空劉琨從事中郎
祖偃父邈並仕慕容氏偃為營立太守邈為范陽太守皆
以儒雅稱神麚四年太武帝以玄儒傀以玄為首擢中
書博士遷侍即本州大中正使馮弘稱臣請附外兄司徒
崔浩每與言輒歎曰對子真使我懷古之情更深浩大欲
齊整人倫分明姓族玄曰創制立事各有其時樂為此者
詎幾人也宜三思浩當時雖無以異之竟於不納浩敗頗

亦由此後賜爵固安侯散騎常侍使宋文帝與之言嘉
歎良久曰中郎曾祖也還遇疾歸鄉贈平東將軍幽
州刺史固安侯諡曰宣子度世字子遷幼聰達有計數為
中書學生雁選東宮弱冠與從兄遇俱以學行為時流所
重遇特為崔浩所欽位至尚書光祿大夫范陽子度世後
以崔浩事棄官逃於高陽鄭羆家羆匿之使首陰羆長子
將加捶楚羆誡之曰君子殺身以成仁汝雖死勿言度世
父命遂被捶掠乃至火爇其體因以物故卒無所言度世
後令弟聖歸羆妹以報其恩太武臨江宋文使其婿上將軍

【北史列傳十八】

黃延年至帝問曰盧度世與崔浩親通逃命江表應已
至彼延年對曰都下無聞當必不至帝詔東宮赦世宗
族逃亡籍沒者度世乃出拜中書侍郎與安初兼太
常卿立保太后父度世獻王廟進爵為侯後除散騎郎
使宋應對宋侍中柳元景失衷還被禁勘經年乃釋除濟
州刺史州接邊將十數相侵掠度世禁勒所統還其
停虜二境以寧後坐事免舊除青州刺史未拜卒諡惠
浩之難伯源敏昶尚之初玄有五子唯度世嫡餘皆別生崔
四子伯源庶兄弟恃欲害之度世兄弟深忿及度世有子
每誡絕妾孽以防後患至伯源日雖奉敕如此然臣心實
有未盡及朝臣集議執意已定伯源曰雖有盛寵深以為恨伯
源不以介懷及孝文議伐齊伯源表以為萬乘親戎恨
類甚不舉接為識者所非伯源小名陽烏性溫雅寡欲有
祖父風敦尚學業閨門和睦龍襄爵降為伯後加祕書監
本州大中正時孝文帝將立馮后問伯源請更簡卜帝
曰以先后之姪朕意已定伯源曰雖奉敕如此然臣心實
難繼詔雖不從而優荅及孝文議伐齊以伯源兼尚書運
叛賊眾逃散降者數萬口唯泉首惡餘悉不問詔兼侍中
旬賊破城邑伯源以步騎六千號三萬徐行而進未經三
初伯源年十四嘗詣長安將還餞送者五十餘人別於滑

比有相者扶風人王達曰諸君皆不如此盧郎雖位不副

實然得譽名其志望踰公輔後二十餘年當制命開右顧

不相忘此行也相者年過八十詣軍門請見言叙爲使

幾忘儀曹尚書及齊雍州刺史曹武請降乃以伯源爲使

持節安南將軍督諸軍徑赴樵鄧鄧率衆降以儒生不習軍

事帝不許伯源曰臣恐曹爲周勣耳陛下宜審之武果

僞降伯源乃進攻趙陽師敗坐免官爵尋遭母憂闕兼

太尉長史後爲徐州京兆王愉兼長史愉時年少事無巨

細多決於伯源伯源以誠信御物甚得東南人和南徐州

刺史沈陵密謀叛伯源屢有表聞朝廷不納陵果逃叛陵

之餘黨伯源皆撫而赦之唯歸罪於陵由是衆心乃安景

〈三〉南

明初卒於祕書監年四十八贈幽州刺史後本爵固安伯

諡曰懿初謀父志法鍾繇書子孫傳業累世有能名至遐

以上兼善草跡伯源習家法代京宮殿多其所題白馬公

崔宏亦善書世傳衛瓘體魏初工書者崔盧二門伯源與

李沖特相友善至於伯源門風伯源私沖才官故絕爲婚

姻往來親密至於伯源雁荷弈父尉而謙亦由沖伯源有八

子長子道將引清河王國常侍韓子熙讓弟秀爲曹陽男之

道將引清河王國常侍韓子熙讓弟秀爲曹陽男之倒詔乃

許之道將字涉獵經史風氣譽頗有文才爲一家後來之

冠諸父並敬憚之彭城王勰任城王澄皆虛袊相待勰爲

中軍大將軍辟行參軍累遷燕郡太守道將下車表樂毅

霍原之墓爲之立祠優禮儒生勸學業敦課農桑辟田

歲倍之卒於司徒祭酒贈太常卿諡曰獻所爲文筆數十篇

水使者卒官懷祖弟懷仁字子友涉學有辭性恬靜蕭然

子懷祖太學博士貞外散騎侍郎卒子壯少有美名都

有閒雅致卒歷太尉祖懷仁農郡守不之仕卜居陳留界所

著詩賦銘頌二萬餘言撰中表實錄二十卷懷仁有行檢

善與人交父義與琅邪王行隴西李壽時之情好相得常語吾

〈四〉南

昔太丘道廣許劭知而不顧稊生峙立鍾會遇而絕言吾

處季孟之閒去其太行以爲然子彥卿有學尚佳隋位

御史撰後魏紀三十卷眞觀中位石門令東宮學士道將

第道亮字子行聰爽俊辯通悅不羈年十六中山劉松爲人

作碑銘以示思道讀之多所不解乃感激讀書師事

恩道字子行聰爽俊辯通悅不羈年十六中山劉松爲人

之有益嘗徒然就魏收借異書數年閒才學兼著然曰學

不持操行好輕侮人物齊天保中魏史成思道多所非斁

由是前後屢被笞辱因而落泊不調後左僕射楊遵彥薦

河閒邢子才後復爲文示松松不能甚解乃喟然歎曰學

之於朝解褐司空行參軍長兼員外散騎侍郎直中書省

15-431

文宣帝崩當朝文士各作挽歌十首擇其善者而用之魏
收陽休之祖孝徵等不過得一二首唯思道獨有八篇故
時人稱為八米盧郎後漏泄省中語出為丞相後以擅用
歷太子舍人司徒錄事參軍每為諸官多被譴辱後以擅用
庫錢免歸家嘗於薊北悵然感慨為五言詩見意世以為
工後為給事黃門侍郎待詔文林館周武帝平齊授儀同
所為詞意清切為時人所重新野庾信偏覽諸同作者而
深歎美之未幾母疾還鄉遇同郡祖英伯及從兄昌期等
舉兵作亂思道預焉柱國宇文神舉討平之思道罪當斬

北史列傳十八 〈五〉

巳在死中神舉素聞其名引出令作露布援筆立成文不
加點神舉嘉而宥之後除掌教上士隋文帝為丞相遷武
陽太守位下不得志為孤鴻賦以寄其情其序曰余志學
之歲自鄉里遊京師便見識知音歷受群公之眷年登弱
冠甫就朝列談者過誤逸篤虛名通人楊令君邢特進以
下皆分庭致敬利既倒羶雖勢利貨殖炎然不營雖龍絆
拙性實疎嬾勢利貨殖炎然不營雖龍絆朝市且三十載
而獨往之心未始去懷抱也攝生舛和有少疾分符坐
嘯作守東原洪河之濱汶野彌望置蹟既屏魚鳥為隣有
離群之鴻為羅者所獲野人馴養貢之於余置諸池庭朝

夕賞歡既用銷憂兼以輕疾犬易稱鴻漸於陸羽儀盛也
揚子曰鴻飛冥冥其弋人何慕焉也淮南子云東歸碣石違海景
也平子賦南翔衡陽避祁寒也若其雅步清音高韻
鷄鶩已降寧見其傳而鍛翮陰偶影孤嗟喋雞
驚為伍不亦傷乎余五十之年忽焉已至永言身事慨然
多緒乃為之賦聊以自慰云爾由是官途淪滯既而又著
勞生論措切當世歲餘奉詔郊勞陳使顧之遭母憂未幾
詔許之恩道情才地多所凌忽由是官途淪滯太僕
起為散騎侍郎參內史侍郎事六卿將千時議置六
思道上奏曰省有刑部寺除大理斯
則重畜產而賤刑名誠為不可又陳毀佛圖刑之所朝

北史列傳十八 〈六〉

臣犯笞罪請以贖論上悲嘉納之長歲卒于京師位甚惜
之遣使吊祭為集二十卷行於世子赤松大業中位河東
縣長道衡弟道裕字寧祖少以學尚知名風儀儀美高歡
文女樂浪長公主拜駙馬都尉歷位中書侍郎兼太子中庶
子幽州大中正卒於洺州刺史諡曰文道裕第道虔字慶
祖粗閒經史兼通算術尚孝文女濟南長公主拜駙馬都
尉公主驕淫聲穢狼藉道虔所害宣武秘
其事不苦窮治後靈太后追主蠆事點道虔令終身不仕
道虔外生李或尚莊帝姊豐亭公主因相藉託永安中除

輔國將軍通直常侍以議曆勳賜爵臨淄伯天平中歷都
官尚書本州大中正幽州刺史諡曰文恭道虔好禮學難齊尚
右僕射司空六瀛州刺史加衛大將軍卒官贈尚書
書令王儼喪服集記七十餘條爲尚書同寮於草屋下設
難幂之膊談者以爲高眛旦將上省必見其弟然後去如
在馬上彈琵琶道虔開之杖奴一百公主二子昌禹昌仁
昌禹不蕙昌仁早卒道虔又娶司馬氏生二子昌期昌裕後弟元
氏見出更娉元氏甚聰悟常升高座講老子道虔從弟元

昌衡字子均小字龍子沈靖有才識風神澹雅容止可法
博涉經史工草行書從弟思道小字釋奴宗中稱英妙昌
衡與之俱被稚重故幽州語曰盧家千里釋奴龍子仕魏
兼太尉外兵參軍歷受禪歷平恩令右僕射祖孝徵爲
尚書金部郎郎孝徵每曰吾用盧子均爲尚書郎自謂無愧
幽明始天保中尚書行書獲罪諸弟尚守而不陸
自茲以後此道浸微昌衡與顏丘季若彭城劉珉河南陸
彥師隴西辛德源王昕並爲後進風流之士後兼散騎侍
郎迎勞周使周武平齊授司玉中士與大宗伯斛斯徵脩
禮令迎開皇初拜尚書祠部侍郎文帝嘗大集群下令自
陳功人比競進昌衡獨無所言左僕射高熲目而異之陳

使賀徹周濱相繼來聘朝廷每令昌衡接對之未幾出爲
徐州摠管長史其有能名吏部尚書蘇威威者之曰德素爲世
表行爲士則論之者以爲美談常行至凌雲所乘馬爲人
牛所觸致死牛主陳謝求還價直昌衡謂曰六畜相觸自關
常理此豈人情也君何謝焉拒而不受性寬厚不校旨此
類也轉壽州摠管長史宇文述甚敬之其敬之妻以秀
金州刺史仁壽中奉詔持節爲河南道巡省大使及還以
奉使稱旨授儀同三司賜物二百段昌衡自以年在縣章
上表乞骸骨優詔不許大業初徵爲太子左庶子行詣洛
陽道卒子寶素寶航道虔弟道侃字希祖沈雅有學尚位

州主簿卒以弟道約子正達爲後道侃弟道和字叔雍兄
弟之中人望昌最下位冀州中軍府中兵參軍卒早有風
農大守景獻子彥有風槃隋開皇中爲蜀王秀鎧以秀
所爲不軌辭疾終於家道和弟道約字季恭位司徒錄事
州大中正與和末除衛大將軍兗州刺史在州頗得人和
卒妻謝氏與正思幽州刺史子正通爲御史少有令譽開
弟正思兄弟正山字公順幽州刺史子正通弟正思位開府諮議文林館
正弟正山字公順太后舅氏武平中並得優贈道約弟道諱
字幼安龔父爵位中書侍郎卒子興裕龔熙裕清虛守道

有古人風為親表所敬伯源弟敏字仲通小字洪渴少有
大量孝文器之納其女為嬪位威遠將軍
范陽太守諡曰靖五子長義僩字遠慶早卒有學尚識慶沈
雅年九歲喪父便有至性少為僕射李沖所歎美起家秘
書郎累遷軍中散大夫以母憂去職贈幽州刺史
惠存輒連數日得以諮政道其見重君此後拜征虜將
誦與之交欵每與故舊李神僩等書曰盧冠軍在此時復
軍太中大夫散秩多年澹然自得李神僩何得苟求富貴也
義僩曰既學先王之道貴行先王之志何得苟求富貴也

孝昌中除散騎常侍時靈太后臨朝黃門侍郎李神軌勢
傾朝野求結婚姻義僩慮其必敗拒而不許王誦謂義僩
曰昔人不以一女易五男鄉易之也義僩曰所以不從正
為此耳從恐禍大而連速誦乃握義僩手曰我聞有命不
敢以告人遂適他族臨婚之夕靈太后遣中除都官尚書驃
家敕傅內外惶怖義僩夷然自若孟音泰中除都官尚書就
不譽財利少時幽州大夫頻遭水旱先有數万石穀以賑
以年穀不熟乃燔其契州閭悅其恩德雖居顯位每至困
騎大將軍左光祿大夫儀同三司瀛州刺史
諡曰孝閑子遜之清靖寡欲位太尉記室參軍義傳四弟
三麥飯蔬食怡然甘之卒贈大將軍儀同三司瀛州刺史

並遠不逮兄也
敏弟昶字叔達小字師頭學涉經史有時譽太和中兼
負外散騎常侍使於齊孝文詔昶曰密邇江揚不早當晚
會是朕物卿等欲言於齊孝文詔昶曰見須論
鄉莫以朕物卿等無多文才或主客命卿作詩真以昶
不論昶便罷也尤使人以和為貴勿相矜衒見於辭色及至
彼遇昶覽柔君子無文才機先為貴矜淚汗橫流霎明以
廷加兵遂南人討昶兄伯源為別道將而昶明以朝
腐米臭魚豆供之而謁者張思寧辭氣憤激遂以此熱
死於館中昶還孝文責之曰銜命之禮有死無辱雖流放
海隅猶宜抱節致殞卿不能長纓鞲首已可恨乃偒眉
飲啄自同犬馬有生必死惰短幾何卿若殺身成名貽之
竹素何如甘彼匈奴以辱君父縱不斬蘇武寧不近
愧思寧遂見罷黜景明初除中書侍郎遷給事黃門侍郎
本州大中正散騎常侍兼尚書時洛陽縣獲白鼠昶奏以
為蒼瑞典外鎮刺史二千石令長不祗上命刻暴百姓怨
嗟則白鼠至因陳時政多所勸誡詔書襃美其意轉侍中
又兼吏部尚書尋即正仍侍中昶守職而已無所激揚興
侍中元暉等更相朋附為宣武所寵時人鄙之出為徐州

刺史昶既儒生本少將略又羊祜子爍為昶司
馬專任戎
事掩昶耳目將士怨之胸山戍主傳文驥糧棋俱盤以城
降梁昶見城降先走諸軍相尋追遇大寒軍人凍死
及落手昶足者太半自魏經略江右唯中山王英敗於鍾離
昶於胸山失利最為甚焉宣武遣黃門魏琛馳駟鎖昶躬
其敗狀詔以免官論自餘將統以下悉聽依赦復任未幾
拜太常卿卿仍除雍州刺史進號鎮西將軍加散騎常侍卒
官諡曰穆昶寬和矜恕善於綏懷其在徐州戎兵有疾親
自檢恤至番兵年滿不歸容充後役終昶一政然後始還
人庶稱之

（十一）

子元聿字仲訓與他才能尚孝文女義陽長公主拜駙馬
都尉位太尉司馬光祿大夫卒贈中書監子士晟儀同開
府祿元聿第五第元明字幼章涉歷群書兼有文義風彩
閑潤進退可觀府引為兼屬仍領部曲孝武登阼以郎住
行禮封城
陽縣子遷中書侍郎永熙末君洛東紙山乃作幽憂賦焉
於時元明友人王由君穎川自茲一去後市朝不復遊元明
為贈及明憶其詩十字云自茲一去後市朝不復遊必有他
故經三日果聞由為亂兵所害尋其亡日乃是發夢之夜
歡曰由性不狎俗旅寄人閒乃有今憂詩後如此必有他

天平中兼吏部郎中副李諧使梁南人稱之還拜尚書右
丞相轉散騎常侍監起居注積年在史館了不措意又兼黃
門郎本州大中正元明自標置不妄交遊飲酒賦詩遇
興忘返性好玄理作史子雜論數十篇諸文別有集錄少
時常從鄉還洛途遇捐州刺史中山王熙熙博識之士見
而歡曰盧郎有如此風神唯須誦離騷飲美酒自為佳器
遂因之數日贈帛及馬而別元明九三聚次妻鄭氏與元
明兄子士啓溢汙元明不能離絕觀醜好酒曾於婦氏飲宴
以此眕之元明第元緝字幼緒覽覽好以世地自矜時論
小有不平手刃其客位輔國將軍司徒司馬贈驃騎大將
軍吏部尚書幽州刺史諡曰宣昶第尚之字季儒小字義

（十二）

夏亦以儒素見重位司徒左長史前將軍濟州刺史光祿
大夫長子文甫宇元祐涉歷文史有名譽於時位司空行
參軍文甫第文翼字仲祐其輕躁晚頗改節以軍功賜
爵范陽子位太中大夫文翼弟文符字叔偉性通率位通
直散騎侍郎子文潛容貌瓌偉善言談少有成人志尚累
遷大將軍府中兵參軍機事強濟氣為文襄重其才識潛常
大用王思政不能死節何足可重文襄謂左右曰我有盧潛便
是更得一王思政天保中除左戶郎中坐譏議魏書與王
襄患政不見獲於穎川文襄謂左右曰...

松年及廢等俱被禁止會清河王岳救江陵特赦潛為岳
行臺郎還鄴中書黃門侍郎為奴訴告謀及文宣明之以
奴付潛潛不之責黃門鄭子默奏潛從清河王岳南討岳
令說梁將侯瑱大納琅邪貨還不奏聞文宣馳馬江州刺史潛一百
仍截其須潛顏色不變琅邪略貴魏尹丞司州刺史潛
在有善政孝昭作相以潛為楊州道行臺左丞先是梁將
王琳擁其主蕭莊歸壽陽朝廷以琳為楊州刺史敕潛與
潛以為南討經略後除行臺尚書儀同三司王琳銳意圖南
鄴除潛楊州刺史領行臺尚書潛在淮南十三年大樹風
琳以為時事未可由是與琳有隙更相表列武成追琳入

（十三）

績為陳人所憚陳主與其邊將書云盧潛猶在鄉宜深備
之文宣初平淮南給後十年年蒲後連天統武平中徵稅
頗雜又高元海執政斷漁獵人家無以自資諸商胡貪官
責貴者宜令陳德信縱其妄注淮南富家令州縣徵貴又
敕送突厥馬數千四於楊州管內令主其豪貴買之錢直始
入便出敕括江淮間馬並送官既由是百姓驛擾切齒嗟
怨潛隨事撫慰兼行權略故得簟靖武平三年徵為五兵
尚書楊州吏人以潛斷酒肉禁信釋氏大設僧會以香花
緣道流涕送之潛歎曰正恐不久後來耳至鄴未幾復為
楊州道行臺尚書四年陳將吳明徹來冠領軍封輔相赴

援陳兵及峴輔相不從潛固爭不得憂憤發病卧幕下果
敗陳人遂圍壽陽雍秀陵以水灌之詔王長春為南討都
督長春軍次河南多給兵士粮便嗚角欲引而賤耀其求
及頻兵更貴耀其求乃之虛景和擁眾十方於淮北不進
壽陽城中青黑龍升天城弅陷潛及行臺僕射王貴顯特
進巴陵王王琳扶風王可朱渾孝裕武衛將軍繁永絡儀
高子植行臺左丞李駟驍等督將五十八軍士一萬皆沒
同索景和仁州刺史鄺伯偉霍州刺史封子繡
潛曰囚本屬幽州於河北最小只有五十萬落陳者唯與

（十四）

鄺伯偉二人時李駟驍將逃歸并要潛潛曰我此頭面
何可誑人吾少時相者云沒在吳越地死生已定第其行
也因寄書與第士遜曰吾賣汝以某月某日得患某月其
日漸損甘如其言既而歎曰壽陽陷潛以頸血濺城而死
佛教不聽自殺故葬用偷生今可死矣於是閉氣而絕其
家購冤歸葬贈閭府儀同三司尚書左僕射兗州刺史無
子以弟士瑑子元孝嗣潛雅性貞固祖班常要潛陷仁州
刺史劉逖許以高位潛曰如此事吾不為也行臺尚書容特
德常所推重有疾謂其子曰盧高書秋我為人有如昆弟
我死持上聯馬與之其子以他馬性悖德柩出門自傳不

【上欄】

可動巫祝以為恃德然曰何不與盧尚書我所騎驢馬
其子遼奉命柩乃行潛以馬價為營福事其為時重如此
士遼字子淹少為崔昂所知昂云此昆季足為後生之俊
但恨其俱不讀書耳位尚書左右丞吏部郎中中山太守
嘗定州長史崇吉母亡後卒度世之為滄州也魏初平升城無
中表賈妻賈氏供恤每觀見傳世膳青州既陷起居諸崔隆被送表被食
物亦存賑賈氏供恤其號閎起居諸崔隆多所收贖
及伯源昶等並循父風遠親踈屬敘為尊行長者莫不畢
篡定房崇吉母傳度世之姑女也皆亡破老病悴而度世推計
賻然尊卑怡穆儉同之親從俗昆季常旦首諸父出坐別
室暮乃入內朝府之外不妄交遊其相勗以禮如此又一
門三主當世以為榮伯源兄弟七及道將卒後家風衰損
子孫多有非法幃薄混穢為時所鄙度世從祖弟神寶位
中書博士孝文為第高陽王雍納其女為妃初玄從祖兄
薄慕容寶之末統攝鄉部屯海濱殺其鄉姻諸祖十餘人
稱征北大將軍幽州刺史攻掠郡縣天興中詣闕請降
孫洪字曾孫太和中位中書博士樂陵陽平二郡太守潯玄

北史列傳十
〈十五〉

【下欄】

州中正洪三子長子崇少立美名有識者許之以遠大卒
於驃騎府法曹參軍崇子柔
柔字子剛少孤為叔母所養撫視甚於其子柔盡心溫清
亦同已親親族歎重之性聰敏好學未冠解屬文但口吃
不能持論頗使酒誕節為世所譏司徒臨淮王或見而器
之以女妻為及魏孝武有隙詔賀拔勝出牧荊
州柔謂因此可著功績遂從勝之荊州以柔為大行臺郎
中掌書記軍之禮務多未預之及勝為太保以柔為掾孝
武後召勝引兵赴洛勝以問柔柔曰高歡託晉陽之甲意
寔難知公且席卷赴都與決勝負存沒以之此忠之上策
武後北阻魯陽南並襄樊東連汝潁西接關中帶甲十萬
觀釁而動亦中策也舉三荊之地通款梁國可以庇身功
名去矣策之下者勝輕未年少笑而不應及孝武西遷東
魏遣侯景龔覽表其南奔梁朝所製因道舍人
求開中梁武帝覽表嘉其辭彩既知所製因道舍人
勢閒并遺錦綵與勝及柔懼乃棄船山行羸糧冒險經
數百里時屬秋霖徒侶凍餒者太半至於死大統二年至
長安封容城縣男周文帝引為行臺郎中除從事中郎與
郎中蘇綽掌機密時沙苑之役大軍屢捷文潁之閒多舉

義來附書及日百餘牒系隨機報荅皆令事宜進爵
為子累遷中書侍郎兼著作撰起居注後為黃門侍郎周
文知其負解衣賜之後還中書監周孝閔帝踐阼拜小內
史大夫進位開府儀同三司卒於位所作詩頌碑銘檄表
屬文周齊王憲引為記室從憲代齊說齊柏社鎮下之遷
愷字周仁性孝友神情穎悟涉獵經史有當世幹能頗解
為計部下大夫時染工王神歡諫曰古者登高能賦可為大夫辛求賢番
官理須詳慎今神歡出身染工更無殊異徒以家富自通
遂與縉紳並列賣恐鵷鷺翼之剌聞之外境護竟寢其事轉
內史下大夫武帝在雲陽宮敕諸邑簡老牛欲以享士愷
諫曰昔田子方贖老馬君子以為美談向奉明敕欲以老
牛享士有虧仁政帝美其言而止轉禮部大夫為聘陳使
副先是行人多從其國禮及愷為露布帝命愷作露布帝
大悅都官盧愷文章大進荀景倩故是令君之子大象元年
拜東都官吏部大夫隋開皇初加上儀同三司除尚書吏部
侍郎進爵為侯乃攝尚書左丞每有敷奏偘然正色雖逢
喜怒不改其常加散騎常侍八年上親考百寮以愷為上

固讓不敢受文帝曰當仁不讓何愧之有皆往朕心無勞
飾讓歲餘拜禮部尚書攝吏部尚書事會國子博士何妥
與右僕射蘇威不平奏威陰事愷坐與相連憲司奏愷曰
務恭慤者尉遲迴之黨不當仕進威愷一人曲相薦達累
之朋黨事甚明白上大怒曰愷敢將天官以為私惠愷免
而先任用蕭左繼學才用典籤愷以威故授朝請郎愷免
轉海州刺史吏部侍郎選者正徵詣吏部徵文狀後至
威之從父弟徹肅二人竝以卿正徵詣吏部徵文狀後至
冠頓首曰皇太子將以通事舍人蘇夔為舍人愷之子
臣以蕘末當遷固啓而止臣若與威有私豈當如此上曰
威子朝廷共知卿乃固執以徹身幸至所不知便行朋附
蕘臣之行也於是除名卒於家自周氏以降選無清濁及
愷攝吏部與薛道衡陸彥師等甄別士流故涉黨固之譖
遂及於此崇弟仲義字小黑知名於世貞外散騎侍郎
幽州刺史崇兄弟官雖不達婚姻常與玄家喬等洪弟光
宗位高書郎光宗子觀
觀字伯舉少好學有儁才舉秀才射策甲科除太學博士
著作佐郎與太常少卿李神傋光祿大夫王邵等在尚書
上省撰定朝儀遷尚書儀曹郎中孝昌元年卒
觀第仲宣小名金才學優洽乃躋於觀但文體頗細兄弟

儀同三司判都官尚書出為金州刺史遷太子詹事叔彪

【北史列傳十八】

〈十九〉

俱以文章顯論者美之位太尉屬魏孝莊帝初遇害河陰
乃兄觀並無子文集莫為撰次宰有存者仲宣弟叔彪
叔彪少機悟家率輕俠好奇策熹諸萬兒之為人為賀拔
滕荊州開府長史勝不用其計棄奔梁叔兒歸本縣篆
璽臨陂優遊自適齋文襄降辟書辭疾不到天保初復徵
不受李昭即位召以為中庶子門以世事叔彪勸討關西疾
不得已布裙露車至鄴楊愔惜性候
根實之帝深納之又願自居平陽與彼蒲州相對深溝高壘運
地陳丘勢請立重鎮於平陽
一卷末幾帝崩事寢武成即位拜
與叔彪參謀撰平西策
在鄉時有粟千石每至春夏鄉人無食者令自載取至秋
任還其價而不計歲歲常得償餘既在朝通貴自以年老
兒子又多遂營一大屋曰歌於斯哭於斯魏收常來詣之
訪以洛京舊事不待食而起云難為子費叔彪之良久
設食一與此同燕麩梨木椀盛之一片脯而已所將僕從亦盡
食至但有粟飱葵菜歸范陽遭亂城陷與族弟主遠皆以
寒餒斃周將宇文神舉以二人有名德收而葬之洪從弟
附伯附伯弟侍伯並有學識附伯位洛州平東府長史侍
伯南歧州刺史侍伯從弟文偉

【北史列傳十八】

〈二十〉

文偉字休族父敳位議郎後以文偉勳贈幽州刺史文偉
少孤有志尚頗涉經史州辟主簿年三十八始舉秀才除
本州平北府長史流參軍說刺史裴儁案舊迹循替元旎溉
田萬餘頃人賴其利儁修立之功多以委文偉旣善於
管理兼展私家素資傍因此致富及北方將亂封及韓
稻穀於范陽城時經流人間守范陽樓平以功封大夏縣男除
橫據蒯城文偉率鄉閭守城不下刺史劉靈助
范陽太守莊帝崩文偉與幽州刺史劉靈助同謀起義靈
助克瀛州莊帝崩文偉走還本郡仍與高乾兄弟相影贊爾朱榮將侯
深所敗文偉走還本郡仍與高乾
信都文偉遣千懷道奉啓陳謝中興初除安州刺史不之
官尋轉幽州刺史虞皵亦從叛文偉
因據幽州降尒朱兆尒仍以刺史據城不下文偉不得
入後除青州刺史文偉輕財愛客善於撫接好為小惠是
以所在頗得人情經紀生貲常若不足致殖積
要飭道不絕卒贈司徒公尚書右僕射諡曰孝威子恭道
性溫良頗有文學位范陽郡太守有德惠先文偉卒贈
支高書謚曰定子詢祖龔祖爵大夏男有術學文辭華美
為後生之俊舉秀才至鄴趙郡李祖勳宴諸文士燕文
宣便小黃門敕祖勳毋曰蠕蠕旣破何無賀表使者待之

【上欄】

諸寶皆為衰詢祖俄頃便成其詞云昔十萬橫行樊將軍
請而受出五千深入李都尉降而不歸時重其工後朝廷
大遷除同日催拜詢祖立於東止車門外為二十餘人作
表文不加點辭理可觀詢祖初龍墜雀相賀天保末為築長城子
夏初成詢祖應聲曰月得驚容服有宿憾朝士謂曰大
使自負其才內懷懊憹快逸豎容服如賤役者以見楊惰情
日故舊皆有所蔡唯大夏未加處分詢祖屬聲曰是誰
然既至役所作築長城賦以寄其意其略曰板則紫柏杵
則木爪何斯材而斯用也草則離離蘼緣岡而殖但使
十步而有 芳餘亦何辭閒於荊棘邢邵常戲曰卿小年

才學富盛戴角者無上齒恐卿不壽對曰詢祖初聞此言
實懷楊懼見丈人倉奈在髮晉姜以自安卻甚重其敏贍既
有口辯好臧否人物眾嫉之言其淫於從妹宗人思道
謂曰大夏何為招四海議詢祖曰四月肉還 相殘何況執玉
帛者萬國與思道俱為北州人魏收揚譽思道而以詢
祖為不及詢祖謂人曰見未能高飛者借其羽毛知逸勢
沖天者翔其翅翮既諸謗興至素論比其為人長廣
太守邢子廣曰詢祖徒記室卒有文集十卷皆遺逸恭道
折節歷太子舍人司徒記室卒有文集十卷皆遺逸恭道
弟懷道性輕率好酒頗有慕尚既家預義舉神武親待之

【下欄】

卒於蘇領城都督懷道弟宗道性疏藥動作狂俠位南
營州刺史聿於晉陽置酒賓遊滿座中書舍人馬士達目
其彈箜篌女妓云手其織素宗道 即以遺之 將赴營州
道便命其家人將解其腕士達不得已而受之 士達
於聲及葰女集鄉人殺牛聚會有 舊門人 醉言疎失
宗道令沈之於水後坐酷濫除名玄族子輔宇顯光本州
別駕子同
同子叔倫身長八尺容貌魁偉善於尺牘世和中起家比
海王詳國常侍熙平初累遷尚書左丞時相州刺史葰康
生徵百姓歲調皆長七八十尺以邀愛公之譽部內患之

同於歲祿官給長絹同乃舉奏康生庶外徵書奏詔科
康生罪議身各加檢覆得罪閒者三百餘人乃表言
功同閱吏部動書因加檢覆得罪閒者三百餘人乃表言
罪雖恩免猶須刊定請遣一都令史與令僕省事共愚謂
穗集楷書吏部中兵二局動溥多此改換乃校中兵秦並復我姝愚謂
黃素楷書大字具件附階級數令本曹尚書以未印之明
樞從前以來動書上省唯別姓名不載
造兩通一關更部一留兵局與奏茶對堂進則防楷洗之
偽退則無改易之理從前以來動書上省唯別姓名不載
本屬致令竊濫之徒輕為苟且今請征職自身具列本州

郡縣三長之所貫賣官正職者亦列官名曹別錄歷皆仰

本軍即送門下別緘各上所司統將並皆印記

然後括然後奏申行臺行關太尉檢練精實乃始關剖省

重兗拮然後奏出之日黃素朱印付吏部頃來非

但偷階冒名改換勳簿而已或一階再取或易名受叙凡

如此者其人不少良由吏部典法防塞失方何者更部加

府之後簿其注加補日月尚書印記然後付曹耶別作抄目邊

代相付此制一行芸上玄聞詔從之又奏曰臣伏思黃

素勳簿政可憑止敘偽然在軍虛詐猶未可盡請自今在

軍閱簿之日行臺軍司監軍都督各明立文簿勳記之

新莄成一階以上即令給券其券一紙之上當中大書起

行臺統軍位號勳人甲乙斬三賊又被傷成階以上亦具

書於券各盡一行當行堅刻某某兼前後某起年號月日破

其勳陣某官某勳印記為驗一支付勳人一支行臺記至

京即送門下別函牛錄又自邊都以來我軍虛捷所以征

勳轉多敘不可盡有良由歲久生姦積年長偽巧吏階緣

偷增遂吉諸勳判成令知聞五格酬叙以三年為斷其職人

近云其處勳判成令知聞五格酬叙除賣官及外號隨才加授庶使酬勤

及出身限內卷令銓除賣官及外號隨才加授庶使酬勤

速申立效者勘事不經久傺倖易息或遣窮難州無申正

者不在此限又勳簿之法征還之日即應申效然項來行

臺督將至京始造或一年二歲方上勳簿姦偽之原寔自

由此之廢靈太后中山王熙起兵熙敗之日便通勳簿不聽隨還授行

元又之廢靈太后中山王熙起兵熙敗之

義以同公為持節兼黃門侍郎熙慰使乃就州刑熙還授正

黃門同善事在位為義之深窮黨與以希義

旨論者非之同兄琇少多夭言常云公俟可致至此始為

都水使者同啟求回身二階以加琇琇遂除安州持節使營

者稱之營州城人就德興謀及除同度支尚書持節使營

州慰勞聽以便宜從事同乃遣賊家口三十人幷免家奴

為良赦書喻之德興乃降安輯其人而還

為幽州刺史兼尚書行臺慰勞之同慮德興難信復反詔同

佳為德興所擊大敗而還靈太后反及以同義黨除名莊

帝踐祚詔復本秩除都官尚書復兼七兵以前慰勞德興

功封章武縣伯正除七兵轉殿中曾泰初除侍中進驃

騎將軍左光祿大夫同時父病牽強啟乞之儀同初同之為

黃門也與節閔帝俱在門下同異其為人素相欽託帝以

恩舊許之除儀同三司求熙初薨贈尚書右僕射四子長

子斐嗣

斐字子章性殘忍以酷斷知名齊文襄引為大將軍府刑
獄參軍事章謂云往簡斐然章非人情所為無間事之犬小
書左丞別典京畿詔獄酷濫非嘉名字也天保中稍遷尚
栲掠過度於大棒車輻下死者非一或嚴冬至寒置囚於
冰雪之上或盛夏酷熱暴之日下枉陷人致死者莫不
數人伺察官人罪失動即奏聞朝士見之莫不重跡屏氣
皆目之為校事斐弟筠青州從事初贈太僕卿平
風度飲酒至數斗不亂終於太常丞大統初靜好學有
庶俱病鞭杖死獄中斐揚得志言必自矜後以謗史事與李
州刺史靜子景裕

景裕字仲孺小字白頭少敏專經為學居拒馬河將一老
嬋作食妻子不自隨從又避地大寧山不營世事居無二
業唯在注解其叔父同職居顯要而景裕止於園舍情均
郊野謙恭守道身素自得由是世號居士節閭初除國子
博士參議正聲其見親遇待以不臣之禮永熙初以例解
天平中還鄉里與邢子才魏季景魏收邢昕等同徵赴鄴
景裕寓託僧寺講聽不已未幾歸以應西魏齋神武命都
督賀拔仁討平之聞景裕經明行著驛馬特徵既而舍之
裕從兄仲禮據鄉作逆遍其閭景裕經明行著驛馬特徵既而舍之
使教諸子在館十日一歸家隨以鼎食景裕風儀言行雅

見嗟賞先是景裕注周易尚書孝經論語禮記老子其毛
詩春秋左氏未託齊文襄入相於第開講招延時儁令景
裕解所注易理義微發開時有閉難或相詆
訶大聲厲色言至不遜而景裕神彩儼然風誦如一從容
往復無際可尋由是士君子嗟美之初元顥入洛以為中
書郎普泰中後除國子博士進退其間未曾有得失之色
性清靜淡於榮利竟夜食恬然自安終日端嚴如對賓
客興和中補齊王開府屬卒於晉陽神武悼惜之景裕雖
不聚徒教授所注易論讓報託景裕為之序景裕之敗也
胡沙門道恂每譯心經論

殷紹晉陽獄至心誦經枷自脫是時又有人負罪當死夢
沙門教講經覺時如所要謂誦千遍臨刑刀折主者以聞
赦之此經遂行號曰高王觀世音景裕弟辯
辯字景山少好學博經籍正光初舉秀才為太學博士
以大戴禮未有解詁辯乃注之其兄景裕為當時碩儒謂
辯曰昔侍中注小戴今汝注大戴庶前脩矣節閭帝立
除中書舍人屬齊神武起兵信都既破尒朱氏遂敲行指
洛節閭遁辯持節勞之於鄴神武令辯見其所奉
辯抗即不從神武怒曰我舉大義誅群醜車駕在此誰道
尒來辯抗言酬若守節不挫神武異之捨而不逼孝武即

位以辯為廣平王贊師永熙二年平等浮屠成寺武會万
僧於寺石佛低舉其頭終日乃止帝禮拜之辯曰石立社
移自古有此陛下何怪及帝入關事起舍卒辯不及至家
單馬而從或開辯曰得辭家不辯曰門外之道以義斷恩
復何辭也孝武至長安封范陽縣公歷位給事黃門侍郎
領著作加本宗大中正周文帝以辯有儒術甚禮之朝魏
大議常召顧問遷太子少保領國子祭酒趙青雀之亂魏
太子出居渭北辯時隨從亦不告家人其執志敢決皆此
類也尋除太常卿太子少傅轉少師魏太子及諸王等皆
行束脩之禮受業於辯進爵范陽郡公自孝武西遷朝儀
凡所創制朕之不疑加驃騎大將軍開府儀同三司累遷
尚書令及建六官為師氏中大夫明帝即位遷小宗伯進
位大將軍帝嘗與諸公幸其第儒者榮之出為宜州刺史
以惠不之部卒諡曰獻配食文帝廟庭子慎嗣位復州刺
史慎弟詮性趙捷善騎射位儀同三司隋開皇初以辯前
代名德追封沈國公初周文欲行周官命蘇綽專掌其事
未幾而綽卒乃令辯成之於是依周禮建六官革漢魏之
法以魏恭帝三年始命行之六卿之外置太師太傅太保

各一人是曰三孤時未建東宮其太子官員改創未畢尋
又改典命為大司禮置中大夫自茲厥後世有損益武成
元年增御正四人位上大夫保定四年改置宿衛官員四
部為司宗大司禮為禮部大司樂為樂部員三年省六府
名各置大夫一人以建德元年改置宿衛官員四年左右武伯
諸司中大夫以下官府置四司以下大夫為官之長貳四
之屬亦後所創置而典章散佚弗可復知宣帝嗣位事不
人文學十八人皇第皇子友各二人學士六人四年又改
置宿衛官員其司武司衛官員各二人學士太子諫議大夫員四
師古官員琢品隨情變革至如初置四輔官及六府諸司
復置中大夫并御正內史增置上大夫等則今載於外史
餘則朝出夕改莫能詳錄千時雖行周禮內外衆職又兼
用秦漢等官令略舉其名號及命數附之於左其紀傳內
更有餘官而於此不載者亦史之闕文也柱國大將軍建
德四年增置上柱國上將軍也正九命驃騎大將軍開府
儀同大將軍車騎大將軍儀同三司建德四年改為開府
大將軍仍增上儀同大將軍雍州牧九命驃騎大將軍右
光祿大夫車騎將軍左光祿大夫戶三万以上州刺史正

八命征東征南征西征北等

鎮軍撫軍等將軍左金紫光祿大夫中軍

州剌史京兆尹八命平東平西平南平北等

光祿大夫前右左後等將軍左銀青光祿

國大將軍府長史司馬司錄戶二萬以上

冠軍將軍太中大夫輔國將軍中散大夫

上州剌史戶一萬五千以上郡守正六命中

夫建忠將軍朔將軍左員外常侍統軍驃騎車都尉輕車將軍

五千以下州剌史戶一万以上郡守長史司馬司錄柱國大將軍

中郎將寧朔將軍左中郎將儀同府正八命州長史司馬

司錄戶五千以上郡守大夫呼藥六命寧遠將軍右員外常

長史司馬司錄柱國大將軍府中郎掾屬戶不滿二千以下郡

守長安萬年縣令正五命中鎮撫將軍府正七命州長史司馬司錄

奉騎都尉四征中鎮撫將軍府中郎掾屬戶一千以上郡

開府府中郎掾屬七命宣威將軍武賁給事明威將軍奉

令正八命州呼藥七命州長史司馬府列曹參軍四平

從給事儀同府中郎掾屬柱國大將軍府列曹參軍六

前右左後將軍府中郎掾屬正八命州別駕

戶四千以上縣令八命州呼藥正四命襄威將軍給事中

廣威將軍奉朝請軍主開府列曹參軍冠軍輔國將軍府

正六命州長史司馬司錄正七命州別駕正八命州中從

軍七命郡丞二千以上縣令正七命州呼藥四命威烈

八命州列曹參軍柱國大將軍府參軍鎮遠建忠中堅寧

朝將軍八命州列曹參軍鎮遠將軍驍騎車都尉

軍府長史司馬正六命州別駕正七命州呼藥正三命蕩寇將

軍武騎常侍蕩難將軍參軍奉朝請員外侍郎討寇將軍府長史

六命郡丞戶五百以上縣令正七命州別駕輕車將軍府長史

丞正二命掃寇將軍強弩司馬殄難將軍積弩

正六命州中從軍六命郡丞戶不滿五百以下縣令戎主

正六命州呼藥三命殄寇將軍強弩司馬殄難將軍積弩

司馬四征中鎮撫將軍武騎司馬掃難將軍府正五命郡

丞正二命掃寇將軍掃難將軍貟外司馬掃難將軍淮海都尉武牙

曠野將軍殿中司馬貟外司馬冠軍輔國將軍

前右左後將軍殿中司馬貟外司馬五命郡丞副二命

府正六命州列曹參軍府武騎司馬橫野將軍淮海都尉武威

將軍山林都尉鎮遠建忠中堅寧朔寧遠揚烈伏波輕車

將軍府列曹參軍一命周制封郡縣五等勳貟者皆加開國

授柱國大將軍開府儀同者並加使持節大都督其開府

又加驃騎大將軍侍中其儀同又加車騎大將軍散騎常

侍其樓總管剌史則加使持節諸軍事以此為常大象元
年詔攝官剌史及行兵者加持節除其罷之辯所制定之
後又有改革今粗附之云辯第光
光字景仁性溫謹博師〇〇〇三種善陰陽解鐘律又
好老言并初釋褐司空府參軍〇及魏孝武西遷光於
記室參軍賜爵陽縣伯儀拜行臺郎中軍〇書記改封
夫惟尉燕郡公虞州剌史行陝州摠官府長史卒官周武
安邑縣伯歷位京兆郡守侍中開府儀同三司匠師中大
帝少甚學業於光故贈賻有加帽典贈少傳諸曰開光性

信開州　▲北史列傳十八　▲三十一

崇佛道至誠信敬常從周文狩於檀臺山時獵圍既合帝
遞指山上謂韋公曰公等有所見不咸曰無所見光獨曰
見一桑門帝曰是也即解圍而還令光於桑門立處造淨
圖揚基一丈得充鉢錫杖各一帝擒歡因弈焉及為京
兆而郡舍先是數有妖怪前後郡將無敢居者者光曰吉凶
由人妖不妄作遂入居之居之未幾光所乘馬忽升聽事登
南首而立食器無故自破光並不以介懷其精誠守正如
此注道德經章句行於世子貴
貴字子徽略涉書記頗解鐘律在周雙爵燕郡八歷位
陽太守太子少宮尹儀同三司武上士時隋文帝為大

司馬賁知帝非常人深自推結言蕭嗣位加開府及文帝
被顧記羣情未一引賁置左右巾將之更第百官皆不知
所去帝潛令賁部伍伏衛因召公卿而謂曰欲富貴者當
相隨來往往偶語有去就賁嚴兵而至眾莫敢動出崇
陽門至更宮門者賁恒典衛宿衛賁乃奏改周旗幟更
却既而帝得入賁恒典衛宿衛賁乃應天順人之事遂
為嘉名其育龍驤虞朱雀玄武千秋萬歲之撰皆賁所剏
也拜爵散騎常侍兼太子左庶子左領軍將軍及高頗蘇
威共掌朝政賁其不平時柱國劉昉被疏忌賁諷昉及上

▲北史列傳十八　▲三十二　元開

柱國元諧李詢華州剌史張賁等謀黜威五人相與輔
政又以晉王上之愛子謀行發立復私謂皇太子曰賁將
數說殿下夾於為上護願蔡匡匡之
貴公卿奏二人坐當死帝以龍潛之舊不忍加誅並除名
富未幾卒歲餘賁復爵位檢校太常卿以古樂宮縣七八
損益不同歷代通儒議無定準乃上表曰殷人以上通用
五音周武克殷得鶉火天馴之應其音用七漢與加鐘
故十六枚而在一簴然世有沿革用捨不同至周武帝復於
八之義其求遠奏然鄭玄注周禮二八十六為簴此則七
縣七以林鐘為宮夫樂者政之本也故移風易俗莫善於

樂是以吳札觀而辯興亡然則樂也吾所以動天地感鬼
神情發於聲安危斯應周武以林鍾為宮蓋將亡之徵也
且林鍾之管即黃鍾下生之義黃鍾君也而生於臣明於
皇朝九五之應又黃鍾為宮蓋君也而生於臣明於臣
祥斯貴其數相符非關人事臣聞五帝不相沿樂三王不
相襲禮此蓋隨時改制而不失雅正者也帝音從之改七
縣名黃鍾為宮詔貴數相與儀同楊慶和刊定周齊音律未幾
歷鄭繞懷三州刺史在懷州決沁水東注名曰利後為齊州刺
沁入溫縣名曰溫潤渠以溉為鹹潁其利名曰利我始
史難官米而自難坐除名後從幸洛陽帝從容謂曰我始

為大司馬及揔百揆煩碎左右與卿足為閒舊卿若無過
位興高潁齊坐與凶人交構由是聲藉言念昔之周後
處救伯之位何乃不思報效以至於此吾不忍殺卿又自
敘功績有怨言帝大怒謂畫臣曰母將與貢一州觀此不
可復用後皇太子為其音曰此輩並有佐命功雖性行輕
險誠不可棄帝曰我柳屈之全其命也微劉昉鄭譯及貴
柳裘皇甫績筆則我不至此然此輩皆反覆子也當周宣
帝時訴顧命於我我將為政又欲亂之故防謀大逆大於前
莫行訴顧命於我我將為政又欲亂之故防謀大逆大於前

租輸皆令實收武達者罪之令與其事鄉郡公主虛懶千
朱氏滅乃起晉陽神武署丞相主簿蜀屬山西霸倪運山東
後葛榮又以勇為燕王齊神武起兵盧文偉召之不應令
二子也幽州反者僕骨邢以勇為本郡范陽王時年十八
勇字仁行後用此道以安之上曰然遂廢辛於家
請至尊仁行後用此道以安之上曰然遂廢辛於家
臣斯不然又委蘇威進曰漢光武欲金功臣皆以列侯奉朝
怨自難信也非我棄之衆人見此或有讒議謂我薄於功
譯為巫蠱於後卿豈之則卜豈不蓋志任之則不陳致之則

餘車勇劲之公主訴於神武而勇守法不鵩神武謂郭秀
曰盧勇懍懍有不可犯色真公人也方當委之大事豈止
納租而已後行洛州事元象初軍圍廣州未拔行臺侯
景關西魏兵於樹頭分騎為數十隊鳴角前禽西親儀同
華斬儀同王征蠻而遠再襲揚州刺史鎮宜陽版人韓木
蘭陳竹等常為邊患勇大破之啟求入朝神武賜勇書曰
吾委鄉揚州安枕高卧無西南之虞矣表啟宜傅常使漢
兒之中典在鄉前者卒年三十二勇有馬五百四私造甲
景騎各擁一馬至大驪山知西魏將李景和將至勇乃多
置旛旗於樹頭分騎為數十隊鳴角前禽西親儀同
百騎各擁一馬至大驪山知西魏將李景和將至勇乃多

使遺啓盡歡之贈司空冀州刺史諡武貞

誕本名暴祖曾祖晏憚學善隷書有名於世仕慕容氏
給事黃門侍郎嘗祖嗣立成周二郡守 祖壽尋太子洗馬慕容氏
滅入魏為魯郡守父叔養父母既没哀毀六年躬營墳壙
外郎親老乃辭歸就養父母既没哀毀六年躬營墳壙
遂有終焉之志景明中被徵入洛授武賁中郎將非其好
也尋除領遠將軍通直散騎常侍并稱疾不朝乃出為幽
州司馬又辭歸鄉里當時咸稱其高尚為誕於度世為族
此勃而通亮悙學有詞彩郡辟功曹州舉秀才不行起家
侍御史累遷輔國大將軍太中大夫 幽州別駕此豫州都
督府長史時刺史高仲密以州歸西魏遣大將軍李遠率
軍赴援誕與文武二千餘人奉候大軍以功授鎮東將軍
金紫光禄大夫封固安縣伯尋加散騎侍郎拜給事黃門
侍郎魏遷帝詔曰經師易求人師難得朕諸見稍長欲令卿
為師於是親幸晉王第敕晉王以下皆拜之於帝前因賜
名曰誕加征東將軍散騎常侍周文帝又以誕宗儒學府
為儕冊所推乃拜國子祭酒進車騎大將軍儀同三司恭
帝二年除祕書監後以壽卒
論曰盧云緒業著聞崔雄命子孫繼迹為世盛門其文
武功烈殆無足紀 而見重於時 聲高冠帶 盖德業儒素有

過人者伯源兄弟亦有二方之風流雅道家聲諸子不逮
思道一代俊偉而官途窘落雖曰翁抑亦不護細行之
所致乎潜及昌衡雅素之紀家風克嗣堂構與鷁子剛使
酒誕即無明珠之穎長仁諫說可重一簣而傾惜哉伯
華仲宣文雅俱劬叔虎志尚宏遠任俠好謀文偉望重地
亦為佐命之一也詢祖辭情艷發早著聲名貞節之才地墜
樂早有志尚間關夷險之際終紛遇英雄之主雖禮秩未弘
情矜矯位遇未聞弱年天逝若得終紛壽通塞未可量
為叔倫貿器洪厚卷舒兼濟子章殘忍為志谷之徒也景
裕兄弟雅業可宗雖擇木異邦而立名俱劬辯損益成務
其殆優乎勇雖文武異趣各其美也貢二三其德雖取悅
於報已而移之往我亦安能其罵人見遺末路尚何足怪
誕不殞儒業亦足稱云

列傳第十八

北史三十

方洽　周益　周之晃　孫粹然　校正

高允字伯恭勃海脩人漢太傳褒之後也曾祖慶爲慕容垂
司空祖父泰吏部尚書父韜少以英朗知名同郡封懿雅
相推敬亦仕慕容垂爲太尉從事中郎道武平中山以爲
丞相參軍早卒允孤風成有奇度清河崔宏見而異之
歎曰高子黃中內潤文明外照必爲一代偉器但吾恐不
見耳年十餘歲而罷性好文學擔笈負書千里就業博通
經史天文術數九好春秋公羊曾作塞上公詩有混欣戚
閒名法净爲本郡功曹少孤夔喪還本郡爲財與二弟而爲沙

▲北史列傳十九　一

遺得喪之致神䴥三年太武舅陽平王杜超行征南大將
軍鎮鄴以允爲從事中郎年四十餘矣超以方春而諸州
因不決表允與中郎呂熙等分詣諸州共評獄事熙等皆
以貪穢得罪唯允以清平獲賞府解還家教授業者子
餘人四年與盧玄等俱被徵拜中書博士遷侍郎與太原
張偉並以本官領大將軍樂安王範從軍中郎還樂平王
寵第西鎮長安甚有匡益泰人稱之尋被徵還樂平王
不西討上卲復奉以本官參軍事以謀平涼州之勳賜爵
汶陽子後奉詔領著作郎與司徒崔浩述成國記時浩集
諸術士考校漢元以來日月薄蝕五星行度并讖前史之

失別爲魏歷以示允曰善言遠者必先驗於近且漢元
年冬十月五星聚於東井此乃歷術之淺事今讖云何允曰
不覺此謬熱後之讖今猶之讖曰浩曰所謬云何允獨
宗星傳金水二星常附日而行是以行十月日旦在尾箕昏没
於申南而東井方出於寅北二星何因背日而行是史官
欲覺其事不復推之於理浩曰欲爲變者何所不可君獨
不疑三星之聚而怪二星之來允曰此不可以空言爭宜
更審之時坐者咸怪唯東宮少傳游雅曰高君長於歷當
不虛言也後歲餘浩謂允曰先所論者本不經心及更考
究果如君語以前三月聚於東井非十月也又謂雅曰高

▲北史列傳十九　二

允之術陽源之射也眾乃歎服允雖明於歷數初不推步
有所論說惟游雅數以災異問允允曰昔人有言知之甚
難既知復恐漏泄不如不知也天下妙理至多何遽開此
稚乃止尋以本官爲秦王翰傳後敕以經授景穆甚見禮
允與論刑政言甚稱旨因閒允萬機何者爲先時務新對
待又詔允與侍郎公孫質李靈胡方回共定律令太武引
良田又京師遊食衆允因曰臣少也賤所知唯田請言農
事古人云方一里則爲田三頃七十畝方百里則田三万
七千頃君若勸之則敏益三升不勸則敏損三升方百里損
益之率爲粟二百二十二萬斛況以天下之廣乎若公私

有儲雖過飢年後何憂乎帝善之遂除田禁悉以授百姓

初崔浩薦冀定相幽并五州之士數十人各起家為郡守

穆謂浩曰先召之人亦州郡之選也在職已久勤勞未荅今

可先補前召外任郡縣以新召者代為郎吏又守人

黑子有寵於太武帝使并州受布千疋事發黑子問允

崔不免平謹遠其非而校勝於上何以能濟遂東公程

宜使更事者浩固奉使而遣之允聞之謂東宮博士管恬曰

上聞我首平諝十九曰公帷幄寵臣吾召詔宜實己怒而絕

崔鑒公孫質等感言宜諝之黑子以臨幸為親己怒而絕

允而不必實對終獲罪戮時著作令史閔湛郄標性巧佞

為崔浩信待見浩所注詩書論語及易遂上疏言馬鄭王

賈不如浩之精微請收藏境內諸書班浩所注并求敕浩

注禮傳浩亦表薦湛有著述才湛等又勸浩刊所撰國史

之閒恐為崔門萬世之禍吾徒無類矣未幾而難作浩分寸

于右以彰直筆允聞之謂著作郎宗欽曰閔湛所營分寸

之被收允直中書省見景穆使召允留宿宮內翌日命馳至

至宮門謂問入當見至尊吾自導卿脫至尊有問但依吾

說既入見景穆言允小心慎密且微賤制由於浩請敕之

帝召允謂曰國書皆浩所作郎鄧彥

海所撰先帝記及今記臣與浩同作然而臣多於浩帝大

怒曰此甚於浩安有生路景穆曰天威嚴重允迷亂失次

耳臣向問皆云浩作帝問如東宮所不允曰臣罪當滅族不

敢虛妄殿下以臣侍講日久哀臣乞命耳實不敢且

迷亂帝謂景穆曰直哉此亦人情所難而能臨死不移且

對君以實貞臣也寧失一有罪宜宥之允竟得免於是五

浩敕使人詰自浩以下僮吏已下百二十八人皆夷五

其敕允為詔自浩以下事事申明皆有條理時帝怒

族允持疑不為煩詔催切允乞更一見然後為詔詔引前

允曰浩之所坐若更有餘釁非臣所敢知直以犯觸罪不至

死帝怒命介士執允景穆拜請帝曰無此人忿朕當有數

千口死矣浩竟族滅餘皆身死宗欽臨刑歎曰高允其殆

聖乎景穆後讓允以不同己所導之言而令帝怒允曰夫

史籍帝王之實錄將來之炯誡今之所以觀往後之所以

知今是以必書行舉動莫不備載故人君慎焉為史之本體

遇榮曜當時言私欲沒其公廉愛憎敢其直理此浩之責也

至於書朝廷起居之跡言國家得失之事此為史之本體

未為多違然臣與浩實同其事死生榮辱義無獨殊誠荷殿下

再造之慈違心苟免非臣之意景穆動容稱歎允後與人

言曰我不奉東宮導旨者恐負景穆黑子也景穆季年頗親

近左右營立田園以收其利允諫曰殿下國之儲貳四海

屬心言行舉動萬方所見而營立私田畜養雞犬乃至販
酤市廛與人爭利議聲流布不可追掩夫天下者殿下之
天下富有四海何求而不稱何欲而弗從而興販賤婦
競此尺寸願殿下少察過言出繫邪所在田園分給貧
下如此則休聲日至諛諂可除冀穆不納景穆之朋也允
又不進見後見升階而諸言允悲耳允見數允集東宮
若諸臣之以得免東宮悲傷何也帝流涕命允使出左
之召而謂曰汝不知高允乎崔浩誅時允亦應死東宮
災異使事類相從約而可觀允依鬼洪範傳天文志撰其事
要略其文辭足爲八篇帝覽而善之曰高允之明災異亦

重貴允既不家襄皇文終身不言其忠而不伐也此類也
給事中郭善明性多機巧欲逞其能勸文成大起宮室允
諫曰臣聞太祖道武皇帝既定天下始建都邑其所營立
必因農隙今建國已久宮室已備永安前殿足以朝會萬
國西堂溫室足以安御聖躬紫樓臨望可以觀望遠近若
廣修壯麗爲異觀者宜漸致之不可倉卒計斫材運土及
諸雜役須二萬丁夫死作老小供餉合四萬人半年可訖
古人有言一夫不耕或受其飢一婦不織或受其寒況數

萬之衆其所損費亦已多矣帝納之允以文成篡承平之
業而風俗仍舊婚聚喪葬不依古式乃諫曰前朝之世屢
發明詔禁諸婚聚喪葬不得作樂及葬送之日歌謠鼓舞殺牲
燒葬一切禁絕雖條旨頒宣而百姓習俗末能改畫今諸
州縣每有婚絜之家皆先於主下者迎以成俗敗教化陵遲
至於此請普天之下宜悉禁斷不得作樂之家三日不
息火驚妻之家三日不舉樂今諸王納室皆樂部給伎以
爲嬉戲而獨禁細民不得作樂此一異也古之婚者皆
友以重其別親御輪以崇其敬今諸王十五便賜妻別居
德義之阿妙簡貞女之家必擇其德今媒娉繼之以禮物集

然所配者或長少差舛或罪入掖庭而以作合宗王妃嬪
藩懿失禮之甚無復此過今皇子要妻多出宮掖令天下
小人必依禮限此一異也故深藏之昔堯舜之生非有死然葬者
藏也死者不可冊見故深藏之一異也九萬物之生靡不有死死之
葬蒼梧市不改肆秦始皇作爲地市卜銅三泉死人非易歟舜
尸骸市不改由此推之堯舜之禮今薄秦之禮今厚古之
家營塋葬費巨億旦林之以爲灰燼上爲之爲而不輟而
禁下人之必止此二異也古者祭必立尸序其昭穆使亡
者有馮致食饗之禮今茍求貌象而不設尸序其昭穆而
毋宴好如夫妻擯敗風化黷亂情禮莫此之甚上未替乎之

得失者省而謂群臣曰君父一也父有是非子何為不

此非一帝從容聽之或有觸近帝所不忍聞者人命在左右扶

出事有不便允輒求見帝知允意逆莫於左右以待之禮敬

其重晨又暮出而謂群臣曰君父一也父有是非子何為不

下不改絕此四異也夫大饗者所以定禮儀訓萬國故聖

王重之至乃爵盈而不飲肴乾而不食樂非雅聲則不奏

物非正色則不列今之大會內外相混酒醉喧嘩固有儀

式又俳優鄙藝汙辱視聽朝廷積習以為美而責風俗之

清絕此五異也今陛下當百王之末踵晉亂之弊而不矯

然彝改以屬頹俗恐天下蒼生永不聞見禮教矣允如

作書於人中諫之使人知惡而於家內隱處也嘗不以父

親恐惡彰於此今國家善惡不能面陳而上表顯諫以

此豈不彰君之短明己之美至如高允雖忠臣矣朕有

是非恒正言但伺朕喜以求官汝等以弓刀侍朕徒立勞

就閒一正言而論至天下不知其過而天下知朕者悟倡論說無所避

會聞一正言但伺朕喜以求官汝等以弓刀侍朕徒立勞

耳皆至公王此人執筆我不過著作郎汝等雖作郎汝等不亦愧乎

於是拜允中書令著作如故徒隆麗曰高允雖蒙寵待而

而家貧布衣妻子不立帝怒曰何不先言今見朕用之方

言其貧惠是曰幸允弟唯草屋數間布被縕袍廚中鹽菜而

已帝歎息曰古人之清貧豈有此乎即賜帛五百疋粟千

斛拜長子忱為長樂太守允頻表固讓帝不許初與允同

微游雅等多至通官封侯允部下吏百數十人亦至刺

史二十石而允為郎二十七年不徙官時百官無祿允與

使諸子樵採自給初尚書竇瑾坐事誅瑾子遵亡在山澤

遵母焦年老保護在家積六年遵始蒙赦其妻如此轉太

中書博士索敞與遵黙梁作論名字貴賤之流也時

常卿本官如故允上代都賦因以規諷亦二京之流也時

允遂著名字論以釋其惑甚有典謨後以本官領祕書監

餘年未見是非惟喜之色不亦信哉余與高子內文明而外柔

公寬中文饒潛重福心者或之弗與高子內文明而外柔

友雅嘗論允曰夫喜怒者有生所不能無也而前史載卓

弱其言訥訥不能出口余常呼為文子崔公謂余游處四十

之譽起於纖微又然謟訹賣崔公聲嘶股戰不能一言宗敏

以下伏地流汗都無人色高子敷陳事理申釋是非非辭義

清辯音韻高亮明主為之動容聽者無不稱善仁人有勢也威

保茲元吉同之所謂矯矯者更在斯乎宗愛之任勢也威

解太常卿進爵梁城侯初允與游雅及太原張偉同業相

友雅嘗論允曰夫喜怒者有生所不能無也而前史載卓

振四海崔召百司於都坐王公以下望庭畢拜高子獨升
階長揖由此觀之汲長孺可臥見衛青何抗禮之有向之
所謂風即得不謂此乎知人故不易知吾亦既
失之於心內崔亦漏之於形外鍾期止聽於伯牙吾見
明於鮑叔良有以也其為人物所推如此文成崩獻文君
名之恨呼焉令公之號播於四遠矣文成
諒闇乙弗渾專擅朝命謀居社稷文明太后誄之引允禁
中參決大政又詔先曰朕稽之舊典欲置學官於郡國卿
儒宗元宣與中祕二省參議以聞允表請制大郡立博

士二人助教四人學生一百人次郡立博士三人助教二
人學生八十人中郡立博士二人助教二人學生六十人
下郡立博士一人助教一人學生四十人其博士取博關
經典履行忠清堪為人師者年限四十以上助教亦與博
士同年限四十以上若道業夙成才任教授不拘年齒及
生取郡中清望人行修謹堪東脩者先盡高門次及
中等帝從之郡國立學自此始也後允以老疾頻上表乞
骸骨詔不許於是乃著告老詩又以昔歲同徵零落將盡
感逝懷人作徵士頌蓋止於應命其有命而不至則闕焉
其著頌者中書侍郎固安范陽盧玄子真郡功曹史博
陵崔綽茂祖河內太守下樂侯廣寧燕崇玄略上黨太守

高邑侯廣寧常陟公山征南大將軍從事中郎勃海高邑
子翼征南大將軍從事中郎勃海高
陽子博陵許堪祖根中書郎新豐侯京兆杜銓士衡征西
大將軍從事中郎京兆韋閬友槐京兆杜遺字慶武符中即丘子趙
郡太常博士中郎京兆鉅鹿公趙郡李靈字虎符中即丘子趙
孫李遵仲熙營州刺史建安公太原張偉仲業輔國大將
軍從事中郎范陽祖邁征東大將軍從事中郎范陽祖
士倫東郡太守蒲陰子中山劉策濮陽太守真定字常山
許琛行司錄校尉中都俟西河宋宣道茂中書郎燕郡劉
遽彥鑒中書郎武恒子河間邢穎宗敬滄洲永太守浮陽俟
勃海高濟叔仁太平太守原平子鴈門李興士元祕書監
梁郡公廣平游雅伯度延尉正安平子博陵崔建興祖廣
平太守列人俟西河宋悟州主簿長樂潘符郡功曹長樂
杜熙征東大將軍從事中郎中山張綱中書郎上谷張誕
事中郎中山郎邵李才合三十四人其詞曰紫氣干天群雄
高邑子趙郡呂季才合三十四人其詞曰紫氣干天群雄
亂夏王龍祖載戎軍憂駕掃盪旁克㩗袱霸四海從風
八埏漸化政教無外既寧且偃武蔡兵唯文丹恤帝乃
虛求搜賢株遂崴隱投竿與人並出罹嬰虞生壹壹遠思純

形隨流浪雖黽王侯莫發其尚趙冀名區世多奇士山岳
所鍾挺生三[李嬌嬌清風抑抑容止初九而楚望雲而起
誄伊西都靈性作傳載訓皇宮載理雲務熙中夭迹階
郎署餘塵奇抱終亦顯著仲業深長雅性清到以憲章古式
網縷典誥時逢崚嶷當一其操納衆以仁訓下以孝化洽
龍川人歸其教邁則英賢佩亦稱選聞達邦家名行素顯
志在兼濟豈伊獨善編匠弗顧功不穫展劉許復忠鳴力
致躬出則騁軒軒一舉桃烝下崇名與朋以信行物以誠怡怡
其業亦隆道茂風成弱冠播名與朋以信行物以誠怡怡
昆弟穆穆家庭發響九皇翰飛紫冥煩煩省闈亦司于京

鑚道擽德遊藝依仁族弓旣招釋褐投巾攝齋升堂嘉謀
日陳自東徂南躍馬馳輪惰馮影附劉以和親茂祖鍫單
鳳命不造克已勉躬韋隆家道敦心六經遊思文藻終辭
寵命之自保燕常篤信百行靡遺仕不苟進仕理栖遲
君沖守約好讓善推思賢樂古如渴如飢子翼致遠道賜
悟深相期以義和若瑟琴並象幕府俱發德音翼優遊平歲
聊以奇心祖根運會克光厭歟仰緣朝恩俯因德友功雖
後建爵宴交先受班嘗舊臣位並群臣內省麻亦
言不崇華交叉規稟茲淑量存彼大方檳此細讓神與理冥
之秀卓矣友友規稟茲

刑以之中政以之平猗猗彥彥鑑思參文雅率性任眞器成
非假靡秬于高莫恥于下乃謝朱門歸迹林野宗敬延譽
號爲四儔華藻雲飛金聲風振小遇沈痾賦詩小訊忠顯
于辭理出于韻高澡朗達通領新悟異發自心宵
賀儔和壁文照雕龍燿姿天邑衣錦舊邦士元先覺介焉
不惑振袂來庭始賈王國蹈方復正好是繩墨淑人君子
其儀不忒孔稱游夏漢美卿雲越出類蹈群言
秘閤作牧河汾移風易俗理亂解紛融彼滯義澳此潛文
儒道以析九流以分崔宋二賢誕性英偉穎閣閣名
象魏賽賽儀形遐邇風氣達而不粉泰而能貴潘符樹尚

杜熙好和清不潔流渾不同波絕悃龍津止分常科幽而
逾顯搨而逾多張綱柔謙叔衡正直道雅沽聞弭爲兼識
拔萃衡門俱漸鴻翼發憤志殞豈要斗食率禮從仁周恕
千式失不繫心不形色郎苗始舉用均已試智足周身
言足爲誌性協於時情敏於事與今而同與古而異物以
利移人以酒昏侯生潄己唯義是敦目緫醇醪通教逾溫
其在私室如涉公門李才之性柔而執競酋彼南秦申威
致命諫之以權矯之以正帝道用光邊王內慶群賢遭世
顯名有代志篤其忠體龍巢朱裳腰紐雙佩榮曜
當時風高千載君臣相遇理實難偕昔因朝命與之克諧

披衿散想解帶舒懷此昕猶存亡奄乘靜言思之衷心
九攉揮毫頌德潛爾增豪皇興中詔允兼太常至兗州祭
孔子廟謂允曰此簡德而行勿有辭也後允從獻文北伐
大捷而還至武川鎮上比伐頌帝脫而善之帝時有不豫
以孝文沖幼欲立京兆王子推集諸大臣以次召問允進
跪上前涕泣曰臣不敢多言以勞神聽願陛下上思宗廟
託附之重追念周公抱成王之事帝於是傳位於孝文賜

續崔浩故事準春秋之體而時有刋正自文成迄于獻文
事然不能專勤嘗又遷中書監加散騎常侍雖久典大較依
允帛百疋以標忠亮又校書郎劉模有所緝綴大較史

▲此史列傳十九 ◀ 〈十三〉

軍國書檄多允作也末乃爲高閭以自代以定議之勳進
辭咸陽公爲授懷州刺史允於時年將九十矣
見邵公廟廢毀不立乃歎曰邵公之德勤而不祀爲善者
何望乎表脩葺之旬之間人疾苦至邵縣勸人學業風化頗
行然儒者優遊不以斷決爲事後正光中中書舍人河內
常景追思允舉郡中故老爲允立祠於野王之南樹碑紀
德焉太和二年又詔以安車徵允就旦改定皇誥又被
疾舌歸其年詔以老乙還鄉章十餘士卒不聽許遂以
大將軍領中秘書事固辭不許扶引就內改皇誥以爲拜鎭軍
敕論集性世酒之敗德以爲酒訓孝文覽而悅之常置左

右詔允乘車上殿朝賀不拜明年詔允議定律令雖年涉
期頤而志識無損猶心存舊職拜泝書又詔曰允年漸
危境而家貧養薄可令樂部絲竹十人五日一詣允以娛
其志特賜允蜀牛一頭四望蜀車一乘素几杖各一蜀刀
一口又賜珍味每春秋致之詔朝晡所望致仕之親故是時朝
酒衣服綿絹每月送給允貨分之親故是時朝
羅列顧官而允子弟皆典官爵其廉退老此還鄕輸
常侍時延入備几杖訪焉政事十年加光祿大夫金章紫
綬朝之大議必預聞馬勿幾爲弄車覆傷首三顧孝文明
允就郊所板殿觀瞩馬勿幾爲弄車覆傷首三顧孝文明

此史列傳十九 〈十四〉

太后遣國藥醫療問相望可駕將頻遣扶侍允宵中遇大驚
乞免其野先昊命中黃門蘇興壽扶抱頻頻
倒扶者大懼允尉勉之不令微興壽稱共允接事三年
不聲見其恣色怕怕勉善誘人不倦晝夜常執書吟詠
尋覽驚親參故虛巳存納雖動貴重志同貧素性好音樂
每至伶人絃歌鼓舞常爲稱善文雅信佛道時設齋講
好生惡殺親初法毅朝士亥見杖罰允歷事五帝出入三
省五十餘年初無譴咎始眞君中以獄訟留滯令中書
以經義斷諸疑事允據律評刑三十餘載內外稱平允以
獄者人命所係常歔欷曰皋陶至德也其後英豪先亡劉項

之際英布黥而王經世雖父猶有刑之餘釁況凡人能無
各乎性簡至不妄交遊獻之乎青齊從其後望於代時
諸士之流移遠至率皆飢寒徒步之中多允姻媾皆徒步又
造門允散財賑産以相贍振別至無不感允謂取材任
隨其才能表奏申用時議者皆以新附致異允謂取材任
能無其抑乩先是允被召在方山作頌志氣猶不損談
百年矣先卒旬朔外微有不適猶不寢臥呼醫取藥出入行
曰吾在中書時有陰德濟救人命若陽報不差吾豈時應人
止吟詠如常孝文明太后聞而道嘆李脩性脈視之告
說蕎舊事了無所遺十一年正月卒年九十八初允每謂人

〈十五〉

以無羌脩入密陳允榮衛有異懼其才父允於是遣使備賜
御膳珍羞自酒米至于醞醢百品皆盡時味及牀帳
空公冀州刺史將軍公如故諡曰文賜命服一襲允所製
衣服茵被九枚羅列於庭牀王官往還慰問相贍允喜彩於
色語人曰天恩以我為老大有所資得以贍客矣表謝而
已不有他意如是數日夜允卒家人莫覺詔給絹綿一千
布二千疋綿五百斤錦五十疋雜綵百疋蔡千斛以周喪
用魏初以求存亡蒙榮者莫及朝廷榮之將葬贈侍中司
詩賦詠頌箴論表讚諌書左氏擇公羊釋毛詩拾遺雜解議
何鄲耆舊傳事凡百餘補別有集行於世允明算法為算
今進中書侍郎假中書令詔長安列燕宣王廟碑進爵安

〈十六〉

衛三卷子忱字士和位長安太守為政寬惠百姓安之後
例降爵為侯卒子貴襲忱第懷字士仁恬淡退靜位太
尉東陽王丕諡議簒軍子緯字僧孫幼孤系自立身長
八尺腰帶十圍沈雅有度量傳涉經史延昌初尚書右丞敏自為政
強直不避豪右京邑憚之延昌初尚書右丞敏遷洛陽令為御史中
尉元匡奏高聰及緯朋附高肇詔曰恭推弟歡字季和
人稱其才辯行人游雅薦推雁遷詔兼散騎常侍使宋南
亦有文才太武每詔徵辭疾不應恬笑允屈抑父官栖泊
使不補妙簡行人游雅薦推雁遷詔兼散騎常侍使宋南
史卒諡文蘭允弟仲璋字仲讓早有名譽太中以前後刺
中郎始神鴈中允與從叔濟孫見毗及同郡李金俱被徵
京邑常從容於家州碎主簿卒孫市賓永熙中開府從事
弟遵字世禮賤出其兄矯等常歎悔之及父卒七不令在喪
位遵邃逐駈赴平城歸允為作計乃為遵父彙矯以彙為庶
都牧長廣人窮奇等平定三齊以功賜爵高昌男喪改律
喪主京邑無不弔集朝貴咸識之徐歸齊父彙矯免喪後為
宦路邊驅邀之恩事允如諸父頗有筆札隨
定王相撰廣人侯窮奇等平定三齊以功賜爵高昌男改安
今進中書侍郎假中書令詔長安列燕宣王廟碑進爵安

昌子使濤徐二州觀風理訟中都令及新制衣冠孝
文共於廟宗廟導貌莊盛旦氣雄暢常兼太祝令跪贊禮
事為俯仰之節粗合儀矩由是帝頗識待之後與游明根
高閭李沖等入議律令親對御坐時有陳奏出為齊州刺
史建節歷本州宗鄉改觀而矯等彌妒毀之導性不廉清
在中書時每假歸山東必借備騾馬將從百餘也遍人家
不得絲縷滿意則詣許買取僦更多所取納又其妻明氏
之既荏方岳本意朱弭選召僚卑取貨利嚴暴非理殺害
其多貪濁之響帝頗聞之及車駕幸鄴導自州來朝會有
家人在齊州母弟男甥共相馮屬

赦有導臨還州請辭帝於行宮引見詣讓之導自陳無負
帝厲聲曰若無遷都必無高遷矣又卿非唯貪慊又虐
於刑法謂何如晉陰王猶不免於法卿何人而為此行自
今宜自謹約還州仍不悛革兗州人孟僧振至洛訟導詔
廷尉少卿鄧述窮鞫皆如所訴先沙門道登過導以道
登荷眷於孝文多奉以貨深託仗之道登屬因言次申啟
救導言帝不省遂詔述賜死時導子元榮詣洛訟冤猶
恃道登不時還赴道登知事決方乃遣之遺恨其妻不與
訣別劇沐浴引椒而死元榮尚有文才長於几案位兼
尚書右丞為西道行臺至高平鎮遇城翻被害導弟次文

雖無位官而貲產巨萬導每責其財又結憾於導言凶不
相往反時論貴之毗字翼宇翼鄉邑稱為長者位兗征南從事
中郎初允所引劉模者長樂信都人頗涉經籍毎目入史
記選為校書郎與其緝著常令模而持管毎目同入史
閣接膝對延屬述時事允年巳九十手目稍衰而模預有功
筆而占授斷之如此者五六歲允所恆篇卷模成有功
太和中除南潁川太守圭蕭之歸闊路經懸感其志意及蕭臨
時人莫識模獨經給所須弟待以禮薦深感其意及蕭
豫州模猶在郡徵報後之由是為新蔡太守在二郡積十
年寬猛相濟頗有聲稱遷陳留太守時年七十餘矣

老隱年昧自勉遂家於潁川不復歸其舊鄉矣
祐字子集允之從祖弟也本名禧以與咸陽王同名孝文
賜名焉祖屈慕容寶黃門郎道武平中山徙京師卒於三
都大官父謐從太武滅赫連昌以功賜爵南康子與崔浩
共參著作位中書侍郎給事中冀青二州中正假散騎常
侍循陽縣侯使高麗卒贈冀州刺史
祚襲爵位東青州刺史祐博涉書史好文字雜說性通故
不拘小節自中書學生再遷中書侍郎賜爵建康子文成
末兗州東郡吏獲一異獸送之京師時無識者詔以問祐
祐曰此是三吳所出䑩名鯪鯉餘域率無今我獲之吳楚

之地其有歸國平文有人於靈丘得玉印一以獻詔以示
祐祐印上有擂書二字文曰宋壽壽者命也我獲其命
亦是歸我之徵獻文初宋義陽王昶來奔辭安都等以五
州降附時謂祐言有驗孝文初拜祕書令後與丞李彪等
奏曰高書者記言之體春秋者錄事之辭尋覽前志皆
至於文成其閒世數久遠是以史弗能傳臣等踈漏喬當
司勳之實錄也惟聖朝創制上古闡基長發自始祖以後
表志殊貫如此惰綴事可備書書著作郎巳下請取有才用

〈十九〉

始以降光宅中土宜依遷固大體今事類相從紀傳區別
災消祿至矣又問止盜之方祐曰何但當旌賢佐政則
陽九之會陛下道同前聖苟訓之有方豈賢不易去
比水旱不調何以止災而致豐稔祐曰堯湯之運不能去
若參造國書如得其人三年有成矣帝從之尋文嘗問祐
政之傷專閭年勞之臣可錄而才非撫人者則可加
當須宰守貞良則盜賊止矣方問止盜之方斯非盡才之
唯才是舉文勳舊之臣所謂王者可私人以財不私人以
以爵賞不宜委以方任所謂王者可私人以財不私人以
官者也帝皆善之加給事中異州大中正時本彪專統署
作祐為今時關豫而已出爲西兗州刺史假東光侯鎮署

臺祐以郡國雖有大學縣黨宜有黌序乃縣立講學黨亦
教學村立小學文令〔家之中自立一碓五家之外共造
一并給以行容不聽婦人寄春取水又設禁賊之方令五
五相保若盜發則連其坐初似煩碎後風化大行寇盜止
息轉宋王昶傳以參定律令賜帛粟馬等昶以其舊官
年者雅相祗事昶拜光祿大夫如故祖襲爵為宗正卿而
祐留連彭城父不赴僕射李沖奏祐無事稽命處刑三歲
命曰靈可謚為光祿卒太常謚曰錫侯詔曰不導上
以贈論免卿往復為光祿卒太常謚曰錫侯詔曰不導上
卒和辟子顥字門賢學涉有時譽襲爵建康子壯輔國將
重朝散大夫贈滄州刺史謚曰惠子德正龍襲

〈二十〉

德正劬而敏惠有風神儀表初為殊文宣儀同開府參軍
尋知管記事其相親衛累遷相府掾神武委以腹心從征
事重記室郎方雅周慎動見稱述文宣嗣業如晉陽文宣
在鄴召守令德正以機密彌見親重要崩動將令等以
繼我軍事重勸文宣早赴晉陽文宣不決夜中召楊愔社諞
崔李舒及德正等蕭始定以惜從令德正君守以為相府
司馬徐之才館客宋景業先為天文圖讖學文陳山提家客
侍徐之術有所援引並因德正勸文宣行禪代事陳德正又固

諸文宣恐情不決自請赴鄴與慎言乃戒還至而文宣
便發晉陽至平城都召諸勳將入告以禪讓事諸將莫敢
荅者將社漏爲良吏密啓文宣恐恐蘭西固此自辯義兵換
天子而東向將阿以侍之才云文宣恐恐蘭西固此自辯
息心懺欲復顏強止富遂我稱帝彌無以荅文宣眾未
叶又先得太右旨云久又如龍波兒如猛獸皆以帝王之
重不敢主鎮尚以久臣欲行非烏業等此正是高德正
放晉陽曰且君常不悅徐之才宋東業等每言一簽雜占
陰陽輝候必宜以五月應天命德正亦敢勸不已仍白文
宣追魏收至令撰禪讓詔冊九錫建臺及勸進文表至
五月初文宣發晉陽德正又錄任鄴諸事條進奏文宣
宣令陳山提馳驛徵事并密書與楊愔山提以五月至
鄴楊愔即召太常卿邢邵七兵尚書崔悛度支尚書陸操
等議撰儀注六日要發引入北宮留于東齋受禪後乃放還宅文宣
太子詹事王昕給事黄門侍郎陽休之中書侍郎裴讓之
發至前其所兼馬忽倒意甚惡之至恐其漏泄不果即命進
暉業等摠集引入北宮留于東齋受禪後乃放還宅文宣
德正與徐之才所苦請曰山提先去恐其漏泄不果即命進
馬一如杜弼驛續入觀察物情七日子如等至鄴眾人

以事勢已決無敢異言九日文宣至至城南頓所時既未行
詔救請公文書唯云奉約東德正及楊愔宣署而已受禪
曰莫宗染亦崔以獻帝尋知之亦弗責也甚日即除德
正爲侍中文領尚書右僕射兼吏部尚書文宣末年縱酒酗醉
縣公天保七年遷尚書右僕射兼侍中食勃海郡幹德正
與尚書令楊愔綱紀朝政多有弘益文宣如故封藍田
德正屢進忠言帝不悅又謂左右云高德正恆以精神凌人
遍人德正其憂懼乃後疾病佛寺坐禪爲退身之
討帝謂楊愔曰我大憂高德正其疾何似情知帝內忌之
由是杳云陛下若用作冀州刺史即自差帝從之德正
見除書而起帝大怒謂曰聞爾病我爲爾刺之以刀子刺
之血流灑地文使曳下斬去其趾劉桃枝挺刀不敢下帝
起臨陛切責挑枝挑枝乃斬足之三指帝怒不解禁德正
於門下省其夜開城門以殮輿送還家曰德正妻出拜謝
又斬之并其子司徒東閤祭酒伯堅亦見害後文宣謂群
臣曰高德正常言宜用漢除鮮卑此即合死又教我誅諸
此物訊其所從得皆諸元賂之也逐東出斬之妻猶無
物滿四斛欲以寄人帝尋至其宅見而怒曰我府藏猶無
於門下省其夜開城門以殮輿送還家曰德正妻出拜謝
元我今殺之爲諸元報讎也帝後悔亦見害復文宣謂群
曰康嫡孫王臣龔爵監田縣公給事中通直散騎侍郎德

正次子仲京畿司馬平原郡守顯弟雅字興賢有風度
位定州撫軍府長史天平中追贈冀州刺史子德雅早有
令聞位任城太守卒京兆王愉開府辟召少好學多識強記居
喪以孝聞太和末京兆王愉開府辟召少好學多識強記居
害贈滄州刺史又詔以諒臨危受命復贈使持節平北將
軍幽州刺史行臺授一子出身諡曰忠侯諒造親表譜錄四
十餘卷自五世以下內外曲盡覽者服其博記祐從父弟
翼字次同家俠有風神李昌末葛榮作亂朝廷以翼山東
將軍為徐州行臺至彭城遇元法僧反贈使持節
與以李閨太和末京兆王愉開府辟召少好學多識強記居
興以李閨太和末京兆王愉開府辟召少好學多識強記居

豪右即家拜勃海太守率合境俠居河濟間親朝因置
東冀州以冀為刺史封樂城縣侯俄除定州刺史以賊亂
不行及尒朱兆弒莊帝翼保境息守卒中興初贈使持節
侍中太保錄尚書六州諸軍事冀州刺史諡曰宣子乾
乾字乾邕性明悟俊偉有智略美音容進止都雅少時輕
俠長帥恬政輕財重義多所交結起家外散騎侍郎
稍遷員外散騎常侍親華莊之名藩也起家外散騎侍郎乾潛相託附及尒
朱榮入洛亂乃華河流人於河濟間安葛榮殺害人
帝謂天下河乃華河流人於河濟間安撫三番乾兄弟相率出降朝廷以乾
士謂天下乃華河流人於河濟間安葛榮官辟莊

為給事黃門侍郎兼武衛將軍尒朱榮以乾前罪不應復
居近要求我帝聽乾解官歸鄉里於是招納勇勇以乾獵自
娛又榮死乃馳赴洛陽莊帝見之大喜以乾兼侍中加撫
軍將軍金紫光祿大夫鎮河北又以八弟昂為通直散騎常
侍平北將軍令俱歸招集鄉間為表裏形援帝親送於河
橋一舉酒指水曰卿兄弟歸集鄉里致死報有
變可為朕河上一揚塵乾垂涕受詔起揭誓
以死繼之及尒朱氏既弒害遵其監軍孫白難率百餘騎
至冀州託言乾兄弟實欲因乾既宿有
報復之心而白難忽至知欲見圖將先發以乾河內太
守封隆之隆之父先為尒朱榮所殺聞之喜曰國恥家怨
痛入骨髓乘機而發今正其時謹開會二月乾與昂潛
勒壯士夜襲冀州城弒刺史元諶射白難殺之於尒榮為
莊帝舉哀素服升壇坺昌眾詞氣激揚泗交集將士莫
不感憤欲奉隆之爲主隆之固讓乃以乾爲幽州刺史劉靈助
隆之爲大都督行州事隆之欲逃昂勸然作色授刀將斫
之隆之懼乃受命北齊神武出山東楊鯊以討乾爲辭衆
助被尒朱氏所蜀永熙神武出山東楊鯊以討乾爲辭衆情
慊慊乾謂之曰高晉州雄材蓋世不居人下且尒朱弒主
肆虐正具英雄效節之時今者之來必有深計勿憂吾將
帝遣右僕射元羅迩撫三番乾兄弟相率出降朝廷以乾

諸君見之乃開行與封隆之子子繪俱迎於溢陽因說神
武曰今朱氏酷逆痛結人神凡厥生靈莫不思舊為明公威
德憲著天下傾心若兵以忠亡則屈強之徒不足為明公
敵矣鄴州雖小戶口不減十萬糗糧足濟軍資願公
熟詳其計神武大咲曰吾事諧矣遂與高乾同帳而寢呼乾
為弟父乾旦曰常命而去時神武雖內有遠圖而外迹未
見朱朱羽生為殷州刺史神武密遣奉元忠於封乾父喪
之計羽生出勞軍數乾彭樂側從馬上斬之遂平殷州創乾父
兵過其城令乾出勞軍僞住斬之輕騎入見羽生偽為
定策推立中興主拜侍中司空乃是時軍國革創乾

北史列傳十九 【二十五】

不得終制及辛武立天下初定乾乃義請解職行三年之
禮詔聽解侍中司空如故封長樂郡公乾雖求退不謂便
見從許既去內侍朝政空閉居常快快辛武將貳於神武
欲從此機之於華林園宴罷獨留乾謂曰司空乃世忠良
今日復建殊效相與雖則君臣實義同兄弟耳共立盟約
勤通之乾曰以身許國何敢有二乾雖有此對然朱其
本心事出念卒又不謂辛武便有異志遂不固辭亦不啓
神武帝以乾為誠已時禁園養郡曲稍至千人驟令元士
彌王思政詣賀枝岳計又以岳兄勝為荊州刺史乾謂所
親曰難將作矣禍必及吾乃密以啓神武神武召乾問之

乾因勸神武受禪神武以袖掩其口曰勿妄言今啓叔後
為侍中門下之事一以仰委及頻啓而帝不悟乾懼變啟
神武求為徐州乃以乾為開府儀同三司徐州刺史將行
帝聞其與神武言怒使謂神武曰高乾與朕私盟今復反
覆神武聞其與帝言亦惡之乃封其前後密啓以聞帝對
神武使詰乾乾曰臣以身奉國義盡忠貞陛下既有異圖
更言臣反覆以匹夫無辭平功太易自昔然也若死而逃
命所謂重欲加之罪無辭乎遂賜死於門下省年三十七臨死
有知義無負壯士詔遂賜死於門下省年三十七臨死
武衛將軍元整監刑謂曰頒有書及家人平生時

北史列傳十九 【二十六】

分張各在異處今曰之事想念全書既小未有所識
亦恐卒傾姧破失欲何言後神武討斛斯椿等謂高昻曰
若卑用司空東宜有今日之舉天平初贈太師錄尚書事
冀州刺史謚曰文昭以長子繼叔襲祖次同樂城縣侯令
第二子昂見龍襲乾第弟慎字仲密涉文史東南道行臺高書令
鄉部曲數千自隨為政嚴酷又繼左右更人苦之乾死仲
尚不同偏為父所愛歷位淪州刺史東南道行臺高書令
州刺史加驃騎大將軍儀同三司時天下初定聽慎以本
密轉州將歸神武武帝敕青州斷其歸路慎聞行至晉陽
神武以為大行臺左丞轉尚書當官無所迴避累遷御史

中尉選用御史多其親戚鄉閭不稱朝望文襄奏令改選
焉慎前事吏部郎中崔暹妹為文襄妾任乃
為暹高嫁李氏中崔暹妹禮又親臨之慎
之不寢李氏患之慎兼善書記工騎乘又親臨之慎
語又盡破剝李以告慎嫌慎逐被拉殺文襄聞其美挑
罕所料劾多行縱捨神武慎先入關周文率眾東出為北豫州
山慎妻子盡見禽神武以其家勳啟慎一房配沒而已仲
密妻迎行中文襄盛服見之乃從焉西魏以慎為侍中

司徒遷太尉慎弟昂
昂字敖曹其母張氏始生一男二歲令婢為湯將浴之婢
置而去羊捋猴解以兒投鼎中爛而死張使積薪於村外
幼時便有壯氣及長桀黠殺之揚其灰然後哭之昂性似其母
縛嬋及徒桎梏昂不自取富貴端坐讀書作老博士也其
其父為求嚴師令加捶撻昂不遵師訓專事馳騁每言男
兒當橫行天下自取富貴誰能端坐讀書作老博士也其
父曰此兒不滅吾族當大吾門以其昂藏敖曹故以名字
之少與兄乾數為劫掠鄉閭畏之無敢違忤兄乾求博
陵崔聖念女為婚崔氏不許昂與兄乾劫之置女村外謂

兄曰何不行禮於是野合而歸乾及昂等並劫掠父次同
常繫獄中唯遇赦乃出次同語人曰吾四子皆五眼我死
公子生平長不得一鏟土邪今被歡竟死昂大起家為義
後葺有人與我一鏟土及次同死昂不葬人不昂必建義
初兄乾與昂既而奉魏莊帝旨散眾昂以歸鄉昂里陰養
郎封武城縣伯自隨禁抑於密令爾朱死既而榮死元仲宗誅執莊帝即引
晉陽勳之洛將聞惡之密令爾朱榮死既而榮死元仲宗誅執莊帝即送
見昂勉之時爾朱世隆還過宮闕帝親臨大夏門指麾殺
分印既免縹絏被甲橫戈與其從子長恭推鋒徑進所向
披靡帝及觀者莫不壯之即除直閤將軍賜昂千疋昂以
冠難尚繁乃請還本鄉招集部曲仍除通直散騎常侍加
此平將軍及聞莊帝幽崩雲京師不守遂與父兄擐信都起
兵介朱世隆從叔殺州刺史羽生率五千人掩至龍尾坂
昂將十餘騎不擐甲而馳之乾城守縄下五百人追救未
及而昂已交兵羽生敗走昂馬稍絕世隆奔走
時人比之項籍昂遺以布襄神武開門奉迎昂時在外略地聞
之以乾為姊夫遺以布襄神武使世子澄以子孫禮見之
昂乃與婦俱求後發帝立除冀州刺史以終其身仍為大都
督率眾殺神武破爾朱兆於廣阿又討四胡於韓陵昂自

領鄉人部曲王桃湯東方老等三千人神武將割鮮卑兵
千餘人共相雜合對曰敕勒部曲……神武曰所將部曲練習已久不煩更
配神武從之及戰神武軍小卻兆等方乘之昂與蔡儁以
千騎自栗園出橫擊神武軍大敗是日微昂等神武幾殆太
昌初始為冀州尋加侍中開府進爵為侯及兄乾被殺乃
華五百騎偕道兼行至崝嶸不及而還尋行豫州刺史
將十餘騎奔晉陽神武向洛陽令昂斷前驅武帝入關中
昂革初除侍中司空公昂以乾蔑此位固辭不拜轉司
徒公好著小帽世因稱司徒帽神武以昂為西南道大都
督僕射南洛昌度河祭河伯曰河伯水中之神萬敕曹地

天平初司空公昂以帽世因稱司徒帽

上之虎行經君所改相決醉時山道峻阻巴冠守險昂轉
闘而進遂有當鋒之兇克上洛獲西魏洛州刺史泉企并將
數十人欲入藍田關會寶泰失利神武召昂昂不忍棄眾
力戰全軍而還時昂為流矢中創甚顧左右曰吾死無
恨恨不見李式作刺史耳神武聞之馳驛啟李式為濟州
刺史昂還復為軍司大都督統七十六都督與行臺侯景
練兵於武牢御史中尉劉貴時亦率眾在焉昂與北豫州
刺史鄭嚴祖握槊賭昂時道枷其使者昂不敢校
時易脫時難昂使以就枷刖之曰何難之有貴司頭鐵價漢隨之
明日貴與昂坐外曰河役夫多溺死貴曰頭錢價漢隨之

死昂怒拔刀斫貴貴走出還嘗昂便鳴鼓會兵攻之侯景
與冀州刺史萬俟受洛解之乃止時鮮卑共輕中華朝士
唯憚昂神武每申令三軍常為鮮卑言昂若在列時則為
華言以嘗詣相府欲直入門者不聽昂怒引弓射之神武
知而不責性好為詩言甚陋鄙神武每容之元年進封京
兆郡公典禦京兆言訥得理將公付賊桃棒知昂必
芒陰死之是役也昂使奴京兆以血塗己瘡而恐公急何忍以小
昂佩刀以行昂執殺之京兆使奴京兆於金墉與周文帝戰敗於
事賜殺其行昂慶京兆言訴得理將公付賊桃棒知昂必
桃棒在勃海亦慶京兆以言訴得理將公付賊桃棒知昂必
死遂奔為昂心輕敵建旗蓋以陵陣西人盡銳攻之一軍
皆沒即輕騎東走河陽城太守高永洛先與昂隙開門不
受昂佛呼求縋又不得披關未徹而追兵至伏於橋
下追者見其從奴持金帶問昂所在奴示之昂奮頭曰來
與爾開國公追昂斬之以去先是昂慶為此奴所殺以告
盧武將殺之武諫乃止果及難時年四十八桃棒會喪於
路神武聞之如喪肝膽杖永洛二百西魏嘗斬昂首者布
絹萬段事冀州刺史謚曰忠武西魏贈昂歸教曹首猶可識
錄尚書事冀州刺史謚曰忠武西魏贈太師大司馬太尉公
先是有諷巢於庭中地上家人怪之及其首函至置正當

冀勷舞後其妻張氏常見殺曹夜來旦去有若生平傍人

莫見唯犬隨而吠之歲餘乃絕故吏東方老為南兗州

刺史追慕其恩為立祠朝靈像既成頭上坼裂改而更作

到如初見者咸稱神異子突騎嗣早卒文襄親簡昂諸

子以第三子道繼嗣皇建初追封昂求昌王以道繼襲武

平末開府儀同三司入周為儀同大將軍隋開皇中卒於

黃州刺史

於時自領部曲千餘人馬八百疋衣甲器仗皆備並能追

驍騎大將軍天平中為濟州刺史昌初累遷尚食典御尋加

昂弟季式字子通亦有膽氣太昌初累遷尚食典御尋加

督境內賊盜多致克捷時濮陽人杜靈椿等又陽平路叔

文徒黨客為亂季式並討平之有客嘗謂季式曰濮陽陽

平乃是識內何忽遣私軍遠戰季式曰我與國家同安危

豈有見賊不討之理君以此獲罪吾亦無恨芒山之敗所

親部曲請季式奔梁季式曰吾兄弟受國厚恩與高王共

定天下一旦傾危而亡之不義是役也兄昂歿焉與和中

行晉州事解州仍鎮求安季式兄慎以武年叛道信報李

式季式奔告神武神武定中除待中尋加昇

州大中正都督以前後功加儀同三司天保初封乘氏縣

子尋還太常卿仍為都督隨司徒潘樂征江淮開為私使

樂人於邊境交易還京坐被禁止熏赦之四年夏發疽卒

贈待中開府儀同三司冀州刺史諡曰恭穆季式豪華好

酒又恃開舉家動功不拘檢節與光州刺史李元忠生平遊

歟在濟州夜飲元忠關城門令左右乘驛馬持一壺酒

往光州勸之朝廷知而容之兄慎叛後少時解職黃門郎

司馬消難左僕射子如之兄也神武塔勢盛當時因退

食暇季式酷歌留宿旦日重門並開消難固請去季式

曰君以地勢脅我邪消難拜謝請出終不見許至不肯

飲季式索車輪托消難頸又索一車輪自括頸引滿相

勸消難不得已唉而從之方俱脫車輪更留一宿又消難

此自印起共為羽翼書有呼延族劉貴珍劉長秋東方老

醫并令朝士與季式宅宴集其被優遇如

出方具言之文襄輔政曰魏帝賜消難美酒數石珍羞十

希光東方老宣貴陳武帝發蕭明初隨高乾起兵後位儀

蕭軌等度江戰克石頭城五將名位相侔英起以待中為軍司蕭

同三司楊州刺史文宣貴陳武帝發蕭明命儀同蕭軌

叔宗劉孟和等名顯可知之後東方老安德萬人劉

度江戰克石頭城五將名位相侔英起以待中為軍司蕭七年三月

軼與希光並為都督軍中抗禮動必乖張頓軍丹楊城下
遇霖雨五十餘日故致敗將卒俱死軍士得還者十二三
劉叔宗名名泰樂陵平昌人歸昂位軍騎將軍左光禄大夫
劉孟和名名泰樂陵安人聚眾附昂兄弟位左光禄大夫
馬坐事死其餘並不知所終云神武初起兵沱陽盧曹亦
以勇力稱為尒朱氏守橡劉神武厚禮之以即相撫曰
自剄入海島得長人骨以髑髏為馬皂膝長丈六尺以為
二稍送其一於神武諸將莫能用唯彭樂強舉之未發曹
遇疾恫聲聞於外巫言海神為出示遂至其徒五百人皆服

斷衰葬畢潛散曹身長九尺髮黃而赤眉貌甚雄臂毛逆如腊蝟力
能扳樹性弘毅方重常從容雅服北州敬仰之聲臥疾相
申足以舉二人嬬蠕冠范陽曹登城射之矢出三百步投
弓於外眾莫能撐乃去之時有沙門曇讚號為神力唯

宜與之角焉為景猷聞叫聲則勝
論曰高允跋危禍之機抗雷電之氣奧夷然忘身濟難
卒悟明主保已全名自非體隣知命鑒照窮達亦何能若
此宜光龍四世終享百齡有親以來斯人而已僧裕藝道
知名前世儒俊之風閭舊不殞德正受終之際奂叶亂臣
有關韋脩之義而無道能血义平子集學業優道

雖鐘潘虐虔而名亦戎奕乾豐兄弟不階尺土之資奮臂河
朔自致勤王之舉神武因之以成霸業但以非穎川元從
異豐沛故人腹心之寄有所未允露其啟疏假手天誅枉
濫之極莫或過此昂之騰力氣冠萬天韓陵之下風飛電
擊然則鄧氏元功一門而已其餘託而義唱亦足稱云

方浚　周益　周之晃　孫　粹然　校正

崔辯
　孫士謙　子彭
　士謙弟說　說子弘度
　　孫宣猷
　　挺族子孝舒
　曾孫仲方
　　　挺族孫遵

崔鑒字神具博陵安平人也六世
祖洪晉吏部尚書曾祖懿字世茂仕燕位秘書監祖遭字五世
景遇位鉅鹿令父綽少孤學行修明有名於世與范陽盧
玄勃海高允趙郡李靈等俱被徵世祖以母老固辭後為郡
功曹卒鑒頗有文學自中書郎轉侍郎賜爵桐廬縣子
出為東徐州刺史鑒欲安新附人有年老者表求假以守

▲北史列傳二十▲
〈一〉

令詔從之又州內銅冶為民患鑒表罷之兵人獲利卒贈青州刺
史安平侯諡曰康子合字貴和少有時譽襲爵桐廬子位
終常山太守令弟康少有志氣陽平王順之為定州康為
衛軍府錄事帶毋極令時甄琛為長史會因公事言競
傳以拳擊琛隆林琛以本縣長俠以為部下猥目之謂左
城王翙行壽康從行招致此俠大納財貨為部下猥目之謂左
閭以壽寄春康於此人景樂廣平內史大納財貨為清
右曰吾嘗寄春康於此人景樂廣平定州沒官太昌中除驃騎大
論所部後為燕州刺史為杜洛周攻圍堅守歷年朝廷遣
都督元譚赴救譚敗康奔定州沒官太昌中除驃騎大
將軍儀同三司頻以老病求解永熙三年去職薨贈尚書

〈二〉
▲北史列傳二十▲

令司徒公諡曰靖穆長子忻字伯悅有世幹以鄭儼之甥
累遷兼尚書左丞莊帝初為河陰追贈殿中尚書異州
刺史忻弟仲哲早喪所生為祖母宋氏所養六歲宋亡啼
慕不止見者悲之性恢達常以將略自許以軍功賜爵安
平縣男及父康於瑀被圍泣訴朝廷遂除別將與都督元
譚赴援戰歿子長瑜仕至開府中兵參軍長瑜子樞次弟子
涉好文詞強辯有才幹位至通直散騎常侍兼知慶
文林館兼散騎常侍聘陳使還除通直散騎常侍兼知慶
支子樞明解世務所居稱職因慶支有受納風聞以
刻遇赦免仕周位至上士禎尉進迥事被誅子樞次弟子
端亦有才幹而姿藝尤優歷殿中侍御史卒於通直散騎
侍郎子端弟子博武平末為河陽道行臺郎隋開皇末卒
扶泗州刺史子博弟武平末祕書郎隋開皇末卒
為泗州刺史子博弟子發有文才武平末為國子博士卒於國子博士卒
識性好直言其妻即齊昭信皇后姊也文宣嘗幸其
屬蟲盡夜災帝以陰陽書五行志以為魏并丞
左右歐之又擢其髮以潤汁漆其頭曳以出由是嚴頓久
蝗蟲作厲當令外築長城內興三臺敷致此災帝大怒令
之後卒於陽平太守贈本州刺史仲弟叔彥位撫軍文預撰御覽
弟季通位司農少卿季通子德立好學愛屬蜀文預撰御覽

位濟州別駕季通弟季良風望閒雅位太學博士以征討
功賜晉蒲陰縣子累遷長史又康東遷鄉季良亦去
職歸養後位中軍將軍光祿大夫先用卒於河東太守贈并
僕射諡曰簡康弟習字光禮有世用卒於家贈尚書右
州刺史鑒兄櫟字洛祖行博陵太守櫟子文業中書郎鉅
弟仲讓為北豫州司馬與高慎同叛坐
別駕京畿司馬文襄將之晉陽勞之曰卿騂足瀛部已著
免官後歷瀛州
鹿太守文業子伯謙
伯謙字士遜貧客養母齊神武召補相府兼功曹稱之曰
崔伯謙清直奉公貞

康歌賢府務總是用相授臨別又馬上執手曰親子伯謙與之舊
與子偕老鄉宜深體此情俄遷當時寵要伯謙與少舊
寮同門非言山未嘗造請以雅道自居天保初除濟比太
守恩信大行富者禁其奢後貧者勸課周給縣公田多沃
壞伯謙咸易之以給人又改鞭用熟皮為之不忍見血示
恥而已朝貢行過郡境開人太守政何似對曰府君恩化
古者所無所誦人為歌曰崔府君能臨政退田易鞭布威德
人無爭客曰既稱恩化何因後威對曰長吏懼其威嚴
庶蒙其恩惠故兼言之以相府舊寮側有加授徵赴鄰人
姓號泣遮道歡日不得前以弟仲讓在關中不復居內任

除南鉅鹿太守下車導以禮讓豪族皆改心整肅事無巨
細必自親覽在縣有貧弱未理者皆曰我自見公不
慮不決在郡七年獄無停囚每有大使巡察恆慮上第微
拜銀青光祿大夫伯謙讀經史晚年好老莊容止儼
然無慍色親賓至則置酒相娛請言不及俗事士大夫以
為儀表卒贈南兖州刺史諡曰懿伯謙弟仲讓仕西魏位
至鴻臚少卿
崔辯字神通鑒之從祖第七世祖琨字景龍行本楷
經辯字神通鑒之從祖第七世祖琨字景龍行本楷行楷
士武邑太守政事之餘專以勸學卒贈安南將軍定州刺
史諡曰恭兄長子景儁鯉正有高風好古博涉以經明行修
徵拜中書博士歷侍御史主文散孝文賜名為逸後為
貞外散騎侍郎與著作郎韓興宗參定朝儀雅為孝文所
知重遷國子博士每有公事逸常被詔獨進博士特命目
逸始轉通直散騎常侍延尉少卿卒子巨倫字孝宗幼孤
及長歷涉經史有文學武藝叔楷為殷州刺史巨倫仍為長史
北道別將在州陷賊敛恤存亡為賊所義葛榮聞其才名
欲用為黃門郎巨倫心惡之至五月五日會集官寮令巨
倫贈詩巨倫乃曰五月五日時天氣已大熱狗便呼欲噬
牛復喘吐舌以此自晦獲免結士夜中南走逢賊俱恐

不濟巨倫曰寧南死一寸豈北死一尺便欺賊曰吾受敕
而行賊眾父觀敕示然巨倫手刃賊十餘人賊乃四潰
得馬數四夜陰失道唯省佛塔戶而行到洛陽持節別將
比討初楷喪之始巨倫收殯舍卒事不周固至是遂偷路
改殯并稿家口以歸尋賊多入郡界歲儉饑之巨倫傾資
太守時河北紛梗人避賊即位莊帝即位除東濮陽
贈惼慉務相全濟時類高之元顥入洛據郡不懌巨倫有
封漁陽縣男後除光祿大夫卒子武襲初巨倫有姊明
慧有才行因患眇一目內外親族莫有求者其家議欲下
嫁之巨倫姑趙國李叔禮之妻聞而悲感曰吾兄盛德不

幸早世豈令此女屈事卑族乃為子翼納之時人歎其義
識遜弟模字叔軌身長八尺圓亦如之出後其叔雅有志
度善書實客訂闊隴引為西征別將屢有戰功封槐里縣伯
後行岐州事擊賊歿於陣中贈驃騎大將軍儀同三
司都督相州刺史模弟楷楷字季則為驃平主懷文學正
始中以王國官非其人多被裁唯楷與楊昱以數諫諍獲
免後為太子中舍人左中郎將以黨附高肇為中尉所劾
軍在高聰時嚴烈能摧挫豪強時人語曰莫僑及都賈
解孤楷付崔楷時嚴烈能摧挫上疏導之便宜
事遂施行孝昌初置殷州以楷為刺史加後將軍楷將之

州人咸勸單身赴職楷曰單身赴任朝廷謂吾有進退之
計將士又誰肯固志遂閤家赴州賊勢已逼或勸減小弱
以避之乃遣第四女第三男夜出既而曰一朝送免兒女
將謂吾心不固遂命追還及賊來攻楷率力拒抗莫不爭
奮咸稱難八尚不惜百口五死等何愛一身力竭傷殺楷執
節不屈賊遂害之楷兄弟父子楷第永熙中又特贈驃騎
侍中鎮軍將軍定州刺史永熙中又特贈尚州陷戰沒贈
同三司都督冀州刺史楷長子士元沈雅有器幹稍仕齊至起部郎子文豹
平州刺史少有文才本州大中正士元第士謙

士謙孝昌初解褐著作佐郎後賀拔勝援勝出鎮荊州以士謙
為行臺左丞兼武衛士謙勸勝倍道兼行謂帝關右勝
不能用州人劉誨引侯景庵至勝與戰敗績之奔梁士
謙與俱行及至梁每乞師赴援先且通隣好周文素聞其
等志節亞并其遠國乃令士謙先赴通隣好周文素聞其
名甚禮之賜爵千乘男又勝至拜太師長史以功進尉
為子拜南青石永從周文解洛陽圍經河橋戰加定州大
中正瀛州刺史又破抑仲禮於隨郡討李遷哲於魏興並
有功進驃騎大將軍開府儀同三司直州刺史士謙
氏恭帝初轉利州刺史士謙性明悟深曉政術吏人畏而

愛之周保定二年遷總管安州刺史加大將軍進爵武康
郡公天和中授江陵總管荆州刺史州既統攝設長伶兼
夷夏又南接陳境東隣齊冦士謙外禦強敵內撫軍人風
化大行號稱良牧每年考績常為天下之最甚有詔優美
踐其位朝野以為榮卒於州闇境痛惜之立祠堂四時祭
饗子曠嗣士謙至孝說于弘度特相友愛雖奉其遺位並高
曠少溫雅大業末位開府儀同三司大將軍浙州刺史曠
資産皆無私焉名家嚴肅及訟于弘度特相友愛雖奉其遺訓云

信州總管刀

北史列傳二十 〈七〉

彭字子彭少孤事母以孝聞性剛毅有武略工騎射善周
官尚書並略通大義仕周累遷門正上士隋文帝為相周
陳王純鎮齊州帝恐其為變遣彭以兩騎微入朝彭未
至齊州三十里因詠病上傳令遣入召純純疑有變多
從騎至彭所彭請聞因顧騎士執而鏌然而去至拜上儀
有罪詔徵入朝左右不得輒動左右愕然而去至拜上儀
同及踐阼遷臨門郎將兼領右衛長史賜爵武陽縣男再
遷驃騎將軍性慎密在省闥二十餘年當上在
伏虎坐終日未嘗有惰秦上每謂曰卿當上日我輒憂目
安又嘗曰卿弓馬固以絕人頗知學不彭曰臣少愛周禮

尚書休沐之暇不敢廢也上曰試為我言之彭因說君臣
戒慎之義上稱善觀者以為知言後加上開府遷備身將
軍上嘗宴達頭可汗使者於武德殿有鳴鳴於殿上命彭
射之中上大悅賜錢一萬及使者反可汗復遣便請彭將
射善射者數十人因獵於野以集飛觀莫不歎服仁壽
召與相見上曰此必善射者射
之多不中彭連發數矢皆應弦而落左領軍大將軍時漢王諒
末進爵彭城公煬帝即位遷左領軍大將軍
初平令彭鎮遏山東復領慈州事卒贈大將軍諡曰肅子

寶德嗣士謙弟說

北史列傳二十 〈八〉

說本名士約少有氣槩族力過人尤工騎射賀拔勝攻荆
州以為假節冠軍將軍防城都督又隨奔梁復自梁歸西
親授武衛將軍都督封安昌縣子從周文復弘農戰沙苑
皆有功進爵安固縣侯賜姓宇文并賜名說為進驃騎大將軍
正政封安固縣侯除京兆郡守遷都官尚書定州大中
開府儀同三司加侍中進爵萬年縣公再遷總管涼州刺
史說位政強毅百姓畏之後除使持節能和忠三州崇德
等十三防諸軍事加授大將軍改封安平縣公建德四年
卒贈鄜延等五州刺史諡曰壯子弘度
弘度字摩訶衍旅力絕人
儀貌魁岸年數而其偉性嚴酷年

十七周大冢宰宇文護引為親信累轉大都督時護子中
山公訓為蒲州刺史令弘度從焉尋與訓登樓至上層去
地四五丈俯臨之訓曰可畏也弘度曰此何足畏歘攦下
至地無所損訓大奇之後以戰功授儀同從平齊進位上開
府鄴縣公尋從汝南公宇文神舉破盧昌期於范陽郎公
章孝寬經略淮南以前後勳進位上大將軍襲父爵安平
縣公及尉遲迥反弘度以行軍總管從韋孝寬討之所當
無不被靡弘度妹先嫡迥子為妻及破鄴城迥走保子樓
弘度直上龍尾追之迥知將射弘度以行軍總管脫兠鍪謂曰今日
各圖國事不得顧私事既如此早為身計何所待也迥撝

弓於地罵大丞相極口自殺弘度顧弟弘昇使取迥頭進
位上柱國時行軍總管例封國公以弘度不時殺迥繼致
惡言由是降爵一等為武鄉郡公開皇初以行軍總管拒
突厥於原州還拜華州刺史納妹為秦孝王妃尋遷襄州
總管弘度素貴御下嚴急所在令行禁止盜賊屏跡梁王
蕭琮來朝被止以弘度為江陵總管鎮荊州陳賜物五十段高智慧
敢犯境以行軍總管隸楊素弘度與素平陳人憚之不
等作亂復以行軍總管隸揚素意甚不平素亦憚容之父還以
素每忿不之一旦祿素意甚不平素亦憚容之交還以
行軍總管檢校原州事以備胡無虞而還上其禮之復以

其弟弘昇女為河南王妃仁壽中檢校太府卿自以一門
二妃並蒙寵遇下每誡其妻曰人富貴更須誡愼皆曰
諸後蒙寵食餒侍者八九人弘度門之曰誠美矣人懼之皆
曰美弘度大罵曰備汝初未食餒安知其美
俱杖之八十官屬百工見之莫不汗流無敢欺隱時有岨
見崔弘度寧學為武候軍騎亦嚴刻長安為之語曰寧飲三斗醋不
白動行捶楚閉門整蕭為當世所稱未幾秦王妃以罪誅
河南王妃復被廢弘度廢慙病於家諸第乃與之別居
彌不得志煬帝即位河南王為太子帝將復立崔妃遣中

使就第宣旨使者詣弘昇家弘度稱疾不起帝默然其事竟寢弘度
度有何言者曰弘昇字上客在周為右侍上士從平尉迥
以功拜上儀同尋加上開府封黃臺縣侯隋文受禪進爵
為公授驃騎將軍歷慈州刺史襄州總管以戚屬故
待遇隆重及河南王妃罪廢弘昇亦轉涿郡太守遼東之
役檢校左武衛大將軍事指平壤與宇文述等同敗奔還
州刺史信都太守位金紫光祿大夫兗官煬帝即位歷冀
崔揆字雙根辯之從父第也父蔚位濮陽太守揆幼孤居
發病卒

興盡其禮少教學五代同居後頻年饑家始分析挺與弟振
推讓田宅舊資惟守墓田而已家徒壁立兄弟怡然手不
釋卷鄉人有贈遺挺辭而後受仍亦散之舉秀才射策高
第綵中書侍郎轉侍郎以王書受敕於長安書文明太后
為燕宣王碑賜爵泰昌子轉登聞令遷典駕國下大夫以
父憂辭令賜爵馬牛等品書李沖甚重之孝文以挺女為
彭城王妃詔挺為長史以疾辭免乃以挺赴行在所間以臨邊之略及文
章帝甚悅謂曰別卿以來懍焉一載吾所綴文以成一集

今高給卿副本顧謂侍臣曰推挺者皆如此何憂哉復還
州及散騎常侍張彝然行風俗謂曰彝受使巡方採察謠
訟人境觀政宣愧挺之名州舊撫城西北數里有芥山
峯山嶺高北臨滄海岳挺於頂上以欲普觀宇故老
曰此領上秋夏之際常有暴兩相傳云龍道恐此不
可久立挺上秋夏之際常有暴兩之異挺既代即為風雨所毀遂莫
能立眾以為善化所感時以犯罪配邊者多有逃越遂立
重制一人犯罪通亡闔門充役挺上書以為周書父子罪
不相及以一人犯罪延及闔門蓋不哀哉辭其雅切帝納

之先是州內少鐵器用甘求之他境挺表復鐵官公私有
賴孝文將辨天下氏族仍亦訪定乃遍授挺本州大中正
被縣有人年踰九十扳興造州自稱少曾充使林邑得一
美玉方尺四寸其中有光來藏之海島垂六十歲忽逢明政
今顧奉之挺曰吾雖德謝古人未能以玉為寶幼泣滿追
光潤果然迄不肯受乃表送都景明初代老幼泣滿隨
隨緣帛送贈老不納散騎常侍趙修得幸宣武挺雖同州
辭不免世人皆歎其屈而挺處之夷然故州
壞未嘗詣門北海王詳為司徒錄尚書事以挺為司馬固
辭曰崔光州考級並未加授宜
考弟以來遷敘挺絲無言詳攝選眾人競稱
亭制

投一牒當為申請遙伯王恥獨為君子亦何故嘿然挺曰
階級是聖朝大倒考課之恆典至於自衒求進之夷以
之詳大相歎其為司詳未曾呼名常稱挺號以示
優禮卒贈輔國將軍幽州刺史諡曰景穆州故更聞凶問
莫不恭感共鑄八尺銅像於城東廣固寺赴八關齋慕追
冥福初雜光資賻遺贈衣食常親敬為文誡邢巒宋弁
於童幼世稱其知人歷官三十餘年家貧不益食不重味
室無綺羅闔門之內雍雍如也
為字及葬親故莫有贈賵諸子推挺素志一無所受有子
六人長子孝芬

孝芬字恭祥早有才識博學好文章孝文召見甚嗟賞之
李彪謂挺曰比見賢子謂帝旨喻殊優今當事紀群耳挺
曰卿自欲善其子比見賢子謂帝旨喻殊言吾不敢聞也後襲父
爵景遷司空屬定州大中正長於剖判甚有能名府主任
城王澄雅重之澄奏芬持即催令赴接賊退而還遷荊州刺史
王榮討之敕孝芬弟孝演宗從軍司率諸將以撫神儁因代為孝芬
兼尚書南道行臺顏軍司率諸將以撫神儁因代為孝芬
遂從恒農道入敵便本散人還安堵明帝嘉學之後以
元乂之黨與盧同李等並除名徵還又除孝芬為廷尉

北史列傳二十 〈十三〉

章武王融以職貴被刺孝芬案以重法及融為都督比討
鮮卑修㡓時孝芬第孝演率宗在博陵為賊攻陷遇害
融密啓云孝演入賊為逆遂見收捕全家投梁遇赦乃還
後梁將成景儁遍彭城孝芬兼尚書右丞為徐州行臺孝
芬將發將靈太后謂曰卿女今事我兒與卿是親魯何
相負而內顏元乂車內稱此媚須了却孝芬曰臣蒙國厚
恩義無斯語假有斯語誰能得聞若非此人即此人於元
又親窰過臣遠矣對之不足辨虛實太后乃有愧色孝芬
既至景傷等力戰退走以孝芬兼尚書為徐兗二州行臺
建義初太山太守羊侃據郡反引南賊圍兗州行臺除孝

芬散騎常侍鎮東將軍金紫光祿大夫仍兼尚書東道行
臺與大都督刀宣往救援與行臺于偘時相接接至便圍之
偘突圍奔梁求安中撲西兗州刺史孝芬倦外役固辭之
行仍為太常卿太昌初兼殷中尚書後孝芬加議同三司兼吏
部尚書孝武帝入關齊神武至洛與尚書辛雄等並
被誅沒其家口天平中乃免以孝芬悄開口辯善談論愛
十篇有子八人長子勉字宣祖頗涉史傳情意疲文筆數
右丞勉善附會世論以浮競議之為尚書令泰中兼尚書
親待而尚書郎魏季景光為世隆所知勉與季景內頗不

北史列傳二十 〈十四〉 昌

睦季景於世隆求右丞奪勉所兼世隆啓用季景勉遂悵
快自失太昌初除散騎常侍征東將軍金紫光祿大夫定
州大中正敕左廂出入其家被收之際逃免後見喬神
武勞撫之天平初遷勉送動貴妻子赴定州因得還屬母
李氏喪亡勉哀號過性遇病卒無子弟宣度以子龍子為

後勉弟獻

獻宇宣獻好學風度閑雅性鯁正有軍國籌略普泰初
果遷司徒從事中郎既遭家難遂閒行入關及謁親孝武
哀動左右帝為之改容目送曰忠孝之道萃此一門即以
本官奏門下事大統初兼給事黃門郎平原縣伯二年正

黃門行軍禽寶泰復犯農破沙苑獻常以本官從軍典文翰五年除司徒左長史加驃騎將軍時太廟初成四時祭祀猶設俳優角抵之戲其郊廟雜樂多有瀆蕪獻上疏諫奏奏並納焉遷京兆尹時婚姻禮嫁聚會之辰多事羹樂並又閭里富室衣服奢溢乃於滋乃有織成文繡者獻請禁斷事並書奏智略明贍有應變之才若有所疑宜與量其可不思景攄河南歸歟道行臺王思政赴之周文與思政書曰崔宣獻頓兵襄城後於潁川為行臺并致書於獻獻書曰襄政初頓兵無山川之固賊若潛來徑至城下莫若頓兵襄城控帶京洛是當之之要地如有動靜易相應接潁川既

隣寇境又無山川之固賊若潛來徑至城下莫若頓兵襄城為行臺所潁川置州遣郭賢守則表裏脣固人心易安級有不虞豈能為患使人見周文具以啟開周文令依策思政重啟求與朝廷立約賊若水攻乞一周為斷陸攻請三歲為期限內有事不煩進接過此以往准朝廷所裁乃許之及潁川沒周文深追悔焉以疾去職蜀大軍東征周文賜以馬隨軍與文籌略十七年進侍中驃騎大將軍開府儀同三司本州大中正賜姓宇文氏恭帝元年周文欲開梁漢舊路乃命獻督儀同劉道通等五人開通車路鑿山堙谷五百餘里至于梁州即以獻為都督梁州刺史

及周文崩始利沙等諸州阻兵為逆信合開楚四州亦叛唯梁州境內人無二心利州刺史崔士謙請據獻遣兵六千赴之信州糧盡獻為送米四千斛於是二鎮獲全獻第二女帝養為己女封豐平公主周明帝即位徵拜御正中大夫時依周禮稱天王又不建年號獻以為世有澆淳故帝王因以沿革今天子稱王不足以威天下請遵秦漢稱皇帝建年號議從之除司會中大夫御正如故明帝崩遺詔立武帝晉公護謂獻曰今既導遵遺旨君以為何如對曰殷道尊尊周道親親今朝廷既導周禮無容違此義雖不行時稱其守正及陳將蔡佑來附晉公護欲南伐

公卿莫敢言獻獨進曰前歲東征死傷過半比雖加撫循而創痍未復近者長星為災乃上玄所以垂鑒誠也豈可窮兵極武而重其謗議哉議不從後水軍東敗而禪將元定等遂沒江南建德六年薨少司徒加上開府儀同大將軍隋文帝受禪以獻前代舊齒授大將軍進爵汲郡公開皇四年卒諡曰明子仲方嗣
仲方字不齊少好讀書有文武才略年十五周文帝見而異之令與諸子同就學隋文帝亦在其中由是與帝少相款密後以明經為晉公宇文護參軍轉記室遷司正大夫與斛斯徵柳敏等同修禮律後以軍功授平東將軍銀青

光祿大夫賜爵石城縣男時武帝陰有滅齊志仲方獻二
十策帝大奇之後與少內史趙芬刪定格式尋從帝攻下
晉州又令仲方説下翼城等四城授儀同進爵范陽縣侯
後以行軍長史從鄴國公王軌禽陳將吳明徹於呂梁仲
方策居多宣帝嗣位為少內史會帝崩隋文帝為丞相與
帝泣相見握手極歡仲方應天受命從之及受禪上召仲方與
高熲議正朔服色事仲方曰晉為金行後魏為水周為木
皇家以火承木德之統又聖躬載誕之初有赤光之瑞車
服旗牲宜用赤又勸上除六官依漢魏之舊並從之進
位上開府授司農少卿進爵固安縣公令發丁三萬於朔
方靈武築長城東至黃河西拒綏州南至勃出嶺綿歷七
百里明年復令仲方發丁十萬於朔方以緣邊險要築
數十城以遏胡寇丁父艱去職未幾起為虢州刺史上書
論取陳之䇿曰臣謹案晉太康元年歲在庚子晉武帝平
吳至今開皇六年歲次景午合三百七載春秋寶乾圖云
王者三百年一蠲法今三百之期可謂至矣陳氏草竊起
於景午至今景午又子午為衝陰陽之忌昔史趙有言曰
陳顓頊之族為水故歲在鶉火以滅又云周武王克商封
胡公滿於陳至曾昭九年陳災禆竈曰歲五及鶉火而後

陳七楚克之楚祝融後也為火正故旗滅陳陳承舜後舜
承顓頊太歲左行歲星右轉鶉火之歲陳族冊七戊午之
年娵訾運盡語雜考事無別皇朝五運相承感火德
而國號為隋隋與楚同分楚是火正午未為鶉火為鶉首
申為實沈酉為大梁既當周秦晉趙之分若當此分發兵
國富陳既主昏於上人謗於下陰無百二之固狼非九國
將得歲之助以坐皇古陳滅不疑臣謂午未申酉並兵強
極蓋開天時不如地利地利不如人和況主聖臣良兵強
之師獨此島夷而稽天討伏度朝廷自有宏謨勢義所見
異申螢燭令唯須武昌以下蘄和徐方具海等州更帖精
兵密營渡計益信載荊郢等州速造舟楫多張形勢為
水戰之具蜀漢二江是其上流水路衝要必爭之所賊雖
於流頭荊門延州公安巴陵隱磯夏口盆城置船艦然
漢口峽口以水戰決之賊必以上流有軍令精兵赴援
者下流諸將即須擇便橫度如擁衆自衛上江水軍鼓行
以前雖侍九江五湖之險非德無以為固徒有三吳百越
之兵無恩不能自立上覽大悅轉基州刺史徵入朝仲方
因陳經略上善之賜以御袍袴并羅雜綵五百段進位開
府及大舉伐陳以仲方為行軍總管與秦王俊及陳平坐
事免未幾復位後數載授會州總管時諸羌獨未實附詔

圍山白男弱水種都諸賊采平賜奴婢一百二十口黃
金三十斤還代州總管後被徵入朝會文帝崩漢王餘黨
據呂州不下煬帝遣周羅睺染之中流矢卒及令仲方代
總其衆援之進度轉大將軍歷戶部禮部尚書坐事免妻為
國子祭酒卿第宣度位乙骸骨優詔許之卒於家
憂去職歲餘起為信都太守後乙襄老出拜上郡太守以母
子弟位定陶令宣獻第宣度考功郎中與第宣領農太守
宣略竝早卒李妨弟孝偉趨郡太守郡經營榮離亂後

【比史列傳二十】 ── 【十九】

人皆賣鬻兒女夏樓大熟孝偉勸乃人多收之郡內乃安
教其人種殖招撫遺散先恩後威一周之後流戶大至興
立學校親加勸勵百姓賴之卒郡贈瀛州刺史諡曰簡朝
議謂為未申復贈安北將軍定州刺史一子昂
昂字懷慶七歲而孤事母以孝聞祖父更部尚書孝乃荟
謂親友曰此兒終當遠至是吾家千里駒也昂性端直頗
綜文詞天平二年文襄引為記室參軍委以腹心之任及
輔國政召為開府長史并攝京畿屬長史事時勳將親族
賔客多行不軌孫騰司馬子如之門尤劇即印受文襄密旨以
法繩之未幾聞內外齊肅尋遷司徒右長史時左府有陽

【比史列傳二十】 ── 【二十】

平人吳賔為妾認繼嗣事披訴經父長史王昕郎中鄭
操盧婓屬王敬寶等窮其獄姻末積年鞫掠不獲寶司徒
婁昭附付昂即日詰緒獲其員狀昭曰左右府並官令
數人不如右府一長史昕曘甚以為愧武定中文襄
內外極言得失昂上書曰屯田之設其來尚矣曹魏破蜀
州援芘笑賊嬬嬬徐揚允達江接吳越強隴兩邑隨接
邊境薄此齒員祿糧儲巳瞻準此而論龜鏡非遠其幽安
業以興師馬普平吳兵因取給朝廷之每考其勤惰則人加
勸勵倉廩充實供軍濟國是謂任茲法獄之重人命
資常勞私羅之晉讀道別道使營之
所懸頊省有官司紏察多不審練乃聞緣逡人深未有雪七
為小戚以晨避嫌疑共相殘刻至如錢絹粟麥其狀難分
徑指為贓罪從此定亮勒群司務存獲實如此則有息將
來必無枉濫文襄納之後除尚書左丞其氷兼度支尚書
左丞之兼官書近代未有朝野榮之度支水漕陸運昂設
轉輸相入之差付給新陳之法有利於人遂為常式右僕射
崔暹奏請海沂竟有軍國文襄以問市薄昂為龜稅私
館官給彼此有宜朝廷從之武定六年甘露降宮闕文武
黃鬚斷人龜官久雖多不及久廣請求關市薄昂白亦既官
同賀魏帝閱右僕射崔暹尚書楊惜崔悛邢邵散騎常侍

魏收御史中丞陸操國子祭酒李澤曰各言德績感致
所由次至即昂曰吉凶兩門不由符瑞故桑雄之戒實役
中興小鳥孕太未聞福感所願陛下雖休勿休允昝天意
帝為欣谷後攝官尚書上勸田事七條尋兼太府御辯
受禪改散騎常侍兼大司農卿一寺所掌世號繁劇昂校
理有術下無羨偽又委上議定國初禮式仍封華陽縣男又詔定
太子少師邢邵議定國初禮式四十三人在領軍府
律令校正令古手所增損十有七八轉廷尉卿昂號深
議覺帝昂幸荀陽將破敵遠相遵率木者命昂以聞昂校

分科條校正令古手所增損十有七八轉廷尉卿昂號深

〈二十一〉

文世論不以平恕相許又與尚書臺爭別典京畿詔獄並
有殘刻之聲至於推繩大事理可明言是非不至寬酷有
濮陽子沈子遷飛侯鐵券昔徐州郡枚府長史畢義緒
期舉兵應逆帝盛忌文衛尉卿昂杜彌門生郝子寬告彌誹謗并妄
元子雄謀殺昂除正雪免昔者引妄
獲罪別有飛書言昂窮檢都官尚書昂言爰閣感得情
告事人別有飛書言者並付昂窮檢都官尚書昂言爰閣感得情
罪天保三年除度支尚書昂至是飛書遂絕轉都官仍兼都
官為食濟州北郡幹文宜幸東山謂曰萬人多出為州當
府卿為令僕勿望刺史卿六十外當與卿本州中間州不

可得也後九卿以上陪集東宮帝指昂又尉瑾司馬子瑞
謂皇太子曰此是國家名臣汝宜記之未幾後侍宴金鳳
臺歷數諸有罪負至昂曰崔昂即直臣魏收才士婦兒
妹夫俱省懍過十年除兼右僕射數日即拜右僕射除儀
為兼楊愔少時臨崩昂不平文宣後遂免昂右僕射依
同三司光祿勳皇建元年轉太常卿河清元年兼事
丞太常如故昂從甥李公統坐高歸彥事誅依律婦人年
六十以上免配官時公統母年始五十餘而輔六十公統
舅童寶求吏以免其姊母弗知録尚書彭城王浟發其事
竟坐除名三年復為五五六常書遷祠部天統元年卒贈趙

〈二十二〉

州刺史昂有風調才識舊立堅正剛直之名然好摀上情
感激時主或陳便宜蜀省或列陰私罪失深為文宣所知
賞朝之大事多以委之情尚嚴猛每行鞭撻雖苦楚萬端
對之自若前則崔暹李舒為之親搜後乃高德正是其中
表常有俠恮意色羔高以此不為名流歸服有五子第三
子液宇君冷類晉文濟有學涉風儀器局為時論所許以
浮鄉俚位繼伯父性通率美頴聳簁貌魁少無官情沈
奉朝請認文林館隋開皇中為中書侍郎孝偉第孝演
宇則伯出繼伯父位濟州支西府外兵參軍因罷歸及鮮于脩禮起
逆過害典子第孝五以子士游為後卒直字叔廣身長八

尺冒目踈朗卓有志尚稍遷直閤將軍通直散騎常侍余
朱兆入洛孝直以天下未寧去職歸鄉里太昌中除衛將
軍右光祿大夫辭不起卒於家諡曰誠諸子曰吾才踈劣於
國無功祿朝廷復加贈諡宜循吾誠諸子不得祇受若致干求
則非吾意子士順位太府鄉孝政先亡孝艾等奉孝分盡
亡號哭不絕見者為之悲慘志尚貞立博學經史雅好辭
賦喪紀特所留情衣服制度年能執造位大尉汝南王悅
泣哀慟絕肉蔬食容貌毀瘠見者傷之孝演孝政之孝分盡
恭順之禮坐食進退孝芬不命則不敢也雞鳴而起且溫

顏色一錢尺帛不入私旁吉凶有須聚對分給諸婦亦相
親愛有無共之姑挺兄弟同苦孝芬叔振既亡後孝芬等
承奉叔毋李氏若事旦夕溫清出入啟觀家事巨細
一以諮決每兄出行有獲財物尺寸以上皆入季之庫
四時分賚李氏自裁之如此二十餘歲撫從弟宣伯子朗
如同氣焉為挺弟振
振宇延根少有學行若家孝為宗族所稱為祕書中散在
內謹敕為孝文所知被擢當出以為榮遷太子庶子景明初
除長兼廷尉少卿振有公斷以明察稱河內太守陸琇與

咸陽王禧同謀為逆禧敗事發振躬崇之時琇內外親黨
及當朝貴要咸為言之振研覈至終無縱緩遂致鞫之於
獄其奉法如此除肆州刺史在任有政績卒於河東太守
贈南兗州刺史諡曰定振歷官四十餘載考課恒為稱職
議者善之子子朗美容貌涉獵經史少溫厚有風尚位侍
御史加平東將軍卒挺從父子瑜字仲璉少孤有學業兼位
鴻臚少卿封高邑男贈瀛州刺史鎮東將軍諡曰康孟舒字長才寵愛次爵
仕廣平太守卒贈毅州刺史子孟舒字仲
舒位鄴縣令仲舒弟季舒最知名

季舒字叔正少孤性明敏涉獵經史長於尺牘有當世才
其年十六為州主簿為大將軍趙郡公琛所器重言之齊
神武神武親簡丞郎補李舒大行臺都官郎中文襄輔政
轉大將軍中兵參軍甚見親寵以魏帝左右須置腹心擢
拜中書侍郎文襄為中書監除舒為中書舍人機事總歸
舒善音樂改內伎亦回隸為內伎屬中書季
襄每進書魏帝有所諫請或文詞繁雜季舒輒修飾通之
得申勸戒而已靜帝報甚寵朝恒與李舒論之云崔季舒
是我姊夫毋轉給事黃門侍郎領主衣都統雖迹在魏朝而
歸心霸府密謀大計皆得預聞於是賣客輻湊傾身接禮
其得名與勢傾崔暹暹嘗省於朝堂屏人拜之曰暹若得僕

射皆叔父之恩其權重如此時勳貴多不法文襄無所縱
捨外議以李舒及權遵等訢爲甚被怨嫉及文襄過難文
宣將赴晉陽黃門郎陽休之勸李舒從曰一日不朝其間
容刀李舒性愛聲色心在閑放遂不請行欲恣其行樂司
馬子如緣宿憾及尙食典御陳山撰筆訴其過狀由是李
舒及遷各鞭二百徙北邊尙書廢天保初武成是爲將
光祿勳兼中兵尙書出爲瀛州刺史宣坐母喪解住起服陳
乾明初揚惜以文宣所勑會被不闊武成是舊曾病友宣令
有贓賄章爲御史所劾會赦不問

書朋府儀同三司督昭陽殿敕令監造以判事式爲胡長
仁賓言其姐出身爲西兗州刺史爲進典載於吏部被言免
官又以詣廣聲主宅決事鞭數十及武成崩不得預於哭
泣父之除膠州之轉待中開府食新安河陰二郡訢加
左光祿大夫待詔文林館撰御覽加特進監圖史李舒
然連近稍失祖琵受委奏李舒適晉陽李舒與張雕議以
以爲壽春被圍大軍出之屬車駕將適須票節廢兼道路小人

李舒療病衛盡心力大寧初追還引入慰勉累遷廣文尙

或相繼爲寇恐云大駕向并州畏避南寇老不啓諫必動人情
遂與從駕篤人臨時疑貳李舒與華未決長繼遂奏云漢兒文
官連名總署二諫以李舒張雕爲首每貴其死爲漳水自
帝即乃已署其官人集令章殺以李舒等家資沒男女徒
裴澤郭遵李等立斬廷長繼諫獲免李舒挺
外同署斬加鞭配妾官小男下爲此貴至李舒本
北邊妻女及子婦配妾官奴諫獲免李舒家
好醫衍天保中於徙所無事更鋭意研精遂爲名手多所
全濟雖位至卿相常以鬻敗爲恥縱之貴賤厮養亦爲之療謹燕

子長君南書右外共郎中次鏡玄者作佐即趙流於長城
未幾李舒等六人妻以年老放出後南安王思好更稱朝
廷罪惡敗長君等見害以調恭官六人兄弟子姪隨軍趣
晉陽車歐長者等踵戴六人之妻又追入官周武帝滅
齊詔斛律光與李舒挺從祖弟敬邕性長者爲左中郎將以
軍功賜爵定州刺史庫莫奚國有馬數百匹因
風入境敬邕悉心送還於是東人感附卒於太中大夫贈
濟州刺史謚曰恭敬邕恭公送運於弟接字顧賛容貌魁偉放逸自
高不拘檢爲中書博士樂陵內史雅爲任城王澄所禮待

及澄為本部懷子無人王敬王忻然容下之後為樂陵太
守澄鄉卒挺族子篤纂子權則博與有文才旣不為時知為
著無談子論苒為廷尉正每有大獄多所擦明有曹官之
譽時史纂九權子子和雅有度量州辟主簿卒穆子澄
辭氣柳揚無上下禮入啓求解位後為洛陽念卒贈司徒
選子委子倫少為蕃生避地敎海依高乾以妹妻其弟慎愼
左長史史纂九權入洛留澄佐珠凡百後事一以屬澄擇手

後睼滄先二州祗澄為長史委以職事趙郡公珠鎮定州
襄鎮撫鄴郡加散騎常侍遷左丞吏部郎領定州大中正
主議權趾格澄親過日隆好薦人士言邢邵宜親重言論
之際邪逐殺澄文襄不悅謂澄曰卿說子才長于言且專言
卿短此癡人也澄曰子才言澄短澄說子才長皆是實事
不為癡也高愼之叛偽與澄陳神武後知之欲殺其事而
著無癡也高俊得止還御史中尉選軍義雲盧潜宋道
投澄文襄喜救得止還御史中尉選軍義雲盧潜宋道
其知人文襄欲假澄威勢諸公在坐朝令澄後通名因待
李愔澄崔子武李廣皆為御史世冊
鄴伯偉崔子武李廣皆為御史世冊

以殊禮澄乃高視徐步兩人擎裾而入文襄分庭對揖遜
不讓席而坐鶴再行便辭退文襄曰下官薄有疏食公少
留澄曰適受敎在公棒校訖不待食而去文襄降送之旬
日後文襄與諸公出之東山遇澄在道前驅為赤棒所擊
文襄回馬避之進前表彈尚書令司馬子如及尚書元
日後文襄回馬避之慕容獻文彈太師司州牧咸陽王恮并州剌
美殺州剌史韓軌罪與鄴下諸貴極言窭美
且誠屬之先是僧尼慢澄澄奏設科條篇沙門法上為昭
史曰朱渾道元其州剌史彈太師司州牧咸陽王恮并州剌
玄都以檢約之神武親群官迎於紫陌神武握澄手勞
之曰小見任重才輕非中尉何有今日榮華富貴真中

尉自取高歡父子無以相報賜澄馬使騎之以縱且行且
語澄下拜馬澄為走神武親為攬之而受營魏帝宴華林園
調神武曰小拜馬澄所在百司多有貪暴朝廷中有用心公平
直言彈翊不避親戚者王可勸酒神武降階跪言唯御史
中尉雀澄一人謹奉明旨敢以酒勸并臣所射賜唯御史
乞以回賜澄又褒美之於是文襄亦催澄酒神武將澄晉陽
扞文襄退調澄曰我尚畏羨何況餘人神武將澄晉陽
以所乘馬加綵物賜澄由是威名日盛內外莫不畏服神
武朋末敎喪文襄以澄為虞支尚書監國史兼右僕射委
以心腹之寄仍為親帝侍讀進憂愛國如家以天下為己任

文襄盛寵王昭儀欲立為正室遙諫曰天命未改魏室尚
存公主無罪不容棄薄文襄意不悅苦請乃從之文襄車
服過度誅戮變常言諫諫止或有銜憲每言文
襄亦為之止臨淮王孝友被文襄狎褻歌舞戲弄於前
額見遙輒歛容而止有獄囚數百文襄盡欲誅之每催文
襄中從事陸士佩泣被文襄歐擊付獄將殺遙
為致言而釋之竟免司州別駕遙歸餓對親貴論事
曉閒母之起居暮則食視寢然後至外齊對親貴論事
或與沙門辯玄理夜久乃還寢一生不閒家產魏梁通和
要言晉遣人隨聘使交易遙唯寄求佛經梁武帝聞之繕

寫以幡花寶蓋贊唄送至館焉然好大言調戲無節崔暹
令沙門明藏著佛論而嘗已名傳諸江表子達拏年十三
令儒者權會教其解周易乃服之遙用仲讓為司徒中郎黌
坐閒講義兩行得中郎讓陽易服之遙用仲讓為司徒中郎黌
下為之語曰初詞家朝業司馬子如韓軌等挾舊怨言遙罪重
短也文宣從之亦言宜寬政網去科察法官黜崔遙則得遠近人
高隆之亦言宜寬政網去科察法官黜崔遙則得遠近人
意文宣從之及踐阼諸毀者猶不息帝令都督陳山提合
人獨孤永業搜遙家甚貧唯得神武文襄與遙書千餘紙

多論軍國大事帝嗟賞之仍不免眾口流遙於馬城書則
貞主供役夜則置諸地牢歲餘奴吾遙謀反鏁起晉陽窮
驗無實乃是文襄疑文襄疑文宣之以
閒遙遣臣先是文襄疑文宣之以
乃將軍手板換遙竹者自捶拭而覘視之以手板拍其背而不瞑
行太原郡事遙太常卿謂群臣曰崔遙清正天下無雙卿
言不及也初文襄欲以最小妹嫁與遙子達拏會崩乃寢
筆不及也
至昇讌於宣光殿群臣多在焉文宣謂遙曰賢子達拏甚

有才學亡兄長女樂安公主魏帝外甥勝朕諸妹思成大
兄宿志故欲作婚姻乃以主降達拏尋遷尚書監芳
省有僕射是時法網已嚴官司難於剖決繁獄者千餘人
遙到十省便大錄四旬日閒斷盡略無繫滯時欲封遙為
武亦欲封之遙並固辭文宣言之乃止天保八年遷尚
皇太子妃李后不可乃止天保八年遷尚
三司時調絹以七丈為匹遙諫以七丈為匹遙為
崔遙諫我飲酒過多妷我飲酒何所發常山王私謂左右曰
至尊威嚴我飲酒過多太后尚不能致言吾兄弟杜口僕射獨犯
額內外深相感愧十年卒帝撫靈哭之贈開府儀同三司

常遣左僕射定州刺史諡曰貞節達拏溫良廉謹有識學
位儀同三司司襄卿周御府大夫大象中使鄴屬尉遲迥
起兵以為總管司馬迥平伏誅初文宣嘗問樂安公主達
拏母入而殺之似答云甚相敬唯阿家憎見文宣令宮人召達
拏母入而殺之似答云甚相敬唯阿家憎見文宣令宮人召達
從祖弟游字延少有風諜為東郡太守郡有隍戶常供
後游少祖之投漳水齊滅達拏殺主以後繼遲兄謀開
郡內感之大學舊在城內游役置城南關敞卿親自說經
州郡為兵子孫…為良中正光中除南秦州刺史先
當時學者莫不勸勉號為良中正光中…為反叛游深加招慰兄年俱
是州人楊松栢沒德兄弟數為反叛游深加招慰兄年俱

〔三十一〕

北史列傳廿

至松栢既郡之首帥感恩殺嚙郡賊感來歸歇且以過在
前政不復自疑游乃因皇會一時俱斬於是外人以其不
信合境皆反正光五年秦州城人殺刺史李彥為遲數日
後游知必不安謀欲出外尋為城人殺之韓祖香等所攻游
舊督樓懷慨悲歎乃推下小女而殺之義不為群小所辱
謦督樓懷慨悲歎乃推下小女而殺之義不為群小所辱
為祖香等害永安中贈散騎常侍鎮比將軍定州刺史子
伏護

論曰崔鑒以文業應利用之秋世家有業餘慶不已人位
繼軌亦為雞肋武辯器業著聞位不遠到逸德優宣溥仍世
恨之模雄壯之烈楷忠與之操殺身成義臨難如歸非大

〔三十二〕

丈夫亦何能若此矣士謙昆弟非唯武毅見重忠公之稱
亦足嘉矣云挺焉其風採焉其懷文抱質聲華籍甚蓋之
野繼世承家門族並著市朝可樂人為不絕至於宣獸之
立入朝贊務則嘉謀屢陳出撫藩條則仁方之務嘗
秦資文武雅長謀筭代陳之策信為深長有以焉而謝彼
徒然帝智是功能足幹事衛朝奎過良有以焉而謝彼
仁心安靜群政晚遂通顯理其宜也季舒驕龍達之御事
倫愛分庭之過雖道逢真目得喪不同考其通迹而棄名
一此蓋所謂彼有人焉

列傳第二十　　北史三十二